СВЕТА ГОРА АТОН

Karte der orthodoxen Mönchsrepublik Athos

Bernd Mader

Athos

Gefördert durch einen Druckkostenzuschuss der Steiermärkischen Landesregierung.

Cover-Abbildung und Seite 3: Adobe Stock, alle übrigen Abbildungen vom Autor.
ISBN 978-3-7059-0528-3
2. Auflage 2021

Herstellung / Verlag: Weishaupt Verlag, A-8342 Gnas
T +43-3151-8487, F +43-3151-84874
e-mail: verlag@weishaupt.at
e-bookshop: www.weishaupt.at

Printed in Austria

Bernd Mader

Athos

Wanderungen und Legenden vom Heiligen Berg

Weishaupt Verlag

Inhalt

Vorwort

Seit Jahrhunderten pilgern Gläubige aller Religionen zu ihren heiligen Stätten. Eine solche Pilgerstätte für Christlich-Orthodoxe ist die Halbinsel Athos mit autonomem Status unter griechischer Souveränität im Nordosten Griechenlands. Selbst Andersgläubige und Atheisten zieht es an diesen mystischen Ort, dessen Geschichte eng mit dem Streit um das rechte mönchische Leben verbunden ist. Hier ist vieles anders: Pilger müssen sich für die Dauer solcher spiritueller Exkursionen auf die hier geltenden Besonderheiten und Regeln einlassen.

Der Autor war in mehreren Jahrzehnten 23-mal auf Athos – als ein der Spiritualität, dem Zauber der Legenden, der Schönheit alter Ikonen und orthodoxen Bilderwelt des Athos Verfallener und als Organisator von Wanderungen mit Freunden durch eine interessante Natur, Landschaft, die durch Wetterkapriolen den Menschen nicht immer freundlich gesinnt ist. Seine Erinnerungen vermitteln profunde Kenntnisse über die Geschichte dieser orthodoxen Mönchsrepublik und geben Einblicke in den Alltag der dort lebenden strenggläubigen Mönche.

Der Leser wird möglicherweise den Eindruck haben, dass manche Wege zu genau beschrieben wurden. Doch einerseits waren die Berichte mein Wanderjournal, anderseits habe ich sie oft so genau notiert, da ich sie durchaus ein zweites Mal gehen und so einen eventuell schon gemachten Fehler nicht wiederholen wollte. Wanderer, die mein Buch lesen, werden mir vielleicht dankbar sein.

Noch einige Worte zu den Fotos im Buch: Nach 23 Wanderungen haben sich an die tausend Fotos – die frühen noch als analoge Dias – angesammelt. Da fällt die Auswahl schwer, ich wollte ja keinen Bildband machen. So habe ich etwas mehr als hundert Aufnahmen ausgesucht, die direkt zum Text stehen und Orte und Begebenheiten wiedergeben, die nicht alltäglich waren.

Dr. Bernd Mader
Graz, im September 2020

Legenden, Geschichten, Gebrauchsanweisungen

Meine 1. Athos-Wanderung

Mit Prof. Hans Winfried Rohsmann und einer Reisegesellschaft vom 28. Mai bis 8. Juni 1978

Besichtigung von Thessaloniki – Ouranoupoli – Dafni – Karyes – Gast im Konak von Hilandar – Bei den Ikonenmalern – Koutloumousiou – Skite Agiou Andreou – Besuch beim Schmied Joakim Romanos – Skite Profiti Ilia – Stavronikita – Iviron – Esfigmenou – Kirchlein Antonij Petscherskij – Hilandar – Agiou Pavlou – Simonos Petras – Panteleimonos – Xenofontos – Dochiariou – Ouranoupoli

Leider habe ich mir damals über diese Wanderung keine Notizen gemacht und mich erst recht spät – es war im Jahr 2002 – zu einer Niederschrift aus dem Gedächtnis und mit Hilfe der damals gemachten Fotos entschlossen. So war einiges nur bruchstückhaft in meinem Gedächtnis abrufbar. Gott sei Dank stand mir ein Reisebericht von Gert Tillich zur Verfügung, der damals einer der Mitwanderer gewesen war. Dr. Gert Tillich, ein Internist, war der Arbeitgeber meiner Ehefrau Heidrun. Er war es auch, der es uns beiden ermöglicht hatte, auf diese Reise mitzukommen.

Ein Wiener Reiseveranstalter, das Austria Reiseservice, bot diese Tour an. Reiseleiter war Prof. Hans Winfried Rohsmann, der damals schon sehr oft – sicher an die 40-mal, wie er erzählte – am Athos gewesen war.[1] Rohsmann sagte von sich, dass er in Belgien Ethnologie zu studieren begonnen, aber das Studium nicht beendet habe. Seinen Lebensunterhalt verdiene er sich nun durch Reisebegleitungen und Vorträge. Gerts Vater, ebenfalls ein Internist, kannte Rohsmann von Vorträgen, und so kam dieser Kontakt zustande.

Sonntag, 28. Mai:

Wie wir damals nach Wien kamen, weiß ich heute nicht mehr. Jedenfalls bestand unsere Grazer Reisegesellschaft aus dem Internisten Dr. Gert und dessen Ehefrau Dr. Eva Tillich, dem Techniker Dipl.-Ing. Wolf Toriser und seiner Ehefrau Sylvia, aus dem Anästhesisten Primarius Dr. Erich Edlinger und uns beiden. In Wien stießen noch weitere Reisende zu uns, so ein Wiener Fluglotse, an dessen Name ich mich nicht mehr erinnern kann, und drei Salzburger. Einer davon war Internist, der andere Jurist, und an den Beruf des Dritten kann ich mich nicht mehr erinnern.

Um die Mittagszeit flogen wir von Wien-Schwechat ab. Nach knapp zwei Stunden landeten wir in Thessaloniki. Vom örtlichen Kontaktreisebüro wurden wir mit einem VW-Bus abgeholt und ins Hotel Mediterranean Palace gebracht, welches nahe der Nikis-Promenade lag. Da für diesen Tag kein spezielles Besichtigungsprogramm mehr vorgesehen war, wanderten wir Steirer, nachdem wir die Zimmer bezogen hatten, der Nikis-Promenade entlang, hinunter zum berühmten Wahrzeichen von Thessaloniki, dem Weißen Turm. Leider wurde dieser drei Wochen später durch ein Erdbeben schwer beschädigt.

1 Zu Hans Winfried Rohsmann und dem Athos vgl.: Reinhold Zwerger, Wege am Athos (=Zwerger, Athos), o.O. 2005, S. 260 ff.

Beim eher planlosen Spazieren durch die Häuserschluchten Thessalonikis kamen wir zufällig an der Kirche der Agia Sophia vorbei. Wir hatten das Glück, dort eine Taufe nach orthodoxem Ritus miterleben zu dürfen. Ich möchte hier Gert Tillichs Reisebericht darüber wörtlich wiedergeben:

„Vor dem Eintreffen der Taufgesellschaft wurden bereits kleine Geschenke für die Gäste, als Erinnerung an die Taufe, vorbereitet. Weiters wurden zwei riesige Taufkerzen, welche mit einem Schleier verbunden waren, in die Kirche gebracht. Nach Eintreffen der Taufgesellschaft in der Kirche wurde der Täufling ausgezogen, gesalbt und ganz in das Taufbecken getaucht. Dies ging unter Gebrüll des Täuflings vor sich. Nach Beendigung der sakralen Handlung wurde der Täufling ganz neu eingekleidet. Die ganze Zeremonie hatte für uns einen eher heiteren und fröhlichen Charakter, der ernste und sakrale Eindruck, der bei uns üblich ist, trat in den Hintergrund.“

Wir streiften noch etwas durch die Stadt und gingen dann zurück ins Hotel. Nach dem Abendessen hielt uns Prof. Rohsmann einen Einführungsvortrag über den Athos, über seine Geschichte und über seine Spiritualität.

Montag, 29. Mai:

Nach dem Frühstück verluden wir unser Gepäck in einen kleinen Bus. Eine gut deutsch sprechende Fremdenführerin erwartete uns im Hotel. Während der Fahrt hinauf auf den Burgberg erzählte sie uns etwas über die Geschichte Thessalonikis. Thessaloniki hatte zum Zeitpunkt unseres Besuches circa 360.000 Einwohner, und vom Burgberg aus sah man auch die gewaltige Ausdehnung der Stadt und die Größe ihres Hafens.

Am Burgberg befand sich das Kastro, die Wehranlage, die zumeist auf der höchsten Stelle einer Stadt erbaut wurde. Noch heute war die Stadtmauer hier eine beeindruckende, etwa 10 m hohe Mauer. Waagrechte Ziegelbänder mit verschiedenen Mustern nehmen der Mauer etwas von der Schwere. Vom runden Trigónionturm, einem markanten Bauwerk an einer Ecke der Befestigung, ging eine lange, teilweise schon arg verfallene Mauer hinunter in die Stadt, bis hin zum Weißen Turm. Circa 60 quadratische Türme waren im Mauerwerk der einstigen Stadtmauer, die die Stadt damals schützte, zur besseren Verteidigung eingebaut gewesen. Die Stadtmauer war unter Kaiser Theodosios in der Zeit von 378 bis 395 n. Chr. errichtet worden (Theodosianische Mauer).

Etwas unterhalb des einstigen Kastros, inmitten der Häuser am Berghang, befand sich die winzige und keineswegs als Kirche erkennbare Osios-David-Kirche. Einst war sie viel größer gewesen, sie war aber von den Türken zum größten Teil abgerissen worden. Auch die Mosaike waren von ihnen übertüncht worden. Nach einem Erdbeben aber wurden sie glücklicherweise wieder sichtbar. Eine alte Griechin hatte den Schlüssel zu diesem Kleinod byzantinischer Kunst. Die Mosaike waren wirklich beeindruckend, unter anderem gab es hier einen bartlosen Christus zu sehen. Wir wurden von unserer Fremdenführerin daran erinnert, dass auch schon der Apostel Paulus hier in Thessaloniki gewirkt hatte!

Von diesem Kleinod byzantinischer Kunst ging es wieder hinunter in die Stadt. Als erstes besichtigten wir die Rotonda (Rotunde). Einst als Mausoleum gedacht, wurde sie in christlicher Zeit zu einer riesigen Kirche umgewandelt. Berühmt waren vor allem ihre prächtigen Mosaike. Während der Türkenzeit wurde die Rotonda in eine Moschee umfunktioniert. Das neben der Rotonda stehende Minarett legt davon heute noch Zeugnis ab. Nun war sie – wegen der schönen Mosaike – als Museum für jedermann zugänglich gemacht worden.

Nicht weit davon und einst in Verbindung mit der Rotonda stehend, war der Galerius-Bogen. Recht plastisch waren hier die Taten des Kaisers Galerius (um 260 bis 311 n. Chr.) dargestellt, vor allem seine Siege in Asien.

Noch eine weitere Kirche wurde uns gezeigt, die Kathedrale des Stadtheiligen Dimitrios. In dieser Kirche befand sich auch sein Grab. Die Kathedrale war im Stil einer fünfschiffigen Basilika errichtet worden. Im 5. Jh. erbaut, brannte sie im Jahre 1917 ab und wurde 1949 wiederaufgebaut. In der Apsis befindet sich ein schönes Mosaik, auf manchen Pfeilern der Kirche konnte man noch Malereien erkennen, meist Heiligendarstellungen, die den Brand der alten Kirche relativ unbeschädigt überstanden hatten.

Nach dieser nur recht oberflächlichen Besichtigung der Stadt brachen wir nach Chalkidiki auf. Eine schmale Straße, kleine Ortschaften und viel leuchtend rot blühender Mohn auf den Feldern waren mir von dieser Fahrt noch in schöner Erinnerung geblieben. In Stagira besichtigten wir das Denkmal des Aristoteles, der hier geboren worden war. Mittags wurde in einem Gasthof Rast gemacht. Wir passierten die Landenge, wo einst der Xerxes-Kanal gegraben worden war und erreichten alsbald das Eagle-Palace-Hotel, welches etwa 3 km außerhalb der Ortschaft Ouranoupoli gelegen war.

Das Eagle Palace war ein 5-Sterne-Hotel und sicher noch nicht alt. Es war toll in den Felsen hineingebaut, eine Treppe führte hinunter zum Swimmingpool und von dort weiter hinunter zum hoteleigenen Strand. Unser Zimmer war schön. Noblesse herrschte beim Abendessen vor.

Zu meinem Glück hörte ich auf meine Frau und auf meine wohlmeinenden Freunde und ließ mehr als die Hälfte jenes Proviants, vor allem die Konservendosen, die ich als Wegzehrung auf die Wanderung mitnehmen wollte, im Hotel bei meiner Frau zurück. Wenig Freude machte uns dann aber, dass in der Nacht ein gewaltiges Unwetter niederging.

Dienstag, 30. Mai:

Nach dem Frühstück fuhren wir mit unserem Bus nach Ouranoupoli, welches damals noch ein ganz kleines Fischerdorf war. Leider sahen wir nicht viel vom Dorf, denn es goss in Strömen. Wir verabschiedeten uns für die nächsten paar Tage von unseren Ehefrauen. Ein kleines Motorboot nahm uns auf und wir gingen gleich unter Deck. Entlang der Kabinenwand gab es rundherum Bänke, wo wir uns nun niederließen. Mit uns fuhren auch andere Personen, meist waren es Arbeiter. Von ihnen wurden nun allerhand Gepäck- und Frachtstücke herunter in die Kabine gebracht, sodass wir uns bald recht beengt fühlten.

Die Fahrt nach Dafni, jenem Hafen, den jedes Schiff mit Pilgern an Bord anlaufen musste, dauerte circa zwei Stunden. Unter Deck war die Luft stickig, es stank nach Diesel und der Lärm des Motors war unangenehm laut. Zudem schaukelte das Boot doch recht stark auf dem aufgewühlten Meer. Mehrere Male legten wir bei einem Kloster kurz an, doch wir sahen dieses nur schemenhaft und im starken Regen wirkte jedes recht abweisend.

Endlich waren wir in Dafni. Der einzig echte Hafen am Athos wirkte bei diesem Wetter besonders trostlos, ein paar desolate Häuser, eine Polizeistation, wo gleichzeitig auch die Hafenpolizei Dienst tat, zwei Geschäfte, ein Gasthaus und mehrere Lagerschuppen.

Schon im Hotel Eagle Palace war die Losung ausgegeben worden, wir mögen uns möglichst schnell zum Bus begeben, denn wer dort keinen Platz bekam, der musste nach Karyes hinauf zu Fuß gehen. Damals gab es am Athos an Fahrzeugen nur einen schon sehr altersschwachen roten Bus, der nicht besonders viele Sitzplätze besaß, und ein geländegängiges Fahrzeug für die Polizei. Zum Glück kam unsere Reisegesellschaft komplett im Bus unter. Im Bus saßen auch Mönche und Arbeiter.

Es regnete immer noch stark. Langsam setzte sich der Bus in Bewegung und quälte sich auf denkbar schlechter, ausgewaschener und sehr kurvenreicher Schotterstraße den Berg hinauf. Wir fuhren am Kloster Xiropotamou vorbei.

Doch bald gab es einen unvorhergesehenen Halt. Das Unwetter des Vortags hatte einen Baum entwurzelt, der nun quer über der Straße lag. Da stiegen dann die mitfahrenden Waldarbeiter aus, und mit ihren Hacken bearbeiteten sie den Baum solange, bis ein Vorbeifahren möglich war. Etwas später erreichten wir die Passhöhe und dann ging es auf der anderen Seite des Berges hinunter bis nach Karyes. Karyes, der Hauptort des Athos, bestand nur aus verfallenen Häusern. Die Hauptstraße, die einzige breitere Straße, war aufgegraben, sodass wir im Schlamm und Schmutz versanken. Zudem regnete es immer noch stark. Die Straßenbeleuchtung bestand aus Petroleumlampen, die ein Mönch abends anzündete. So einen trostlosen Ort hatte ich zuvor noch nie gesehen!

Ja, es gab hier auch ein Gasthaus. Es war eine üble, schmutzige Spelunke. Mit wahrem Grauen erinnere ich mich noch an die Toilette dort. Bei diesem Sauwetter war der einzige Gastraum zudem noch recht finster. Wir waren die einzigen Gäste. Nach altem griechischem Brauch gingen wir in die Küche und schauten in die Töpfe, was es so zu essen gab, und trafen unsere Wahl.

Es gab Bohnensuppe und gedünsteten Fisch mit Kartoffeln, dazu Weißbrot und Wein. Ich aß nur von der Suppe und trank dazu Wein. Der Grund unseres Aufenthaltes hier war, dass wir auf Prof. Rohsmann warten mussten, der mit der Besorgung der Diamonitiria beschäftigt war, jener berühmten Bewilligung, die für einen Athos-Aufenthalt unbedingt notwendig war. Und diese wurde damals nur in Karyes ausgestellt. Wir nutzten inzwischen die Zeit und schrieben einige Ansichtskarten, denn ein Postamt gab es hier bereits damals.

Bei der Ausstellung der Diamonitiria ging Prof. Rohsmann Pater Mitrophan, ein Mönch aus dem serbischen Kloster Hilandar, sehr zur Hand. Als dieser Bürokratismus erledigt war, klommen wir auf einem schmalen Pfad, der immer wieder an verfallenden Häusern vorbeiführte, einen Hang hinauf. Wir kamen nach ungefähr zehn Minuten zu einem stattlichen, mehrstöckigen Gebäude, das dem Kloster Hilandar als Konak[2], als Wohn- und Gästehaus in der Hauptstadt, diente. In einem Schlafsaal mit sauberen Betten bezogen wir unser Nachtquartier.

2 Konak, aus dem Türkischen entnommen, bedeutet so viel wie herrschaftliches Anwesen, Herrenhaus, Schloss. Es kann damit auch eine Herberge gemeint sein.

Obwohl das Wetter immer noch schlecht war, spazierten wir wieder hinunter zur Hauptstraße. Über Vermittlung von Pater Mitrophan durften wir in das Protáton hinein. Das Protáton war eine für den Athos untypische Kirche, ohne Kuppel und Chöre. Sie war auch keine Klosterkirche, sondern die Kirche der geistlichen Würdenträger, die von den zwanzig Klöstern des Heiligen Berges an die Iera Kinitis, die Heilige Gemeinschaft, nach Karyes abgesandt wurden.

Im Protáton musste man sich erst an das Dunkel gewöhnen. Dann auf einmal konnte man die herrlichen Wandmalereien des Panselinos[3], eines Malers der makedonischen Schule, erkennen. Die Malereien waren überwältigend, wir durften als besonderen Gunstbeweis sogar fotografieren.

Neben dem Protáton befand sich ein Turm, in dem die wichtigsten Urkunden des Heiligen Berges aufbewahrt wurden. Gleich anschließend besuchten wir eine Malerschule. Da ich selbst wenig von diesem Besuch in Erinnerung habe, möchte ich wieder Gerts Beschreibung hier heranziehen:

„In Karyes leben zahlreiche Heiligenbildermaler, die in Gemeinschaft oder (in) Kellien[4] wohnen. Gleich links bei der Einfahrt besuchten wir die Gemeinschaft Lasofaii, die im Parterre in Form einer Ausstellung Abbilder aus dem Protáton zeigt. Daneben befindet sich das Atelier. Im Trakt darüber leben die Mönche. Sie haben eine eigene Kapelle und zwei Empfangszimmer. Auf der Veranda sind Blumen und kleine Vögel in Käfigen. Der Garten ist sehr gepflegt, es werden auch kleine Haustiere, wie Hasen und Hühner, gehalten.

Ein anderer Ikonen-Malermönch, Nikolas Tamassinos, der durch Ausstellungen einen internationalen Ruf erworben hat, lebt hier in einer Kellie. Die letzte Ausstellung, an der er teilnahm, fand 1972 in Paris statt. Stolz zeigte er uns Aufnahmen von diversen Ausstellungen. Das Haus war blitzsauber, der Garten sehr gepflegt und vor dem Haus findet man unter einer Weinlaube einen gemütlichen Sitzplatz. Im Haus roch es gerade nach frisch gebackenen Keksen.“

Freundlich von den Malermönchen verabschiedet, wanderten wir etwas später hinunter zum Kloster Koutloumousiou. Es lag gute zehn Minuten von Karyes entfernt. Ein zum Christentum übergetretener Türke soll es einst gegründet haben. Von außen glich das Kloster einer Festung. Vor dem Kloster befand sich ein überdachter Brunnen, wo auch ein großes hölzernes Simantron[5] aufgehängt war. Meine erste „Stundentrommel“. Im überdeckten Bereich des Brunnens saß ein gütiger Mönch, den wir fotografieren durften.

Wir betraten das Kloster, das auch in Inneren mit seinem Turm und dem großen Katholikon[6] beeindruckend war. Das Unwetter vor zwei Tagen hatte im Kloster großen Schaden angerichtet. Nahe dem Turm gab es eine alte Weinlaube, welche der Wind umge-

---

3 Manuel Panselinos, Maler der Makedonischen Schule, wirkte Ende des 13., Anfang des 14. Jhs.

4 Kellia („Zelle“). Geräumige monastische Bauten, mit einer in den Bau einbezogenen Kirche und einem größeren Landbesitz. Sie werden von den Klöstern Gruppen von drei bis vier Mönchen zugewiesen, die sich hauptsächlich mit Ackerbau und anderen Arbeiten beschäftigen.

5 Auch „Simandron“ geschrieben. Aus Holz oder Metall, womit die Mönche zu religiösen Handlungen in orthodoxe Kirchen, vor allem am hl. Berg Athos, gerufen werden. Erhard Kästner bezeichnete sie in seinem bekannten Athos-Bericht mit „Stundentrommel“.

6 Mit „Katholikon“ wird die Hauptkirche eines Athos-Klosters bezeichnet.

rissen hatte, worüber die Mönche noch immer fassungslos waren. Leider durften wir das Katholikon selbst nicht besichtigen.

Vom Kloster wanderten wir nach Karyes zurück und dann hinauf zu unserer Herberge. Wir verbrachten den Abend mit Pater Mitrophan, der ausgezeichnet deutsch sprach. Er war im Krieg verwundet und in Wien in einem Heeresspital gesund gepflegt worden, wie sich in einem Gespräch mit Erich Edlinger herausstellte.

Das Hausfaktotum, Georg, kochte für uns ein gutes Abendessen; es gab Bohnensuppe und dazu Lauch, grünen Salat, Weißbrot, Käse und Rotwein. Müde von den vielen Reiseeindrücken gingen wir bald schlafen. Ich hatte zudem Migräne, ein sicheres Zeichen, dass das Wetter am kommenden Tag besser werden würde!

Mittwoch, 31. Mai:

Mein Kopf hatte es richtig vorausgesagt, heute gab es tatsächlich schönes Wetter. Zum Frühstück bekamen wir von Georg Tee und Weißbrot. Danach brachen wir auf, diesmal mit unseren Rucksäcken. Es ging wieder hinunter bis zur Hauptstraße und dann auf dieser zur Skite[7] Agiou Andreou, die nicht weit von Karyes entfernt war. Was muss das einst für ein großartiger Bau gewesen sein, das konnte man sogar noch zum Zeitpunkt des Besuches im letzten Stadium seines totalen Verfalls sehen. Zu seiner Einweihung war einst sogar der Zarewitsch gekommen! Vor einigen Jahren war nun der letzte russische Mönch gestorben und alle Schätze der Skite waren ins griechische Kloster Vatopediou gebracht worden. Die Ikonostase[8] war noch im Kyriakon[9] vorhanden. Nur ein Blick durchs Schlüsselloch ermöglichte uns, dies zu sehen.

Auf einer Schotterstraße wanderten wir nun in Richtung des Klosters Iviron. Wir begegneten Mönchen, die auf Maultieren ritten, oder auch solchen, die, eine Wandertasche umgehängt, zu Fuß unterwegs waren. Da Prof. Rohsmann sich naturgemäß gut auskannte, führte er uns etwas abseits des Weges zu einer Schmiede. Darin werkte gerade Pater Joakim Romanos, ein rumänischer Mönch, der ausgezeichnet deutsch sprach. Er war recht lustig und ließ sich bereitwillig fotografieren. Neben der Schmiede betrieb er auch eine kleine Landwirtschaft.[10]

Nach diesem Besuch kamen wir nach einiger Zeit wieder zu einer Skite, jener von Profiti Ilia. Auch diese war recht schwach besetzt, nur zwei Mönche lebten dort: ein Gastmönch aus Amerika namens Pater Ioannikios und der Abt Pater Seraphim. Pater Ioan-

7 Die Skite ist ein Mönchsdorf. Es handelt sich dabei um organisierte Gemeinschaften, die aus vielen Hütten bestehen. Mitten darunter befindet sich die gemeinsame Kirche, das Kyriakon. Skiten sind übergeordneten Klöstern zugeordnet. Die Leitung der Skite obliegt dem Dikaios („der Gerechte").

8 Die Ikonostase ist eine mit Ikonen geschmückte Wand mit drei Türen, die in orthodoxen Kirchenbauten zwischen dem inneren Kirchenschiff und dem Altarraum steht.

9 Das Kyriakon („das zum Herrn gehörende") ist die Hauptkirche einer Skite oder eines Kellions, während die Hauptkirche eines Klosters als Katholikon bezeichnet wird.

10 Zu Pater Joakim Romanos vgl. auch: Leopold Kretzenbacher, Ethnologia Europaea. Studienwanderungen und Erlebnisse auf volkskundlicher Feldforschung im Alleingang. München 1986, S. 16ff.

nikios bewirtete uns mit Tsipouro[11] und Wasser, zeigte uns das Kyriakon und führte uns anschließend vor, wie gut er mit einem Glockenspiel umgehen konnte. Die Ikonostase der Kirche war typisch russisch, überreich mit Gold beladen und mit vielen Bildern, die im Stil der Nazarener gemalt waren.

Auf einem überschwemmten Fußpfad wanderten wir bis zu einem Wegkreuz und bogen dann nach Osten ab, um dem Kloster Stavronikita einen Besuch abzustatten. 1968 war das Kloster noch eine Ruine gewesen, nun aber hatte es ein sehr aktiver Abt, gemeinsam mit jungen, enthusiastischen Mönchen soweit gebracht, dass es sich in einem vorbildlichen Zustand befand. Angeblich lebten hier schon zwanzig Mönche, von denen viele aus Westeuropa gekommen sein sollen.

Tatsächlich gab es hier einen Archontaris[12] aus Holland, mit dem wir ins Gespräch kamen. Man reichte uns auch Loukoumi[13]. Wir besichtigten das Katholikon mit seinen prachtvollen Fresken, die aber wegen der herrschenden Dunkelheit viel zu wenig zur Geltung kamen. Schön war auch die Trapeza[14]. An verfallenen Hütten vorbei wanderten wir nun dem Meeresstrand entlang. Es war nicht angenehm, am Schotter zu gehen, noch dazu bei ordentlicher Hitze. Das war für einen Mitwanderer zu viel, er bekam eine Kreislaufschwäche und unsere Ärzte verordneten ihm Tee, der gleich hier am Strand auf einem Gaskocher, welchen Erich Edlinger bei sich hatte, zubereitet wurde. Erstmalig tat mir auch mein Rucksack weh, nahe der Hüfte begann mich das Tragegestell wund zu reiben.

Gegen Abend erreichten wir das Kloster Iviron, wo wir die Nacht verbringen wollten. Unsere Unterkunft war nicht übermäßig sauber, die Bettwäsche sah nicht nach frisch gewechselt aus. Elektrisches Licht gab es damals natürlich auch noch keines. Irgendwo am langen, finsteren Gang brannte eine Petroleumfunzel. Die Waschanlage und die Toiletten spotteten jeder Beschreibung.

Wir spazierten noch etwas im Kloster herum, um das eine oder andere zu fotografieren, sofern es uns erlaubt wurde. Dann bekamen wir das Abendessen: kalte Bohnensuppe, Oliven, Brot und Wasser zum Trinken. Vom anstrengenden Wandern müde, gingen wir bald schlafen.

Donnerstag, 1. Juni:

Heute wollten wir mit dem Schiff entlang der Ostküste nordwärts fahren. Pünktlich um sieben Uhr legte das Schiff an. Es musste vom Kloster Megisti Lavra in aller Früh schon abgefahren sein. Heute herrschten herrliches Wetter und das Meer war ganz ruhig. Bei den Klöstern Stavronikita und Pantokratoros wurde jedesmal kurz angelegt, einerseits um ein

11 Tsipouro ist der traditionelle griechische Tresterbrand aus der Region Makedonien. Wir alle glaubten bis zur 6. Wanderung (2000), immer einen Ouzo bekommen zu haben, in Wirklichkeit war es Tsipouro. Im Nachhinein wurde der Irrtum, dass es in Wirklichkeit ein Tsipouro war, auf diesen ausgebessert.

12 Der Archontaris ist der „Gastmeister“. Er sorgt für das Essen und die Unterbringung der fremden Pilger. Ist dafür ein eigenes Gebäude vorgesehen, spricht man vom Archontarikion.

13 Loukoumi (griech.), Lokum (türkisch). Ursprünglich türkische Süßspeise auf Basis eines Sirups aus gelierter Stärke und Zucker, oft auch mit Mastix. Sie ist weich und klebrig, transparent gelblich oder kann auch verschiedenfarbig sein.

14 Die Trapeza ist der Speisesaal eines orthodoxen Klosters und entspricht dem Refektorium katholischer Klöster.

Zu- und Aussteigen zu ermöglichen, anderseits um Verschiedenes auszuladen oder mitzunehmen.

Auf der Fahrt entlang der Küste in Richtung des Klosters von Vatopediou konnte man immer wieder Kellien sehen und manchmal auch alte Wachtürme. Letztere hatten einst dem Schutz vor Piraten gedient, für welchen das Kloster Vatopediou in diesem Gebiet verantwortlich war. Langsam kam auch dieses selbst in Sicht, und wir waren alle sehr beeindruckt von dessen Größe.

Bei der Arsanas[15], dem Hafen des Klosters, legten wir an. Holzarbeiter stiegen zu. Diese brachten auch einige Mulis mit an Deck. Die Arbeiter zeigten, dass sie äußerst genügsame Menschen waren. Ihre Jause war einfach, sie bestand aus Kirschen, Haselnüssen und Brot.

Und wieder kam ein mächtiges Kloster in Sicht, es war jenes von Esfigmenou. Schon von der Ferne wirkte es wehrhaft und trotzig. Und so waren die Mönche dieses Klosters auch. Seit es 1974 eine Aussöhnung zwischen dem Patriarchen von Konstantinopel und dem Papst gegeben hatte, nahm dieses Kloster eine extreme Haltung ein und demonstrierte dies auch mit einem Schriftband auf einem Gebäude an der Seeseite. Darauf konnte man in griechischer Sprache geschrieben, mit weißer Farbe auf schwarzem Grund, lesen: „Orthodoxia i Thanatos" (Orthodoxie oder Tod). In der Folge kam es sogar zum Einsatz von Ordnungskräften. Seitdem nimmt man es im Kloster mit der Ordensregel besonders streng, vor allem Nichtorthodoxe werden kaum in das Katholikon geführt. Nachdem man uns mit Tsipouro, griechischem Kaffee[16] und Loukoumi bewirtet hatte, führte man uns trotzdem in das Katholikon, was sicher dem Einfluss Pater Mitrophans zu verdanken war. Unsere besondere Bewunderung erregte die Ikonostase, welche ein wunderbares Werk der Schnitzkunst war.

Oberhalb der Hafenanlage von Esfigmenou, auf einem steil abfallenden Hang, befand sich ein Kirchlein. Hier lebte einst der Mönch Antonij Petraskij, der später in die Ukraine gezogen und dort von großer Bedeutung für die Verbreitung der orthodoxen Glaubensrichtung gewesen war.

Nach Überqueren einer alten Steinbrücke wanderten wir auf schmalem Steig zum Kirchlein hinauf. Atemberaubend war der Blick von hier zum darunter gelegenen Kloster mit seinem großen Gemüsegarten. Der Zugang vom Meer zum Kloster war derart gut zur Abwehr jeglichen Feindes gebaut worden, wie es auf keiner Ritterburg besser gemacht hätte sein können. Auf einer vom Regen sehr ausgewaschenen Straße wanderten wir circa eine ¾ Stunde bis zum serbischen Kloster Hilandar. Auch dieses Kloster war schon von außen ein besonders eindrucksvoller Bau. Riesiges Mauerwerk, mehrere Stockwerke hoch, auch hier war der erste Eindruck mehr der einer Festung, als der eines Klosters.

Bedeutend war der Einfluss, den dieses Kloster im kulturellen und geistigen Leben der Serben stets eingenommen hatte. So ist es bis heute üblich, dass jeder höhere geistige Wür-

15 Arsanas ist der Hafen oder die Hafenanlage eines Klosters. Jedes der zwanzig Klöster hatte, entweder auf der Ost- oder der Westküste seine eigene Arsanas.

16 Der „griechische Kaffee" wird bei uns schlechthin als „türkischer" bezeichnet, für den patriotisch gesinnten Griechen eine Unmöglichkeit.

denträger stets eine gewisse Zeit lang hier gelebt haben muss. Der hl. Sava/Sabas, Sohn von Stefan Nemanja, des Einiger der serbischen Stämme, hatte das Kloster 1191 gegründet.

Durch drei mächtige, mit Eisen beschlagene Tore kam man in den Hof und war sofort gefangen von einer mächtigen Zypresse, die höher war als das Kloster. Diese soll die älteste Zypresse des Mittelmeerraumes sein, gut 800 Jahre alt! Eine zweite, nicht so hohe, stand in einigem Abstand daneben. Neben den Bäumen war auch der Weihbrunnen (Phiali) und dahinter wurde der mächtige Bau des Katholikons sichtbar.

Im zweiten Stock des Klosters bezogen wir unsere Zimmer. Dann gingen wir auf Entdeckungsreise. Vor allem von außen wollten wir Fotos machen und kämpften uns teilweise durch wildes Gestrüpp. Zum Kloster gehörten große Gärten, in denen Marillen-, Zwetschken-, Quitten-, Pfirsich- und Maulbeerbäume kultiviert wurden. Es gab ferner Olivenbäume und auch Weinbau wurde betrieben. In eigenen Gewächshäusern wurde Gemüse gezogen.

An der Zufahrtsstraße lagen der Friedhof und das Nekrotapheion, der Karner. Hier wurden die Schädel und Knochen der verstorbenen Mönche aufbewahrt. Im Friedhof befand sich das Marmorgrab eines Mannes, der sich einst um das Kloster sehr verdient gemacht hatte. Er hatte auf eigene Kosten ein Gebäude erbauen lassen, in welchem wertvolle Ikonen und andere Schätze aus den zahlreichen stillgelegten Klosterkapellen aufbewahrt werden.

Wir durften den gewaltigen Turm des Klosters besteigen, von dem man einen wunderbaren Blick auf den Klosterhof hat. Da passierte es Erich Edlinger, dass der Schutzdeckel seiner Kamera, an und für sich kein Wertgegenstand, in das Innere des Turmes fiel. Erich Edlinger, der sich mit dem Fluglotsen besonders angefreundet hatte, überredete diesen, dass er ihm den Deckel von dort unten herausholen werde.

Man trieb ein Seil auf und Erich Edlinger, ein erfahrener Bergsteiger, seilte den Lotsen kunstgerecht ab. Den Schutzdeckel triumphierend in der Hand haltend, erzählte gruselnd der Lotse später, alles sei voll von Spinnweben gewesen. Dort unten war sicher schon lange kein Mensch gewesen! Für die Mönche jedenfalls war das ein langes, ergiebiges Gesprächsthema!

Um 16 Uhr wurde mit dem Simantron zu einer kurzen Abendandacht gerufen. Zuerst wurde ein metallenes, hufeisenförmiges Simantron geschlagen, dann ging ein Mönch mit einem hölzernen Klangholz um das Katholikon herum und schlug in einem bestimmten Rhythmus mit einem Holzhammer darauf ein. Von allen Seiten kamen nun die Mönche zur liturgischen Feier in das Katholikon. Wir durften im Esonarthex daran teilnehmen.

Ungewohnt für uns waren die hohen Betstühle in der Kirche, wo man entweder drinnen stehen oder durch Herabklappen des Sitzes auch recht tief drinnen sitzen konnte. Es wurde sehr schön gesungen, wobei einem Vorsänger immer ein anderer antwortete. Die Sprache des Gesangs war serbisch. Nach der Abendandacht begaben sich alle in die Trapeza, die gleich gegenüber dem Katholikon gelegen war. Die Malereien an den Wänden, denen ein ehrwürdiges Alter anzusehen war, beeindruckten mich sehr. Man begann das Essen mit einem Gebet. Während des Essens – es bestand aus Nudeln, Calamari, Käse, Zwiebeln, Gurken, Wein und Wasser – las ein Mönch aus einem religiösen Erbauungswerk solange vor, bis auf ein Glockenzeichen des Abtes das Essen beendet war. Es folgte abermals ein Gebet, dann verließen in strenger Rangordnung die Mönche den Raum und wir schlossen uns ihnen am Ende an. Vor der Tür stand dann der Abt und teilte allen seinen Segen aus. Ihm gegenüber stand in tiefer, beinahe rechtwinkelig gebückter Haltung jener Mönch, der für das Essen verantwortlich gewesen war.

Noch eine Überraschung stand uns bevor. Wir durften die Ikonensammlung des Klosters sehen. Sie war nahe dem Turm untergebracht. Wie in einem Museum hingen hier Schätze der Ikonenkunst, wie man sie ganz selten wieder woanders sehen wird können. Am wertvollsten waren die frühen Mosaikikonen. Wir durften hier sogar fotografieren! Mit Gesprächen über das Gesehene klang der Abend aus.

Freitag, 2. Juni:

Gut zwei Stunden wanderten wir vom Kloster Hilandar den Höhenrücken hinter dem Kloster hinauf. Der Weg war schlecht und extrem ausgewaschen. Man konnte oft nicht Fuß neben Fuß setzen. Bergauf musste man sich manchmal mit den Händen am Boden abstützen.

Das Gestänge des Rucksacks hatte mich an zwei Stellen schon ganz wund gerieben und beide Knie taten mir teuflisch weh. Besonders beim Bergabgehen kamen mir oft beinahe die Tränen. Ich hatte mir in beiden Knien, wie sich später herausstellte, eine Seitenbandzerrung zugezogen.

Wir erreichten eine Hochebene. Da war das Gehen dann schon leichter. Auch die Landschaft erwies sich nun als sehr reizvoll. Auf der anderen Seite des Höhenzuges gab es den alten Pilgerweg, der über große Strecken mit Steinen kunstvoll ausgelegt war. Links und rechts davon herrschte meist wildes Gestrüpp. Als wir dann das Tal erreicht hatten, sahen wir in der Ferne das mächtige Bulgarenkloster Zographou. Wir marschierten das Tal entlang und kamen zur Arsanas von Zographou, wo pünktlich um elf Uhr ein Schiff anlegte. Wir stiegen zu und fuhren nun der Westküste entlang, vorbei an den Klöstern Dochiariou, Xenofontos, Panteleimonos, Xiropotamou und gingen erst in Dafni wieder von Bord.

In Dafni stiegen wir auf ein kleineres Boot um. Mit diesem ging es weiter südwärts. Majestätisch vor uns zeigte sich der Berg Athos (2033 m). Auch der Höhenzug stieg beträchtlich an. Sehr beeindruckend war für uns im Boot der erste Anblick des Klosters Simonos Petras, welches hoch oben förmlich aus dem Hang herauswuchs. Seine himmelstrebenden Mauern erinnerten an Bilder vom tibetischen Potala in Lhasa.

Weiter südwärts ging es, vorbei an den Klöstern Osiou Grigoriou und Dionysiou. Unvergesslich waren hier die Balkone, die wie Schwalbennester hoch oben an den Klostermauern klebten. Nun trennte sich unsere Reisegesellschaft. Erich Edlinger und ich stiegen an der Arsanas von Agiou Pavlou aus. Die anderen fuhren bis zur Anlegestelle für Agia Anna weiter. Drei davon, Gert, Wolf und der Fluglotse wollten von dort aus den Athos besteigen, die anderen von Agia Anna nach Agiou Pavlou zurückwandern.

Ich hatte Knieschmerzen und auch Erich Edlinger hatte Beinprobleme. So wollten wir uns einen schönen Tag machen. Von der Anlegestelle weg gingen wir den Strand entlang, bis wir einen entsprechenden Felsen vorfanden. Wir entledigten uns der Kleidung und gingen baden. Kurz wurden wir durch den Lärm eines Motorbootes gestört – griechische

Polizei. Wie die Indianer am Kies dahinkriechend, versteckten wir uns hinter dem Felsen. Hätten sie uns nämlich erwischt, wäre unser Athos-Abenteuer jäh beendet gewesen und wir wären möglicherweise noch bestraft worden.

Wir gingen kühn nochmals ins Meer baden, dann jausneten wir gemütlich steirische „Messner-Wurst" und tranken Gin, den Erich mithatte. Ausgeruht wanderten wir zum Landeplatz zurück, und im Bette eines Wildbaches, der unglaubliche Schottermassen und Felsbrocken, die vom Athos herabgedonnert waren, talwärts geschoben hatte, wanderten wir langsam dem Kloster zu. Dieses lag wieder einmal sehr romantisch und wehrhaft, die Mauern von Zinnen bekrönt, hoch oben auf einem Berghang.

Im Kloster trafen dann auch die anderen, mit Ausnahme der Athos-Besteiger, ein. Wir erhielten ein ansprechendes Zimmer. Ich teilte meines mit Erich. Wie immer gingen wir zur Abendandacht in ein eher schmuckloses Katholikon und bekamen ein relativ gutes Essen. Nach dem Essen zeigte uns ein Mönch die Schätze der Klosterbibliothek. Da gab es phantastische und unglaublich wertvolle Schriften und Bücher zu sehen!

Da es ja nur Petroleumlicht gab, war frühes Schlafengehen angesagt. Also machten Erich und ich es uns im Zimmer gemütlich. Verbotenerweise bereitete Erich auf seinem Gaskocher uns Tee zu. Dann erzählte er mir Aufregendes aus seinem Leben. Wie er einmal an der österreichisch-schweizerischen Grenze, als er einem verunglückten Schifahrer zu Hilfe kam, selbst mit einem Ratrak in eine Gletscherspalte gefallen war und nur mit viel Glück gerettet wurde. An den damals erlittenen Verletzungen litt er noch heute.

Seit damals gab es in Österreich sogar ein Gesetz, ein „Lex Edlinger", dass ein Arzt, der einem Verunglückten zu Hilfe kam, auf jeden Fall versichert war, wenn er dabei selbst verunglückte.

Ein anderes Mal stieß er sich im OP den Kopf an, hatte eine Netzhautablösung und musste lange Wochen bewegungslos liegen. Lange sprachen wir dann noch darüber, wie Erich die „landschaftliche Anaesthesie" in Graz aufbaute. Erich war wirklich ein bewundernswerter Mensch!

Samstag, 3. Juni:

Früh wanderten wir hinunter zur Anlegestelle. Hier trafen wir zu unserer Überraschung bereits die Gipfelstürmer, die über den Anstieg und über eine bitterkalte Nacht in der Panagia-Hütte berichteten. Wolf schaffte es nicht ganz, er blieb in der Hütte zurück, da er unter starken Wadenkrämpfen litt.

Mit dem Schiff fuhren wir bis zur Arsanas von Simonos Petras. Einige von uns stiegen schon beim Kloster Dionysiou aus und gingen den Weg über die Klöster Dionysiou und Osiou Grigoriou zu Fuß. Das konnte ich mit meinem Knie und den aufgeriebenen Stellen am Rücken unter keinen Umständen machen. Vor allem das Knie tat oft sehr weh.

An der Arsanas von Simonos Petras wartete schon eine ganze Schar Maultiere. Erich hoffte vergebens, dass nun sein Traum in Erfüllung gehen würde. Hoch auf einem Maultier reitend wollte er stets das Mönchsland bereisen. Aber niemand war da, mit dem er hätte darüber sprechen können, so begaben wir uns auf dem steilen Weg hinauf zum Kloster.

Als wir ungefähr den halben Weg hinter uns gebracht hatten, hörten wir plötzlich Glockengeläute. Mehrere beladene Maultiere näherten sich, auf dem letzten ritt ein sehr dicker Mönch. Erich machte mit dem Daumen ein Zeichen wie beim Autostoppen. Man könnte uns doch wenigstens die Rucksäcke abnehmen und mithinaufbringen! Aber die Karawane zog an uns vorbei, der Dicke auf den Muli gab uns sogar großzügig seinen Segen. Und Erich fluchte hinter ihm her. Später erfuhren wir, dass der Dicke der Bischof von Ierissos gewesen war.

Als das Kloster schon sehr nahe war, konnten wir bereits einige Wanderfreunde sehen, die hoch oben im Kloster auf einem der schwindelerregenden Klosterbalkone standen und uns etwas zuriefen, das wir aber vorerst nicht verstanden. Sie erzählten uns später, auf einem Stein nahe dem Weg wäre eine circa einen Meter lange, kupferbraune Schlange gelegen, die niemanden vorbeigehen lassen wollte. Mit Steinen habe man sie vertrieben, man wollte uns aber auf alle Fälle warnen.

Dieses Kloster mit seinen vielen Balkonen war von der Architektur her eines der aufregendsten. Man konnte sich gar nicht satt sehen. Die repräsentativen Räumlichkeiten im Kloster zeigten dagegen kaum Malereien, weder im Katholikon noch in der Trapeza. Natürlich war das Kloster reich an schönen Ikonen.

Hoch oben im letzten Stockwerk des Klostermitteltraktes war der Empfangsraum. Vom Balkon dieses Raumes hatte man einen phantastischen Blick hinunter aufs Meer, das gut 250 m weit unten türkisblau heraufschimmerte. Aber in welchem Zustand waren die Balkonbodenbretter und wie das Balkongitter? Da konnte einem das Schaudern kommen, denn an vielen Stellen waren die Bodenbretter total morsch! Wir bekamen in diesem Stockwerk auch unsere Schlafgelegenheit, ein Zimmer mit einer ganzen Reihe von Betten. Wenn man da nachts hinaus und über den Balkon gehen musste!

Wir erfuhren, dass am Folgetag zwei Mönche zu Priestern geweiht würden. Das war auch der Grund der Anwesenheit des Bischofs im Kloster. So gab es vor dem Abendessen eine sehr feierliche Andacht mit viel Gesang.

Dann begab man sich zum Abendessen, welches traditionell mit einer Lesung vonstatten ging. Es gab einen warmen Nudel-Käseauflauf und ein Ei, Käse, Wein, dunkles Brot und Wasser. Endlich einmal etwas Gutes! Wir gingen gemütlich ans Werk, alle anderen aber schaufelten wie die Wilden das Essen in sich hinein. Erst betrachteten wir dieses Gehabe verständnislos. Als aber dann ein Glockenzeichen ertönte und alle aufstanden und das Essen stehen ließen, wurde uns klar, warum es so war! Wir mussten leider große Teile unseres Essens zurücklassen!

Doch Erich schnappte sich noch schnell zwei Eier. Bei der Türe stand der Bischof und erteilte jedem seinen Segen. Etwas komisch schaute er schon, als dann Erich mit den zwei Eiern in der Hand an ihm vorbeikam. Man verständigte uns dann, ein Mönch, welcher der nächste Abt sein werde, würde uns theologische Fragen beantworten. Wir trafen uns später wirklich mit ihm, aber das Gespräch, in englischer Sprache geführt, war für keinen Teil befriedigend. Dem Schlafengehen stand dann nichts mehr im Wege.

Sonntag, 4. Juni:

Um halb sieben marschierten wir Richtung Dafni, vorbei an der Klause des hl. Simon, des Athoniten, des Klostergründers. Wir wanderten weiter auf einer Schotterstraße. Sie führte in weiten Serpentinen hinunter zum einzigen echten Hafen der Mönchsrepublik. Nach zwei Stunden kamen wir dort an. Wir hatten nun Zeit, uns in den zwei Geschäften umzuschauen, Andenken und Ansichtskarten zu kaufen, unseren Durst zu stillen oder einfach nichts zu tun und nur das Treiben zu beobachten. Nach einiger Zeit brachen wir aber dann auf und wanderten auf einem alten Pilgerpfad, der manchmal arg verwachsen war, Richtung Norden, dem russischen Kloster Panteleimonos zu.

Das Russenkloster hatte gigantische Ausmaße. Schon seit ungefähr 200 Jahren stand es unter dem Schutz des Zaren und der Großfürsten. Im Laufe der Zeit wuchs der Reichtum des Klosters stark an. Das Kloster erhielt geräumige Nebengebäude von über dreitausend Zellen. So kam es auch, dass die Russen vor dem 1. Weltkrieg fast die Hälfte der Athos-Bewohner bildeten. Mit dem Sturz des Zaren ging das alles verloren. Die Hilfsquellen versiegten, die Güter in Russland wurden beschlagnahmt, die Bettelreisen in die Heimat verboten.

Entsprechend dieser ehemaligen unvorstellbaren Machtdemonstration und dem nach dem 1. Weltkrieg erfolgten Ausbleiben jeglicher Unterstützung aus Russland, waren auch große Teile des Klosters verfallen. Das in Stand zu halten, war einfach unmöglich. Aber man hatte damit begonnen und bei einem der verfallenen Bauwerke brutal Betondecken eingezogen.

Das Gästehaus lag nahe dem Meer, außerhalb des Klosters, war riesengroß und hatte mehrere Stockwerke. Dort wurden wir untergebracht, jeder in einem zellenartigen Zimmer. Ein Bett, ein Stuhl, eine Petroleumlampe am Fensterbrett – das war die ganze Einrichtung. An der Wand hingen noch Bilder vom Zaren und der Zarin. Ein fröhlicher alter Russe namens Christian, der aber kein Mönch war, betreute uns.

Wir gingen schon früh zur Abendandacht (Hesperinos). Das Kloster wies zwei große Kirchen auf, eine, das Katholikon, wurde von den griechischen Mönchen, die ebenfalls in diesem Kloster wohnten, benützt, die andere war im vierten Stock, in einem anderen Gebäudeteil dieses riesigen Klosterkomplexes untergebracht. Diese war eine Doppelkirche, die Kirchenschiffe lagen nebeneinander, ohne durch eine Wand getrennt zu sein.[17]

Wie schon erwähnt, sind russische Kirchen in ihrer künstlerischen Ausgestaltung anders als griechische. Vor allem wirkten sie in ihrem Inneren auf ihre Besucher viel heller. Das lag wohl daran, dass alle russisch-orthodoxen Kirchen am Athos viel jüngeren Datums sind. Die dargestellten Heiligen riefen in mir Erinnerungen wach an meine Schulzeit. In unseren damaligen Religionsbüchern und auf den Heiligenbildern, welche wir manchmal zur Belohnung bekamen, waren die heilige Familie und alle Heiligen genauso dargestellt gewesen.

Auch beim Singen unterschieden sich die russischen Mönche mit ihren schönen Bässen deutlich vom Gesang der griechischen Mönche. Dieses Singen gefiel offensichtlich auch dem neben mir sitzenden Erich Edlinger. Er summte eifrig mit, wurde schläfrig und wäre

17 Vgl. Erich Feigl, Athos. Vorhölle zum Paradies (= Feigl, Athos), Wien/Hamburg 1982, S. 173. Die nördliche Kirche war Alexander Newskij, die südliche der Pokrov (Schutzmantelmadonna) geweiht.

beinahe aus dem hohen Kirchenstuhl gefallen! Das passierte auch Jahrzehnte später meinem mich am Athos begleitenden Schulfreund tatsächlich!

Die Betstühle in griechischen Kirchen sind eine eigenartige Konstruktion, an die man sich erst gewöhnen muss. Reinhold Zwerger, langjähriger Wanderer am Heiligen Berg, beschrieb sie in seinem Buch „Wege am Athos“ wie folgt:

Sie stehen, meist miteinander verbunden, an Rück- und Seitenwänden, auf einem niedrigen Holzpodest. Letzteres vermutlich deshalb, damit man keine kalten Füße bekommt. Einzelexemplare, meist kostbarer ausgeführt, findet man als Ehrenplätze an diversen Säulen. Die sehr tief angebrachte Sitzfläche hat im hinteren Drittel einen Drehpunkt. Um diesen lässt sie sich so hochklappen, dass sie schräg an der Rückwand lehnt. An der Unterseite der Sitzfläche ist am vorderen Rand ein etwa 12 cm breites Brettchen angebracht, dass es bei hochgeklapptem Sitzbrett in waagrechter Lage eine Minimalsitzfläche bietet, die ein gewissermaßen halbherziges Sitzen erlaubt. Es ist eigentlich ein Stehen mit leichter Unterstützung. Wenn man so „sitzt“, sind die Armstützen so hoch, dass man sich mit den Armen richtig hineinhängen kann. Eine zusätzliche Erleichterung bieten zwei Holzklötze, die an den vorderen Stuhlbeinen etwa 15 cm über dem Boden angebracht sind. Auf diese können, um auszurasten, ab und zu abwechselnd die Füße gestellt werden. Die bequeme Sitzposition bei heruntergeklapptem Sitzbrett ist nur ganz alten, siechen Mönchen gestattet. Manchmal bedienen sich auch Pilger dieser Bequemlichkeit, aber eigentlich gehört es sich nicht.[18]

Soweit Reinhold Zwerger. Man kann sich vorstellen, dass so ein Betstuhl gewöhnungsbedürftig ist, vor allem dann, wenn man weiß, wie viele Stunden oft so eine orthodoxe Andacht dauern kann.

Nach der Hesperinos-Andacht gingen wir in die riesige Trapeza, wo wir uns ganz verloren vorkamen. Sie war einst für die große Masse der Mönche und der russischen Pilger konzipiert worden. Auch hier war die Malerei im Stil der Nazarener ausgeführt, leider waren auch große schadhafte Stellen überall deutlich zu sehen. Man saß an langen Tischen, wobei uns auffiel, dass Russen und Griechen nicht zusammensaßen. Natürlich wurde während des Essens – auf Russisch – vorgelesen. Das Essen war gut: es gab Lauchsuppe, Kichererbsen und Kartoffelpüree. Anscheinend sahen wir hungrig aus, denn im Gästehaus versorgte uns der alte Russe Christian noch mit Bratkartoffeln, Tomaten und Wein. Wie immer gingen wir auch heute nicht allzu spät schlafen.

Montag, 7. Juni:

Das Frühstück bereitete uns wieder Christian zu, der uns mit Brot und Honig, griechischem Kaffee und Tsipouro verwöhnte. Danach brachen wir in nördlicher Richtung auf, dem alten Pilgerpfad folgend, der die Klöster miteinander verband und hier entlang der Küste verlief. Es war ein schöner Weg, kaum steil, links und rechts oft von goldenem Ginster gesäumt, oft durch herrlich blühende Wiesen verlaufend. Trotzdem plagten mich meine schmerzenden Knie sehr und auch die vom Rucksack aufgeriebenen Stellen.

Nach circa einer Stunde Wanderung erreichten wir über eine Brücke das Kloster Xeno-

18 Vgl. Zwerger Reinhold, Wege am Athos (= Zwerger, Wege) o. O., 2005, S. 148.

fontos. Dieses, mit einer besonders wehrhaft wirkenden Mauer umgebene Kloster hatte zwei große Kirchen. Eine ältere, die prächtig ausgemalt war, und eine jüngere, die zwar keinerlei Malerei aufwies, wo aber wertvolle Ikonen zu sehen waren. Pater Trifon führte uns mit viel Eifer durchs Kloster. Beim Erzählen kam man darauf zu sprechen, dass er einmal in Österreich von Prof. Dr. Hruby am Auge operiert worden war. Nach dem Rundgang wurden wir auch freundlich bewirtet.

Das Kloster Dochiariou war ungefähr zwanzig Minuten vom Kloster Xenofontos entfernt. Auch dieses war, schon wegen seiner Lage am Meer, sehr wehrhaft errichtet worden. Das Katholikon stand inmitten des Klosters. Die Kirche wies in ihrem Inneren auch den ältesten Freskenzyklus, aus der Kretaschule stammend, auf. Wir konnten einen Stammbaum Christi und Geschichten aus dem Alten Testament, wie die Vertreibung aus dem Paradies, erkennen. Auffallend an dieser Szene war, dass der Künstler Evas Brust keineswegs schamhaft verdeckt hatte. Auch der Pantokrator in der Kuppel war beeindruckend gemalt.

Ein gedeckter Übergang führte zu einer Kapelle, wo sich eine besonders verehrte Ikone, jene der Panagia Gorgoepikousa (die „schnell Erhörende"), befand. Sie war reich mit Opfergaben geschmückt. Hier führte uns Pater Prokopios, der fürsorglich dort Kerzen für uns anzündete, da der Raum sehr dunkel war.

Besonders schön mit Fresken verziert war der Gang zwischen dieser Kapelle und dem Katholikon. Hier konnte man all jene Gestalten sehen, welche die frühen Reisenden in fernen Ländern gesehen haben wollten. So konnte man Amazonen, Einbeinige, Eingeborene, welchen der Kopf aus der Brust wuchs, und Ähnliches sehen. Natürlich waren auch die entsprechenden Fabeltiere mit abgebildet. Besonders schön waren auch die Fresken in der Trapeza, die uns Pater Basilios, der sonst in der Skite Agia Anna wohnt, zeigte.

Vom Besuchertrakt aus überblickte man die besonders schöne Dachlandschaft des Klosters mit den zahlreichen Schornsteinen. Pater Elias lud uns noch auf einen Umtrunk ein. Um halb eins kam dann unser Schiff, welches uns nach Ouranoupoli brachte. Die Fahrt dauerte circa zwei Stunden.

Von Weitem konnten wir unsere drei Damen erkennen, die uns zuwinkend am Sandstrand entgegenliefen. Die Wiedersehensfreude war groß. Wir fuhren mit einem Bus zurück ins Hotel Eagle Palace. Es gab viel zu erzählen. Abends, nach dem Abendessen, saßen wir noch längere Zeit plaudernd beisammen.

Dienstag, 8. Juni:

Dieser Tag war ausschließlich der Erholung gewidmet. Nach dem Frühstück begaben wir uns sofort zum Strand. Erich Edlinger kam auch herunter zu uns. Er entdeckte ein Surfbrett und probierte es sofort aus. Als alter Segler schaffte er es bald, recht leidlich zu surfen.

Natürlich wollte ich es auch probieren. Leider war es ein ewiges auf der einen Seite Hinaufsteigen, auf der anderen Seite Hinabköpfeln. Meine schwache Darbietung hatte mindestens zwei Gründe. Der eine war, dass das Board kein Schwert eingesetzt hatte. Wir kamen erst später drauf, ich wusste ja nicht, wie so ein Sportgerät beschaffen sein musste.

Aber damit hatte sich auch Erich Edlinger auseinander zu setzen. Er hatte damit kaum Probleme.

Der zweite Grund war, dass ich wegen meiner sonnenempfindlichen Haut von Heidrun gut mit Sonnenöl eingeschmiert worden war. Nach jedem Hineinplumpsen ins Meer hatte ich mich am Board hinaufgezogen und dieses dadurch ordentlich eingeölt, sodass es sehr rutschig geworden war. Das hintertrieb natürlich meine Standfestigkeit am Board sehr. Nachdem ich von allen kräftig ausgelacht und bei meinen Versuchen fotografiert worden war, gab ich es, doch etwas enttäuscht, auf.

Den Rest des Tages verbrachten wir faul liegend am Strand. Lange spielte ich mit Sylvia Toriser „Mastermind", ein Spiel, welches ich noch nicht kannte, welches mich aber faszinierte. Abends saßen wir wie üblich zusammen.

Mittwoch 9. Juni:

Eigentlich war vorgesehen, mit Prof. Rohsmann noch einmal in einem Boot der Westküste entlang zu fahren. Aus welchen Gründen immer, wahrscheinlich noch müde von der Wanderung, blieben die steirischen Pilger inklusive ihrer Damen lieber im Hotel und gaben sich dem süßen Nichtstun hin. Prof. Rohsmann war darüber sehr enttäuscht. Abends gab es dann ein gemeinsames Abendessen und ich erinnere mich noch gut, dass Erich Edlinger einen ganz schönen „Spitz" gehabt hatte.

Donnerstag, 10. Juni:

Nach dem Frühstück verließen wir das Hotel Eagle Palace. Wieder stand ein Bus bereit, um uns nach Thessaloniki zu bringen. Mittagsrast gab es unterwegs in der Taverne „Zum Propheten Elias". Es gab ein feines, griechisches Essen, wir saßen im Freien an einem langen Tisch. Rechtzeitig erreichten wir den Flughafen und flogen um 17:55 Uhr ab. Gut war der Flug nach Wien. Wir setzten unsere Reise nach Graz fort, wie, weiß ich nicht mehr.

Meine 2. Athos-Wanderung

Mit Fidi Haydn vom 18. bis 25. April 1993

Thessaloniki – Legenden über den Judasbaum – Ouranoupoli – Dafni – Legenden über Affodill – Karyes – Iviron – Philotheou – Karakalou – Megisti Lavra – Stavronikita – Pantokratoros – Karyes – Skite Agiou Andreou – Koutloumousiou – Kellion des Mönchs Petros in Karyes – Xiropotamou – Dafni – Ouranoupoli

Seit ich das erste Mal im Jahr 1978 den Athos besuchte, war ich immer von dem Wunsch beseelt gewesen, nochmals dorthin zurückzukehren, um dort jene Klöster zu besuchen, die ich beim ersten Besuch nicht gesehen hatte. Dass daraus später beinahe eine Sucht wurde, konnte ich damals noch nicht ahnen. Genährt wurde diese Sehnsucht zudem durch die Erzählungen meines volkskundlichen Freundes Helmut Eberhart, der zu dieser Zeit schon mehrere Wanderungen im Mönchsland Athos unternommen hatte.

Ich wollte aber nie alleine wandern, und so habe ich mich immer wieder nach einem verlässlichen Wanderfreund umgesehen. Als ich einmal im Kiwanis-Club darüber sprach, war mein Clubfreund Fidi sofort bereit, gemeinsam mit mir diese Wanderung zu unternehmen. Fidi ist ein Kärntner und heißt in Wirklichkeit Friedrich Haydn. Von Beruf war er damals Berufsoffizier. Er ist stets fröhlichen Muts und absolut zuverlässig. Da wir aber noch nie gemeinsam wandernd unterwegs gewesen waren, war diese erste Wanderung für uns beide spannend.

Wie waren damals – teilweise bestehen sie noch heute – die Vorgaben, um überhaupt die Mönchsrepublik besuchen zu dürfen? Prinzipiell durften nur hundert orthodoxe und zehn nicht orthodoxe, männliche Pilger pro Tag den Heiligen Berg besuchen. Wenn dem vom Ansuchenden geäußerten Termin stattgegeben wurde, bekam man für vier Tage – beziehungsweise drei Nächte – eine Aufenthaltsgenehmigung, das sogenannte Diamonitirion.

Es gab aber damals noch ein großes Problem. Es war zu dieser Zeit unumgänglich notwendig, ein Empfehlungsschreiben einer angesehenen, orthodoxen Persönlichkeit dem Einreise-Ansuchen beizulegen. Woher aber dieses nehmen? Da kam mir ein Zufall zu Hilfe. Auf der Straße traf ich zufällig den an der Grazer Universität mit einem Lehrauftrag für orthodoxe Theologie lehrenden Dr. Grigorios Larentzakis, den ich aus der Zeit meiner pharmazeutischen Tätigkeit in der Apotheke „Zum Granatapfel“ (Barmherzigen Apotheke) kannte. Ich nahm damals meinen ganzen Mut zusammen, sprach ihn an und bat ihn um ein entsprechendes Schreiben. Zu meiner Freude war Dr. Larentzakis[19] sofort bereit, mir ein solches Schreiben auszustellen. Dafür möchte ich mich bei ihm herzlich bedanken.

19 Dr. Grigorios Larentzakis habilitierte sich an der Universität Graz und wurde 1987 in Graz zum Universitätsprofessor an der theologischen Fakultät ernannt, wo eine Abteilung für ostkirchliche Orthodoxie eingerichtet wurde. Prof. Larentzakis war so liebenswürdig, bei allen meinen Wanderungen für mich und wer immer meine Begleiter waren, ein Empfehlungsschreiben auszustellen, das uns oft sehr geholfen hat.

Bei allen weiteren Problemen, wie beispielsweise dem Abfassen des Einreiseantrags, an wen dieser gerichtet werden soll oder wie man dann nach Ouranoupoli, dem letzten Ort vor der Athosgrenze kommt oder wo man dort schläft, da half mir Helmut Eberhart. Nach einer Zeit ungeduldigen Wartens kam dann endlich das Antwortschreiben aus Thessaloniki mit dem gewünschten Einreisetermin. Jetzt stand unserem Abenteuer nichts mehr im Wege – dachte ich.

Doch es gab noch genügend Schwierigkeiten. Normalerweise war es möglich, nur in einem der zwanzig Großklöster zu übernachten. Dazu war es notwendig, sich dort anzumelden. Fax gab es damals natürlich noch keines in den Klöstern. Ich bin mir nicht sicher, ob um 1990 alle Klöster auch schon einen Telefonanschluss hatten.

Angenommen sie hatten einen, woher die Telefonnummer nehmen? Und wusste man eine Nummer, war das Telefonieren schon aus sprachlichen Gründen sehr schwierig. Es war selten, dass ein Englisch sprechender Mönch am Telefon Dienst tat. Letztlich hatte man auch nichts in der Hand, ob dann die telefonische Zusicherung einer Übernachtung beim Besuch des Klosters überhaupt irgendwo vermerkt worden war. Vor allem am Anfang unserer Wanderungen ließen wir es, ohne telefonische Anmeldung, auf gut Glück auf eine mögliche Übernachtung ankommen. So war jeder Besuch des Heiligen Berges ein Abenteuer.

Sonntag, 18. April:

Nachdem alle Vorbereitungen erledigt waren, konnten Fidi und ich mehr oder weniger beruhigt an einem Sonntag in aller Früh vom Flughafen Graz-Thalerhof nach Wien fliegen. Es lag wohl an der Aufregung, dass ich in Wien kurzfristig meine Bordkarte nicht mehr finden konnte. Doch ich hatte Glück, sie wurde gleich von einem Angestellten des Flughafens in der Nähe der Bordkarten-Kontrolle gefunden.

Wir mussten längere Zeit auf unseren Weiterflug warten. Die Boeing 707 war dann kaum besetzt, höchstens zwanzig Gäste flogen mit uns nach Thessaloniki. Es war dann ein erhebender Augenblick, plötzlich nach Durchstoßen der Wolkendecke Thessaloniki, die größte Stadt Nordgriechenlands, mit ihrem Wahrzeichen, dem Weißen Turm, erstmals wieder von oben zu sehen.

Am Flughafen warteten wir den ersten Run auf die Taxis ab. Wir verhandelten dann mit einem Taxifahrer wegen eines preislich und von der Lage her günstigen Hotels. Nachdem wir uns geeinigt hatten, raste er mit uns Richtung Stadt, dass uns Hören und Sehen verging! Weder ein pfeifender Polizist noch das Rot der Ampeln störten ihn, er fuhr durchwegs mit 120 km/h die schnurgerade Straße vom Flughafen in Richtung Stadt.

Er brachte uns zum Hotel Astoria, welches in der Nähe der Hafenanlagen lag. Wir checkten ein, und da in Griechenland Ostersonntag war, schenkte der Portier jedem ein rotes Ei. Nach dem Beziehen des Zimmers gingen wir los, um erstmals gemeinsam die Stadt zu erkunden. Wir spazierten den Kai, die lange Leoforos Nikis, kurz Nikis-Promenade, entlang. Am Kai lag ein Kriegsschiff vor Anker, welches natürlich unsere Neugierde erweckte.

Es war recht windig und an den vielen Regenlacken konnten wir sehen, dass es in der Nacht geregnet hatte. In einer Spielhalle an der Strandpromenade testeten wir den Ouzo, und Fidi, der ihn bisher nicht gekannt hatte, wurde ein Fan davon. Wir spazierten dann hin zum Weißen Turm und weiter bis zum imposanten Denkmal von Alexander dem Großen. Fast zwei Stunden benötigten wir für die Kaipromenade, dann bogen von dort in das Stadtzentrum hinein ab.

Wir machten uns nun auf die Suche nach dem Terminal, von wo die Busse nach Chalkidiki abfuhren, beziehungsweise von wo einer auch nach Ouranoupoli fuhr. Leider stimmte der Ort nicht mehr, so wie ihn mir Helmut am Stadtplan angezeichnet hatte. So mussten wir uns nun durchfragen, was an einem Ostersonntag auch nicht so einfach war. Doch wir schafften es und erkundigten uns nach den Abfahrtszeiten des Busses.

Im Zickzack ging es durch das Straßengewirr zurück. Verzweifelt suchten wir nun nach einem auch am Ostersonntag geöffneten Speiselokal. Nach langem Suchen landeten wir in einer Pizzeria. Schon allein wegen unseres Hungers schmeckte uns das Essen gut und am Wein und am Ouzo gab es sowieso nichts auszusetzen!

Montag, 19. April:

Ein schöner, griechischer Ostermontag! Wir genossen das ausgiebige und gute Frühstück im Hotel.

Warum waren wir noch in Thessaloniki? Das kann sich ein Athos-Pilger von heute gar nicht mehr vorstellen. Damals musste man sich im „Ministerium für Makedonien und Thrakien“ in einem bestimmten Büro vorerst eine schriftliche Erlaubnis abholen. Ohne diese durfte man in Ouranoupoli das Schiff gar nicht besteigen. Das Diamonitirion, die in der Regel auf vier Tage begrenzte Aufenthaltserlaubnis für den Heiligen Berg, bekam man damals erst in Karyes ausgefolgt.

Bei Fidi und mir verzögerte sich der Besuch im Ministerium durch die Osterfeiertage. Wir konnten uns erst am Dienstag diese Erlaubnis abholen. Da wir aber beide Thessaloniki nicht kannten – ich erinnerte mich kaum noch an den Besuch im Jahr 1978 – nützten wir die Zeit, um uns diese Stadt näher anzusehen.

Nach dem Frühstück spazierten wir bis zum Weißen Turm und bogen von dort wieder in das Stadtzentrum ab. Wir kamen an einer kleinen, aber gediegenen Kirche vorbei, deren Namen wir nicht in Erfahrung bringen konnten. Die Kirche machte einen alten Eindruck, und wir waren von der ersten orthodoxen Kirche, die wir in Thessaloniki besuchten, sehr beeindruckt.

Nicht weit von der kleinen Kirche war man auf Mauern aus römischer Zeit gestoßen. Das war hier in Thessaloniki an vielen Stellen so; kaum wurde für einen Neubau Grund ausgehoben, stieß man auf altes Mauerwerk. An dieser Stelle grub man dann weiter aus.

Sowohl der Galeriusbogen, als auch die Rotonda und die Agiou-Panteleimon-Kirche waren eingerüstet. Das dürften sie aber schon länger sein, wie man am Alter der Gerüste erkennen konnte. Nach Besuch einer weiteren Kirche, die wir fälschlich für die Agia-Paraskevi-Kirche hielten, kamen wir zur Agia Sophia. Zum Kircheneingang hin standen links und rechts die Judasbäume (Cercis siliquastrum) in voller Blüte. Für uns eine erste Begegnung mit diesen herrlich rosa blühenden Bäumen, deren Blüten direkt aus den Ästen herauskommen, eine botanische Besonderheit, die man Kauliflorie nennt.

Wie der Baum zu seinem Namen gekommen ist, ist verbunden mit Legenden. Die eine besagt, Judas Iskariot habe sich nach seinem Verrat an Jesus an ihm aufgehängt. Danach sollen sich die ursprünglich weißen Blüten aus Scham und Ärger rosarot verfärbt haben. Nach der anderen glaubt man, Judas' Blut sei auf die Blüten gespritzt und habe sie rosa gefärbt. Manche fügen auch hinzu, die rundlichen Blätter, die sich erst während der Blüte bilden, symbolisieren die Silberstücke, die Judas für seinen Verrat bekommen habe. Letztlich sei der Name Judasbaum eine Verballhornung von „Judäa-Baum".[20]

Vor und in der Kirche war viel los. Ein Bub und ein Mädchen sollten getauft werden. Eine riesige Verwandtschaft war im Sonntagsstaat aufmarschiert. Das „Blitzlichtgewitter" war gewaltig, als die Kleinen die Ikonen küssen mussten! Reichlich waren Geschenke vorbereitet, rosa und blaue Schleifen zeigten an, für wen sie gedacht waren. Ein Pope sprach uns auf Deutsch an und zeigte uns, wo für uns die besten Plätze zum Fotografieren wären.

Vor der Ikonostase standen zwei metallene Badewannen, jede gekennzeichnet entweder mit einer blauen oder einer rosa Schleife, die nun mit warmem Wasser gefüllt wurden. Dann wurden die beiden Kleinen von den jeweiligen Paten ausgewickelt. Sie hatten einen hübschen Bademantel an. Der Priester und seine Gehilfen sangen. Zuerst wurde der Bub getauft. Er wurde dabei ganz untergetaucht und schrie dementsprechend. Dann wurden alle seine Körperöffnungen mit heiligem Öl gesalbt. Beim Mädchen geschah das gleiche Ritual. Wir sahen uns nun das Kircheninnere näher an, besonders schön waren die korinthischen Kapitelle, die wahrscheinlich von alten griechischen Bauten stammten und hier in der Kirche wiederverwendet worden waren.

Wir spazierten zurück zum Hotel, da Fidi keinen weiteren Film mehr mithatte. Ja, das waren noch die Zeiten der Analogfotografie!

Bevor wir dann in die Oberstadt, die Ano Poli hinaufstiegen, tranken wir in einem Café auf dem Aristoteles-Platz ein Coca-Cola und schauten dem österlichen Treiben zu. Dann gingen wir los, um die Stadt weiter zu erkunden. Wir kamen bei der Panagia-Chalkeon-Kirche (Kirche „Maria der Kupferschmiede") vorbei, die leider geschlossen war. Nahe der Kirche gab es eine Parkanlage, einen großen, von Bäumen umgebenen Platz. Hier fand ein echter balkanischer Schwarzmarkt statt, direkt unter den Augen der Polizei. Man sah es den Leuten auch an, dass sie keine Griechen waren, sondern eher Makedonier, Albaner oder Bulgaren. Man bot vieles an, oft war es nur eine einzige Schachtel Zigaretten.

Nahe dem Schwarzmarkt gab es ein einstiges türkisches Bad, das Bey Hamam, das ließ man offenbar verfallen. Gar nicht weit von hier, umgeben von hohen Häusern, war man wieder auf römische Mauerreste gestoßen. Sie hatten ein beträchtliches Ausmaß und es wurde auch fleißig weiter gegraben. Nahe dieser Ausgrabungsstätte befand sich auch das Ministerium, wo wir am nächsten Tag vorsprechen mussten. Wir erkundigten uns beim wachhabenden Polizisten nach den Öffnungszeiten (ab 10 Uhr).

Wir besichtigten anschließend den uns sehr beeindruckenden Bau der Agiou-Dimitrios-Kathedrale, die Kirche des Stadtpatrons von Thessaloniki. Wir folgten der Straße weiter und erreichten die östliche Stadtmauer, die teilweise noch gut erhalten war. Sie ging einst vom Weißen Turm hinauf bis zur Festung, dem Kastro.

20 Vgl.: https://de.wikipedia.org/wiki/Gew%C3%B6hnlicher_Judasbaum (Zugriff: 15.5.2020).

Die Gassen, die zur Oberstadt hinaufführten, waren steil. Beeindruckend waren die höchstens zweistöckigen Häuser mit ihren vorragenden Balkonen. Dass hier einmal Türken gewohnt haben, konnte nicht geleugnet werden. Diesen Häusertyp gab auch heute noch in vielen von Türken bewohnten Städten. Erfreulicherweise begann man jetzt die Häuser zu renovieren, vermutlich waren sie von reichen Griechen aufgekauft worden.

Mitten in den steilen, stets gut gepflasterten Gassen verlief ein schön in Stein gefasstes Rinnsal, in welches die Rinnsale der dazustoßenden Gassen wie Schienen mündeten. Man konnte sich gut vorstellen, wie bei starkem Regen in ihnen das Wasser von der Oberstadt hinunter in die Stadt schoss.

In der Oberstadt wollten wir das Vlatades-Kloster besuchen, aber leider war es wieder einmal geschlossen. Wir spazierten nun herum, einmal innerhalb, einmal außerhalb der gewaltigen Mauern, die sich überall in einem guten Bauzustand befanden. Wir besuchten ein Café und genossen den prachtvollen Blick auf Stadt und Meer.

Wieder fanden wir kein Speiselokal, auch nicht auf dem Weg hinunter in das Stadtzentrum. Am Aristoteles-Platz (Platia Aristotelous) sprachen wir dem Ouzo mit einer guten „Meze“[21] zu. Anschließend versuchten wir ein offenes Lokal fürs Abendessen zu finden und landeten letztlich wieder in einer Pizzeria.

Dienstag, 20. April:

Nach dem Frühstück marschierten wir, beladen mit unseren Rucksäcken, zum Ministerium für Makedonien und Thrakien. Nach Zurücklassen unserer Rucksäcke beim wachhabenden Polizisten durften wir dann das Gebäude betreten. Die Dame von Zimmer Nr. 222 war sehr freundlich. Wir bekamen ein vorläufiges Schreiben, das es uns am nächsten Tag erlauben würde, mit dem Schiff, welches die Athos-Westküste entlangfuhr, mitzufahren. Irgendwie war es schon komisch, dass es ausgerechnet eine Frau war, die dies entscheiden durfte, wo das Mönchsland doch ausgesprochen frauenfeindlich war!

Mit einem flott fahrenden Taxi ging es zum Bus-Terminal. Da wir bis zur Busabfahrt noch genügend Zeit hatten, genehmigten wir uns einen Ouzo. Wir lernten dabei einen finnischen Religionsethnologen kennen, der gerade vom Heiligen Berg zurückkam. Er war noch ganz ausgelaugt. Da dort Karwoche gewesen war, hatte er in den Klöstern nur Tee und Brot bekommen! Er konnte dort auch nachts nur wenig schlafen, da er die langen, nächtlichen Messen besucht hatte. Zudem soll es in den Klöstern entsetzlich kalt gewesen sein. Am Tag sei er dann jedes Mal so geschwächt gewesen, dass er kaum wandern konnte. Er war nun sehr glücklich, wieder in der „Zivilisation“ zu sein.

Wir beobachteten einen Beschäftigten des Busunternehmens, wie er in den Laderaum des Busses Zeitungen und Post hineinstapelte. Immer wieder fiel ihm etwas in das Rinnsal, wo gerade Abwasser floss. Aber das war ihm offenbar egal. Uns ließ er, „kraft seines Amtes“, vorerst nicht die Rucksäcke in den Laderaum geben. Pünktlich fünf Minuten vor

21 Unter „Meze“ oder „Mezze“ versteht man eigentlich eine Vorspeise. Man spricht in Griechenland aber auch von „Meze“, wenn zu einem Getränk ein kleines Schüsselchen mit Erdnüssen, Knabbergebäck oder Ähnlichem serviert wird.

der Abfahrt war es dann soweit. Auch alle Mitreisenden stiegen ein und auf die Minute genau ging die Fahrt los.

Die Fahrt durch die Dörfer der Chalkidiki-Halbinsel war sehr abwechslungsreich, vieles blühte, vor allem der Flieder. In Arnea gab es einen kurzen Halt. Nach insgesamt drei Stunden Fahrt erreichten wir dann Ouranoupoli. Hier suchten wir uns ein Quartier, was nicht allzu schwierig war. Dann regte sich bei uns der Hunger. Helmut Eberhart hatte mir einen Wirt empfohlen, dessen Gaststätte gleich an der Hauptstraße lag, wo man vorzüglich essen konnte. Den suchten wir nun auch gleich anschließend auf und aßen zum ersten Mal „griechisch".

Im Anschluss schlenderten wir zum Wahrzeichen von Ouranoupoli, einem alten Wehrturm, dem Pyrgos. Die alte Britin Mrs. Loch – eigentlich war sie eine Australierin gewesen – hatte ihn jahrzehntelang bewohnt. Sie war vor elf Jahren (1982) gestorben. Jetzt will man dort ein Museum unterbringen.[22]

Vom Landesteg weg bummelten wir im Sand den Strand entlang, vorbei an den Fischerbooten, die an Land gezogen waren. Ohne irgendwelche Kaufabsichten spazierten wir dann durch einige Geschäfte und ließen uns in einem von einem gut deutsch sprechenden, jungen Mann etwas über falsche und echte Ikonen erzählen.

Bei „unserem" Wirt hatten wir für abends Fisch bestellt. Wir waren anfangs seine einzigen Gäste und ließen den Fisch ordentlich schwimmen. Später kamen dann noch andere Gäste, darunter eine Runde von deutschen Pilgern, die auch den Athos besuchen wollten.

Mittwoch, 21. April:

Schon vorzeitig eilten wir zum Hafen. Dort herrschte bereits reges Treiben. Ein Beamter der Hafenpolizei nahm uns vor Betreten des Schiffes sowohl den Reisepass als auch das ministerielle Schreiben ab. Beides kam achtlos in einen großen Nylonsack. Ob wir unsere Reisepässe je wiedersehen würden?

Gleiches machte er auch mit den Papieren der Mitreisenden. Das nicht sehr große Schiff war gerammelt voll, da auch die für die Klöster am Athos Arbeitenden mit an Bord waren. Die Fahrt entlang der Küste war anfangs nicht besonders aufregend, erst als die Klöster in Sicht kamen, so Dochiariou, Xenofontos, Panteleimonos und als letztes Xiropotamou, welches weiter oben am Berghang lag, begann allseits das große Fotografieren. Dann legten wir in Dafni, dem Hafen von Athos, an.

Dort herrschte großes Gedränge: Ankommende und Abfahrende mischten sich und bildeten eine große Ansammlung einander behindernder Menschen. Dazu kamen noch die Mönche, die Pilger für ein Kloster abholen sollten, die sie gar nicht kannten. Alles war chaotisch.

Ich machte mir Sorgen wegen des Busses nach Karyes, denn nur dort erhielt man das Diamonitirion, welches einem erlaubte, für meist nur vier Tage am Athos zu bleiben. Der heutige Tag zählte aber bereits mit! Fand man im Bus nicht Platz, musste man viele Stunden bergauf nach Karyes wandern. Man hatte dann auch kaum mehr eine Chance, zu einem

22 Über Joice Nankivell Loch und deren Ehemann Sydney siehe: Zwerger, Wege, S. 231 ff.

Nachtquartier zu kommen. Letztlich erhielten wir ja auch – hoffentlich – unsere Reisepässe in Karyes zurück.

Ich fragte nach dem Bus und kam an einen Mönch, der ausgezeichnet deutsch sprach. Na klar, er hatte ja in Berlin Physik studiert und war dann Mönch geworden. Als dann der Bus, ein altersschwaches Vehikel, kam, erkämpften wir uns eine gute Ausgangsposition. Zuerst durften aber die Mönche einsteigen. Dann siegte die Ellbogentechnik, welche von den Serben, Albanern und Makedoniern besonders gut beherrscht wurde. Ich erkämpfte uns trotzdem zwei Plätze im Bus und versuchte für Fidi den Platz freizuhalten. Fidi wiederum überwachte draußen die Verladung unsere Rucksäcke. Beides waren keine leichten Aufgaben.

Es wurde auch immer schwieriger, Fidis Platz zu halten. Dicht gedrängt standen viele Pilger im Mittelgang des Busses. Als dann der Chauffeur kam, beharrte er darauf, nur dann loszufahren, wenn alle, die jetzt im Mittelgang standen, aussteigen und dann mit einem angeblich zweiten Bus fahren würden.

Doch von einem zweiten Bus war weit und breit nichts zu sehen. Eine furchtbare Streiterei und Schreierei begannen nun. Schließlich stiegen doch alle, die im Mittelgang standen, unter großem Geschimpfe aus. Man muss ihnen aber zugutehalten, dass viele der Stehenden ihr Gepäck bereits im Laderaum des Busses hatten, dass sie jetzt nun wieder ausladen mussten. Daher war es sehr wichtig, dass Fidi draußen genau aufpasste, dass unsere Rucksäcke nicht auch mit ausgeladen wurden.

Dann war es endlich so weit und der Bus setzte sich in Bewegung. Langsam quälte sich er sich die schlechte, schotterige Bergstraße hinauf. Wunderbar zeigte sich uns die Natur. Blutrot blühte der Mohn, immer wieder sah man das zarte Rosa der Judasbäume aus dem grünen Dickicht leuchten und auf den Wiesen stand hochstängeliger Affodill (Aphodelus) mit seinen weißen Blüten.

Auch diese ist für die Griechen eine mythische, legendenbehaftete Pflanze. In den Elysischen Gefilden wandelten die Seelen der Abgeschiedenen zwischen den weißen Blumen der Affodill-Felder, den „aphodelos leimon" Homers; der Affodill war die Blume der Toten, das Symbol der überirdischen Reiche, wie Lukian und Theokrit bezeugen. Der Affodill war die Zauberblume, mit der man jegliches Gift und Schlangenbiss unschädlich machen und den bösen Blick abwehren konnte. Heute benützt man ihn noch als Talisman.[23]

Nach circa einer halben Stunde Fahrt hatten wir die Passhöhe erreicht und sahen das tief unten liegende Karyes, Hauptort des Athos, mit den verstreut liegenden Häusern. In Karyes angekommen, suchten wir sofort das Gebäude der Ierá Epistasia (hl. Aufsicht)[24] auf und warteten ungeduldig aufs Diamonitirion und auf die Rückgabe unserer Reisepässe. Um uns die Zeit zu vertreiben, lasen wir alles, was an den Wänden angeschlagen und für uns zu entziffern war. Da gab es zum Beispiel einen Anschlag, darauf war zu lesen, dass jeder, der im Kloster Iviron übernachten wolle, vorher dort auch anrufen müsse. Da wir gar keine andere Wahl hatten, beschlossen wir, es darauf ankommen zu lassen. Nach einer

23 Vgl.: Baumeister Walter, Menzel-Tettenborn Helga, rororo Pflanzenlexikon in 5 Bänden [= Baumeister, Menzel-Tettenborn, Pflanzenlexikon] Reinbek bei Hamburg 1969. Hier Bd. 5, S. 1128.

24 Gremium aus vier Mönchen aus vier verschiedenen Klöstern. Ihnen steht der Protos vor.

Stunde des Wartens erhielten wir dann endlich das heiß ersehnte Diamonitirion ausgehändigt und auch die Reisepässe zurück. Das Protáton, die Hauptkirche des Athos, war leider geschlossen und so wanderten wir gleich los. Da nur ich Wanderstöcke mithatte, gab ich einen an Fidi ab. Kurvenreich führte die durch Regen sehr stark ausgewaschene Straße in Richtung Meer. Während des Wanderns kamen wir mehrmals an einsamen, manchmal schon zusammenfallenden Häusern vorbei. Uns fiel auf, wie stark bewaldet, vor allem mit Mischwald, die Halbinsel noch war. Nach 2 ½ Stunden Wanderung erreichten wir das mächtige und eindrucksvoll daliegende Kloster Iviron. Schon am Eingangstor trafen wir auf einige Mönche, einer davon interessierte sich besonders für meine Kamera.

Wir suchten nun nach dem Archontaris, das war jener Mönch, der für die Unterbringung der Gäste zuständig war. Wir bekamen von ihm anstandslos zwei Betten zugewiesen, in einem Raum, wo schon ein alter Albaner schlief. Albaner und Serben gab es zum Zeitpunkt unseres Besuches viele am Athos. Sie nützen die augenblickliche Reisefreiheit, um hier für wenig Geld – das Übernachten kostete ja für „Pilger“ nichts – Urlaub zu machen. Urplötzlich erinnerten sich alle, dass sie Orthodoxe waren, obwohl sie viele Jahre wahrscheinlich als Atheisten gelebt hatten.

Im großen Klosterhof gingen wir auf Erkundigung. Ein Mönch namens Jakob sprach uns an und machte sich erbötig, uns am Folgetag das Katholikon zu zeigen. Da wir jede Menge Zeit hatten, wanderten wir anschließend ums Kloster herum und suchten das Kellion „Agiasma“ auf, wo eine kleine Mönchsgemeinschaft außerhalb des Klosters lebte. Dort war auch eine Quelle mit heil- und segensbringendem Wasser gefasst. Diese sei an der Stelle entsprungen, wo Maria, der Legende nach, erstmals den Athos betreten habe.

Ins Kloster zurückgekommen, besuchten wir die abendliche Hesperinos-Andacht. Wir ärgerten uns, dass wir, im Gegensatz zu den vielen „Kommunisten“ – wir glaubten nämlich wirklich nicht, dass die vielen Albaner, Serben und Makedonier besonders gläubig waren – nicht in den Narthex, den Kirchenhauptraum, hineindurften, sondern als „Ungläubige“ im Esonarthex bleiben mussten!

Die liturgische Feier war natürlich ein Erlebnis. Das mystische Dunkel der Kirche, der Gesang der Mönche, der viele Weihrauch, die Mönche in ihren dunklen Gewändern, die Ikonen küssend, gespenstisch durch den Kirchenraum huschten und unsere Müdigkeit, das alles baute eine eigenartige innere Andachtsstimmung auf. Die Andacht dauerte gut eine Stunde.

Danach wurden wir in die Trapeza geladen. Wieder herrschte hier Dämmerlicht, an den Wänden sah man schemenhaft Malereien. Die Mönche saßen an der einen Seite des Raumes, wir, die Gäste, auf der anderen. Fidi und ich saßen inmitten von Albanern.

Es gab eine lauwarme, undefinierbare Suppe, dann Kartoffel in Sauce, Schafkäse, Salat, Brot, ein Glas Wein und für jeden ein rotes Ei. Damit begann sofort ein begeistertes „Eierpecken“. Es gab auch Fleisch, doch trotz des herrschenden Dunkels rührte dieses keiner an, so wenig vertrauenserweckend sah es aus! Letztlich gab es für jeden noch eine Orange.

Während des Essens las ein Vorleser auf Griechisch Erbauliches aus alten Schriften vor. Nachdem dann der Abt das Zeichen zur Beendigung des Mahls gegeben hatte, küsste der Vorleser dem Abt die Hand. Dann zog der Abt aus der Trapeza aus, gemäß ihrem Rang folgten ihm die Mönche. Den Abschluss bildeten, gemeinsam mit den anderen Gästen, dann Fidi und ich.

Als wir ins Freie traten, stand rechts gleich neben der Tür der Abt, der in der einen Hand das Zeichen seiner Würde, den Abtstab hielt, die andere Hand hatte er zu einer Segensgeste erhoben. Linker Hand, ihm gegenüber, standen die Mönche, die für das Essen verantwortlich waren, in tief gebückter, demütiger Haltung. Der Winkel ihrer Demut betrug sicher 90 Grad.

Wir spazierten dann noch einige Runden im Klosterhof herum, konnten jedoch das Schließen der Klosterpforte nicht mehr erwarten. Recht müde suchten wir unseren Schlafraum auf. In den langen Gängen hingen da und dort einsam Petroleumlampen. Eine stand auch in unserem Zimmer, die Fidi entzündete. Wir legten uns zu Bett, spät kam auch unser Albaner. Während der ganzen Nacht hustete unser Mitbewohner schrecklich.

Donnerstag, 22. April:

Die morgendliche Toilette machte hier nicht viel Freude und so waren wir bald wanderfertig. Rasiert haben wir uns am Athos sowieso nie. Zu unserer Überraschung gab es aber ein eher reichliches Frühstück, immerhin Tee oder Kaffee, weiters Marmelade, Brot und Oliven. Der Mönch Jakob hielt Wort und führte Fidi und mich ins Katholikon. Er zeigte uns einzigartige Kunstschätze, unter anderem eine Bildfolge, die, seinen Worten nach, bisher noch nie publiziert worden war.

Recht spät brachen wir auf, unser erstes Ziel sollte heute das Kloster Philotheou sein. Der Weg dorthin führte bergauf. Wir wanderten meist auf einer Fahrstraße. Nach circa 2 ½ Stunden und einer Wegstrecke von 6,5 km lag das Kloster Philotheou vor uns.

Ein schönes Kloster! Der Hof hatte einen sehr gepflegten Rasen, herrlich blühte dort ein roter Kamelienstrauch. Wir gingen umher und schauten, ob uns jemand das Katholikon aufschließen würde. Da kam ein junger Mönch, der über seiner Kutte ein ärmelloses Persianer Jäckchen trug. Fidi taufte ihn „Kleiner Pelz“. Dieser Name erheiterte uns sehr. Der „Kleine Pelz“ in Graz war ursprünglich ein Geschäft eines Kürschners gewesen, war aber nach Verkauf des Geschäfts in ein Bordell gleichen Namens umgewandelt worden.

Der „Kleine Pelz“ war sehr freundlich zu uns und ordnete umgehend an, dass wir in der Trapeza etwas zu essen bekamen. Man servierte uns Kartoffeln in Sauce, zweierlei Gemüse, ein rotes Ei, Brot und Wein. Die Fresken der Trapeza galten als besonders wertvoll und sie beeindruckten uns auch sehr.

Leider konnten wir auf das Aufsperren des Katholikons am späten Nachmittag nicht mehr warten. Wir wanderten weiter zum Kloster Karakalou. Der Weg führte durch dichte Wälder, großteils war der alte, mit Steinen kunstvoll ausgelegte Pilgerweg noch erhalten. Einmal behinderten uns Holzfäller mit ihren Mulis – sie waren gerade beim Beladen derselben – kurzfristig am Weiterwandern.

Nach einer halben Stunde und 2,5 km Weges erreichten wir das Kloster Karakalou. Dort servierte man uns Kaffee und Tsipouro, man sprach aber kein Wort mit uns. Wir durften aber in das Katholikon hinein. Leider waren die Fresken im Hauptraum sehr stark vom Kerzenrauch geschwärzt, sodass wir von der Malerei nur wenig erkennen konnten.

Hier war man „orthodox freundlich“ zu uns und drehte die Tagesikonen, als wir sie uns ansehen wollten, um, solange wir im Katholikon waren. So verließen wir das Kloster bald. Durch ein wahres Dickicht ging es auf einem alten Pilgerweg bergab. Aus Angst vor Schlangen stampften wir kräftig auf und in der Retrospektive war es lustig, dass wir alle beide jede Gelegenheit wahrnahmen, einer dem anderen den Vortritt zu lassen. Wir waren jedenfalls froh, als wir die einzige Straße, die den Süden mit Karyes verbindet, erreicht hatten.

Wir wollten auf dieser Straße zum Kloster Megisti Lavra, dem ersten in der Klosterrangfolge und größten der Athosklöster, wandern. Die Straße war in schlechtem Zustand. Nach Niederschlägen hatte jedes Fahrzeug seine eigene, tiefe Spur hinterlassen, die Straße wies unzählige Rillen und Löcher auf. Bulldozer hatten tiefe Wunden in die Natur geschlagen. Der alte Pilgerweg, früher die einzige Verbindung um das Kloster Megisti Lavra zu erreichen, war, wo er den Straßenbauern in die Quere kam, rücksichtslos zerstört worden. Auch so kann man altes Kulturgut zerstören! Die Straße war zudem noch sehr staubig. Wann immer ein Auto an uns vorbeifuhr, was nicht sehr oft vorkam, wurden wir ordentlich eingestaubt.

Während dieser Wanderung sahen wir lange den noch schneebedeckten Berg Athos mit seiner steilen Nordflanke vor uns. Ein beeindruckender Berg! Der Straßenverlauf führte hügelauf und hügelab. Jede Bucht musste ausgegangen werden. Immer hatten wir die Hoffnung, nach Ende einer Bucht doch endlich in der Ferne das Kloster zu sehen. Auf der anderen Seite der Straße lag tief unten, gleißend in der Sonne, das Meer. In einigen der Buchten konnten wir einsame Behausungen, weiß zu uns heraufleuchtend, sehen.

Es war sehr heiß und ich hatte Durst. Bereits beim zweiten Trinken aus der Feldflasche meinte Fidi, so gehe das nicht, das nächste Mal zu trinken gäbe es erst, wenn wir in der Ferne das Kloster sehen würden. Darüber ärgerte ich mich sehr und beschloss für mich, ihn beim Gehen etwas abzuhängen. In den lang gezogenen Kurven versuchte ich immer wieder die Innenbahn zu nehmen und dadurch etwas an Metern zu gewinnen. Es gelang mir nicht, er war immer wieder auf gleicher Höhe mit mir. Vielleicht war meine Müdigkeit daran schuld, jedenfalls gab ich das Unterfangen bald wieder auf.

Wir wanderten lange Strecken schweigend neben- oder hintereinander, jeder hing seinen eigenen Gedanken nach. Wir kamen auch an einem Turm vorbei. Er war das letzte Zeugnis eines katholischen Klosters am Athos, das einst von italienischen Mönchen gegründet worden war. Es war das einstige Kloster Amalfitá.

Der Weg zog sich sehr. Endlich sahen wir in der Ferne das Kloster von Megisti Lavra und ich kam zu meinem verdienten Schluck Wasser. Um 17:30 Uhr und nach insgesamt 27,5 zurückgelegten Kilometern erreichten wir recht müde diesen gewaltigen, athonitischen Klosterbau.

Wir meldeten uns beim Archontaris. Zu unserer großen Überraschung waren bereits 41 weitere Pilger da! Wir wurden vorerst im renovierten Gästehaus untergebracht, zusammen mit vielen Südosteuropäern.

Im Katholikon hörten wir dann noch einen Teil der abendlichen Liturgie, anschließend gingen wir mit den anderen Pilgern in die Trapeza zum Abendessen. Die Trapeza war prächtig ausgemalt, leider war die Malerei vielfach schon in recht schlechtem Zustand. Wir saßen an runden, steinernen Tischen. Es gab das übliche Essen, auch hier begannen alle sofort mit dem „Eierpecken".

Als wir wieder aufs Zimmer kamen, hatte jemand Fidis Bett belegt. So wandten wir uns an den Archontaris und erhielten von ihm ein Zimmer für uns allein. Trotzdem schlief ich nicht gut, da einerseits eine Maus oder sonst ein Tier am Dachboden über uns die ganze Nacht herumlief, anderseits, da ich Sorge hatte, ob wir wohl morgen Richtung Karyes eine Fahrgelegenheit bekämen.

Freitag, 23. April:

Schon sehr früh weckte uns ein Mönch mit dem Ruf „Church is beginning!". Wir packten langsam unsere Sachen zusammen und gingen, noch in der Finsternis, zum Katholikon. Doch was war heute bloß los? Kaum waren wir im Katholikon, ordnete man sich dort für eine Prozession. Voraus ging ein Mönch, der ein Simantron schlug, ihm folgte ein Priester in einem rotgoldenen Prunkgewand, dann folgten Mönche, die Ikonen, Reliquien und anderes liturgisches Gerät trugen. Die Prozession verließ das Katholikon und bald auch die schützenden Klostermauern.

Wir schlossen uns der Prozession an. Vor dem Klostertor machte man dann Halt für eine kurze Zeremonie. Dann ging es weiter den nahen Berghang hinauf. Man entfernte sich circa eine Viertelstunde vom Kloster. Bei prachtvollem Sonnenaufgang gab es dann eine eindrucksvolle liturgische Feier. Assoziationen zum Sonnengesang des hl. Franz von Assisi wurden in mir wach.

Fidi und mir war jedoch nicht so feierlich zumute, wir saßen sozusagen wie auf Nadeln. Alleine die Erinnerung an unseren langen „Hatscher" von gestern ließ uns schaudern. Man hatte uns gestern versichert, dass heute zwischen 7 Uhr und 7 Uhr 30 ein „Lorry" käme. Mit diesem Lastwagen könnten wir dann die Küstenstraße zurückfahren. Aber es gab im Kloster viele weitere Pilger, von denen sicher ein Großteil auch zurückfahren wollte. Würden wir es da schaffen mitzukommen?

Tatsächlich hörten wir plötzlich ein Motorengeräusch. Wir eilten den Berghang hinunter. Ein „Unimog" war angekommen. Wir verhandelten mit dem Mönch, der ihn fuhr, und wurden mit ihm bald handelseinig. Vom „Unimog" wegzugehen trauten wir uns nun nicht mehr. Wir verzichteten auch auf das Frühstück im Kloster. Unsere Angst war aber unbegründet gewesen, wir mussten letztlich auf alle warten, die mitfahren wollten.

Die Fahrt mit dem „Unimog" war eine nicht enden wollende Schaukelei. Manchmal peitschten uns beim Vorbeifahren sogar die Zweige von Bäumen. Aber immerhin war das besser, als die ganze Strecke noch einmal gehen zu müssen. Beim Kloster Iviron gab es einen kurzen Halt. Wir verließen den „Lorry" bei der Abzweigung einer Straße zum Kloster Stavronikita.

Nach der Schaukelei waren wir froh, wieder gehen zu dürfen. Wir wanderten auf einer Schotterstraße weiter. Nach ungefähr einer halben Stunde kamen wir an einem total verfallenen Kellion vorbei. Wir stiegen in den Unterbau, wo die ehemalige Kapelle gewesen war ein und fanden im Keller derselben, fein aufgeschichtet, lauter Totenschädel. Da ein

Räuchergefäß und eine kleine Billigikone dort waren, konnten wir annehmen, dass die Lebenden die Toten hier nicht vergessen.[25]

Wir kamen zum Kloster Stavronikita. Bei meinem ersten Besuch im Jahre 1978 durften wir nur kurz ins Kloster hinein, um die Mönche nicht zu stören. Heute aber war das anders. Schon an der Pforte bekamen wir griechischen Kaffee und ein Mönch zeigte uns anschließend die wunderschönen Malereien im Katholikon und erklärte sie uns in englischer Sprache. Das Kloster selbst war innerhalb seiner Mauern recht klein, aber gediegen gebaut.

Wir verließen das freundliche Kloster und wanderten der Küste entlang auf einem steinigen, auf- und abwärts führenden, alten Pilgerweg dem Kloster Pantokratoros zu. Der Weg führte an einem verfallenen Kellion vorbei, wo sich oberhalb eine zugemauerte Höhle befand. Damals vermuteten wir eine Einsiedelei, in späteren Jahren erfuhr ich, dass es das Gerücht gab, dass von hier aus einst ein geheimer Gang zum Russenkloster Panteleimonos führen sollte.

Das Kloster Pantokratoros thronte auf einem Felsen und war trutzig wie eine Festung. Bis dorthin waren es 7,5 km Weg gewesen. Im Hof dieses Klosters stachen die vielen Orangenbäume ins Auge, deren Früchten wie „goldene Kugeln“ aus dem grünen Blätterwerk leuchteten. Wieder bekamen wir griechischen Kaffee und auch Loukoumi serviert und man schenkte uns wegen der Osterzeit auch ein rotes Ei. Ein Mönch zeigte uns, zusammen mit zwei griechischen Pilgern, das Katholikon. Leider erklärte er alles nur in griechischer Sprache.

Um ca. 13:00 Uhr zogen wir Richtung Karyes weiter. Nach ungefähr zwanzig Minuten meist steilen Bergaufgehens überholte uns ein kleiner Lastwagen, ein sogenannter „Lorry“, dessen Ladefläche mit Planen zugedeckt war. Im Führerhaus saßen zwei Mönche. Auf Gruß und Zunicken blieb der Fahrer stehen und lud uns ein, mitzufahren. Obwohl eine Fahrt auf diesen „Straßen“ einen ordentlich durcheinander rüttelte, waren wir überglücklich, dass wir mitfahren durften.

Bei einem Halt, deutete uns der Fahrer, dass wir warten sollten. Zusammen mit dem anderen Mönch entfernte er sich. Die Ruhe am „Lorry“ war so angenehm, dass Fidi und ich für kurze Zeit einnickten. Auf der Weiterfahrt bekamen wir dann kurz einen weiteren Fahrtgenossen, der aber bald wieder ausstieg. So erreichten wir nach einiger Zeit Karyes. Dort machten wir einen kurzen Abstecher zur Skite Agiou Andreou, russisch auch „Serail“ genannt. Diese Skite war ein riesiger, im russischen Stil gebauter Gebäudekomplex, total verfallen, man begann aber zu renovieren. Im Augenblick arbeiteten zwei Leute (!) daran. Die Kosten einer echten Renovierung, sollte es je dazu kommen, müssten Millionen verschlingen. Wir wanderten zurück nach Karyes.

In Karyes war das Protáton diesmal offen, so konnten wir die panselinischen Malereien dort gebührend bewundern. Anschließend besuchten wir einen der pittoresken, kleinen Kaufläden und statteten dann dem einzigen Gasthaus einen Besuch ab. Wir waren überrascht, dass hier die Wände mit Plakaten geschmückt waren, die Werbung für Wien machten!

25 Als ich im Jahr 2012 wieder vorbeiwanderte, hatte man begonnen, das Kellion zu renovieren.

Gestärkt durch ein Glas Bier gingen wir frischen Mutes hinunter zum Kloster Koutloumousiou. Wir erreichten es nach 15 Minuten und gingen gleich in den Klosterhof, ohne die vor dem Klostertor am Brunnen sitzenden Mönche besonders zu beachten. Das war im Nachhinein ein schwerer Fehler, wie wir gleich erfahren mussten. Wir erkundigten uns nach dem Archontaris, als uns ein freundlicher Mönch, er stammte aus Nea Skiti, ansprach. Er war gerade mit seinem Chor auf einer Gesangtournee und zufällig hier. Er bemühte sich, in möglichst exaktem Englisch mit uns zu sprechen.

Ein ebenfalls anwesender Pilger mischte sich in unsere Unterhaltung. Er war unangenehm, da er uns unbedingt zum orthodoxen Glauben bekehren wollte. Als dann der Archontaris kam, war dieser auf uns beleidigt, weil wir ihn beim Betreten des Klosters, er war einer der am Brunnen sitzenden Mönche gewesen, weder beachtet noch ihm die Hand geküsst haben. So erklärte er uns rundum, dass er für uns keine Schlafgelegenheit habe, wir mögen doch zum Kloster Stavronikita weiterwandern!

Jetzt war guter Rat teuer. Unserem freundlichen Mönch war die schroffe Ablehnung des Archontaris recht unangenehm. Er meinte, vielleicht könne er uns aber helfen, er wisse in Karyes eine Unterkunft, zwei Betten bloß. Sie hätten nur einen kleinen Nachteil, dass sie unter Umständen „a little dirty" wären. Wir versicherten ihm, das würde uns nichts ausmachen, wenn wir heute in der Nacht nur ein Dach über dem Kopf hätten.

Unser freundlicher Mönch begleitete uns zurück hinauf nach Karyes. Wir gingen am Gasthaus vorbei und bogen dann nach rechts in Richtung Postamt ab. Nach ungefähr zehn Minuten erreichten wir ein Kellion. Unser Mönch fragte nun den „Hausherrn", den nur griechisch sprechenden 83-jährigen Mönch Petros, ob er uns für eine Nacht Herberge geben würde. Dieser war sofort dazu bereit und wir gingen in sein Haus hinein.

Wir wussten damals noch nicht, dass Petros ein am Athos allseits bekannter und verehrter Mönch war. Er hatte sogar Gebetszettel in griechischer und englischer Sprache drucken lassen, den jeder Besucher von ihm geschenkt bekam. Dieser Gebetszettel hatte sogar in einem Buch über den Athos Eingang gefunden.[26]

Ein eher dunkler Gang führte bis zur Mitte des Hauses. Dort kreuzten sich Gänge, die von allen vier Seiten her hier zusammenkamen. So entstand dort, rund um eine Säule, ein Raum. In einer Ecke dieses Raumes, entlang je an einer Wand, standen ein kistenartiges Bett und ein uraltes Sofa. Die Farbe der Überzüge, die auf diesen beiden Schlafgelegenheiten lagen, war unbeschreiblich – wie immer man das deuten wolle! Auf diesen Liegen sollten wir also die heutige Nacht verbringen! In unserer Verzweiflung, im Kloster Koutloumousiou abgewiesen worden zu sein, waren wir auch dazu bereit.

Wir bedankten uns beim freundlichen Mönch aus Nea Skiti, der wieder zum Kloster Koutloumousiou zurückging. Von irgendwo her im Haus hörten wir immer wieder eigenartig jammernde oder manchmal auch eher heulende Laute. Vorerst konnten wir uns dies nicht erklären.

Petros bat uns nun vor das Haus und bereitete selbst den griechischen Kaffee für uns

26 Vgl. Günther Spitzing, Athos. Der Heilige Berg des östlichen Christentums. DuMont Taschenbuch Nr. 246, Köln 1990. S. 45 (Abb.), S. 114ff.

zu. Das Haus stand in einem großen Garten, wo Kartoffeln und auch Gemüse angebaut waren. Nicht fern vom Haus gab es eine große Weinhecke. Im Garten arbeiteten drei Albaner und ein etwa 30-jähriger Mönch, der, so erzählte er uns später, mehrere Jahre in den USA gelebt hatte. In der Folge war er unser Dolmetscher. Die Albaner bekamen nun ein Abendessen und verließen das Anwesen.

Wir vier feierten gemeinsam die Hesperinos-Andacht, die Abendvesper. Wie jedes Kellion, so hatte auch dieses eine Hauskapelle. Prunkstück dieser Kapelle war unbestritten eine große Ikone, die über die gesamte Ikonostase reichte und die die zwölf Aposteln darstellte. Der jüngere Mönch sang nun uns zu Ehren die Gebete in englischer Sprache. Er schaffte es aber sprachlich nicht ganz und so sang er dann einfach auf Griechisch weiter.

Nach dem Essen erzählte er uns, dieses Haus hätte im 11. Jahrhundert als Erdgeschoß eines Turmes gedient. So war auch der Mittelraum erklärbar. Rund um diesen Turm hatte man einst einen Friedhof angelegt. Man lud nun uns zum Abendessen ein. Schon die Küche mit der offenen Feuerstelle war kurios. Arg war aber die Kücheneinrichtung. Rundherum gab es Ruß geschwärztes, leider meist auch innen schmutziges Kochgeschirr, nicht abgewaschene Teller und ebensolches Besteck. Gott sei Dank war die Petroleumlampe schwach und überdeckte gnädig den Schmutz.

Für uns gab es nun ein nachösterliches Galadinner. Es bestand aus Kartoffeln, grünem Salat und einen Berg von undefinierbaren Knochen mit etwas Fleisch. Ich hatte gleich keinen Hunger mehr. So aß ich ganz langsam die Kartoffeln und den Salat und schob die Knochen immer wieder an den Tellerrand. Da entspann sich zwischen Fidi und mir leise folgender Dialog:

„Fidi, was ist das für Fleisch?"

„Hund oder Katze, ich weiß es nicht!"

„Fidi, ich kann nicht!"

„Du musst!"

Ich konnte wirklich nicht, das Wasser stand mir bis zum Hals! Ich ließ die Knochen unberührt über. Petros fiel das schon auf, er machte eine entsprechende Bemerkung zum anderen Mönch hin, aber der rettete durch seine Antwort scheinbar die Situation. Zu meiner Ehre sei aber gesagt, auch Fidi hatte seine Knochen übrig gelassen. Auch er hatte nach dem ersten Bissen eine Esssperre. Nach dem Essen sahen wir dann, wie unser „Fleisch" den Katzen verfüttert wurde. Uns rettete dann nur mehr, dass wir vor dem Schlafengehen im Finstern den letzten Schluck Whiskey tranken.

Auch das unheimliche Heulen und Jammern klärte sich im Laufe der Nacht auf. Im Hause wohnte noch ein beinahe blinder, tauber, völlig geistig beeinträchtigter Mann, welcher von den beiden Mönchen gnädig aufgenommen worden war. Dieser Mann heulte und rief nun die ganze Nacht, offenbar war ihm auch schlecht und er tastete sich, an einem Stock gehend, wenigstens fünfmal an uns vorbei durch den dunklen Raum. Man kann sich unsere Nachtruhe vorstellen!

Samstag, 24. April:

Wir versicherten unseren liebenswerten Gastgebern, besonders früh aufbrechen zu müssen. Für die Mönche war das kein Problem, sie waren für ihre Morgenandacht schon recht früh auf den Beinen gewesen. Den letzten Teil der Andacht feierten wir dann gemeinsam.

Wir hatten auf dieser Wanderung keine Schlafsäcke mit. Stattdessen benützten wir zwei Leintücher, eines zum Drauflegen und eines zum Zudecken, um nicht direkt mit den oft abscheulichen Decken in Berührung zu kommen. Jetzt machte ich den Vorschlag, unsere Leintücher den beiden Mönchen dazulassen, da es ja unser letzter Tag am Athos wäre. Ich wusste ja, dass ich von zu Hause nicht gerade die besten Leintücher mitbekommen habe. Das ging nur bei mir, Fidi bedauerte, dass dürfe er nicht, denn auf seinen Leintüchern stünde „Heereseigentum". So blieb ihm nichts anderes übrig, als sie mitzunehmen.

Für uns gab es noch einen Abschiedskaffee und letztlich die unvermeidlichen Umarmungen. Noch auf dem Weg hatte ich ein Barthaar im Mund!

Wir schritten frohgemut durch das noch schlafende Karyes und wanderten langsam auf schlechter Straße den Höhenrücken hinauf. Karyes, der Metropole des Athos, schenkten wir aus halber Höhe noch einen letzten Blick. Bald hatten wir dann die Passhöhe erreicht und nach circa einer halben Stunde Wanderns sahen wir bereits das Meer von der anderen Seite der Halbinsel. Wir nahmen den alten Pilgerweg zum Kloster Xiropotamou. Das Kloster stand mitten in der Renovierung und das, was gemacht wurde, war gute Arbeit. Leider durften wir nicht ins Katholikon hinein.

Abermals wählten wir den alten Pilgerweg, um nach Dafni zu gelangen. Rundherum blühte alles wunderschön. Um 10:00 Uhr, nach dem Zurücklegen von 11 km, erreichten wir Dafni. Wir gingen in die dortige Gaststätte, schrieben die letzten Ansichtskarten und bummelten durch die Geschäfte. Um 11:30 Uhr kam unser Schiff, es war ein größeres als bei der Anreise. Wir ergatterten zwei schöne Plätze an Deck.

Noch einmal zogen die Klöster an der Westküste an uns vorbei, entspannt genossen wir die Schifffahrt und dachten an unsere Erlebnisse in den letzen vier Tagen. Nach zwei Stunden Fahrt fuhren wir um einen Bergrücken herum und schon war der alte Wehrturm von Ouranoupoli in Sicht.

Wir mussten nun leider auf Zimmersuche gehen, da die Gastleute, wo wir vor einigen Tagen genächtigt hatten, nicht zu Hause waren. Aber gleich um die Ecke bekamen wir ein neues Zimmer. Die Vermieterin war eine Deutsche, die mit einem Griechen verheiratet war. Nachdem wir nun wieder ein Dach über dem Kopf hatten, gingen wir zu „unserem Wirt" essen. Heute bediente uns seine freundliche Tochter. Jedenfalls aßen wir gegrillte Scampi, die wir mit Retsina und etwas später mit Ouzo hinunterspülten.

Wieder auf unserem Zimmer, duschten wir und gingen anschließend etwas bummeln. Etwas außerhalb von Ouranoupoli, in Richtung der Landgrenze, fanden wir eine idyllisch gelegene Taverne, wo uns ein ganz vorzügliches Abendessen serviert wurde. Wir waren die einzigen Gäste und der Wirt erzählte uns, dass der Krieg in Jugoslawien besonders Griechenland schwer treffe. Den Nachttrunk holten wir uns noch bei der schönen Tochter „unseres Wirtes".

Sonntag, 25. April:

Schon recht früh waren wir auf und wanderten hinunter zum Hafen, wo wir in einem Café frühstückten. Zufällig kam dort auch Dieter Dorner, die bekannte Stimme von Radio Steiermark, vorbei. Er war zur gleichen Zeit wie wir am Athos gewesen, nur war er auf anderen Wegen gewandert. Dieter Dorner war, nachdem er vor einiger Zeit zum orthodoxen Glauben übergetreten und auf „Dimitri" getauft worden war, im serbischen Athoskloster Hilandar beinahe zu Hause. Dort hatte er auch Ostern verbracht.

Wir nahmen dann den ersten Bus nach Thessaloniki. Dort angekommen, gingen wir auf die Suche nach einem Restaurant. Wie immer fanden wir keines, sodass wir ins Büfett im Busbahnhof einkehren mussten. Etwas später nahmen wir uns ein Taxi und fuhren damit zum Flughafen. Dort schlugen wir mit Trinken von Ouzo die Zeit tot. Der Heimflug im total ausgebuchten Flugzeug war ruhig. Nach verspätetem Abflug vom Flughafen in Schwechat landeten wir wohlbehalten wieder in Graz.

Noch einige allgemeine Anmerkungen:

Ich hatte mich diesmal auf die Athos-Wanderung besser vorbereitet. In der Zeit vor 1978 war ich kein großer Wanderer gewesen, auch kam die Einladung, ich könne auf den Athos mitfahren, plötzlich. Das Resultat war, dass ich mir gleich zu Beginn eine Seitenbandzerrung zuzog, die mir beim Wandern höllische Schmerzen bereitet hatte. Damals gingen auch zudem die wenigsten Wanderer mit Stöcken. Außerdem war mein Rucksack ein völlig ungeeigneter, der mich im unteren Bereich des Rückens wundgerieben hatte.

Im Jahre 1993 dagegen war das Joggen voll im Trend und auch das Wandern mit Stöcken. Da hatte ich keinerlei Probleme mit den Knien mehr, auch ich hatte mir einen passenden Rucksack gekauft. Aber wie immer war jeder gepackte Rucksack viel zu schwer. Was kann man zurücklassen, was mitnehmen?

Wichtig war eine leichte Wasserflasche (1 Liter oder 2 x 500 ml) und jedes Mal nachfüllen, wenn man an einer Quelle vorbeikam. Fidi, der alte Militär, predigte immer, wenn du nicht dein Leben damit retten kannst, vielleicht rettest du das Leben eines anderen.

Für die Kleidung hatten wir uns eine bestimmte Technik zurechtgelegt. Das ganze Jahr wurden Hemden, die an den Krägen oder bei den Handgelenken schon unansehnlich waren, weggelegt, desgleichen ältere Unterhosen. So ein altes Hemd, besonders beliebt waren die mit langen Ärmeln, da sie Sonnenschutz boten und zudem auch Schutz vor lästigem Astwerk, war wunderbar. Wir waren kaum an den Armen zerkratzt, und wenn es zu heiß war, konnte man die Ärmel ja aufstricken. Außerdem hatte man beim Besuch von Klosterkirchen keine Probleme wegen der nackten Unterarme.

Kam man abends im Kloster an, machten wir, sofern es irgendwie möglich war, Toilette und zogen die verschwitzten Hemden aus und ließen sie anderntags zurück. Es gab in der Folge sicher dankbare Mönche und Klosterarbeiter, die unsere Hemden dann noch weitertrugen. Wir zogen nun ein neues Hemd an, das diente uns auch gleich als Nachtgewand, und zogen morgens damit weiter. Wir wechselten so auch die Unterwäsche, die wir dann im Kloster ordnungsgemäß entsorgten.

An Toilettenartikeln ließen wir alles Rasierzeug zurück, zuhause wurde das letzte und wieder das erste Mal rasiert. Unsere Ehefrauen amüsierten sich immer prächtig über unsere Pilgerbärte.

Als Regenschutz kauften wir uns Ponchos. Die lassen sich relativ klein zusammenlegen. Man soll sie in grellen Farben kaufen. Das bietet eine gewisse Sicherheit bei Nebel oder wenn man schon gesucht wird.

Auch beim mitgenommenen Essen haben wir gespart, Brot bekommt man in jedem Kloster und kann sich davon mitnehmen. Der Rest des Essens soll haltbar und eher bei Hitze unempfindlich sein. Gut eingetragenes Schuhwerk und eingetragene Socken sind empfehlenswert. Man soll auch darauf achten, dass die Profilsohle der Schuhe kein einem Kreuz ähnliches Symbol aufweisen. Da können die Mönche recht unduldsam sein.

Es gibt sicher noch viele kleine Tipps, aber da kommt jeder selbst drauf.

Meine 3. Athos-Wanderung

Mit Fidi Haydn vom 29. Mai bis 5. Juni 1994

Thessaloniki – Ouranoupoli – Kavsokalivia – Agia Anna – Agiou Pavlou – Legende der Gründung von Agiou Pavlou – Dionysiou – Osiou Grigoriou – Legende der kleinen Kapelle unterhalb von Simonos Petras – Simonos Petras – Dafni – Panteleimonos – Geschichte der Gottesmutter von Kasan – Xenofontos – Dochiariou – Konstamonitou – Hilandar – Legende der Tricheirousa – Zographou – Ouranoupoli

Sonntag, 29. Mai:

Auch im Jahr 1994 war Fidi wieder mein treuer Mitpilger am Heiligen Berg Athos. Fidi hieß Friedrich Haydn, war Oberstleutnant beim österreichischen Bundesheer und stammte aus Kärnten.

Der Flug von Graz-Thalerhof nach Wien-Schwechat und auch dann der Anschlussflug nach Thessaloniki verliefen sehr ruhig. In Thessaloniki nahmen wir uns am Flughafen ein Taxi und sagten dem Chauffeur das Hotel Astoria als Zielort an, in dem wir schon im Vorjahr logiert hatten. Wir hatten dort kein Zimmer reserviert und versuchten so unser Glück. Der Portier versicherte uns, dass wir garantiert das letzte Zimmer bekommen hätten. Aber mehr als dieses wollten wir sowieso nicht haben.

In der Folge machten wir uns auf zu einem Stadtbummel. Leider hatte ich von zu Hause einen sehr aktiven Durchfall mitgebracht. Kaum waren wir ein wenig gegangen, mussten wir meinetwegen schon einkehren. So kam Fidi recht bald zu seinem ersten Ouzo.

Wir spazierten die Nikis-Promenade hinunter bis zum Denkmal Alexander des Großen und gingen dann von dort durch die Parkanlagen ins Stadtzentrum, kreuz und quer durch das Gewirr der Gassen. So kamen wir zum Schwarzmarkt nahe der Panagia-Chalkeon-Kirche (Kirche „Maria der Kupferschmiede“) und suchten dort nach einem offenen Lokal. Es dauerte nicht lange, bis wir eines fanden. Der Tisch stand im Freien und nach altem griechischem Brauch zeigten wir in der Küche des Lokals auf jene Speisen, die wir essen wollten. Wir entschieden uns für Tsatsiki, griechischen Salat und griechisches Beefsteak. Natürlich sprachen wir auch dem Retsina geziemend zu.

Auf dem Weg zum Meer kamen wir zufällig an unserem Hotel vorbei, trugen unsere Kameraausrüstung auf das Zimmer und gingen noch auf einen „Gute-Nacht-Trunk“ in ein Café am großen Aristoteles Platz.

Montag, 30. Mai:

An diesem Tag wurde es spannend. Unser Brief ans Ministerium war scheinbar verloren gegangen, jedenfalls hatten wir nie eine Antwort erhalten. Ich hatte mein Problem einem befreundeten Griechen in Graz, der in meiner Bank beschäftigt war, erzählt, der sich dann bereit erklärt hatte, für mich im Ministerium anzurufen. Nach diesem Anruf erklärte mir der freundliche Grieche, er habe alles mit dem Ministerium geregelt, der von uns gewählte Termin sei ihm am Telefon bestätigt worden. Sein Wort in Gottes Ohr!

Vorerst aber ließen wir uns das reichliche Frühstück schmecken. Dann schnappten wir unsere Rucksäcke und marschierten als moderne Stadtnomaden in Richtung Ministerium.

Dort eröffnete man uns, dass das Ministerium erst ab 10:00 Uhr, also erst in einer Stunde, Amtsstunden habe. Das hätten wir vom letzten Jahr schon wissen müssen! Wir ließen also unsere Rucksäcke unter „Polizeiaufsicht" zurück und suchten jene Kirchen in der Nähe auf, welche wir im letzten Jahr noch nicht besucht hatten.

So war gar nicht weit von hier, versteckt im Gewirr von Altstadthäusern der Oberstadt, die Agia Ekaterini („Katharinenkirche"). Wir mussten nicht lange nach ihr suchen. Es war eine wunderschöne, kleine, alte Kirche. Da dort gerade eine Messe gefeiert wurde, konnten wir kurz hinein. Doch wir wollten nicht lange stören. Die gregorianisch anmutenden Lieder waren für uns schon eine schöne Einstimmung auf den Heiligen Berg Athos.

Da wir noch immer Zeit hatten, wollten wir auch noch die Agii Apostoli („Kirche der Heiligen Apostel") aufsuchen. Wir fragten eine alte Griechin nach dem Weg. Überraschenderweise sprach sie gut Deutsch, sie hatte früher einmal in Hamburg gearbeitet. Freundlicherweise begleitete sie uns bis hin zur Kirche. Diese lag nahe der alten Stadtmauer und war der Katharinenkirche sehr ähnlich. Im Inneren der Kirche war leider alles eingerüstet, man renovierte gerade die Fresken und wir durften leider auch nicht fotografieren.

Wir gingen zum Ministerium zurück, dort wartete schon eine Guppe von circa acht, dem Dialekt nach Wiener, echte „Anzahrer", die sich laut unterhielten. Ich erkundigte mich beim Polizisten, in welchem Zimmer die Athos-Angelegenheiten behandelt würden. Es war, wie schon letztes Jahr, das Zimmer 222 im 1. Stock. Um zehn Uhr ging der Run dorthin los. Voran die Wiener mit einem griechischen Reiseleiter. Wir folgten ihnen zügig. Die Hauptstiege war abgesperrt, aber offenbar nur für Wiener. Wir passierten sie unbehindert und waren rasch im Zimmer 222.

Dort verhandelten wir mit Frau Plessas, einer rassigen Frau. Sie war schwarz gekleidet, etwas korpulent und hatte den Anflug eines Oberlippenbartes. Sie war sehr nett, trotzdem mussten wir mit ihr verhandeln. Erst nach einem Blick in ihren Kalender konnten wir sie davon überzeugen, dass wir tatsächlich vorgemerkt waren. Jetzt tauchten auch die Wiener auf und staunten nicht wenig, dass wir schon alles erledigt hatten.

Wir beeilten uns, wieder auf die Straße zu kommen, und versuchten dort ein Taxi zu bekommen. Eines blieb dann tatsächlich stehen und, obwohl schon eine Frau drinnen saß, durften wir zusteigen. Der Taxler brachte die Frau ins Krankenhaus, welches offenbar auf der Stecke lag.

Am Chalkidiki-Bus-Terminal kauften wir uns Tickets und warteten im dortigen „Kafeneion" auf die Abfahrt. Die Fahrt nach Ouranoupoli dauerte dann circa drei Stunden und war nicht aufregend. Schön waren die glühendroten Mohnfelder und die sicher zwei Meter hohen, blühenden Ginsterbüsche. Immer wieder stiegen dem Bus größere Mengen von Schülern zu.

Die Fahrt ging über Agios Prodromos – sozusagen St. Johann in Chalkidiki – Arnea,

Stagira, dem Geburtsort von Aristoteles, dessen Denkmal am Berg wir von der Ferne aus sehen konnten, und Nea Rhoda.

Wir erreichten Ouranoupoli. Im Schatten des alten Wachturms, des Pyrgos, verließen wir den Bus. Wir gingen sofort auf Zimmersuche und wurden auch sogleich von einer älteren, gut deutsch sprechenden Frau angesprochen, die uns für 5000 Drachmen ein Zimmer anbot. Wir nahmen das Angebot an und gingen, nachdem wir das Zimmer bezogen hatten, in unsere alte, etwas außerhalb des Ortes gelegene Taverne. Wie anders als „Athos“ konnte sie heißen.

Herrlich mundeten uns das Bier, der griechische Salat und die Souvlaki. Danach holten wir unsere Badesachen, um nahe der Taverne im Meer zu baden. Wegen der vielen Steine war es jedoch nicht leicht, ins Meer zu gelangen. Das Bad war aber sehr erfrischend. Als ich ans Ufer schwimmen wollte, war ein Seeigel dagegen und ich bekam eine ganze Reihe seiner Stacheln in den Fußrist. Gerade jetzt musste das passieren, ausgesprochen blöd!

Ich hinkte zurück ins Zimmer und machte mich über die Stacheln her. Meine Pinzette war dazu leider ungeeignet. Also versuchte es Fidi mit einer Nähnadel, aber die Verletzungen, die er mir dabei zufügte, die waren durchwegs tiefer und größer als die ursprünglich von den Stacheln verursachten. Also ließen wir einige Stacheln als Andenken für die Heimat stecken.

Zum Abendessen gingen wir noch einmal in unsere Taverne. Hier war es ausgesprochen schön zu sitzen, und für eine Woche gab es letztmalig gutes griechisches Essen, Retsina und Ouzo zu genießen. Besonders das Joghurt mit Nüssen und Honig war vorzüglich.

Dienstag, 31. Mai:

Schrecklich hatten mich nachts die Gelsen zerstochen! An Armen und Beinen sah ich aus, als hätte ich Masern. Wir spazierten zum Hafen und ließen uns dort in einer Taverne ein Frühstück servieren. Wir hatten erfahren, dass man hier in Ouranoupoli, sofern man die Erlaubnis des Ministeriums besaß, schon das Diamonitirion ausgestellt bekommen könnte. Letztes Jahr noch hatten wir dieses ausschließlich in Karyes bekommen.

Es bewahrheitete sich der Spruch, der sich in der Folge bei allen Besuchen des Heiligen Berges als richtig erwies: „Nix ist fix“. Und wirklich wurden im Freien, in der Weinlaube einer Taverne, Tische aneinandergestellt, Stempel aufgelegt und eine Kommission konsultierte sich. Mönche und zivile Beamte saßen am Tisch und ein strammer Polizist war auch dabei.

Tatsächlich bekamen wir hier auch klaglos unser Diamonitirion ausgestellt. Wir schauten dem angeregten Treiben rund um diese skurrile Amtshandlung noch etwas länger zu, dann bestiegen wir das Schiff, welches um einiges kleiner war als das des Vorjahres.

Nun ging es, der Westküste entlang Richtung Süden, vorbei an der Athosgrenze und den ersten Kellien. Dann tauchten schon die ersten Klöster auf, so Dochiariou, Xenofontos und Panteleimonos. Nach zwei Stunden Fahrt landeten wir im Hafen von Dafni. Wir erkundigten uns nach einer Schiffspassage weiter hinunter nach dem Süden. Tatsächlich fuhr ein kleineres Motorschiff Richtung Südspitze, doch es war noch ungewiss, wieweit es überhaupt fahren würde. Einige Griechen wollten, dass es bis zum Kloster Megisti Lavra fahre, aber das lehnte der Kapitän von Anfang an ab.

Dabei spielte ein alter Aberglaube eine Rolle. So schilderte Herodot in seinen Historien über die Perserkriege, dass der unter Dareios I. dienende persische Feldherr Mardonios bei seinem Feldzug gegen Thrakien und Makedonien (492 v. Chr.) einen großen Teil seiner Flotte bei der Umrundung des Berges Athos in einem Sturm verloren hatte. Das im Kopf, möchte noch heute kein Grieche gerne mit dem Schiff um die Südspitze herumfahren. Dieses Ereignis veranlasste Xerxes I. später auch bei seinem Feldzug gegen die Griechen im Jahre 480 v. Chr., einen Kanal durch den Isthmus von Athos graben zu lassen, um eine Wiederholung dieser Katastrophe zu vermeiden.

Nachdem das Schiff, mit dem wir angekommen waren, seine Rückfahrt wieder angetreten hatte, legte auch unser Motorboot ab. Es ging der Küste entlang, vorbei an den Klöstern Simonos Petras, Osiou Grigoriou, Dionysiou, Agiou Pavlou, an den Skiten von Nea Skiti und Agia Anna, dann an den kühn an Felsen klebenden Einsiedlerhütten, die oft nur mittels schwindelerregender Leitern erreichbar waren. Wir umfuhren Kap Nymphaion (auch: Kap Pinnes) an der Südspitze. Die Gegend hier war recht öd, doch plötzlich sahen wir auf circa 250 Metern Höhe am Berghang eine Siedlung verstreut liegender Hütten. Man sagte uns, das wäre die Skite Kavsokalivia. Als ich den Kapitän fragte, ob man hier auch schlafen könne, meinte er, das wäre „a very nice place!".

Aussteigen oder zurückfahren? Wir entschieden uns für Ersteres, landeten in einer Felsbucht und begannen den steilen Aufstieg. Wir waren so gleich in Schweiß gebadet, war es doch 14:00 Uhr und sehr heiß. Wir wollten noch heute von hier hinüber zum Kloster Megisti Lavra weiterwandern.

Fürs Erste steuerten wir das Haus neben dem Kyriakon an, wo eine griechische Fahne auf einen Fahnenmast aufgezogen war. Kohlschwarze Wolken kamen vom Athosgipfel her und von der Ferne rollte der Donner. Der Archontaris, bärtig und recht freundlich, braute uns einen „Griechischen" und wartete uns Loukoumi, Tsipouro und Wasser auf. Das aufziehende Wetter zwang uns, hier zu übernachten. Im selben Haus, nur ein Stockwerk höher, bekamen wir ein schönes Zweibettzimmer.

Wir schauten uns noch kurz rund ums Haus etwas um, dann gewitterte es ordentlich. Wir setzten uns gemütlich auf die zum Meer hin offene Veranda und waren froh, nicht weiter gegangen zu sein. Die Skite Kavsokalivia lag geschützt, die einzelnen Häuser großräumig verstreut in einer Mulde. Ich bewunderte vor allem ihre wunderschön mit Steinplatten gedeckten Hausdächer. Mit uns saßen auf der Veranda noch mehrere Griechen und zwei Deutsche. Müde legte ich mich kurz hin und schlief gottvoll bei strömendem Regen.

Als der Regen aufgehört hatte, stiegen Fidi und ich auf den nahen Glockenturm und kraxelten dann in einem alten Haus herum, wo es zuvor gebrannt haben musste. Dann entdeckten wir das Nekrotapheion (den Karner), wo in langen Reihen die Schädel verstorbener Mönche auf Stellagen lagen. Einige der Schädel waren mit einem Datum (Sterbedatum?) versehen. Interessant war auch der kleine Friedhof daneben.

Wieder kam ein Regenguss und wir flüchteten ins Haus. Wir kamen gerade rechtzeitig zum Abendessen, welches von allen, außer dem Archontaris, in der Küche eingenommen wurde. Es gab eine gerstenkörnerförmige Teigware in einer Sauce, ferner Kartoffeln, Oliven und Wasser.

Nach einiger Zeit fragte uns der Archontaris, ob wir das Kyriakon sehen wollten. Eigentlich waren es ja zwei Kirchen. Beide waren wundervoll ausgemalt und überall hingen prachtvolle Ikonen. Wir fragten, ob wir Fotos machen dürften und der freundliche Mönch erlaubte es uns auch. Zurückgekommen, saßen wir noch etwas auf unserer Veranda, dann gingen wir, nach einem kräftigen Schluck Whisky, sehr früh schlafen.

Mittwoch, 1. Juni:

Wir waren schon sehr früh wach. Für ein paar Fotos besuchte ich noch den Friedhof, dann brachen wir, nach einem Fingerhut voll griechischem Kaffee, auf. Letzte Blicke auf die herrlichen, mit Steinschieferplatten bedeckten Dächer.

In steilen Serpentinen ging der schmale Pfad bergauf. Wir waren voll Bewunderung, wie geschickt die Mönche dereinst über Geröllfelder Steinplatten zu wunderschönen Stufen gelegt und phantastische Steinstützmauern damit errichtet hatten. Mit dem Material Stein konnten sie wunderbar umgehen.

Vom Athosgipfel herunter kamen immer wieder Nebelfetzen, zum Wandern war es angenehm kühl. Wir mussten nun auf circa 900 m Seehöhe aufsteigen, mit unseren Rucksäcken war das eine ordentliche Schwitzpartie und wir kamen gewaltig ins Keuchen. Nach circa zwei Stunden glaubten wir uns schon in Agia Anna, doch es war erst Agiou Vasiliou, wie uns zwei freundliche albanische Arbeiter erklärten, die wir zufällig trafen. Über uns war der Berg des Propheten Elias mit seiner Kapelle.

Wir mussten weiter, auf engen Wegen schwitzend wandernd, hinauf zu einer Art Passhöhe. Da und dort wurden, meist in traumhaft schönen Lagen, neue Kellien errichtet, die eher Luxusbungalows als Mönchsbehausungen glichen. Sie wurden, oft durch albanische Arbeiter, mit den Mitteln moderner Technik erbaut. Nach langen Jahren des Kommunismus bekannten sich viele Albaner nun wieder zum orthodoxen Glauben und durften so am Athos einreisen. Als billige Arbeitskräfte, meist nur für die karge Verpflegung, arbeiteten sie hier, und es ging ihnen wahrscheinlich dennoch besser als zu Hause in Albanien.

Wir kamen an der Stelle vorbei, wo der Weg zum Athosgipfel abzweigt. Nach einer Gesamtwegzeit von circa drei Stunden sahen wir Agia Anna tief unter uns liegen. Über viele Stufen stiegen wir hinab und gingen dort zum Kyriakon. Überschäumende Freude herrschte gerade nicht über unser Kommen, ja man schenkte uns kaum Aufmerksamkeit. Da wandten wir einen unserer alten Tricks an, indem wir ins Haus gingen und nach Ansichtskarten fragten. Nach einigem Hin und Her kam der „Chef", ein alter Mönch namens Joannes, und zeigte uns seine Goldzähne. Er gab uns auch ein kleines Andachtsbild der hl. Anna und auf unsere Bitte hin sperrte er uns auch das Kyriakon auf.

Als Erstes durften wir die prachtvolle Ikone der hl. Anna bewundern. Dann erlaubte er uns sogar zu fotografieren. Das war wieder eine der hoch interessanten Kirchen mit schönen Malereien. Grauenvoll realistisch waren aber die Martyrien der verschiedenen Heiligen dargestellt. So gut es ging, erklärte uns Joannes einiges.

Wir bekamen griechischen Kaffee, Loukoumi und Wasser. Joannes erklärte uns, dass jährlich ein Mönch aus einem der Häuser von Agia Anna hier Dienst tun muss. Dann beschrieb er uns detailreich den weiteren Weg und wir brachen auf. Als wir am Beinhaus vorbeikamen, trockneten dort in der Sonne gerade der Schädel und die Gebeine eines Mönchs in einer Obststeige.

Wieder ging es etwas bergab, dann lag Nea Skiti unter uns. Wir stiegen weiter hinab, hielten uns aber in der Skite nicht weiter auf, sondern wanderten weiter in Richtung des Klosters von Agiou Pavlou. Nach circa einer Stunde Gehstrecke sahen wir die mächtige, prächtig an einem Berghang liegende Klosterfestung. Die mächtigen Quadern, aus welchen die gewaltigen Klostermauern bestanden, waren kein Wunder, soll doch der Teufel selbst bei Klosterbau mitgeholfen haben. Das kam so:

Der erste Gründer vom Kloster soll ein Mönch aus dem Kloster Xiropotamou namens Pavlos gewesen sein. Ohne Gehilfen, schleppte er Stein für Stein herbei, meißelte sie gerade und türmte sie zur Grundmauer auf. Doch jedes Mal, wenn sie schon fertig war, stürzte die Mauer nachts unvermutet zusammen. Da legte sich der Mönch eines nachts auf Lauer. Richtig, nach Mitternacht kam aus einem nahen Felsspalt ein Teufel heraus und brachte die Mauer zu Fall. Unverdrossen richtete der Mönch am nächsten Tag die Mauer wieder auf und lauerte nachts den Teufel beim Spalt auf. Als der Teufel den Kopf heraussteckte, packte der Mönch ihn an den Hörnern, zog ihn heraus und hieb in so lange kräftig durch, bis der Teufel um Gnade flehte. Dann ließ er ihn einen großen Eid schwören, dem Kloster nicht mehr zu schaden, ja er zwang ihn sogar, von nun an mächtige Steine für den Bau des Klosters herbeizuschleppen.[27]

Jetzt lag das Kloster vor uns. Welch schöner Anblick! Wir gingen auf guter Straße zum Kloster hinauf und betraten den Klosterhof. Kein Mensch war zu sehen, das Katholikon war versperrt. Wir streiften im Hof etwas umher, tranken ausgiebig Wasser und traten dann den Abstieg zum Strand an.

Eine kurze Strecke ging es am Strand entlang, dann schwitzten wir einen irrsinnig steilen Hang hinauf. Strafverschärfend waren hohe Steinstufen und der sehr ausgewaschene Weg, weiters die brütende Hitze und unsere schweren Rucksäcke! Manchmal glaubte ich, ich könne nicht mehr! Manchmal sah ich auf Steinen vom vor mir gehenden Fidi Schweißtropfen. Waren wir dann wirklich einmal „oben" angekommen, verlief der schmale Pfad ungefähr 200 m über dem Meer. Doch immer wieder gab es eine Bucht, in die wir hinuntersteigen mussten. Natürlich mussten wir uns dann auf der anderen Seite wieder hinaufquälen. Endlich um circa 15:00 Uhr waren wir beim Kloster Dionysiou angelangt – ein prachtvoller Bau, von dem schon der berühmte Jakob Philipp Fallmerayer (1790–1861) begeistert war.

Das Kloster wurde gerade renoviert und vieles war eingerüstet. Beinahe gleichzeitig mit uns kamen acht Zyprioten an. Wir alle bekamen einen Begrüßungskaffee, Tsipouro, Loukoumi und Wasser. Dann wurde Fidi und mir ein Zimmer zugeteilt, wo schon ein

27 Vgl. Spunda Franz, Der Heilige Berg Athos. Landschaft und Legende (= Spunda, Landschaft und Legenden), Leipzig 1928, S. 107f. – Spunda Franz, Legenden und Fresken vom Berg Athos (= Spunda, Legenden und Fresken), Stuttgart 1962, S. 89f.

Amerikaner und zwei Niederländer untergebracht waren. Andersgläubige brachte man natürlich gemeinsam unter!

Wir gingen auf Entdeckungsreise. Dabei gelangten wir in den Esonarthex, wo es uns ohne Weiteres gelang, einige Fotos zu machen. Dann kamen wir zum kreuzgangähnlichen Portikus, im 16. Jahrhundert ausgemalt, fantastische Szenen zur Apokalypse des Johannes. Einfach atemberaubend realistisch. Dort trafen wir einen Mönch. Wir sprachen ihn an, ob er uns nicht auch das Innere des Katholikons zeigen würde, was er schließlich gerne tat. Im Inneren arbeiteten zu dem Zeitpunkt Restauratoren aus Athen. Prachtvolle Tzortzis-Malereien[28], im kretischen Stil. Man kann das gar nicht alles beschreiben. Besonders schön fand ich auch die Ikonostase.

Auf meinen besonderen Wunsch hin führte uns der Mönch in die Kosmas und Damian-Kapelle, die sich im Untergewölbe des Klosters, nur über eine steile Stiege erreichbar, befand. Die Kapelle war allerdings nicht aufregend gestaltet und nicht unbedingt eines Besuches wert, aber Kosmas und Damian waren meine Berufspatrone, so wollte ich die kleine Kapelle sehen. Anschließend gingen wir zur Hesperinos-Andacht, welche der katholischen Vesper entspricht.

Nur im äußersten Winkel der Kirche, im Esonarthex, durften wir nun eine Stunde lang der Liturgie beiwohnen. Die griechischen Mönche gaben sich wie immer ungeniert, sie furzten manchmal laut, wenn es ihnen danach war.

Zum Abendessen wurden wir in die Trapeza geladen. Wiederum gab es dort prachtvolle Fresken zu bewundern. Wir saßen, nicht das erste Mal, im letzten Winkel des Raumes, fernab aller Orthodoxen, inklusive der Nichtmönche. Es gab Eintopf, Oliven, Brot und Wasser.

Nach dem Essen saßen wir noch einige Zeit vor dem Kloster und schauten aufs Meer. Wir gingen dann früh aufs Zimmer und diskutierten dort noch mit unseren Zimmergenossen über die letzten Geheimnisse dieser Welt.

Unsere heutige Wegstrecke hatte 21 km betragen.

Donnerstag, 2. Juni:

Wir brachen recht früh ohne Frühstück auf, unsere Zimmergenossen schliefen noch. In der Morgenkühle war es recht angenehm zu wandern. Nur kurz ging es dem Strand entlang, dann führte der oft schon stark verwachsene Weg steil und steinig bergauf. Der Blick zum Meer hinunter war aber stets recht schön. Der Pfad führte oft parallel zu einer Stromleitung, diese war uns manchmal eine gute Orientierungshilfe. Um ungefähr neun Uhr lag das Kloster Osiou Grigoriou unter uns. Von hier oben hatten wir einen schönen Blick auf dieses Kloster, mit seiner charakteristischen Palme innerhalb der Ummauerung. Vom Kloster herauf vernahm man das Läuten einer Glocke.

Nach einer halben Stunde hatten wir schließlich das Kloster erreicht. Aus dem Katholikon war ein wundervoller Choral zu hören. Die Orthros-Andacht, in katholischen Klöstern der Laudes entsprechend, hatte gerade erst begonnen. Wir hatten ja das Läuten, das die

28 Tzortzis, Maler der Kretischen Schule, arbeitete im 16. Jh.

Mönche zu dieser rief, vorhin eben vernommen. Wir lauschten dem Gesang eine Weile, dann sahen wir uns im Kloster etwas um. Durch ein Fenster des Katholikons sahen wir, dass die Mönche während ihrer Feier den mit brennenden Kerzen versehenen großen Luster in schwingende Bewegungen versetzt hatten. Diese Andacht hätte uns sicher interessiert, doch als Katholiken wären wir wahrscheinlich nur draußen im Esonarthex gesessen. Wir gingen trotz alledem für kurze Zeit bis in den Naos des Katholikons vor.

Da die Andacht eben erst begonnen hatte und keine Aussicht auf einen griechischen Kaffee bestand, brachen wir bald wieder auf. Und wieder führte der Weg hinauf auf eine Höhe von circa 200 Metern über dem Meeresspiegel. Der Pfad war steinig und schmal. Wie konnte es anders auch sein, sehr bald ging es auch wieder bergab, fast bis auf Meeresniveau und genauso auf der anderen Seite wieder bergauf.

Gegen elf Uhr kamen wir zu jener Stelle, wo hoch über uns das Kloster Simonos Petras thronte. Wirklich ein gewaltiger Anblick war dieses Kloster! Man hatte uns schon vorhergesagt, dass man dort, wegen Renovierung, kaum Fremde aufnehmen würde. Eine entsprechende Hinweistafel war auch am Hafen des Klosters angebracht worden. Man würde Gäste nur gegen Voranmeldung aufnehmen und Besucher erst ab 16:00 Uhr empfangen. Trotzdem überlegten wir nicht lange.

Beinahe senkrecht ging der Pfad zum Kloster hinauf, er war zudem wahnsinnig steil und schmal. Heuschrecken bombardierten uns von allen Seiten und die Sonne war jetzt gnadenlos. Vor mir ging Fidi wie eine Maschine und mir blieb nichts anderes übrig, als mit dem Tempo mitzuhalten. Abermals markierte Fidi die Steine mit seinen Schweißtropfen.

Auf halber Höhe war eine kleine Kapelle, dort rasteten wir etwas. Wir wussten damals noch nicht, dass es zu dieser Kapelle eine bekannte Legende gibt. Ich habe über sie erst später gelesen. Diese Legende sei hier kurz wiedergegeben:

Herumstreifende Piraten wollten einmal das Kloster Simonos Petras plündern. Doch die Felswände, auf denen das Kloster errichtet worden war, waren so glatt, dass es für sie unmöglich war, sie zu erklimmen. In ohnmächtiger Wut schossen sie Pfeile ab, die kaum bis zu den Balkonen kamen, wo sie von den Mönchen lachend mit der Hand aufgefangen wurden. Ihre Wut ließen sie nun an der kleinen Kapelle unterhalb des Klosters aus. Dort befand sich ein Bild der Panagia, welches als wundertätig galt und eine Diamantkrone trug. In der Eile des Überfalls war es nicht mehr möglich gewesen, das Bild zu retten. Die Piraten entrissen nun dem Bild die Krone und brüsteten sich vor den ohnmächtig zusehenden Mönchen des Frevels. Als endlich die Piraten gegen abends absegelt waren, kamen die Mönche wehklagend zur geschändeten Kapelle. Doch, oh Wunder, hell strahlte ein Krönlein am Haupt der Panagia, Glühwürmchen saßen gedrängt und bildeten eine Zier, wie sie keine menschliche Kunst hervorbringen kann. Auch das Kleid der Panagia schimmerte samtschwarz in sachter Bewegung: Nachtfalter bedeckten in abgetönten Farben das Bild.[29]

Unser weiterer Aufstieg verlief dann nicht mehr so steil. Ganz nahe dem Kloster roch es wunderbar nach Braten. Den bereiteten sich gerade Arbeiter zu, die an allen Ecken und Enden das Kloster mit Renovierungsarbeiten beschäftigt waren.

29 Vgl. Spunda, Landschaft und Legenden, S. 124f. – Derselbe, Spunda, Legenden und Fresken, S. 92f.

Schon der Eingang ins Kloster, ein langer, aufwärts führender Gang, war imposant. Von Gang zu Gang, von Stockwerk zu Stockwerk, fragten wir uns durch, bis wir endlich im siebenten Stockwerk, in luftiger Höhe, landeten. Der Empfangsraum dort vermittelte den Eindruck eines türkischen Salons, es fehlten nur die niederen Diwane entlang der Wand, die hier durch Sofas ersetzt worden waren.

Von diesem Raum aus kam man direkt auf den Balkon hinaus. Hier hatte man einen prächtigen Blick aufs Meer. Der Archontaris nahm uns freundlich auf und brachte uns griechischen Kaffee, Tsipouro, Loukoumi und Wasser, Wasser, Wasser … Plötzlich rief er uns auf den Balkon hinaus und zeigte hinunter aufs Meer. Ein Schwarm von etwa fünfzehn Delphinen spielte im Meer, sie sprangen aus dem Wasser und klatschten dann wieder zurück ins Meer. Offensichtlich bereitete ihnen dies ein großes Vergnügen.

Der Gastmönch fragte uns, ob wir Hunger hätten und ob wir zusammen mit den Mönchen essen wollten. Wir willigten gerne ein. Wir durften noch etwas am Balkon sitzen bleiben, dann wurden wir von ihm in die Trapeza geholt. Diese war nicht mit Malereien verziert, an den Wänden hingen aber große Ikonen. Entgegen der sonst geübten Praxis saßen wir diesmal nicht im letzten Winkel des Raumes. Es gab Eintopf, Käse, als besondere Speise eine Art Eierkuchen, einen Apfel, natürlich Brot und Wasser.

In das Katholikon kamen wir nicht, es war versperrt. Wir schieden, ob der großartigen Gastfreundschaft, begeistert von diesem Kloster, und zu unserer Überraschung gab uns der Archontaris zum Abschied sogar die Hand! Ja, man bot uns sogar an, uns mit dem Bus des Klosters nach Dafni zu bringen. Das lehnten wir aber höflich ab.

So wanderten wir auf staubiger Straße, die ohne jeden Schatten in der Sonne lag, dem Hafen von Dafni zu, welchen wir nach circa zwei Stunden leerer Kilometer erreichten. Es war circa 14 Uhr. Kein Mensch war hier zu sehen, alles schien wie ausgestorben. In der Bucht lag ein Kriegsschiff der griechischen Marine.

Wir hängten uns an die Wasserleitung und überlegten uns, wo wir heute übernachten könnten. Sollten wir hinauf zum Kloster Xiropotamou oder der Küste entlang zum Kloster Panteleimonos wandern? Als wir Dafni verließen, waren wir immer noch beim Überlegen.

Dann entschieden wir uns für das Russenkloster Panteleimonos. In nicht allzu großer Höhe über dem Meer wanderten wir der Küste entlang. Kurz verloren wir einmal den schmalen Pfad. Als wir in eine verschwiegene, kleine Bucht kamen, konnte ich dem Verlangen, ein Bad zu nehmen, nicht widerstehen und überredete auch Fidi dazu. Sehr diskret wagten wir uns ins Wasser, eigentlich lagen wir nur in der Brandung aus Furcht vor der griechischen Polizei, die jedes Baden sehr streng ahnden würde. Dieses Bad hatte uns sehr erfrischt.

Von dieser Bucht war es nicht mehr weit bis zum Kloster Panteleimonos. Schon nach kurzer Zeit tauchten die mächtigen Ruinen auf, welche die bewohnten Teile des Klosters umgaben. Es waren die schon lange verfallenen, alten Pilgerherbergen. Wir waren also für heute angekommen!

Wir schlugen die Richtung zum eigentlichen Kloster ein und kamen an einer kleinen Treppe vorbei, die gerade von einem Maurer ausgebessert wurde. Bevor wir noch etwas zu ihm sagen konnten, grüßte er uns mit „Grüß Gott!“. Auf unsere erstaunte Frage hin, woher er den wisse, dass wir Österreicher wären, meinte er lächelnd: „Wer mit Skischuhen …" – er meinte damit unsere Wanderschuhe – „… und Skistöcken …" – damit waren unsere Wanderstöcke gemeint – „… geboren wird, kann nur ein Österreicher oder ein Deutscher sein!". Fürs Erste erschien er uns als Bilderbuchrusse, er hatte langes Haar und einen stechenden Blick, wie der legendäre Rasputin im Film. Jahre später erfuhren wir, dass er ein Deutscher war und Petros hieß!

Er zeigte uns den Weg zum Gästehaus, das außerhalb des eigentlichen Klosters lag und einst für die großen Massen an russischen Pilgern konzipiert gewesen war. Derzeit waren dort aber nur einige wenige Räume für Gäste eingerichtet.

Im Gästetrakt empfing uns ein freundlicher, englisch sprechender Russe. Er servierte uns Wasser, Loukoumi und statt des griechischen Kaffees herrlichen Tee. Weil wir aber noch Durst hatten, bekamen wir ein typisch russisches Getränk, namens Kwas[30]. Auch der schmeckte uns ausgezeichnet. Danach nötigte uns ein weiterer Mönch, mit ihm in den klostereigenen Verkaufsladen zu gehen. Dort gab es jede Menge Ramsch, vieles stammte direkt aus Russland. Nach langen Verkaufsgesprächen und Feilschen erwarb ich eine schöne Brosche für meine Frau und Fidi kaufte sich ein Ölbild eines russischen Künstlers.

Wir bekamen ein schönes Zweibettzimmer. Schwierigkeiten bereitete uns im Kloster die Uhrzeit, die alle paar Tage nach dem Sonnenuntergang neu justiert wird. Danach wurde auch die große Turmuhr eingestellt. Bei Sonnenuntergang war es 24 Uhr! Gott sei Dank hingen oft zwei Uhren an der Wand, eine zeigte die wahre (osteuropäische Sommerzeit) an, die andere die Klosterzeit!

Der Archontaris war ein junger Russe, der gut deutsch sprach. Er war ein ausgesprochener Pedant. Wir gingen zur Hesperinos-Andacht ins Katholikon. Es war jene Kirche, die gegenüber der Trapeza sich befand. Anders als in den griechischen Klöstern durften wir hier ohne Weiteres bis ins Innerste des Kirchenraumes vorgehen. Die Wandmalereien waren hier ganz anders als bei den Griechen. Ihre Heiligen waren im Stil der Nazarener gemalt. Sie erinnerten mich an die Darstellungen in unseren alten Religionsbüchern oder an die großen Rollbilder in der Volksschule. Die Ikonostase war besonders prächtig, im Kircheninneren glänzte es überall von dem vielen Gold und es gab zahlreiche Ikonen.

Die Russen sangen schön, dem Vorsänger antwortete stets der Chor. Es folgte dann eine lange Andacht vor einer bestimmten Ikone. Trotz ihrer langen Dauer war es schon interessant, eine religiöse Handlung einmal aus nächster Nähe miterleben zu dürfen.

Zum Essen gingen wir in die Trapeza. Sie war riesig und war im Stil des Katholikons ausgemalt. Zum Essen gab es einen herrlichen Borschtsch[31] – ein charakteristisches russische Gericht –, weiters Oliven, Brot und Wasser. Nach dem Essen lud man die Gäste ein, die Sehenswürdigkeiten des Klosters zu besichtigen. Sie waren in einem Raum neben jener

30 Kwas, auch Kwass: Ein Getränk aus dem slawischen Raum, das durch Gärung aus Brot hergestellt wird. Man benötigt zur Herstellung von Kwas altes Brot (Roggenbrot), Kwas-Hefe oder Sauerteig. Um den Kohlensäuregehalt zu erhöhen, kann man zusätzlich Zucker beimengen.

31 Borschtsch ist eine Suppe, die traditionell mit Roten Rüben, auch bekannt als Rote Bete oder Rohnen zubereitet wird und deren Zubereitung vor allem in Ost- und dem östlichen Mitteleuropa sehr verbreitet ist.

Doppelkirche aufbewahrt, die sich ungefähr im vierten Stockwerk des großen, rückwärtigen Gebäudes befand, wo ich vor 16 Jahren die Liturgie miterleben durfte.

Leider führte uns dort ein Mönch, der nur der russischen Sprache mächtig war. Hier gab es wieder wunderschöne, äußerst wertvolle Ikonen. Es waren Geschenke von unschätzbarem Wert, so etwa eine Ikone – ein Geschenk des Fürsten Newskij –, auf welcher die Gottesmutter von Kasan gemalt war, voll mit Edelsteinen besetzt. Die Gottesmutter von Kasan[32] war die wichtigste und meist verehrte Ikone Russlands. Ihre Geschichte ist reich an historischen Ereignissen und spiegelt die wechselvolle Geschichte Russlands wider. Hier ein kurzer Einblick:

Kasan wurde um die Wende des ersten Jahrtausends (1005) von Wolgabulgaren gegründet. Im 13. Jh. eroberten die Mongolen Kasan. Mit dem Niedergang der mongolischen Herrschaft wurde Kasan ein Khanat und war im 15. Jh. ein wichtiges Handelszentrum. Im Jahr 1552 eroberten die Truppen von Zar Ivan IV. Kasan und es brannte infolge der Kampfhandlungen vollkommen nieder. Der Zar ließ Kasan wiedererrichten und baute es zu einer wichtigen Festung aus.

Mit der Eroberung Kasans durch den Zaren begann die legendenhafte Geschichte des Kasaner Gnadenbildes. In den Trümmern eines niedergebrannten Hauses soll ein Mädchen namens Matrjona, nachdem ihr die Muttergottes erschienen war, das Bild gefunden haben. Dieses Bild wurde bis 1612 im dortigen Theotokos-Kloster, welches am Ort der Marienerscheinung errichtet worden war, aufbewahrt. Im 17. Jh. galt die „Gottesmutter von Kasan" als große Unterstützerin der russischen Sache im Kampf gegen die polnische Invasionsarmee. Mit der nun an die Macht gelangten Dynastie der Romanow blieb das Gnadenbild eng verbunden. Von 1612 bis 1920 wurde es (oder eine Kopie von ihm) in der Kasaner Kathedrale von Moskau verehrt.

Wo sich vom Anfang des 18. Jhs. bis zur russischen Revolution das Kasaner Original des 16. Jhs. befand, wird nun in der westlichen Literatur sehr widersprüchlich dargestellt. Im Kampf gegen die Schweden angerufen, soll Zar Peter der Große das Marienbild (oder eine Kopie) nach St. Petersburg gebracht haben, wo es zunächst im Alexander-Newski-Kloster aufbewahrt wurde. Im Kampf gegen Napoleon versicherte sich General Kutusow des Beistands des Gnadenbildes. Nach dem Sieg der Russen wurde in St. Petersburg die Kasaner Kathedrale als größte Kirche dieser Stadt errichtet. Auch in anderen russischen Städten wurden Kirchen mit Kopien des Gnadenbildes errichtet.

Im Jahr 1904 wurde in Kasan das dortige Exemplar des Gnadenbildes wohl wegen des kostbaren Rahmens geraubt, das Gnadenbild wurde wahrscheinlich verbrannt. Jedenfalls gilt das Kasaner Original als verschollen. Die St. Petersburger Fassung soll 1920 von den Bolschewiken verkauft worden sein.

In den 1970er-Jahren tauchte im Kunsthandel ein Gnadenbild der Kasaner Gottesmut-

32 Vgl. dazu: https://www.google.at/search?ei=DarDXu-9DsqVgQbCraPoDA&q=gottesmutter+von+kasan&oq=Gottesmutter+von+Kasan&gs_lcp=CgZwc3ktYWIQARgAMgIIADIGCAAQFhAeMgYIABAWEB4yBggAEBYQHjIGCAAQFhAeMgYIABAWEB4yBggAEBYQHjoFCCEQoAE6BwghEAoQoAE6BAgAEEM6BQgAEIMBULPEAVjFkQJgzaICa-AFwAHgCgAHlAYgB_B-SAQYyOS44LjOYAQCgAQGqAQdnd3Mtd2l6sAEA&sclient=psy-ab (Zugriff: 19.05.2020).

ter auf, dessen Entstehungszeit um 1730 angenommen wurde. Keineswegs soll es mit dem Kasaner, St. Petersburger oder Moskauer Gnadenbild ident sein. Das Bild wurde von einer katholischen Organisation erworben und der byzantinischen Kirche in Fatima gegeben. Später wurde das Bild Papst Johannes Paul II. zur Verfügung gestellt, der sich 2004 entschloss, das Bild persönlich dem Moskauer Patriarchen zu überbringen. Das stieß auf Widerstand. 2005 wurde das Bild jedoch, ohne Erwähnung des Papstes der orthodoxen Kirche in Moskau ausgehändigt und es befindet sich jetzt in der Maria-Verkündigungs-Kathedrale im Kasaner Kreml.

Wir durften vorerst auch in die Reliquienkammer hinein, wo in kostbaren Schatullen Reliquien, größtenteils Knochen von Heiligen, aufbewahrt waren. Weil wir aber die Schatullen bzw. die Knochen nicht küssten, entdeckte man, dass wir keine Orthodoxen sind, und der russische Mönch bat uns, die Reliquienkammer zu verlassen. Das ärgerte Fidi gewaltig! Wir gingen dann noch zum Glockenturm, wo mehrere große, schön gegossene Glocken hingen.

Anschließend standen wir noch im Hof ein wenig herum, als ich bemerkte, dass einer der Mönche sehr über sein Knie klagte. Ich sprach ihn darauf an, hierauf nahm er uns in seine „Wohnung" mit und zeigte mir die ihm von einem Arzt verordneten Medikamente. Ich gab ihm Voltaren-Tabletten, was kein leichtes Unterfangen war, weil keiner der Mönche als Dolmetsch dienen wollte. Angeblich hatte man keine Zeit für den Mitbruder, klar, er war ja ein Grieche und die Mitbrüder Russen!

Zum Dank schenkte er Fidi und mir je eine Speisegabel, sie war sehr rostig, aber aus dem vorigen Jahrhundert. Er deutete uns noch, wir mögen sie ja vor dem Zoll verstecken! Es war ganz interessant, einmal eine Mönchswohnung in einem Großkloster von innen gesehen zu haben.

Wir wollten dann noch etwas vor dem Gästehaus sitzen, aber das war nicht möglich, da der pedantische Archontaris pünktlich um 20:30 Uhr das Haustor absperren wollte. Er deutete uns, dies sei notwendig, da bereits um 03:30 Uhr früh wieder die Mesonyktion-Andacht, in katholischen Klöstern bekannt als Matutin, stattfinden würde! So begaben wir uns aufs Zimmer, nahmen einen kräftigen Schluck Whisky und schliefen daraufhin gut.

Unsere heutige Wegstrecke hatte 23,5 km betragen.

Freitag, 3. Juni:

Natürlich gingen wir nicht um 03:30 Uhr zum Mesonyktion, dem nächtlichen Gebet der Mönche, sondern erst um 7 Uhr früh – trotzdem dauerte die liturgische Handlung noch bis 08:30 Uhr! Wie schon am Vortag war der Gesang der Russen sehr stimmungsvoll.

Nach der langen Andacht gab es ein reichliches Essen. Eine sehr fetthaltige Suppe, Krautwickel und eingeweichte Zwetschken blieben mir in Erinnerung. Nun schauten wir, dass wir weiterkamen. Unbedingt wollte unser fußmaroder Pater vorher noch, dass ich ihm eine Injektion gäbe, die er plötzlich hervorholte, was ich natürlich nicht tat.

Vorerst ging es dem Strand entlang, dann auf einem Weg, der zwischen Wäldern und kultivierten Anlagen dahinführte. Ungefähr eine Stunde später waren wir im Kloster Xenofontos angekommen. Schon vor sechzehn Jahren hatte ich dieses prächtige Kloster besucht und war damals tief beeindruckt gewesen. Nach wie vor waren die Malereien vor der Trapeza, welche die Apokalypse des Johannes darstellten, sehr beeindruckend.

Wir hatten auch das Glück, dass die Tür zur Trapeza nicht verschlossen war und wir dort die fantastischen Malereien besichtigen konnten. Wir spazierten dann noch im Klosterhof herum und versuchten in das Katholikon zu gelangen. Tatsächlich öffnete es uns ein Mönch und wir durften die alten, teilweise auch wertvollen Ikonen bewundern.

Der Weg zum benachbarten Kloster Dochiariou verlief ähnlich wie der Weg zum Kloster Xenofontos, nur war er um einiges kürzer. Nach einer halben Stunde Weges erreichten wir das Kloster. Im Kloster Dochiariou begegneten wir wieder der Wiener „Anzahrer"-Partie. Zudem empfing uns dort auch ein mürrischer Gastmönch, der uns sofort sagte, dass innerhalb des Klosters Fotografierverbot bestehe.

Während er dann Kaffee für uns machte, verschwand Fidi. Als der Mönch dies bemerkte, wurde er ganz böse und ging auf der Stelle Fidi suchen. Ich bekam einen Hustenanfall, unser übliches Signal, sofort das Fotografieren zu beenden. Als der Mönch ihn nicht entdecken konnte, musste ich ihn sogar rufen! Er hatte aber gerade gar keine Fotos gemacht. So bekamen wir auch den üblichen griechischen Kaffee und zogen bald ab.

Gleich am Anfang verirrten wir uns und suchten im hohen Gras und Gestrüpp nach dem Weg. Doch nicht lange und wir hatten ihn zum Glück gefunden. Unser Weg verlief nun ziemlich parallel zum Meer, nicht weit oberhalb des steinigen Strandes. Wir kamen an einem einsamen Haus vorbei. In der Nähe des Hauses arbeitete ein Mönch im Feld. Er war freundlich und wies uns den Weg zum Kloster Konstamonitou. Er lud uns in sein Haus ein, wo er uns aus seinem Kühlschrank, der gleich auf der Veranda stand, einen Tsipouro anbot.

Es war mittlerweile schon gegen zwölf Uhr und wir quälten uns, unbarmherzig der Sonne ausgesetzt, einen Berghang hinauf. Ungefähr eine Stunde lang wanderten wir dann auf einer schlechten Straße hin zum Kloster, wobei gnädigerweise manche Straßenabschnitte im Schatten lagen. Das Kloster Konstamonitou lag versteckt in einer Mulde und befand sich in mäßigem Erhaltungszustand. Wir streiften im Innenhof herum, um einen Überblick zu bekommen, dann kletterten wir auf schmaler Stiege zum Gästetrakt in den 2. Stock hinauf, wo wir dann den obligaten Kaffee bekamen. Mir fiel auf, dass man im Vorraum mit auffallend vielen Bildern und Fotos den Helden des griechischen Befreiungskampfes huldigte.

Wir wollten ursprünglich von hier den Weg zum Kloster Zographou nehmen, doch sagte man uns, dieser sei derzeit unpassierbar. Also gingen wir, ungefähr eine Stunde lang, den gleichen Weg zurück, hinunter bis zum Meer, bis zur Arsanas von Zographou. Die Arsanas ist die zu jedem Kloster gehörige Hafenanlage.

Von der Arsanas führte dann eine Schotterstraße durch ein schönes Tal, es dauerte wiederum circa eine Stunde Gehzeit, bis wir das Kloster Zographou erreichten. Dieses Kloster war das einzige, das rein von bulgarischen Mönchen bewohnt war. Es thronte mächtig an einem Berghang. Unten im Tal, wo der Weg zum Kloster von der normalen Straße abzweigt, war eine Kapelle, wo wir eine kurze Rast einlegten.

Wir fassten nun den Entschluss bis zum Kloster Hilandar weiterzugehen. Der Weg dorthin führte stets bergauf. Der alte, mit Steinen ausgelegte Pilgerweg war oft noch gut zu erkennen. Ich hatte die Strecke als nicht so lang in Erinnerung – dies erwies sich aber als falsch und der Weg zog sich. Nach circa 1 ½ Stunden wandern und schwitzen erreichten wir eine Hochebene. Leider gab es von dort aus noch immer keinen Blick aufs Kloster.

Nach Überqueren der Hochebene ging es noch gut eine halbe Stunde auf einem ausgewaschenen Weg bergab, bis wir endlich das „Licht Serbiens", das ist die Bezeichnung der Serben für dieses Kloster, erblickten. Erschöpft ließen wir uns im herrlichen Klosterhof nieder. Ich war wirklich recht müde. Fidi ging auf Zimmersuche. Nachdem wir griechischen Kaffee, Tsipouro und Loukoumi bekommen hatten, wies man uns ein schönes Zweibettzimmer zu.

Vorerst widmeten wir uns der Körperpflege und dann streiften wir durchs Kloster. Altehrwürdig und wunderschön war das Katholikon. Wir durften dort anstandslos hinein und konnten auch die anschließende Liturgie ganz vorne miterleben. Das Innere der Kirche, die üppigen Malereien, die vielen Ikonen und die fantastische Ikonostase, alles war unbeschreiblich schön und kostbar. Während des Hesperinos verehrten manche Mönche die Tricheirousa-Ikone, genannt die „Dreihändige", so inbrünstig, dass sie dabei dreimal mit ihrer Stirn den Boden berührten, während sie demütig betend davor knieten.

Die „Tricheirousa" hat natürlich eine Legende. Sie ist eine der vier hochverehrten Gnadenbilder der orthodoxen Kirche, die vom Evangelisten und Malerarzt Lukas eigenhändig gemalt worden sein sollen. Die Ikone weist als Besonderheit drei Hände auf. Die dritte Hand ist eine Silberhand, die an der unteren Hälfte der Ikone angebracht worden war. Die Legende dazu lautete wie folgt:

Im 8. Jh. wäre die Ikone in den Besitz des bedeutenden ostkirchlichen Theologen Joannes Damascenus gelangt, der sie besonders verehrte. Dementsprechend wehrte sich dieser besonders gegen den Bildersturm, den Kaiser Leo III. im oströmischen Kaiserreich mit aller Macht durchsetzen wollte, und versteckte die Ikone. In einem Schreiben an den Kaiser verteidigte Joannes Damascenus den Ikonenglauben. Das erzürnte den Kaiser. Auf kaiserlichen Befehl wurde Joannes Damascenus die rechte Hand abgehackt, damit er keine Streitschriften wider die Bilderstürmer mehr schreiben könne. In seinem körperlichen und seelischen Schmerz betete Damascenus vor der verborgen gehaltenen, wundertätigen Muttergottes, die ihm die abgeschlagene Theologenhand wieder anwachsen ließ. Als Zeichen des Dankes stiftete Johannes eine Silberhand, die er an der unteren Hälfte der Ikone anbringen ließ und nun namensgebend für diese Ikone, die „Dreihändige" (Tricheirousa) wurde.

Es gibt dann noch eine weitere Legende zur „Tricheirousa", nämlich wie sie ins Kloster Hilandar gekommen sein soll:

Vierhundert Jahre lang sei die Ikone in einem Wüstenkloster nahe Jerusalem aufbewahrt worden. Im 12. Jh. wäre sie dann durch einen Jerusalem-Pilger nach Serbien gebracht worden. Als im 14. Jh. die Türken in Serbien einfielen, wussten die frommen, serbischen Mönche nicht, wie sie die Ikone retten sollten. Letztlich waren sie der Meinung, die Gottesmutter wäre so mächtig, dass sie sich selbst retten könne. Man wickelte die Ikone in Tücher und band sie einer Mauleselin auf den Rücken. Man trieb das Tier an und ließ es einfach gehen. So habe das Tier den weiten Weg zum Heiligen Berg ganz von alleine zurückgelegt. In der Nähe des Klosters angekommen, sei das Tier dann tot umgefallen. Ein Einsiedler entdeckte das tote

Tier und rief die Mönche herbei. Diese fanden die Ikone und brachten sie feierlich ins Kloster, wo sie vorerst in das Katholikon und dort zum Altar gebracht wurde. Doch drei Nächte hintereinander verschwand die Ikone aus dem Altarraum und stand beim Abtstuhl. Dies deutete man als Willensäußerung der „Tricheirousa", und noch heute hat die „Tricheirousa" die Abtwürde im Kloster inne.[33]

Manche Mönche wiederholten das Zeremoniell des dreimaligen Berührens des Bodens mit der Stirn auch vor dem Silbersarg des hl. Simeon. Doch der Silbersarg ist leer. Der hl. Simeon, der, bevor er Mönch wurde und diesen Namen annahm, der Serbenfürst Stephan I. Nemanja war, wurde bald nach seinem Tod in die Begräbnisstätte der serbischen Fürsten, ins Kloster Studenica überführt.

Am Tag unseres Besuchs waren im Kloster Hilandar auffallend wenige Mönche, sodass es beim Gesang manchmal gar nicht klappen wollte. Nach der Hesperinos-Andacht gingen wir in die Trapeza. Diese war, wie wir es schon oft erlebt hatten, reich mit alten Malereien ausgestattet. Wir saßen inmitten von serbischen Pilgern. Zu unserer freudigen Überraschung gab es heute guten Rotwein, dem wir beide tüchtig zusprachen. An Speisen gab es dann Kartoffeln, Knoblauch, Zwiebeln und einen Apfel.

Fidi gestand mir später und mir ging es ähnlich, wir wussten beide nicht, wie viel wir von den Zwiebeln essen durften. So legten wir diese immer wieder hin und beobachteten, wie viele davon unsere Gegenüber aßen. Nach dem Essen war es dann üblich, dass alle in Reih und Glied aus der Trapeza ausziehen, um den Segen des vor der Trapeza wartenden Abtes zu erhalten. Wir aber wollten uns die Malereien in der Trapeza genauer ansehen, was man uns vorerst verwehrte. So sprachen wir einen kleingewachsenen Mönch – bei einem späteren Besuch erfuhren wir, dass er Kyrillos hieß – an, der fließend Deutsch sprach und der sich auch für unser Anliegen einsetzte.

Ich wollte Weinbeeren vom Weinstock des hl. Simeon mitnehmen. Der kleine Mönch versprach, sie mir zu besorgen, am heutigen Tag würde das aber nicht mehr möglich sein, sie seien nämlich in der Kirche unter Verschluss. Aber am Folgetag könne ich damit rechnen. Wir besuchten nun den Andenkenladen des Klosters, auch den gab es hier schon (sic). Wir kauften Ansichtskarten und ich zudem ein Buch über das Kloster.

Der junge Mönch, der dort Dienst tat, sprach gut deutsch und antwortete auf unsere erstaunte Frage nach dem Grund, dass seine Mutter eine „Volksdeutsche" – so lautete die Bezeichnung des Mönchs für die Nationalität seiner Mutter – gewesen wäre. Wir schlenderten noch etwas im Klosterhof herum und kamen zur Zisterne. Ein junger Mönch holte für uns Wasser herauf, einfach aus dem Grund, um von uns dabei fotografiert zu werden.

Später sahen wir einige Zeit einem ikonenmalenden Künstler bei seiner Arbeit zu. Dann trafen wir plötzlich jenen alten Mann, mit welchem wir im Vorjahr im Kloster Iviron das Zimmer geteilt hatten. Wir hatten ihn damals für einen Albaner oder Montenegriner gehalten, in Wirklichkeit war er aber aus Thessaloniki, wie er uns jetzt mittels Zeichen-

33 Zu dieser und noch einiger weiteren Legenden rund um die „Tricheirousa" vgl.: Leopold Kretzenbacher, Bilder und Legenden. Erwandertes und Erlebtes Bilder-Denken und Bilder-Erzählen zwischen Byzanz und dem Abendlande. Klagenfurt 1971, S. 75–92.

sprache erklärte. Schon im Kloster Iviron fiel uns sein starker Husten auf, dieser war noch immer nicht besser geworden!

Abends im Klosterhof zu sitzen, rundherum umgeben von herrlicher Stille, das war wirklich ein beglückendes Gefühl. Nachdem wir dann im Zimmer den letzten Whisky ausgetrunken hatten, begaben wir uns zur Ruhe.

Unsere heutige Wegstrecke betrug 31,5 km.

Samstag, 4. Juni:

Wir standen früh auf, packten unsere Rucksäcke und gingen zum Orthros, der morgendlichen Andacht, um unseren kleinen Mönch zu treffen, der mir die getrockneten „Simeon-Weintrauben" versprochen hatte. Leider klappte es nicht und so brachen wir ohne Frühstück auf. Der Rückweg war derselbe, auf dem wir gestern hergewandert waren. Recht zügig gingen wir den ausgeschwemmten Steig hinauf, wir überquerten die Hochebene und waren nach zwei Stunden im Kloster Zographou.

Das Kloster ist ein riesiger Bau, angeblich soll er derzeit nur noch von sechs alten bulgarischen Mönchen bewohnt sein. Wir gingen in den Klosterhof – kein Mensch/Mönch ließ sich blicken. Wir gingen in die kleine, der hl. Maria geweihten Kapelle (Agia Panagia), die sich gleich neben dem Katholikon befindet, mit den köstlichen Malereien im Esonarthex. Besonders die biblische Geschichte von Noah und der Sintflut gefiel mir sehr. Sie arbeiteten an der Arche mit Werkzeugen, wie sie bei uns noch im ländlichen Raum vor vielleicht 200 Jahren üblich waren.

In den Klostergängen lief jemand mit einem riesigen Rosenkranz laut betend herum. War er ein sogenannter „heiliger Narr"? Wir gingen ins Katholikon. Es wies schöne Malereien auf und auch die Ikonostase war mit prächtigen Schnitzereien versehen.

Im Naos, dem Hauptraum des Katholikon, suchte ich eine bestimmte gemalte Szene, auf die in der Literatur gerne hingewiesen wird. Ich fand sie auch bald auf der linken Wandseite. Es ist jene Szene, wo der Papst, deutlich erkennbar an seiner Tiara, mit seinen Truppen das Kloster belagert und es anzünden lässt und die Mönche betend, auf einem Turm stehend, in den Flammen umkommen. Dieses Ereignis hat nie stattgefunden, es war eine reine Propagandalüge, sie wird aber von den Orthodoxen allzu gerne geglaubt.

Ein Mönch kam und forderte uns auf, doch endlich das Kreuzzeichen richtig zu machen, Orthodoxe würden das Kreuz im Bereich der Schulter verkehrt herum machen. Sonst würden wir stets als Katholiken auffallen. Wir schauten uns dann noch um einen Kaffee um, den wir dann auch im 2. Stockwerk bekamen. So wie das den griechischen Kaffee kochende Faktotum war auch alles andere hier auffallend schmutzig. Fidi faszinierte vor allem das „Triangelklo", wie er es nannte. Es bestand aus zwei einem Winkel zur Rückwand aufgestellten, gleichhohen Steinplatten, sodass eine Art Dreieck, Fidis „Triangel", entstand. Dem Drang nachgebend, hatte er ein WC aufgesucht und diese originelle Anlage auch fotografiert.

Dieses WC dürfte doch noch eine gewisse Zahl von Jahren in Verwendung gestanden sein. So berichtete der Deutsche Walter Bachsteffel, der mit seinem Freund Horst, leider ohne das Jahr anzuführen, auf seinen Wanderungen auch nach Zographou gekommen war, ebenfalls von diesem originellen WC:

Kreidebleich kommt mein Freund von der Toilette zurück. „Unmöglich, hier kann ich nicht!" Dieser entsetzte Kommentar macht natürlich neugierig. Zwei hochkant gestellte Steinplatten sind im Dreieck zur Wand angeordnet und ersetzten das Toilettenbecken. So weit, so gut. Der Blick hinein zeigt nur schwarze Leere. Aufschluss bringt die Probe aufs Exempel. Aus dieser Höhe im freien Fall hinab in den Keller. Unwillkürlich hält der Benutzer den Atem an und lauscht auf den Aufprall. Endlos scheint die Zeit, bis das erwartete Geräusch den erfolgreichen Flug bestätigt. Nicht jeder hat gleiche Probleme. Horst aber wartete freiwillig auf den Ausflug in die Natur.[34]

Wir verließen die gastliche Stätte dieses an und für sich schönen Klosters. Unterhalb der Klostermauern sahen wir dann eine ganze Reihe von Arbeitern einen riesigen Gemüsegarten mustergültig bestellen. Für den Gemüseanbau hatten die Bulgaren ja immer viel übriggehabt und davon viel verstanden.

Flott gingen wir das Tal hinaus und als wir zur Arsanas von Zographou kamen, legte das Schiff gerade an. Wir stiegen zu und bewunderten vom Schiff aus die von uns zurückgelegte Strecke über die Klöster Dochiariou, Xenofontos und Panteleimonos. Beim ersten Kloster stiegen unwahrscheinlich viele Pilger aus, bei unserer Rückfahrt sahen wir dann viele davon auf dem Weg zum nächsten Kloster wandern.

In Dafni mussten wir das Schiff verlassen und durch den Zoll gehen. Fidi hatte etwas Bedenken, da wir ja das Diamonitirion um einen Tag überzogen hatten. Aber danach fragte kein Mensch, auch nicht nach unseren Gabeln. Auf unserer Rückfahrt konnten wir noch einmal die Küste mit den Klöstern, den vereinzelten Ruinen von Kellien und den verschwiegenen Buchten bewundern. Am Schiff trafen wir auch die Wiener „Anzahrer" wieder.

In Ouranoupoli wartete schon unsere Zimmervermieterin auf uns. Wir bekamen wieder das alte Zimmer. Langes Duschen – ein Hochgenuss! Dann gingen wir in „unsere" Taverne auf ein Bier, das dann gar nicht so gut war, wie wir uns das vier Tage lang ausgemalt hatten. Wir schlenderten in Folge die Einkaufsstraße am Hafen entlang und machten uns anschließend langsam bereit zum Abendessen in der Taverne. Dieses fiel reichlich aus.

Unsere heutige Wegstrecke betrug 13,5 km.

Sonntag, 5. Juni:

Wir frühstückten im Hafen. Die Busfahrt zurück nach Thessaloniki war einschläfernd. Am Busterminal in Thessaloniki tranken wir noch etwas, bevor wir dann mit dem Taxi zum Flughafen fuhren. Dort sahen wir eine ungeheure Schlange wartender Taxis stehen, wie wir sie bisher noch nie gesehen hatten.

Der Flug nach Schwechat verlief ruhig, der nach Graz war etwas bewegt. Am Thalerhof gab es dann durch unsere Ehefrauen einen herzlichen Empfang.

34 Vgl.: Walter Bachsteffel, E-Mail vom Heiligen Berg Athos. Zwanzig Jahre Annäherung und Begegnungen. Paramythia 2011, S. 59f.

Meine 4. Athos-Wanderung

Mit Fidi und Raoul Klatt vom 8. bis 15. Mai 1995

Thessaloniki – Ouranoupoli – Skite Agia Anna – Mikra Agia Anna – Skite Timiou Prodromos – Geschichte der Gründung von Megisti Lavra – Megisti Lavra – Karyes – Pantokratoros – Legende der Panagia Gerontissa – Schneebruch – Gründungslegende von Vatopediou – Vatopediou – Schon wieder Schneebruch – Esfigmenou – Hilandar – Rosinen vom Weinstock des hl. Simeon – Pater Mitrophan hilft – Kellion Megali Jovantsa – Ouranoupoli

Sonntag, 8. Mai:

Dieses Mal begleiteten mich gleich zwei Freunde, nämlich Fidi Haydn, wie schon in den beiden vergangenen Jahren, und erstmals auch Dr. Raoul Klatt, ein hochschätzter Pädiater in Graz-Andritz und durch Jahre hindurch Sonntag für Sonntag mein Wanderfreund auf verschiedenen steirischen Wanderwegen. Mit ihm war ich auch den ostösterreichischen Grenzlandweg (07) etappenweise vom Nebelstein in Niederösterreich bis ins steirische Bad Radkersburg gewandert.

Unser Flug von Graz nach Wien war angenehm. Die zwei Stunden Wartezeit in Wien nutzten wir, um im Duty-Free je eine kleine Flasche Whisky als Prophylaktikum bei etwaigen Verdauungsproblemen zu kaufen. Der Weiterflug nach Thessaloniki war sehr ruhig. Der Taxifahrer, der uns ins Hotel Astoria brachte, wollte uns dann auch gleich bis Ouranoupoli fahren.

Im Hotel nahmen wir uns ein Doppel- und ein Einbettzimmer. Ich teilte Ersteres mit Fidi. Gleich nach Bezug des Zimmers bummelten wir die schöne Nikis-Promenade hinunter bis zum riesigen und auch immer stark belebten Aristoteles-Platz, dem Platz mit dem gleichnamigen Denkmal, das Herz von Thessaloniki. Dort suchten wir ein Café auf und tranken unseren ersten Ouzo.

Nach dieser kleinen Pause spazierten wir bis zum Weißen Turm. Zu unserer Überraschung konnte man heute den Turm von innen besichtigen und dort eine Ausstellung besuchen. Wir gingen zuerst die Stiegen hinauf bis zur obersten Plattform des Turms. Die Aussicht von oben auf die Stadt Thessaloniki war überwältigend.

Anschließend besuchten wir auch die Ausstellung. Es gab wundervolle Ikonen zu sehen und viel Interessantes zur Stadtgeschichte. Da meine Freunde aber mehr von der Stadt selbst sehen wollten, machten wir uns bald wieder auf den Weg. Wir bummelten noch bis zum Denkmal Alexanders des Großen, um es auch Raoul zu zeigen, dann bogen wir Richtung Stadtzentrum ab.

In Thessaloniki gibt es auffallend viele Denkmäler, die an die Helden des griechischen Befreiungskampfes im 19. Jahrhundert erinnerten. Anders als bei uns schämte man sich offenbar in Griechenland nicht, auch Helden des Freiheitskampfes, aber auch der jüngeren Geschichte mit Denkmälern zu ehren.

Noch immer eingerüstet waren der Galeriusbogen und die Rotonda. Allzu viel Stress machte man sich bei der Renovierung offensichtlich sichtlich nicht. Bei beiden hatten die Gerüste schon ordentlich Rost angesetzt. Anschließend besuchten wir die Kathedrale der Stadt, die stets beeindruckende Dimitrioskirche. Man feierte dort gerade eine Messe.

Wir kamen auch an der großen römischen Ausgrabung, die inmitten der Stadt lag, vorbei. Hier befand sich einst die Agora, dies war noch gut zu erkennen. Eifrig wurde hier ausgegraben, vieles auch rekonstruiert. Das römische Thessaloniki wurde von Jahr zu Jahr mehr der Vergessenheit entrissen.

Interessehalber nahmen wir den Weg über den Schwarzmarkt. Da es schon spät war, war nicht mehr viel los. Am Aufzug der Leute, die dort Schwarzhandel betrieben, konnte man auch diesmal ersehen, dass die Verkäufer der Schmuggelwaren keine Griechen waren, sondern wahrscheinlich Bulgaren, Makedonier oder Albaner. Der griechische Staat duldete offenbar dieses Treiben großzügig.

Für das Abendessen fanden wir das Lokal aus dem Vorjahr wieder, mit Tischen auf der Straße und wo man sich noch nach altem griechischem Brauch sein Essen selbst in der Küche aussuchen konnte. Das hatte jedoch den Nachteil, dass wir uns viel zu viel bestellten. Zudem servierte man dann alles gleichzeitig und man konnte zusehen, wie vieles kalt wurde. Mit vollem Magen ging es dann zurück ins Hotel. Wegen des üppigen Essens und wegen des nicht enden wollenden Straßenlärms schlief ich schlecht.

Montag, 9. Mai:

Im Ministerium ging dann alles recht schnell. Eine seit dem letzten Jahr dort tätige und gut Deutsch sprechend Dame war für unser Anliegen zuständig. Wir bekamen hier jene Bewilligung, die es uns ermöglichte, in Ouranoupoli das Diamonitirion zu bekommen. Vor dem Ministerium trafen wir drei Landsleute aus Oberösterreich, die uns während der Wanderung dann noch mehrmals über den Weg laufen sollten.

Wir nahmen uns ein Taxi, und auch dieser Fahrer wollte uns gleich wieder bis nach Ouranoupoli fahren. Der Straßenverkehr erweckte stets den Eindruck, als sei hier das totale Chaos ausgebrochen. So passierte es, dass im selben Augenblick, als wir gerade rechts abbiegen wollten, ein Motorradfahrer sich anschickte, uns rechts zu überholen. Unser Taxler bemerkte das gar nicht. Der Motorradfahrer musste daher stark zusammenbremsen und verfolgte uns wütend. Bei meinem offenen Fenster schimpfte er herein, dann schnitt er uns mit seinem Motorrad so, dass wir stehen bleiben mussten. Er kam zum offenen Fenster des Taxifahrers und schlug von außen auf diesen ein. Eine Schreierei begann, ein weiterer Autofahrer mischte sich ein, nach einigen Minuten raste der Motorradfahrer dann davon.

Am Chalkidiki-Busbahnhof lösten wir uns die Fahrkarten und gingen dann nebenan ins Kafeneion. Der Wirt begrüßte uns bereits wie alte Freunde. Pünktlich um 11:00 Uhr fuhr der Bus dann ab. Das bewunderte ich jedes Mal, so großzügig die Griechen sonst auch mit der Zeit umgehen, ihre Busse aber halten den Fahrplan, wenn es nur irgendwie möglich ist, haargenau ein.

Langsam näherten wir uns dem Stadtrand. Die Busstrecke führte weiter durch die Orte Thermi und Loutra Thermis. Überall sah man üppiges Grün, manche Felder glühten tiefrot im Mohnrausch. Bei Galatista erreichten wir eine große Ebene, die östlich von fernen Hügeln, westlich von einem Gebirge gesäumt war. Nach Durchfahren dieser Ebene überquerten wir in vielen Serpentinen das Holomondas-Gebirge. Die Bäume hatten hier Zwergwuchs. Am Wegrand standen immer wieder Ikonostasen.

Wir kamen durch die Orte Agiou Prodromos, Geroplatanos, Paleochora und kurz darauf nach Arnea. Hier wurde stets ein kurzer Halt gemacht. Weiter ging es dann nach Paleochori, wo der Busfahrer nur stehen blieb, um ein Bündel Tageszeitungen auf die Straße zu werfen. Irgendwer wird sie sicher abholen. Die Straße führte nun wieder bergauf, beiderseits gab es viel grünen Buschwald. Ein weiterer Ort, den wir erreichten, war Neochori.

Laubwälder säumten bei der Weiterfahrt die Straße beiderseits, später waren es dann gelbe Hahnenfußwiesen. Wir kamen durch Stagira, wo man bei genauem Hinsehen auf einem schon recht verfallenen Festungswall kurz das Aristoteles-Denkmal sehen konnte. Kurz nach Stratoniki sahen wir in der Ferne erstmals das Meer. Von Nadelwald gesäumt, führte die Straße nun serpentinenreich hinunter zum Meer, wo die hässliche Bergwerksstadt Stratoni lag. Pinien, blühender Ginster und Zistrosen begleiteten uns auf der Weiterfahrt entlang der Küstenstraße. Da und dort sah man, etwas von der Straße weg, einen rauchenden Kohlenmeiler stehen.

Wir kamen nach Ierissos. Viele Personen stiegen hier zu, meist waren es Schüler. Zauberhaft waren dann die Hügel und Felder rund um Nea Roda. Dort konnte man eine gleich neben der Straße aufgestellte Tafel sehen, die darauf verwies, dass hier einmal auf Befehl des Perserkönigs Xerxes ein Kanal durch den Isthmus von Athos, der sogenannte „Xerxes-Kanal“, gegraben worden war. Gleich hinter dieser Ortschaft konnte man von der Höhe aus bereits den alten Wachturm von Ouranoupoli und in der Ferne den Gipfel des Athos sehen. Einige Minuten später fuhren wir schon am Hotel Eagle Palace vorbei und waren nach drei Stunden Fahrt endlich in Ouranoupoli angelangt.

Wir suchten unser bisheriges Quartier auf. Auf dem Weg dorthin kamen wir an der Apotheke vorbei. Das in einem auffallenden Stil erbaute Haus hatte einst dem Kloster Vatopediou gehört, jetzt war es renoviert worden und war neben Apotheke auch Gemeindehaus.

Die Vermieterin unseres Quartiers war nicht zu Hause. Wir trafen nur ihren Ehemann an, doch der verstand nur Griechisch. Er gab uns aber die Zimmerschlüssel und wir bezogen jeder ein Zimmer für sich. Später kam seine Gattin nach Hause und voll Freude, dass wir wieder bei ihr abgestiegen waren, machte sie uns griechischen Kaffee und bewirtete uns mit Kuchen.

Wir gingen nun zum Büro, wo wir letztes Jahr das Diamonitirion bekommen hatten. Dieses war am Ortsanfang gelegen. Derselbe Herr, wie schon im Vorjahr, kopierte unsere Bewilligungen und versprach uns für morgen die Diamonitiria. Wir suchten uns nun eine Stelle zum Baden. Wegen der vielen Seeigel gingen wir recht vorsichtig ins Wasser. Das Meer war noch recht frisch. Dann setzten wir uns ein Café an der Strandpromenade und schrieben dort unsere Ansichtskarten.

Abends suchten wir unsere Taverne vom Vorjahr am westlichen Ortsrand auf und aßen dort ausgezeichnet. Wir zogen anschließend noch eine Runde durchs Dorf, gingen dann aber relativ früh zu Bett.

Dienstag, 10. Mai:

Ich hatte nicht gut geschlafen und stand, ebenso wie meine beiden Freunde, schon früh auf. Dementsprechend früh waren wir schon beim Athos-Büro. Dort sperrte man gerade auf und hatte jede Menge Zeit. Man kochte Kaffee, man sortierte die Stempel, man überprüfte die Bleistifte und beschäftigte sich mit weiteren, offenbar sehr wichtigen Dingen.

Endlich nahm man sich auch unser an, doch mussten wir noch auf den Polizisten warten. Warum eigentlich? Er kam auch nicht. Trotzdem bekamen wir schlussendlich das Diamonitirion ausgehändigt. Wir trafen hier auch die Oberösterreicher wieder. Auch ein anderer Deutschsprachiger fiel uns auf, er entpuppte sich später als ein Pfarrer aus Oberbayern.

Nahe der Schiffsanlegestelle gingen wir dann in ein Café und frühstückten noch einmal ausgiebig. Besonders der Honig schmeckte mir ausgezeichnet. Wir schauten beim Beladen unseres Fährschiffes zu. Ein Mönch am Steuer eines LKWs schaffte es nicht, mit diesem auf das Schiff hinaufzufahren. Neben ihm am Beifahrersitz saß ein würdiger alter Mönch, mit dichtem grauem Bart. Der Fahrer musste nun anders manövrieren und unter vielen lauten „ela"-Rufen schaffte er es schließlich doch aufs Boot. Pünktlich um 09:30 Uhr legten wir dann ab.

Nahe der Athos-Grenze, auf der Höhe von Frangokastro, sahen wir in der Ferne eine Menge im Meer springende Delphine. Wir fuhren weiter die Küste entlang. Immer wieder beeindruckten jeden Reisenden die Ruinen der ehemaligen russischen Skite Thivais. Kurz halten wir bei dem schon schön renovierten Kellion von Megali Jovantsa. In vier Tagen werden wir hierherkommen und dann erfahren, dass ein Deutscher aus dem Schwarzwald, der zur Orthodoxie konvertiert war, nun diese Skite bewohnt.

Weitere Anlegestellen auf der Fahrt nach Dafni waren die Arsanas von Zographou und jene von Konstamonitou, dann sah man schon die dunklen Zypressen vom Kloster Dochiariou. Im weiter südlich gelegenem Kloster Xenofontos herrschte rege Bautätigkeit. Schließlich ging es auch noch am „Russenkloster" Agiou Panteleimonos (auch: „Rossikon") vorbei, bevor wir dann im Hafen von Dafni anlegten.

Im Hafen herrschte, wie bei jedem Anlegen, ein lebhaftes Treiben. In den drei Verkaufsgeschäften wechselten wir unsere großen Drachmen-Scheine in kleinere um. Das über einige Jahre hinweg nicht mehr betriebene Gasthaus hatte erfreulicherweise wieder geöffnet.

Das erste Schiff nach Süden fuhr mit einem Teil der Reisenden lediglich bis zum Kloster Dionysiou. Dort drehte es, nach Aussteigen der ersten Gruppe um und holte den Rest der vorerst zurückgebliebenen Wanderer ab. Darunter waren auch wir. Beim Warten auf das Schiff kamen wir mit anderen Mitreisenden ins Gespräch, so auch mit dem oberbayrischen Pfarrer. Er war ein „Zwergerjünger", das heißt, er stutzte und putzte die alten Athoswege. Der Pfarrer erzählte uns den ganzen Athos-Tratsch. Interessant war besonders sein Bericht über die Ausweisung von Mönchen, die keine griechische Nationalität besaßen. Auch jener Amerikaner aus der Skite Profiti Ilia, den wir dort 1978 kennengelernt hatten, war dieser Ausweisung zum Opfer gefallen. Angeblich sei in der Schatzkammer dieser Skite noch Zarengold gelagert gewesen, welches in der Folge unter drei griechischen Klöstern aufgeteilt worden war. Der Pfarrer kannte auch den Wiener Professor Hans Winfried Rohsmann, den Reiseleiter auf meiner ersten Athos-Wanderung.

Nach einer Stunde kam das Boot wirklich wieder zurück. Wir gingen an Bord, und auf ging es entlang der Westküste nach Süden. Beim Kloster Simonos Petras, diesem beeindruckend gebauten Kloster, konnte das Schiff wegen einer kaputten Mole nicht anlegen. In der Folge kamen wir am Kloster Osiou Grigoriou mit seiner charakteristischen einsamen Palme und am Kloster Dionysiou, mit seinen beeindruckenden, hoch über dem Meer schwebenden Balkonen vorbei.

Das Kloster Agiou Pavlou lag malerisch am Berghang. Etwas später kam dann schon der Turm vom Nea Skiti in Sicht. Es herrschte nun schon ein stärkerer Wellengang und der bayerische Pfarrer fühlte sich seekrank. Endlich sahen wir dann den Anlegesteg von Agia Anna. Doch, oh Schreck, da standen schon an die fünfzig gesattelte Maulesel!

Wir gingen eiligst von Bord, ich dachte dasselbe wie Fidi, möglichst früher als die anderen in Agia Anna zu sein! Also los, ohne viel zu reden! Fidi legte einen ordentlichen Schritt vor und wir stiegen sicher an die tausend Stufen hoch, erstmals mit Rucksack und bei ordentlicher Mittagshitze (14 Uhr!). Langsam kamen die wie Schwalbennester an den Felsen klebende Häuser näher. Nur ein einziger Maultiertreiber schaffte es, uns zu überholen.

Als wir dann total verschwitzt und nach Atem ringend die herrliche Terrasse vor dem Kyriakon[35] erreicht hatten, herrschte dort tiefste Mittagsruhe. So blieb uns nichts anderes übrig, als uns hinzusetzen, zu warten und den herrlichen Blick aufs Meer hinunter zu genießen.

Nach einiger Zeit kam ein junger Mönch und bot uns griechischen Kaffee, Wasser, Tsipouro und Loukoumi an. Wir baten nun den Mönch um ein Nachtlager. Er teilte uns aber mit, dass er kein Bett mehr frei habe. Es kämen noch viele Pilger, die sich angemeldet hätten. Wir sollten lieber weiter wandern oder das Schiff nehmen, welches von Kavsokalivia zurückkäme.

Wir holten nun ein Foto hervor, welches wir voriges Jahr hier heroben von einem alten Pater gemacht hatten, und zeigten es unserem Mönch. Welch ein Zufall, gerade dieser alte Pater war sein „geistiger Vater", also durften wir bleiben. Er werde schon eine Möglichkeit finden, uns unterzubringen!

Wir gingen nun mit den anderen Pilgern in das Kyriakon, welches Fidi und ich schon vom Vorjahr kannten. Diesmal zeigte man uns auch die Reliquien, welche die Orthodoxen mit Kuss verehrten. Auch wir wollten den „linken Fuß der hl. Anna" sehen, doch der Mönch klappte, als er uns ansichtig wurde, sofort den Schatullendeckel zu und sagte demonstrativ: *„Only for orthodoxes!"*

Wir spazierten anschließend in der Siedlung herum. Ich bewunderte vor allem wieder, wie kunstvoll Steinplatten zu Dachbedeckungen gelegt worden waren. Wir kamen auch zu einer verlassenen Ölmühle. Beim Stöbern würde man hier noch viel finden, aber wie die

35 Ein Kyriakon (gr. „das zum Herrn gehörende") ist die Hauptkirche einer Skite oder eines Kellions, in der die (häufig weit verstreut wohnenden) Mönche den Sonntagsgottesdienst gemeinsam feiern. Die Kirche eines Klosters heißt dagegen Katholikon.

Sachen herausbringen? Besonders die großen Ölkrüge, die dort unbeachtet herumstanden, gefielen uns sehr.

Ich besuchte noch einmal mit einer großen, neu ankommenden Pilgergruppe das Kyriakon mit dem wertvollen Kultbild der hl. Anna und studierte mit Schaudern die schrecklichen Martern der Heiligen im Esonarthex. Etlichen auf den Wänden aufgemalten Teufeln, hatte man in kindlicher Naivität die Augen ausgekratzt. Das entsprach dem orthodoxen Glauben, dass ein Bild ein Teil des dargestellten Gegenstandes wäre. Wer also ein Teufelsbild beschädigt, verletzt den Teufel selbst.

Man wies uns jetzt einen Schlafplatz zu, und zwar im Exonarthex, also außerhalb des Kyriakons, in einer Art Veranda auf einer Bank entlang der Wand! Die Nacht werde nicht kalt werden. Wir wandten ein, dass die Sitzbank sehr schmal wäre, mussten aber schließlich dieses Angebot akzeptieren.

Um 19:00 Uhr gab es im Untergeschoss des Gasttraktes das Abendessen, welches zehn Minuten später bereits wieder beendet war! Es gab kalte Bohnensuppe, Brot, Pfefferoni und Wasser. Man gab die Speisen auf Blechtellern aus. Der Raum war sehr finster. Fidi pflanzte Raoul, indem er ihm sagte, die Bohnensuppe sei sehr heiß, er müsse blasen. Und Raoul tat uns den Gefallen. Auch vergaß er als einziger beim Essen die Kopfbedeckung abzunehmen, und als wir ihm das sagten, riss er sie erschrocken vom Kopf, worüber wir abermals schmunzeln mussten.

Nach dem Abendessen saßen wir auf der Terrasse und sahen einen prachtvollen Sonnenuntergang. Langsam machten wir uns fertig zum Schlafengehen. Wir zogen alles an, was wir nur mithatten. Das „Bett“ war sehr hart und vor allem sehr schmal. Eine schwere Nacht stand uns bevor.

An Schlafen war vorerst nicht zu denken. Auf der Terrasse tratschte laut eine Gruppe griechischer Pilger. Einige hatte man auch zu uns gelegt, sie mussten am Boden auf Matratzen und Decken schlafen. An der Wand hinter uns war ein Bild der hl. Anna, welches einige Pilger unbedingt auch nachts verehren wollten! Da sie deswegen zwischen uns herumschleichen mussten, glaubten wir anfangs, sie wollten uns bestehlen!

Mittwoch, 11. Mai:

Um circa fünf Uhr früh ging ich hinaus auf die Terrasse. Vom Meer her stieg Nebel herauf, über mir ein prachtvoller Sternenhimmel. Bald standen auch meine beiden Freunde auf. Um sechs Uhr waren wir marschfertig und wanderten ohne Frühstück los. Wir stiegen vorerst nicht die vielen Stufen, die zum Athosgipfel führten, hinauf, sondern wanderten parallel entlang des Hanges. Wir kamen an einem kleinen, schön gelegenen Heiligtum vorbei und waren bald darauf in Mikra Agia Anna.

Hier wurde viel gebaut, offensichtlich das meiste aus Stahl und Beton. Ein Mönch nutzte für seine Bohnen im Garten sogar lauter Torstahl(-stangen) als Stütze! Weiter wanderten wir nach Katounakia. Hier fanden wir keinen Weg mehr, der parallel zum Hang verlief. Ein uns begegnender Mönch meinte, wir sollten nur dem Fernsehkabel folgen.

Wir entschlossen uns aber nun, doch bergauf zu gehen. Das hieß circa eine Stunde äußerst anstrengendes Aufwärtssteigen, das uns viel Schweiß kostete, aber wir schafften es, noch bevor die Sonne uns erreichte, an der Stelle zu sein, wo der Weg zum Athosgipfel abzweigt. Hier rasteten wir nun erschöpft und versuchten zu jausnen, doch es vertrieben uns von dort alsbald Schwärme lästiger Fliegen.

Drei Stunden Wanderung lagen nun vor uns, aber auf schönem Weg. Links und rechts waren oft urwaldartige Wälder; riesige, alte Bäume lagen da und dort von Wind und Wetter gefällt am Boden. Es wuchsen hier auch Edelkastanien und Tannen. Wo ein Blick Richtung Meer frei war, sah man nur wallenden Nebel. Uns begegneten auch einige deutsch sprechende Pilger.

Ohne große Anstrengung erreichten wir die Stelle, von der aus man die große Skite Timiou Prodromos in der Ferne sehen konnte. Ein schmaler Pfad führte zur Skite. Ungefähr eine halbe Stunde benötigten wir, um sie schließlich zu erreichen. Immer wieder verschwanden die Gebäude in Nebelschwaden. Ganz nahe der Klosteranlage führte eine in Stein gefasste Wasserleitung dorthin. Diese Skite war kein eigenständiges Kloster, sondern gehörte zum Großkloster Megisti Lavra.

Die vor uns liegende Klosteranlage wirkte wie eine mächtige Festung. Sie war sicher so groß wie manch anderes Kloster. Soweit man das auf den ersten Blick sehen konnte, war sie auch tadellos instand gehalten. Großteils lebten hier orthodoxe Rumänen.

Ein alter, deutschsprachiger Mönch empfing uns und servierte uns das Übliche. Wir durften ins Kyriakon hinein und dort auch nach Herzenslust fotografieren. Währenddessen saß er, ins Gebet versunken, in einem der tiefen Gebetsstühle.

Es gab hier eine wertvolle, geschnitzte, wunderschöne Ikonostase. Die Malereien im Kircheninneren dagegen hatten schon sehr gelitten. Nicht so die im Exonarthex. Der Klosterhof war sehr gepflegt, überall wurde gearbeitet. Es gab hier auch eine ansehnliche Tischlerei.

Wir verließen die gastliche Skite und wanderten auf staubiger Straße zum Großkloster Megisti Lavra. Unterwegs erinnerte ich mich, was ich über die Gründung dieses Großklosters gelesen hatte, welches bereits im Jahr 1963 die 1.000-Jahrfeier begangen hatte:

Gegründet wurde es vom Mönch Athanasios, der ein Jugendfreund des byzantinischen Herrschers Nikephoros II. Phokas (Regierungszeit 963 – 969) gewesen war. Als Mönch besuchte Athanasios den Athos und sah dort die vielen in Höhlen und versteckten Hütten lebenden Einsiedler. Er half ihnen bei der Verteidigung gegen angreifende Sarazenen. Er beschloss, dort einen Klosterbau zu errichten und konnte viele der dort lebenden Einsiedler dafür begeistern. Kräftige finanzielle und materielle Unterstützung erhielt er durch den Kaiser Nikephoros II. Phokas. Mit großem Eifer ging man ans Werk. Doch im Verlauf verschlechterten sich die Zeiten. Es gab Missernten und auch die Unterstützung durch den Kaiser blieb aus. Man litt Hunger. Die am Bau Arbeitenden wurden immer weniger, teils verstarben sie oder teils verließen sie, von Hunger getrieben, die Baustelle des Klosters. Auch Athanasios verzagte und wollte nicht mehr weiter bauen, und so verließ auch er die Baustelle. Doch er kam nicht weit. An der Stelle, wo noch heute die „Quelle des Athanasios“ entspringt, erschien ihm die Jungfrau Maria und bewirkte ein Wunder. Diese Legende möchte ich an späterer Stelle erzählen. Jedenfalls bewirkte das Wunder, dass Athanasios umkehrte. Bald kam auch ein Schiff des Kaisers mit Nahrung, und viele der Einsiedler kehrten zurück. So konnte der gewaltige Bau vollendet werden. Die Fertigstellung des Katholikons erlebte Athanasios selbst nicht mehr. Als er mit mehreren Brüdern die Kuppel bestieg, stürzte diese ein und begrub ihn und seine Mitbrüder darunter. Das Athanasios-Grab ist im Katholikon gelegen.

Das Kloster erreichten wir nach einer halben Stunde Gehzeit. Mächtig und beeindruckend lag es vor uns. Wir bekamen drei Betten, mussten aber noch einmal kurz das Zimmer wechseln. Dann streiften wir im Kloster herum. In einem Bau gab es ein Fass, dessen gewaltige Größe uns sehr beeindruckte. Im Bau daneben lagen riesige ausrangierte Kochkessel.

Sehr schön war der Weihebrunnen, die Phiali, doch suchte ich vergebens im Brunneninneren das Pentagramm, welches Franz Spunda in seinem Athosbuch beschrieben hatte.[36] Die Trapeza war außen an der Frontseite bemalt, doch hatten die Malereien schon sehr unter der Witterung gelitten. In die Wand waren auch Teller eingemauert, kurios war, dass auf einem der Teller eine nackte Frau abgebildet war.

Ein Pilger sprach uns an, er war ein Siebenbürger. Wir plauderten mit ihm und er erzählte uns, dass er hoffe, dass sich die soziale Lage in Rumänien bald ändern werde. Hier am Athos unterstützte er den Küchenmönch, der ebenfalls Rumäne war. Letzterer wollte von uns ein Foto für seinen Reisepass. Wir machten nun Fotos von ihm, er lud uns dafür in die Küche ein. Sie war, wie alles hier, riesig, überdimensioniert, ebenso wie alle Gerätschaften und alle Behältnisse. Gewaltig war auch der offene Kamin. Der Mönch meinte, dieser wäre sicher schon tausend Jahre alt. In weiterer Folge bewirtete er uns.

Draußen schlug man etwas später das Simantron an. Es war interessant zuzusehen und zu hören, wie es in einer bestimmten Tonfolge geschlagen wurde. Das Schlagen des Simantrons, aber auch das Läuten von Glocken, sofern solche vorhanden waren, war in jedem Kloster das Amt eines Mönchs, das jedes Jahr, wie alle Ämter, neu vergeben wurde. Man bezeichnete den Mönch, dem diese Tätigkeit oblag, mit Kodonokroutis.

Bei der Hesperinos-Andacht, der abendlichen Vesper, mussten wir, wie üblich, im Esonarthex bleiben. Essen gab es dann in der Trapeza, deren Wände hoch interessant ausgemalt waren. Leider hatten auch diese Malereien im Laufe der Zeit schon sehr gelitten. Zu essen gab es dann einen Nudelauflauf, Schafkäse, grünen Salat, Brot, einen Apfel und zum Trinken Wein.

Anschließend besuchten wir nochmals das Katholikon und sahen hier auch das Grab des hl. Athanasios. Wir unterhielten uns anschließend gut mit einem orthodoxen Religionsprofessor aus Athen, der mit seinen Studenten zufällig hier war. Dann lieferten wir beim Archontaris zwei Pakete ab, die wir von Agia Anna mit herüber genommen hatten. Wir gingen alle früh schlafen. Heute waren wir 25 km gegangen.

Donnerstag, 12. Mai:

Auch nachts hatten wir das Simantron gehört. Wir gingen aber erst um sechs Uhr zur Orthros-Andacht, dem Morgengebet. Dann ließen wir vor lauter Angst, dass wir das Fahrzeug versäumen würden, welches uns nach Karyes mitnehmen sollte, das Frühstück sausen. Vor dem Kloster stand dann ein kleiner Toyota. Kurz vorher hatte es noch gereg-

36 Vgl. Spunda, Landschaft und Legenden, S. 58.

net. Da der Regen nun aufgehört hatte, entfernte man vom Fahrzeug die Plane. Wir machten es uns auf der Ladefläche bequem und bald ging die wilde Fahrt los. Es beutelte uns ordentlich durch. Das Kloster Iviron sahen wir im Vorbeifahren. Nach 1 ½ Stunden Fahrzeit waren wir in Karyes. Hier herrschte geschäftiges Treiben. Wir wollten in das Protáton, leider war es geschlossen. Um die Enttäuschung etwas zu mildern, wollten wir wenigstens dem damals noch einzigen Gasthof von Karyes einen Besuch abstatten. Davor kauften wir Ansichtskarten in einem der Geschäfte. Da sprach uns ein verlotterter Mönch aufgrund unserer Ausrüstung in Deutsch an. Später erfuhren wir von ihm, dass er in Freiburg im Breisgau studiert hatte. Als wir mit ihm über unsere Berufe sprachen, tauchte plötzlich der Mönch Petros auf, bei dem wir voriges Jahr übernachtet hatten. Wir umarmten uns und er lud uns auf einen Kaffee zu sich ein.

Wir gingen mit ihm das schmale Gässchen hinunter bis zu seinem Haus. Der amerikanische Mönch vom Vorjahr war wieder nach Amerika zurückgekehrt und der blinde Alte war inzwischen, wie die Mönche es bezeichneten, schon „kaputt". So lebte Petros nun mit jenem verwahrlosten Mönch zusammen, den wir kurz vorher getroffen hatten. Wir zeigten Raoul das Haus. Die Hauskapelle war so sensationell, wie wir sie in Erinnerung hatten.

Petros braute uns einen guten griechischen Kaffee, den wir mit großem Vergnügen vor dem Haus sitzend tranken. Dann gab es eine große Verabschiedung. Es war leider ein Abschied für immer, denn bei meinem nächsten Besuch konnte man mir nur noch sein Grab zeigen. Wir gingen nun wirklich ins Gasthaus und trafen dort den Hausgenossen von Petros wieder, der offenbar ein Trinker war. Fidi, der ihn genau beobachtet hatte, berichtete uns später, er habe über dem Glas mit Alkohol, bevor er einen Schluck daraus nahm, jedes Mal das Kreuzzeichen gemacht. Uns gegenüber war er freundlich.

Wir verließen Karyes, um zum Kloster Pantokratoros zu wandern. Vorbei an den großen Häusern von Kiladi Adi bogen wir kurz danach nach links ab, auf eine breite Straße, die erst vor Kurzem angelegt worden war. Anfangs wollten wir zur Skite Profiti Ilia gehen, das gaben wir jedoch auf und waren sodann nach zwei Stunden im Kloster Pantokratoros.

Im Hafen des Klosters wurde viel gearbeitet. Wir stiegen von dort zum Kloster hinauf. Zwei Mönche, einer davon war ein Priester, kamen uns eilends entgegen. Einer der Mönche trug eine Ikone. Im Hafen bestiegen sie ein auf sie wartendes Boot. Sie ruderten aus der Bucht, dann fuhren sie mit dem Außenbordmotor weiter in Richtung Kloster Stavronikita, wie man uns später erzählte. Im Kloster bewirtete man uns mit Wasser und Loukoumi. Ein groß gewachsener Mönch war später bereit, uns ins Katholikon zu führen. Wir bewunderten besonders die berühmte, wundertätige Ikone Panagia Gerontissa, die „Muttergottes des Klosterältesten". Der Mönch erklärte uns in gutem Englisch die Legende dazu:

Einst war ein Jüngling aus vornehmem Geschlecht in das Kloster eingetreten und diente der Panagia mit voller Inbrunst. Er meditierte über das Werden und Vergehen der Natur und eines Tages sagte er im Gebet zur Gottesmutter, hätten doch unsere Erzeltern nicht gesündigt, wäre uns das hässliche Altern erspart geblieben und auch der Natur wäre ewige Jugend gewiss.

Als er das wieder einmal tat, hörte er die Panagia sprechen: „Ich kann wohl meinen göttlichen Sohn darum bitten, dir ewige Jugend zu gewähren, aber ich weiß, dass an deiner Stelle ich altern muss. Du dienst mir treu, darum will ich tun, warum du bittest." Da veränderte sich das Bildnis, die Wangen der Panagia fielen ein, ihr Haar wurde grau. Da brach der Jüngling ob seines Frevels in Tränen aus und bat um Verzeihung. Die Panagia verzieh ihm, doch das Bildnis behielt seine veränderten Züge bei.

Die „Gerontissa" gehört neben der „Portaitissa" von Iviron und der „Glycophilousa" von Philotheou zu den drei wundertätigen Schutzpatroninnen des Athos. Wenn sie nicht mehr an ihren angestandenen Plätzen anzufinden sind, ist die Endzeit nahe. Daran glauben die Mönche des Athos fest.

Die „Gerontissa" beschützt nach wie vor ihr Kloster. So wird von einer wundersamen Begebenheit des Jahre 1950 berichtet: Im Kloster war ein Großbrand ausgebrochen und ein Sturm fachte das Feuer immer wieder von Neuem an. Weder die Hilfe aus Karyes noch die der Nachbarklöster konnten das Feuer löschen. Da besannen sich die Mönche des Klosters der wahren Beschützerin des Klosters. Mit dem Gnadenbild der „Gerontissa" zogen sie in geschlossener Prozession zum Brandherd. Sogleich trat Windstille ein und der Brand konnte gelöscht werden.[37]

Im klostereigenen Shop wollte ich ein Phylachto[38] erwerben, doch das verweigerte mir der Mönch, das wäre nur etwas für Orthodoxe. Wir gingen dann noch eine Runde durchs Kloster, überall wurde hier eifrig gearbeitet und renoviert.

Wir wanderten von hier weiter, vorerst auf einem alten steingepflasterten Pilgerweg. So ging es circa eine Stunde lang dahin, dann querten wir einen Kahlschlag und nun begann unser Leidensweg. Davor hatten uns schon vor zwei Tagen zwei uns entgegenkommende, oberösterreichische Pilger mit furchtbar zerkratzten Unterarmen gewarnt. Der Weg zum Kloster Vatopediou sei durch Schneebruch, Bäume, die der Wind und der Schnee des letzten Winters gefällt hatten, nur sehr schwer passierbar. Wir konnten uns das gar nicht so schrecklich vorstellen und hatten das auch schon vergessen.

Jetzt aber erinnerten wir uns dessen wieder. Alle paar Meter lagen nun Bäume quer über dem Weg, meist wahre Urwaldriesen, denen man nicht ausweichen konnte, da beiderseits undurchdringliches Dickicht war. Man musste entweder auf allen Vieren – mit dem Rucksack! – unten durchkriechen oder irgendwie drüber klettern. Bei einem der vielen Hindernisse verlor Raoul seine Brille. Wir halfen ihm bei der Suche, wobei wir Angst hatten, dass wir sie zertreten könnten. Auch mir riss es oft den Hut vom Kopf. Vor allem die Ranken waren unheimlich widerspenstig, sie hafteten überall, man konnte ihnen nicht ausweichen. Dieser Weg war wirklich schrecklich und quälend. Besonders Raoul war ziemlich fertig.

Endlich sahen wir die Ruinen der einstigen Athos-Akademie und etwas darunter liegend auch das Kloster Vatopediou. Als wir uns dem Kloster von der rückwärtigen Seite näherten, sahen wir, wie schrecklich verfallen es eigentlich war! Von der Meerseite her war

37 Vgl. Freddy Derwahl, Die Athosreise (= Derwahl, Athosreise), S. 57.

38 Phylachta sind Schutzmittel, kleine viereckige Beutelchen/Pölsterchen, deren Inhalt z. B. Staub aus der Höhle eines Heiligen, Reste von geopferten Blumen, Erde von der Stelle unterhalb eines Sarkophags und Ähnliches sein können.

es jedoch schön renoviert. Die Gründungslegende des Klosters von Vatopediou reicht weit in geschichtliche Zeit zurück und sei hier wiedergegeben:

Das erste Kloster sei vom römischen Kaiser Julian Apostata, der das Christentum im römischen Reich zurückdrängen und die alten heidnischen Kulte wieder einführen wollte, zerstört worden. Unter Kaiser Arkadios kam es dann zur sagenhaften Neugründung des Klosters. Der Legende nach geriet das Schiff mit den beiden kaiserlichen Söhnen Honorios und Arkadios auf der Fahrt von Rom heim nach Konstantinopel in einen Sturm. Eine gewaltige Woge riss Arkadios von Bord. Doch die Gottesmutter selbst rettete Arkadios und barg ihn unter einem Brombeerstrauch. Dort fand ihn die ihn verzweifelt suchende Schiffsmannschaft. Aus Dankbarkeit ließ Kaiser Arkadios an dieser Stelle ein Kloster bauen. Vom Fundort des Prinzen unter einem Brombeerstrauch soll sich auch der Name für Vatopediou ableiten.

In einem Reisebericht aus dem Jahr 1911 konnte man lesen, dass zu dieser Zeit den Besuchern des Klosters noch der Platz gezeigt wurde, wo der gerettete Knabe Arkadios unter dem Brombeerstrauch gefunden worden war.[39]

Wir gingen durch die Eingangspforte, da nahm uns ein junger Mönch das Diamonitirion ab. Er las dann auch unser Empfehlungsschreiben und übersetzte es uns ins Deutsche. Des Weiteren gab er uns noch genaue Anweisungen, wohin wir zu gehen haben, um eine Übernachtungsmöglichkeit zu bekommen. Wir befolgten sie und erhielten jeder ein gutes Bett.

Das Katholikon, in welches wir dann auch gleich gingen, war prachtvoll. Der Maler Panselinos, ein früher Vertreter der Makedonischen Schule, hatte die Wände wundervoll ausgemalt. Wie üblich mussten wir während der Hesperinos-Andacht im Esonarthex bleiben und lauschten dort den schönen Gesängen der Mönche.

Raoul geriet da wieder einmal kurz in Schwierigkeiten. Er saß, wie wir alle, in den üblichen hohen Stühlen und lauschte den Gesängen. Allerdings saß er dort mit bei den Knöcheln überkreuzten Beinen. Plötzlich kam ein Mönch, schreckte ihn auf und deutete ihm, die Beine nicht zu überkreuzen. Jede Art von Überkreuzen war bei den Athos-Mönchen ein schweres Vergehen. Man betrachtet das als Verhöhnung des heiligen Kreuzzeichens.[40] Dass man das im Bereich der Knie nicht machen darf, darauf hatte ich aufmerksam gemacht, aber an das Verbot, auch die Beine im Bereich der Knöchel nicht zu überkreuzen, darauf hatte ich vergessen. Bei einer späteren Wanderung war ein Mitwanderer sogar ermahnt worden, als er bei Betrachten einer Ikone die Hände am Rücken überkreuzt hatte!

Am Ende der Andacht kam dann ein Mönch zu uns, sprach uns auf Deutsch an und zeigte uns in der Folge zahlreiche Reliquien, so auch den äußert kostbaren Gürtel Mariens, und er erzählte uns dazu viele Legenden. Wie gut organisiert der Umgang mit den verschiedensprachigen Pilgern in diesem Kloster war, war schon imponierend.

Als den Orthodoxen der Gürtel Mariens zur Verehrung gezeigt wurde, konnten wir beobachten, wie ein Mönch Bänder hergab, die ungefähr einer normalen menschlichen Gürtellänge entsprachen. Wahrscheinlich waren sie mit dem Gürtel „berührt" und waren

39 Vgl.: N. v. Gutmansthal, Südöstliche Wanderungen, Laibach 1911, S. 177.

40 Vgl. dazu auch: Zwerger, Wege, S. 33.

so selbst auch „heilig" geworden. Unfruchtbare Frauen, Schwangere oder Frauen vor der Geburt sollten sich dieses Band umbinden („sich damit gürten") und die damit „Umgürteten" sollte es in ihrer Not helfen. Dieses Berühren mit heiligen Gegenständen („Kontaktzauber") hatte auch bei den Katholiken eine lange Tradition!

Natürlich hätte ich an so einem Band großes Interesse gehabt, aber abgesehen davon, dass ich wahrscheinlich keines bekommen hätte, habe ich mich auch gar nicht getraut, darum zu bitten. Erst Jahre später gelang es mir, so ein Band zu erhalten.

Eine Militärdelegation war angekommen, ein hoher Marineoffizier und eine Reihe von weiteren Militaristen, die nun in Ausgehuniform im Kloster herumliefen. Das Militär genoss am Athos stets hohes Ansehen. Das Abendessen fand dann in der schönen Trapeza statt. Es gab Erbsensuppe, Oliven, Radieschen, eine Orange, Brot und Wasser. Später saßen wir dann noch etwas an der Hafenmole. Um nicht ausgesperrt zu werden, verbrachten wir die Zeit vor dem Schlafengehen im schönen Hof. Heute waren wir 25 km gegangen.

Freitag, 13. Mai:

Das Kloster Vatopediou war das letzte der zwanzig Großklöster, welches ich bisher noch nicht besucht hatte. Unser freundlicher Mönch riet uns, erst um sechs Uhr früh zur liturgischen Feier zu kommen. Wir waren für diesen Rat sehr dankbar. So störte es uns nicht weiter, als wir um 03:30 Uhr das Simantron hörten, welches die Mönche zur Andacht rief. Heute war ein besonderer Feiertag mit drei liturgischen Feiern. Als wir dann um sechs Uhr zum Katholikon gingen, hörten wir schon von Weitem Choralgesang, doch es war nur die Kassettenmusik der jungen Mönche, die in der Küche arbeiteten.

Nach der ersten liturgischen Feier stand man noch vor dem Katholikon etwas herum, dann ging man zur zweiten, kleineren Kirche, die es im großen Klosterhof gab, wo abermals eine liturgische Feier zelebriert wurde. Anschließend gab es ein Frühstück – Eierspeise, Oliven, Brot und Wasser. Danach wanderten wir los.

Anfangs verlief der Weg entlang des Standes. Dann führte der Weg für uns zweifelsfrei, sowohl laut der Markierung als auch nach der Karte von Prof. Zwerger, landeinwärts.

Vorerst war der Weg noch gut erkennbar, dann aber wurde es immer schwieriger, ihm zu folgen. Zudem ging es steil bergauf. Rundherum war dichteste Wildnis, kein Ausblick irgendwohin, weder aufs Meer noch zu irgendeinem Gebäude! Eine Partie Griechen kam uns entgegen; diese versicherten uns, dass wir am richtigen Weg wären. Sie teilten uns aber auch mit, dass der Weg zum nächsten Kloster noch drei Stunden dauern würde und zudem sehr schlecht sei. Und wirklich, von nun an versperrten durch Schneebruch gefällte Bäume laufend den Weg.

Alle drei bis fünf Meter lag ein Urwaldriese quer über dem Weg, den man dann irgendwie überwinden musste. Wieder gab es links und rechts nur undurchdringliche Macchia, kein Ausweichen war nach dort möglich. Ein unten Durchkriechen war fast nie möglich, noch dazu mit Rucksack. Beim Drübersteigen verfing man sich heillos in den Ästen. Nur ganz wenige Wanderer dürften diesen Weg auch schon benützt haben, keiner von ihnen hat irgendwie einen Weg darüber für Nachkommende zu erleichtern versucht. Raoul konnte bald nicht mehr, er war am Ende. Es ging ihm wirklich schlecht. Verzweifelt sagte er zu uns: *„Lassts mi liegn!"*

Fidi und ich gaben ihm unser gesamtes Wasser und so bekamen wir ihn wieder halbwegs auf die Beine. Zudem wurde es immer finsterer, Regen oder ein Gewitter lagen in der Luft. Da kreuzte plötzlich eine große Landschildkröte unseren Weg. Ein kleines Erlebnis, eine kurze Ablenkung.

Plötzlich bemerkten wir, dass wir wieder auf einen der alten, steingepflasterten Pilgerwege gekommen waren. Ab und zu gab es neben dem Weg auch ein einfaches Steinheiligtum. Aber immer noch kein Anzeichen von menschlicher Anwesenheit. Endlich kamen wir zu einer Stelle, wo sich verschiedene Wege kreuzten und wo wir uns orientieren konnten. Mit neuer Hoffnung im Herzen wanderten wir weiter und sahen nach einiger Zeit endlich das Kloster Esfigmenou und dahinter das Meer.

Nach knapp einer halben Stunde waren wir beim Kloster und betraten es von seinem landseitigen Eingang. Auch in diesem Kloster wurde viel gearbeitet und renoviert. Wir fragten uns zum Archontaris durch. Inzwischen unterhielt sich ein junger Mann mit uns. Er war ein griechischstämmiger Deutscher, der uns unbedingt überreden wollte, in diesem Kloster zu übernachten. Wir spazierten durch den Klosterhof und durch das imposante seeseitige Tor weiter zum Strand. Im Kloster zurück, war dann ein junger Mönch bereit, uns das prächtige Katholikon zu zeigen, und wir durften dort auch nach Herzenslust fotografieren.

Das freundliche Kloster verlassend, wanderten wir auf guter Straße dem Kloster Hilandar zu. Das erste Mal sah ich am Athos Felder – Roggen- und Kartoffelfelder. In einem der Roggenfelder stand mitten drinnen ein einfaches Kreuz.

Endlich waren wir im Kloster Hilandar angekommen. Zu unserer Freude bekamen wir jenes Zimmer, in dem wir schon im Vorjahr übernachtet hatten. Man forderte uns auf, gleich zur Abendandacht, welche um 17 Uhr begann, zu kommen. Diese sollte in der Folge recht lange dauern. Wie bei den Serben damals noch üblich, durften wir im Katholikon ganz vorne der liturgischen Feier beiwohnen.

Der kleinwüchsige Priestermönch Kyrillos hielt die Abendmesse.[41] Wie in einem Film von Bertolucci sah es aus, wenn Pater Kyrillos im schönen Priestergewand und das Weihrauchfass schwingend, einem Eisläufer nicht unähnlich, durch die Kirche sauste.

Anschließend gab es Abendessen – Bohnensuppe, Schafkäse, Zwiebeln, Knoblauch, Kuchen und auch Wein. Nach dem Essen erkundigten wir uns bei Pater Kyrillos über den morgigen Weg. Er meinte, dieser sei wegen des vielen Schneebruchs (sic!) so gut wie unbegehbar, die letzten Wanderer hätten sechs Stunden gebraucht, um zum Kloster zu kommen! Ich erkundigte mich bei ihm auch, ob es Trauben vom Weinstock des hl. Simeon gäbe. Nein, leider hätte es heuer keine Lese gegeben. Ich fragte ihn dann noch, ob denn Pater Mitrophan im Kloster anwesend sei? Ja, er sei anwesend. Falls wir mit ihm sprechen wollen, sollen wir aber gleich zu ihm gehen!

So stiegen wir in den 3. Stock, wo Pater Mitrophans Räumlichkeiten lagen, klopften bei

41 Zu Pater Kyrillos vgl: Zwerger, Wege, S. 74.

ihm an und schon standen wir ihm gegenüber. Er hatte sich seit 1978 kaum verändert. Pater Mitrophan lud uns auf einen griechischen Kaffee ein, der außerhalb der Wohnung serviert wurde. Wie immer war er allen Deutschsprechenden gegenüber sehr freundlich gesinnt. Wir richteten ihm Grüße vom Grazer Internisten Dr. Alfred Tillich aus, an den er sich aber nicht mehr erinnern konnte. Er kannte aber eine ganze Menge anderer Grazer.

Ob wir Probleme hätten? Wir erzählten ihm nun, wenn wir morgen auf dem alten Pilgerpfad zu Westküste gehen würden, würden wir das Fährschiff sicher versäumen und in der Folge auch das Flugzeug am darauffolgenden Tag verpassen. Pater Mitrophan sagte vorerst nichts, sondern nahm unsere Sorgen nur entgegen. Wir politisierten dann mit ihm noch über den Balkankrieg. Da war er ganz anderer Meinung als wir, obwohl wir ihn dies nicht anmerken ließen. Er glaubte ehrlich an die Schuldlosigkeit der Serben. Nach einer Stunde entließ er uns. Wir streiften noch etwas im Kloster herum, saßen am Brunnen und gingen schlafen. Um vier Uhr früh hörten wir das Simantron, welches die Mönche zur Frühandacht rief.

Samstag, 14. Mai:

Pater Mitrophan hatte uns empfohlen, um sechs Uhr zur liturgischen Feier zu gehen. Wir befolgten dies. Die Frühmesse dauerte wieder einmal sehr lange, nämlich bis neun Uhr. Gleich nach deren Ende holte uns Pater Mitrophan aus dem Katholikon und führte uns in einen Nebenraum der Trapeza, wo wir auf seine Anweisung hin einen Teller Milchreis bekamen. Auch alles andere hatte er für uns bestens organisiert. Er hatte schon in aller Früh mehrmals für uns telefoniert. Er hatte erfragt, ob am heutigen Tag überhaupt ein Schiff fahren würde, denn am Vortag war wegen bewegter See und eines kleinen Erdbebens (!) – das wir gar nicht gespürt hatten – überhaupt kein Fährschiff gefahren!

Er hatte für uns auch ein Auto samt einem mönchischen Chauffeur organisiert und für mich einige Trauben vom Weinstock, der aus dem Grabe des hl. Simeon wuchs, besorgt. Zu den Trauben hielt er uns nun eine längere Rede. Im heurigen Jahr habe es tatsächlich keine Ernte gegeben, da die jungen Mönche vergessen hätten, den Stock zu spritzen. Sie waren der Meinung gewesen, einen heiligen Weinstock müsse man nicht spritzen!

Was hatte es nun eigentlich mit den Trauben auf sich? Diese würden kinderlos gebliebenen Frauen zu Nachwuchs verhelfen. Pater Mitrophan führte über den Erfolg der Trauben auch Buch. Die Legende berichtet, dass der Erste, der damit Erfolg gehabt hätte, ein Türke gewesen sei. Aus Dankbarkeit hätte dieser dem Kloster ein Metochon (Besitz außerhalb des Athos) geschenkt, welches noch heute im Besitz des Klosters sei.

Pater Mitrophan erzählte uns auch, ein Wiener Bildhauer hätte sich schon lange vergebens ein Kind gewünscht. Als er dann seiner Frau Trauben vom Weinstock des hl. Simeon gebracht hätte, habe dies zum Erfolg geführt. Der Künstler sei später tödlich verunglückt, seine Frau aber habe Pater Mitrophan außerhalb des Athos getroffen und ihm die Tochter vorgestellt.

Mit den getrockneten Weintrauben erhielt ich von Pater Mitrophan einen von ihm selbst in deutscher Sprache geschriebenen Zettel:

Gebrauchsanweisung:

Rebenholz tut man in ein halbes Liter Weihwasser hinein. Davon nehmen die kinderlosen Eheleute vor dem Essen je ein Löffelchen innerhalb 40 Tagen der Fastenzeit. In dieser Zeit sollen die Eheleute getrennt schlafen. Nach 40 Tagen sollen sie die Beichte ablegen, kommunizieren und die Traubenbeeren zu sich nehmen (aufessen), die Frau zwei und der Mann eine Traubenbeere. Danach die Ehepflichten tun. Alle 40 Tage, am Morgen und abends, zu Gott und hl. Symeon beten um Erreichung des Zweckes. – Unser Kloster wünscht Ihnen Gottessegen.[42]

Diese handgeschriebene Gebrauchsanweisung besitze ich noch heute.

Wir verabschiedeten uns von Pater Mitrophan und dankten ihm herzlich für seine Hilfe. Der Mönch, der uns chauffieren sollte, war schon recht nervös und trieb uns zur Eile an. Doch fast wäre unsere Fahrt schon nach einigen Minuten zu Ende gewesen, da der Mönch, als er durch das Klostertor fuhr, mit beiden Händen ein Kreuz schlug und beinahe in eine Mauer gefahren wäre. Auch in der Folge fuhr er wild drauflos, auf schlechter, oft kurvenreicher Straße. Einmal fuhr er sogar 90 km/h! Sogar Fidi, der vom Militär einiges gewohnt war, hatte Bedenken![43]

Die Gegend, durch die wir fuhren, war völlig unbewohnt. Nach circa einer halben Stunde Fahrzeit kamen wir beim Kellion Megali Jovantsa an, welches zum Kloster Hilandar gehörte. Es wurde nur von einem einzigen Mönch, Pater Panteleimon, einem Deutschen, bewohnt, der aus dem Schwarzwald stammte und konvertiert war.

Anders als in späteren Jahren legte damals das Fährschiff dort noch nicht regelmäßig an. So machten wir uns sofort auf den Weg in Richtung der Arsanas vom Kloster Zographou. Die Sonne brannte nieder, der Rucksack war schwer, der Weg entlang des Strandes bestand aus Schotter und war sehr, sehr beschwerlich zu gehen. Angeblich seien es nur 40 Minuten Gehzeit, um zur Arsanas zu gelangen. Fidi legte gleich ein gewaltiges Tempo vor, mit welchem ich anfangs Schritthalten konnte. Raoul jedoch blieb immer weiter zurück. Da ich mich immer wieder nach Raoul umsah, sah ich auch, dass uns unser mönchischer Chauffeur, leichtfüßig von Stein zu Stein hüpfend, folgte. Bald hatte er uns eingeholt.

Aber auch das von Ouranoupoli kommende Fährschiff kam immer näher. Unser Tempo wurde nun mörderisch, ich konnte kaum mehr weiter. Fidi war weit vor mir, Raoul dagegen sehr weit hinter mir zurückgeblieben. Der Mönch überholte uns spielend und bald fuhr auch das Schiff an uns vorbei. Es war zum Heulen! Dann legte das Schiff an, der Mönch ging an Bord, offenbar ohne etwas wegen uns zu sagen. Einige Pilger stiegen aus. Fidi erreichte gerade den Landungssteg, als das Schiff wieder ablegte. Ich schrie, da stol-

42 Vgl. dazu auch: Rudolf Kiss und Hubert Kiss-Heinrich, Peregrinatio Neohelenika. Wallfahrtswanderungen im heutigen Griechenland und in Unteritalien. Veröffentlichungen des Österreichischen Museums für Volkskunde, Band VI, Wien 1955, S. 158ff.

43 Vgl. dazu: Zwerger, Wege, S. 163. R. Zwerger berichtete, er wäre von Pater Mitrophan einmal selbst nach Jovantsa chauffiert worden: „Er (Pater Mitrophan) fuhr recht flott. Erst als ich ihm sagte, er würde auch einen guten Rallyefahrer abgeben, zeigte er, was in ihm steckte. Auf dieser schlechten Sandstraße war er auf der 14 km langen Strecke oft mit mehr als 80 km/h unterwegs."

perte ich und fiel auf dem Schotter hin. Ich rappelte mich sofort wieder auf und lief weiter Richtung Steg.

Ein gerade ankommender Grieche fragte mich, ob ich denn das Schiff erreichen wolle? Als ich es bejahte, pfiff er laut und rief etwas auf Griechisch zum Schiff hin und, oh Wunder, das Fährboot legte nochmals für uns an! Das war das wahre Griechenland! Hätten wir dieses Schiff versäumt, hätten wir bei der Rückfahrt des Fährschiffes vermutlich noch zusteigen können. Aber sicher ist sicher!

Überglücklich, das Schiff schlussendlich erreicht zu haben, genossen wir nun die Fahrt an den Klöstern Dochiariou, Xenofontos und Panteleimonos vorbei. In Dafni gab es das übliche Gedränge. Wir mussten das Schiff verlassen und durch den Zoll gehen. Dann ging die Fahrt Richtung Ouranoupoli zurück. Ein großes, typisch südländisches Theater gab es beim Kloster Panteleimonos, da man den Kapitän nötigte, auf Passagiere zu warten. Der Mann, der die Fahrkarten verkaufte, brüllte, ein anderer vom Land her auch und es rannten zwei Pilger, unter lautem Gejohle der Leute an Bord, vom Kloster herab zum Schiff hin.

Wir genossen noch einmal die Fahrt entlang der Küste und jeder für sich ließ im Geiste die aufregenden Tage noch einmal Revue passieren. In Ouranoupoli gingen wir gleich zu unserer Unterkunft, wo unsere Zimmer noch frei waren. Wir duschten ausgiebig – das war immer höchster Genuss nach einer Woche Athos. Dann gingen wir auf ein Bier.

Abends gingen wir in unsere etwas außerhalb des Dorfes gelegene Taverne und aßen, wonach wir Lust hatten, und tranken, was wir gerade noch vertragen konnten. Angeblich sei in dem Lokal auch getanzt worden, doch daran habe ich nur eine dunkle Erinnerung.

Sonntag, 15. Mai:

Wir frühstückten mit viel Vergnügen im Hafen und erreichten mühelos um neun Uhr den Bus, der uns in circa drei Stunden Fahrtzeit nach Thessaloniki brachte. Wir besuchten dort kurz den Wirt beim Busbahnhof und fuhren dann mit dem Taxi zum Flughafen. Der Heimflug nach Wien verlief klaglos. In Wien warteten wir noch einige Zeit auf unseren Anschlussflug nach Graz.

Meine 5. Athos-Wanderung

Mit Fidi von 18. bis 25. April 1999

Thessaloniki - Ouranoupoli - Dafni - Athos-Gipfelbesteigung - Skite Timiou Prodromos - Megisti Lavra - Karyes - Dafni - Panteleimonos - Dafni - Ouranoupoli - Xerxes-Kanal - Nea Roda - Ouranoupoli

Sonntag, 18. April:

Wandergefährte war auch diesmal Fidi Haydn, mein alter Freund und bewährter Athos-Pilger. Ich vermutete, er war inzwischen schon Oberst geworden. Eigentlich wollte Fidi gar nicht mehr durch das Mönchsland wandern, denn nach dem Besuch aller zwanzig Großklöster hatte er, seiner Meinung nach, bereits alles gesehen. Als er wieder einmal im Freundeskreis davon erzählte, meinte einer: „Und am Berg warst du nicht?“ Das war für ihn der Anlass, doch noch einmal eine Wanderung dorthin zu unternehmen. Dementsprechend war das Hauptziel unserer aktuellen Wanderung vor allem die Besteigung des 2033 m hohen Athos-Gipfels.

Wir hatten einen guten, kurzen Flug nach Wien, am Wechsel lag noch Schnee. In Wien hatten wir dann vier Stunden Zeit und schlugen sie irgendwie tot. Mit der AUA/SABENA flogen wir in 1 ¾ Stunden nach Thessaloniki. Es war ein guter Flug, ausgesprochen freundlich war das Personal. Wir nahmen uns ein Taxi, das sehr gut und trickreich seinen Weg durch den Verkehr zum Hotel Astoria wählte. Die Rezeptionistin erkannte uns wieder und wir bekamen ein schon einmal zuvor von uns bezogenes Zimmer.

Wir schlenderten entlang des Hafenkais in Richtung des Weißen Turms. Das Meer war sehr aufgewühlt, teilweise spritzte es meterhoch und überschwemmte die Uferstraße. Nahe dem „Turm“ spritzte es sicher zwei Meter hoch über die Kaimauer und es gab viele Schaulustige. In einem Café in der Nähe tranken wir einen Ouzo, der unverschämt teuer war.

Wir versuchten nun das neue Pilgerbüro in der Egnatia-Straße zu finden, aber nach einer Dreiviertelstunde drehten wir unverrichteter Dinge um und beschlossen, am nächsten Tag mit dem Taxi hinzufahren. Wieder einmal typisch Athos, wo und wie man die Erlaubnis zum Diamonitirion bekam, war von Mal zu Mal anders geregelt.

Ich überredete Fidi, im Bereich der oberen Stadtmauer Abend zu essen und nicht herunten in der Stadt. So spazierten wir langsam die steilen Gassen mit den alten türkischen, beziehungsweise nun griechischen Häusern hinauf, bis wir ganz oben auf die Theodosianische Stadtmauer stießen. Durch das Anna-Paleológina-Tor kamen wir auf einen kleinen Platz mit einer Kirche und einer Gaststätte.

Vor dieser Kirche stand eine festliche Schar, welche offenbar auf Brautleute wartete. Ein Trommler schlug plötzlich einen wilden orientalischen Rhythmus an, ein Flötenspieler begleitete ihn. Das waren Roma, die sich so etwas Geld dazuverdienen wollten. Dann erschienen die Brautleute aus der Kirche kommend, stiegen in einen roten Flitzer und weg waren sie. Die Wartenden zerstreuten sich.

Im Gasthaus am Platz bestellten wir Tsatsiki, Souvlaki, gebratenen Schafkäse, Retsina und natürlich Ouzo – himmlisch. Durch die engen, steilen Gassen wanderten wir zufrieden zurück ins Hotel hinunter.

Montag, 19. April:

Da wir noch Zeit hatten, spazierten wir hinunter zum Meer. Dann ließen wir uns ein Taxi kommen. Der Chauffeur hustete wild, er brachte uns zwar zum Pilgerbüro, verlangte dort aber einen unverschämten Zuschlag. Wir waren auf ihn verärgert! Dann gab es noch Schwierigkeiten im Büro, da Fidis Reisepass abgelaufen war.

Letztlich bekamen wir die Bestätigung doch. Wir ließen uns im Büro erklären, welcher Bus zum Chalkidiki-Terminal fahre und wo seine Haltestelle sei. Dort angekommen, zwängten wir uns das erste Mal erfolglos in den Bus. Da wir glaubten, ein Ticket könne man im Bus lösen, hatten wir vorher keines erstanden. Also stiegen wir wieder aus und lösten ein solches bei einem Zeitungsstand. Das zweite Mal klappte es schließlich und alle im Bus waren behilflich, dass wir ja am richtigen Ort ausstiegen. Sogar nach dem Aussteigen kam noch eine Studentin auf uns zu, um uns den weiteren Weg zu erklären.

Wir lösten uns dann ein Ticket nach Ouranoupoli und genehmigten uns nach alter Tradition in der dortigen Gaststube einen Ouzo. Langsam trafen auch andere Athos-Pilger ein, alle waren leicht an ihrer Kleidung und an ihren Rucksäcken zu erkennen. Meist waren es Österreicher. Die Fahrt nach Ouranoupoli habe ich schon mehrmals beschrieben, sie dauert ungefähr 2 ¾ Stunden. Besonders intensiv war aber diesmal das wunderbare Grün der Landschaft, prächtig waren die blühenden Judasbäume, die Mohnblumen und vieles mehr an Blüten und Blumen. In den Jahren zuvor war zu dieser Zeit vieles bereits verblüht und die Wiesen braun gewesen.

In Ouranoupoli suchten wir unsere alte Hauswirtin auf, sie fiel uns gleich um den Hals und erzählte uns in einem Atemzug von ihrer Kropf- und Staroperation, von Zahnproblemen und vom Schlaganfall ihres Mannes.

Wir spazierten zum Strand und holten uns dann bereits das Diamonitirion ab, nahmen einen Ouzo und wanderten zur Athos-Grenze, zum „Frangokastro", wie man die Ruinen damals bezeichnete. Zuerst ging es an Sommerhäusern vorbei, dann wanderten wir entlang von Weingärten. Wir sahen eine tote Schlange am Weg liegen, sie war sicher einen Meter lang. Vom einstigen „Frangokastro" war nur mehr wenig zu sehen, da und dort etwas Mauerwerk. Es gab dort noch den Grenzzaun zum Athos-Gebiet und dahinter, im ehemaligen Kellion Justiniana, eine Polizeistation.

Wir wanderten den Strand entlang und suchten uns eine Bucht zum Baden, doch das Wasser erwies sich als ausgesprochen kalt! Wir spazierten zurück nach Ouranoupoli und wollten von dort aus die kleine Kirche Agia Triada besuchen. So wanderten wir hinter Ouranoupoli die Hügel hinauf und bemerkten erst nach einer Stunde, dass wir den falschen Hügel bestiegen hatten. Egal. Wir trotteten heimwärts und suchten eine Taverne im Hafen auf. Plaudernd aßen und tranken wir Griechisches.

Dienstag, 20. April:

Wir frühstückten im Hafen und schauten dem bunten Treiben amüsiert zu. Unheimlich, wie viele Lastfahrzeuge – darunter ein riesiger, russischer Container – auf dem Schiff verladen wurden. Der Fahrer des Letzteren tat sich doch etwas schwer beim rückwärts aufs Schiff Hinauffahren. Die persönlichen Kontrollen waren nun schon viel lockerer geworden! Wir genossen nun die Fahrt entlang der Athosküste. Dieses Mal wurde viel öfter angelegt, da auch an Stellen, wo üblicherweise keine Anlegestelle war, immer wieder LKWs vom Schiff wollten und auf einer der vielen, wild in die Hänge gegrabenen Straßen davonfuhren. Die neue Zeit war auch am Athos nicht mehr aufzuhalten, am Dach mancher Kellien waren sogar schon Sonnenkollektoren angebracht!

Die Fähre fuhr vorbei an den Klöstern Dochiariou und Xenofontos, überall wurde viel renoviert. Doch Gewaltiges war beim Kloster Panteleimonos geschehen. Hier waren alle Fronten neu gestrichen worden und alle Kuppeln und Metallteile leuchteten in Dunkelgrün! Ein bewusstes Abgehen vom sonstigen Blau der Griechen! Übrigens waren die Kuppeln vorher gelb angemalt gewesen – wohl um Gold vorzutäuschen!

Wir landeten in Dafni. Auch hier war das übliche Durcheinander – Ankommende, Abreisende, Abholende, alle standen sich im Weg. Wir betrachteten die Abreisenden, plötzlich grüßte mich jemand. Er kam mir bekannt vor. Ich sprach ihn an und er stellte sich als Mitarbeiter vom LKH-Univ.-Klinikum Graz aus der Direktion der KAGES vor! Und dann sah ich noch eine ganze Reihe weiterer KAGES-Mitarbeiter, die mit einem Griechen unterwegs waren und die ich vom Sehen her alle kannte.

Nur unser heuriges Ziel vor Augen, den Athos zu besteigen, warteten wir nun auf eine Schifffahrtsgelegenheit, um in den Süden zu gelangen. Um 13:00 Uhr legte die „Agia Anna" an und wir fuhren mit ihr Richtung Athos-Südspitze, vorbei an den Klöstern Simonos Petras, Osiou Grigoriou, Dionysiou und Agiou Pavlou und an der Mönchssiedlung Nea Skiti; dann sahen wir auch schon unsere Anlegestelle, die der Skite Agia Anna. Um circa ¾ 3 Uhr trafen wir dort ein.

Wir schnappten unsere Rucksäcke, meiner brachte nun mit Wasser circa 15 kg auf die Waage, dann ging es in glühender Sonne die zahlreichen Stufen nach Agia Anna hinauf, das circa auf 350 m Höhe liegt. Wir machten dort aber keine Rast, sondern quälten uns zahlreiche weitere Stufen steil bergauf! Nach 1 ½ Stunden rasteten wir endlich an der Wegkreuzung, wo der eine Weg zum Kloster Megisti Lavra, der andere zum Athos-Gipfel hinaufführt (auf circa 700 m Seehöhe).

Diese Rast war aber nur kurz. Der weitere Weg war manchmal steil, immer aber sehr steinig. Langsam blieb mir die Luft weg. Um ausreichend Luft zu bekommen, musste ich immer öfter kurz stehen bleiben. Ich hatte arg zu kämpften. Aber auch meine Oberschenkel schmerzten mir sehr. Alles war mühsam. Wir begegneten vom Gipfel herunterkommenden Österreichern, die uns sagten, bis zur Panagia-Hütte sei es nur noch eine halbe Stunde. Doch diese Angabe stimmte offenbar nicht und das „noch immer nicht Sehen" der Hütte ließ mich schier verzweifeln.

Fidi war dann endlich oben angekommen und kam mir nun entgegen. Er wollte mir helfen und das letzte Stück meinen Rucksack tragen, als er mich so kämpfen sah. Stolz lehnte ich das aber ab und kämpfte weiter. Ich glaube, ich kam erst eine Dreiviertelstunde nach Fidi bei der Hütte an.

Die Hütte „Panagia" bestand aus einer „Küche", einer Kapelle und einem Schlafraum. Letzterer hatte einen Betonboden, auf dem „Krass" – Äste von Latschen (Bergkiefern) – lag. Es gab keine Betten, nur uralte Decken lagen herum. An den Wänden konnte man Buchstaben und Ziffern mit roter Farbe geschrieben sehen, von Pilgern, die sich so hier verewigt hatten. Alles sah nach einer Gefangenenzelle irgendwo im Osten Europas aus.

Wir waren alleine hier oben und bereiteten nun unser Nachtlager vor. Wir nahmen viele Decken als Unterlage und legten dann darauf unsere Schlafsäcke. Zum Abendessen hatte Fidi eine große Überraschung parat, für jeden gab es eine Dose Bier. Das war das beste Bier seit Langem!

Wir legten uns schlafen. Ich schlief, im Gegensatz zu Fidi, lange nicht ein. Trotz Schlafsack und viel Angezogenem fror ich erbärmlich! Um die Hütte heulte der Wind. Nachts ging ich einmal vor das Haus – ein prachtvoller Sternhimmel war zu sehen.

Mittwoch, 21. April:

Um sechs Uhr früh standen wir auf, eine halbe Stunde später „stürmten" wir bereits gipfelwärts, ohne unsere Rucksäcke, welche wir in der Hütte zurückgelassen hatten. Anfangs ging es noch relativ leicht, dann war es nur mehr steinig. Ein Schneefeld verdeckte mehrmals den Weg und die Markierung. Der Schnee selbst war sehr harschig. Wir gingen oft direkt am Geröll bergauf, ich hatte immer wieder Angst, dass ich Steine lostreten würde.

Langsam ging mir auch jetzt wieder die Luft aus, sodass ich oft kleine Pausen machen musste. Fidi ging es zwar nicht so schlecht, aber er kämpfte sichtlich auch mit den Tücken des Weges. Ich wich einem Schneefeld aus und kam immer mehr in eine Felskletterei hinein. Ich konnte mit beiden Stöcken nicht klettern und so nahm ich beide in eine Hand. Bald aber verlor ich einen Stock und brachte so dem Athos ein „Bergopfer" dar. Deswegen zurückzuklettern und eventuell abzurutschen, zahlte sich wahrlich nicht aus!

Fidi hatte den Gipfel bereits erreicht. Ich mühte mich redlich ab, bis ich endlich die kleine Kirche Metamorphosis sah und gleich daneben das berühmte Gipfelkreuz. Ich war überglücklich, es geschafft zu haben!

Atemberaubend war der Blick nach allen Seiten. Im Osten erhob sich die Sonne aus dem Meer und im Westen sah man später 2033 Meter unterhalb des Gipfels im Meer den pyramidenförmigen Schatten des Athos! Und auf diesem Gipfel standen wir! Ein unbeschreibliches Gefühl. Von hier aus überblickte man die ganze Athos-Halbinsel bis hinauf zur Landenge bei Nea Roda. Links und rechts entlang der Küste sah man die Klöster und leider auch viele neue Straßen, die zu diesen Klöstern hinführten. Kein gutes Zeichen für den traditionsreichen Athos!

Nachdem wir uns satt gesehen hatten, traten wir den Rückweg an, wählten uns aber einen weniger anstrengenden Weg jenseits des Schneefeldes aus. Ich hatte Angst, am Schneefeld auszurutschen und talwärts zu sausen. Doch es ging alles gut, langsam tauchte die Panagia wieder auf. Dort verschnauften wir nur kurz, dann nahmen wir unsere Rucksäcke und machten uns an den beschwerlichen Abstieg.

Dieser war noch beschwerlicher als der Aufstieg! Mir tat alles weh, besonders die Waden! Aber ich sah, dass es Fidi auch nicht viel besser ging! Er tänzelte manchmal vor mir wie eine Bajadere! Wie mich setzte es auch ihn öfters hin! Endlich waren wir zu jener Abzweigung gelangt, wo der Weg zum Kloster Megisti Lavra hinführte. Obwohl es nun relativ lange eben dahinging, waren alle Bergabstrecken schrecklich! Wir hatten Durst und es dauerte doch etwas länger, bis wir zu einem Bächlein kamen. Da ließen wir uns wie Kamele vollIaufen. Und das mehrmals.

Inzwischen war der Athos-Gipfel ganz in Nebel gehüllt und rundherum hingen dunkle Regenwolken. Der Weg zog sich wie ein Strudelteig, einzig die wunderschön blühende Natur entschädigte uns. Endlich sahen wir die rumänische Skite Timiou Prodromou. Doch auch dorthin war der Weg in schrecklichem Zustand und er nahm kein Ende! Wir kamen völlig erschöpft dort an!

Die Skite war in einem vorzüglichen Erhaltungszustand, das Kyriakon wurde gerade renoviert. Man wies uns an, im Hof zu warten. Ein alter Mönch fragte uns dann, ob wir Essen wollten. Als wir dies bejahten, bekamen wir in der Trapeza eine vorzügliche Gemüsesuppe, Milchreis, Brot, Oliven, Wasser und einen Apfel. Ich aß aber nur wenig, da ich vorher viel zu viel Wasser getrunken hatte.

Wir wanderten von diesem so gastlichen Ort noch eine gute Stunde entlang der Straße, bis wir zum Kloster Megisti Lavra kamen. Dort gab es viele Gäste, vor allem Griechen. Wir waren müde und warteten auf ein Zimmer, während die anderen zur Hesperinos-Andacht gingen. Erst als wir eine Schlafgelegenheit bekommen und uns gewaschen hatten, gingen auch wir ins Katholikon. So war unsere Andacht nur kurz.

Wir aßen dann in der berühmten Trapeza. Es gab Teigwaren, Suppe, Gemüse, Brot und Wasser. Das Essen dauerte verhältnismäßig lange. Im ersten Stock des Gebäudes, in welchem wir schliefen, saßen wir dann noch eine Zeitlang auf einer Art Veranda, bekamen dort griechischen Kaffee und gingen dann schlafen. Leider hatten wir auch einen sehr unruhigen Zimmergenossen.

Donnerstag, 22. April:

Wir gingen spät zur Messe und schwänzten dann das Frühstück, da wir nicht sicher waren, ob wir eine Mitfahrgelegenheit nach Karyes bekommen würden. Wir schafften es, und heftig schaukelnd fuhren wir die Ostküste hinauf, vorbei an der Quelle des hl. Athanasios. Bei Morfonou zweigten wir von der Küstenstraße ab. Rückwärts blickend konnte man vom Auto aus herrlich den Athos sehen, steil, schneebedeckt und majestätisch.

Unser Gefährt fuhr nun bergauf. Wir wussten nicht, wohin die Fahrt gehen würde. Nach einiger Zeit kam das Kloster Philotheou in unser Blickfeld, wo eine große Schar unserer Mitfahrer ausstieg. Dann ging die Fahrt wieder hinunter bis zum Kloster Iviron. Einen prächtigen Anblick bot dieses Kloster. Unsere Fahrt ging weiter, hinauf nach Karyes, dem „Undorf", wie es Erhart Kästner in seinem berühmten „Athos-Buch"[44] einmal genannt

44 Vgl. Kästner Erhart, Die Stundentrommel vom Heiligen Berg Athos. Insel Taschenbuch Nr. 56, Frankfurt a. M. und Leipzig 1974, S. 65ff.

hatte. Beim Fahrpreis übervorteilte uns der „Fahrermönch“ offensichtlich, aber was konnten wir dagegen tun? Wir waren froh, dass wir überhaupt mitfahren durften.

In Karyes herrschte reges Leben, es gab nun schon viele Autos und viele neue Geschäfte. Wir gingen auf einen griechischen Kaffee ins einzige Gasthaus und beschlossenen dort, zum Kloster Koutloumousiou zu gehen, um in diesem zu übernachten. Und wieder hatte man dort keinen Platz für uns. Wie schon vor zwei Jahren! Ja, am nächsten Tag wäre es schon möglich. Nach der Bewirtung verließen wir die ungastliche Stätte und wanderten nach Karyes zurück. Dort nahmen wir den Bus nach Dafni. Seinen Motor quälend, fuhr der Bus die serpentinenreiche Straße bergauf, bis endlich die Passhöhe erreicht war, um dann wieder kurvenreich bergab zu fahren. Wir hatten einen schönen Blick zum Kloster Xiropotamou und später hinunter zum Hafen Dafni. Prächtig war zudem die verschwenderisch blühende Natur.

In Dafni gab es wieder ein hektisches Gedränge, nachdem das von Ouranoupoli kommende Schiff angelegt hatte. Wir wanderten die Uferstraße zurück, dann etwas bergauf bis zu einer Kurve, wo wir den alten Pilgerweg zum Kloster Panteleimomos suchten. Der Weg war schon sehr lange nicht begangen worden, er war verwachsen und voll von Spinnweben wie Fidi feststellte. Eine Dreiviertelstunde ging es durchs Gestrüpp und über mehrere alte Steinbrücken. Endlich erreichten wir das „Russenkloster“, wo wir gleich den Gästetrakt aufsuchten.

Natürlich waren dort auch schon andere Pilger. Wir bekamen russischen Tee. Ich fragte nach „Kwaß“ und wir bekamen auch welchen. Der Archontaris forderte uns auf mitzukommen und führte uns in sein „Geschäft“. Es war vollgestopft mit religiösen Andenken, vor allem aber mit viel, viel Kitsch. Aber wie auch immer, man „musste“ etwas kaufen. Während wir aussuchten, berieselte uns der Archontaris mit ohrenbetäubender, orthodoxer Kirchenmusik.

Ich kaufte ein „Kosmas und Damian“-Bild. Der Russe war im Verkaufsrausch und meinte, wir müssten auch unseren Ehefrauen ein sie entsprechendes Heiligenbild mitbringen. Meine Ehefrau heißt Heidrun. Der Russe fand für mich auch ein Bild der „hl. Heidrun“ (!), die es natürlich gar nicht gab (es gibt keine „hl. Heidrun“, denn „Heidrun“ ist in den nordischen und germanischen Göttersagen eine Ziege, welche die gefallenen Helden in Walhalla nährt!).

Letztlich wollte er mir ein Allerheiligen-Bild andrehen und meinte, unter den vielen dargestellten Heiligen wäre sicher auch die hl. Heidrun abgebildet. Auch beim Namen meiner Tochter Julia hatte er wenig Glück, um ein Bild zu finden, gingen wir sogar ins Depot, Gott sei Dank erfolglos! Was Fidi damals erstanden hat, weiß ich nicht mehr, aber ohne einen Einkauf ist er sicher auch nicht davongekommen. Nachdem alle Verkäufe abgewickelt waren, bekamen Fidi und ich endlich eine „Zelle“ zugewiesen.

Wir bummelten durch die riesige Klosteranlage. Etwas oberhalb des Haupttraktes renovierte man eine dritte Kirche und daneben ein Gästehaus mit unheimlich vielen Zimmern. Wo wird das noch enden? Natürlich will man da auch Gäste unterbringen. Eine Horrorvision – der Athos von Gästen überschwemmt!

Wir begegneten Petros, einem aus Deutschland stammenden Mönch, der hier im Kloster lebte und der uns schon bei unserem letzten Besuch aufgefallen war. Er erzählte uns viel, manches entsprach sicher nicht ganz der Wahrheit. Das ganze Geld zur Renovierung stamme größtenteils von der EU, manches aber komme auch aus Russland. Ein Trakt wäre bereits wie ein Fünfstern-Luxushotel eingerichtet worden und warte nur mehr auf zahlende Gäste. Die Mönche wären zum Großteil auch schon sehr weltlich gesinnt, nachts würden manche sogar schon mit Scheinwerfern jagen! Er selbst hätte nur Angst vor den Türken, die sicher einmal nachts kommen werden, um ihnen die Gurgeln durchzuschneiden!

Mühsam stiegen wir die vier Stockwerke hoch zur Abendandacht. Die Kirche dort war wirklich prächtig, ausgeschmückt mit viel Gold. Man feierte eine normale Messe, teilweise wurde auch recht schön gesungen. Es fiel uns auf, wie groß an Gestalt viele der russischen Mönche waren. Der eine oder andere war ein richtiger Bär von einem Mann!

Wir gingen zum Essen in die Trapeza. Die Nazarener-Malereien waren vom Mönch Petros renoviert worden und waren durchaus eindrucksvoll. Mich interessierte vor allem das Bild „Mönch am Kreuz", dessen Motivegehalt Leopold Kretzenbacher[45] so gut beschrieben hatte. Das Essen war gut. Nach dem Essen durften wir in der Trapeza sogar fotografieren. Vor der Trapeza standen wir mit zwei deutschen Pilgern noch etwas beisammen, als Petros kam und uns in den Glockenturm führte. Zuerst zur Riesenglocke und dann weiter hinauf bis zur Glockenstube. Von dort aus wurde alle paar Tage auch die Turmuhr gerichtet. Täglich, wenn die Sonne hinter den Bergen der gegenüberliegenden Halbinsel Sithonia verschwand, war null Uhr!

Wir tratschten dann mit Petros und den beiden Deutschen noch etwas, legten uns dann aber um circa 21 Uhr (nach unserer Zeitrechnung!) schlafen. Wir schliefen beide bald ein.

Freitag, 23. April:

Man hatte uns gesagt, wenn uns der Abt wohlgesinnt sei, könnten wir eventuell noch einen zweiten Tag im Kloster bleiben. Also wollten wir „brav" sein. Um drei Uhr früh eilte ein Mönch, mit einer Glocke laut läutend, über den Gang und weckte alle zur Frühandacht. In stockdunkler Nacht stolperten wir zum Kloster hinauf. Die Stiegen in den 4. Stock lagen in ägyptischer Finsternis, nicht anders war es auch in der Kirche. Nur wenige Kerzen brannten dort. Es gab anfangs auch nur wenig Betende. Langsam hob der Wechselgesang an, mehrmals während der langen Andacht wurde die „Goldene Pforte" der Ikonostase geöffnet und wieder geschlossen. Wir verbrachten die Zeit mit Dösen, Schlafen und dann wieder mit Wachsein. Das Ganze dauerte bis acht Uhr früh!!!

Wir hofften auf ein Frühstück. Doch die Trapeza blieb heute geschlossen. Ich eilte wütend zu Petros. Klar, heute war Freitag und da gab es kein Essen! Wir gingen verärgert in unsere „Zelle", tranken Gin und aßen dazu ein Kärntner Würstel. Auf unsere Frage, ob wir noch einen weiteren Tag bleiben könnten, redete unser Gastmönch blöd herum. Wir waren verärgert. Da das Wetter sich nun auch verschlechterte, beschlossen wir den Vorgaben des Diamonitirions entsprechend am 4. Tag unsere Pilgerreise zu beenden. Wir packten und gingen zur Schiffsanlegestelle.

45 Vgl. Kretzenbacher, Bilder und Legenden, S. 129ff.

Am Kai hatten wir noch ein lustiges Erlebnis. Unser Gästetrakt beherbergte eine ganze Reihe von Amerikanern, darunter war auch ein Afroamerikaner. Die Amerikaner kamen nun auch zur Anlegestelle herunter. Auf den Weg dorthin zogen sie sich in einer kleinen Kapelle um – auch der Schwarze. Nun staunten wir, sie alle waren orthodoxe Mönche! Auf unsere erstaunte Frage hin, warum sie sich nun erst umgezogen hätten, meinten sie, es wäre sicher schwer gewesen, den russischen Mönchen ihr Mönchsein zu erklären. Da gab es wohl von beiden Seiten her Verständnislosigkeit!

Petros war auch noch zum Kai gekommen, den quetschten wir nun mit zahlreichen Fragen aus. Dann kam unser Schiff. Wir fuhren bis Dafni. Dort mussten wir aussteigen, durch den Zoll gehen, dann erst konnten wir wieder aufs Schiff hinauf. Der Himmel war bedeckt. Den Österreichern, denen wir beim Aufstieg auf den Athos begegneten waren, begegneten wir nun wieder. Man tauschte Erfahrungen aus. Einer der drei war ein Arzt aus Neumarkt in der Steiermark.

Entlang der Küste legten wir öfters an, entweder um jemanden aus- oder zusteigen zu lassen. Mehrere Male fuhren auch Autos, vor allem holzbeladene Lastwagen, aufs Schiff. Die Autos nahmen nun schon überhand am Athos. Wir begegneten zum Beispiel immer wieder der Autonummer „Athos 180" – also müssen so viel an der Zahl hier schon gemeldet sein. Dazu kamen noch viele Autos vom Festland, auch russische! Wir begegneten auch schon zwei Feuerwehr-LKWs.

In Ouranoupoli tröpfele es leicht. Wir fielen gleich in die erste Taverne ein und aßen nach Herzenslust. Dann suchten wir unsere Wirtin auf und legten uns im zugewiesenen Zimmer schlafen. Gegen Abend spazierten dann durch das Dorf. Wir kamen zur Hafenmole. Weiter draußen auf der Mole saßen Angler. Bevor wir sie erreichten, sahen wir auf der Mole ein Stück Fisch liegen. Fidi kickte es ins Meer und wir beobachteten, wie immer mehr und größere Fische davon fraßen.

Dann sahen wir den Anglern zu. Als bei ihnen kein Fisch anbiss, stand nach einiger Zeit einer von ihnen auf und ging, offenbar etwas auf der Mole suchend, ein Stück zurück. Natürlich suchte er das Stück Fisch – es war ihr Köder gewesen, um Fische anzulocken. Gott sei Dank hatte er Fidis Kicker nicht bemerkt! Anschließend aßen wir genüsslich in einem Hafenrestaurant. Es war ein schöner Abend am Meeresufer!

Samstag, 24. April:

Wir frühstückten am Hafen. Mit dem Kellner hatten wir Schwierigkeiten und er wollte uns nichts bringen. Ich beschwerte mich beim Chef, nun musste er uns bedienen! Lustig war es, den neuen „Athospilgern" zuzusehen. Beim Verladen auf das Fährschiff stritt man wegen eines russischen Autos, welches man vorerst nicht auf die Fähre fahren lassen wollte. Großes Palaver, schließlich durfte es doch hinauf.

Autobusweise – wir zählten zwölf Busse, alle geschmückt mit österreichischen Fähnchen – kamen Pensionisten in Ouranoupoli an („Seniorenreisen"). Wir führten Schmäh mit ihnen – es waren Pensionisten aus St. Florian in Oberösterreich.

Wir beschlossen zum Xerxeskanal zu wandern. Da wir keinen geeigneten Feldweg fanden, versuchten wir es auf der Asphaltstraße. Es ging nicht so schlecht. Nachdem die Busse

→ Seite 97

Schifffahrt nach Dafni bei Schlechtwetter; in der Mitte Prof. Rohsmann (1978)

Gast von Pater Mitrophan im Konak von Hilandar (1978)

Ein Baum behindert die Weiterfahrt nach Karyes (1978)

Bei den Ikonenmalern in Karyes (1978)

Straßenlaternen putzender Mönch in Karyes (1978)

Bei Pater Joakim Romanos, dem Schmied, Athos 1978

Alter Mönch unterwegs, Athos 1978

Berittener Mönch unterwegs, Athos 1978

Mönche vor dem Brunnen des Klosters Koutloumousiou, Athos 1978

Kloster Esfigmenou (auch damals schon „Orthodoxie oder Tod“), Athos 1978

Kamine im Kloster Dochiariou, Athos 1978

Kloster Simonos Petras, Athos 1978

Gefährliche Balkone des Klosters
Simonos Petras, Athos 1978

Kloster Panteleimon, Athos 1978

Der Weiße Turm, Thessalonikis Wahrzeichen

Thessaloniki-Rotonda

Dimitrios-Kathedrale, Thessaloniki

Grabhügel und Museum in Vergina

Der Pyrgos von Ouranoupoli

Schiffswerft Ierissos

Blühender Judasbaum (Cercis siliquastrum)

Ausgrabungsstätte Kloster Zygou

Affodill

Ouranoupoli: Weltkulturerbe Berg Athos

Alte Athos-Grenztafel

Karyes: das überdachte Protáton

Karyes

Gebäude der Heiligen Gemeinschaft in Karyes

Angestellter der Heiligen Gemeinschaft in Karyes

Karyes

Protáton in Karyes: das Gerüst bereits entfernt

mit den Senioren an uns vorbeigebraust waren, war die Straße wenig befahren. So wanderten wir durch eine herrlich blühende Natur, vorbei am „Eagle Palace“, wo ich 1978 gewohnt hatte, der Küste entlang. Als wir ein günstiges Platzerl fanden, gingen wir schwimmen. Es war anfangs doch recht kalt, aber, wenn man im Wasser war, war es auszuhalten. Wir hielten es circa zwanzig Minuten im Wasser aus.

Wir wanderten dann noch gut eine Stunde der Straße entlang, bis wir zum Xerxeskanal kamen. An dieser Stelle hatte einst der persische Großkönig den Isthmus durchstechen lassen. Welch kühnes Unternehmen einst! Heute erinnerte nur noch eine Gedenktafel und einige Wasserlachen an diese technische Großtat!

Wir kamen nach Nea Roda und zweigten von der Straße ab. Zwischen Häusern wanderten wir zum Strand und fragten nach einer Taverne. Die war dann gar nicht weit weg. In dieser bekamen wir guten griechischen Bauernsalat und Retsina. Wir besuchten den kleinen Bootshafen und das kleine Kirchlein, welches auf einem Hügel über dem Hafen stand. Mit dem Linienbus fuhren wir dann zurück nach Ouranoupoli und konnten es kaum glauben, dass wir nur 10 km gewandert waren.

Abends wanderten wir hinunter zum Hafen. Wir sahen einen Fischer, der auf einem Steg durch fortlaufendes Aufschlagen seine gefangenen Oktopoden reinigen wollte. Fidi wollte ihn dabei fotografieren. Irgendwie stand ich für Fidi unglücklich, er hatte meinen Schatten am Foto. Fidi bat mich daher, doch einen Schritt zurückzugehen und dann noch einen. Dieser letzte Schritt war aber einer zu viel. Ich landete rücklings im Meer! Was hätte da alles passieren können, wären da Felsen gewesen oder Boote!

Gott sei Dank hatte ich nichts Wichtiges mit, weder den Fotoapparat noch den Reisepass. Der Fischer lachte ausgelassen! Wir gingen heim und ich versuchte zu trocknen, was möglich war. Fidi lieh mir einen Pullover. Wir gingen anschließend essen und lachten noch lange über mein Missgeschick!

Sonntag, 25. April:

Letztes Frühstück im Hafen. Pünktlich kam unser Bus. Auf der Fahrt durch die Berge gab es viel Nebel. In Thessaloniki goss es in Strömen. Wir gingen auf einen Ouzo, dann wanderten wir zum Bus Nr. 78. Stets hilfreiche Menschen halfen uns weiter. Wir kauften uns ein Ticket – leider für eine zu kurze Strecke, wie sich später herausstellen sollte.

Wir wanderten ein Stück und standen dann, wieder leider, an einer falschen Bushaltestelle. Der Bus fuhr ohne Anhalten an uns vorüber. Sofort kamen hilfsbereit Leute, die uns die richtige Bushaltestelle zeigten. Diesmal blieb der Bus stehen und wir stiegen ein. In diesem Bus kam aber dann ein Kontrolleur und schimpfte mit uns. Wir mussten nachzahlen. Die Fahrgäste aber ergriffen sofort für uns Partei und beschimpften den Kontrolleur, dass er uns, als Fremde im Lande, so unfreundlich behandeln würde!

Langes Warten am Flughafen, dann starteten wir direkt in ein Gewitter hinein. Der weitere Flug nach Wien und dann der Anschlussflug nach Graz waren ruhig.

Meine 6. Athos-Wanderung

Mit Herwig Schneider vom 6. bis 14. Mai 2000

Thessaloniki – Ouranoupoli – Xenofontos – Dochiariou – Konstamonitou – Zographou – Eremitage des hl. Kosmas – Hilandar – Esfigmenou – Vatopediou – Pantokratoros Legende vom Wunder der Ölvermehrung – Skite Profiti Ilia – Karyes – Koutloumousiou – Legende der Errettung von Koutloumousiou – Skite Agiou Andreou – Xiropotamou – Dafni – Ouranoupoli

Samstag, 6. Mai:

Mein Begleiter auf der Athos-Wanderung war diesmal mein Kiwanis-Clubfreund Herwig Schneider. Herwig war mein ältester Grazer Freund und von Beruf Prokurist einer angesehenen Grazer Bank. Angeregt durch Fidis und meine Erzählungen – wir waren alle drei Mitglieder desselben Grazer Kiwanis-Clubs –, wollte auch er einmal im Mönchsland Athos wandern.

Wir flogen erst von Graz nach Wien und nach vier Stunden Zwischenaufenthalt weiter nach Thessaloniki. Am Makedonia-Airport nahmen wir uns ein Taxi, das uns ins Metropolitan-Hotel bringen sollte, welches Herwig online ausgesucht und anschließend auch kontaktiert hatte.

Herwig hatte dieses Hotel ausgewählt, da es näher zum Athos-Büro gelegen und preislich günstig war. Herwig war eben ein Banker! Nachdem wir unser Zimmer bezogen hatten, gingen wir bummeln. Das Hotel lag am Rande der Bucht von Thessaloniki, ganz in der entgegengesetzten Richtung vom Hotel Astoria, sodass man die lange, breite und schöne Uferpromenade doch etwas länger hinaufspazieren musste, um zum Weißen Turm zu gelangen.

Wir besuchten gleich einmal die nahe Kirche von Agiou Pavlos, wo gerade eine Hochzeit mit unwahrscheinlich vielen Gästen gefeiert wurde. Jedem Gast wurde zum Abschluss, zum Andenken an dieses Ereignis, eine weiße Stoffschleife überreicht.

Wir spazierten weiter der Promenade entlang, als wir plötzlich viele Schaulustige bemerkten. Sie bestaunten eine ganze Reihe Oldtimer, die sich auf der Rallye „In 80 Tagen um die Welt" befanden. Die Route führte von London über Istanbul nach Samarkand und von dort weiter nach Peking. Von dort ging es nach Anchorage und dann wieder nach London zurück. Doch viele der Oldtimer planten nur bis Istanbul zu fahren, wie wir erfuhren. Die Autos waren alle faszinierend; die meisten waren zwischen 1910 und 1920 gebaut worden. Natürlich waren Mechanikerwagen mit dabei – die Mechaniker arbeiteten mit Handschuhen! Einen Engländer, der besonders liebevoll seinen chromblitzenden Achtzylinder poliert hatte, fragte ich: „*Do you like this car more than your woman?*" Er blickte sich scheu nach seiner Frau um und sagte dann leise: „*Yes!*"

Wir spazierten weiter bis zum Weißen Turm und suchten dort ein Lokal für den ersten Ouzo. Seit ich aber wusste, wie teuer ein Ouzo in einem Lokal an der „Nikis" – so nennen die Einheimischen die Uferpromenade – sein konnte, schlug ich Herwig vor, ein Lokal in einer Parallelstraße zu suchen. Fidi hatte letztes Jahr am Kai unverschämt viel dafür bezahlt.

Eine kleine Bar, die zu dieser Zeit nicht stark frequentiert war, war bald gefunden. Zwei Stammgäste und eine blonde, tief dekolletierte Barfrau waren im Lokal anwesend. Ich wollte zwei Ouzo bestellen, aber Herwig verlangte nach einem Getränk, das Einheimische trinken würden. So lernten wir den Tsipouro kennen. Vom Geschmack her dem Ouzo ähnlich, hatte er aber keinen Anis oder Fenchel als Zusatz. Er war stärker – angeblich dreimal gebrannt. Er entsprach dem italienischen Grappa.

Die erste Runde ging auf Kosten der Barfrau. Sie erzählte uns sehr Lustiges über das für uns neue Getränk, reichte uns Meze und frisches Popcorn. Auch die beiden Griechen, einer war der Freund der Barfrau, waren sehr freundlich. Es folgten zwei weitere Runden, dann drängte ich Herwig, der in Fahrt gekommen war, zum Aufbruch.

Wir spazierten vor zur Nikis-Promenade, weiter zum Aristoteles-Platz, den wir umrundeten. Wir spazierten weiter entlang der Nikis bis zum Eleftherias-Platz wo wir ins Stadtzentrum abbogen. Eher ziellos spazierten wir durch das Gassengewirr und kamen so ins Marktviertel, wo vor zahlreichen Lokalen viele Tische und Sessel im Freien aufgestellt waren. Hier gefiel es uns sehr, wir suchten uns ein Lokal aus, bestellten Souvlaki und tranken dazu Retsina. Es war ein schöner griechischer Abend.

Beim Nachhausegehen war die Agia-Sophia-Kirche hell erleuchtet. Was fand dort statt? Wieder eine Hochzeit mit zahlreichen Gästen! Wir fotografierten ein wenig. Vor der Kirche überfielen musizierende Zigeuner förmlich das Brautpaar. Sie wollten ihnen unbedingt mit Trommel und Flöte vorspielen. Das Brautpaar weigerte sich, da es ja ausschließlich um Spenden ging. Nachdem die Zigeuner nicht ihr Ziel erreicht hatten, setzten sie sich auf eine kleine Mauer neben der Kirche und spielten zu ihrer eigenen Freude.

Wir kamen dann noch an einer Konditorei vorbei, wo in der Auslage verführerische Süßigkeiten zu sehen waren. Die Verkäuferin war dann auch sehr nett und gab uns bereitwillig davon zu kosten. Der Heimweg auf der Kaipromenade zog sich in die Länge, wir waren schon richtig müde geworden.

Sonntag, 7. Mai:

Nach dem Frühstück marschierten wir vorerst in Richtung Athos-Büro, wo uns die Erlaubnis zum Betreten des Heiligen Berges am Folgetag ausgestellt werden sollte. Auch mit Gepäck würden wir dorthin höchstens zwanzig Minuten benötigen.

Beim Hinweg kamen wir an der Agia-Triada-Kirche vorbei. Es war gerade Sonntagsmesse und aus dem Kircheninneren ertönte Choralgesang. Vor der Kirche gab es, wie im alten Russland, schwarz angezogene, bettelnde, alte Frauen. Ich fotografierte die interessante Kuppelbemalung des Brunnens (Phiali), wo Christus als Pantokrator dargestellt war, dem ein Band mit den zwölf Zodiakalzeichen und den Symbolen der vier Jahreszeichen umgab.

Vom heute geschlossenen Athos-Büro spazierten wir die Via Egnatia hinunter bis zur östlichen Theodosianischen Stadtmauer. Am Rückweg kamen wir an der Kirche Agia Panagia Dexias vorbei. Auch dort fand gerade eine Messe statt, die Kirche war bis zum letzten

Platz besetzt. Obwohl es neue Fresken waren, war das Dargestellte interessant, doch leider war fotografieren nicht möglich.

Erstmals seit 22 Jahren war der Galeriusbogen nicht mehr eingerüstet. Im Gegenteil – die einzelnen Friese waren gereinigt und restauriert worden. Obwohl manche Teile schon sehr mitgenommen waren, beeindruckte auch das noch erhalten Gebliebene sehr. Auch die Rotonda konnte man wieder betreten, obwohl ihr Inneres wegen der Restaurierung der wertvollen Mosaike noch eingerüstet war. Auch das Minarett trug ein Gerüst. EU-Gelder machten derzeit vieles möglich.

Wir umrundeten die entzückende Kirche Agiou Panteleimonos, die leider nicht besichtigt werden konnte. Ganz zwischen Neubauten verdeckt und tief unter dem jetzigen Straßenniveau lag die kleine Kirche Metamorphosis. Interessant wegen ihrer Malereien war die davon nicht weit gelegene Kirche Ypapanti („Kirche der Darstellung Jesu im Tempel").

Wir besuchten ein Café im Schatten des Galeriusbogens, um etwas zu verschnaufen. Dann brachen wir Richtung Kastro (Akropolis) auf. Den Agora-Platz füllten auch heute Schwarzhändler aus dem Schwarzmeergebiet. Die Zigaretten boten aber meist nur Frauen an, ihre Männer standen in Gruppen beisammen und diskutierten.

Am Rande dieses Platzes stand die Kirche Panagia Chalkeon („Maria der Kupferschmiede"), wo heute nicht geheiratet, sondern getauft wurde. Wieder gab es sehr viele Gäste, die alle beschenkt wurden. Schon vorher hatten wir die Kirche Acheiropoeitos besucht, die gleichfalls gerade renoviert wurde.

Gewaltig waren die Ausgrabungen rund um das ehemalige „römische Forum". Da wurde nicht nur ausgegraben, es wurde restauriert und manche Teile sogar wiedererrichtet. Das kleine Odeon, das einstige Theater, war schon fertig. In absehbarer Zeit wird die gesamte Ausgrabung sicher ein Publikumsmagnet sein.

Wir besuchten nun die Agiou-Dimitrios-Kathedrale, die dem gleichnamigen Stadtheiligen geweiht ist. Im Unterbau der Kathedrale war seit dem Vorjahr viel gearbeitet worden. Dort war einiges von der alten Kirche und vom ehemaligen Thessaloniki ausgegraben und zudem gut dargestellt worden – trotz ausschließlich griechischer Beschriftung!

In der Kirche war wieder eine Taufe, Täufling war ein Knabe. Dem orthodoxen Ritus gemäß tauchte der Pope den Täufling in einer Wanne total unter, dann hob er ihn nackt hoch, da pinkelte der Täufling in weitem Bogen, alle fuhren auseinander und lachten schallend. Der Pope konnte vor Lachen kaum noch singen.

Durch steil ansteigende Gassen erklommen wir langsam die Oberstadt, die Ano Poli. Manche Häuser waren oft noch im alten Zustand, sehr verfallen also. Einige aber hatte man auch schon ansprechend renoviert und sie waren – leider – auch bereits wieder besprayt worden.

Wir erreichten die Kirche Profiti Ilia, sie war aber bereits geschlossen. Also wanderten wir weiter den Hügel hinauf, oben dann der Festungsmauer entlang bis hin zum Vlatadon-Kloster. Auch hier war alles geschlossen und wie ausgestorben. Um 16:00 Uhr aber würde man die Klosterkirche aufsperren.

Auf der anderen Seite der Stadtmauer suchten wir nach einem Lokal, letztendlich landeten wir dort, wo Fidi und ich schon im vorigen Jahr gespeist hatten. Es hieß „O Christos".

Wir saßen im Freien unter einer großen Platane und speisten vorzüglich. Rund um uns spielte sich pulsierendes, griechisches Leben ab.

Wir spazierten anschließend recht gesättigt zum Vlatadon-Kloster zurück. Dort war – wie könnte es anders sein – wieder eine Taufe! In der kleinen Kirche bewunderten wir die alten, rauchgeschwärzten Malereien. Eine Tafel in der kleinen Kirche erinnerte daran, dass schon der Apostel Paulus einst zu den Thessalonikern gepredigt habe.

Unbedingt wollten wir auch noch die berühmten Malereien in der kleinen Ossios-David-Kirche sehen, die bei unserem Hinweg geschlossen gewesen war. Jetzt war sie es leider noch immer. Wir warteten, zusammen mit einer immer größer werdenden Taufgesellschaft, dass man sie endlich aufsperren würde. Nach einer Stunde vergeblichen Wartens verzichteten wir aber auf deren Besichtigung.

Wir schlenderten nun zum um diese Zeit stark belebten Aristoteles-Platz, machten eine Runde, besuchten dann ein Café und schauten belustigt dem Treiben zu. Dann spazierten wir hinunter zur Nikis-Promenade, schlenderten weiter in Richtung Hafen und zu dem mir sehr vertrauten Hotel Astoria.

Diese Gegend hatte sich rasant verändert. Die alten Häuser, die kleinen Läden und die vielen Lagerräume mit den Rollbalken waren verschwunden. Durch großzügige Renovierung hatte man, unter Beibehaltung der alten Bausubstanz, daraus ein sehr ansprechendes Ausgehviertel geschaffen, mit Discos, Bars und Speiselokalen. Die niedrigen Häuser manches Straßenzuges schauten aus wie Kulissen eines Western-Films.

Wir schlenderten durch Gassengewirr zurück zum Weißen Turm und suchten die Konditorei, die wir am Vortag entdeckt hatten, auf. Doch die freundliche Verkäuferin von gestern hatte nun keinen Dienst, so gab es zu Herwigs Leidwesen keine Kostproben. In weiterer Folge suchten wir nun ein Lokal für einen Schlummertrunk. Diese Unterfangen erwies sich als gar nicht so einfach, da Herwig unbedingt von der Terrasse aus den Weißen Turm sehen wollte. Ich dagegen wollte ein windstilles Plätzchen. Nach einigen erfolglosen Versuchen tranken wir dann unseren Ouzo/Tsipouro in einem Lokal, welches die Anforderungen von uns beiden erfüllte. Romantisch war dann noch der Weg entlang der Seepromenade zurück zum Hotel.

Montag, 8. Mai:

Nach dem Frühstück wanderten wir, bepackt mit unseren Rucksäcken, hinauf zum Athos-Büro. Auf dem Weg dorthin warfen wir noch einen Blick in die Agia-Triada-Kirche, wo man gerade wieder eine hl. Messe feierte. Die Kirche wies schöne Malereien auf. Von der Eingangstür aus schoss Herwig dem eben durch die Ikonostase schreitenden, erschreckten Priester einen Fotoblitz nach. Seither glaubte dieser wahrscheinlich wieder an einen „blitzeschleudernden“ Zeus!

Wir erreichten lange vor der Öffnungszeit das Athos-Büro. Zu unserer Überraschung arbeitete man dort bereits und stellte uns gleich die Bewilligung aus. Mit dem Bus Nr. 10 fuhren wir die drei Stationen zum Chalkidiki-Bus-Terminal. Dort riet man uns, gleich eine verbilligte Rückfahrkarte zu lösen. Man gab uns den Rat, die Differenz besser in Bier zu investieren. Wir nahmen uns dies zu Herzen und tranken im Lokal nahe dem Busbahnhof ein kleines Fläschchen Ouzo.

Pünktlich wie immer um 10:30 Uhr fuhr der Bus ab. Die Fahrt hatte ich bereits zuvor beschrieben, sodass ich nun darauf verzichten möchte. Auf der Höhe oberhalb von Stratoni sahen wir in der Ferne im Dunst bereits den mächtigen und gewaltigen Athos, und ich war stolz, ihn bereits erstiegen zu haben.

Die Busfahrt von Thessaloniki nach Ouranoupoli dauerte drei Stunden. In Ouranoupoli suchten wir mein altes Quartier auf. Die Wirtin freute sich und wir bekamen das Zimmer, welches Fidi und ich bereits im Vorjahr bewohnt hatten. Dann suchten wir das Athos-Büro auf und bekamen das Diamonitirion ausgefolgt.

In einer Taverne speisten wir ausgezeichnet und marschierten dann auf einem staubigen Weg, der zwischen Gärten und Weinkulturen verlief, hin zum Frangokastro und zum Athos-Grenzzaun. An den Ruinen des Kastros wurde eifrig von Archäologen ausgegraben, deutlich konnte man bereits die einzelnen Grabungsschichten erkennen.

Einsam stand das Kellion Justiniana jenseits der Athos-Grenze. Wir gingen etwas den steinigen Strand entlang und erklommen einen Hügel, um die Umgebung besser sehen zu können. Alles stand in Blüte: roter und gelber Mohn, viel Ginster, Margeriten und vieles mehr. Leider waren Judasbaum und Affodill bereits abgeblüht.

Wir begegneten einem Amerikaner aus Florida, der mit seinem Motorrad auf Weltreise war und hier am Zaun der Mönchsrepublik nicht mehr weiterfahren konnte, so als wäre er am Ende der Welt angekommen. Wir unterhielten uns mit ihm recht angeregt und gaben ihm einige, hoffentlich auch brauchbare Ratschläge für seine Weiterreise.

Wir kehrten nach Ouranoupoli zurück und saßen vorerst noch etwas an der Hafenmole. Dort beobachteten wir, wie ein Fischer die gefangenen Tintenfische reinigte. Wir gingen zu ihm hin, es war derselbe Fischer, den Fidi voriges Jahr bei dieser Arbeit fotografiert hatte und wo ich bei der Gelegenheit ins Meer gefallen war. Der Fischer erinnerte sich auch daran und lachte schallend. Ich begegnete ihm am Ende der Woche noch mehrere Male, er freute sich jedes Mal sehr darüber und erzählte den Einheimischen jedes Mal lachend mein Missgeschick!

Wir suchten noch einmal zum Abendessen ein Lokal auf. Ich aß Calamari, Herwig Sardinen. Dazu tranken wir Retsina und dann auf Einladung des Wirts Ouzo bzw. Tsipouro. Herwig meinte, trotz Einladung hätten wir ihn sicher selbst bezahlt. Herwig war eben Banker und kannte die alten griechischen Gastfreundschaftsbräuche nicht. Trotzdem war Herwig sehr gut gelaunt und wir lachten noch viel am Zimmer.

Dienstag, 9. Mai:

Wir frühstückten in einem Lokal am Hafen und schauten dem lebhaften Treiben zu. Es sammelten sich gemächlich kleinere Gruppen von Pilgern. Wir versuchten ihre Herkunft anhand ihrer Ausrüstung zu erkennen. Alle wollten sie heute das Mönchsland besuchen. Plötzlich bemerkte ich, wie Leute den Turm, den Pyrgos, das weithin sichtbare Wahrzeichen von Ouranoupoli betraten. Ich eilte hin und folgte ihnen. Es waren Bauarbeiter und ein Archäologe.

Gleich hinter der Eingangstür befand sich ein kleiner Innenhof, linker Hand war in einem Raum aktuell eine Werkstatt untergebracht. Rechter Hand ging es über eine Stiege hinauf in den Turm. Ich ging den Arbeitern nach, die mich aber zurückwiesen. Ich fragte nun den Archäologen und konnte ihn mit der Aussage überzeugen, dass ich schon zu Zeiten der legendenhaften „Missis Loch“[46] da gewesen sei. So erlaubte er mir, auf eigene Gefahr, weiter in den Turm hinaufzusteigen.

In jedem der vier Stockwerke des Turms gab es mehrere Zimmer, die alle noch ohne Mobiliar waren. Man hatte aber schon überall Bodenfließen verlegt. Türen, Fenster und Kamine sowie die Stiegen waren schon repariert worden. Im letzten Stock entstand eine kleine Kapelle. Im Turm sollte ein Museum entstehen, welches angeblich schon im Folgejahr eröffnet werden soll.

Wir gingen nun zur Schiffsanlegestelle. Diesmal war es nicht das große Fährschiff, das wir besteigen durften. Alle Passagiere mussten vorerst auf ein kleines Schiff und erst als dieses randvoll mit Pilgern, Arbeitern und Mönchen war, durften einige wenige, die nicht mehr auf unser Schiff hinaufgingen, mit dem großen Fährschiff fahren, welches dann aber ohne Halt bis Dafni durchfuhr.

Alles Chaos hat einmal ein Ende, wir legten ab und langsam entschwand der Pyrgos. Vorbei am Kellion Justiniana fuhren wir nach einer halben Stunde Fahrzeit an den Ruinen der noch immer verlassenen Russenskite Thivais vorbei. Etwas später am Kellion Megali Jovantsa, wo der Deutsche und Athos-Mönch Pater Panteleimon zu Hause war, vorbei. Dort stiegen die ersten Fahrgäste aus. Wir hielten in der Folge noch kurz an den Arsanas von Zographou und der vom Kloster Konstamonitou. Bald darauf ein kurzer Halt beim Kloster Dochiariou und schon beim nächsten Kloster, dem von Xenofontos, verließen auch wir das Schiff.

Von der Anlegestelle war der Weg zum Kloster nicht weit. Im Klosterhof warteten schon mehrere deutsche Pilger auf eine Führung. Wir nützten die Zeit des Wartens, um zu fotografieren. Da gab es zwischen dem alten Katholikon und der Trapeza eine Passage mit wunderschönen Malereien zur Apokalypse des Johannes. Im gesamten Klosterbereich wurde überall eifrig renoviert.

Anschließend führte uns ein Pater, der aus den USA stammte, ins neue Katholikon, das zwar keine Malereien, doch sehr schöne und wertvolle Ikonen besaß. Danach durften wir auch ins alte Katholikon mit seinen wundervollen, alten Malereien. An diesen konnte ich mich kaum sattsehen.

Entlang der Küste wanderten wir zum Kloster Dochiariou. Ein junger, strenger Archontaris nahm uns in Empfang. Wir mussten uns ins Gästebuch eintragen, da aber dann noch viele andere Pilger ankamen und einige „Beinahe-Analphabeten“ waren, dauerte das über

46 Gattin des Völkerbundbeauftragten Sidney Loch, eines Schotten, der nach der „kleinasiatischen Tragödie“ die griechischen Flüchtlinge der Prinzeninsel und aus Kayseri um Ouranoupoli ansiedelte. Mrs. Loch brachte den jungen griechischen Frauen das Knüpfen von Teppichen im altbyzantinisch-seldschukischen Stil bei. Nach dem Ableben ihres Ehemannes lebte sie bis zu ihrem Tod in den 1990er-Jahren hoch geehrt im Pyrgos. Vgl.: Feigl Erich, Athos, S. 52. – Ich hatte natürlich Mrs. Loch nicht im Turm besucht, sondern ich war noch zu ihrer Lebzeit in Ouranoupoli gewesen, war ihr aber nie begegnet.

Gebühr lange. Man wollte anfangs Herwig und mir gar nicht erlauben, uns von den anderen Pilgern zu entfernen, erst das Empfehlungsschreiben von Prof. Larentzakis brachte uns das Wohlwollen des Archontaris ein und wir durften etwas im Klosterhof herumspazieren. Man wies uns auch darauf hin, dass im ganzen Kloster strenges Fotografierverbot herrsche.

Ein wenig später wurde Herwig beim Fotografieren erwischt! Ein wütender Mönch wollte ihm den Film aus der Kamera herausnehmen! Es war wie verhext. Diese Erfahrung mussten wir noch öfters machen, man sah nirgends einen Mönch, trotzdem wurde man von tausend Augen beobachtet!

Wieder war uns das lange Warten beim Archontaris zu langweilig und wir spazierten zum Katholikon-Eingang. Der Exonarthex wies wunderbare Malereien auf, unter anderem wieder Bilder zur Apokalypse, eine „Himmelsleiter“[47] und vieles mehr. Wir schauten auch noch um die Ecke zum Doppelbrunnen, dem Weihe- und dem Erzengelbrunnen. Die gegenüber an der Wand des Katholikons eingefügte Platte mit Alexander dem Großen sah ich diesmal nicht.

Als wir zurückkamen, hatte die Kirchenführung gerade begonnen. Wir kamen in die Vorhalle zur Trapeza. Wundervolle Malereien gab es da zu bestaunen. Alle die Fabelwesen, die in den frühen Reiseberichten vorkamen, wie die „Einfüßigen“, die „Menschen mit dem Gesicht auf der Brust“ und einige andere waren hier dargestellt. Außerdem gab es Abbildungen von vielen animalischen „Untieren“. Man sah auch eine Gesandtschaft, Männer in pelzgefütterten Mänteln und mit Pelzhauben. Offenbar waren es Reisende oder Händler aus nördlichen Ländern. Leider durfte hier kein Foto gemacht werden.

Im überdeckten Gang zwischen Katholikon und Trapeza befand sich eine seitliche Nische, die mit einer sehr kunstvollen, vergoldeten Tür verschlossen war. Dahinter verbarg sich eine besonders verehrungswürdige, wundertätige Ikone, nämlich die der Panagia Gorgoepikousa („die schnell Erhörende“). Ein Wunder, dass wir Nichtorthodoxe sie sehen durften. Der „Gorgoepikousa“ werden im Laufe der Jahrhunderte mannigfache Heilungen zugeschrieben.

Im schon beschriebenen Gang passierte Herwig im Weiteren noch ein kleines Malheur. Jeder der Pilger verrichtete vor dem Bildnis der „Gorgoepikousa“ seine kurze, persönliche Andacht. Das dauerte naturgemäß eine gewisse Zeit. Herwig, des Stehens müde, setzte sich akkurat auf den Stuhl des Abtes, der dort etwas abseits stand und wurde auch prompt unwirsch davon verwiesen.

Nun durften wir auch ins Katholikon. Die Malereien im kretischen Malstil stammten alle von Tzortzis. Hier könnte man stundenlang nur schauen! Auch mir passierte hier ein Fauxpas: ich betrachtete die Deckenmalereien mit einem kleinen Feldstecher! (Was ich damals noch alles mitführte!). Das brachte mir eine Rüge ein, denn eine Kirche wäre kein Museum, ich sollte mehr Ehrfurcht zeigen!

47 Vgl. dazu: Kretzenbacher, Bilder und Legenden. S. 16ff. Im Aufsatz „Der Schwierige Weg nach oben“ berichtet der Autor von einer ganzen Reihe von Beispielen zu diesem Thema. Sie zeigen jedes Mal Mönche, die eine Leiter hinaufsteigen, „zwischen Teufelsfratzen und lichten Engeln auf dem Wege vom Höllendrachen des Sündendaseins auf Erden hinauf zur Gottheit in den Lichtsphärenringen des Himmels“.

Im Inneren war alles prächtig, besonders die kunstvoll aus Holz geschnitzte, schwer vergoldete Ikonostase erweckte unsere Bewunderung. Eine wertvolle, aus dem 15. Jh. stammende Ikone, die des hl. Panteleimon, wurde hier verehrt. Wir mussten uns aber von der Führung trennen, da wir noch einen längeren Weg vor uns hatten. Unser letztes Ziel für heute war das Kloster Konstamonitou.

Vom Kloster Dochiariou führte der Weg, immer etwas ansteigend, vorerst der Küste entlang. In etwa einer Dreiviertelstunde erreichten wir die Arsanas von Konstamonitou, dann ging es, stark ansteigend, bergauf. Es war ordentlich heiß. Wir begegneten einer kleinen Herde von frei herumlaufenden Pferden und Mulis. Offenbar bediente man sich dieser hier noch. Die neu angelegte Straße schlängelte sich am Berghang entlang. Auf dieser Straße begegneten wir niemanden. Es war eine recht einsame Gegend. Nach circa einer Stunde erreichten wir das Kloster Konstamonitou, welches versteckt in den Bergen in einer Art Mulde lag.

Im Klosterhof wurde gearbeitet. Der Empfangsraum lag, das wusste ich bereits, im 2. Stockwerk, ebenso wie die Gästezimmer für die Pilger. Man wies uns ein schönes Zimmer für uns alleine zu. Hier im 2. Stockwerk hingen Bilder von martialisch blickenden, griechischen Freiheitskämpfern aus dem Kampf gegen die Türken und ein Panorama von Konstantinopel.

Wir streiften etwas im Klosterhof herum und wollten dann zur abendlichen Hesperinos-Andacht gehen. Doch als Katholiken durften wir nicht einmal in die Kirche hinein! Wir mussten über eine Stunde draußen herumsitzen und warten, bis die Abendandacht zu Ende war. Herwig, noch wenig vertraut mit den Orthodoxen, schimpfte wie ein Rohrspatz.

Aber es sollte noch ärger kommen. Als die Mönche aus der Kirche kamen, schickte man uns einen sich windenden Mönchseleven, der uns mitteilen musste, dass wir mit den Orthodoxen auch nicht gemeinsam essen durften! Das hatte ich wirklich noch nicht erlebt! Vor der Trapeza herumsitzend, wollte Herwig eine „Aktion“ setzen. Ich konnte ihn nur davon abhalten, indem ich ihn überzeugte, dass wir ohne die Mönche und deren strengen Regeln dafür in Ruhe und ohne Eile essen konnten. Nach circa zwanzig Minuten durften auch wir in die schmucklose Trapeza zum Abendessen gehen. Wir bekamen gekochte Erbsen, Oliven, ein Stück Käse, Brot und einen guten Wein.

Nach dem Essen erkundigten wir uns nach dem Weg über die Hügel hin zum Kloster Zographou. Bisher galt er als unpassierbar. Der Meinung waren auch die anderen, man machte uns aber mit dem jungen Griechen Joannis bekannt. Erst beschrieb dieser uns den Weg, dann beschloss er, den Weg mit uns zusammen zu gehen.

Wir gingen dann mit Joannis vor das Kloster, setzten uns dort auf eine Bank und drückten ihm unser Missfallen über das Verhalten der Mönche in diesem Kloster aus. Er gab uns recht und versprach, darüber auch mit den anderen Griechen zu sprechen. Anderentags erzählte er uns aber, die griechischen Pilger wären der Meinung gewesen, die Mönche hätten sich uns gegenüber richtig verhalten.

Da es langsam dunkel und das Klostertor zugesperrt wurde, zogen wir uns ins Klosterinnere, hinauf in den 2. Stock auf unseren Balkon zurück. Das Kloster hatte noch keinen Stromanschluss. Der ging nur bis zur Klosterpforte, eine Weiterleitung ins Kloster hinein hatten die Mönche abgelehnt, ebenso lehnten sie auch EU-Gelder ab. Das machte auch ihre starre Haltung uns gegenüber etwas verständlicher.

Im Kloster gab es Petroleumlampen, und geheimnisvoll huschten Mönche im Dunkeln herum. Obwohl wir heute nur 7 km gegangen waren, waren wir müde und gingen früh schlafen. Um 3 Uhr früh klopfte man an unsere Tür, wohl um uns zur Orthros-Andacht zu wecken, aber was sollten wir dort tun? Wieder vor der Kirche stehen?

Mittwoch, 10. Mai:

Wir frühstückten am Zimmer. Vor dem Kloster wartete schon Joannis auf uns. Nach dem Tor hielten wir uns links und bogen an der Klosterecke gleich nochmals nach links ab. Ein eher stark verwachsener Weg führte hinunter in einen Talgraben zu einem ausgetrockneten Bachbett, dem wir circa 30 m folgten, um dann das Bachbett zu queren. Von dort ging es auf einem alten Pilgerweg meist steil bergauf. Von diesem Gegenhang aus hatte man noch einmal einen schönen Blick hin zum Kloster Konstamonitou. Der weitere Weg war oft stark verwachsen, einige Male behinderte Schneebruch ein Weiterkommen. Die Gegend war vollkommen einsam, kein Haus, nicht einmal die Ruine eines Hauses war zu sehen. Wir überquerten so einige Hügel. Für die circa 7 km benötigten wir zwei Stunden. Nur einmal gab es unterwegs eine Kreuzung, an der ein Weg nach unten (Richtung Meer) angezeigt war, wo man aber genau in entgegengesetzter Richtung gehen musste.

Ein mit Steinen gefestigter Weg, in alter Athos-Bautechnik ausgeführt, zeigte uns an, dass das Kloster Zographou nicht mehr weit war. Und da lag es schon in seiner ganzen Großartigkeit vor uns. Vor dem Kloster hatte man in letzter Zeit einen großen Wegweiser aufgestellt, der nicht nur die Richtung und die Kilometer zu den einzelnen Nachbarklöstern anzeigte, sondern auch die der bulgarischen Städte Sofia oder Varna. Das Kloster Zographou war die Heimstätte bulgarischer Mönche.

Der Klosterhof, er war von gewaltigem Ausmaß, war fast menschenleer und die wenigen Personen, die ab und zu den Hof querten, nahmen keine Notiz von uns. Im Verlauf trafen wir einen Deutschen, der im Kellion Megali Jovantsa gegen Bezahlung bei Pater Panteleimon Urlaub machte und von dort aus, mit einem Nylonsäckchen in der Hand, seine Tagesausflüge machte.

Wir wollten ins Katholikon, doch dieses war geschlossen. Zugänglich war der Exonarthex, wo wir die Apokalypse in Ruhe betrachten konnten. Gleich neben dem Katholikon war die kleine Kapelle der „Panagia des Akathistos-Hymnus". Herrlich naiv war hier im Exonarthex die Geschichte von Noah und der Sintflut dargestellt.

Wir suchten noch die Wasch- und Toilettenräume auf, die aktuell die modernsten des Athos waren. Zur Zeit meines Besuches mit Fidi gab es noch das „Triangelklo"! Wir verließen das Kloster und begegneten vor dem Kloster einem alten Mönch, der auf einer Bank saß. Da wir ihn vorerst nur von hinten sahen, fiel uns sein Haar auf. So etwas hatte ich noch nie gesehen, es war verfilzt und sah aus wie eine Matratze! Es sah aus, als ob es seit dem Klostereintritt seines Besitzers nie mehr mit Wasser in Berührung gekommen wäre.

Vom Kloster aus gingen wir den Weg hinunter ins Tal bis zu einer Kapelle, bei der man dann linker Hand zum Kloster Hilandar abzweigen musste. Dieser Weg führte wieder bergauf und war über weite Strecken mit Steinen schön ausgelegt. Nach circa einer ½ Stunde kamen wir an einem großen, roten Kreuz am rechten Wegesrand vorbei.

Wir folgten nun dem hier abzweigenden Seitenweg circa 200 m. Der schmale Pfad führte vorerst hinunter zu einem Bachbett, dann ging er ungefähr die gleiche Strecke hangaufwärts bis zu einer Felswand. In diese waren Stufen gehauen worden, die notdürftig mit einem Eisengeländer abgesichert waren. Wir stiegen circa 3 m hoch hinauf und gelangten zur Wohnhöhle des hl. Kosmas von Zographou. An die erste Höhle schloss sich eine weitere an. Es war interessant, eine ehemalige Einsiedlerhöhle zu besuchen. Wovon hatte der Heilige wohl gelebt, besonders im Winter?

Wir wanderten zum roten Kreuz zurück und setzen unsere Wanderung fort. Immer wieder ging es bergauf, es war recht heiß und das Gehen mit dem Rucksack beschwerlich. Auf einer Waldwiese begegneten wir zwei Landschildkröten, die vor uns flüchteten. Nach ungefähr drei Stunden erreichten wir eine Art Hochebene.

Nach Queren dieser Hochebene führte ein furchtbar ausgewaschener Weg, auf dem man meist nicht mit beiden Füßen nebeneinander in der Rinne gehen konnte, steil bergab. Mir schmerzten die Knie sehr, vor allem beim Bergabgehen! Das war keine gute Voraussetzung für den folgenden Tag.

Endlich waren wir beim Kloster Hilandar angelangt. Am Brunnen vor dem Klostertor tranken wir ausgiebig Wasser. Dann betraten wir, das wehrhafte Tor durchschreitend, das wunderschöne, serbische Kloster. Ich wusste schon von früheren Besuchen, wo der Archontaris zu finden war und kletterte die Stiege mit den hohen Stufen in die 3. Etage hinauf. Dort warteten wir jedoch lange vergebens auf den Archontaris.

Joannis ging mehrmals erfolglos auf Suche, dann taten das auch Herwig und ich ihm gleich. Wir begegneten einem gut deutsch sprechenden, jungen Serben, der uns zum Archontaris brachte. Der Archontaris hatte seit meinem letzten Besuch den Standort gewechselt und war nun gleich hinter dem Tor, im Parterre, in schönen, völlig neu adaptierten Räumlichkeiten untergebracht worden. Nach der üblichen Begrüßung mit griechischem Kaffee, Tsipouro und Loukoumi bekamen wir zu dritt ein Zimmer.

Es war höchste Zeit, das Zimmer zu beziehen, denn inzwischen waren an die sechzig serbischen Kriegsopfer angekommen, die die umliegenden Zimmer zugeteilt bekamen. Es waren Fuß- und Handinvalide, viele waren furchtbar jung.

Wir streiften nun im Kloster herum und erkundeten auch die unmittelbare Umgebung des Klosters. Wir kamen zum Karner, wo wir das Grab von Pater Mitrophan fanden, der 1999 verstorben war. Wir wollten dann zur Abendandacht gehen, durften aber wieder einmal nicht ins Katholikon hinein. Das konnte aber auch auf einem sprachlichen Missverständnis beruht haben!

Wir blieben also draußen, der junge Serbe, der uns zum Archontaris gebracht hatte, kam und setzte sich zu uns. Er dürfte ein vom Einrücken Geflüchteter gewesen sein, ein gebildeter Künstler, der jetzt nicht nach Serbien zurück konnte und daher auch seine Landsleute mied. Er versuchte mehrmals zu klären, ob wir wirklich nicht in die Kirche durften, doch keiner der befragten Mönche traf eine Entscheidung.

Als die Mönche dann aus dem Katholikon kamen, schlossen wir uns den zum Essen

Gehenden an. Tief beeindruckend war stets die Trapeza mit ihren Malereien. Es gab gutes Essen, wohl auch wegen der Kriegsinvaliden. Auch beim Essen ließ man sich ihretwegen viel Zeit. Wir bekamen Püree mit Fisolen, Oliven, Salat, Brot und guten Wein. Ich lernte, dass es ein zweites Glockenläuten bedurfte, erst dann durfte man auch trinken!

Nach dem Essen empfingen wir den Segen des Abtes und gingen noch einmal in die Trapeza zurück. Dort teilte man uns gleich zum Küchendienst ein! So musste Herwig Bestecke in Behältnisse geben, ich wiederum aus Gebinden Wein in Karaffen einschenken, was ich als alter Pharmazeut ohne Trichter souverän meisterte. Dafür durften wir nun in der Trapeza fotografieren. Herwig bekam eine Rüge, weil er mit rückwärts verschränkten Händen zu einer Ikone stand. Anschließend durften wir auch das wunderschöne Katholikon besuchen.

Mit dem jungen Serben saßen wir anschließend noch im wunderschönen und stillen Klosterhof beisammen. Er zeigte uns auch sein Zimmer. Vollgeräumt war das mit vielen Büchern über Ikonen und seinen ersten Versuchen, solche zu malen. Anschließend gingen wir noch in den Klostershop, um Devotionalien zu erwerben. Müde fielen wir nach diesem anstrengenden Tag ins Bett.

Donnerstag, 11. Mai:

Wir standen früh auf, frühstückten am Zimmer und verabschiedeten uns von Joannis, der zum Kellion Megali Jovantsa wandern wollte. Um circa sieben Uhr brachen wir auf. Bald nach Verlassen des Klosters kamen wir an einer Kapelle vorbei, in der die Legende, wie die Ikone der „Tricheirousa“ nach Hilandar gekommen sein soll, malerisch dargestellt war.

Wir wanderten nun auf breiter Schotterstraße, vorbei an Kornfeldern, und erreichten nach circa einer Dreiviertelstunde das Kloster Esfigmenou. Im Kloster begegneten wir gleich als erstes einem Mönch, der uns zu bekehren versuchte. Wir stiegen hinauf in den 3. Stock zum Archontaris, der freundlich war und uns griechischen Kaffee, Loukoumi und Tsipouro aufwartete. Da hier schöne Ikonen ausgestellt waren und meine Ehefrau sich schon immer eine gewünscht hatte, erwarb ich eine. Es war in der Folge eine schwere Last, sie wog wenigstens ein Kilogramm. Der Archontaris zeigte uns auf unsere Bitte hin das prächtige Katholikon mit seiner fantastisch schönen Ikonostase. Dann brachen wir auf.

Ich fürchtete diesen Weg, auf dem ich im Jahr 1995 mit Fidi und Raoul so in die Irre gegangen war. Doch diesmal erwischten wir den richtigen, der Weg war sogar meist gut markiert. Wir kamen nach circa einer Dreiviertelstunde auf eine wunderschöne Hochebene mit prachtvollen Blumen. Ginster, Margeriten und vieles mehr blühte und duftete hier im Übermaß.

Später ging der Weg wieder abwärts bis auf Meeresniveau. Wir sahen in der Ferne bereits das Kloster von Vatopediou. Wir wanderten vorerst auf glatten Steinen, dann stapften wir durch unsäglich viel Plastikabfall, der hier von einer unglücklichen Strömung angeschwemmt worden war, dem Strand entlang. Anschließend ging es wieder einen Hügel hinauf; der Weg nach Vatopediou zog sich. Nach zwölf Kilometern standen wir um 12 Uhr vor jenem riesigen Kloster, das immer wieder Athos-Geschichte geschrieben hatte.

Wir tranken am Brunnen vor dem Kloster vorerst einmal reichlich Wasser. Der Mönch in der Pförtnerloge war umständlich, er machte uns auf das Fotografierverbot im Kloster aufmerksam. Wir machten dem Archontaris unsere Aufwartung, dann spazierten wir etwas im riesigen Klosterhof herum.

Beim Pförtner gab es ein ordentliches Durcheinander, nachdem eine große Schar Zyprioten angekommen war. Ich bemerkte plötzlich, dass ein Grieche einen Kleinbus organisiert hatte und fragte ihn, wohin die Fahrt ginge. Nach Karyes, meinte er. Ich fragte ihn, ob wir ein Stück mitfahren könnten, was er uns für je 1000 Drachmen gestattete. So fuhren wir circa ½ Stunde bergauf, bis zur Abzweigung zum Kloster Pantokratoros, wo wir ausstiegen. Von dort wanderten wir in glühender Sonne noch gut eine Stunde auf breiter Naturstraße. Unter uns war das tiefblaue Meer. Auf diesem Weg wäre ich beinahe auf eine Schlange getreten. Sie lag bewegungslos auf der Straße. Sie war von brauner Farbe, hatte seitlich eine Zickzacklinie und war ca. 20 cm lang. Als Herwig mit dem Stock ankam, ringelte sie sich blitzschnell zusammen.

Um 15 Uhr waren wir im Kloster Pantokratoros angekommen. Ich hatte nun noch Sorgen wegen der Schlafgelegenheit, war dies doch ein Kloster, wo eigentlich eine telefonische Anmeldung notwendig war. Der Empfangsraum des Klosters war schön und nobel eingerichtet. Auch hier gab es einen überaus freundlichen Archontaris. Wir bekamen ein Zimmer, welches wir später noch mit einem weiteren Pilger teilen sollten.

Wir gingen später, nachdem wir im Kloster herumgestreift waren, zur gemeinsamen Abendandacht und dann zum gemeinsamen Essen. Die Trapeza wies teilweise noch alte, aber bereits auch neue Malereien auf. Unser freundlicher Archontaris zeigte uns dann noch das Katholikon und dessen wertvolle Objekte.

Wieder einmal sah ich die Panagia Gerontissa (die „Muttergottes des Klosterältesten"). Der Mönch machte mich aufmerksam, dass man hier nicht die große, sondern die kleine, vorgelagerte Ikone küsse. Auf dieser könne man deutlich einen abgebildeten Ölkrug erkennen. Das habe folgende, legendenhafte Bewandtnis:

Auf das Gebet des Klosterältesten hin, griechisch des „Géron", habe sich auf wunderbare Weise das Öl, in dem vor der Ikone stehenden, beinahe leeren Krug wunderbarerweise vermehrt.

Wir spazierten hinunter zur Bootsanlegestelle und konnten am dort mündenden Bach eine ganze Kolonie von Wasserschildkröten sehen. Wir saßen dann noch lange vor dem Kloster und bewunderten den majestätischen Athos in der Ferne.

Gedanklich war ich bereits beim folgenden Tag. Hoffentlich würde da alles gut gehen. Eigentlich müssten wir ja bereits ausreisen, was wir aber gar nicht im Sinn hatten. Es hatte zusätzlich den Anschein, als ob Schlechtwetter im Anzug wäre. Kein erfreulicher Ausblick. Trotz dieser Gedanken schlief ich rasch ein.

Freitag, 12. Mai:

Wieder frühstückten wir am Zimmer und brachen früh auf. Das Wetter hatte sich, Gott sei Dank, nicht verschlechtert. Wir wollten, solange es nicht zu heiß war, zur Skite Profiti Ilia wandern, die als gewaltiger Bau am Hang gegenüber zu sehen war. Der Weg dorthin war stets ansteigend, trotzdem waren wir in einer Dreiviertelstunde dort.

Intensiv wurde dieser imposante Bau gerade renoviert. In einem Jahr wird man hier sicher schon übernachten können. Der Empfang durch den Archontaris Pater Philemon war sehr herzlich. Er führte uns auch gleich in seinen Verkaufsladen. Sofort fiel mir die Einrichtung auf. Der Verkaufstisch, die Tara, und der Kasten, der die Verkaufsartikel in Laden enthielt, stammten sicher aus einer Apotheke. Insbesondere bei Beschriftungen der Schubladen konnte man noch deutlich alte Drogenbezeichnungen erkennen. Pater Philemon bestätigte mir auch, dass es sich tatsächlich um Teile der alten Apothekeneinrichtung handelte. Man besaß auch alte Apothekengefäße, die man, vielleicht schon im folgenden Jahr, in einem kleinen Museum ausstellen wolle.

Pater Philemon führte uns auch in das Kyriakon. Dieses wies eine prächtige Ikonostase auf, die ich bereits 1978 fotografiert hatte. Auch zeigte der Pater uns eine der wundertätigen Ikonen, die der Panagia Glykophilousa (die „Liebkosende").

Inzwischen waren auch Polizeibeamte – einer in Uniform, die anderen in Zivil – angekommen, die sich ebenfalls das Kyriakon ansehen wollten. Einer der Polizisten, mit seiner schwarzen Sonnenbrille und dem dunklen Anzug, sah aus wie der Prototyp eines griechischen Filmkommissars. Wir tranken mit ihnen griechischen Kaffee.

Wir verließen die Skite auf einer Schotterstraße in Richtung Karyes. Bei Kilada Adi erreichten wir die Straße, die in Richtung des Klosters Iviron und weiter bis nach Megisti Lavra führte. Wir aber schlugen die entgegengesetzte Richtung ein. Unser weiterer Weg verlief bergauf. Die Sonne brannte gnadenlos auf uns nieder. Um 12 Uhr waren wir in Karyes angelangt.

Gleich am Ortseingang standen auf einem Parkplatz viele Autos, auch zwei Feuerwehrfahrzeuge mit deutscher Aufschrift waren darunter. Wir spazierten die Hauptstraße hinunter, wo reges Treiben herrschte, da die Busse für die bald beginnende Fahrt nach Dafni bereitstanden. In Karyes eröffneten immer mehr Geschäftslokale, nun gab es hier sogar schon eine Bank.

Wir besuchten wie bei jedem Besuch in Karyes das Gasthaus. Die ehemals an den Wänden hängenden Wien-Plakate waren in der Zwischenzeit schon abgenommen worden. Nach unserer Rast wanderten wir, an einer herrlich duftenden Bäckerei vorbei, zum Kloster Koutloumousiou. Das Kloster mit seinem wehrhaften Glockenturm war nach wie vor ein beeindruckender Bau. Der Grund für die Bauweise ist historisch bedingt. In Zeiten, in denen einmal türkische Scharen die Halbinsel Athos überfielen, sind den Angriffen viele der Klosterburgen zum Opfer gefallen. Dieses Kloster ist durch ein Wunder von der Zerstörung verschont geblieben. Die Legende dazu berichtet Folgendes:

Schon war das Kloster Iviron gefallen, nun suchten die feindlichen Scharen das kleine Kloster Koutloumousiou, welches gut versteckt in den Wäldern lag. Da die Türken trotz Suchen das Kloster selbst nicht fanden, zwangen sie durch Folter einen gefangenen Mönch, ihnen den Weg zum Kloster zu zeigen. Und er führte sie auch bis dahin, wo er die Klostermauern wusste. Doch – oh Wunder – statt eines Klosters war nur eine blumige Wiese zu sehen. Der Mönch warf sich vor dem Anführer der Türken auf die Knie und versicherte ihm, hier sei immer das Kloster gestanden. Das half ihm nicht, man knüpfte ihn an einem Maulbeerbaum auf.

Im Kloster hatte man den Waffenlärm der anrückenden Feinde gehört und erwartete den sicheren Tod. Doch plötzlich war der Lärm nicht mehr zu hören. Was war geschehen? Die Mönche getrauten sich erst am nächsten Tag das Klostertor wieder zu öffnen. Kein Türke war zu sehen. Nur an einem Maulbeerbaum hing die Leiche des verräterischen Mönchs. Es sei die im Kloster so hoch verehrte Ikone der Phobera Prostasia gewesen, die das Kloster beschützt habe.[48]

Ich hatte aus dem Jahr 1978 ein Foto eines Mönchs mit, welches ich nun im Kloster herzeigte. Es gesellte sich ein Mönch zu uns, wahrscheinlich war es der Abt. Wir durften ins Katholikon. Prächtig waren die Malereien im Exonarthex und natürlich auch die im Kircheninneren. An der besonders kunstvoll gestalteten Ikonostase hatten angeblich zehn Handwerker 17 Jahre lang geschnitzt!

Man zeigte uns auch die Panagia Hodegetria (die „Wegführerin"), wieder eine der vielen wundertätigen Ikonen des Athos. Zur Phowera Protasia – der Ikone der „furchterregenden Beschützerin" – konnten wir leider nicht, dort beteten gerade Mönche. Wir machten noch einen kurzen Rundgang ums Katholikon – überall wachten Mönche, die genau darauf achteten, dass das Fotografierverbot eingehalten wurde.

Wir machten uns auf den Weg zurück nach Karyes. Welch ein Glück, die Protáton-Kirche war geöffnet, da gerade Renovierungsarbeiten stattfanden. Aktuell legte man die Wände trocken.

Wir verließen Karyes, schauten aber noch bei der mächtigen, russischen Skite „Serail" (Agiou Andreou) vorbei. Da wir knapp vor dem Ende der Öffnungszeit eintrafen (12 Uhr mittags), wollte man uns vorerst nicht einlassen. Nach einiger Diskussion wurde uns der Einlass gewährt. Wir fanden uns auf einer riesigen Baustelle wieder und man konnte sich gar nicht vorstellen, dass bereits etwas Renovierungsarbeiten stattgefunden hatten.

Nach Verlassen der Skite wanderten wir in glühender Hitze die Straße bergauf. Vom kurz in Dafni zuvor angekommenen Fahrschiff kamen uns nun viele Fahrzeuge entgegen und wir mussten viel Staub schlucken, was Herwig sehr ärgerte. Er zeigte allen Autos mit wilden Gesten an, sie mögen doch langsamer fahren. Es half nichts – am Athos war man an merkwürdige Leute gewöhnt und wir wurden wohl als seltsame Touristen eingestuft.

Immer wieder hatten wir einen schönen Blick auf Karyes. In den Wäldern entlang der Straße gab es viele Edelkastanienbäume. Endlich erreichten wir den Scheitel des Bergkammes. Ich zweifelte bereits, ob wir auf dem richtigen Weg wären, da das Kloster Xiropotamou noch immer nicht zu sehen war. Nach einiger Zeit tauchte es dann doch auf.

Beim Erreichen des Klosters war der Archontaris freundlich. Er bewirtete uns und berieselte uns mit geistlicher Musik von einem Tonträger. Wir fragten ihn nach dem Weg zum Kloster Panteleimonos. Er verwies uns an zwei deutsch sprechende Gäste, die als Vertreter einer Kölner Museumsberatungsfirma die Schätze des Klosters katalogisieren sollten. Sie erzählten uns, so viel Gold, wie hier vorhanden sei, hätten sie noch nie gesehen! Vor der Arbeit in diesem Kloster hätten sie bereits im Kloster Vatopediou gearbeitet. Man wolle künftig in allen Klöstern des Athos kleine Museen einrichten. Wir streiften noch etwas

48 Vgl. Spunda Landschaft und Legenden, S. 26f. – Derselbe, Legenden und Fresken, S. 76f.

durch den Klosterhof und bewunderten vor allem den prächtig ausgemalten Exonarthex des Katholikons.

Die beiden Museumsberater beschrieben uns einen Weg, der sich in der Folge jedoch als falsch erwies. Wider besseres Wissen folgten wir ihrer Beschreibung. Es war ein schöner, breiter Weg, der plötzlich in einem ganz schmalen Weg endete. Das konnte nur falsch sein. Plötzlich tauchte aus dem Gestrüpp ein Mönch, der einen blauen Jeanshut am Kopf trug, auf. Er erklärte uns den richtigen Weg. Wir fanden die Begegnung, im Nachhinein betrachtet, umso mehr verwunderlich, als wir auf diesem Weg zuvor keiner Menschenseele begegnet waren. Zudem war der Hut des Mönchs mehr als ausgefallen. Der Mönch war auch ganz plötzlich wieder verschwunden, ohne dass uns sein Weggehen aufgefallen wäre. Herwig bezeichnete das später als „Athos Wunder"!

Wir befolgten den Ratschlag des Mönchs und gingen den Weg zurück und fanden etwas unterhalb des Klosters den richtigen Weg. Es war ein typischer Athossteig durchs Gestrüpp. Plötzlich lag quer über dem Weg eine gut einen Meter lange, armdicke, schwarze Schlange, die gerade eine große Kröte im Maul hatte und im Begriff war, diese zu verschlingen. Das Hinterteil der Kröte war schon im Schlund der Schlange verschwunden. Die Kröte lebte noch und blies sich mächtig auf. Obwohl Herwig vor mir ging, war ich furchtbar erschrocken. Ich getraute mich erst nach einigen Minuten darüberzusteigen. Ich fürchte Schlangen!

Endlich erreichten wir das Kloster Panteleimonos. Wir bekamen Tee und auf mein Ersuchen hin auch Kwas. Der Archontaris war wieder das alte Schlitzohr, den ich schon vom letzten Besuch her kannten. Er hatte bereits alle seine Heiligen in alphabetischer Reihenfolge aufgehängt. Natürlich mussten wir auch heute in seinen Shop gehen, um ihm etwas abzukaufen. Ich erwarb eine russische CD mit Kirchenmusik.

Wir bekamen ein Zimmer zugewiesen und Herwig musste als Pfand für den Schlüssel – nicht ganz freiwillig – seinen Pass hergeben. Ich tröstete ihn, es wäre ja schon ein alter Pass, um den wäre es nicht schade!

Wir spazierten im Klosterbereich umher und gingen dann um 17:00 Uhr zur Hesperinos-Andacht in jene Kirche, die sich als Doppelkirche im 4. Stock befand. Die Liturgie dauerte vorerst bis 18:00 Uhr, dann wurde im anderen Teil der Doppelkirche die Ikone der Himmelfahrt Mariens (Koimisis) eine ganze Stunde lang verehrt. Danach ging die Messfeier in der ersten Kirche abermals weiter! Das Ganze war uns dann doch zu viel und wir verließen die Kirche.

Wir warteten längere Zeit vor der Trapeza vergeblich aufs Abendessen, bis ein Mönch kam und uns fragte, ob wir Hunger hätten. Er führte uns dann in die Trapeza, wo wir ohne Mönche, aber gemeinsam mit anderen Gästen reichlich zu essen bekamen. Da Freitag war, fasteten die russischen Mönche.

Wir spazierten nach dem Abendessen noch etwas im Klosterbereich herum, saßen dann auf dem Gästehausbalkon und ließen unsere bisherige Wanderung Revue passieren. Wir waren an diesem Tag 22 km gegangen.

Es war lustig, am Tag hatten wir elektrisches Licht, jetzt in der Nacht nicht. So blieb uns nichts anderes übrig, als schlafen zu gehen. Ich hatte damit kein Problem. Herwig dagegen sehr. Erst ließen ihn die quakenden Frösche nicht einschlafen, dann schnarchte ich angeblich, hierauf schien ihm der Mond ins Gesicht, letztlich gab es noch ein starkes Gewitter. Am folgenden Morgen jedenfalls lag er, mit den Füßen zum Fenster, verkehrt im Bett!

Das Gewitter bereitete mir auch Sorgen, da ich seit meiner letzten Wanderung wusste, dass bei unruhiger See das Fährschiff unter Umständen nicht verkehren würde.

Samstag, 13. Mai:

Vom nächtlichen Gewitter war nichts mehr zu bemerken. Es herrschte schönes Wetter. Um sechs Uhr standen wir zur Frühmesse auf. Von all den Athosmönchen waren unbestritten die russischen die interessantesten, wollte man Verhalten der Menschen beobachten. Sie waren so ganz anders als die Südeuropäer.

Um acht Uhr war die Liturgie und alle gingen zum Frühstück. Da die Mönche am Vortag gefastet hatten, war das Frühstück gut und reichlich (Gemüsesuppe mit Joghurt, Gemüse mit Teigwaren, Salat mit Rettich, Oliven, Brot, Kaffee). Das Essen war bei den Russen meist gut.

Wir packten unsere Rucksäcke und gingen hinunter zur Schiffsanlegestelle. Dort saßen wir herum, warteten und ich schrieb im Tagebuch. Das Fährschiff nach Dafni kam mit großer Verspätung, ich war schon langsam nervös geworden.

In Dafni herrschte beim Aussteigen der übliche Wirbel. Aussteigen und wieder einsteigen. Das Schiff wurde mit einer großen Anzahl Lastern beladen, die gewaltige Mengen Holz geladen hatten. Bei der Heimfahrt hielten wir noch mehrmals, um immer neue, ebenfalls gut beladene LKWs mitzunehmen. Alles ging mit viel Trara vonstatten. Letztlich hatten wir acht holzbeladene LKWs nebst anderen Fahrzeugen an Bord! Langsam ging die Fahrt der Küste entlang nach Ouranoupoli.

In Ouranoupoli suchten wir unsere Zimmervermieterin auf und gingen anschließend baden. Das Meer war herrlich warm. Wir gingen dann auf einen Ouzo und anschließend in unsere Unterkunft zurück. Abends aßen wir nochmals in einem Restaurant am Hafen.

Sonntag, 14. Mai:

Zum letzten Mal frühstückten wir am Hafen und erreichten planmäßig den Bus. Zwischendurch regnete es etwas. Am Vortag musste es auf Chalkidiki furchtbar gewittert haben, überall sah man noch die Spuren von Vermurungen. Vor allem in Galatista scheint es sehr heftig gewesen zu sein, dort waren noch die Bagger am Werk.

In Thessaloniki regnete es ebenfalls. Wir nahmen uns ein Taxi zum Flughafen. Dort hatten wir vier Stunden Zeit und gingen gut essen. Nach Wien und dann nach Graz hatten wir ruhige Flüge.

Meine 7. Athos-Wanderung

Mit Burkhard Thierrichter und Herwig Schneider vom 12. bis 20. Mai 2001

Thessaloniki – Fahrt nach Vergina – Ouranoupoli – Dafni – Simonos Petras – Legende von der Errichtung von Simonos Petras – Osiou Grigoriou – Dionysiou – Agiou Pavlou – Skite Agia Anna – Skite Timiou Prodromou – Grotte Athanasios – Megisti Lavra – Iviron – Legenden der Portaitissa – Stavronikita – Karyes – Legende von Axión estín – Skite Agiou Andreou – Koutloumousiou – Xiropotamou – Legende von der Errettung von Panteleimonos – Panteleimonos – Ouranoupoli

Samstag, 12. Mai:

Einem alten Versprechen nachkommend, schloss sich uns diesmal, das waren Herwig und ich, Burkhard Thierrichter an. Hofrat DDr. Burkhard Thierrichter war zu dem Zeitpunkt Bezirkshauptmann von Graz-Umgebung. Eine seiner drei Töchter war mit unserer Tochter die gesamte Schulzeit zusammen in einer Schulklasse gewesen. Darauf beruhte auch unsere Bekanntschaft. Burkhard wurde in den folgenden Jahren ein ausgesprochener Freund des Mönchslandes und begeistere auch mehrere seiner Freunde, uns dorthin auf Wanderungen zu begleiten. Herwig Schneider, ein Banker und mein Kiwanis-Klubfreund, war schon im vergangenen Jahr mit mir am Athos unterwegs gewesen.

Der Flug nach Wien verlief ruhig, und da wir in Schwechat nicht gleich Landeerlaubnis bekamen, zog unser Flieger einige Schleifen über dem schönen Neusiedler See. In Wien warteten wir dann einige Zeit auf den Anschlussflug. Der Flug nach Thessaloniki verlief wieder sehr angenehm. Am Flughafen von Thessaloniki nahmen wir uns ein Taxi und fuhren mit 130 km/h in die Stadt. Sperrlinien und etwaige Verbotstafeln waren, wie Burkhard sarkastisch feststellte, bloß „unverbindliche Empfehlungen" für unseren Chauffeur. Im Hotel Metropolitan bezogen wir dann Quartier, Burkhard und ich bezogen das Zweibettzimmer und Herwig konnte den Luxus des Einzelzimmers genießen.

Bald brachen wir zu einem Spaziergang in die Stadt auf. Kurz besuchten wir die nahe gelegene Kirche Agiou Pavlos. Dann spazierten wir den breiten Kai hinauf bis zum Weißen Turm. Rund um den Weißen Turm herrschte viel Leben und wir erfuhren, dass einer der drei großen heimischen Fußballklubs, nämlich „PAOK Thessaloniki" (Klubfarben: Schwarz-Weiß, wie Burkhards Lieblingsclub „SK Sturm Graz"!) heute in Athen um den griechischen Cup spielen würde.

Wie es der Zufall wollte, trafen in Graz ebenfalls an diesem Tag die Fußballclubs „SK Sturm Graz" und „GAK" aufeinander. Burkhards Bruder wohnte dem Spiel im Stadion bei und teilte Burkhard telefonisch gleich nach Ende der Partie das für Burkhard enttäuschende Resultat mit: „SK Sturm Graz" hatte 1:0 verloren! Das traf Burkhard hart und er war einige Zeit richtig schlecht gelaunt.

Wir besichtigten kurz den Galerius-Bogen und anschließend die Kirche Panagia

Dexias. Dort wohnten wir als Zaungäste einer orthodoxen Hochzeitzeremonie bei, die Braut war sehr schön. Wir wollten nun endlich unseren ersten Tsipouro auf eine erfolgreiche Wanderung trinken und besuchten ein nahe dem Galerius-Bogen gelegenes Café. Wir saßen dort im Freien, doch innerhalb kürzester Zeit zog ein schweres Gewitter auf. Meine zwei Gefährten flohen ins Lokal, ich harrte vorerst tapfer draußen aus. Dann aber schwemmten mich die von der Oberstadt herabstürzenden Wassermassen beinahe fort. Die Hagelkörner, die jetzt auch niederdonnerten, waren so groß wie Oliven! Den zweiten Tsipouro nahmen wir dann im Innenraum des Lokals zu uns.

Nach dem Unwetter besuchten wir die Agia Sophia – sie war prächtig und beeindruckend wie immer. Hunger regte sich nun bei uns und wir suchten uns ein Lokal im Bereich der alten Markthallen, in dem wir ganz vorzüglich speisten!

Inzwischen hatte „PAOK Thessaloniki" das Cupfinale mit 4:2 gewonnen und die Stadt glich einem Hexenkessel. Überall ohrenbetäubendes Gehupe und enthusiastisches Schwingen von schwarz-weißen Fahnen und Schals. Die „PAOK-Fans" strömten zum Weißen Turm. Auch wir ließen uns dieses Schauspiel südlicher Fußballleidenschaft nicht entgehen. Um den Weißen Turm war die Hölle los. Zahllose Fahnen wurden geschwenkt und Feuerwerkskörper abgeschossen. Fans erkletterten die Verkehrsampeln und Straßenlaternen, oft recht hoch hinauf, um dort eine „PAOK-Fahne" oder einen Clubschal zu schwingen. Alle waren ganz außer sich vor Freude. Als dann die Mannschaft von „PAOK Thessaloniki" eintraf, stiegen sie hinauf auf die Plattform des Weißen Turms und von dort oben wurden die „Fußballhelden" von einer begeisterten Menge gefeiert.

Während wir den Weg entlang der nächtlichen Hafenpromenade zum Hotel nahmen, strömten immer noch Fans zum Weißen Turm hin. Und Burkhard, animiert von den schwarz-weißen Clubfarben, rief immer wieder begeistert den Grazer Schlachtruf: *„Hier regiert der SK Sturm!"* in die griechische Nacht hinaus.

Sonntag, 13. Mai:

Kein schönes Wetter. Wir beratschlagten, ob wir überhaupt nach Vergina[49] fahren sollten, vor allem Herwig mochte nicht so recht. Nach einigem Für und Wider entschlossen wir uns doch dazu, den Ausflug zu unternehmen. Ein Taxi brachte uns zur Adresse, die im Reiseführer als Busabfahrtsstelle angegeben war. Leider war diese Information falsch. Mehrmals mussten wir nun bei einem Busschalter fragen, aber man schickte uns immer wieder weiter. Die Schalter für die einzelnen Buslinien waren stets in privaten Wohnhäusern untergebracht, wobei man eine ebenerdige Wohnung angemietet und zu einem Wartesaal mit Fahrkartenschalter umfunktioniert hatte.

Ungefähr beim vierten Schalter waren wir dann richtig. Der Schalter befand sich in einem gleich gegenüber dem Hauptbahnhof gelegen Gebäude. Ein Grieche half uns beim Lösen der Fahrkarten. Im Laufschritt erreichten wir gerade noch den Bus. Wir fuhren circa

49 In Vergina, circa 70 km von Thessaloniki entfernt, befinden sich die vielleicht interessantesten Ausgrabungen Nordgriechenlands, ungeplünderte makedonische Grabstätten, unter anderem die von König Philipp II.

1 ½ Stunden bis Veria. Auf der Fahrt dorthin regnete es immer wieder kurz. Wir durchfuhren eine riesige fruchtbare Ebene, wo vor allem Tabak angebaut wurde.

Von Veria waren es dann nur mehr 16 km bis Vergina. Während wir uns nach einem Bus erkundigten, sprach uns eine Griechin an, die auch nach Vergina wollte. Wir könnten doch zusammen in einem Taxi fahren und uns den Fahrpreis teilen. Geschäftstüchtig sind die Griechen, da kann man sagen, was man will! Wir fuhren also zusammen. Unser Taxi hatte es mehrmals besonders eilig, der Fahrer missachtete jede Sperrlinie und durchfuhr eine 80er-Beschränkung locker mit 130!

Wir kamen wohlbehalten in Vergina an und fanden auch gleich das Museum. Hier war ursprünglich ein antiker Grabhügel mit mehreren Schachtgräbern. Wie sich bei den Ausgrabungen später herausstellte, war eines dieser Gräber jenes von König Philipp II. von Makedonien, der ja bekanntlich der Vater Alexander des Großen ist.

Nachdem die gesamte Grabanlage freigelegt worden war, hatte man unter dem später wieder darüber errichteten Hügel ein Museum nach den letzten Erkenntnissen moderner Museumsgestaltung eingerichtet. Sensationelle Grabbeigaben, vor allem die Truhe mit dem Stern von Vergina, mehrere als Kronen getragene goldene Kränze, erlesene Waffen und vieles mehr waren zu sehen. Alles war gut beschriftet und ausgeleuchtet. Ein „Muss“ für jeden, der Nordgriechenland besucht!

Für die Rückfahrt nach Veria nahmen wir uns wieder ein Taxi, in Veria suchten wir noch kurz ein Café auf. Wir erreichten dann gerade noch rechtzeitig den Bus zurück nach Thessaloniki.

Nach einem weiteren guten Kaffee wollten wir noch etwas mehr von Thessaloniki sehen. Wir kamen bald zur einst gewaltigen Stadtmauer, die sich auch heute noch rund um den ganzen Burgberg erstreckt. Und bald waren wir bei der entzückenden Agii-Apostoli-Kirche. Leider war ihr Inneres nicht zu besichtigen. Noch gaben wir nicht auf, weiter ging es bergauf zu den Kirchen Agia Ekaterini und Osios David, aber auch diese beiden waren geschlossen. Besonders Letztere war von außen, obwohl sie in jedem Reiseführer angeführt war, in einem beklagenswerten Zustand und war bisher noch nie zu besichtigen gewesen!

Wir stiegen weiter den Burgberg hinauf. Manche der alten Häuser waren wunderschön renoviert worden, andere wiederum waren ziemlich verfallen. Oben am Hügel verlief die Stadtmauer dann quer zum Berg. Parallel dazu verlief auch die Straße, auf der wir weiter zum Vlatadon-Kloster spazierten.

Ich liebe diese kleine Klosterkirche. Eine kleine Tafel wies in der Kirche darauf hin, dass schon der Apostel Paulus zu den Thessalonikern gepredigt habe. Wie typisch für Sonntage, fanden auch am heutigen Tag Taufen statt. Es waren orthodoxe Volltaufen, bei denen der gesamte Körper des Täuflings untergetaucht wurde.

Wir wanderten nun der Stadtmauer entlang bis zum Trigónion-Turm, von dem man einen prächtigen Blick auf die Stadt hat. Durch das Anna-Paleológina-Tor betraten wir den inneren Teil der Stadtbefestigungsanlagen und keuchten nochmals bergauf bis zur Zitadelle, die leider schon geschlossen und heute nicht mehr zu besichtigen war. Bis vor Kurzem diente die Zitadelle noch als Gefängnis. Wir umwanderten die Zitadelle und kletterten etwas auf den davorliegenden Mauern herum.

Die Freunde wollten leider nicht hier heroben am Burgberg essen, so ging es wieder hinunter in die Stadt, wo wir kurz die Acheiropoietos Kirche, die Kirche der Panagia Theotokos (der Allerheiligsten Gottesgebärerin) besuchten und dann noch einen kurzen Abstecher zum großartigen Aristoteles-Platz machten, den Burkhard noch nicht kannte.

Schon etwas hungrig, marschierten wir in Richtung der ehemaligen Markthallen und fanden dort ein uns sympathisches Lokal, in dem wir wieder ein vorzügliches Mahl (Lammkotelett!) bekamen. Müde spazierten wir die breite Kaipromenade entlang zurück zu unserem Hotel. Das Meer war heute spiegelglatt.

Montag, 14. Mai:

Nach dem Frühstück gingen wir, mit unseren Rucksäcken bepackt, zum Athos-Büro, welches wir auf Anhieb fanden. Auch dort klappte alles einwandfrei. Wir gingen zur nächsten Busstation, fuhren aber nur eine kurze Strecke, da wir aus meinem Verschulden eine Station zu früh ausstiegen. So gingen wir die eine Station zu Fuß – Zeit hatten wir ja genug – und kamen zum Chalkidiki-Busbahnhof.

Nach Lösen der Fahrscheine suchten wir, wie es schon zur Tradition geworden war, das Lokal nebenan mit der „zwider[50] dreinschauenden" Wirtin auf, leerten eine kleine Flasche Ouzo und warteten auf die Abfahrt des Busses. Wie immer war man bei den Abfahrtszeiten pünktlich und so fuhr auch dieses Mal der Bus auf das Pünktlichste ab.

Für mich war die Fahrt nichts Neues. So erklärte ich Burkhard unterwegs einiges. Wunderschön blühte der Mohn. Manche Felder wirkten, als ob sie glühten, andere Male leuchteten einzelne Mohnblüten wie ein Blutstropfen aus einem Feld. Ich freute mich schon sehr darauf, den majestätischen Athosgipfel erstmals wieder aus der Ferne zu sehen. Leider tat uns der Athos nicht den Gefallen, die Sicht auf ihn war heute schlecht!

Welche Freude ist es immer, in der Ferne den Turm von Ouranoupoli wieder zu sehen! Wir gingen zu unserer alten Zimmervermieterin, die mir gleich um den Hals fiel. Wir bekamen zwei Zimmer zugeteilt, in jedem davon hatte ich zuvor schon übernachtet. Diesmal war ich allein in einem Zimmer untergebracht. Die Vermieterin braute uns in voller Wiedersehensfreude auch einen griechischen Kaffee.

Anschließend gingen wir zum Athos-Büro und trafen auf der Straße meinen alten Schulfreund „Haubi" (Hofrat Dipl.-Ing. Rainer Haubenhofer), der in einer Achtergruppe, bestehend aus lauter Fachleuten des Straßenbaus der Steiermärkischen Landesregierung, auch einige Klöster des Athos besuchen wollte. Wir suchten das Athos-Büro auf und bekamen unsere Diamonitiria gleich ausgefolgt.

Wir drei beschlossen nun zum Frangokastro und zur Athos-Grenze zu wandern. Es war ein schöner Weg, der anfangs entlang der Küste, später durch Wiesen, vorbei an Gärten und anderen Kulturanlagen verlief. Nach circa einer ½ Stunde Fußmarsch erreichten wir unser Ziel und besichtigten die Ruinen von Frangokastro. Bei der gegenwärtigen Grabungskampagne – über acht Schichten konnten die Archäologen unterscheiden – hatte man festgestellt, dass zuvor hier ein Kloster und kein „Kastro" gewesen sei. Letzteres versuchte

50 „zwider": In Österreich Alltagssprache für übellaunig, mürrisch.

man nun scheinbar zu rekonstruieren, jedenfalls war vieles abgestützt und manche Mauern neu aufgerichtet worden. Gegenwärtig wurden in Griechenland gewaltige Restaurierungsprojekte umgesetzt.

Von der Ruine weg führte ein wunderschöner Rundwanderweg nach Ouranoupoli zurück. Es ging vorerst hangaufwärts und dann durch Olivenhaine, Wälder und fantastisch blühende Wiesen zum Dorf zurück. Fantastisch schön blühten Ginster und Mohn. Und immer wieder gab es wunderbare Ausblicke aufs Meer und hinüber zur Halbinsel Sithonia.

In Ouranoupoli kauften wir Ansichtskarten und schrieben diese auch gleich bei einem Gläschen Ouzo. Abends besuchten wir die etwas außerhalb des Dorfes gelegene Taverne. Der Wirt war zu unserer Überraschung mit einer Frau aus Weinitzen liiert. Er war also ein Bezirksbürger unseres Herrn Hofrat! Das mag auch ein Grund gewesen sein, dass wir Vorzügliches zu essen bekamen. Knoblauchbrote mit Tsatsiki, einen Vorspeisenteller, gegrillte Sardinen und Joghurt mit gehackten Nüssen und Honig. Dazu Retsina und Tsipouro.

Am Nebentisch saßen unsere Steirer, mit ihnen tauschten wir nun Erfahrungen aus. Die Gruppe war auch zu groß, sie mussten daher, an zwei Tagen getrennt, einreisen. Wie üblich, war ein in Graz lebender und arbeitender Grieche ihr Führer am Athos.

Dienstag, 15. Mai:

Ein strahlender Tag. Wir frühstückten in einem Lokal unten am Hafen und schauten dem Treiben zu, das mit dem Ankommen des Autobusses aus Thessaloniki an Intensität stark zugenommen hatte. Die Neuankommenden waren ein bunter Haufen, meist waren es Griechen mit zum Wandern ungeeigneter Ausrüstung. Manche trugen einen kleinen Koffer, andere mit Schnüren zusammengebundene Schachteln, viele waren auch mit Plastiksäcken unterwegs. Daran konnte man Griechen und Pilger vom Balkan gut unterscheiden. An ihrer Ausrüstung leicht zu erkennen waren alle deutsch sprechenden Nationen. Dazwischen tummelten sich Mönche. Manche umarmten sich herzlich wie Freunde, die sich schon lange nicht mehr gesehen hatten, andere wiederum nahmen voneinander überhaupt keine Notiz. Manchmal erschien im vornehmen Auto mit Chauffeur ein athonitischer Würdenträger, dem in der Folge höflich von allen, Mönchen und Uniformierten, die Hand geküsst wurde.

Wir gingen frühzeitig aufs Schiff und bekamen gute Plätze auf dem Deck. Das Schiff füllte sich rasch mit Pilgern. Wir legten auch bald ab und fuhren die Küste entlang. Langsam entschwand der Pyrgos unseren Blicken, es ging vorbei an der Landgrenze zum Athos und an den noch immer eindrucksvollen Ruinen von Thivais. Dann legten wir erstmals beim Kellion Megali Jovantsa an, später an den Arsanas von Zographou und Konstamonitou. An allen Anlegestellen verließen sowohl Mönche als auch Pilger das Schiff.

Dann kam da das erste Kloster, das von Dochiariou, in Sicht. Wir fuhren in der Folge auch an den Klöstern von Xenofontos, Panteleimonos und Xiropotamou vorbei. Der mächtige Athosgipfel war leider noch immer im Nebel. Schließlich erreichten wir den Hafen von Dafni.

In Dafni herrschte stets lebhaftes Treiben. Die Ankommenden suchten nach einer

Fahrgelegenheit zu den verschiedenen Klöstern und Mönche warteten hier, um Brüder ins heimatliche Kloster zu fahren. Die Ausreisenden standen in einer Schlange vor dem Zollgebäude. Abschätzend musterte man sich gegenseitig. Traf man vielleicht einen Bekannten? Und wie sahen jene aus, die ihre Tage am Athos schon hinter sich hatten?

Wir machten uns gleich auf dem Weg zum Kloster Simonos Petras. Wir wanderten auf einer staubigen, kurvenreichen, baum- und schattenlosen Straße, die zudem relativ steil bergauf führte. Der Blick aufs tiefblaue Meer entschädigte uns aber für die Strapazen.

Nach kurzer Gehzeit überholten uns zwei Mönche mit einem Pick-up. Ob wir nicht ein Stück mitfahren wollten? Gerne, wir kletterten auf die Ladefläche und sie nahmen uns gut zwei Kilometer weit mit, bevor sie zu ihrem Kellion abzweigten.

Wir wanderten nun eine gute Stunde, ungefähr 5 km waren es. Und nochmals hatten wir Glück, ein Mönch blieb mit seinem Auto stehen und fragte uns, ob wir bis zum Kloster Simonos Petras mitfahren wollten. Das Angebot nahmen wir dankend an und stiegen zu. Im Wagen rüttelte es ordentlich, aber schlecht gefahren ist immer noch besser als mühsam gegangen. Schließlich umrundeten wir einen Felsen und es bot sich ein unglaublich schöner Anblick – das Kloster von Simonos Petras. Wir waren alle vom Gesehenen überwältigt, besonders Burkhard war tief beeindruckt. Natürlich gibt es zum Bau des Klosters auch eine Legende:

Der Einsiedler Simon lebte in der Nähe des jetzigen Klosters in einer Höhle. Schon lange Zeit sah er einen hellleuchtenden Stern oberhalb des gewaltigen Felsens, wo jetzt das Kloster steht, stehen. Simon deutete das als Zeichen, dort ein Kloster zu errichten. Da er aber es sich nicht zutraute, dort hoch oben ein Kloster zu bauen, begann er damit, ein solches nahe seiner Behausung zu errichten. Doch jede Nacht stürzte das von ihm und seinen Getreuen errichtete Gemäuer wieder ein. So kam er zur Erkenntnis, dass der Stern den Platz des Klosters an der Spitze des Felsens anzeigen würde. So begann er mit seiner Gefolgschaft dort Mauern aufzurichten. Doch bald sagte ihm die Gefolgschaft den Dienst auf. So bat Simon seinen getreuen Diakon Isaias, den Arbeitern noch einmal Brot und Wein zu geben und sie in Frieden zu entlassen. Während Isaias der Bitte Simons nachkam, tat er einen falschen Schritt und stürzte vom Felsen in die Tiefe. Entsetzt bat Simon, man möge die zerschmetterten Gebeine von Isaias bergen, da erschien Isaias mitten unter ihnen, kein Tropfen Wein und kein Stück Brot war verloren gegangen. Ein Engel des Herrn hatte Isaias im Sturz gerettet. Da war es kein Wunder, dass der Bau zukünftig rüstig voranschritt und nach dessen Vollendung alle, die am Bau gearbeitet hatten, zu Simon in das Kloster eintraten.[51]

Im Kloster selbst wurde auch gegenwärtig fleißig gearbeitet und renoviert. Wir stiegen die Gänge in den Empfangsraum hinauf und der Archontaris wartete uns Loukoumi, Tsipouro und Wasser auf. Vom Balkon des Empfangsraumes aus hatte man einen prächtigen Blick auf das tief darunter liegende Meer. Dort konnte man dann auch zahlreiche Delphine erkennen, die im Meer ihre lustigen Spiele trieben.

Pater Joannis, der Archontaris, war sehr angetan von uns, als wir großes Interesse für das Katholikon zeigten. So sperrte er für uns auf. Vom Inneren war ich etwas enttäuscht,

51 Vgl. Feigl, Athos, S. 155, Sp 1f.

die Wände wiesen keinerlei Bemalung auf. Als Ausgleich hingen aber überall sehr schöne alte Ikonen, auch in jenen Räumen, die vor dem Katholikon gelegen waren.

Der freundliche Pater zeigte uns auch die Trapeza. Diese wurde gerade künstlerisch ausgestaltet, mit zahlreichen Heiligen und Szenen aus der Heilsgeschichte, an denen die Orthodoxie so reich ist. Es fiel mir bei der Gelegenheit auf, dass auf den meist karg gedeckten Tischen den dargestellten Heiligen stets Karotten serviert wurden. Wir sollten später noch Werken des Künstlers im Kloster Osiou Grigoriou begegnen. Sollte später einmal sein tatsächlicher Name in Vergessenheit geraten, dann wird die Kunstgeschichte ihn sicher als „den Maler der Karotten" bezeichnen!

Pater Joannis beschenkte uns noch mit Heiligenbildern, Ansichtskarten und einem „Zwerger-Holzschnitt"[52]. Wir verließen nun das Kloster auf sehr steilem, steinigem Weg, der hinunter zur Bootsanlegestelle des Klosters führte. In einer alten Reisebeschreibung von Beginn des 20. Jhs. – wahrscheinlich vor 1911 – konnte ich lesen, dass damals hier eine kleine Herberge war, wo mehrere Mönche des Klosters wohnten. Zur Verständigung mit dem hoch droben thronenden Kloster bedienten sie sich zweier Sprachrohre. Das funktionierte natürlich nur dann gut, wenn die Mönche im Kloster oben entsprechend aufmerksam waren.[53]

Von der Anlegestelle wanderten wir auf schmalem Pfad, immer dem Hang folgend, mal bergauf, mal bergab, hin zum Kloster Osiou Grigoriou. Nach ungefähr 1½ Stunden Wanderns kamen wir dort an. Das Kloster Osiou Grigoriou lag etwas über dem Meer und war in gutem Zustand. Das Gästehaus befand sich außerhalb des Klosters und lag direkt am Meer. Ein freundlicher Mönch wies uns vorerst den Weg zum Archontaris, der im Kloster residierte. Dort herrschte tiefste Mittagsruhe.

Als der Archontaris diese beendet hatte und zu erscheinen geruhte, zeigten wir ihm das Empfehlungsschreiben von Prof. Larentzakis, das wie zumeist seine Wirkung nicht verfehlte. Wir wurden rasch bewirtet und bekamen im Gästehaus ein Zimmer für uns alleine.

Wir widmeten uns nun der Körperpflege und gingen um 17 Uhr zur Hesperinos-Andacht. Selbstverständlich mussten wir ganz hinten Platz nehmen. Man passte auf uns und die anderen „Ungläubigen" sehr auf und auch vom Priester bekamen wir beim Abschlusssegen nur ganz wenig vom Weihrauch! Nach dem Ende der Andacht wurden Reliquien – Schädel, Schädeldecken und Knochen, meist in kostbaren Schatullen aufbewahrt – auf einen Tisch vor der Ikonostase zur Schau und den Orthodoxen zur Verehrung anheimgestellt. Ein Mönch erklärte ihnen auch, von welchem Heiligen diese stammten. Das Katholikon selbst war mit schönen Malereien und Ikonen ausgestattet.

Dann ging alles etwas wirr durcheinander. Einerseits fand nicht der übliche weihevolle Auszug aus der Kirche statt, andererseits saßen in der Trapeza manche Gäste schon beim Essen. Eigenartigerweise nahmen an diesem kaum Mönche teil. Wir beeilten uns nun, auch

52 Vgl. Zwerger, Wege, S. 115. Reinhold Zwerger hatte auf Wunsch des Abtes dieses Klosters für einige junge Mönche mehrmals einen Linolschnitt- und Handdruckkurs gehalten.

53 Vgl. Gutmansthal, Südöstliche Wanderungen, S. 201.

etwas zu essen zu bekommen. Es gab Sardinen, Käse, Oliven, Bohnschoten (Fisolen) und guten Wein. Auch diese Trapeza war hier vom „Meister der Karotten“ ausgemalt worden.

Nach dem Essen waren vor der Trapeza Mönche und Gäste damit beschäftigt, von den Bohnschoten die beiden Enden abzuschneiden. Auch wir beteiligten uns daran und übten uns im Zusammenkehren der Abfälle, was dem Küchenmönch scheinbar missfiel. Wir gaben ihm dazu eigentlich keinen Grund …

Wir spazierten dann noch etwas im Kloster herum und saßen dann vor dem Kloster auf einer kleinen Mauer und genossen den Sonnenuntergang. Dabei kamen wir mit einem Griechen, der von der makedonischen Grenzregion stammte und lange in Deutschland gelebt hatte, ins Gespräch.

Knapp vor dem Dunkelwerden kam ein Schiff im kleinen Hafen an, dem viele Mönche entstiegen. Sie waren dem Kloster zugehörig und hatten am heutigen Tag offensichtlich einen Ausflug, wahrscheinlich einen Besuch in einem befreundeten Kloster unternommen. Darum verlief also die heutige Andacht und das nachfolgende Essen so chaotisch!

Mittwoch, 16. Mai:

Ich weckte die Freunde um sechs Uhr früh. Wir frühstückten am Zimmer und um ½ 7 Uhr war Aufbruch. Der Weg zum Kloster Dionysiou war recht beschwerlich. Er war großteils schmal und steinig und führte einmal steil bergauf, dann wieder tief hinunter in eine Bucht. Jetzt war man mir ob unseres frühen Aufbruchs dankbar. Auf diesem Weg wanderten wir 2 ½ Stunden, bis schließlich das Kloster Dionysiou vor uns lag.

Ein gewaltiger Bau, doch noch beeindruckender waren die Um- und Ausbauten im Tal. Man legte gerade eine gewaltige und gut geschützte Hafenanlage an. Zusätzlich entstand noch eine Wildbachverbauung gleich hinter dem Kloster, aufwändiger konnte man sie gar nicht bauen.

Im Kloster selbst war vorerst alles ruhig. Wir trafen dort zwei Wanderer aus Linz, die gestern eine Besteigung des Athos geplant hatten, aber wegen Schlechtwetters (Schneetreiben!) umkehren mussten. Im Klosterhof bewunderten wir die wundervollen Malereien zur Apokalypse. Eine Darstellung davon zierte ja auch das Umschlagbild Gerhard Roths Athos-Roman „Der Berg“. Diese Malereien waren wirklich packend. Es gelang uns auch noch einen kurzen Blick ins Katholikon zu werfen.

Wir suchten den Archontaris und streiften durch den Gästetrakt. Unglaublich, wie sauber alles war und wie toll renoviert. Man hatte sogar die Steinböden versiegelt und die Fenster- und Türscheiben waren innen an ihren Rändern rundherum geschliffen! Ein unglaublicher Aufwand wurde hier betrieben!

Da wir im Gästetrakt niemanden antrafen, bedienten wir uns selbst. Tee, Brot und Oliven standen im Empfangsraum offenbar für Wanderer bereit. Um circa halb elf Uhr brachen wir wieder auf.

Nicht so beschwerlich war dann vorerst der Weg nach Agiou Pavlou. Der Steig war zwar schmal und beiderseits von der Macchia gesäumt, aber nur am Ende des Weges, dort, wo es zum Meer hinunter ging, besonders steil. Wir querten dann ein breites Schotterfeld und mühten uns das breite, schotterreiche Bachbett, welches auch die Zufahrt zum Kloster war, hinauf.

Auch im Kloster Agiou Pavlou wurde eifrig gearbeitet. Trotz seiner spektakulären Lage am Fuß des Athos sah es nicht so aufregend aus, wie manches der anderen Klöster. Der Grund mag wohl darin liegen, dass man außen seine ursprüngliche Bauweise belassen hatte, ohne mit Farbe nachzuhelfen.

Wir stiegen in den ersten Stock hinauf und wurden dort wie üblich bewirtet. Ins Katholikon hinein konnten wir im Anschluss leider nicht. Wir schauten uns im Klosterhof noch etwas um, doch viel gab es hier nicht zu sehen, also brachen wir zu der Skite Agia Anna auf. Der Weg dorthin war nicht sehr anstrengend, obwohl er stetig bergauf führte. Immer wieder sah man schön aufs Meer hinunter.

Plötzlich rief der hinter mir gehende Herwig „Achtung!". Eine schwarze, circa einen Meter lange Schlange mit Zickzackmuster zischte hinter mir vorbei und verschwand im Gestrüpp. Gott sei Dank habe ich sie nicht gesehen, ich habe ja, wie bereits berichtet, Angst vor Schlangen.

Wir wanderten oberhalb an Nea Skiti vorbei. Bald schon sahen wir die Kirche und die verstreut daliegenden Häuser von Agia Anna. Insgeheim hatte ich Sorge, ob wohl die Übernachtung dort klappen würde. Ich hatte zwar der Skite geschrieben, ob das aber reichen würde? Immer wieder erzählte man, man habe Pilger einfach weitergeschickt, die vorher nicht angerufen hatten. Aber was half ein Anruf, wenn der Mönch am Telefon einem nicht verstand, da er nur griechisch sprach oder einen sagte, er habe kein Bett mehr frei?

Als wir in Agia Anna ankamen, herrschte dort völlige Stille. Wir ließen uns auf der Terrasse nieder, von wo aus wir einen wundervollen Blick auf das circa 300 m unter uns liegende Meer hatten. Nach einiger Zeit kam ein Mönch und fragte uns auch gleich, ob wir wohl angerufen hätten. Ich zeigte ihm die Briefkopie, mit der verschwand er vorerst im Haus. Als er wiederkam, zeigte ich ihm zudem den Larentzakis-Brief und ein Foto eines Mönchs, welches ich vor Jahren bei einem Besuch hier gemacht hatte. Halb sagte er uns nun schon zu. Nun hieß es geduldig warten.

Während wir warteten, kamen noch einige weitere Mönchspilger, sie stammten aus Rumänien. Auch das nachmittägige Schiff hatte inzwischen angelegt und mit der Zeit trudelten weitere Pilger ein. Auch unsere steirischen Freunde kamen langsam in zwei Gruppen an.

Als wir noch alleine gewesen waren, war ein Mönch vorbeigekommen, der hier in Agia Anna eines der Häuser bewohnte. Wir führten ein nettes Gespräch mit ihm und Pater Cheroubim, so sein Name, lud uns ein, ihn um circa 16 Uhr in seinem Haus zu besuchen.

Nun ging es wieder um die Zimmer. Wir hatten abermals Glück und bekamen ein schönes Dreibettzimmer. Nicht so gut ging es unseren steirischen Freunden. Fünf von ihnen bekamen zwar ein Zimmer, drei jedoch nicht (darunter auch mein Freund Haubi). Diese mussten – es war schon circa 17 Uhr – über den Pass den Weg nach Kerasia antreten. Wie müde sie waren, zeigte schon die Tatsache, dass sie für den Anstieg, so erzählte es mir am nächsten Tag Haubi, zwei Stunden benötigten. Am nächsten Morgen schafften wir das in der halben Zeit!

Wir drei jedenfalls suchten Pater Cheroubim auf. Sein Haus lag einiges höher oben als das Archontarikion. Es hatte einen abgeschlossenen Hof, ähnlich einem spanischen Patio. Innen war das Haus komfortabel eingerichtet und blitzsauber. Wir gingen in den ersten Stock hinauf und Pater Cheroubim lud uns ein, auf dem Balkon Platz zu nehmen. Der Ausblick, den Pater Cheroubim von hier aus hatte, war einfach prachtvoll. Hier verstand ich, was es heißt, „dem Himmel näher zu sein!".

Pater Cheroubim bewohnte dieses Haus nicht alleine, es gab hier noch zwei weitere Mönche, aber es war von Anfang an klar, wer hier das Sagen hatte. Er ließ griechischen Kaffee, Tsipouro und Kekse für uns bringen und es entwickelte sich ein angenehmes Gespräch mit ihm. Pater Cheroubim hatte in Boston studiert und war hochgebildet. Wir sprachen mit ihm über Gott und die Welt, über Katholiken und Orthodoxe und über den Papst. Ein Kanarienvogel, der in einem Käfig an der Wand untergebracht war, zwitscherte oft vorlaut dazwischen.

Pater Cheroubim lud uns anschließend ein, mit ihm und seinen Mitbrüdern in der Hauskapelle an der Andacht teilzunehmen. Die Mönche sangen schön und die Andacht bewegte alle tief. Wir nahmen dann Abschied von einem wunderbaren Menschen.

Unten in unserer Herberge gab es schon Abendessen. Die „Ungläubigen" und auch einige „zivile" Orthodoxe mussten getrennt von den Mönchen essen. Das Essen – Nudeln – war nicht überragend, zudem „fraß" mein Tischnachbar wie ein Schwein.

Nach dem Essen durften wir in das mit schönen Malereien ausgestattete Kyriakon hinein. Wieder zeigte man uns die Reliquien, darunter als besonders verehrungswürdig den rechten Fuß der hl. Anna. Auch die Ikone dieser Heiligen in der Kirche war beeindruckend und mit vielen wertvollen Geschenken behängt.

Später saßen wir auf der Terrasse und warteten geduldig auf den hier stets besonders schönen Sonnenuntergang. Heute waren wir circa 14 km in 5 ½ Stunden gegangen.

Donnerstag, 17. Mai:

Auch am heutigen Tag weckte ich die Freunde um sechs Uhr, wir frühstückten im Zimmer und marschierten eine halbe Stunde später ab. Steil und mit zahlreichen Stufen versehen ging der Weg bergauf. Immer wieder blieb ich stehen, um meine rasselnden Lungen etwas zu erholen. Gott sei Dank war es noch kühl. Wir schafften den Aufstieg, immerhin bis auf 700 m hinauf, in einer Stunde.

Dort stand ein großes Kreuz, ein steter Fototermin! Von dort ging es relativ eben dahin, der Weg stieg dann aber doch noch einmal auf circa 780 m Seehöhe an. Schließlich erreichten wir dann jene Stelle, an der man den Einstieg hinauf zum Athosgipfel beginnen kann. Wir verweilten hier nur kurz.

Plötzlich hörten wir von gar nicht so fern eigenartiger Laute. Es klang vorerst so, als ob mehrere Personen sich gut unterhalten und jodeln würden. Burkhard, ein großer Jäger vor dem Herrn, wusste die Laute auch gleich zu deuten, es waren jagende Wölfe, mindestens drei! Was ich bisher von Wölfen am Athos gelesen hatte, das hatte ich nie so richtig geglaubt und es für ein Märchen gehalten. Jetzt war mir aber etwas mulmig. Burkhard wusste aber auch gleich, wie wir uns verhalten müssten, wenn sie uns tatsächlich angreifen sollten. Glücklicherweise kam es zu keiner direkten Begegnung.

Der Weg rund um den Gipfel des Athos war herrlich und man ging beinahe eben dahin. Man wanderte durch einen wunderschönen Wald aus uralten Edelkastanien, Tannen, Eichen und verschiedenen Hartlaubgewächsen. Immer wieder gab es zahlreiche Spuren von Wildschweinen zu sehen. Es war herrlich schattig und unterwegs gab es immer wieder genügend Trinkwasser.

Nach circa 2 ½ Stunden sahen wir in der Ferne die große, eindrucksvolle Skite Timiou Prodromou, welche von rumänischen Mönchen bewohnt wurde. Da die Sicht sehr gut war, sahen wir auch das älteste und größte Kloster des Athos, das von Megisti Lavra, in noch größerer Entfernung. Vom Anblick der Skite Timiou Prodromou waren meine Freunde sehr beeindruckt. Wir brauchten dann noch eine halbe Stunde, bis wir dort waren. Wie bisher schon immer, war diese Skite in einem hervorragenden, sauberen Zustand. Überall sah man fleißige Mönche arbeiten.

Gastlich bewirtete uns der Archontaris. Wir streiften dann etwas durch die Skite und schauten bei einem Restaurateur und Malermönch vorbei. Der Exonarthex des Kyriakons war prächtig ausgemalt und wir bestaunten die Darstellungen. Wir baten den Gastmönch, ob wir auch ins Kyriakon hineingehen dürften. Bereitwillig sperrte er uns auf und wir bewunderten auch dort die schönen Malereien, die nun schon fertig renoviert waren.

Vor der Skite beratschlagten wir, ob wir die Grotte des hl. Athanasios besuchen sollten oder, so wie Herwig vorschlug, zum Hafen gehen sollten. Burkhard und ich waren für die Grotte und so wanderten wir bei großer Hitze in Richtung der Klippen. Nach zwanzig Minuten kamen wir dort an. Die Klippen gingen an dieser Stelle circa 300 Meter tief hinunter. Unten in der Bucht schaukelte im tiefblauen Meer ein Motorboot.

Ohne Geländer führten zweihundert Stufen zur Grotte hinunter. In diese Grotte hatte man ein schönes Haus gebaut, auf einem kleinen Vorplatz wehte von einem Fahnenmast die griechische Fahne im Wind. Wir kletterten hinunter und unten angekommen noch etwas herum. Der hl. Athanasios wäre sicher sehr zornig gewesen, hätte er gesehen, was aus seiner Wohnhöhle geworden war. Es gab aber eine kleine Kapellennische mit einem silberbeschlagenen Marienbild, welches aus Palästina stammen sollte.[54] Wir waren jetzt froh, diesen Umweg gemacht zu haben.

Wir benötigten dann noch eine gute Stunde, um auf staubiger Straße nach Megisti Lavra zu kommen. Um circa 14 Uhr waren wir dort und abermals, Dank des Larentzakis-Briefes, erhielten wir gleich ein Zimmer. Wir besichtigten und bestaunten nun ausgiebig die große Klosteranlage. Während die Südseite des Klosters schon gut und schön renoviert worden war, brauchte man für den Rest sicher noch viel Geld und Zeit.

Wir besuchten dann eine lange Hesperinos-Andacht, bei der sehr schön gesungen wurde. Auch der Priester nahm sein Geschäft ernst und „weihrauchte“ uns zweimal ordentlich ein. In der unvergleichlich schönen Trapeza bekamen wir ein gutes Essen – Nudeln. Wieder wurden nach dem Essen den Orthodoxen die Reliquien gezeigt und erklärt. Sie

54 Vgl. Derwahl, Athosreise, S. 111.

waren hier in besonders prunkvollen Behältnissen verwahrt. Interessant war das schwere Eisenkreuz des hl. Athanasios. Wir besuchten auch seine Grabstätte im Katholikon, die besondere Verehrung genießt. Sie ist mit Silber prunkvoll umkleidet.

Besonders verehrt wurde hier auch die Ikone der Oikonomissa (die „Verwalterin"), eine Marienikone, die die halbe Wand einnahm und beinahe vollkommen mit Silber umkleidet war. Erstmals konnten wir hier auch erleben, wie griechische Pilger davor Aufstellung nahmen und gemeinsam ihr zu Ehren ein Lied sangen. Während die orthodoxen Pilger sich nun zur Reliquienverehrung anstellten, besichtigten wir die Malereien und die vielen Ikonen der Kirche.

Die orthodoxen Gläubigen hatten dann noch eine Andacht in der kleineren Kirche, welche Koukouzelissa – benannt nach Joannis Koukouzelis, dem legendären Begründer der byzantinischen Kirchenmusik – hieß. Wir besuchten die Koukouzelissa ebenfalls kurz – auch sie war sehr schön ausgemalt.

Wir saßen dann noch etwas vor dem Kloster, als uns ein Mönch ansprach, ob wir nicht, zusammen mit anderen Pilgern, das Kloster besichtigen wollten. Wir willigten gerne ein. Der Mönch wusste zahlreiche Legenden vom Kloster. Eine davon stand in Zusammenhang mit einer Mariendarstellung, die sich in einer Nische innerhalb der Tore des großen Klostereingangs befand:

Auf sie habe einst ein Türke mit einer Pistole drei Kugeln abgefeuert, die letzte Kugel wäre aber zurückgeprallt und hätte ihn selbst tödlich verletzt.

Dann zeigt der Mönch uns die große Ölmühle vor dem Kloster und erzählte uns, dass hier einmal der hl. Nilos seinen Schlüssel verloren und durch ein göttliches Wunder wiedergefunden hätte. Daher rufe man ihn jetzt auch an, wenn man etwas verloren habe.

Gegen Ende der Besichtigung wurde der Mönch ungemütlich. Nachdem wir seine Frage, ob wir Katholiken wären, bejaht hatten, legte er so richtig los und schimpfte auf uns (Katholiken) wie ein Rohrspatz. Ein Grieche, der lange in Deutschland gearbeitet hatte, übersetzte, allerdings nicht alles, da es ihm unangenehm war. Es war hoffnungslos, dieser Fanatiker hörte und hörte nicht auf.

Der Mönch zeigte uns dann noch den Baum, von dem das Holz für den Stab des hl. Athanasios stammen sollte – aber war der nicht aus Eisen? Dann ging es ins Kloster zurück. Vor allem auf Burkhard hatte der Mönch es nun abgesehen, er geriet mit ihm sofort wieder in „Clinch". Verärgert trennten wir uns von der Gruppe.

Die Gruppe der acht Steirer übernachtete auch hier, doch in einem anderen Zimmer. Wir teilten unser Zimmer mit zwei Berlinern. Die Ärmsten konnten später nicht einschlafen – Herwig schnarchte alsbald schrecklich. Ich hörte die Berliner miteinander tuscheln, sie versuchten alles nur erdenklich Mögliche, um Herwig zu wecken. Letzten Endes klatschten sie plötzlich auf ein Kommando hin gemeinsam in die Hände. Vergebens – seufzend resignierten sie. Mich schüttelte es im Bett vor Lachen.

In der Nacht wurden wir noch einmal geweckt. Um ½4 Uhr wollte ein Mönch uns auf die Frühandacht aufmerksam machen. Burkhard hatte jedoch einen Stuhl so geschickt unter die Türklinke hingestellt, dass keiner in unser Zimmer hereinkommen konnte. Das ärgerte den Mönch scheinbar sehr. Heute waren wir 17,5 km in sechs Stunden gegangen.

Freitag, 18. Mai:

Wir hatten, wie schon berichtet, nicht der Orthros-Andacht, der Frühandacht, beigewohnt. Wie üblich standen wir um sechs Uhr auf und frühstückten von unseren Vorräten. Dann warteten wir auf eine Mitfahrgelegenheit, um nach Karyes zu gelangen. Das war in diesem Kloster nun schon gut organisiert. Man brauchte sich vortags der gedachten Fahrt nur in eine Liste eintragen. Es kamen tatsächlich vier Kleinbusse. Um sieben Uhr fuhren wir los.

Ich erinnerte mich gut daran, wie Fidi und ich dereinst die gesamte Strecke in umgekehrter Richtung gegangen waren. Das waren noch harte Zeiten! Heute fährt man dagegen – mehr oder weniger bequem – bis nach Karyes. Wir fuhren jedoch nicht so weit, wir stiegen bereits beim Kloster Iviron aus.

Beim Betreten des Klosters erlebte ich eine kleine Überraschung. Der Pförtner war jener Mönch, der uns vor vielen Jahren – das waren damals Fidi und ich gewesen – gefragt hatte, ob wir „Vögel" lieben. Wir hatten ihn damals daraufhin den „Vogelmönch" getauft. Ich sprach ihn auf seine Leidenschaft an und gewann auch gleich damit sein Herz. Er ließ einen jungen Mönch kommen, der uns das Katholikon aufsperren musste. Die Malereien, der Ikonenreichtum und der Fußboden waren der Grund für die Berühmtheit der Klosterkirche – es war einfach alles fantastisch. Ich fragte auch nach der „Portaitissa" (der „Pförtnerin"). Die „Portaitissa" ist eine der wundertätigen Ikonen und eine der drei Schutzpatroninnen des Heiligen Berges, die in einer Kapelle gleich neben dem Eingangstor besonders verehrt wird. Tatsächlich führte uns der junge Mönch zu ihr. Obwohl ich diese besondere Ikone schon mehrmals gesehen hatte, beeindruckte sie mich immer wieder aufs Neue:

Eine Legende besagt, das Bild sei, als die Heiden das Heilige Land verwüsteten, von selbst von dort geflüchtet und sei auf dem Meer aufrecht stehend, beiderseits von einem Licht begleitet, zum Athos gekommen. Ein anderer Erzählstrang berichtet von einer Witwe in Nicaia, die, als die Bilderstürmer alle Bilder zu vernichten drohten, das Bild, um es zu retten, ins Meer geworfen habe, wo sich dieses dann von selbst aufrecht gestellt habe und so davon geschwommen sei.

Nahe dem Kloster Iviron lebte in einer Höhle ein Asket namens Gabriil, der zwei Lichter über dem Meer näherkommen sah. Dazwischen schwebte ein Bild. Der Asket stieg rasch ins Wasser, barg das Bild und brachte es in seine Höhle. Die Lichter folgten ihm nach und brannten in der Höhle weiter, trotz Wetter und Sturm. Die Kunde von dem wunderbaren Bild verbreitete sich auch im nahen Kloster und mit feierlichem Prunk wollte der Abt von Iviron das Bild ins Kloster holen. Es war so schwer, dass zehn Männer es kaum tragen konnten. Doch am nächsten Morgen war es wieder in der Höhle des Asketen, zu beiden Seiten umgeben von den stets brennenden Lichtern. So beließ man das Bild in der Höhle, bis der Asket verstorben war. Das Bild wanderte dann von selbst fort und hing eines Tages vor der Pforte des Klosters. So kam die Ikone zu ihrem Namen, die „Pförtnerin". Innerhalb des Klosters wurde dem Bild gleich neben der Pforte eine Kapelle errichtet, wo nun die Ikone höchste Verehrung genießt. Im Durchgang der Pforte kann man noch heute gemalte Bilder von diesem legendenhaften Vorgang sehen.

Die Ikone soll auch auf der Wange eine verharschte Wunde aufweisen. Die stamme von einem arabischen Piraten, der ihr mit dem Schwert auf der Wange eine Wunde zugefügt habe. Als aus der Wunde Blut herausdrang, brach der Pirat vor Schreck ohnmächtig zusammen. Er bereute seine ruchlose Tat und trat als Novize ins Kloster ein. Nach seinem Tod wurde er dort als hl. Barbaros verehrt.

Welch hohe Verehrung die „Portaitissa" genießt, zeigt uns eine Episode aus dem alten Russland. Im Jahre 1651 erkrankte die Tochter des Zaren Alexei I. schwer. Der Patriarch von Moskau riet dem Zaren, Hilfe bei der berühmten „Portaitissa" zu erflehen. Man bat daraufhin die Mönche von Iviron um das Bild, doch die gaben es nicht her, aus Angst, es nicht mehr zurückzubekommen. Man einigte sich auf eine exakte Kopie herzustellen, die man dann nach Moskau schickte. Der Kranken wurde das Bild auf die Brust gelegt, die darauf auch genas. Dankbar verfügte der Zar, dass dem Kloster jährlich eine Summe von 2500 Rubel überwiesen werden. Für die wertvolle Kopie ließ der Zar in der Nähe des Kremls eine Kapelle errichten.

Die Ikone, vom Typ her eine Hodegetria-Ikone[55]*, ist reich mit wertvollen Opfergaben geschmückt. An der Brust trägt sie an einer Goldkette einen russischen Orden, den ihr Zarin Katharina verliehen und sie hiermit in den Adelsstand erhoben hatte.*[56]

Vom „Vogelmönch" bekam jeder von uns mehrere Ansichtskarten geschenkt, dann spazierten wir noch etwas herum und versuchten die phantastischen Ereignisse der Apokalypse im Exonarthex richtig zu interpretieren. Hierauf brachen wir zum Kloster Stavronikita auf. Das Kloster lag in Sichtweite. Der Weg führte, mal der Küste entlang, mal über wunderschöne Wiesen, vorbei an malerischen Buchten und dann wieder durch einen angenehm schattigen Wald. Da die Jahreszeit schon sehr fortgeschritten und es dementsprechend bereits sehr warm war, war es dennoch ein recht schweißtreibendes Unterfangen.

Wir gingen circa eine Stunde bis wir beim Kloster Stavronikita anlangten. Ein freundlicher Archontaris führte uns ins Katholikon mit seinen prächtigen Malereien von der Hand des kretischen Malers Theophanes.[57] Er zeigte uns auch einen besonderen Schatz dieses Klosters, die „wundertätige" Mosaikikone des hl. Nikolaus, an der man noch die Beschädigung („Verletzung") durch den Säbelhieb eines türkischen Piraten sehen konnte. Er zeigte uns noch eine weitere Mosaikikone, eine Panagia-Darstellung.

Wir waren uns einig, dass wir versuchen sollten, ein Taxi aus Karyes zu holen. Der Weg nach Karyes wäre nicht nur ein „Hatscher", es wären auch „leere Kilometer". Das Taxi herbeizurufen war dann gar nicht so einfach, obwohl ein Mönch uns dabei half. Wir schafften es schlussendlich, nach 20 Minuten kam das Taxi im Kloster an. Mit diesem fuhren wir also Richtung Karyes, hielten auf diesem Weg einmal kurz, da eine Schildkröte die Fahrbahn kreuzte. Wir waren heilfroh, dass wir die Strecke nicht zu Fuß gegangen waren.

In Karyes wollten wir erst die Skite Agiou Andreou, auch „Serail" genannt, besuchen.

55 Mit Hodegetria oder Hodigitria, die „Wegweisende", wird ein bestimmter Typus von Mariendarstellungen bezeichnet.

56 Vgl. Spunda, Landschaft und Legenden, S. 29f. – Derselbe, Legenden und Fresken vom Berg Athos (= Spunda, Legenden und Fresken), Stuttgart 1962, S. 79f. – Vgl. auch: Derwahl, Athosreise, S. 38f.

57 Theophanes der Kreter: Hieß eigentlich Theophanes Strelitzas. Er wurde um 1500 in Iraklio geboren und starb dort 1559. Er war Mönch und ein wegweisender Maler der kretischen Schule. Er wurde als Ikonenmaler ausgebildet. Mit seinen beiden Söhnen wurde er Mönch im Kloster Megisti Lavra. Fresken von ihm befinden sich dort und im Kloster Stavronikita. Eine Reihe von Athos-Klöstern besitzen auch von ihm gemalte Ikonen. Vgl. dazu: https://de.wikipedia.org/wiki/Theophanes_der_Kreter (Zugriff: 14.2.2020).

Bisher beeindruckte die Skite sowohl durch ihre monströsen Bauten als auch durch ihren Verfall. Doch welch Überraschung – überall wurden Renovierungsarbeiten vorgenommen! Es wird zwar einer übermenschlichen Anstrengung bedürfen, aber Fortschritte waren zu erkennen. Man sah auch überall Mönche, die mit irgendetwas beschäftigt waren. Ich fragte einen, ob wir das Kyriakon besichtigen könnten, denn drinnen war ich noch nie gewesen. Und wirklich, wir durften es betreten. Es war alles typisch russisch ausgestaltet. Eine riesige, goldstrotzende Ikonostase, sehr ähnlich der in der Skite Profiti Ilia, welche wir im Vorjahr besucht hatten, nur in ihrem Ausmaß größer.

Fünfzehn russische Mönche wohnten nun hier. Freundlich lud man uns in den Gästetrakt ein. Wir konnten diese Einladung nicht ausschlagen, ohne unhöflich zu sein. Der Empfangsraum war im 2. Stock untergebracht, und sofern wir das beurteilen konnten, befand sich dieses Haus in einem guten Zustand. Toll, was die russischen Mönche hier leisteten!

Wir gingen nun nach Karyes zurück und da wir nun schon hier waren, beschlossen wir, unser Diamonitirion um einen Tag verlängern zu lassen. Wir stiegen also die hohe Treppe zum Gebäude der Heiligen Gemeinschaft hinauf. Dort durcheilte ich vorerst einige Räume und störte mehrere Personen, bis es mir gelang, eine zuständige Person aufzutreiben. Der Beamte hatte eine seltsame Kopfbedeckung, ein Schiffchen auf und wollte uns gar nicht glauben, dass wir unseren Aufenthalt nur um einen Tag verlängern wollten.

So ein Schiffchen trugen traditionell die Athos-Gendarmen, die sogenannten „Serdaris“, nur waren diese früher wie Evzonen[58] gekleidet. Als wir schließlich unser Diamonitirion zurückbekamen, hatte man es gleich um fünf weitere Tage verlängert!

Wir versuchten nun das Protáton zu besichtigen. Das Glück war auf unserer Seite, ein Mönch und ein Architekt, die zufällig im Kircheninneren arbeiteten, ließen uns ein. Der Mönch zeigte uns die berühmte Marienikone „Eleousa“ (die Muttergottes der Barmherzigkeit), die angeblich aus Zypern stammen soll. Der Mönch ging sogar hinter die Ikonostase, um uns einen Blick auf die wichtigste und heiligste Marienikone des Athos, die „Axión estín“ („Es ist wahrhaft würdig“) zu ermöglichen. Um uns eine bessere Sicht zu ermöglichen, hob er sogar eine Lichtampel in die Höhe! Nur das Gesicht von Mutter und Kind waren frei, das gesamte Bild war mit getriebenem Silber bedeckt.

In der Welt der griechischen Orthodoxie ist die Legende der wundertätigen Ikone „Axión estín“ allseits bekannt:

Sie berichtet von einem Einsiedler, der in der Gegend vom heutigen Karyes hauste. Der fromme Einsiedler betete vor einem Bild der Panagia. Da es damals noch keine Hymnen gab, versuchte er aus verschiedenen Psalmen selbst einen Hymnos zusammenzustellen. Doch sosehr er sich damit plagte, es wollte nicht gelingen. Da erschien ihm der Erzengel Gabriel und tat ihm kund, die Gottesmutter Maria wäre sehr angetan von seinem Bemühen und habe ihn geschickt, ihm einen Hymnos vorzusingen. Und er sang den Hymnos: „Es ist würdig (Axión estín) und der Wahrheit gemäß, Dich als Gottesgebärerin zu lobpreisen, als die Seligste und

58 Als Evzonen werden die Soldaten der ehemaligen königlich-griechischen Leibgarde bezeichnet. Der amtliche Name des Eliteregiments lautet seit 1974 Präsidialgarde. Vgl dazu: https://de.wikipedia.org/wiki/Evzone (Zugriff: 14.2.2020).

ganz Liebliche, die Mutter unseres Herrn." Das Bild leuchtete auf, um seine Zustimmung zu bekunden. Mehrmals sang der Engel dem Einsiedler den Hymnos vor, doch dieser konnte die Worte nicht genau im Gedächtnis behalten. Da schieb der Erzengel die Worte mit dem Finger in einem Marmorblock, der nachgab, als wäre er aus Wachs. Der Einsiedler berichtete dem Vorsteher des Protáton davon und von nun an wurde der Hymnos „Axión estín" zum liturgischen Gesang. Der Marmorblock aber kam nach Byzanz, wo er bis zum Fall der Stadt (1453) zu sehen war.[59]

Panselinos Malereien im Protáton waren wie immer beeindruckend. Leider hatten sie aber im Lauf der Jahrhunderte sehr gelitten und die Restaurierungsarbeiten waren noch immer nicht beendet.

Unser nächstes Ziel war das Kloster Koutloumousiou. Auf dem Weg dorthin kamen wir bei einer verführerisch duftenden Bäckerei vorbei, da konnten wir nicht widerstehen und kauften uns ein Blätterteiggebäck. Wir ließen dann unser Gepäck beim Bäcker und wanderten leichten Schrittes zum Kloster.

Abermals hatten wir Glück: der Archontaris ließ uns in das Katholikon hinein. Fantastisch schöne Malereien aus der kretischen Schule und eine reiche und besonders kunstvoll geschnitzte Ikonostase waren zu bewundern. Zudem sahen wir einige bedeutende Ikonen. Auch dieses Kloster hatte eine wundertätige Ikone, die der Panagia Phowera Prostasia – die „furchterweckende Beschützerin". Wieder auf dem Rückweg, konnten wir weder den Verlockungen des Bäckers noch denen des Gasthauses widerstehen. Einig waren wir uns auch, nicht über den Höhenrücken des Athos auf staubreicher Straße in glühender Sonne zu wandern, sondern wir wollten uns wieder ein Taxi nehmen. Aber aktuell stand keines zur Verfügung, das war frühestens in zwei Stunden der Fall. Wer aber die griechischen Zeitbegriffe kennt, weiß, wie lange sich zwei Stunden dehnen konnten!

Da packte uns die Wut und wir marschierten, wie schon im Vorjahr, bei größter Mittagshitze los. Unglaublich – nach einer Dreiviertelstunde waren wir am Kamm! Unter Absingen von Wanderliedern schlenderten wir auf meist staubiger Straße auf der anderen Seite wieder bergab, dem Kloster Xiropotamou zu, welches wir nach 1 ¼ Stunden erreichten.

Man empfing uns dort sehr nett, wir hatten fast den Eindruck, man wolle, dass wir hier übernachten. Leider sperrte man das Katholikon für uns nicht auf. So wanderten wir, wie schon im Jahr zuvor, auf altem Pilgerpfad zum Kloster Panteleimonos. Dieser Pfad war offenbar in der Zwischenzeit etwas ausgeputzt worden, sonst wäre er sicher schon zugewachsen gewesen. Gegen 17 Uhr waren wir im „Russenkloster".

Die russischen Mönche am Athos waren ein spezielles Kapitel in der Geschichte des Athos. Sie standen einst unter dem Schutz des Zaren und der Großfürsten und im Laufe der Jahrhunderte wuchs ihr Reichtum ins Unermessliche. Im Jahr 1843 hatte Zar Nikolais I. dem Kloster eine bedeutende Geldsumme zukommen lassen und den Mönchen gestattet, alle drei Jahre in Russland Kollekten abzuhalten.[60] Das Kloster wurde um geräumige

59 Vgl. Spunda, Landschaft und Legenden, S. 20f. – Derselbe, Legenden und Fresken, S. 74f.

60 Vgl. Derwahl, Athosreise, S. 168.

Nebengebäude für über dreitausend Zellen erweitert. Im Jahr 1903 hatten 3496 Russenmönche die gesamte andere Athos-Gemeinschaft um 220 übertroffen; mehr als die Hälfte war fest in russischer Hand.[61]

Mit dem Sturz des Zaren versiegten die Hilfsquellen, die Güter in Russland wurden beschlagnahmt und die Bettelreisen in die Heimat verboten. So wurden die russischen Mönche am Athos mit der Zeit immer ärmer. Die einstige Gigantomanie dieses Klosterbaus verleitet, sich der legendenhaften Anfänge dieser Anlage zu erinnern:

Der hl. Panteleimonos gilt als der große, geistige Wohltäter dieses Klosters und ihm ist es auch geweiht. Es war zur Zeit der Türkenkriege, als der Sultan vom Zaren in einer Schlacht besiegt worden war. Erbittert über diese Niederlage rächten sich die Türken an den unschuldigen Athos-Mönchen, die Untertanen des Zaren waren. Das Kloster wurde geplündert, die Mönche entweder ermordet oder in die Sklaverei verschleppt. Da wandte sich der Abt des Klosters an die heilige Gemeinde in Karyes mit der Bitte um Hilfe. In Karyes beratschlagte man, wie man den schwergeprüften Brüdern helfen könne. Man sandte einen Boten an den Sultan und versprach eine hohe Summe Lösegeld zu zahlen. Gleichzeitig sandte man auch einen Boten an das Kloster mit einem Trost verheißenden Schreiben. Man möge noch einige Tage ausharren. Mit diesem Brief wanderte der nach Karyes geschickte Bote heim Richtung Kloster. Es war ein kalter Wintertag. Die Wege waren unter einer Schneedecke verschwunden. Mühselig stapfte der Bote, ein Mönch des Klosters, weiter. Dämmerung trat ein und der Mönch merkte, dass er den Weg verloren hatte.

Da begegnete ihm plötzlich ein Jüngling in griechischer Tracht. Der Jüngling grüßte freundlich auf Griechisch und fragte den Mönch, wohin er so spät wolle: „Ins russische Kloster, aber ich glaube, ich habe mich verirrt!“ Der Jüngling antwortete ihm, dass das Kloster von Xiropotamou in der Nähe sein müsse und er bot ihm an, gemeinsam dorthin zu wandern. Dem Mönch fiel zwar auf, dass der Jüngling im Schnee keine Spuren hinterließ, aber er war viel zu müde, um sich darüber weitere Gedanken zu machen. Sie erreichten Xiropotamou, da verabschiedete sich der Jüngling und meinte, der Weg zum Russenkloster sei nun so ausgetreten, dass der Mönch ihn nicht mehr verfehlen könne.

Er wolle noch jemanden besuchen, komme dann auch nach. Müde stapfte der Mönch weiter, doch bald hatte ihn der Jüngling wieder eingeholt. Der Jüngling spendete dem Mönch Trost, der Himmel werde das Kloster nicht verlassen. An der Klosterpforte angelangt, verneigte sich der Mönch tief vor der dort angebrachten Ikone des hl. Panteleimon. Er wunderte sich sehr, dass der Fremde nicht dasselbe tat und wollte ihn schon rügen. Da beleuchtete der Mond das Heiligenbild. Auch den Jüngling umstrahlte ein grünliches Licht. Der Jüngling sagte nun zum Mönch: „Geh hinein und sage dem Abt und deinen Brüdern, sie sollen nicht verzagen und verzweifeln. Für dieses Kloster werde ich selbst sorgen bis ans Ende der Tage!“ Der Jüngling glich nun ganz dem Heiligen auf dem Bild. Der Mönch erkannte nun, dass sein Begleiter der hl. Panteleimon gewesen war, er stürzte auf die Knie, aber der Heilige war verschwunden. Im Kloster erzählte er von diesem Wunder und bereits am nächsten Tag kam ein Brief des Sultans, der alle Bedrängnisse aufhob.

61 Ebda., S. 170.

Nach unserer Ankunft in Panteleimonos wartete man uns im Gästetrakt Kwas auf und wir bekamen ein schönes Dreibettzimmer. Im Gästetrakt gab es neue Duschen – welche Wohltat. Wir gingen zur Hesperinos-Andacht, die, anders als in den letzten Jahren, im Katholikon stattfand. Vor vielen Jahren war ich in diesem einmal schon gewesen. Ein eindrucksvolles, typisch russisches Gotteshaus. Die Andacht war wie immer recht lang, doch entschädigten uns die schönen Gesangstimmen der Russen.

Da Freitag war, hatten die Mönche Fasttag, wir dagegen wurden in einem Nebenraum der Trapeza verköstigt. Besonders gut hat das Essen leider nicht geschmeckt. Nach dem Essen wanderten wir noch etwas im großen Klosterbereich herum. Unverkennbar, bei den Russen am Athos herrschte eine Aufbruchstimmung. Heute waren wir 22 km gegangen.

Samstag: 19. Mai:

Wir gingen um 7 Uhr zur Orthros-Andacht, die dann 1 ½ Stunden dauerte. Dann gab es ein reichliches Essen in der Trapeza. Diesmal frühstückten auch die Mönche mit. Besonders gut war die Nachspeise, die im Katholikon gesegnet worden war und von der jeder nur einen Löffel voll bekam. Sie bestand aus Grieß, der mit Zimt, Rosinen und Zucker vermengt worden war.

Ich nahm mir dann noch Zeit, vor allem wegen Burkhard, der noch nie hier gewesen war, die großen Bilder in der Trapeza zu betrachten. Dabei fiel mir auf, dass Maria nur bei den Russen mit einem roten Mantel bekleidet ist – die „schöne Farbe ROT". Das war ja auch der Titel einer Ausstellung russischer Bilder, darunter natürlich auch viele Ikonen, in Wien gewesen. Ich las später Zuhause nach:

Im 14. Jahrhundert war die Bibel ins Russische übersetzt worden. Damals wurde auch die symbolhafte Bedeutung der Farben festgelegt. Rot ist das Blut des Herrn, die Erlösung; rotes Gewand tragen die Märtyrerinnen, mit roten Mänteln werden Krieger und Märtyrer dargestellt ... Rot entspricht dem Herrlichen und Schönen. Rot personifiziert Glaube. Liebe und Erlösung. Rot war die Staatsfarbe der Sowjetunion, „krasnyj" – „rot" bedeutete neben „rot" auch „schön" – der „Rote Platz" war stets auch der „Schöne Platz" gewesen!

Ich beobachtete auch, dass einige Pilger sich „neue" Ikonen kauften. Diese ließen sie anschließend im Katholikon segnen. Doch damit nicht genug, die Pilger schafften es auch, dass diese mit anderen Ikonen in der Kirche in Berührung gebracht wurden. Das entspricht „Kontakt- oder Berührungszauber": durch Berührung mit einem heiligen Gegenstand gehen natürlich „Kraft" und „Segen" auch auf den berührten Gegenstand über. Das kennt die katholische Kirche auch.

Im Shop trafen wir unseren alten Freund, den Superverkäufer unter den Mönchen. Ich blieb ihm nichts schuldig und ich handelte mit diesem alten Schlitzohr wie ein geübter Orientale. Dann machten wir uns abreisefertig und gingen zur Schiffsanlegestelle hinunter. Das Schiff kam recht spät. Mit uns warteten eine ganze Reihe orthodoxer Amerikaner. Wir kamen mit ihnen ins Gespräch, einer von ihnen hatte längere Zeit in Salzburg gelebt.

Wir fuhren mit dem Schiff hinunter nach Dafni, passierten dort den Zoll und ließen dann bei der Heimfahrt, voll von schönen Erinnerungen, noch einmal die Küste an uns vorüberziehen.

Wieder in Ouranoupoli bei unserer Zimmervermieterin, gingen wir erst einmal schwimmen. Das Meer war herrlich! Dann stürzten wir uns auf Souvlaki und tranken Bier – ein Labsal! Wir schlenderten anschließend noch etwas herum, suchten dann Nikos Taverne auf und aßen wie schon zu Beginn unserer Wanderung ein herrliches, griechisches Essen.

Sonntag, 20. Mai:

Wir frühstückten bei Nikos Ehefrau, die ein Lokal an der Promenade führte. Ihr Mann schenkte jedem von uns noch ein kleines Fläschchen Tsipouro zum Abschied. Dann kam schon der Bus. Die drei Stunden Rückfahrt blieben mir wegen unseres Chauffeurs noch lange in unangenehmster Erinnerung! Da wir nicht weit weg vom Busfahrer saßen, konnten wir ihn gut beobachten. Unentwegt erzählte er dem neben ihm sitzenden Fahrkartenkontrolleur irgendetwas, wandte dabei jedes Mal seinen Blick von der Fahrbahn ab und dem Sitznachbarn zu. Es war einfach schrecklich, da die Fahrbahn zudem recht kurvenreich und das Tempo beträchtlich war. Letztlich drehte er sich zu allem Überfluss noch eine Zigarette, wobei er mit dem Ellenbogen lenkte! Zum Glück endete die Fahrt unfallfrei.

Mit einem Taxi fuhren wir dann zum Flughafen. Nach Wien und weiter nach Graz hatten wir jeweils einen guten Flug. Über den guten Abschluss der Reise freuten wir uns aber zu früh! In Graz gab es noch Ärger, denn man hatte in Wien vergessen unsere Rucksäcke mitzuschicken! Diese kamen erst am nächsten Tag in Graz an.

Meine 8. Athos-Wanderung

Mit Burkhard Thierrichter, Roland Gitler und Rudi Moser vom 20. bis 28. April 2002

Thessaloniki – Fahrt nach Vergina – Ouranoupoli – Xenofontos – Dochiariou – Konstamonitou – Legende der Panagia Antiphonitria – Zographou – Eremitage hl. Kosmas – Hilandar – Esfigmenou – Kirchlein Antonij Petscherskij – Vatopediou – Gebrauchsanweisung zum Band, welches mit dem Gürtel Mariens berührt wurde – Legende und Geschichte des Gürtels Mariens – Pantokratoros mit Museumsbesuch – Skite Profiti Ilia – Karyes – Koutloumousiou – Skite Agiou Andreou – Xiropotamou – Panteleimonos – Xenofontos – Dafni – Ouranoupoli

Samstag, 20. April:

Ich war im Vorhinein gespannt und gleichzeitig doch auch etwas besorgt, wie diese Wanderung verlaufen würde, hatte ich doch diesmal zwei völlig neue Wandergefährten mit dabei. Burkhard Thierrichter hatte ich schon letztes Jahr als einen verlässlichen, angenehmen Kameraden kennengelernt. Die Zuverlässigkeit von Rudi und Roland stand natürlich auch außer Frage, aber wie würden wir uns untereinander vertragen? Beruflich und weltanschaulich waren wir eine recht bunte Mischung, die sich da zusammengefunden hatte und die nun eine Woche lang miteinander auskommen musste.

Wer waren nun die beiden neu hinzugekommenen Mitwanderer? Roland war der aus Radio und Fernsehen, aus seiner sonntäglichen Glosse in der „Kronenzeitung" und aus vielen seiner Bücher wohlbekannte Wiener Soziologe Univ.-Prof. Dr. Roland Girtler. Mit ihm war ich vor Jahren fachlich in Kontakt gekommen und ich hatte auch immer wieder Vorträge von ihm besucht. Nicht nur wegen Rolands umfassendem Wissen, sondern auch wegen seiner unbestrittenen Gabe, den Vorträgen einen gewissen Unterhaltungswert zu geben, ist er ein beliebter Referent.

Bei einem dieser Vorträge lernte ich einen seiner ehemaligen Dissertanten kennen, Dr. Rudolf Moser aus Bad Gams. Daraus entstanden Freundschaften und wir drei waren in regelmäßigem Kontakt. Es ergab sich in mehreren Gesprächen, dass auch Roland und Rudi einmal den Athos besuchen wollten, und so kam es zu unserer nun bevorstehenden Wanderung.

Burkhard, Rudi und ich, alle drei waren wir von unseren lieben Ehefrauen zum Flughafen Thalerhof gebracht worden. Es regnete. Der Flug nach Wien verlief ruhig. Rudi, ein Freizeitpilot, erzählte mir während des Fluges Interessantes aus seiner reichen Flugerfahrung.

In Wien hatten wir circa eine Stunde Aufenthalt. Roland stieß zu uns, unverkennbar in seinem Sakko mit dem Deutschen und Österreichischen Alpenvereins-Edelweiß-Abzeichen am Revers. Zur Verwunderung von weiteren Mitreisenden hatte er scheinbar keinerlei Schwierigkeiten mit den Wanderstöcken, die doch ordentliche Spitzen an den Enden hatten, die erste Sicherheitskontrolle zu passieren. Angeblich sei er beim Passieren von einem

Beamten erkannt worden, der gemeint habe, das wäre *„der Girtler!“*. Was wohl so viel heißen mochte wie *„… lasst ihn durch“!*

Aber es kam noch aufregender. Beim Besteigen des Flugzeuges stieß man sich doch an seinen Wanderstöcken, die daraufhin durchleuchtet wurden. Es schrillten aber auch alle Alarmsignale, als Roland durch das Metalldetektor-Tor schritt. Als er daraufhin seine Taschen leeren musste, hatte er unter anderem auch einen Taschenfeitl eingesteckt! Roland tat nun völlig unschuldig und sagte zur Sicherheitsbeamtin: *„Sie müssen mir helfen, ich kenn' mich da gar nicht aus!“* Da das Messer nicht länger als eine Handbreite war, durfte er es behalten.

Auch der Flug nach Thessaloniki verlief ruhig. Das Wetter dort war prächtig und warm. Mit dem Taxi fuhren wir ins Hotel Metropolitan. Die Zimmer hatte ich schon vorbestellt. Roland wollte zwar plötzlich ein Einzelzimmer, aber das gab es nicht mehr, sodass er mit Rudi ein Zimmer teilen musste.

Nachdem wir die Zimmer bezogen hatten, zogen wir gleich los. Wir spazierten die breite und von zahlreichen Spazierenden bevölkerte Kaipromenade entlang. An der Promenade sah man zahlreiche prächtige Bauten des 20. Jahrhunderts, hügelwärts wurden die Häuser dann kontinuierlich kleiner. Sofern sie nicht dem Brand von 1917 zum Opfer gefallen oder später geschleift worden waren, waren dies Häuser der ehemaligen türkischen Stadtbewohner.

Wir besuchten nun einige Sehenswürdigkeiten von Thessaloniki, so das Denkmal Alexanders des Großen, den Weißen Turm und den inzwischen schön renovierten Galeriusbogen. In der Nähe des Letzteren gingen wir dann in ein Café und tranken als ersten Gruß an Griechenland zwei Runden Ouzo.

An der Rotonda vorbei – sie war immer noch nicht vollständig renoviert worden – wanderten wir die engen Gassen den Berg hinauf. Die Gassen waren von zum Teil bereits schön renovierten alten Häusern gesäumt. Wohlhabende Griechen hatten scheinbar die noch vor Kurzem abbruchreifen Häuser für sich entdeckt und renoviert. Wir besuchten das Vlatades-Kloster mit seiner immer wieder aufs Neue beeindruckenden Kirche. Eine Tafel erinnerte daran, dass bereits der hl. Paulus stimmgewaltig zu den Thessalonikern gepredigt habe.

Wir gingen der mächtigen Theodosianischen Mauer entlang bis zum Trigónion-Turm, von dem man einen besonders schönen Blick auf die Stadt und ihren Hafen hat. Als sich der Hunger bei uns regte, suchten wir das gleich hinter der Stadtmauer gelegene Lokal „O Christos“ auf, wo ich schon mehrmals gut gespeist hatte. Wieder war das Essen ausgezeichnet, auch der Retsina mundete uns sehr. Inzwischen war es schon Nacht geworden, wir wanderten wieder hinunter in Richtung Promenade. Wir suchten dann aber noch eine der vielen Konditoreien auf, die alle ein so verlockendes Angebot zur Schau stellten. Wir wollten eine Baklava essen. Da es dies jedoch nicht gab, mussten wir uns mit etwas Ähnlichem zufriedengeben. Über die Kaipromenade wanderten wir im Anschluss die gar nicht so kurze Strecke ins Hotel zurück.

Sonntag, 21. April:

Gleich nach dem Frühstück fuhren wir mit dem Bus Nr. 3, dessen Haltestelle beinahe vor dem Hotel gelegen war, zum Hauptbahnhof. Dort erwischten wir gerade noch den Bus nach Veria. Da es die Tage vor unserer Ankunft so viel geregnet hatte, war alles wunderbar grün. Roland fielen die vielen Industrieruinen auf, so sähe es auch in Rumänien aus! Mir wiederum fielen zum ersten Mal die vielen Spargelbeete auf, die man scheinbar seit Kurzem anlegt hatte.

Nach circa einer Stunde erreichten wir Veria und nahmen uns ein Taxi nach Vergina, das davon nicht weit entfernt war. Der Chauffeur sprach gut deutsch und überredete uns, uns mit seinem Taxi nach Thessaloniki zurückzufahren. Wir überredeten ihn dafür, dass er uns direkt zu den Palastruinen auf den Berg oberhalb von Vergina hinauffahren möge.

In diesem Palast soll einst Philipp II. von Mazedonien, der Vater Alexanders des Großen, gewohnt haben und hier soll er auch 336 v. Chr. bei der Hochzeit seiner Tochter ermordet worden sein. Die Anlage muss einst prächtig und gewaltig gewesen sein. Das zeigte sogar das wenige, was davon noch erhalten geblieben war. Mit einem deutschen Ehepaar plaudernd, wanderten wir nach Abschluss der Besichtigung zurück hinunter nach Vergina. Den gewaltigen Grabhügel von Vergina, wo unter anderem König Philipp II. begraben worden war, hatte ich schon im Bericht des Vorjahrs beschrieben. Dieses Museum beeindruckte stets aufs Neue. Bei unserem Rundgang hörten wir manchmal einer ganz ausgezeichnet deutsch sprechenden Reiseführerin zu. Schade, dass wir keine Zeit dazu hatten, eine Führung mitzumachen!

Anschließend besuchten wir kurz noch ein Café, bevor wir uns mit dem Taxi nach Thessaloniki zurückfahren ließen. Hinter uns lag eine schwarze Regenwand. Bis Thessaloniki waren es auf der Autobahn 68 km. Da sich der Taxifahrer in der Stadt nicht gut auskannte, ließen wir uns beim Weißen Turm absetzen und wanderten zu Fuß ins Hotel zurück.

Kurz darauf brachen wir aber bereits wieder auf. Über die am heutigen Tag besonders dicht bevölkerte Promenade – schließlich war ja Samstag – spazierten wir zum beeindruckenden Aristoteles-Platz und dann weiter ins teilweise schön renovierte Hafenviertel. Man hatte aus den einst hier zahlreich angesiedelten Kleinbetrieben, kleinen Geschäften und Lagerschuppen gemütliche Gaststätten gemacht.

Durch viele enge Gassen, vorbei an einem Türkischen Bad, erreichten wir die Dimitrios-Kathedrale. Sie war wie immer beeindruckend, vor allem die nach dem Brand noch übrig gebliebenen Mosaike und Malereien an den Säulen. Interessant waren auch die einstigen Thermen, die man vor Kurzem unter der Kirche freigelegt hatte. Nahe den ehemaligen Markthallen aßen wir dann wieder vorzüglich. Über die Kaipromenade erreichten wir gegen 22 Uhr schließlich unser Hotel.

Montag, 22. April:

Alles klappte wie am Schnürchen. Nach dem Frühstück marschierten wir zum Athos-Büro und bekamen auch gleich die Bestätigung. Rudi schimpfte zwar mit mir, da wir uns kein Taxi genommen hatten, aber jedem recht getan, ist eine Kunst, die niemand kann.

Wir erwischten anschließend umgehend den Bus Nr. 10 und stiegen diesmal richtig bei der vierten Station aus. Nach Lösen der Fahrkarten für den Chalkidiki-Bus hatten wir noch genügend Zeit, um ein Postamt für den Versand unserer Ansichtskarten zu suchen und einen Ouzo zu trinken.

Pünktlich um 10:30 Uhr fuhr unser Bus los. Im Gegensatz zu früheren Fahrten war dieses Jahr alles noch saftig grün. Damals war vieles meist schon von der Sonne ausgedörrt und braun gewesen. Auffallend war, dass die Plastik-Tunnels für die landwirtschaftliche Produktion stark im Zunehmen begriffen waren.

Je näher wir der Athos-Halbinsel kamen, desto häufiger sahen wir die herrlich blühenden Judasbäume (Cercis siliquastrum). Von der Straße aus, oberhalb der Ortschaft Stratoni, sah man erstmals in der Ferne den Athos sich als gewaltigen Riesen abheben. So schön und klar sah man ihn selten. Man konnte sich von dieser Stelle gut vorstellen, dass die alten Griechen geglaubt hatten, das könne nur ein zu Stein gewordener Titan sein. Dieser Anblick mag in Roland auch den Wunsch gefestigt haben, diesen Berg unbedingt zu besteigen.

In Ouranoupoli suchten wir als Erstes unsere Zimmervermieterin vom Vorjahr, die „Mama" auf, die sich über unser Kommen sehr freute. Danach gingen wir ins Büro um das Diamonitirion, welches wir auch gleich bekamen. Dann erwiesen wir dem Wahrzeichen dieses einstigen Fischerdorfes – dem Pyrgos, dem alter Wehrturm – unsere Reverenz,

Anschließend spazierten wir, erst dem Strand entlang, dann an Gärten, Feldern und üppig blühenden Wiesen vorbei zum Frangokastro, das nach letztjährigen Erkenntnissen ja eigentlich ein Kloster gewesen sein soll. Die Ausgrabung wuchs von Jahr zu Jahr, man grub Mauer für Mauer aus und rekonstruierte die alte Bausubstanz.

Beim Kellion Justiniana umkletterten wir den Athos-Zaun, laut Rudi – und er zitierte dabei Roland – „überschritten wir dabei Grenzen". Den nachfolgenden Spaziergang, der oberhalb der Ausgrabung vorbeiführte, war ich bereits im Vorjahr mit meinen damaligen Begleitern gegangen. Neu war hingegen, dass man überall rund um die alten Olivenbäume das Unkraut entfernt hatte und die Bäume durch Zuschnitt wieder ertragreich zu machen versuchte.

Nach unserer Wanderung spazierten wir wieder zum Hafen hinunter. Dort suchten wir ein Lokal auf, schrieben Ansichtskarten, tranken Ouzo und genossen den Anblick, wie die Sonne langsam in all ihrer Pracht im Meer versank. Wir besuchten Nikos, jenen Griechen, den Burkhard und ich schon im letzten Jahr kennengelernt hatten. Obwohl sein Lokal zum Zeitpunkt unseres Erscheinens nicht geöffnet hatte, bewirtete er uns zusammen mit einem Freund. Wir bekamen bei ihm einen ausgezeichneten Fisch zum Abendessen. Der Abend klang heiter aus.

Dienstag, 23. April:

Roland brach bereits um 6 Uhr früh mit einem Schnellschiff, welches nur in Dafni und in Agia Anna hielt, zum Athos auf. Er war nicht mehr zu halten, den Athos musste er am heutigen Tag besteigen!

Wir drei hatten dagegen Zeit, frühstückten gemütlich im Hafen und verließen um

09:45 Uhr mit dem Schiff Ouranoupoli. Langsam fuhr es die Küste entlang, vorbei am Kellion Justiniana, der verfallenen Skite Thivais, am Kellion Megali Jovantsa, an den Arsanas von Zographou und Konstamonitou. Im Hintergrund war stets der majestätische Athos zu sehen. Das erste Kloster – Dochiariou – kam in Sicht, ein riesiger Kran war dort aufgestellt worden. Und schon sahen wir das Kloster Xenofontos, wo wir dann an Land gingen.

Kurz darauf betraten wir das Kloster. Als Erstes besichtigten wir im Exonarthex des alten Katholikons die wunderbaren Malereien zur Apokalypse. Ich selbst ging mit anderen Reisenden zum Archontaris, der uns griechischen Kaffee, Loukoumi und Wasser anbot. Der Archontaris meinte, das neue Katholikon wäre offen, wir könnten es ohne Führung besuchen.

Ich ging nun auch selbst auf Erkundungstour und betrachtete die Apokalypse im Exonarthex. Da die Trapeza gerade geöffnet war und niemand da zu sein schien, gingen wir hinein und machten die Tür hinter uns zu und bestaunten auch diese wundervollen Malereien.

Danach gingen wir in den Klosterhof zurück. Hier gab es einen schön angelegten Teich mit Goldfischen. Wir gingen zum neuen Katholikon, angeblich war es das größte am Athos. Im Vorraum saßen viele junge Mönche und putzten Messing. Davon gab es ja sehr viel in jeder orthodoxen Kirche, beispielsweise den stets riesigen Radleuchter – den Choros – und die vielen Kerzenständer. Am kommenden Sonntag war Palmsonntag – also Osterputz! Dieses Putzen werden wir in der weiteren Folge noch bei mehreren Klöstern beobachten können. Im Inneren des Katholikons gab es hier keine Wandmalereien, dafür aber wunderschöne Ikonen. Wir verließen um circa 12 Uhr dieses Kloster.

Ein kurzer, schöner Pfad führte uns hin zum Kloster Dochiariou, welches wir nach zwanzig Minuten erreichten. Ein junger Mönch, er stammte aus Korfu, war hier der Archontaris: er war freundlich und polyglott. Das Katholikon könnten wir wegen des Osterputzes nicht besuchen. Er führte uns gemeinsam mit den anderen Pilgern zur berühmten und wundertätigen Ikone Panagia Gorgoepikousa („die schnell Erhörende"). Im Kämmerchen, wo die Ikone aufbewahrt wurde, herrschte Dunkelheit, nur das schwache Licht der Opferkerzen erhellte den Raum ein wenig. Die orthodoxen Pilger waren hier stets tief ergriffen. Wie immer bewunderte ich im Trakt zwischen Katholikon und Trapeza die wunderbaren Malereien von der Erschaffung der Welt, mit all den Fabeltieren und -wesen. Ich bat den freundlichen Mönch, auch die Trapeza besichtigen zu dürfen, deren Malereien kunstgeschichtlich berühmt waren.

Wir wanderten dann noch um die Kirche, zur wunderbaren Doppelphiali, eine Quelle derselben soll wundertätig sein. Auch konnten wir „Alexanders Himmelfahrt", ein Relief an der Kirchenwand, das inzwischen wieder an seiner Stelle war, betrachten.

Danach verließen wir dieses Kloster und strebten dem Kloster Konstamonitou zu. Nach circa zehn Minuten, noch an der Küste, kamen uns drei Grazer entgegen. Einer davon, der Schulpsychologe am Grazer B(R)G Carnerigasse war, erkannte Burkhard, der ja im Elternrat dieser Schule tätig war, gleich.

In Küstennähe, auf stets ansteigendem Pfad, wanderten wir circa eine Stunde. Dann machten wir Rast und jausneten. Auch in der Umgebung unseres Rastplatzes wurden gegenwärtig die alten Olivenbäume geputzt, das Unkraut rundherum entfernt und der

Boden zwischen den Bäumen umgeackert. Man kehrte überall zur alten Olivenölgewinnung zurück.

Nach der Jause ging es bergauf zum versteckt liegenden Kloster von Konstamonitou, welches wir nach einer Dreiviertelstunde erreichten. Auch hier gab es heute einen freundlichen Archontaris, Larentzakis' Empfehlungsschreiben zeigte zudem Wirkung und wir wurden überaus freundlich aufgenommen. Der Archontaris machte uns allerdings darauf aufmerksam, dass wir nicht zusammen mit den Mönchen die Messe feiern oder zusammen essen durften.

Im Kloster, welches wir nun kreuz und quer durchstreiften, wurden überall Renovierungsarbeiten durchgeführt, welche die Mönche selbst vornahmen. Man wollte offensichtlich – im krassen Gegensatz zu manch anderem Kloster – keine Fremdarbeit! In diesem Kloster gab es auch eine Vielzahl von Katzen.

Wir versuchten nun mit dem Mobiltelefon mit Roland Kontakt aufzunehmen, was gar nicht einfach war. Wir suchten lange nach einem Platz, an dem es Empfang gab. Schließlich schafften wir es doch und erfuhren von seinem tollen Gipfelsieg.

Um circa 09:30 Uhr war er am Fuße des Athos, auf Meeresniveau gewesen und ging gleich los die Stufen hinauf nach Agia Anna und von dort ohne Unterbrechung weiter in Richtung Gipfel. Am Vortag habe es am Gipfel sogar noch geschneit, Roland wagte dann den Anstieg im Alleingang und hatte unwahrscheinliches Glück mit dem Wetter. Etwas nach 15 Uhr hatte er den Gipfel des Athos erreicht – auf 2033 m, das bewiesen uns seine Fotos mit dem charakteristischen Gipfelkreuz. Etwas nach 18 Uhr war er wieder in Agia Anna, das etwa 350 m über dem Meer liegt. Eine tolle Leistung eines beinahe 61-Jährigen!

Nachdem die Mönche ihre Andacht beendet hatten, führte uns ein Mönch ins Katholikon und zeigte uns die wertvollsten Ikonen des Klosters, so die nicht brennbare Ikone des hl. Stephan, die schon drei Feuersbrünste unbeschadet überstanden habe, weiters eine Kopie einer russischen Hodegetria-Ikone („die Wegweiserin“) und die wundertätige Ikone Panagia Antiphonitria (*antiphonise* bedeutet „sie antwortete“). Ein Mosaik-Wandgemälde der Panagia Antiphonitria findet man im Kloster Vatopädiou, wo sich die legendäre Geschichte zugetragen haben soll. Ihren Namen hat die Panagia Antiphonitria von einer Stimme, die von ihr ausgegangen sein soll. Die hiesige, wundertätige Ikone war eine Kopie des dortigen Mosaiks. Nun die Legende:

Es wird überliefert, dass das Kloster einst von Placidia, der Tochter Theodosius' des Großen, besucht wurde. Als sie sich dem Katholikon näherte, in der Absicht, es durch die kleine Seitentür zu betreten, hörte sie eine Stimme, die von der Ikone ausging: „Bleibe, wo du bist und tritt nicht näher. Wie kannst du, eine Frau, es wagen, an diesen Ort zu kommen?“ Die Prinzessin, von Furcht ergriffen, bat die Mutter Gottes um Vergebung und verließ den Heiligen Berg unverzüglich.

Interessant war auch die aus Marmor bestehende Ikonostase. Leider befand sich im Katholikon auch ein Ungetüm von Ofen mit einem gewaltigen Ofenrohr, welches recht unschön durch ein Fenster abgeleitet wurde.

Inzwischen waren auch die Mönche mit ihrem Essen fertig geworden und man führte uns in die Trapeza. Diese war schmucklos und ungemütlich, das Essen war aber gut und reichlich. Es gab Bohnensuppe, gut gewürzten Reis mit Gemüse, eine Pfirsichhälfte aus der Dose, Oliven, Radieschen, Brot und Wasser.

Da es im Kloster kein elektrisches Licht gab, gingen wir früh schlafen.

Mittwoch, 24. April:

Wir standen um sechs Uhr auf und frühstückten im Zimmer. Wir waren ja, sowohl bei der Andacht als auch beim gemeinsamen Frühstück unerwünscht, auf was sollen wir dann noch warten? Wir brachen dann gut gestärkt circa eine halbe Stunde später auf. Gleich nach Verlassen des Klosters suchten wir den Karner auf und besichtigten diesen.

Rechts vom Kloster führt ein stark verwachsener Weg hinunter zu einem Bachbett. Der Einstieg am Gegenhang war nicht allzu schwer zu finden und dann ging es 1 ¾ Stunden auf einem alten Pilgerweg dahin, der teilweise bereits stark verwachsen war. Eigentlich hatte ich Angst, ob ich den Weg, den ich vor zwei Jahren mit Herwig und einem Griechen erstmals gegangen war, wiederfinden und mich unterwegs nicht verirren würde. Und in welchem Zustand war der Weg wohl jetzt? Vor zwei Jahren war er eher „wild". Nun, wir hatten uns heute für diesen Weg entschieden und mich mit meinen Wandergefährten abgestimmt – also gab es kein Zurück mehr!

Zu meiner Freude gab es dieses Mal wenig Schneebruch. Rundherum war meist nur „Natur pur", ganz selten sah man hie und da in der Ferne ein meist verfallenes Gebäude. Die Hügel, die wir querten, waren 200 bis 300 Meter hoch. Wunderschön waren rundherum die Blumen – Ginster, Affodill, Schwertlilien und vieles mehr. Es gab auch genügend Anzeichen, dass es hier viele Wildschweine geben muss. Das Wetter war prächtig und die Temperatur zum Wandern sehr angenehm.

Im Kloster Zographou, welches wir nach circa 7 km erreichten, nahmen uns die Mönche kaum zur Kenntnis. Das Kloster wurde von bulgarischen Mönchen bewohnt. Im Exonarthex des Katholikons betrachteten wir wieder wunderbare Darstellungen zur Apokalypse.

Wir fragten einen zufällig vorbeikommenden Mönch, ob wir das Katholikon besuchen könnten. Es sei offen, sagte er uns. Und tatsächlich, eine Seitentüre war unversperrt. Niemand war zu sehen, nur von der Ferne hörte man Stimmen. Beinahe lautlos fotografierten wir im Kircheninneren die wunderschönen und interessanten Malereien. Hier im Esonarthex gibt es eine Darstellung von einer Begebenheit, bei der im Jahre 1274 der Papst das Kloster in Flammen gesetzt haben soll, ein Ereignis, welches allerdings nie stattgefunden hatte. Für die damals – angeblich – ums Leben gekommenen Mönche gab es im Klosterhof sogar ein Kenotaph. Die Mönche hier glaubten alle felsenfest an diese religionspolitisch motivierte Legende. Man sieht, Fake News gab es schon immer.

Im Raum daneben waren mehrere Mönche mit dem Messingputzen beschäftigt. Wir bewunderten die prächtig geschnitzte Ikonostase und die beiden St. Georgsikonen – eine davon stand im Ruf, wundertätig zu sein. Wir besichtigten noch den Exonarthex der Kapelle Agia Panagia mit der entzückenden Darstellung der biblischen Ereignisse um Noah und die Sintflut.

Sonst wirkte das ganze Kloster, bis auf den Zustand seiner tadellosen Toiletten, eher etwas verkommen. Wir verließen es und waren dann beeindruckt von seiner vorbildlichen Landwirtschaft in den Gärten vor dem Kloster – typisch bulgarisch!

Unten im Tal nahmen wir die Abzweigung nach Hilandar. Wie immer nötigte der schön mit Steinen ausgelegte und vielfach noch gut erhaltene Pilgerweg jeden Bewunderung ab. Nach circa einer halben Stunde kamen wir zu jener Stelle, an der ein großes, rotes Kreuz die Stelle markiert, an der man rechts abzweigend die Einsiedelei des hl. Kosmas von Zographou besichtigen konnte.

Wir versteckten unsere Rucksäcke etwas abseits des Weges, gingen einen schmalen Pfad zu einem kleinen Bach hinunter und auf der gegenüber liegender Seite wieder den Hang hinauf, bis wir vor einer Felswand standen. Diese Einsiedlerhöhle hatte ich zuvor bereits mit Herwig besucht. Die Höhle dürfte in der Zwischenzeit auch von den griechischen Pilgern eifrig besucht worden sein, denn vor dem kleinen Altar hinter einer Fensterscheibe hatten sich in der Zwischenzeit allerhand Devotionalien angesammelt.

Der Pilgerweg nach Hilandar zog sich in die Länge. Wieder trafen wir, wie beinahe jedes Jahr, immer an einer bestimmten Stelle, auf eine Schildkröte. Auf der Hochfläche, sie war von mehreren neuen Forststraßen durchzogen, war ich über den weiteren Wegverlauf erst etwas verunsichert, schließlich fand ich den richtigen Einstieg, der hinunter zum Kloster Hilandar führte.

Der Weg zum Kloster war wie immer extrem schlecht zu gehen. Er war furchtbar ausgewaschen, zudem eng und führte eher steil bergab. Aber diesen Weg bergab zu gehen war immer noch besser als ihn bergauf gehen zu müssen. Der Weg war mir stets in schlechter Erinnerung.

Dann lag es vor uns – mein Lieblingskloster. Wir waren, inklusive der Besichtigung des Klosters Zographou, bisher circa sieben Stunden unterwegs gewesen. Vor Betreten des Klosters setzten wir uns noch gemütlich hin und jausneten kräftig. Wir führten ja alle reichlich Proviant mit und hier in Griechenland war Fastenzeit!

Im Kloster herrschte vorerst Stille. So entledigten wir uns der Rucksäcke und spazierten zur Marienkapelle hin, die außerhalb des Klosters lag. In der Kapelle war wunderbar die Geschichte der Tricheirousa (der „Dreihändigen“) dargestellt. Zum Kloster zurückgekehrt, lud man uns gleich zum Essen in die Trapeza ein. Es gab Rollgerste, Oliven, eine Orange, Tee und sogar ein Stück Schokolade! In den schön gestalteten Räumlichkeiten des Archontarikions wurde uns dann ein Zimmer zugewiesen.

Wir gingen in weiterer Folge auf Entdeckungsreise. So bewunderten wir die Klosteranlage erst einmal von außen. Nein, das war kein Kloster, das war eine gewaltige Festung! Wieder im Innenhof hatte niemand Einwände, als wir das Katholikon besuchten. Wir bewunderten den uralten Weinstock, der aus dem Grab des hl. Simeon (Stefan Nemanja) herauswuchs. Seine getrockneten Früchte sollen unfruchtbaren Frauen zu Kindern verhelfen.

Beim Durchstreifen des Klosters bemerkten wir, dass die Tür zum gewaltigen Turm des hl. Saba/Sava – seine Basis entstand bereits um 1200 – offenstand. Ein Mönch saß zwar davor, doch er hatte nichts dagegen, als wir den Turm besteigen wollten. Ganz oben unter dem Dach gab es dann eine atemberaubende Aussicht über die gesamte Klosteranlage.

Einen Stock tiefer lag eine Kapelle, dem hl. Joannis Prodromos geweiht: die Malereien dieser Kapelle waren faszinierend schön. Sie waren um 1680 entstanden.

Wir durften auch der Hesperinos-Andacht beiwohnen, müssten aber ganz hinten im Esonarthex sitzen bleiben. Nach der Andacht gab es kein Essen mehr, es war ja Fastenzeit, und wir hatten bereits zu Mittag schon eine Mahlzeit bekommen. Wir freundeten uns mit einem alten Jugoslawen an. Er war einst Kaufmann gewesen, lebte nun aber hier im Kloster, war aber kein Mönch geworden. Er zeigte uns das Katholikon, die Bilder der Ikonostase waren in der Fastenzeit zwar verhängt, nicht aber die Tricheirousa. Wir bewunderten auch den Silbersarg des hl. Simeon.

Es wurde schon dämmrig, als Roland endlich zu uns stieß. Wir hatten den ganzen Nachmittag vergebens versucht, ihn telefonisch zu erreichen. Vor lauter Müdigkeit stolperte er fast ins Kloster herein. Er war total in die Irre gegangen. Von Agia Anna hatte er in der Früh das Schiff nach Dafni genommen und war von dort bis zur Arsanas von Zographou gefahren. Dort war er ausgestiegen und in Richtung Hilandar gewandert, hatte aber leider bei der Kapelle, wo die Wege sich verzweigen, dann die falsche Abzweigung erwischt.

Irgendwann hatte sein Weg dann im Dickicht geendet. Er brach sich zuerst einen Ast als Gehbehelf ab, in der Folge hatte er diesen jedoch wieder weggeworfen und sich einen riesigen Prügel als Wanderbehelf abgerissen. So wanderte er nun, so gut es ging, weiter. Einmal stolperte er über ein skelettiertes Wild und kam nach viel Mühsal endlich zum Kloster Esfigmenou. Ich vermute, dass er den kaum mehr begangenen Weg, der auf der Zwerger-Karte mit Vagenokamánes bezeichnet ist, gegangen war. Das Kloster Esfigmenou lag circa eine halbe Stunde von hier entfernt direkt am Meer. Da er aber wusste, wo wir uns aufhielten, war er dann den Weg nach Hilandar zurückgewandert.

Nun begehrte er eine Mahlzeit und war kaum davon abzubringen, dass es zum gegenwärtigen Zeitpunkt, aufgrund der Fastenzeit, nichts mehr zu essen gab. Er war der Meinung, er habe für das Diamonitirion € 30,– bezahlt und das inkludiere eben auch eine tägliche Mahlzeit. Wir nahmen ihn direkt mit auf unser Zimmer, ohne ihn anzumelden. Roland aß nun, was wir ihm von unseren Vorräten geben konnten, vor allem meinen Käse. Da er gleich das ganze Stück auf einmal aß, es muss ein 1/4 Kilo gewesen sein, bekam er in der Nacht Magenschmerzen und beschuldigte mich am Morgen, mein Käse sei von schlechter Qualität gewesen.

Der freundliche Jugoslawe führte uns im Weiteren zum Karner. Er erzählte mir, der allseits geachtete und beliebte Pater Mitrophan sei vor drei Jahren an Herzschwäche gestorben. Er hätte exakt eine Woche davor gesagt, an welchem Tag der folgenden Woche er sterben werde. An seinem Grab stehend gedachte ich seiner in Dankbarkeit.

Obwohl wir diesmal elektrisches Licht am Zimmer zur Verfügung hatten – das Zimmer konnte sogar zentral beheizt werden – gingen wir früh schlafen.

Donnerstag, 25. April:

Um sechs Uhr standen wir auf. Roland ließ auch gleich sein kräftiges *„Burschen aufstehen!“* erschallen. Wir frühstückten am Zimmer und brachen bald danach auf. Roland marschierte stolz mit seinem großen Stock. Um die spätere Aufregung zu verstehen, an dem Stock war gar nichts Besonderes, außer, dass Roland ihn sich irgendwo in der Wildnis des Athos abgebrochen hatte und damit wahrscheinlich nicht einmal einen ganzen Tag gewandert war.

Bei der bereits außerhalb des Klosters gelegenen Marienkapelle machten wir einen kurzen Halt, um Roland die Legende der Tricheirousa zu erzählen. Wunderschön war der weitere Weg zum Kloster Esfigmenou. Nirgendwo, außer an diesem Ort am Athos, gab es sonst Felder. Doch auch hier wird deren Zeit bald vorbei sein, ein großes Feld hatte man schon in eine Olivenbaumpflanzung umgewandelt. War das der Einfluss von Pater Panteleimon aus dem Kellion Megali Jovantsa? Sein Kellion gehörte ja zu Hilandar. Es wurde von Pater Panteleimon, dem Deutschen aus dem Schwarzwald, bewohnt und verwaltet. Von diesem hatte man gehört, dass er mit einem deutschen Kaufhausmanager einen Olivenöl-Liefervertrag abgeschlossen habe. Dieser verkaufte für ihn – wahrscheinlich für das Kloster Hilandar – exklusiv in Deutschland „Olivenöl vom Heiligen Berg Athos".

Wie bereits vor zwei Jahren weidete kurz vor dem Kloster Esfigmenou wieder ein Schimmel auf einer Wiese. Ein schöner Anblick mit dem Kloster im Hintergrund. Wir erreichten die alte Steinbrücke, über die der Weg zum Kloster hinüberführt. Wir wanderten aber vorerst hinauf zum Kirchlein des „hl. Antonij Petscherskij", das malerisch an einem steilen Hang über der Meeresbucht gelegen war. Dieser Heilige – er lebte von 982 bis 1073 – war ein bedeutender Mann der ukrainisch-orthodoxen Kirche.

Wieder versteckten wir unsere Rucksäcke, und nach einigen Kehren den Hang bergauf erreichten wir das Kirchlein. Der Innenraum desselben war einfach ausgestattet. Im Haus daneben wohnten angeblich zwei Mönche. Überragend war aber der Blick von hier auf das hervorragend befestigte Kloster Esfigmenou. Und wieder fiel uns auf, wie ordentlich und wohlbestellt die zum Kloster gehörige Landwirtschaft war.

Wir betraten das Kloster von der Seeseite her. An dieser Seite ist noch immer das Transparent „Orthodoxie oder Tod" sichtbar angebracht. Weiße Schrift auf schwarzem Grund, die Antwort der Mönche dieses Klosters auf die Annäherung zwischen Orthodoxie und Katholizismus.

Im Kloster fanden wir weder den Archontaris noch jenen Mönch, der den Schlüssel zum Katholikon aufbewahrte. So umrundeten wir bloß das Katholikon und verließen dann das Kloster durch sein landseitiges Tor, welches überlebensgroße, biblische Wächterfiguren zu beiden Seiten als Wandmalerei aufwies.

Die einstigen schönen Pilgerwege vom Kloster weg waren brutal zerstört worden. Mit Bulldozern waren breite Wege angelegt worden. Gut eine halbe Stunde mussten wir darauf wandern. Der dereinst so wunderschöne Weg durch eine fantastisch in Blüte stehende Hochebene – vor zwei Jahren war ich ihn noch mit Herwig gewandert – existierte in dieser Form nicht mehr!

Im Verlauf des Weges zweigte auf einmal nach links der alte Weg ab. Nur Burkhard hatte diesen entdeckt, und erfreut schlugen wir den alten Weg ein. Es war tatsächlich der alte, schöne Pilgerweg. Oft noch steingepflastert ging es auf und ab, über Wiesen, durch dichtes Strauchwerk, durch angenehm kühle Wälder und über Bäche. Nach circa zwei Stunden Wanderns sahen wir erstmals das mächtige Kloster Vatopediou in der Ferne.

Nach kurzer Zeit erreichten wir den Strand und querten eine Bucht, die leider auch furchtbar mit Plastikabfall zugemüllt war. Wir wateten sozusagen durch Plastik. Eine Meeresströmung hatte ihn hier scheinbar angeschwemmt und niemand fühlte sich für die Beseitigung zuständig.

Wir ließen uns am Strand nieder und jausneten. Der Weg ging dann weiter durch einen Wald und bog von der Küste ins Landesinnere ab. Gegen zwölf Uhr erreichen wir das Kloster Vatopediou, wo ein besonders freundlicher Pyloros (Pförtner) den Dienst versah. Er meldete uns telefonisch beim Archontaris an. Der empfing uns mit reichlich Loukoumi, Tsipouro, griechischem Kaffee und Wasser. Da wir seine Frage, ob wir auch Tee trinken möchten, bejahten, bekamen wir zudem einen würzigen Kräutertee serviert.

Im Empfangsraum waren zwei „Zivilisten" mit einer eigenartigen Tätigkeit beschäftigt. Sie verpackten etwas, das aussah wie ein weißes Band in kleine Nylonsäckchen und klammerten das Säckchen dann zu. Für das Abwickeln des Bandes bedienten sie sich einer schön verchromten Maschine, wahrscheinlich einer Wickelmaschine, die man bei unserem Eintreffen gerade im Begriff war, wegzupacken. Leider schenkte ich dem vorerst kaum Aufmerksamkeit, da mir der Zusammenhang nicht klar war.

Erst im Nachhinein erfuhr ich, dass das gesamte Band, bevor es mit Hilfe der Maschine aufgewickelt und dann auf eine bestimmte Länge zusammengeschnitten wurde, vorher in einer feierlichen Zeremonie mit der Gürtelreliquie Mariens berührt worden war. Verbunden war damit der auch im Katholischen geläufige Glaube, dass durch Berührung mit einer Reliquie die Heilkraft derselben auch auf den berührenden Gegenstand übergeht.

Im riesigen Klosterhof strömten die Mönche von überall her zum Katholikon. So auch wir. Wir bewunderten vor allem die außenseitigen Fresken, die ausgezeichnet erhalten waren. Danach gingen wir wieder zur Pforte. Ich fragte den Pförtner, ob es Andenken zu kaufen gäbe. Der Laden dafür befand sich gleich gegenüber der Pforte und der freundliche Mönch war bereit, uns etwas zu verkaufen. So erwarb ich einige Heiligenbilder und ein Phylachto.

Da fiel mir ein, nach dem „Gürtel Mariens" zu fragen, einer Devotionalie, die man nur in diesem Kloster bekam. Sie bestand aus einem Band von bestimmter Länge. Dieses Band wurde von Männern aus der Welt der Orthodoxie erworben. Von seiner Anwendung wusste ich nur so viel, dass es vor allem Gebärenden umgebunden wurde.

Schon vor mehreren Jahren, als ich mit Fidi und Raoul dieses Kloster besuchte, hatte ich mich nicht getraut, den Mönch, der damals die Bänder an orthodoxe Pilger hergab, danach zu fragen. Der freundliche Mönch aber war sofort bereit, mir diese Devotionalie zu geben. Ja, sogar jeder meiner Freunde bekam auf meine Bitte hin so ein Band geschenkt, denn dafür durfte kein Geld verlangt werden! Jetzt verstand ich auch, was die beiden Männer im Empfangsraum gemacht hatten.

Dem Band beigefügt war eine Art „Beipackzettel", verfasst in griechischer Sprache, welchen ich mir in weiterer Folge zu Hause übersetzen ließ. Den Text möchte ich hier wiedergeben:

Der Gürtel der heiligen Theotokou (Gottesgebärerin).

Das vorliegende Band ist mit dem heiligen Gürtel der heiligen Theotokou gesegnet, der sich seit dem 14. Jahrhundert als Geschenk des byzantinischen Kaisers Ioannou von Ka(n) takousinou im Kloster befindet. Einer alten Tradition entsprechend, werden derartige Bänder frommen Pilgern mit dem Segenswunsch der heiligen Theotoka, der unser Kloster gewidmet (geweiht) ist, überreicht. Viele Wunder sind in diesem Zusammenhang überliefert, Krebskranke oder andere Kranke konnten ihre Gesundheit wiedererlangen, vorher unfruchtbare Frauen brachten Kinder zur Welt.

Der Kranke bindet sich das Band für eine gewisse Zeit um den Körper, gleichzeitig zeigt er eine reuevolle Gesinnung, spricht Gebete, beichtet und nimmt an den Eucharistiefeiern teil. In gleicher Weise verfahren Eheleute, die zusätzlich noch, so gut sie es vermögen, fasten und geschlechtlich enthaltsam leben, während sie das Band tragen. Ein aufrichtiges geistliches Leben in andauernder reuevoller Gesinnung und die Teilnahme an den kirchlichen Sakramenten muss lebenslang fortgesetzt werden, da es für uns die einzige Möglichkeit einer Gemeinschaft und Verbindung zu Gott darstellt, sowohl gegenwärtig als auch in zukünftigen Jahrhunderten.

Ich hatte mich über diese Gabe ehrlich gefreut. Ich hoffe, dass diese besondere Gabe meinen Reisegefährten ebenfalls Freude bereitet hat. Kurz sei hier auch über die Legende und über die Geschichte dieser Reliquie berichtet:

Der Gürtel Mariens gilt als eine der meist verehrten und wertvollsten Reliquien der orthodoxen Christenheit. Der Überlieferung nach soll die Jungfrau Maria selbst den Gürtel während ihrer Schwangerschaft aus Kamelhaar angefertigt haben. Nach Mariens leiblicher Aufnahme in den Himmel habe sie den Gürtel in einer Erscheinung dem Apostel Thomas übergeben, der ja, da er bei der Himmelfahrt Mariens selbst nicht dabei gewesen sein soll, an derselben genauso gezweifelt habe, wie schon an der Auferstehung Christi. Deshalb erschien ihm Maria und überreichte ihm den Gürtel.[62]

Über Jerusalem und Kappadokien gelangte die Reliquie nach Konstantinopel. Immer wieder wechselte die Reliquie den Besitzer und den Ort der Verehrung. Von den Bulgaren gestohlen und nach Bulgarien gebracht, fiel die Reliquie letztendlich in die Hände der Serben, wo sie Prinz Lazarus I. (1372–1389) dem Kloster Vatopediou schenkte.[63]

Wie groß die Verehrung des Gürtels Mariens auch außerhalb von Griechenland ist, konnte man im Jahr 2011 einem Bericht aus Russland entnehmen. Nachdem die Ausübung von Religion in Russland wieder erlaubt war, stellte man in diesem Jahr die Gürtelreliquie dem gläubigen russischen Volk zur Verehrung für kurze Zeit zur Verfügung und erlaubte eine Ausfuhr der Reliquie nach Russland. Unter vielen Kurzaufenthalten in verschiedenen bedeutenden russischen Kirchen war die Reliquie auch in der wieder errichteten Moskauer Christi-Erlöserkirche für zwei Tage ausgestellt. An diesen beiden Tagen kamen 50.000 Gläubige, um die Gürtelreliquie zu verehren. Wer besonderes Glück hatte, musste nur sechs Stunden in der

62 Vgl.: https://de.wikipedia.org/wiki/Heiliger_G%C3%BCrtel (Zugriff: 3.2.2020).

63 Vgl.: https://www.google.at/search?source=hp&ei=tQA4XubWOdGHwPAP2_y-IA&q=G%C3%BCrtel+Mariens&oq=G%C3%BCrtel+Mariens&gs_l=psy-ab.3..0.1310.8083..9622...0.0..0.141.1258.12j2......0....1..gws-wiz.......0i131j0i10j38j0i22i30.1a4WQ-5XqN4&ved=0ahUKEwimheHGoLXnAhXRAxAIHVu-DwQQ4dUDCAU&uact=5 (Zugriff: 3.2.2020).

Schlange warten. Viele standen bis zu 18 Stunden bei Schneefall an und warteten geduldig, bis sie an den Reliquienschrein treten konnten![64]

Wir verließen das Kloster wieder und strebten in Richtung Kloster Pantokratoros, unserem heutigen Tagesziel, zu. Wir wanderten auf einem alter Pilgerweg, der bis auf 400 m hinaufstieg. Zweimal kreuzten wir eine Straße. Es war recht heiß und wir schwitzten ordentlich. Ich wollte über die Skite Bogoroditsa, die weder Burkhard noch ich kannten und weiter über die große und prächtige Skite Profiti Ilia nach Pantokratoros wandern.

Leider erwiesen sich nun sowohl die Karte von Prof. Zwerger als auch die neue, in Ouranoupoli erstandene Karte, als ungenau. Gerade an einer kritischen Stelle waren wir uns nicht sicher, und Rudi und ich entschieden uns für den falschen Weg. Wir folgten also einer Forststraße beinahe eine Stunde lang. Verdächtig kam es uns schon vor, dass es ständig bergab ging, aber wir trösteten uns gegenseitig, dass sich bei der nächsten Kurve die Lage ändern würde. Letztlich erkannten wir alle, dass wir in die Irre gegangen waren.

Auf einmal kam uns ein Mönch in einem Geländewagen entgegen. Wir deuteten ihm, stehen zu bleiben, und er bestätigte uns, dass wir den falschen Weg genommen haben. Er meinte auch, wenn wir über Bogoroditsa und Profiti Ilia gehen würden, würden wir das Kloster Pantokratoros heute sicher nicht mehr erreichen. Er würde uns aber zu einer Stelle bringen, von wo der Weg zum Kloster Pantokratoros nicht mehr so weit sei.

Nun ging alles schnell. Wir luden blitzschnell unsere Rucksäcke ein. Leider passte Rolands Wanderstab ob seiner Länge nicht ins Auto hinein und wurde – ohne das Wissen von Roland – zurückgelassen. Noch im Auto bemerkte er dies und rastete gleich total aus.

Vier Tage lang war er nun schwer zu ertragen und fing alle Augenblicke an, von seinem Stock zu reden. Jedes Mal stritt dann ein anderer von uns mit ihm. Rudi kündigte ihm letztlich die Freundschaft auf *(„Du bist nicht mehr mein Freund, nur mein Bekannter!“)*, Burkhard nannte ihn einen „ewigen Stänkerer“ und ich verbot ihm, nach einer lautstarken Auseinandersetzung noch einmal das Wort „Stock“ in den Mund zu nehmen.

An und für sich schätze ich Roland sehr. Dasselbe war wohl auch bei Burkhard und Rudi der Fall. Daher war mir diese ganze Auseinandersetzung von Herzen zuwider. Um unsere Wanderung halbwegs harmonisch fortzusetzen, musste ich mit Roland auf Konfrontation gehen, sonst hätte die Gruppe nicht zur Ruhe gefunden, sondern nur Streit gehabt. Roland umging natürlich immer wieder das „Stockverbot“, indem er mir einmal etwas vom „Unaussprechlichen“ erzählte, ein anderes Mal vom „heiligen Holz“ sprach. Innerlich musste ich direkt lachen.

Der Mönch, nach eigener Definition eine Art „Forstingenieur“, wartete uns während der Fahrt sogar Süßigkeiten – eine Art Kokosstangerl – auf. Er brachte uns den ganzen falsch gegangenen Weg zurück und schließlich zu einer Straße, die durch einen Schranken abgesperrt war. Ich erkannte die Stelle wieder, Herwig und ich waren im Jahre 1999 von unserer damaligen „Fahrgelegenheit“ auch hier abgesetzt worden.

Wir machten uns abermals auf den Weg. Roland eilte uns meist, tief beleidigt, voraus,

64 Vgl.: https://katholisches.info/2011/11/21/heiliger-gurtel-der-jungfrau-maria-in-moskau-ausgestellt-athos-reliquie-fur-wiedergeburt-ruslands/ (Zugriff: 3.2.2020).

worüber der Rest der Gruppe sehr froh war, da er sonst nur weiter mit uns gestritten hätte. Der Weg auf dieser Forststraße war langweilig, nur einmal sahen wir in der Ferne einen Turm. Das tiefblaue Meer war unser ständiger Begleiter, wir träumten vom Baden. Nach einer Stunde (drei Stunden von Vatopediou entfernt, inklusive Irrweg) sahen wir das Kloster Pantokratoros und waren auch bald dort angelangt.

Der Archontaris war wieder sehr gastfreundlich, er bestätigte mir, dass er mein Fax bekommen habe. Er wies uns ein Zimmer im ersten Stock des Gästetraktes zu, welches leider intensiv nach Schweiß stank. Wir streiften im Weiteren noch etwas im Kloster herum. Um 18:00 Uhr fand die Hesperinos-Andacht statt. Der Priester, der die Andacht hielt, war uns wohlgesinnt und so bekamen wir ordentlich „Weihrauch"! Zusammen mit den anderen Gästen bekamen wir dann ein Abendessen in der Trapeza, die Mönche selbst fasteten. Die Malereien in der Trapeza waren leider ziemlich renovierungsbedürftig.

Nach dem Essen fing uns ein Mönch ab und fragte uns, ob wir die Klosterschätze sehen wollten. Natürlich ließen wir uns die Gelegenheit nicht entgehen. Wir gingen mit ihm – zusammen mit den anderen Gästen – in den Wehrturm des Klosters und stiegen in diesem bis nach oben. Dort war ein Schauraum untergebracht, voll klimatisiert und alle Objekte wunderbar in Schaukästen präsentiert. Es gab natürlich viele Ikonen – eine sogar aus dem 11. Jahrhundert –, Bücher aus dem 9. und dem 10. Jahrhundert, Homilien, kaiserliche Urkunden – deren Unterschrift mit Purpurtinte war nur dem Kaiser vorbehalten –, Stickereien und vieles mehr zu sehen. Man wusste nicht, was man mehr bestaunen sollte!

Wir besuchten in der Folge einen ein Stockwerk tiefer gelegenen Schauraum. Hier gab es abermals Ikonen, aber auch liturgisches Gerät, Stickereien, Ringe – insbesondere Siegelringe –, wertvolle Gürtelschnallen und vieles mehr zu sehen. Wir waren alle tief beeindruckt und dankbar, dass man uns das alles gezeigt hatte. Der Mönch, der uns führte, war ein fein gebildeter Mann um die 30 Jahre. Er hatte in Paris katholische Theologie studiert und sprach, zum Glück, auch englisch.

Anschließend gingen wir mit ihm in den Shop, wo ich eine kleine Marienikone für meine Frau erwarb. Roland kaufte sich einen neuen Wanderstock! Nicht viel später gingen wir schlafen, wir waren ja heute 38 km gewandert und ehrlich müde.

Freitag, 26. April:

Schon beinahe rituell frühes Aufstehen und anschließendes Frühstücken am Zimmer. Dann Abmarsch nach der Skite Profiti Ilia. Für den Marsch dorthin benötigten wir circa eine Dreiviertelstunde. Der Weg führte stets bergauf. Roland eilte uns voraus. Unterwegs hatten wir immer wieder einen schönen Blick zurück auf das Kloster Pantokratoros. Als wir bei der gewaltigen, klosterähnlichen Skite Profiti Ilia ankamen, war deren Tor noch geschlossen.

Erst um acht Uhr öffnete ein Mönch das Tor. Wir durften auch in das ganz im russischen Stil gebaute Kyriakon hinein. Das prächtige Kyriakon hatte ich ja schon im Jahr 2000 beschrieben.

Wir gingen innerhalb der Skite noch etwas herum und besuchten dann auch noch den Shop. So einen Shop hat nun schon fast jedes Kloster und jede Skite! Besonders freundlich war der Mönch diesmal nicht, denn er bewirtete uns gar nicht. Vielleicht hatte er sich geärgert, weil wir ans Tor geklopft hatten?

Wir machten uns bald auf den Weg nach Karyes. Roland eilte uns abermals voraus. Es war herrlich zu gehen, eine noch kühle Luft und vor uns stets der riesengroße Fels des majestätischen Athos. Die Straße nach Karyes war wie immer staubig, nach 1 ½ Stunden hatten wir das mönchische Verwaltungszentrum erreicht.

Wir gingen dort als Erstes in das Verwaltungsgebäude der Heiligen Gemeinschaft, um eine Verlängerung des Diamonitirions zu erlangen. Leider verursachte ich dort eine große Aufregung.

In Ouranoupoli lagen im Athos-Büro alte Diamonitiria auf, die auf ihrer Rückseite Informationen über die Klöster aufgedruckt hatten. Ich hatte mein aktuelles Diamonitirion und diese Informationshilfe in einer Folie aufbewahrt. Als ich nun um die Verlängerung bat, zog der Serdaris (Amtsdiener) beide Papiere aus der Folie heraus und nahm sie mit. Gleich darauf schoss ein Mönch aus den Amtsräumen heraus und wollte wissen, woher ich das zweite Diamonitirion habe. Ich klärte das Missgeschick auf und erklärte, das zweite Diamonitirion wegen der Information auf der Rückseite mitzuführen. Es dauerte noch eine geraume Zeit, bis wir die Verlängerungen bekamen. Vom zweiten Diamonitirion bekam ich schließlich nur eine Kopie der Rückseite zurück.

Nach dieser Aufregung suchten wir das Protáton, die Hauptkirche des Athos, auf. Wir wurden vorerst hinausgewiesen, da wir mit den Rucksäcken am Rücken das Gotteshaus betreten hatten. Ohne diese durften wir es dann betreten. Im Inneren wurde noch immer eifrig renoviert. Wir bewunderten die vielfach beschriebenen Ikonen (Koimesis / Entschlafung Mariens, Panagia Eleousa / die „Erbarmerin“) und baten, ob wir einen Blick auf das größte Heiligtum des Athos, die wundertätige Ikone Axión estín („Es ist würdig“) werfen dürften, was uns tatsächlich gewährt wurde.

Nachdem wir das Protáton verlassen hatten, wanderten wir am Gasthaus vorbei hin zum Kloster Koutloumousiou. Dort wurde gerade eine Andacht gehalten und wundervoll gesungen. Wir saßen im Exonarthex und bewunderten die phantasievollen Malereien, wieder einmal war die Apokalypse zu sehen, weiters die Erschaffung der Welt mit besonders phantastischen Tierdarstellungen und letztlich sah man auch tanzende Mädchen. Einen Blick warf ich auch zur wundertätigen Ikone Phowera Prostasia, der „furchterregenden Beschützerin“ hinein.

Burkhard hatte inzwischen – leider ohne den Blitz auszuschalten – fotografiert und war natürlich bemerkt worden. Aus Angst um seinen Film floh er Richtung Karyes und Rudi und ich folgten ihm langsam nach. Roland dagegen folgte uns erst später nach. Wir kehrten nun im Gasthof ein und ich ging in die Küche und bestellte für alle – Roland war inzwischen nachgekommen – eine wunderbare Bohnensuppe. Dazu gab es Bier.

Wir, außer Roland, der „den Staub der Landstraße schlucken“ wollte, beschlossen, ein Taxi zu nehmen und damit über den Berg zum Kloster Xiropotamou zu fahren. Die Straße dorthin war ich schon mehrmals gegangen – es waren leere Kilometer und viel eingeatmeter Staub. Wir ließen, da wir noch gute zwei Stunden Zeit hatten, unsere Rucksäcke in einem Geschäft zurück und wanderten zur Skite Agiou Andreou (Serail).

Wie schon voriges Jahr, wurde hier eifrig renoviert. Mit diesen Ressourcen wird das noch lange dauern! Vor dem Kyriakon lag ein ganzes Glockenspiel herrlich verzierter Glocken. Wir besichtigten das Kyriakon, wurden aber wegen des Osterputzes bald wieder hinauskomplimentiert. Anders als im vorigen Jahr wurden wir diesmal nicht eingeladen auf griechischen Kaffee und Loukoumi. Die Russen verhielten sich – wir werden es später noch öfters erleben – ganz eigenartig.

Roland machte sich nun auf den Weg, Burkhard, Rudi und ich wanderten zurück nach Karyes. Dort suchte ich jenes Haus auf, in dem Fidi und ich einmal beim Mönch Petros genächtigt hatten. Das Haus wirkte verfallener als damals. Nach einigem Warten kam zufällig ein Mönch heraus und ich fragte ihn nach dem Mönch Petros. Er deutete nach einem Kreuz im Obstgarten und zeigte drei Finger dazu. Er war also vor drei Jahren gestorben. Ich gedachte Petros.

Ich versuchte nun jenen Weg zu finden, den ich im Jahr 1978, als Mitglied einer Wandergesellschaft, die damals Gast im Konak, dem Sitz der Vertretung des Klosters Hilandar in Karyes, gewesen war, gegangen war. Der Konak lag hoch oben an einem Hang und der Weg hinauf führte an zahlreichen verfallenen Gebäuden vorbei. Man hatte hier wirklich den Eindruck einer Geisterstadt.

Wir bekamen nun unser Taxi und waren froh, nicht den Weg über den Berg gehen zu müssen. Circa 2 km vor dem Kloster Xiropotamou trafen wir auf Roland, der sich aber weigerte, zuzusteigen.

Im Kloster Xiropotamou waren alle Mönche im Katholikon bei einer liturgischen Feier, so bewunderten wir die wunderbaren Malereien – unter anderem wieder eine Apokalypse und eine „Himmelsleiter" – im Exonarthex. Ich traf dann auf Roland, der gerade das Katholikon umrundete und uns suchte.

Wir verließen nun das Kloster und gingen den alten Pilgerpfad zum Kloster Panteleimonos. Roland begann neuerdings einen Streit, und als wir ihm die Meinung sagten, beschloss er, in einem Wildbach zu baden. Wir drei wanderten ohne ihn weiter. Bald kam uns ein junger Mönch entgegen, hoffentlich hatte ihn der nackte Roland im Wildbach nicht allzu sehr erschreckt.

Wir kamen zum Russenkloster. Da erwartete uns eine böse Überraschung. Der Archontaris, ein rotbärtiger Mönch, der lange in Amerika gewesen war und nur russisch und englisch, aber griechisch weder sprechen noch lesen konnte, sagte, das Kloster wäre mehrfach überbelegt und er habe für uns keine Unterkunft. Ich war mir sicher, dass er nicht die Wahrheit sagte und versuche es noch einmal. So zeige ich ihm das Empfehlungsschreiben von Prof. Larentzakis. Aber, wie schon gesagt, er konnte nicht griechisch lesen! Ob er mein Fax nicht bekommen habe? Davon bekäme er täglich Hunderte! Er hätte für uns keinen Platz! Damit war die Diskussion für ihn beendet.

Wir beratschlagten nun, vor allem, was sollten wir wegen Roland tun? Sein Mobiltelefon war ausgeschaltet! Mit schlechtem Gewissen beschlossen wir einen Eilmarsch zum nächst gelegenem Kloster, dem Kloster Xenofontos zu machen. Immer wieder versuchten wir in der Zwischenzeit Roland telefonisch zu erreichen – vergebens!

Nach Xenofontos war es etwa eine Stunde Wegstrecke. Der Weg dorthin war wunderschön, ein echter „Garten Mariens", doch wir hatten dafür aus Zeitgründen kein Auge. Wir hasteten weiter, die Zeit eilte und was, wenn wir auch dort kein Zimmer bekommen würden?

Wir erreichten das Kloster Xenofontos. Man schickte uns gleich zur Hesperinos-Andacht und anschließend zum Essen. Dann verhandelten wir mit dem Archontaris. Gott sei Dank hatten wir das Diamonitirion verlängert, das überprüfte er diesmal genau. Wir bekamen ein Zimmer, mussten es aber später mit zwei Griechen teilen. Roland machte uns Sorgen. Wir gingen zum Strand hinunter – und wer traf dort nach einiger Zeit ein? Roland!

Er hatte nach seinem erfrischenden Bad noch eine griechische Zeitung gelesen, wäre uns ins Kloster Panteleimonos gefolgt, wäre dort auch abgeblitzt und hatte sofort angenommen, dass wir weiter gegangen wären. Hier im Kloster hatte er im Gästebuch gesehen, dass wir uns eingetragen hätten. Er hatte ein anderes Zimmer bekommen. Dort wäre er unter anderem gemeinsam mit einem deutschen Pfarrer untergebracht.

Als wir dann am Zimmer waren, kam er noch auf einen Streit vorbei. Als ihn Burkhard den „größten Stänkerer" nannte, der ihm je untergekommen war, zog er beleidigt ab. Da wir heute 22 km gegangen und elf Stunden unterwegs gewesen waren, legten wir uns müde früh schlafen.

Samstag, 27. April:

In der Nacht läuteten wundervoll die Glocken. Die Griechen in unserem Zimmer standen zum mitternächtlichen Mesonyktikon auf. Wir nicht. Roland hatte die vom deutschen Pfarrer erhaltene Information leider nicht mit uns geteilt. Ein junger Mann hatte sich für das Mönchsein entschlossen und für heute Nacht war die Feier seines Klostereintritts angesetzt worden. Während wir selig schliefen und uns bei kurzem Aufwachen dann über das stete Geläute ärgerten, gab es eine tolle, fünfstündige Zeremonie mit anschließendem Festmahl. So undankbar kann das Leben sein, wir machen uns große Sorgen um Roland, na und er …

In der Früh beschlossen wir, nicht im Zimmer zu frühstücken – wir hatten ja Wurst mit und es war Fastenzeit. Wir wollten uns am Strand eine schöne Stelle suchen, um dort zu frühstücken. Roland war nicht am Zimmer und wir hinterlegten ihm einen Zettel. Wir brachen schließlich auf und fanden nicht weit vom Kloster eine idyllische Bucht, wo wir unsere letzten Vorräte verzehrten. Es war wunderbar ruhig hier, nur leises Meeresrauschen war zu hören.

Als es an der Zeit war, dass das Schiff von Ouranoupoli eintreffen sollte, wanderten wir zum Kloster zurück. Wir trafen Roland, der uns jetzt von den nächtlichen Feierlichkeiten berichtete. Er wollte nun auch nicht das Schiff besteigen, sondern noch die Küste hinaufwandern. Ich klärte ihn noch auf, dass er das Schiff beim Zurückfahren erwischen musste, sonst schaffte er das Flugzeug am Sonntag nicht. Dann zog er los.

Wir fuhren mit dem Schiff nun am Kloster Panteleimonos vorbei bis zum Hafen von Dafni. In Dafni gab es das übliche Tohuwabohu zwischen Ankommenden und Abfahrenden. Die Rucksackkontrolle dauerte diesmal etwas länger.

Beim Kloster Panteleimonos stieg dann auch kaum jemand zu. Die, die aber zustiegen, waren vermutlich Russen, jedenfalls sprachen sie eine slawische Sprache. Darunter waren zwei Männer mit dem Aussehen von Gangstern, wie man sie so in den Filmen dargestellt sieht. Circa 30 Jahre alt, mit kahl rasiertem Kopf, eine hinauf geschobene Sonnenbrille, schwarze Lederjacke, Jeans und Handkoffer. Wenn das nicht Leute der Russenmafia waren, die der Geldwäsche nachgingen? Jetzt sah ich unsere Abweisung in diesem Kloster in einem ganz anderen Licht.

Wir fuhren nun die Küste hinauf. Kein Roland, weder beim Kloster Dochiariou noch an der Arsanas von Konstamonitou. Endlich bei der letzten Arsanas, der Arsanas von Zographou, stieg er zu! Bei allen Sorgen, die ich immer wieder mit ihm hatte, eine tolle Kondition hatte der 61-Jährige schon.

Auf der Heimfahrt ließ ich die ganze Wanderung vor meinem inneren Auge an mir vorüberziehen. Ich hatte viel Neues gesehen, nichts Gravierendes, außer Rolands Eskapaden, war passiert, ich brachte die Gruppe heil zurück – durfte man mehr erwarten?

Nach circa zwei Stunden Fahrt war Ouranoupoli wieder in Sicht. Es fiel uns gleich auf, wie viele Busse plötzlich entlang der Uferstraße parkten. Ouranoupoli war während unserer Abwesenheit aus seinem Winterschlaf erwacht. Alle Geschäfte und Tavernen waren mit einem Schlag offen. Es gab viel Trubel – ja, morgen war hier ja Palmsonntag.

Wir zogen wieder bei „Mama“ ein und duschten gründlich. Dann machten wir noch die letzten Besorgungen und spazierten zu Nikos aus Weinitzen. Der hatte uns ja ein Mahl versprochen, und tatsächlich ließ er für uns aufkochen, sicher acht Gänge. Es schmeckte herrlich, auch der Retsina und der Tsipouro, beiden hatten wir reichlich zugesprochen. Letztlich besaßen wir die richtige Bettschwere.

Sonntag, 28. April:

Nach dem Aufstehen gingen wir zu Nikos Lokal am Kai, wo wir ordentlich frühstückten. Der Bus stand schon da und es ging zurück nach Thessaloniki. Roland war seit gestern wie ausgewechselt, völlig umgänglich und so wie immer. In Thessaloniki angekommen, nahmen wir uns ein Taxi zum Flughafen. Dort hatten wir noch einiges an Zeit tot zu schlagen.

Wir beobachteten die Russen, die zahlreich hier in großen Mengen auf ihre Flugzeuge warteten. Auch unsere beiden „Gangster“ waren hier und kauften bei einem Juwelier ordentlich ein. Roland beschenkte uns noch alle mit Kleinigkeiten.

Der Flug nach Wien war ohne Schwierigkeiten vonstattengegangen. Roland umarmte uns am Wiener Flughafen noch alle einmal zum Abschied. Dann dauerte es nicht mehr lange und wir landeten, nach einem weiteren ruhigen Flug in den Armen unserer Ehefrauen in Graz.

Meine 9. Athos-Wanderung

Mit Burkhard und Herwig vom 29. März bis 6. April 2003

Thessaloniki - Fahrt nach Pella - Ouranoupoli - Skite Agia Anna - Athos-Gipfelbesteigung - Skite Agia Anna - Kavsokalivia - Kellion Agiou Nilos - Megisti Lavra - Megisti Lavra Hafen - Quelle des Athanasios - Karyes - Über Koutloumousiou nach Philotheou - Karakalou - Karyes - Dafni - Ouranoupoli

Samstag, 29. März:

Bei der aktuellen Wanderung begleiteten mich wieder die beiden alten Athos-Wanderfreunde Burkhard Thierrichter und Herwig Schneider. Ersterer holte mich von zu Hause ab, Herwig war bereits vor uns am Flughafen.

Der Flug nach Wien verlief ruhig. In Wien hatten wir relativ wenig Zeit zum Umsteigen und flogen bald mit einer kleinen Maschine weiter nach Thessaloniki. Meine Sitznachbarin war eine Wiener Reisebüroangestellte, die geschäftlich in Griechenland zu tun hatte, und so verging die Zeit wirklich wie im Flug.

In Thessaloniki war es für diese Jahreszeit ungewöhnlich kühl. Der Flughafen wurde gerade im großen Stil umgebaut. Mit einem Taxi fuhren wir direkt zum Hotel Astoria, wo ich bereits mehrere Male übernachtet hatte. Die Rezeptionistin war sehr freundlich und beim anschließenden Knobeln um das Einzelzimmer gewann ich.

Gleich nach Beziehen des Zimmers brachen wir auf und spazierten die Nikis-Promenade hinunter bis zum Weißen Turm. In den Cafés entlang des Kais herrschte reges Treiben. Wir bogen ins Stadtzentrum hinein ab, spazierten am Galeriusbogen vorbei, besuchten die Kirche Panagia Dexias und wandten uns dann in Richtung Ano Poli, der Oberstadt. Leider war die wunderschöne Kirche Agiou Nikolaos Orfanos bereits geschlossen.

Im Bereich der oberen Stadtmauer gingen wir bis zum Trigónion-Turm und spazierten dann hinauf bis zur Eptapyrgio-Festung. Die Festung hatte sieben Türme, wie ihre Namensschwester in Istanbul, die Yedikule-Festung. Bis vor Kurzem war die Festung als Gefängnis benützt worden. Dementsprechend erweckte der Rundgang im Inneren der Festung in mir Assoziationen zu amerikanischen Gangsterfilmen. Eine sehr liebenswürdige junge Griechin führte uns und wollte für ihre Führung erst kein Trinkgeld annehmen. Aber Herwig zauberte mehrere Dollarscheine hervor, die sie dann auch gerne annahm.

Wir umrundeten dann noch von außen die Festung und spazierten anschließend zum Hauptplatz der Oberstadt, wo wir beim gewichtigen Wirt der Taverne „O Christos“ einkehrten. Das Essen war bei ihm wie immer ausgezeichnet. Wir nahmen Tsatsiki und Gyros und tranken natürlich Retsina. Auf dem Rückweg erlebten wir einen schönen Sonnenuntergang.

Als wir in der Stadt unten ankamen, war es bereits Nacht. Wir kamen bei einem Maler vorbei, der uns zum Besuch seines Geschäftes in seine Werkstatt einlud. Auf dem Heimweg suchten wir dann noch ein Lokal auf, in dem wir uns an Karamellpudding und Tsipouro delektierten.

Sonntag, 30. März:

Meine beiden Athos-Wanderfreunde im Nachbarzimmer hatten verschlafen, sodass ich sie wecken musste. Nach dem Frühstück ließen wir uns von der Rezeptionistin erklären, welche Möglichkeiten bestünden, nach Pella, dem Geburtsort Alexanders des Großen, zu kommen.

Wir nahmen uns ein Taxi und fuhren zum neuen Busbahnhof, der am Stadtrand gelegen war. Im Laufschritt erreichten wir gerade noch den bereits anstartenden Bus, der recht bequem ausgestattet war. Mit ihm verließen wir Thessaloniki in nordwestlicher Richtung. Wahrscheinlich waren wir auf dieser Strecke in den letzten Jahren bereits nach Veria/Vergina gefahren.

Links und rechts der Strecke sahen wir häufig Industrieruinen, viel Abfall und ausrangierte Fahrzeuge. Die Vegetation war zurzeit noch nicht sehr fortgeschritten, ab und zu blühten aber doch schon Obstbäume. Der kalten Witterung entsprechend, sahen wir viele PKW, die noch Skiträger am Dach montiert hatten.

Wir fuhren bis Neo Chalkidonia. Von dort ging es auf der gerade verlaufenden Straße weiter, wir bogen diesmal nicht nach Veria ab. Wir kamen nun in ein großes Baumwollanbaugebiet. Rundherum sahen wir weiße „Wutzerl" am Straßenrand und auch auf den Ladeflächen von Anhängerwägen herumliegen. Von diesen wussten wir anfangs nicht, um was es sich dabei handeln würde. Wir fanden dann aber heraus, dass dies Baumwolle und dass die Gegend von Veria ein großes Baumwollanbaugebiet ist.

Nach gar nicht so langer Zeit erreichten wir Pella. Der Bus blieb an der Landstraße stehen. Rechts der Haltestelle befand sich die Ausgrabungsstätte, an der gegenüberliegenden Straßenseite ein kleines Museum. Letzteres besuchten wir gleich nach dem Aussteigen. Es war ein schönes Museum, in dem besonders beeindruckende Mosaike zu sehen waren.

Wir spazierten dann noch über das Ausgrabungsgelände: da war man jedoch noch nicht besonders weit mit den Ausgrabungsarbeiten vorangekommen. Große Flächen waren archäologisch noch unerschlossen. Ich fand einen schönen Scherben, den ich unüberlegterweise zur Erinnerung mitnahm.

Die Rückfahrt erfolgte auf derselben Strecke wie die Anreise. Am Thessalonischen Busbahnhof fragten wir einen Mann nach dem Bus in Richtung Hotel Astoria. Wie sich herausstellte, war der Mann der Fahrscheinkontrollor, der uns nicht nur zum richtigen Bus brachte, sondern auch den Chauffeur bat, uns nahe beim Hotel aussteigen zu lassen, da es in Hotelnähe keine echte Haltestelle gab. Seine Höflichkeit gegenüber uns Fremden ging sogar so weit, dass er sich bei uns entschuldigte, dass er uns zuerst eine falsche Abfahrtszeit mitgeteilt hatte.

Nach kurzem Aufenthalt im Zimmer spazierten wir wieder ins Stadtzentrum und kamen an einem ehemaligen türkischen Bad – dem Yahudi Hamam – vorbei. Beim Weiterwandern entdeckten wir den mit Zinnen bewehrten Palast des Metropoliten[65]. Das Gebäude glich in seiner Bauweise sehr einem Athoskloster.

Wir strebten im Anschluss der am Vortag leider schon geschlossenen Kirche Agiou Nikolaos Orfanos zu. Diesmal hatten wir Glück und konnten sie betreten. Die prächtigen Malereien dieser kleinen, byzantinischen Kirche waren wirklich ein Kunstgenuss.

Später kamen wir an der Rotonda vorbei und auch diese war geöffnet. Leider waren die meisten Mosaike verdeckt: Restaurierungsarbeiten waren aktuell im Gange. Nur zwei Seitenkapellen waren soweit renoviert, dass man die einstige Pracht der Rotonda erahnen konnte.

Auf Herwigs Wunsch besuchten wir das Archäologische Museum, welches wir auch nach einigem Suchen fanden. Zu ebener Erde konnte man einen guten Überblick über den Stand der Ausgrabungen zur Frühgeschichte Makedoniens gewinnen. Im ersten Stock des Museums war die Sonderausstellung „Gold aus Makedonien" zu sehen – eine prachtvolle Schau, von der wir uns nur schwer trennen konnten. Einmal mehr bewahrheitete es sich: *„Am Golde hängt's, zum Golde drängt's!"*.

Wir spazierten anschließend an den Denkmälern von Alexander dem Großen und von seinem Vater, Philipp II. von Makedonien, und zuvor noch bei jenem des griechischen Freiheitshelden Emanuel Papas vorbei.

In einem kleinen Lokal, das einem guten deutsch sprechenden Wirt gehörte, aßen wir herrliche Souflaki und spülten sie mit Retsina hinunter. Dann bummelten wir die Nikis-Promenade entlang und nahmen in einem Café einen Ouzo zu uns.

Wir spazierten zu den Ausgrabungen, wo sich einst die Agora befunden hatte, und gingen dann weiter zur Dimitrios-Kathedrale. Dort riefen wir einen kleinen Wirbel hervor. Der hl. Demetrius, dem diese Kathedrale geweiht ist, half auch gegen Skorpionbisse. Daher gab es früher hier in der Kathedrale auch eine Malerei, die den hl. Demetrius, gemeinsam mit einem Skorpion nahe seinem Fuß darstellte. Diese Malerei war seit einiger Zeit jedoch nicht mehr zu sehen.

In der Kathedrale gab es ein Devotionaliengeschäft. Dort fragte ich nach dieser Malerei. Die junge Dame dort dürfte mich aber falsch verstanden haben und bekam beim Wort „Skorpion" einen hysterischen Anfall. Sie schickte ihren Freund gleich nach einem Kirchendiener. Aufgeregt lief der Freund diesen suchen. Inzwischen versuchte ich der aufgeregten Dame das Missverständnis zu erklären. Sie glaubte es mir, beruhigte sich auch und erklärte auch dem herbeigeeilten Kirchendiener das Missverständnis.

Der Kirchendiener führte uns im Weiteren zu einer Stelle in der Kathedrale, nahe dem Grab des hl. Demetrius, wo es tatsächlich immer wieder Skorpione geben soll. Waren das früher einmal „hl. Tiere am hl. Ort"? Heute sahen wir allerdings keine.

Auf dem Rückweg besuchten wir dann noch ein Lokal, in dem wir eine sehr gute Baklava bekamen. Nicht allzu spät kehrten wir ins Hotel zurück.

65 Das Amt des Metropoliten bezeichnet seit dem frühen Christentum einen Oberbischof, der einem Verbund von Bistümern vorsteht und seinen Sitz in einer Provinzhauptstadt (Metropole) hat. Heute existiert das Amt des Metropoliten noch in der römisch-katholischen Kirche sowie in den orthodoxen Kirchen, wobei sich die rechtliche Ausgestaltung unterscheidet.

Montag, 31. März:

Nach einem reichlichen Frühstück im Hotel Astoria fuhren wir mit dem Taxi zum Athos-Büro. Der Büroangestellte, Herr Canellis, war sehr freundlich, er gab mir sogar die Bestätigungen für die folgende Woche mit, sodass ich mit den Grazer Tarockfreunden kommenden Montag nicht abermals zum Büro kommen musste. Es hatte sich so ergeben, dass ich nach der Wanderung mit Burkhard und Herwig gleich anschließend die Wanderung mit meiner Grazer Tarockrunde und Prof. Roland Girtler, der sich dieser angeschlossen hatte, machen werde.

Mit dem Bus Nr. 10 fuhren wir bis zum Chalkidiki-Bus-Terminal. Im Bus hatten wir unsere liebe Not mit den großen Rucksäcken, da gleich bei der nächsten Haltestelle eine Schulklasse einstieg und wir bei der Haltestelle, an der wir aussteigen wollten, kaum aus dem Bus aussteigen konnten. Beim Bus-Terminal suchten wir das Lokal auf, welches einer alten Griechin gehörte, und bestellten uns dort Ouzo. Burkhard und Herwig suchten dann ein Postamt. Inzwischen hielt ich die Stellung.

Die Fahrt nach Ouranoupoli verlief problemlos, wir hatten diesmal einen ganz ausgezeichneten Busfahrer. Herwig hatte eine gute Idee und so baten wir den Busfahrer, ob er uns am Ortseingang, bei der Tankstelle, aussteigen lassen würde. Unserem Anliegen kam der Busfahrer nach und so erreichten wir unkompliziert das Pilgerbüro und bekamen bereits an diesem Tag für je € 30,– die Diamonitiria.

Danach machten wir uns auf den Weg zu unserer neuen Unterkunft. Das Haus am Ende der abfallenden Straße, die Pension Antonakis, war, nach einer Empfehlung des Grazer Chirurgen Prof. Dr. Konstantin Hiotakis, unsere neue Herberge. Das Haus lag als erstes direkt an der Hafenpromenade, an deren anderem Ende der Pyrgos, der alte Turm von Ouranoupoli sich befand. Der Besitzer der Pension war derzeit der Bürgermeister von Ouranoupoli. Wir wurden von seiner Ehefrau, die längere Zeit in Wien bei der PVA gearbeitet hatte, in Empfang genommen. Die Zimmer waren blitzsauber. Diesmal teilten Burkhard und ich das Zimmer, Herwig bekam das Einzelzimmer zugeteilt. Das Zimmer von Burkhard und mir hatte Meerblick.

Anschließend spazierten wir zur Athos-Grenze. Die Ausgrabungen waren dort schon recht fortgeschritten. Aus der einstigen Befestigung Frangokastro war aufgrund von eingehenden Nachforschungen ein Kloster Zygou geworden. Die Mauern um das einstige Kloster waren teilweise wiederaufgerichtet worden und auch von der Kirche standen schon Außenmauern. In der Nähe dieses Klosters soll einst auch der hl. Athanasios als Eremit kurze Zeit gelebt haben, bevor er das Athos-Gebiet betrat.[66]

Gleich neben der Pension der Frau Antonakis hatte deren Schwägerin Daphne eine Taverne, wohin wir nun auch zum Abendessen gingen. Wir delektierten uns an Tsatsiki und an Sprotten und spülten das mit Retsina hinunter. Ein letzter Spaziergang entlang des Kais und auf der Hauptstraße zurück, dann hatten wir die richtige Bettschwere.

---

66 Vgl. Müller Andreas, Berg Athos. Geschichte einer Mönchsrepublik. Wissen in der Beck'schen Reihe, Bd. 2351, München 2005, S. 22.

Dienstag, 1. April:

Wir hatten gut geschlafen und packten unsere Rücksäcke. Alles Überflüssige konnten wir in der Pension zurücklassen. Wir gingen im Hafen frühstücken zum Wirt am Eck, dem Gasthaus Pyrgos. Hier konnten wir das Treiben der anderen Athos-Pilger wunderbar beobachten. Alle waren voll Tatendrang. Die echten Wanderer, fast ausschließlich aus Alpenländern kommend, wie die Österreicher, die Deutschen und die Schweizer, erkannte man sofort an deren Ausrüstung.

Nahe dem Gasthaus stand in der Früh immer ein Auto, wo die Einheimischen Fische kaufen konnten, sofern sie nicht selbst Fischer waren. In den Lokalen lag der Fischpreis bei € 40,– pro kg! Geheimnisvoll näherte sich der gut deutsch sprechende Wirt dem Herwig und flüsterte ihm zu: *„Heute geht kein Schiff!"*. Herwig schaute ganz entsetzt, da lachte der Wirt und sagte: *„1. April!"*.

Dann entschuldigte er sich bei Herwig. Es gibt also diesen Brauch in Griechenland auch!

Als wir die Küste mit der „Axión Estín" entlangfuhren, war es bitterkalt. Erst sehr spät zeigte sich ganz fern im Dunst der Gipfel des Athos und wir konnten erkennen, dass noch viel Schnee am Gipfel lag. Die Klöster entlang der Küste hatten alle wegen Renovierung eine Übernachtung abgelehnt, und tatsächlich zeigten die überall aufgestellten Kräne, dass dort rege Bautätigkeit herrschte.

Besonders auffallend war, dass man nun den alten, meist sehr verwilderten Olivenhainen immer mehr Aufmerksamkeit schenkte. Überall wurde brandgerodet und die alten Bäume von der Macchia befreit. Das war wohl dem Einfluss von Pater Panteleimonos vom Kellion Megali Jovantsa zu verdanken. Auch die Imkerei nahm sichtbar zu.

Aufregend zu beobachten war immer wieder das Hinauffahren von oft schwer mit Baumstämmen beladenen Lastwägen auf das Fährschiff. Die Chauffeure waren wahre Fahrkünstler. Während der Fahrt konnten wir auch ein Rudel spielender Delphine beobachten. Delphine galten schon im Altertum als Glücksbringer, galt das auch für unsere Wanderung?

In Dafni stiegen wir auf die „Agia Anna" um und fuhren mit ihr weiter der Südküste entlang. Als wir am Kloster Simonos Petras vorbeifuhren, zogen am Kloster Nebelschwaden vorbei – es war ein fantastischer Anblick! Wie immer auch schön die Klöster Osiou Grigoriou und Dionysiou. Dann erlebten wir eine große Überraschung – um das Kloster Agiou Pavlou lag Schnee!

Immer wieder fielen uns Kellien auf, die in schöner Lage, fast alle mit Solaranlagen, vermehrt entlang der Küste neu errichtet worden waren. Der Mönchszuzug am Athos musste derzeit stark sein. Herwig hatte dann die Idee, mit dem Schiff bis Kavsokalivia mitzufahren und dann zurück bis Agia Anna, doch das wollte der Kapitän nicht und gebrauchte dafür eine faule Ausrede.

Von Dafni weg erreichten wir nach einer Stunde Fahrt die Anlegestelle von Agia Anna, gingen dort an Land und erklommen die mehr oder weniger tausend Stufen, die hinauf bis zum Gästehaus von Agia Anna führten. Oben angekommen, warteten wir auf den Archontaris. Dieser war dann ein sehr netter Mönch, unter Zuhilfenahme des Schreibens von Prof.

Larentzakis bat ich ihn, ob wir zwei Tage bleiben dürften. Da er keine anderen Gäste hatte, willigte er ein, Wir bekamen unser „altes“ Zimmer.

Ohne weitere Gäste aßen wir dann. Es gab Teigwaren, Oliven, Brot und Wasser. Nach dem Essen machten wir einen Spaziergang Richtung Nea Skiti, gingen aber dann nicht dorthin, da wir Bedenken hatten, dass unsere Unterkunft in der Zwischenzeit zugesperrt werden könnte. Wir trafen dann im Archontarikion eine Gruppe junger Leute, darunter mehrere Spanier. Mit ihnen unterhielten wir uns vor dem Schlafengehen dann noch einige Zeit auf der Terrasse.

Von der Terrasse aus konnten wir ein interessantes Phänomen beobachten: Vom Kap Pinnes, von der südlichen Landspitze her, drängten mächtige Wellenkämme gegen Norden, aber auch von dort drängten solche gegen Süden. Im Meer vor Agia Anna stießen sie aufeinander. Ein interessantes Schauspiel!

Mittwoch, 2. April:

Herwig schnarchte nachts wieder einmal mörderisch! Das Wetter war über Nacht nicht besser geworden, doch in der Früh kündigte sich ein prächtiger Tag an. Wir packten meinen kleinen Rucksack, den Burkhard tragen wollte („Das sei das Vorrecht der Jugend!“). Herwig trug seine Sachen, verstaut in seinem Anorak, großteils selbst. Etwas nach sieben Uhr brachen wir auf. Der Einstundenhatscher über die vielen Stufen hinauf bis zum Sattel war wie immer mühselig. Aber kein Vergleich damit, hätte man diese Stufen mit dem schweren Rucksack gehen müssen!

Vom Stavros-Kreuz weg, welches sich an der Passhöhe befand, war der Weg bis zur Panagia-Hütte nicht sehr anstrengend. Es war ähnlich einer Wanderung auf eine unserer Almen. Doch circa 200 m unterhalb der Panagia – die Hütte selbst lag auf ungefähr 1500 m Meereshöhe – gab es bereits Schneefelder, durch die wir immer wieder durchstapfen mussten. Ein strahlendblauer, wolkenloser Himmel über uns versöhnte uns aber für diese Plage.

In der Panagia-Hütte hauste bereits seit zwei Tagen ein griechisch-stämmiger Australier, der uns im Nachhinein recht dunkle Gedanken bescherte. Er hatte bereits zahlreiche Holzgegenstände aus der Hütte verheizt.

Wir hielten uns nicht lange in der Hütte auf, sondern traten zum Gipfelsturm an. Bis zum Gipfel hinauf war beinahe alles ein riesiges Schneefeld. Man sah daher auch keine Markierung. Ich erinnerte mich, dass wir uns weitgehend rechts halten sollten. Eine einzige Spur führte hinauf zum Gipfel – dass es aber keine Spur heruntergab, das ging Herwig nicht aus dem Kopf, er witterte ein Verbrechen und er quälte uns damit immer wieder.

Burkhard spurte, Herwig war ihm auf den Fersen und ich kämpfte mich mühsam weiter. Alle drei Meter bergauf blieb ich stehen und schnappte erschöpft nach Luft. Mehrmals hatte ich Kreislaufprobleme, es schwindelte mir leicht. Ich trug über dem rechten Knie einen Stützstrumpf. Bei einer ungeschickten Bewegung bekam ich plötzlich im rechten Oberschenkel einen Krampf, der in der Folge mir mehrmals noch zu schaffen machte.

Natürlich dachte ich immer wieder ans Aufgeben. Doch dann sah ich meine beiden Kameraden vor mir und dachte, ich muss es schaffen! So nahe am Ziel gibt man nicht auf! Bis weit über die Knie sank ich manchmal im Schnee ein. Das Stapfen im Schnee war eher ein Kriechen auf allen Vieren, so steil war es. Dann sah ich das Gipfelkreuz. Es sah aus wie das Segel eines Bootes, so vereist war es. Die Metamorphosis-Kapelle war bis zum oberen Fensterrahmen zugeschneit, die Tür auf der Wetterseite war durch den angewehten Schnee überhaupt nicht zu sehen.

Doch der Blick vom Gipfel war überwältigend. Vor allem dieser wolkenlose blaue Himmel und beinahe eine Windstille, das war ein Gottesgeschenk. Wir sahen auf der Westseite der Halbinsel hinauf bis Ouranoupoli, auf der Ostseite sahen wir Karyes und eine Reihe von Klöstern. Viele Inseln gab es zu sehen und fern im Osten schneebedeckte Berge, die wir nicht zuordnen konnten. Wir stärkten uns mit einem Müsliriegel und legten Steigeisen an. Dann begannen wir den vorsichtigen Abstieg, der uns durch die angelegten Steigeisen sehr erleichtert wurde. Wie schon bei der Erstbesteigung des Gipfels vor mehreren Jahren brachte ich auch diesmal wieder ein „Bergopfer" dar, ich verlor einen Handschuh und mein Sonnenbrillenetui!

Auf halber Höhe löste sich ein von mir schlecht befestigtes Steigeisen von meinem Schuh. Wir legten daher eine Pause ein. Burkhard zauberte drei Dosen Puntigamer Bier aus dem Rucksack, welches wir mit viel Genuss austranken. Der weitere Abstieg zur Panagia-Hütte war nicht mehr anstrengend. Innen waren die Schuhe und natürlich auch die Socken vollkommen nass, da durch das Einsinken viel Schnee in die Schuhe hineingekommen war.

Der weitere Weg bergab war vorerst gar nicht so schlecht zu gehen, ich hatte ihn ärger in Erinnerung. Aber damals hatte ich ja auch meinen Rucksack mit. Doch der Abstieg vom Stavros-Kreuz weg, die vielen Stufen hinunter nach Agia Anna, das war dann schon noch qualvoll.

In Agia Anna bekamen wir dann zum Essen Gemüsesuppe, Oliven und Brot. Wir wollten Pater Cherubim noch einen Besuch abstatten, doch der war leider krank. Ein bei ihm wohnender Mönch forderte uns auf, auf der schönen Terrasse vor seinem Haus Platz zu nehmen und wartete uns Loukoumi, griechischen Kaffee und Wasser auf. Wir spazierten dann zurück zum Gästehaus, ließen uns in der Laube auf der Terrasse nieder und schrieben in unseren Tagebüchern. Wir genossen dann noch einen wunderschönen Sonnenuntergang.

Donnerstag, 3. April:

Um halb sieben Uhr frühstückten wir am Zimmer. Dann brachen wir auf, um die endlosen Stufen, die hinunter zum Hafen führten, zu bewältigen. Keine Kleinigkeit bei den Spatzen, die wir – oder wenigstens ich – von gestern noch hatten. Die „Agia Anna" kam und wir gingen an Bord. Wir blieben an Deck, obwohl es sehr kalt war.

Wir fuhren der Küste entlang, tief beeindruckt von den Hütten der Einsiedler in Katounakia, die wie Schwalbennester an den Felsen klebten. Wir landeten dort auch in einer Bucht und wunderten uns sehr, wie viel Dosenbier – oder waren es Limonaden in Dosen – hier ausgeladen wurde. Die Einsiedlermönche schienen doch nicht mehr so asketisch zu leben. Als wir dann um das Kap Pines herumfuhren, sahen wir majestätisch den Athos im Schnee und beim Schauen durch das Teleobjektiv meines Fotoapparates konnte ich sogar die Spuren unserer gestrigen Besteigung sehen.

Wir landeten in Kavsokalivia, diesem pittoresk daliegenden Malerdorf. Hier auf Meeresniveau war ein natürlicher Hafen. Von hier führten viele Stufen in die Siedlung hinauf, die circa 150 m über dem Meer lag. Wir fragten einen freundlichen Mönch nach dem Weg zum Kyriakon. Er zeigte uns eine Abkürzung, die durch mehrere Gärten führte, dann holte uns ein anderer Mönch ein, der uns den weiteren Weg auf Englisch beschrieb.

Das Kyriakon war leider zugesperrt, ebenso das Gästehaus, welches gerade renoviert wurde. Herwig und Burkhard bestiegen den Glockenturm. So um zehn Uhr brachen wir von Kavsokalivia wieder auf.

Vorerst war der Weg angenehm zu gehen, er ging beinahe eben dahin. Immer wieder blickten wir zurück zu den Hütten der schön daliegenden Skite Kavsokalivia. Nach ungefähr einer halben Stunde führte der Weg dann plötzlich steil bergab, bis hinunter in eine Bucht, wo ein Bach vom Athos herunter ins Meer floss. Genauso, wie wir eben steil bergab steigen mussten, mussten wir nun wieder auf der anderen Seite steil bergauf steigen. Wir erreichten Agiou Nilos, wo Mönche in einem ansprechenden Haus wohnten. Auch rund um das Haus war alles sehr gepflegt und sauber. Da hatten sich gegenüber früher die Zeiten gewaltig geändert!

Der Weg führte nun wieder steil bergab, sodass wir vorerst glaubten, falsch gegangen zu sein. Wir gingen daher etwas den Weg zurück, suchten aber vergebens nach einem anderen Weg. Wir mussten also auf dem richtigen Weg sein. Nach einem steilen Bergabstück wandte sich der Weg einem riesigen baum- und strauchlosen Geröllfeld zu. Gewaltige Steinblöcke waren hier kreuz und quer vom Athos heruntergekommen.

Im Sommer müsste die Querung dieses Geröllfeldes, wofür man ungefähr eine halbe Stunde benötigte, unerträglich heiß sein. Wir sprangen von Steinblock zu Steinblock und bedauerten die Mulis, die auch diesen Weg gehen mussten. Tatsächlich kam uns auch ein Mönch, der ein Muli am Zaum führte, nach. Er bestieg nach der Querung des Geröllfeldes das Muli, um sich von ihm bergwärts tragen zu lassen.

Nach Überwindung des Geröllfeldes führte der Weg in zahlreichen Serpentinen meist wieder steil bergauf. Zweimal sahen wir Schlangen, verwunderlicherweise schon so früh im Jahr. Die Vegetation war dieses Jahr noch sehr zurückgeblieben. Die Bäume hatten noch keine Blätter, der Judasbaum (Cercis siliquastrum) blühte auch noch nicht. Es blühten nur Obstbäume wie Pfirsich, Kirsche und ähnliche. An Blumen gab es nur den Stechginster (Ulex europaeus), Veilchen, Schneeglöckchen, viele Anemonen, Milchsterne (Ornithogalum-Arten), Euphorbien, wie sahen einen schönen Aronstab, weiters Affodille (Asphodelus-Arten), Bisamhyazinthen, ab und zu Schwertlilien und den gelb blühenden Erbsenstrauch (Caragana arborescens).

Nach ungefähr einer Stunde steilen Aufstiegs erreichten wir den Weg, der von Agia Anna entlang des Athosrückens zum Kloster Megisti Lavra führt, kurz vor der Stelle, wo man erstmals sowohl dieses Kloster als auch die Skite Timiou Prodromos sieht. Wir hatten geglaubt, uns auf der heute gewählten Route die Anstrengung des steilen Aufstiegs von Agia Anna zum Sattel ersparen zu können. Eine Ersparnis war dieser Weg über Kavsokalivia aber nicht, er war aber vielleicht schöner und interessanter.

Wir jausneten nun und schlugen dann den alten Pilgerweg zum Kloster Megisti Lavra ein. Er war in schlechtem Zustand, oft voll von Geröll und Steinen. Seit es die neue Straße nach der Skite von Timiou Prodromos gab, ließ man ihn offenbar verkommen. Der Weg war aber blumenreich und zahlreiche Schmetterlinge, besonders Zitronenfalter, umgaukelten uns. Letztlich mündete der Weg in die Straße, die Megisti Lavra mit Timiou Prodromos verband.

Wir beobachteten einen prächtigen Wiedehopf, der immer wieder auf der Straße ein Stück vor uns herhüpfte. Dann lag die „Große Lavra" vor uns. Rund um das Kloster hatte sich seit dem letzten Jahr viel getan. Vor allem hatte man auch hier die vielen, verwilderten Olivenbäume freigelegt.

Im Kloster empfing man uns freundlich mit griechischem Kaffee, Tsipouro und Loukoumi und gab uns ein Zimmer, in welchem wir schon einmal geschlafen hatten. Im Augenblick waren nur wenige Pilger in der Lavra zu Gast. Wir spazierten hinunter zum Hafen. Beim Klostertor trafen wir einen alten Mönch, der Efeublätter sammelte, um damit eine Verletzung auszuheilen. Dazu legte er die Blätter mit ihrer Oberseite auf die Wunde.

Gleich neben der Klostermauer ging der Weg hinunter zum Hafen. Doch dieser einst viel gerühmte Hafen war in einem verkommenen Zustand, man sah ihm an, dass er kaum mehr angelaufen wurde. Nachdem eine Straße von Karyes, der Küste entlang, bis hier zum Kloster gebaut worden war, verlor der Hafen seine große Bedeutung. Wahrscheinlich wurde er nur dann gebraucht, wenn die Straße durch Unwetter für längere Zeit nicht befahrbar war. Letzteres mussten wir in späteren Jahren einmal selbst erleben!

Im Hafen lag, scheinbar unbenützt und hochgezogen ein tolles Motorboot, ausgestattet mit zwei 90 PS-Motoren, wie meine beiden Mitwanderer sachkundig feststellten. Es wird wohl das „Dienstboot" des Abtes sein. Auf dem Rückweg lief uns einmal mehr eine Schlange über den Weg.

Wir gingen zur Hesperinos-Andacht und blieben ganz hinten, im Esonarthex, sitzen. Das Katholikon war beheizt. Beim abschließenden Segen gab uns der Priester ordentlich „Weihrauch", was für Katholiken oft nicht selbstverständlich war. Ein Mönch mit stechendem Blick musterte uns mehrmals, wir werden ihn leider noch begegnen. Am Ende der Andacht kam der Abt und die anwesenden Mönche küssten ihm demutsvoll die Hand. Derzeit lebten 22 Mönche hier im Kloster. Wie wir später erfuhren, waren seit der Gründung des Klosters (963) bereits 20.000 Mönche hier verstorben.

Nur die Pilger aßen dann in der Trapeza. Es gab warme Bohnensuppe, Brot, Oliven, Halva[67], ein Pfirsichkompott und eine wunderbar schmeckende Orange. Nach dem Essen streiften wir im Klosterareal noch etwas herum, wir wollten unbedingt dem Mönch mit dem stechenden Blick auskommen, der vor zwei Jahren schon so fanatisch und ungut zu Burkhard und mir gewesen war.

Plötzlich war er aber da, zusammen mit einem Dolmetsch, einem jungen Polizisten aus Thessaloniki. Pater Nikolaos, so hieß er, wusste unheimlich viele Geschichten und Legenden von der Lavra. Wirklich schade, dass er so fanatisch war. Natürlich zitierte er wieder Dostojewski und begann dann gleich wieder mit seinen Bekehrungsversuchen. Burkhard

67 Halva ist eine Süßwarenspezialität, die ursprünglich aus Indien, Iran, Pakistan und Zentralasien stammt.

und ich täuschten Kälte vor und schauten, dass wir auf unser Zimmer kamen. Nur Herwig wollte uns nicht glauben und blieb bei ihm, bis nach einiger Zeit auch er, enttäuscht, aufs Zimmer kam. Er hatte geglaubt, der Mönch würde ihm etwas ganz Besonderes zeigen. Herwig erzählte uns auch, dass er am Weg zurück einen Mönch beim Betreten seiner Wohnzelle beobachtet habe. Abergläubisch habe dieser bei Eintritt in seine Wohneinheit in jede Richtung der vier Zimmerecken das Kreuzzeichen gemacht.

Da unser Zimmer ungeheizt war und es sehr kalt zu werden schien, zogen wir alles an, was nur möglich war. Irgendwann in der Nacht ertönte dann sehr stimmungsvoll ein Simantron, dass die Mönche zu ihrer nächtlichen Andacht rief.

Freitag 4. April:

Wir standen um sechs Uhr auf, frühstückten am Zimmer, und eine Stunde später war die Abfahrt nahe dem Helikopter-Landeplatz vorgesehen. Es waren nicht viele Pilger, die auf den Kleinbus warteten. Mit uns fuhren vier griechische Polizisten. Auf der Strecke gab es einen Extrahalt an der Quelle des hl. Athanasios. Es befand sich dort eine kleine Kapelle. Das Wasser der Quelle kam über einen Felsen und floss als gefasstes Bächlein ab. Die Griechen füllten mitgebrachte Plastikflaschen mit diesem Wasser und sagten uns, von diesem Wasser müsste man unbedingt drei Schlucke trinken, was wir auch taten.

Die Straße nach Karyes war nach wie vor recht holprig. Einmal blieb der Bus kurz stehen, um uns ein Foto des schneebedeckten Athos im Lichte der aufgehenden Sonne zu ermöglichen. Am Kloster Iviron fuhren wir dann vorbei.

Endlich waren wir in Karyes. Wir verlängerten unsere Diamonitiria – ich gleich bis zum 12. April. Da hat der Beamte zwar etwas geschaut, aber freundlicherweise machte er es doch. Dann suchten wir das Gasthaus auf, wo wir einen Nescafé tranken. Anschließend spazierten wir zur Bäckerei, um eine der dort erzeugten Köstlichkeiten zu erwerben.

Wir wollten nun am alten Pilgerweg zum Kloster Philotheou wandern. Von Karyes ging es vorerst hinunter bis zum Kloster Koutloumousiou. An der Rückseite des Klosters vorbei, folgten wir dann dem Pfad weiter. Bald kam man auf eine Straße, die vorerst gut ausgeschildert war. Man hatte von hier einen wunderschönen Blick zurück zum Kloster Koutloumousiou und nach Karyes. Bald aber fehlten die Wegweiser oder sie wiesen zu Klöstern hin, die auf der Westseite des Höhenrückens lagen. Wir verloren den Weg und kamen zum Kellion Agia Anna. Dort zeigte uns ein alter Mönch einen fast schon zugewachsenen Pfad nach Philotheou.

Wir kämpften uns durch ein Gestrüpp und kamen wieder auf eine Straße. Mehrmals wussten wir dann nicht, wohin diese Straße führt und ob wir ihr wirklich folgen konnten. Wir kamen zu einer Stelle, wo eine gewaltige Mure die Straße weggerissen hatte, und passierten diese Stelle mit großen Schwierigkeiten. Von mehreren Aussichtspunkten dieser Straße sah man wunderschön zum Kloster Iviron hinunter, das wie eine wehrhafte Burg nahe am Meer lag.

Um uns war üppige Vegetation. Wir stiegen ein Tal hinunter, querten dann einen Bach über eine Brücke und quälten uns auf der anderen Talseite wieder hinauf. Dann standen wir vor dem schönen Kloster Philotheou. Von Karyes weg hatten wir drei Stunden benötigt, um hierher zu kommen.

Im Kloster empfing uns ein freundlicher Pater mit griechischem Kaffee und Loukoumi und wir bekamen ein schönes Zimmer. Anschließend wurden wir gleich in die Trapeza zum Essen geschickt. Wir bekamen ein Linsenkoch, ein Kartoffel-Gurken-Teigtascherl-Gericht, Oliven und Brot. Leider wurde alles kalt serviert.

Wieder im Gästetrakt bekamen wir nochmals griechischen Kaffee und Loukoumi. Was einem in diesem Kloster besonders auffiel, war, dass unablässig von Nichtmönchen geputzt, Boden gewaschen oder ähnliche Reinigungsarbeiten gemacht wurden. Aus diesem Grund war auch immer wieder ein Zugang oder eine Stiege gesperrt. Im Augenblick wurde auch das Katholikon außen neu verputzt und altes Mauerwerk abgeschlagen.

Ohne Rucksack wanderten wir anschließend auf angenehmem Weg zum Kloster Karakalou. Das letzte Stück war einer der schönen, alten Pilgerwege, der dorthin führte. Wir waren ungefähr eine halbe Stunde gewandert, dann hatten wir auf diesem Weg wieder eine Begegnung mit einer Schlange.

Auch das Kloster Karakalou war in einem hervorragenden Zustand. Im Garten arbeiteten Mönche mit Strohhüten am Kopf. Es gab hier auch moderne Garagen. Der Klosterhof war imponierend sauber. Karakalou war ein kleines, aber feines Kloster. Im Exonarthex gab es eine sehr eindrucksvolle Apokalypse zu bestaunen.

Wieder zurück in Philotheou trafen wir auf eine Gruppe von Deutschen, der auch zwei in Deutschland wohnende Griechen angehörten. Anschließend gingen wir drei zur Abendandacht, mussten aber im Exonarthex zurückbleiben. Ich hatte nun ausgiebig Zeit, auch hier die Apokalypse zu studieren. Das Thema der Apokalypse ist natürlich immer gleich, aber die einzelnen wiedergegebenen Episoden konnten, nicht so wie bei den Ikonen, wo es keine Abweichungen vom Thema gab, doch manchmal unterschiedlich wiedergegeben sein. Zudem haben die anonymen Maler die wiedergegebenen Episoden, jeder auf seine Art und entsprechend seinem Können, unterschiedlich dargestellt. In einem der Fensterbögen waren unter anderen auch meine beiden Berufspatrone, die Heiligen Kosmas und Damianos, überraschend als dunkelhäutige Heilige dargestellt.

Nach der Abendandacht nahm sich uns, damit waren auch die restlichen Deutschen gemeint, ein aus Deutschland stammender Mönch an, der vor 15 Jahren hier im Kloster eingetreten war. Er hieß Pater Gelasius. Er zeigte uns das Katholikon, die beiden dortigen Seitenkapellen, die eine war die Erzengelkapelle, die andere war Johannes dem Täufer geweiht, sowie das Hauptschiff mit der wundertätigen Marienikone, der Panagia Glycophylousa (die „Liebkosende"). Leider drängte man uns jetzt essen zu gehen. Das Essen mussten wir getrennt von den Mönchen einnehmen.

In der Trapeza gab es das gleiche Essen wie mittags, vermehrt aber mit einer wunderbaren Süßspeise (Kolybozoymo). Dazu wurden Getreidekörner über Nacht in Wasser gegeben und dann diese entfernt. Der verbleibenden Stärkelösung wurde noch etwas Mehl dazugegeben und dann das Ganze verrührt. Hinein kamen dann Mandeln, geschnittene Nüsse und Rosinen. Man konnte auch Kakaopulver drüberstreuen. Es schmeckte ausgezeichnet.

Pater Gelasius bat alle Gäste nach dem Essen, bereits abgeschnittene und vor dem Kloster lagernde Lorbeerstauden zu holen und ins Kloster zu bringen. Ich fragte ihn anschließend wegen der vielen Schlangen aus, da wir dieses Jahr so vielen begegnet waren. Ja, es gäbe Kreuzottern, Vipern und eine besonders gefährliche Baumschlange (er nannte sie „Seda"), deren Biss tödlich wäre. Einmal wäre so eine Baumschlange auf ihn herabgefallen. Erst später wäre ihm bewusst geworden, in welcher großen Gefahr er sich befunden habe.

Vor dem Kloster traf ich dann auf den „kleinen Pelz", einen Mönch, den Fidi und ich vor vielen Jahren hier schon angetroffen hatten. Sein besonderes Kennzeichen war eine kurze, ärmellose Persianerjacke, die er immer über der Mönchskutte trug. Daher bekam er von uns auch diesen Spitznamen.

Wir besprachen uns mit den deutschen Pilgern, morgen zusammen mit ihnen ein Taxi zu nehmen, um nach Karyes zu kommen. Ich war sehr froh darüber, da eine Wanderung auf so schlechten Wegen, noch dazu in aller Früh und unter Zeitdruck, keine gute Sache gewesen wäre. Dementsprechend gut habe ich geschlafen.

Samstag, 5. April:

Gott sei Dank hatten wir ein Taxi bestellt, denn es regnete in Strömen. Zusammen mit den Deutschen fuhren wir nach Karyes. Im Gasthaus und mit diversen Einkäufen – ich erwarb ein Kosmas und Damian-Bildchen – schlugen wir die Zeit tot. Um zehn Uhr standen zwei Autobusse bereit. Es regnete immer noch stark.

Unser Bus quälte sich mühsam den Berg hinauf. Es war so nebelig, dass man kaum drei Meter weit sehen konnte. In Dafni kauften wir die Schiffbillets und warteten im Zollhaus auf die Ankunft des Schiffes. Der Wind heulte, sodass es oft den Anschein hatte, als würde das Wellblechdach davonfliegen.

Doch kein Schiff war in Sicht. Jetzt hatte das Schiff schon eine Stunde Verspätung. Alle Wartenden wurden unruhig. Plötzlich stürmten alle hinaus. Ich verstand nur den Ruf „Xiropotamou!". Wir dachten vorerst, das Schiff komme überhaupt nicht mehr und man wäre gezwungen, im nahen Kloster dieses Namens übernachten zu müssen. Das war aber nicht so!

Wegen der allzu stürmischen See konnte die „Axión Estín" nicht in Dafni anlegen, sondern nur an der Arsanas von Xiropotamou, die circa einen Kilometer von hier entfernt war. Alle, vielleicht waren es so an die 200 Personen, versuchten nun mit irgendeinem Fahrzeug dorthin zu gelangen. Die beiden Autobusse waren noch da. In Windeseile waren sie voll besetzt. Es gab sogar Pilger, die in den Gepäckraum des Busses krochen! Uns nahm man wegen unserer großen Rucksäcke im Bus nicht mit.

Auch alle anderen Fahrzeuge, zum Beispiel die, die von den verschiedenen Klöstern gekommen waren, um Pilger abzuholen, waren jetzt übervoll. Manche der Pilger liefen nun die Straße entlang Richtung der Arsanas von Xiropotamou. Einer der Autobusse schaffte die kleine Steigung dorthin kaum, so voll war er.

Da kam ein kleiner Pick-up daher, auf dessen Ladefläche noch Platz war. Ich schwang mich schnell hinauf und rief den beiden Freunden zu: *„Kommt schnell herauf!"* In diesem Augenblick gab der Fahrer aber Vollgas. Ich verlor das Gleichgewicht und flog im weiten Bogen herunter und landete auf den Händen und auf dem Gesicht. Ich sah Sterne!

Das Resultat: Beide Hände waren aufgeschunden, weiters auch die Nase und ich hatte zudem eine Schürfwunde über dem linken Auge. Als ich eine Woche später schon zu Hause in Graz war, hatte ich immer noch ein blaues Auge und hatte zudem einen angesprengten Schneidezahn!

Meine beiden Freunde kamen entsetzt angelaufen. Ein Mönch ging in die nahe Polizeistation und holte eine Jodlösung. Als ich ihn deswegen als „Samariter" bezeichnete, sagte er zu mir ich wäre ein „Märtyrer".

Ein Wort zur Polizei. Die war die ganze Zeit völlig untätig gewesen. Nun stiegen sie in ihre Fahrzeuge, ohne jemanden mitzunehmen und brausten zur neuen Schiffsanlegestelle hin. Vorher hatte es noch vor der Polizeistation einen ordentlichen Kracher gegeben. Der Sturm hatte einen dicken, dort stehenden Baum einfach umgeknickt. Burkhard hatte sich erschreckt umgedreht. Nur mit viel Glück hatte der Baum keinen von uns erwischt.

Ein Kleinbus kam nun daher. Ein Mönch erwartete Gäste, die mit dem Schiff ankommen hätten sollten. Herwig machte ihm klar, dass das Schiff woanders angelegt habe und organisierte auch gleich drei Mitfahrerplätze. Wir erreichten dann knapp das Schiff. Beim Schiff wartete nun noch ein Zollbeamter, der trotz strömenden Regens die Rucksäcke unbedingt kontrollieren wollte. Herwig war darüber so erbost, dass er den überraschten Beamten seinen Rucksack mit einem lauten: *„Da hast!"* in die Hand gedrückt hat, der dann voll Erstaunen auf das Kontrollieren vergaß.

Die beiden Aufenthaltsräume des Schiffes waren übervoll mit Pilgern. Wir bekamen vorerst nur Stehplätze. Das Schiff stampfte, circa 50 m vom Ufer entfernt, schwer seinen Weg durch die wild bewegten Wellen suchend. Oft war kein Ufer zu sehen, so stark war der Nebel. Trotzdem legte das Schiff an allen vorgesehenen Anlegestellen an.

Nach einer Dreiviertelstunde etwa organisierte Herwig für mich einen Sitzplatz, dann einen für sich. Burkhard stand tapfer die ganze Fahrt und wollte auch mit keinem von uns den Platz tauschen. Draußen regnete es noch immer stark.

Wir erreichten glücklich Ouranoupoli und suchten gleich unsere Pension auf. Die Zimmer waren geheizt und wir waren heilfroh, wieder zurück zu sein. Etwas später spazierten wir die Uferstraße entlang und kauften Diverses ein. Dann suchten wir das Lokal von Daphne, Frau Antonakis Schwägerin auf. Wir tafelten Köstliches: Tsatsiki, einen von uns ausgesuchten Fisch, Ouzo, Retsina und Metaxa, den uns die Wirtin großzügig eingeschenkt hat. Nach einem kleinen Spaziergang durch Ouranoupoli gingen wir noch einmal auf einen Metaxa zu ihr.

Sonntag, 6. April:

Schönes Wetter. Wir nahmen bereits um acht Uhr den Bus nach Thessaloniki. Es war eine schöne Fahrt, die Wiesen waren schon saftig grün, Obstbäume blühten jedoch nur da und dort. In Thessaloniki suchten wir am Bus-Terminal ein Lokal auf. Wir hatten dann etwas Schwierigkeiten, ein Taxi zu bekommen, um zum Flughafen zu gelangen. Dort warteten wir dann bis die Wiener Maschine mit meinen Tarockfreunden aus Graz und mit Roland Girtler aus Wien ankam. Große Begrüßung der Neuankömmlinge und lieber Abschied von treuen Freunden, die nun den Heimflug antraten.

Meine 10. Athos-Wanderung

Mit meiner Grazer Tarockrunde und nochmals mit Roland Girtler vom 6. bis 13. April 2003

Thessaloniki – Schneefall am Morgen – Ouranoupoli – Xenofontos – Dochiariou – Konstamonitou – Ölwunder des hl. Stephanos – Zographou – Eremitage hl. Kosmas – Hilandar – Esfigmenou – Vatopediou – Pantokratoros mit Museumsbesuch – Skite Profiti Ilia – Karyes – Skite Agiou Andreou – Xiropotamou – Dafni – Ouranoupoli

Sonntag, 6. April:

Am Flughafen von Thessaloniki nahm ich herzlichen Abschied von Burkhard und Herwig, die mit dem Flugzeug ihre Heimreise antraten, und begrüßte freudig meine alten Freunde Hansi Grubbauer, Werner Pfeffer, Werner Stefany, Heiner Verdino und Roland Girtler. Letzterer war in Wien zur Grazer Gruppe gestoßen und hatte sich gleich selbst bekannt gemacht.

Tarock hatten wir schon in der Mittelschule gespielt. Während des Studiums ruhte das Kartenspiel zwar, aber nachher lebte es wieder auf. Um die Tarockrunde vorzustellen: Hansi war in seinem Berufsleben Univ.-Prof. Dr. Hans Michael Grubbauer, der die Intensivstation der Univ.-Kinderklinik in Graz leitete, Prof. Dr. Werner Pfeffer, genannt Pepere, war Professor für Mathematik und Physik am Akademischen Gymnasium in Graz, Dr. Werner Stefany, genannt Wernerkind, war Zahnarzt, Dr. Heiner Verdino war leitender Chemiker in einem großen Chemiekonzern.

Tarock wird in der Regel meist von nur vier Personen gespielt, aber solange wir alle noch im Berufsleben standen, hatte oft einer an einem Spielabend nicht Zeit gehabt, sodass es immer einen „Einspringer" gab.

Keiner meiner Begleiter aus dieser Runde am Athos war besonders religiös. Gerade hier am Athos, dem Nabel orthodoxen Lebens, war eine Rücksichtnahme auf die strengen Regeln der Lebensweise orthodoxer Mönche absolut notwendig. Zudem wurden gerade nichtorthodoxe Besucher sowohl von den Mönchen als auch von den orthodoxen Pilgern besonders streng beobachtet und beurteilt. Bei den meisten meiner Gefährten war ein gewisses Interesse für der Welt der Orthodoxie erkennbar. Trotzdem zeigten alle nur wenig Verständnis, wie orthodoxe Mönche leben. Das wurde besonders bei den Mahlzeiten sichtbar, wo ich immer wieder bremsend eingreifen musste, damit meine Freunde nicht zu laut wurden. Für meine Schulfreunde war es eben eine Wanderung mit Freunden, die man schon ein halbes Leben lang gut kannte. Trotzdem baten sie mich am Ende unserer Wanderung, ob ich ein weiteres Mal mit ihnen die diesmal noch nicht besuchten Klöster erwandern könnte.

Univ.-Prof. Dr. Roland Girtler, Professor für Soziologie an der Universität in Wien, war weder ein Tarockspieler noch ein Klassenkamerad, aber er hatte mich schon einmal

– auf meiner 8. Wanderung (2002) – auf Athos-Wegen begleitet. Roland, zwei der mitwandernden Freunde und ich waren der gleiche Jahrgang (1941), die beiden restlichen Freunde gerade ein Jahr jünger. Auch Roland wollte einige noch nicht gesehene Klöster besuchen. Ich schätzte Roland sehr, vor allem seine großartige humanistische Bildung. Er war aber auf so einer Wanderung nicht einfach zu behandeln, da er sich keineswegs in die Gruppe einfügen wollte. Er wanderte mit und machte seine Späße, aber ging stets immer wieder eigene Wege.

Wir fuhren vom Flughafen direkt ins Hotel Astoria. Von dort spazierten wir dann bald los, ich wollte ja meinen Freunden die Sehenswürdigkeiten von Thessaloniki zeigen. Wir gingen den Kai – die Nikis-Promenade – entlang bis zum Aristoteles-Platz, dann schlenderten wir weiter hinunter zum Weißen Turm und weiter bis zum Denkmal Alexanders des Großen. Dort verloren wir beinahe Roland aus den Augen, der, ohne etwas zu sagen, sich angeblich bei einem fliegenden Händler nach Sonnenbrillen erkundigt wollte und plötzlich verschwunden war.

Wir spazierten weiter zum Galeriusbogen und zur Kirche Panagia Dexias, wo ich den Freunden die Ikonostase und einige stets wiederkehrende Topoi in der Malerei orthodoxer Kirchen zu erklären versuchte. Wir besuchten weiters die Rotonda, die offen war, weiters das römische Forum, die Dimitrios-Kathedrale, inklusive deren unterirdischen Anlagen. Dann wanderten wir zur Oberstadt hinauf bis zum Vlatades-Kloster, dessen Kirche wir besichtigten. Vom Trigónion-Turm aus schauten hinunter auf das gewaltige Häusermeer von Thessaloniki. Letztlich besuchten wir die Taverne „O Christos", wo wir uns an den Köstlichkeiten der griechischen Küche und am Retsina delektierten. Es war bereits finster, als wir uns auf den Heimweg machten.

Roland, mit dem ich das Zimmer teilte, hatte noch eine Überraschung für mich bereit. Ohne irgendjemanden etwas zu sagen, ging er noch einmal, wie er mir später erzählte, auf eine Tasse Tee und auf eine Baklava weg. Da er ja keinen Zimmerschlüssel hatte, getraute ich mich vorerst nicht schlafen zu gehen. Nicht allzu spät kam er dann. Unsere Wanderschuhe stellten wir beide auf den Balkon hinaus.

Montag, 7. April:

Mit einem lauten Fluch: „*Scheiße, jetzt sind meine Schuhe hin!*" sprang Roland in der Früh aus dem Bett und rannte auf den Balkon hinaus, wo seine Schuhe im strömenden Regen standen. Ich war etwas vorsichtiger gewesen und hatte meine Schuhe nicht ganz vorne an den Balkonrand hingestellt. Und dieser Regen ging, oh Schreck, bald in ein dichtes Schneetreiben über!

Nach einem ausgiebigen Frühstück ließ ich zwei Taxis kommen. Man musste ja heute mit größeren Wartezeiten rechnen, da ja wahrscheinlich viele mit dem Taxi fahren würden. Immer noch schneite es dicht. Gott sei Dank mussten wir heute nicht ins Athos-Büro gehen, da ich die Bestätigung für die Diamonitiria meiner Freunde glücklicherweise ja schon vorige Woche besorgt hatte.

Am Chalkidiki-Bus-Terminal hatten wir dann reichlich Zeit, die verbrachten wir in einem nahen Lokal. Pünktlich um 10:30 Uhr fuhr der Bus ab. Der Schnee lag inzwischen schon 15 bis 20 cm hoch auf der Straße. Die Sicht betrug höchstens 50 m, dann war eine Nebelwand. Manchmal entwickelte sich sogar ein kleiner Schneesturm. Die Fahrt kann mir vor wie eine winterliche Busfahrt in der Oststeiermark.

Der Bus fuhr im Schritttempo, er hatte natürlich keine Schneeketten, dafür aber wahrscheinlich glatte Reifen. Manche Autos kamen uns fast schon ganz auf unserer Seite entgegen, einige lagen aber auch schon neben der Straße. Einmal kam uns sogar, welche Überraschung, ein Schneepflug entgegen. Heiner machte während der Busfahrt eine Extra-Einlage, er musste so laut niesen, dass sogar der Chauffeur erschrak und natürlich auch die anderen Fahrgäste, die sich ganz auf die Fahrt konzentrierten. Wir erreichten die Höhe über Stratoni, hier ging der Schneefall in heftigen Regen über.

Endlich erreichten wir auch Ouranoupoli. Wir stiegen bereits am Ortsanfang aus und erreichten noch rechtzeitig vor dem Sperren das Athos-Büro. Doch der junge Mann dort machte Schwierigkeiten und wollte uns unter keinen Umständen die Diamonitiria schon heute ausgeben. Ich verließ daraufhin verärgert das Büro, doch da rief er uns zurück. Er hatte inzwischen entdeckt, dass auf seiner Liste unsere Namen gelb markiert waren und folgte uns nun die Diamonitiria aus. Ich nahm an, da hatte Frau Antonakis, beziehungsweise ihr Ehemann, der Herr Bürgermeister, sich im Vorhinein für uns verwendet.

In der Pension Antonakis bezogen wir dann unsere Zimmer. Ich teilte meines wieder mit Roland. Da die Zimmer mit einem Fernseher ausgestattet waren und wir alle im Bann der Irakkrieges standen, wollte Roland unbedingt das Geschehen im Fernsehen mitverfolgen. Irgendwie schaffte er es dabei, in unserem Zimmer mit der Fernbedienung nicht nur den Fernseher, sondern auch die automatische Heizung außer Betrieb zu setzen. Wir froren beide bald ordentlich. Erst nach mehreren Versuchen, zusammen mit der Hausfrau und einen herbeigerufenen Techniker, gelang es, die Heizung halbwegs wieder in Betrieb zu bringen. Roland versprach, dieses „Teufelswerk" – er meinte damit die Fernbedienung – nicht mehr anzugreifen!

Wir warteten in den Zimmern ab, ob sich das Wetter nicht bessern würde. So gegen 17:00 Uhr hörte der Regen auf – zwischendurch gab es auch in Ouranoupoli Schneefall – und so spazierten wir zur Ausgrabungsstätte des Klosters Zygou, das waren die Ruinen, die man früher als Frangokastro bezeichnet hatte. Dicht daneben verlief auch die Grenze zur Mönchsrepublik Athos, abgesichert durch einen Drahtzaun.

Vom Kloster zurückkehrend, gingen wir in die Taverne von Daphne, der Schwägerin von Frau Antonakis. Wir alle aßen die Fische, die wir uns vorher in der Küche aussuchen konnten. Wie wir da so saßen, brach plötzlich die Sonne durch die Wolken und wir liefen alle begeistert vor das Lokal. Bei Retsina wurde es dann noch ein recht lustiger Abend, zu dem Roland mit seinen meist lustigen Geschichten viel dazu beitrug.

Dienstag, 8. April:

Ein strahlender, aber auch sehr kalter Tag brach an. Vor dem Haus war die Straße eisig. Wir gingen hinunter zur Schiffsanlegestelle und frühstückten im Lokal Pyrgos. Schwierigkeiten gab es dann beim Lösen der Schifffahrtskarten, die man diesmal nicht am Schiff, sondern in einem Büro am Hafen lösen und dabei auch das Diamonitirion vorzeigen musste – wieder etwas völlig Neues! Ein Grieche aus dem Büro von nebenan war uns dann dabei behilflich.

Wir bestiegen die „Axión Estín" und blieben anfangs in der großen Deckkabine. Erst als wir uns dem Kellion Megali Jovantsa näherten, gingen wir ins Freie. Roland hatte inzwischen zwei bosnische Serben kennengelernt und diskutierte mit ihnen laut über Politik. Ich hörte ihn gerade sagen: *„Der Bush ist ein noch größerer Verbrecher als der Milošević"!* Es hatte wahrscheinlich keinen Sinn, ihn vom Politisieren abzuhalten.

Wir erreichten das Kloster Xenofontos, wo wir von Bord gingen. Im Kloster wurde gerade der Gästetrakt umgebaut. Ich erklärte den Freunden einige Darstellungen, der im Gang zwischen Trapeza und dem alten Katholikon sich befindlichen Apokalypse. Dann schlossen wir uns einer Gruppe Griechen an, die das alte Katholikon besuchen durften. Das Katholikon hatte prachtvolle Ikonen und eine wunderschöne Ikonostase. Ein Mönch gab uns dazu Erklärungen in englischer Sprache.

Von diesem Kloster war es gar nicht weit bis zum nächsten, dem Kloster Dochiariou. Hier wurden wir freundlich mit griechischem Kaffee und Loukoumi aufgenommen. Ein liebenswürdiger Archontaris führte uns auch hier in das prächtig ausgemalte Katholikon. Die Malereien stammten noch aus der Entstehungszeit des Klosters und waren vom recht bekannten kretischen Maler Tzortzis geschaffen worden. Man sah einen schönen Stammbaum Jesse, einen Marien- und einen Jesuszyklus, die mich wie immer sehr beeindruckten.

Der freundliche Mönch führte uns auch zur „Schnellerhörenden", der Gorgoepikousa, einer der wundertätigen Ikonen des Athos. Meinem Ersuchen, auch die schöne Trapeza besuchen zu dürfen, kam der Mönch leider nicht mehr nach. Auch den Doppelbrunnen, dessen Brunnenhaus so schön ausgemalt war, sahen wir wegen Renovierungsarbeiten nicht.

Wir verabschiedeten uns und wanderten vorerst der Küste entlang auf sehr schottrigem Boden. Erst knapp vor der Arsanas von Konstamonitou führte der Weg von der Küste weg und ging nun bergauf. Oberhalb der Arsanas machten wir eine kurze Jausen-Pause. Dann ging es auf einer Straße, deren Boden oft recht tief war, hinauf zum Kloster Konstamonitou. Wir erreichten es nach gut einer Stunde Wanderung. Die Höhen über dem Kloster waren schneebedeckt. Unsere Anmeldung hatte geklappt, wir bekamen zusammen ein Zimmer. Außer uns waren keine anderen Pilger zu Gast im Kloster. Unser Zimmer war eiskalt. Der freundliche Archontaris zeigte uns, wie man mit einer Handvoll petroleumgetränkter Sägespäne und mehreren Ästchen trockenen Holzes den Ofen des Zimmers in Betrieb nehmen konnte. Diese Aufgabe übernahm Heiner, der sie auch in der Folge bravourös gelöst hat.

Die Heizung bestand aus einem Ungetüm von Kanonenofen, ein langes Ofenrohr ging von ihm durch das Zimmer zum Fenster und von dort durch ein Loch in der Fensterscheibe nach außen. Zum Nachlegen mussten wir dann lange Scheite aus Ästen von nassen Obstbäumen aus dem Keller holen. In den Ofen nachlegen konnte man nur von oben, beim Öffnen des Ofendeckels entwich dann stets eine Rauchwolke in den Raum und wir mussten immer wieder nach dem Nachlegen das Fenster öffnen, was wieder zu Wärmeverlust geführt hat.

Wir wanderten im und um das Kloster herum, gingen in den Garten und zum Karner.

Zur Hesperinos-Andacht dürfen wir nicht gehen, also warteten wir vor dem Katholikon. Ein freundlicher Mönch zeigte uns aber anschließend das Katholikon, mit der berühmten hl. Stephanos-Ikone sowie die Panagia Hodegetria (die „Wegweiserin") und die Panagia Antiphonitria („sie antwortet"). Von der hl. Stephanos-Ikone erzählte uns der Mönch folgende Legende:

Als einmal in einer Notzeit des Klosters der Magazinverwalter (Dochiaris) am Vorabend des Namensfestes des hl. Stephan unter dessen Bild einen leeren, großen Ölkrug stehen gelassen hatte, wäre dieser am nächsten Tag voll von Öl gewesen.

In der Trapeza aßen wir dann alleine, doch der Küchenmönch und mehrere Mönchseleven waren anwesend. Sie gaben uns das Essen beziehungsweise reinigten sie das Geschirr der vor uns abgespeisten Mönche. Dabei waren die Freunde eigentlich recht unangenehm laut. Bei einem Essen der Mönche war es nämlich Sitte, dass entweder von einem Mönch aus erbaulichen Schriften vorgelesen wurde oder man aß schweigend. Letzteres Verhalten war den Freunden nur schwer beizubringen. Als Essen gab es dann Bohnensuppe, eine rohe Karotte, Oliven, Brot und Wasser.

Mittwoch, 9. April:

In der Früh war es im Zimmer ordentlich kalt. Der eine oder andere Freund beschwerte sich über die Schnarcher, Wernerkind hatte deswegen sogar eine Schlaftablette eingenommen. Da wir kein Frühstück bekamen, aß jeder von seinem Vorrat eine Kleinigkeit.

Gestern hatte ich den Archontaris gefragt, wie der Weg über den Berg nach dem Kloster Zographou wäre. Er hatte gemeint: *„Unpassierbar, verwachsen und sehr schmutzig!"* Das bereitete mir in der Nacht Kopfzerbrechen. Sollte ich eher auf der Straße zurückwandern, was ein Umweg war, oder mit meinen eher gehungewohnten Freunden den Weg über mehrere Berghänge wagen? Ich entschloss mich, es zu versuchen.

Etwa um sieben Uhr brachen wir auf. Der Weg, der entlang der rechten Klosterseite ins Tal hinunterführte, war hart gefroren. Ein gutes Zeichen, da konnte er ja nicht schmutzig sein. Im Tal unten fand ich leicht den Einstig zum Gegenhang. Dieser Weg war immer schon recht beschwerlich gewesen. Wir mussten uns auch jetzt durch Gestrüpp durchkämpfen, das war jedes Jahr das gleiche. Ich ging diesen Weg ja schon zum dritten Mal. Nach Erklimmen des Hanges verlief der Weg im jenseitigen Tal ein kurzes Stück anders als ich ihn schon gegangen war, aber irgendwie stimmte die Richtung. Tatsächlich stießen wir dann auch gleich auf den mir schon bekannten Weg.

Wir sahen zahlreiche Spuren von Wildschweinen. Als wir in den Bereich des Klosters von Zographou kamen, waren beiderseits des Weges die Äste geschnitten worden, mit Steinen ausgelegt präsentierte sich der Weg als ein alter Pilgerpfad. Wir benötigten ungefähr zwei Stunden, um vom Kloster Konstamounitou nach Zographou zu kommen.

Im Kloster kümmerte sich wie üblich niemand um uns. Vergeblich suchte ich den Archontaris. Ich zeigte und erklärte, so gut ich es konnte, den Freunden im Exonarthex des Katholikons einmal mehr die einzelnen Bilder der Apokalypse, die von Kloster zu Kloster durchaus unterschiedlich gemalt sein können, und in der kleinen Kapelle der Panagia die hier so köstlich wiedergegebene Geschichte vom Bau der Arche Noah.

Als wir schon aufbrechen wollten, kam dann doch noch ein Mönch daher, der uns das Katholikon aufsperrte. Leider sprach er kein Englisch. Trotzdem verstanden wir halbwegs seine Erklärungen zu den wertvollen Ikonen dieses Klosters. Er zeigte uns auch die Reliquienschreine, die sich links und rechts vor der Ikonostase aufgestellt befanden. Die meist kostbar gefassten Schreine hatten obenauf eine Glasplatte, sodass man die Knochenreliquien auch sehen konnte.

Wir brachen von Zographou auf, wanderten hinunter ins Tal und zweigten zum Kloster Hilandar ab. Nach circa einer halben Stunde erreichten wir die Stelle, wo man zur einstigen Wohnhöhle eines Einsiedlers, des hl. Kosmas von Zographou, hingehen konnte. Wir versteckten unsere Rucksäcke im Gebüsch und machten diesen kurzen Umweg dorthin. Die Wohnhöhle, die sich oberhalb in einer Felswand befand, wurde dann auch von allen bestaunt. Wieder zurückgekommen zu unseren Rucksäcken, jausneten wir.

Weiter ging unser Weg bergauf, bis wir zu einer Art Hochebene kamen, wo mehrere neu geschaffene Forststraßen zusammenkamen. Ich folgte der nördlicheren. Nachdem der alte Weg nach Hilandar zerstört worden war, hatte ich mir schon früher schwergetan, den Einstieg hinunter zum Kloster Hilandar zu finden. So war es auch diesmal. Endlich glaubte ich den Einstieg gefunden zu haben, doch leider war dieser Weg nach circa 100 m schon zu Ende. Eine neue Forststraße kreuzte den Weg und Erde war über den alten Weg geschüttet worden und aus war es.

Wir wanderten nun auf dieser neuen Straße, wobei wir im frischen Lehm knöcheltief einsanken. Verzweifelt spähte ich nach rechts, ob ich nicht doch etwas vom einstigen Weg sehen konnte. Unsere Straße mündete, das konnte man sehen, in einer großen, um den Berg herumgehenden Schleife, letztendlich unten am Strand, wahrscheinlich bei der Arsanas von Hilandar. Doch das war ein Riesenumweg.

Wir holten die Zwerger-Karte heraus, aber die neue Straße war nicht eingezeichnet. Da entdeckte Wernerkind plötzlich einen schmalen Weg, der hinunter ins Tal führte. Es auf ihn zu versuchen, war eine Chance. Und tatsächlich erkannte ich bald an verschiedenen Landmarken, dass es der alte Weg zum Kloster war. So ein Glück!

Ungefähr um 14:00 Uhr waren wir im Kloster Hilandar. Rolands einzige Sorge war, ob er wohl nun ein Essen bekäme. Heiner wiederum beauftragte mich, ich möge ein Zimmer mit sechs Betten organisieren. Der hatte Vorstellungen, wie das so „mir nix, dir nix" zu schaffen war! Ich suchte nach dem Archontaris, traf zufällig den alten Serben vom Vorjahr, der inzwischen noch immer im Kloster lebte. Er vermittelte mir dann tatsächlich ein Zimmer für sechs Personen.

Roland gab wegen des Essens keine Ruhe. Das war insofern schwierig, weil die Mönche schon gespeist hatten. Wieder verhalf uns der alte Serbe zu einem Essen. Zusammen mit zwei eben auch angekommenen serbischen Pilgern wurden wir in die Küche gebeten, wo man an einem langen Tisch extra für uns gedeckt hatte. Wir bekamen eine warme Bohnensuppe mit Sojastücken, später Salzgemüse, Oliven, Brot und sogar Wein. Während die beiden serbischen Pilger, wie im Kloster üblich, in Stille speisten, ging es bei uns recht laut und fröhlich zu. Mir war das wirklich peinlich, immerhin waren wir in der orthodoxen Fastenzeit! Letztlich prostete Roland dem Küchenmönch sogar noch ein *„Živjeli"* zu!

Wir bezogen unser Zimmer und konnten – welche Wohltat – heute sogar duschen. Duschgelegenheiten waren am Athos noch recht selten anzutreffen. Es galten immer noch die alten Tabuvorschriften, wonach ein Mönch sich nur Gesicht, Hände und Füße waschen durfte. Dementsprechend schwierig war es auch, auf die Freunde aufzupassen. So sah ich zum Beispiel Wernerkind plötzlich nur mit weißer Unterhose angetan, über den Gang sausen! Wenn das Mönche gesehen hätten, bekäme ich sicher Probleme!

Anschließend ging ich mit Hansi und Wernerkind auf Besichtigungstour. Außerhalb des Klosters schauten wir uns den Karner an und dann die Kapelle, wo die Tricheirousa-Legende dargestellt war. Zurück im Kloster bestiegen wir den Turm (Pyrgos) des hl. Sava und bewunderten die interessanten Malereien in der dort hoch oben im Turm sich befindenden Johanniskapelle. Im Klosterhof zeigte ich den Freunden den Weinstock des hl. Simeon und die versteckten Schönheiten des Katholikons von außen.

Während der Abendandacht saßen wir wie üblich im Exonarthex. Dann holte uns ein Mönch in das Innere des Katholikons und, oh Wunder, man erlaubte uns nach der Andacht zu fotografieren, zum Beispiel den Silbersarg des hl. Simeon und sogar die Ikone der Tricheirousa, der berühmten „Dreihändigen"!

Anschließend blieben wir noch etwas im Hof und trafen den kleinen, gut deutsch sprechenden Mönch Pater Kyrillos, den ich vor Jahren schon kennengelernt hatte. Er war nun schon etwas schwerhörig. Nach dem Gespräch gingen wir aufs Zimmer. Nur Roland hatte noch einen Ausflug in die Umgebung gemacht und hatte dabei die Zeit übersehen. Mit viel Glück kam er gerade noch durch eine kleine Nebenpforte, die zufällig noch offen war, ins Kloster hinein. Denn, wenn das Klostertor einmal zugesperrt war, konnte nur der Abt persönlich die Erlaubnis geben, das Tor kurzfristig zu öffnen.

Donnerstag, 10. April:

Um sieben Uhr weckte ich die Freunde, wir frühstückten und marschierten ohne Roland, der nachkommen wollte, los. Wir wanderten an der Kapelle mit den Malereien zur Tricheirousa-Legende vorbei, hin zum Kloster von Esfigmenou. Nach ungefähr 50 Minuten erreichten wir das Kloster, doch das Tor an der Seeseite war verschlossen. Wir versuchten es beim Tor an der Landseite und das war dann wirklich offen. Wir gingen in den Klosterhof und suchten den Archontaris, der aber trotz Nachfragens nicht anzufinden war. Dafür tauchte jetzt Roland auf, der die Abzweigung nach Esfigmenou versäumt hatte, dann eine Abzweigung über den Berg nehmen wollte, schließlich aber von einer Polizeistreife daran gehindert wurde.

Da sich niemand um uns kümmerte, verließen wir das Kloster. Vor dem Kloster stand eine Anzahl von Mönchen. Ich fragte jetzt wieder nach dem Archontaris. Ein hünenhafter, perfekt deutsch sprechender Mönch kam auf mich zu und fragte, ob wir irgendwelche Wünsche hätten. Ich bat kühn um Kaffee und er fragte mich, wie wir ihn gerne hätten.

Wir wanderten also ins Kloster zurück und erklommen den 2. Stock, wo der Empfangsraum für Gäste lag. Bald wurde uns auch eine ordentlich große Schale herrlich duftenden Kaffees und Loukoumi serviert, sowie eine Schale Kompott! Wir kauften dann dort auch noch einige Devotionalien.

Wir nahmen nun den Weg zum Kloster Vatopediou, anfangs auf der Straße, dann aber führte der Weg über eine Hochebene. Der Jahreszeit entsprechend blühten die Baumheide (Erica arborea), Anemonen, der Milchstern (eine Ornithogalum-Art), der Dornige Ginster (Genista acanthociada), ein gelb blühender Strauch, den Hansi als „Zwerg-Erbsenstrauch" (Caragana pygmaea) bezeichnete, natürlich viele Affodille (Asphodelus) und Euphorbien. Das war immer ein besonders schöner Weg bis man hinunter zum Meer kam. Unterwegs suchten wir noch nach den Hufeisen von Mulis, bis jeder eines hatte. Die sahen ganz anders aus, als wir es von Hufeisen gewohnt waren. Es waren Eisenplättchen über den ganzen Muli-Huf.

Wir kamen wieder an die „Bucht des Grauens". Alles, was an Plastik ins Meer geworfen werden kann, wurde dort angeschwemmt. Das war eine unvorstellbar große Menge an Plastik in allen nur möglichen Formen. Ein grauslicher Anblick, vor allem, wenn man im Hintergrund das großartige Kloster von Vatopediou sah. Gerade jetzt und hier wollten aber alle jausnen, als ob es keinen schöneren Platz gäbe!

Um nach Vatopediou zu kommen, benötigten wir dann noch eine Stunde. Dort angekommen, stellten wir unsere Rucksäcke beim Pförtner ab. Da die Freunde zu einer Bergaufwanderung wenig Lust zeigten, versuchte ich eine Fahrgelegenheit zu organisieren. Der Portiermönch war dazu nicht fähig, doch glücklicherweise kam ein gut deutsch sprechender Mönch vorbei. Er bekam in Erfahrung, dass zufällig ein Fahrzeug von Karyes zum Kloster unterwegs war. Mit diesem könnten wir ein Stück mitfahren.

Wir wollten aber nur bis zu einem Schranken fahren, der die zum Kloster Pantokratoros führende Straße absperrt. Auch das managte der Mönch für uns. Bis der Bus eintraf, mussten wir ungefähr eine Stunde warten. So spazierten wir abwechselnd ins Kloster hinein und sahen uns im großen Klosterhof etwas um.

Roland wollte nun keineswegs mitfahren und zog gleich alleine los. Dann kam der Bus, der aber vorher noch eine kleine Fahrt woandershin machen musste. Nach einer halben Stunde abermaligen Wartens holte er uns dann ab. Der Mönchchauffeur war sehr nett und fuhr uns um € 10,– bis zum Schranken. Wir gingen von dort nur mehr eine kurze Strecke und Roland, der Teufelskerl, hatte uns eingeholt.

Auf angenehmer Straße wanderten wir nun ungefähr zwei Stunden, bis wir einen prächtigen Blick auf die Klöster von Pantokratoros, Stavronikita und Iviron, die Skite Profiti Ilia und den Gipfel des Athos hatten. Eine halbe Stunde später waren wir im Kloster Pantokratoros angelangt. Der Archontaris begrüßte uns mit Loukoumi, gesalzenen Nüssen und einem Tsipouro. Er verlangte auch unsere Diamonitiria und von mir den Reisepass, wahrscheinlich, weil ich die Quartiere vorbestellt und das Kloster sie mir bestätigt hatte. Ich hatte dabei ein etwas mulmiges Gefühl, da alle unsere Diamonitiria schon abgelaufen waren. Das wussten meine Freunde gar nicht. Dem Archontaris fiel es auch nicht weiter auf, er war recht freundlich und wies uns ein warmes Zimmer zu, wo auch schon ein Kanadier sich einquartiert hatte.

Wir wuschen uns und gingen zur Hesperinos-Andacht. Wie üblich blieben wir im Exonarthex, nur Hansi und Heiner schauten neugierig durch die geöffnete Tür ins Innere des Katholikons. Da winkte uns ein Mönch, wir mögen doch alle in den Naos kommen.

Dieser Aufforderung kamen wir gerne nach und erlebten so dort noch einen Teil der Abendandacht aus der Nähe.

Danach lud man uns zum Essen in die Trapeza. Das Essen war ausgesprochen reichlich. Ein dicker, dafür verantwortlicher Mönch schaute auch brav darauf, dass wir alle genügend bekamen. Er fragte uns auch immer, ob wir nicht noch etwas nachwollten. So kam ich zu zwei Portionen Krautsalat. Es gab noch warmen Reis, dann ein kaltes Kartoffelgulasch, in dem eine Schnecke war. Das erschreckte mich zuerst doch etwas, dann sah ich aber, dass mein Nachbar gleich deren zwei hatte! Ja, natürlich, Schnecken waren ja Fastenspeise!

Schon während des Essens kam ein Mönch und fragte uns, ob wir nachher die Kostbarkeiten des Klosters sehen wollten. Es war derselbe Mönch, der sie letztes Jahr schon meinen damaligen Mitwanderern und mir gezeigt hatte. Sie waren im Turm des Klosters untergebracht. Die dort in zwei Stockwerken lagernden Klosterschätze waren wirklich sensationell und hinterließen einen tiefen Eindruck bei allen. Draußen war es recht kalt und so gingen wir bald schlafen.

Freitag, 11. April:

In der Nacht hatte es geregnet. Nach einem kurzen Frühstück am Zimmer brachen wir zur Skite Profiti Ilia auf, die wir nach circa einer Dreiviertelstunde Bergaufwanderns erreichten. Nur Roland versuchte es wieder einmal auf einem anderen Weg und wäre beinahe in die Irre gegangen.

Das Tor der Skite war noch geschlossen, man öffnete dort erst um halb neun Uhr. Der Archontaris war dann recht freundlich, es gab zwar keinen Kaffee, dafür aber Tsipouro und Loukoumi. Wir durften auch in das Kyriakon. Der Archontaris erzählte uns, dass man einst zwei Tonnen Gold für der Ausgestaltung der Ikonostase benötigt hätte. 2000 Mönche hätten im Kyriakon Platz gehabt und die Akustik wäre dort ausgezeichnet.

Wir wanderten weiter, vorerst auf einem Wanderweg, später auf der Straße nach Karyes, dass wir circa 1 ½ Stunden später erreichten. Zu allererst gingen wir zum Gebäude der Heiligen Gemeinschaft, um dort unsere Diamonitiria verlängern zu lassen. Man ließ man uns recht lange warten.

Anschließend versuchten wir in das Protáton zu kommen, doch es war zugesperrt. Dann kam jedoch ein Mönch und ließ uns ein. Wir konnten sogar einen Blick auf die wundertätige „Axión estín", die berühmteste Ikone des Athos, die sich hinter der Ikonostase befand, werfen.

Heiner und ich versuchten nun ein Taxi zu bekommen, welches uns über den Höhenrücken hinüber zum Kloster Xiropotamou bringen sollte. Man teilte uns mit, dass das eventuell ab 12 Uhr möglich wäre, das wäre aber nicht sicher. Das nahe Kloster Koutloumousiou wollten die Freunde nicht mehr besuchen. Wir blieben bei der Bäckerei und ihren vorzüglichen Blätterteigsachen hängen.

Wir wanderten zur Skite Agiou Andreou. Der dortige Archontaris führte uns in das prächtige Kyriakon. Er erlaubte uns auch, dass wir je drei Fotos pro Person hier machen durften. Dann kümmerte er sich nicht mehr um uns und polierte den Fußboden. Später, als wir im Hof saßen, unterhielt sich mit uns ein Mönch, der lange Jahre in Deutschland als Koch gearbeitet hatte.

Roland, der sowieso nicht mit dem Auto mitfahren wollte, ging nun alleine los. Wir anderen aber wanderten zurück nach Karyes und warteten im Gasthaus auf unsere Fahrgelegenheit. Natürlich klappte es um 12 Uhr nicht, die Taxiflotte brachte zu dieser Zeit ankommende Gäste in alle Richtungen der Halbinsel zu den einzelnen Klöstern. Ich sprach in der Folge mit einem recht beleibten Mönch, der geschäftig herumlief.

Ich zeigte auf einen parkenden Unimog und meinte, wir würden auch mit einem solchen fahren. Das leuchtete ihm ein, er suchte einen Chauffeur dafür, fand aber keinen. So entschloss er sich, uns selbst zu fahren. Wir warfen also unsere Rucksäcke auf die Ladefläche und nahmen alle vier im Führerhaus Platz. Um € 30,– chauffierte er uns direkt zum Kloster Xiropotamou hin. Wie immer war in diesem Kloster alles blitzsauber. Wir bekamen zusammen ein Zimmer, das Hotelcharakter hatte. Auch die Waschanlagen waren vorbildlich, doch ohne Dusche und Spiegel.

Nachdem wir uns gewaschen hatten, spazierten wir im Kloster herum. Im Exonarthex des Katholikons gab es wieder eine interessante und hervorragend gemalte Apokalypse zu bewundern. Wir – Hansi, Wernerkind und ich – wanderten dann hinauf zur Straße, anschließend zum Friedhof und später in den Garten mit dem Pavillon.

Um 16 Uhr gab es eine Kirchenführung. Das Innere des Katholikons war auffallend hell. Dieses Katholikon war sicher eines der schönsten der zwanzig Klosterkirchen.

Auch die Trapeza war von auffallender Sauberkeit, es gab Steingutteller, chromblitzendes Besteck und ebensolche Trinkbecher. Das Essen ließ ebenfalls nichts zu wünschen übrig, es gab Spinat, einen Bohnenaufstrich, den man für einen Leberaufstrich halten konnte, Oliven und die Süßspeise Halva. Ein gut deutsch sprechender Mönch meinte, wir könnten uns um 19 Uhr noch einen Tee holen kommen.

Nochmals wanderten wir im Kloster und rund um dieses herum. Ich machte mir bereits Sorgen um Roland, der aber jetzt nun doch auftauchte. Er war auf den Höhenrücken hinaufgewandert, war dann zu einem Aussichtsturm gekommen. Von dort nahm er einen Weg, der ihn direkt in eine Schlucht geführt hatte, wo er in ein Gestrüpp geriet, wo er letztendlich weder vor noch zurückkonnte. Davor hatte ihn schon ein Mönch gewarnt. Als er in der Ferne offenbar wildernde Hunde bellen hörte, bekam er es mit der Angst zu tun und kehrte um. Roland wanderte immer ohne jegliches Kartenmaterial, er verließ sich stets nur auf seinen Instinkt!

Er bekam ein Einzelzimmer. Hansi, der unter den Schnarchern sehr litt, zog sofort um und belegte das zweite Bett. Um 19 Uhr gingen wir zum Tee. Es war ein Lindenblütentee, dazu gab es Brote mit Marmelade und für jeden zwei Feigen. Ein tolles Service! Wir gingen früh schlafen, so dauerte auch die Nacht recht lang.

Samstag, 12. April:

Um sieben Uhr kam ein offensichtlich aus Deutschland stammender Mönch ins Zimmer und sagte: „*Meine Herren, für Sie steht das Frühstück bereit. Sie müssen aber um halb acht Uhr damit fertig sein!*" Wir fuhren in unsere Kleider hinein. Es gab warme Spaghetti mit Pilzen, Frutta di mare, einen Aufstrich und Wein. Unglaublich, dieses Service!

Um ¾ 8 Uhr brachen wir auf. Der alte Pilgerweg hinunter nach Dafni war steil und steinig. Um halb neun Uhr waren wir im Hafen. Einige der Freunde gingen ins Gasthaus, andere kauften in den drei Geschäften noch etwas ein. Dann warteten wir auf das Fährschiff. Als das Schiff kam, fragte uns der Zollbeamte: „*Österreicher?*", und als wir das bejahten, winkte er uns dann gleich durch.

Schön war die Fahrt entlang der Küste. Aus den Kommentaren meiner Freunde entnahm ich, dass ihnen unsere Wanderung sehr gefallen hat. Immer wieder fragten sie mich nach der gegangenen Strecke aus.

In Ouranoupoli bezogen wir unsere alten Zimmer und kauften dann noch Kleinigkeiten ein. Wir trafen auffallend viele Österreicher, meistens eigentlich Steirer. Wir suchten zum Abendessen wieder unsere Taverne auf und die Wirtin schenkte uns zum Abschied großzügig Metaxa ein. Wir machten dann noch eine Runde durch den Ort und gingen schlafen.

Sonntag, 13. April:

Wir fuhren mit dem Bus um acht Uhr ab. Welch ein Unterschied zwischen der Hin- und der Rückfahrt! Heute war alles grün und die Freunde sahen erstmals Chalkidiki im Frühling.

Thessaloniki lag unter einer Dunstglocke. An der Bus-Endhaltestelle gingen wir kurz in ein Lokal, dann nahmen wir uns zwei Taxis, deren Bestellung diesmal überhaupt keine Schwierigkeiten machte. Wir hatten dann eine längere Wartezeit am Flughafen.

Dann ein ruhiger Flug, Roland wurde von einer Stewardess erkannt, erst unlängst hätte sie ihn in der „Barbara-Karlich-Show" gesehen. Roland strahlte. Er bandelte auch gleich mit einer neben ihm sitzenden Griechin an. Sie flog zu ihrer Hochzeitsfeier in die Schweiz. Als Roland aus einer seiner Rocktaschen ein etwas zerknittertes Heiligenbildchen vom Athos hervorzauberte und es ihr schenkte, war sie ganz weg. Roland war auf seine Art einfach köstlich und unschlagbar. Wir verabschieden uns von ihm in Wien.

Der Flug nach Graz war kurz. Dort erwartete uns schon eine große Schar von Anverwandten.

Meine 11. Athos-Wanderung

Mit Burkhard Thierrichter und seinen Freunden
vom 17. bis 25. September 2005

Thessaloniki – Ouranoupoli – Dafni – Xiropotamou – Pantokratoros – Xenofontos – Dochiariou – Dafni – Simonos Petras – Osiou Grigoriou – Dionysiou – Agiou Pavlou – Skite Agia Anna – Megisti Lavra – Iviron – Karyes – Koutloumousiou – Karyes – Pantokratoros – Karyes – Skite Agiou Andreou – Karyes – Dafni – Ouranoupoli – Stagira – Sithonia Rundfahrt – Ouranoupoli

Ich hatte schon immer den Wunsch, einmal im Herbst am Athos zu wandern. Als Burkhard Thierrichter mich nun bat, einmal doch auch mit seinen Freunden Fritz, Dieter und Klaus den Athos zu besuchen, nahm ich die Gelegenheit wahr, diesmal den September dafür auszuwählen. Burkhard vorzustellen, war nicht notwendig, war er doch schon mehrmals ein treuer Gefährte auf mehreren Athos-Wanderungen gewesen. Fritz Leopold war Hausverwalter, Dieter Pelz war ein Dipl.-Ing. für Brautechnik, war der Vorstandsvorsitzende der Steirischen Brau AG gewesen und war deutscher Staatsbürger, und Dr. Klaus Rainer war Rechtsanwalt. Alle Freunde Burkhards hatte ich schon vorher als lustige, interessierte und nette Gefährten kennengelernt.

Um diesen Termin suchte ich schon im Jänner im Athos-Büro an. Ich bekam lange keine Antwort und erst über Vermittlung vom Klinikchirurgen Prof. Dr. Konstantin Hiotakis erfuhr ich, dass man – wieder einmal eine Neuerung – erst drei Monate vor dem Termin eine Antwort bekäme, es sei denn, man werde sofort abgelehnt.

Nachdem wir dann die Erlaubnis erhalten hatten, war es unendlich schwierig, gleichzeitig für fünf Personen in den Klöstern ein Quartier zu bekommen. Als ich dann endlich jede Übernachtung bestätigt hatte, musste ich die ganze vorgesehene Wanderroute umstellen, wozu mich die abgesagten beziehungsweise neu zugesagten Quartiere zwangen.

Samstag, 17. September:

Ich hatte bereits Schwierigkeiten am Flughafen Graz-Thalerhof. Mein Rucksack gefiel der AUA-Dame nicht, sie bestand darauf, dass nur ich ihn als Sperrgepäck aufgeben müsse. Das hatte ich bisher noch nie tun müssen, auch keinen meiner anderen Wanderfreunde veranlasste sie dazu. Dann machte man bei uns allen einen übertriebenen Sicherheitscheck. Ich nehme an, dass Burkhard daran Schuld trug, da er als Bezirkshauptmann für die Sicherheit dieses Flughafens verantwortlich war und man ihm vorführen wollte, wie genau man die Sicherheitskontrollen nähme.

Der Flug nach Wien war kurz, die Zeit, die wir dort hatten, nützten wir unter anderem, um uns mit Alkoholika als Vorsichtsmaßnahme gegen etwaige Unverträglichkeiten von klösterlichen Speisen einzudecken. Der Flug nach Thessaloniki verlief dann angenehm. Am

Flughafen mieteten wir uns zwei Taxis und fuhren damit ins Hotel Astoria, wo ich Zimmer vorbestellt hatte.

Mit Burkhard bezog ich ein Zimmer. Dann erlebte ich einen großen Schrecken, denn ich konnte trotz intensiver Suche meine Gürtelbrieftasche nicht finden. In ihr waren ein höherer Geldbetrag und die Kreditkarte gewesen. Ich telefonierte sofort mit Zuhause, ließ die Kreditkarte sperren und meine Frau in Graz telefonierte mit den Flughäfen Graz und Wien, ob man sie eventuell irgendwo gefunden hatte. Ohne Erfolg. Ich fügte mich in mein Schicksal, ohne missmutig zu sein, ich konnte ja den anderen die Freude auf die Wanderung nicht verderben, denn sie konnten für meine Schlampigkeit ja nichts dafür.

Durch das ehemalige Hafenviertel, wo man jetzt nette Esslokale anfinden kann, gingen wir vor zur Nikis-Promenade. Das Meer war sehr unruhig und es spritzte oft hinauf bis auf den Kai. Für alle, die Thessaloniki noch nicht kannten, machte ich die übliche Besichtigungstour, Weißer Turm und Alexander-Denkmal und bog dann ins Stadtzentrum ab. An einer appetitlichen Konditorei kamen wir nicht vorbei, ohne ihr einen Besuch abzustatten.

Weiter ging unser Spaziergang hin zum Galeriusbogen und in die Kirche Panagia Dexia. Im Schatten des Galeriusbogens suchten wir ein Café auf und tranken dort unseren ersten Tsipouro. Dann besuchten wir die Rotonda, die in ihrem Inneren immer noch eingerüstet und von deren einst prachtvollen Mosaiken derzeit wenig zu sehen war.

Wir wanderten nun zur Dimitrios-Kathedrale, wo wir auch bis in den Unterbau vordrangen. Dann ging es in die Ano Poli, in die Oberstadt hinauf, wo wir ganz im Westen der Stadtmauer ankamen und außerhalb der Mauer spazierten. Immer einen Besuch wert war das Vlatades-Kloster. Dort heiratete gerade eine sehr hübsche Griechin im Beisein zahlreicher Gäste.

Wir schlenderten nun an der Theodosianischen Stadtmauer entlang bis zum Trigónion-Turm, bewunderten Thessaloniki von oben und suchten auf dem Platz gleich hinter dem Anna-Paläológina-Tor das Lokal „O Christos“ auf, wo wir im Freien wie üblich ausgezeichnet speisten.

Dann ging es wieder hinunter in die Stadt. Herrlich schien der Mond, es war die letzte Nacht vor dem Vollmond. Als wir nahe dem Kai waren und uns dem einstigen Hafenviertel näherten, suchten wir dort noch ein Bierlokal auf. Das griechische Bier schmeckte uns ganz ausgezeichnet.

Sonntag, 18. September:

Für sieben Uhr war das Frühstück angesetzt. Wer hat verschlafen? Burkhard und ich! Gerade im Hotel Astoria gab es immer ein gutes Frühstück, auf das Burkhard und ich nun großteils verzichten mussten. Dann noch eine freudige Überraschung – als ich den Rucksack aufnahm, lag darunter meine Gürtelbrieftasche!

Wir nahmen uns nun zwei Taxis und fuhren zum Chalkidiki-Bus-Terminal. Gleich fiel mir auf, dass der Taxifahrer diesmal eine ganz andere Strecke fuhr. Des Rätsels Lösung war dann, man hatte den Bus-Terminal wieder einmal woandershin verlegt. Übrigens, das Athos-Büro war auch nicht mehr dort, wo es die letzten Jahre immer gewesen war. Das alles war typisch für den Athos: „Nix ist fix“!

→ Seite 193

Protáton: Ikone Axión estín in Karyes

Das Protáton während des Umbaus in Karyes

Karyes

Devotionalienladen in Karyes

Der Konak von Hilandar in Karyes

Karyes

Postamt in Karyes

Karyes

Kellion Molivouekklisia, Pater Chrysostomos

Kellion Molivouekklisia: Außenansicht

Kellion Molivouekklisia: Inneres

Kellion Molivouekklisia, Stiege hinunter zur Kapelle

Kellion Molivouekklisia, Ikonostase

Kellion Molivouekklisia, Hauskapelle

Kellion Molivouekklisia, Kapellendecke

Kellion Molivouekklisia, Pentagramm am Gebetsstuhl

Kellion von Mönch Petros in Karyes

Die Küche des Kellions

Mönch kocht Abendessen

Mitbewohner des Kellions

Mönch Petros

Die Hauskapelle mit einem Bild aller 12 Apostel

Hauskapelle

Skite Kavsokalivia

Skite Kavsokalivia: Kyriakon, Ikonostase

Im Karner von Kavsokalivia

Skite Kavsokalivia, Kyriakon

Im Karner von Kavsokalivia

Pünktlich fuhr der Bus los. Nach kurzer Fahrt stieg ein Grieche zu, der an alle Fahrgäste ein Blatt austeilte, welches wir jedoch, da es in Griechisch geschrieben war, nicht lesen konnten. Möglicherweise war es von religiösem Inhalt.

Wer angenommen hatte, im Herbst wäre in Griechenland die Landschaft braun und ausgedörrt, wurde eines Besseren belehrt. Grüne Wiesen und Felder, blühender Oleander und die Weißdornsträucher voll orangefarbiger Beeren entlang der Straßen und lila blühende Besen-Heidestauden beim Überqueren des Holomondas-Gebirges. Die Fahrt war beinahe noch schöner als im Frühling. Auffallend waren hier Hunderte, wirklich Hunderte von Bienenstöcken, die man in der Landschaft aufgestellt hatte. Somit war auch klar, wo der viele Athos-Honig herkam.

Da wir den Bus um halb neun Uhr genommen hatten, hatten wir genügend Zeit, um in Ierissos auszusteigen. Wir gingen in ein Café, ließen dort unsere Rucksäcke zurück und wanderten quer durch Ierissos hin zum Strand, wo die alten Schiffswerkstätten lagen. Hier wurden noch die alten Kaikis so gebaut, wie man sie schon Jahrhunderte lang gebaut hatte. Wir sahen Kaikis in allen Phasen ihres Werdens und bewunderten die heute noch immer ausgeübte Handwerkskunst der griechischen Zimmerleute. Es existierten hier noch mehrere Werkstätten. Auch manches Schiffswrack lag am Strand.

Zwei Stunden später kam der nächste Bus, der uns nach Ouranoupoli brachte. Das Athos-Büro hatte noch offen, doch wollte uns der Beamte das Diamonitirion schon einen Tag vorher nicht aushändigen. Es bedurfte einiger Überredungskunst, um dann doch zu diesem zu kommen. Wir stiegen in der Pension Antonakis ab und bekamen drei schöne Zimmer.

Bald danach spazierten wir die Hafenpromenade hinunter und kauften Ansichtskarten, die wir dann großteils in einer Taverne, sitzend bei einem Bier, gleich schrieben. Wir spazierten anschließend vor bis zum Pyrgos. In diesem hatte man inzwischen ein Museum eingerichtet, welches wir auch gleich besuchten. Im Parterre waren archäologische Funde von der Athos-Halbinsel untergebracht, der erste Stock war dem Leben des Ehepaares Loch gewidmet und der „griechischen Tragödie von 1922“. Griechischstämmige, kleinasiatische Flüchtlinge von damals waren hier auf Chalkidiki angesiedelt worden. In den weiteren Stockwerken des Turms waren Modelle von Athosklöstern zu sehen. Von den Turmfenstern aus hatte man dann einen herrlichen Fernblick.

Wir wanderten nun Richtung der Landgrenze der Mönchsrepublik. Es herrschte dort reges Treiben, viele Touristen waren hier anzutreffen, vor allem Frauen. Man fuhr bereits mit dem Auto hin. Knapp vor der Grenze hatte man ein kleines Denkmal aufgestellt, welches den Athos als Weltkulturerbe auswies. Den Zaun am Meer hatte man weitgehend demoliert, sodass man schon einen Schritt „hinüber“ machen konnte. Vermehrt gab es auch hier schon Badende. Hinter der Grenze, im Kellion Justiniana, feierten Athos-Arbeiter recht lautstark!

Auch wir suchten uns nun eine Bucht, etwas abseits von der viel besuchten Grenze, um zu baden. Es war einfach herrlich. Das Wasser hatte sicher 28° C und war wunderbar sauber. Nach diesem Genuss besichtigten wir die Ruinen des einstigen Klosters Zygou. Die Ausgrabungen waren dort schon weit fortgeschritten. Vor sechs Jahren (1999), als ich mit

Fidi erstmals hierher wanderte, sah man von Frangokastro, wie der Ort damals hieß, nur einige unscheinbare Mauerreste beziehungsweise Steinhaufen in der Wiese.

Jetzt standen Mauern, es waren Tafeln aufgestellt mit alten Plänen und mit Rekonstruktionszeichnungen, und man konnte sogar karge Malereien, die von der einstigen Klosterkirche stammten, sehen. Dieses Kloster war auch geschichtlich für den Athos von Bedeutung, verbrachte doch in seiner Nähe der hl. Athanasios einige Zeit als Eremit.[68]

Wir wanderten zurück und gingen Abendessen zu Daphne, Frau Antonakis Schwägerin. Es gab herrlichen Fisch und natürlich Bier, Retsina, Tsipouro und Metaxa. Der Abend war lau, noch immer hatte es 28° C und er dauerte lange …

Montag, 19. September:

Wir standen, von Frau Antonakis freundlicherweise geweckt, bereits um halb sechs Uhr auf. Draußen war es noch stockfinster, nur der Vollmond schien auf das noch schlafende Ouranoupoli. Im Finstern wanderten wir zum Hafen, wo die „Agia Anna" bereits am Kai lag. An Bord herrschte lebhaftes Treiben. Da Montag war, kamen viele Arbeiter, die bei den verschiedenen Klöstern beschäftigt waren. Das Athos-Büro hatte noch nicht geöffnet, so bekamen die Arbeiter und auch einige Wanderer das Diamonitirion am Schiff ausgehändigt, das dann von einem Schiffsoffizier genau geprüft wurde. Um halb sieben Uhr legte „Agia Anna" ab.

Noch nie war ich in der Nacht von hier losgefahren. Das Meer war vollkommen glatt, es glänzte im Vollmondlicht. Es war auch nicht kalt, laut Dieter hatte es 15° C. Es ging der Küste entlang, wo man erst allmählich Konturen von Felsen und vereinzelt von Gebäuden feststellen konnte.

Die Skite Thivais hatte sich bisher immer als Ruine gezeigt. Nun konnte man schon vom Meer aus erkennen, dass dort nun rege Bautätigkeit herrschte. Zwei Kirchen waren schon gedeckt und auch ein Hauptgebäude hatte bereits ein neues Dach bekommen.[69] Einige Minuten später gab es einen Halt, wahrscheinlich beim Kellion Agiou Artemiou, wo einige Steigen mit frischen Weintrauben aufs Schiff gebracht wurden. In der Folge legten wir beim Kellion Megali Jovantsa sowie bei der Arsanas von Zographou an, wo jedes Mal eine größere Gruppe von Arbeitern ausstieg. Bei dieser Arsanas war ein riesiger Kran aufgestellt, man renovierte dort gerade wieder ein Gebäude.

Dann erlebten wie ein selten schönes Naturschauspiel. Die Sonne war im Begriff aufzugehen und warf über die Hügel des Athos-Höhenzuges ihre Strahlen über den Himmel. Es sah so kitschig aus, wie auf manchen politisch motivierten Plakaten der 1920er- und 1930er-Jahre, wo die sonnige Zukunft einer politischen Bewegung dargestellt worden war.

Einen kurzen Halt gab es dann noch beim Kloster Dochiariou. An allen weiteren Klöstern, jenen von Xenofontos und Panteleimonos fuhr das Schiff vorbei. Verwunderung

68 Vgl. Müller Andreas, Berg Athos. Geschichte einer Mönchsrepublik. Wissen in der Beck'schen Reihe, Bd. 2351, München 2005, S. 22.

69 Ende des 19. Jhs., als es schon mehr als 3000 russische Mönche gab, gründete das Kloster Panteleimonos mehrere Dependancen, darunter auch die Skite Thivais. Der Bau wurde zu Beginn des Ersten Weltkriegs jedoch eingestellt. Vgl. dazu: Zwerger, Wege, S. 216.

erweckte bei mir der neue, himmelblaue Anstrich der Kuppeln der einzelnen Kirchen im Kloster Panteleimonos, der bisher von gelber Farbe gewesen war.

In Dafni gingen wir an Land. Da wir noch nicht gefrühstückt hatten, suchten wir die dortige Gaststätte auf, um das Frühstück nachzuholen. Etwas vor neun Uhr wanderten wir dann von Dafni los. Zuerst ging es auf der Straße bis zur Arsanas von Xiropotamou, von dort weg benützten wir den alten Pilgerpfad hinauf zu diesem Kloster. Dieter übernahm die Führung und legte ein ordentliches Tempo vor, sodass ich ins Schnaufen und Schwitzen kam.

Gegen halb elf Uhr erreichten wir das Kloster, das eingerüstet und eigentlich geschlossen war. Wir ließen uns davon nicht abhalten, durch ein nicht versperrtes Tor kamen wir in den Klosterhof. Kein Mönch war zu sehen, so legten wir unsere Rucksäcke ab und gingen auf Entdeckung. Die Tür zum Exonarthex des Katholikons war nicht versperrt. Wie schon öfters beschrieben, konnte man hier wunderbare und manchmal sehr realistische Malereien zur Apokalypse des Johannes sehen. So gut ich sie deuten konnte, versuchte ich diese meinen Wanderfreunden zu erklären. In das eigentliche Katholikon hinein kamen wir leider nicht. Wir sahen uns noch im Kloster um, besonders schön war der Klosterbrunnen (Phiali) mit seinen köstlichen Deckenmalereien und den Umgrenzungssteinplatten, die wahrscheinlich einmal Chorschranken einer byzantinischen Kirche gewesen waren.

Gegen 11 Uhr verließen wir das Kloster, um auf dem alten Pilgerweg zum Russenkloster, zum Kloster Panteleimonos zu wandern. Dieser Wanderweg war immer sehr romantisch gewesen. Er führte über zwei alte Steinbrücken, links und rechts des Wegs war undurchdringliche Macchia. Oft war auf solchen alten Pilgerwegen schwer durchzukommen, da sie fast schon zugewachsen waren. Dieser Weg aber war recht ordentlich ausgeschnitten worden. Ein Beweggrund dafür lag wohl darin, dass es unterhalb des Weges zahlreiche Olivenbäume gab, die in den letzten Jahren von der sie umwuchernden Macchia freigelegt worden waren. Über den wieder freigelegten Weg konnte man nun leichter zu den Bäumen kommen und diese ernten.

Nach einer Stunde des Wanderns waren wir beim Kloster. Wir suchten den Archontaris auf, der in einem Gebäude außerhalb des Klosters anzutreffen war. Der Archontaris war ein alter „Freund" von uns, jener Amerikaner, der uns vor Jahren im Kloster nicht aufgenommen hatte.

Bereits hier fiel uns auf, dass rundherum alles vortrefflich war. In tadellosem Zustand zeigte sich auch der Empfangsraum. Er war in Blau gehalten und wies an zwei gegenüber liegenden Wänden Malereien auf. Die eine Darstellung zeigte eine Karte des Athos, auf der alle Klöster eingezeichnet waren, die andere eine Darstellung des hiesigen Klosterkomplexes. Der Grund für den auffallenden Herausputz war auch gleich gefunden, der russische Staatschef Putin war letzte Woche hier auf Besuch gewesen!

Der Archontaris brachte uns als Erfrischung Kwas[70], der wunderbar mundete. Der Gastmönch erzählte uns, dass er ursprünglich aus der Ukraine komme, von dort in die

70 Vgl. Glossar.

Staaten ausgewandert und dort Geschäftsmann geworden war, bis ihn der „Ruf Gottes" erreicht habe.

Wir wanderten nun hinauf zum Kloster, wo wir aus dem Staunen nicht herauskamen. Man hatte hier Ungeheures geleistet, Unmengen von Farbe waren aufgewendet worden, um alles auf Hochglanz zu bringen. Wir wanderten herum. Die meisten Türen waren versperrt, nur den Glockenturm konnten wir besteigen.

An einem neuen Ort war auch der Klosterladen eingerichtet worden. Er befand sich nun direkt an der Pforte. Neugierig betraten wir ihn, und wen trafen wir da? Das alte Schlitzohr von einem Mönch, der uns bei fast allen vorangegangenen Besuchen in seinen Laden geführt und uns dort stets etwas aufgeschwatzt hatte. Auch er erkannte mich sofort wieder und schenkte mir und meinen Freunden gleich ein Heiligenbildchen. Er war aber mit einem anderen Besucher so beschäftigt, dass wir ihm – ohne etwas abkaufen zu müssen – entwischen konnten. Kurz im Vorbeigehen sah ich auch den deutschen Mönch Petros, aber wie immer war er komisch und schlich sich grußlos davon.

Gegen zwölf Uhr verließen wir das Kloster Panteleimonos und wanderten anfangs am Strand, dann auf einem leicht ansteigenden, schönen Weg, der durch Olivenhaine führte, zum Kloster Xerofontos, wofür wir circa 50 Minuten benötigten. Wir zeigten dem Archontaris dort unser Empfehlungsschreiben von Prof. Dr. Larentzakis, das einmal mehr ein Wunder bewirkte. Wir bekamen sofort ein schönes Fünfbettzimmer.

Wir streiften kurz durchs Kloster. Ich zeigte meinen Freunden die interessanten Malereien, die zwischen altem Katholikon und der Trapeza zu sehen waren, es waren offenbar sehr früh gemalte Szenen zur Apokalypse. Da die Tür nicht verschlossen war, konnten wir auch einen Blick in die Trapeza mit ihren schönen Malereien werfen. Wir streiften dann noch etwas im Klosterhof herum, wo im hinteren Klosterbereich gewaltig gebaut wurde.

Wir machten uns nun ohne Rucksack auf, um zum Kloster Dochiariou zu wandern, welches wir auch in ungefähr 25 Minuten erreichten. Nirgends war im Klosterhof jemand zu sehen und so streifen wir alleine herum. Wir kamen zum Doppelbrunnen mit seinen schönen Malereien in der Überdachung und gegenüber in der Wand des Katholikons eingemauert – ich konnte erstmals jene Darstellung mir genauer ansehen – zur Reliefplatte, die Alexander den Großen bei seiner Himmelfahrt darstellen soll.[71] Wir drangen weiter ins Kloster vor bis hinauf zum Turm, der leider versperrt war. Auffallend war hier im Kloster die große Zahl von Katzen, junge und alte, die überall faul herumlagen.[72]

Wir gingen in Richtung Archontarikion zurück, und tatsächlich war der Archontaris nun anwesend, ein junger, freundlicher und gut deutsch sprechender Mönch, der uns nun einen herrlichen griechischen Kaffee zubereitete und uns Loukoumi, Tsipouro und Wasser

71 Vgl. dazu: Spitzing, Athos. S. 26, Fußnote Nr. S. 7: „*Da waren sehr große Vögel ... sie fraßen verendete Tiere ... ich ließ zwei von ihnen einsperren und ihnen drei Tage lang kein Fressen geben. Am dritten Tag ließ ich ein hölzernes Joch fertigen und dies an ihren Hälsen anbringen. Daran formte ich eine Kuhhaut als eine Art von Korb und stieg hinein; in der Hand hielt ich eine Art Speer, sieben Ellen lang, mit einer Pferdeleber an der Spitze. Sofort flogen die Vögel los, um die Leber zu fressen, und ich stieg mit ihnen in die Luft, daß ich meinte, dem Himmel nahe zu sein.*" (Himmelfahrtsbericht des Alexander-Romans; Brief an Aristoteles), Relief möglicherweise aus dem 9. oder 10. Jh.

72 R. Zwerger sprach von 30 bis 50 Katzen, die im Kloster leben. Vgl. Zwerger, Wege, S. 123, 138.

aufwartete. Er führte uns dann noch zum Doppelbrunnen, wo wir aus dem tiefen Ziehbrunnen herrliches Wasser bekamen. Als wir am Alexanderrelief vorbeikamen, fragte er mich, ob ich wisse, was es darstellen würde, und er war sehr erstaunt, als ich es ihm sagen konnte.

Wir wanderten zum Kloster Xenofontos zurück. Dort angekommen, besichtigten wir das Kloster, wo immer hin wir gelangen konnten. Ins Zimmer zurückgekommen, überlegten wir uns, ob wir eventuell morgens früh mit dem Schiff „Agia Anna" bis zum Kloster Simonos Petras fahren sollten. Nach einigem Hin und Her beschlossen wir, in Ermangelung einer geeigneten Telefonnummer Frau Antonakis anzurufen, um sie zu bitten, das für uns zu managen. Sie versprach es uns auch.

Circa eine halbe Stunde später rief mich Burkhard auf den Balkon, um mir zu zeigen, dass gerade die „Agia Anna" angelegt habe. Ich lief hinunter, erreichte das Schiff noch und rief dem Bootsmann zu, er möge doch morgen früh für uns halten, was er auch mit Kopfnicken bestätigte. Eigentlich habe ich das falsch gedeutet. In Griechenland bedeutete Kopfnicken „Nein", Kopfschütteln aber „Ja". Aber das ist mir zu diesem Zeitpunkt noch gar nicht aufgefallen!

Etwas später besuchten wir die abendliche Andacht. Wie für Katholiken üblich, nahmen wir in den Gebetsstühlen ganz hinten Platz. Ein Mönch beobachtete uns einige Zeit, dann deutete er uns, wir könnten nach vorne kommen. Dem kamen wir auch gerne nach. Es wurde recht schön gesungen, die Andacht hat auch meinen Freunden gefallen. Gleich anschließend gab es in der schönen Trapeza das Abendessen. Es gab Bohnensuppe, Oliven, Brot und auch Wein.

Wir streiften nun noch etwas in und um das Kloster herum. Wahrscheinlich hat jedes Kloster diesen Pavillon, der sich meist außerhalb der Klostermauern an profilierter Stelle befand, wo man vor der Nachtruhe noch etwas bei einem kleinen Plausch zusammensitzen konnte. Dorthin begaben auch wir uns. Es hatte noch 26° C und von Ferne hörte man das Rauschen des Meeres. Vorerst waren wir alleine, dann aber kam der Abt mit einem zypriotischen Gast. Der Abt war im besten Mannesalter und war recht freundlich zu uns.

Unmittelbar neben dem Pavillon war der Karner, wo ein Mönch gerade damit beschäftigt war, ein Lämpchen mit Olivenöl zu füllen und dieses anzuzünden. Im Karner lagerten rundherum eine große Anzahl von Totenschädel in Reih und Glied auf Stellagen aufgereiht, an einer Mauerseite stapelte eine große Menge aufgeschichteter Knochen.

Bei der abendlichen Toilette im Waschraum fiel mir dann auf, dass dieses Kloster bisher das einzige war, wo man dort einen Spiegel anfinden konnte. Einen Spiegel zu besitzen war ja laut einer alten Verordnung der Hiera Kinotis am Athos verpönt gewesen.[73] In der Nacht gab es dann noch ein Gewitter.

73 Durch eine Verordnung der Hiera Kinotis im Jahre 1900 durften keine Luxusartikel, unter anderem keine Spiegel verkauft werden. Vgl. Ekschmitt Werner, Berg Athos. Geschichte, Leben und Kultur der griechischen Mönchsrepublik, Herder Spektrum, Bd. 4321, Freiburg – Basel – Wien 1994, S. 45.

Dienstag, 20. September:

Wir standen schon recht früh auf und frühstückten am Zimmer. Plötzlich rief einer der Freunde, der zufällig auf den Balkon gegangen war, *„ein Schiff kommt!"*. Eilends packten wir unsere Sachen und rannten los. Doch vergebens, das Klostertor war noch versperrt! Im Hof begegnete ich einem Mönch und bat ihn, das Tor doch aufzusperren. Der tat aber so, als ob ihn das nichts angehen würde. Wegen der Baustelle gab es aber noch zwei Mauerdurchbrüche. In Richtung dieser rannte ich nun. Aber auch die waren noch verschlossen.

Inzwischen hatte aber Dieter ein Tor gefunden, welches gerade aufgesperrt worden war. Dieter und ich stürmten hinaus, oh Schreck, das Tor war im oberen Bereich des Klosters gelegen und von dort gab es keinen direkten Weg hinunter zum Hafen, sondern nur einen, der in einer weiten Schleife zum Meer hinführte! Sofern es der Rucksack zuließ, hetzten wir zum Hafen hinunter. Langsam kamen dann auch die übrigen Freunde nach, die vergebens am Haupttor gerüttelt hatten.

Wir erlebten dann eine weitere, unangenehme Überraschung. Das Schiff hielt nicht auf unseren Landesteg zu, sondern auf eine Stelle, der circa 100 Meter weiter davon entfernt war. Als wir das erkannten, liefen wir, zusammen mit einigen zypriotischen Mönchen, so schnell wir konnten zu dieser Landungsstelle hin. Und wieder gab es ein Problem. Das Schiff war nicht die „Agia Anna", sondern ein Schiff, welches nur Fahrzeuge und Lasten transportieren durfte. Trotz eines großzügigen Geldangebotes nahm uns der Kapitän nicht mit! Jetzt hofften wir, dass wenigstens die „Agia Anna" kommen würde. Und sie kam auch.

Wir wollten gleich die Fahrt bis zum Kloster Simonos Petras buchen. Der Schiffskartenverkäufer erklärte uns aber, dort bliebe man nur auf der Rückfahrt stehen. Wir könnten entweder bis zum Kloster Osiou Grigoriou mitfahren und den Weg zurückgehen oder bis Kavsokalivia mitfahren und bei der Rückfahrt beim Kloster Simonos Petras aussteigen. Da beides keine gute Lösung war, beschlossen wir in Dafni auszusteigen.

Ohne unnötigen Aufenthalt marschierten wir von Dafni etwas nach acht Uhr gleich los. In vielen Serpentinen führte von hier die Straße zum Kloster Simonos Petras hinauf. Die Straße war angenehm zu Wandern, nicht zu steil angelegt, und da es früh war, lagen große Bereiche der Straße noch im Schatten. Immer wieder genossen wir den wundervollen Blick hinunter zum tiefblauen Meer. Je höher wir kamen, umso eher glaubten wir gleich hinter der nächsten Kurve das Kloster sehen zu können.

Endlich war es dann soweit. Es ist immer ein unvergesslicher Anblick, dieses wehrhafte Kloster mit seinem Aquädukt, auf steil abfallendem Felsen erbaut, zu erblicken. Das empfanden vor allem jene Freunde, welche das Kloster zum ersten Mal sahen. Wir hatten zwei Stunden benötigt, um die 9 km zum Kloster herauf zurückzulegen.

Im Archontarikion, welches außerhalb des Klosters lag, empfing und bewirtete uns ein sehr freundlicher Archontaris. Vor allem das Trinkwasser, das es hier gab, schmeckte wunderbar. Wir besuchten nun das Kloster. Ein Gang, wie in einer mittelalterlichen Burg, führte ins Innere. Wir fanden eine Stiege, auf der wir bis auf den höchsten Balkon hinaufgelangen konnten. Von dort hatte man einen fantastischen Blick hinunter zum Meer. Wir fragten dann einen Mönch, ob wir einen Blick ins Katholikon und in die Trapeza werfen könnten. Beides wurde uns erlaubt. Ich möchte hier gleich anfügen, dass die meisten Mönche in den Klöstern dieses Jahr auffallend freundlich gewesen waren, oft ganz im Gegensatz zu früheren Jahren.

Um elf Uhr brachen wir wieder auf. Der Weg hinunter zur Arsanas dieses Klosters war sehr steil. Ungefähr 100 m oberhalb der Arsanas bog der Weg dann Richtung Kloster Osiou Grigoriou ab. Es war dann eine üble Kraxlerei, um hinunter bis zur Abzweigung zu kommen. Von dort ging es gleich wieder auf schmalem Weg bergauf. Knapp vor dem Kloster Osiou Grigoriou mussten wir dann abermals auf wirklich schlechtem Weg fast bis zum Meer hinunterklettern. Kurz vor zwölf Uhr waren wir dann beim Gästehaus, welches außerhalb des Klosters lag. Dieter klagte nun, dass ihm ein Knie sehr schmerze und er sich auch sonst nicht wohl fühle.

Mir fiel ein, dass eigentlich die „Agia Anna" jetzt von Dafni kommen müsse, was auch andere Pilger mir bestätigten. Ich besprach mich mit Dieter, er solle doch bis zum Kloster Agiou Pavlou vorfahren, allein zum Kloster hinaufgehen und dort auf uns warten. Damit war er einverstanden und versicherte mir, er werde morgen wieder okay sein. Da der Weg bis zum Kloster Dionysiou stets sehr beschwerlich war, beschlossen auch wir, diese eine Station mit dem Schiff mitzufahren.

Da wir bis zur Ankunft des Schiffes noch Zeit hatten, spazierten wir hinauf zum Kloster und erwischten gerade einen günstigen Augenblick, wo einige Mönche in das Katholikon hineingingen. Ich nützte die Gelegenheit und fragte gleich einen von ihnen, ob wir mit ihnen hineingehen dürften. Nach anfänglichem Zögern wurde uns das erlaubt. Es war dann der Abt selbst, der uns kurz die Geschichte des schönen Katholikons erzählte und das von einem Mönch ins Englische übersetzen ließ.

Später im Empfangsraum, der in einem schon ganz schief über dem Meer hängenden Balkon untergebracht war, wurden wir vom Archontaris pilgergerecht bewirtet. Dann wanderten wir hinunter zur Schiffsanlegestelle. Das Schiff kam dann pünktlich. Die Fahrt bis zum Kloster Dionysiou war für uns recht kurz, Dieter aber fuhr, wie ausgemacht, ein Kloster weiter.

Vom Hafen aus war es nicht weit bis zum Kloster Dionysiou, aber der Weg hinauf war doch recht steil. Im Klosterhof warteten wir den ersten Rummel ab. So hatten wir dann Gelegenheit im Verbindungsgang zwischen Trapeza und Katholikon die wunderbaren Malereien zur Apokalypse ungestört uns anzusehen. Sie gelten ja als eine der größten Sehenswürdigkeiten des Athos.[74]

Wir spazierten dann noch etwas im Kloster herum, dann begaben wir uns hinauf in den ersten Stock zum Archontaris. Ich bat ihn um Erlaubnis, das Katholikon ansehen zu dürften, was uns auch erlaubt wurde. Ein Mönch brachte uns dorthin. Drinnen wurde gearbeitet. Zuerst war man etwas reserviert, dann aber erklärte uns ein Mönch bereitwillig einige interessante Details. Wir bewunderten anschließend noch den fantastisch ausgemalten Exonarthex.

Gegen 14 Uhr verließen wir das interessante Kloster und wanderten wieder auf schmalem Weg weiter. Wiederum war der Abstieg hinunter zum Meeresstrand besonders schwie-

74 Vgl. Feigl, Athos, S. 128.

rig und schweißtreibend. Das Letzte forderte uns dann noch der lange Weg vom Strand zum Kloster Agiou Pavlou hinauf ab, eine Schotterstraße, die ganz in der prallen Sonne lag. Mehrmals suchten wir den Schatten eines einsamen Baumes auf, um zu rasten. Gegen halb vier Uhr waren wir dann im Kloster.

Der Empfangsraum im Kloster Agiou Pavlou lag im ersten Stock und war mit martialischen Fotos griechischer Freiheitshelden, sowie jenen von ehemaligen Äbten ausgeschmückt. Nach der üblichen Bewirtung bekamen wir ein Zimmer in einem Haus, welches außerhalb der Klostermauern lag. Wir trafen auch gleich Dieter, der aber im Kloster logierte.

Recht bald war die Abendandacht, sie war recht kurz. Dann gab es in der Trapeza Essen, wobei wir zwar zusammen mit den Orthodoxen, aber nicht am selben Tisch mit ihnen essen durften. Es gab Nudeln, Oliven und Brot.

Wir lernten dann noch einen lustigen, gut deutsch sprechenden Mönch kennen, der Fritz wegen seines Oberlippenbartes mit Hitler verglich. Später saßen wir noch im Pavillon vor dem Kloster. Wunderschön war der Blick hinunter zum Meer und zur untergehenden Sonne. Vom Kloster her erklang ein Glockenspiel. Sein Klang verbreitete eine bukolische Stimmung in dieser so abgeschiedenen, heimatfernen Landschaft.

Wie schon am Vortag gingen wir früh zu Bett. Ab 23 Uhr donnerte und blitzte es dann gewaltig und Regen prasselte heftig darnieder.

Mittwoch, 21. September:

Auch in der Früh war das Wetter noch verheerend. Es goss in Strömen. Unten im Meer konnten wir riesige gelbe Flecken sehen, die gut 100 m hinausreichten. Das waren jene Stellen, wo Bäche ins Meer mündeten und mitgeschwemmte Erde sich mit Meerwasser mischte.

Fürs Erste hieß es warten. Dieter zog zu uns ins Zimmer, sodass wir jederzeit ohne Verzögerung aufbrechen konnten. Wir legten uns wieder nieder. Plötzlich hörten wir keinen Regen mehr und so beschlossen wir gegen neun Uhr von Agiou Pavlou aufzubrechen. Wir gingen den alten Pilgerweg hinunter, ohne die Brücke nahe dem Kloster zu benützen. Das war sehr unüberlegt, denn gleich kamen wir zu einem Bach, den wir gestern gar nicht bemerkt hatten, der heute aber wild daherbrauste. Nur mit großer Mühe gelang es uns, ihn unbeschadet zu überqueren.

Von der Straße zweigte dann der Weg nach Agia Anna ab. Mäßig steigend ging er bis zur Abzweigung nach Nea Skiti, dann aber führte der Weg in Serpentinen steil bergauf. So um elf Uhr, nach ungefähr 3 km Weges, waren wir dann in Agia Anna. Der Archontaris war recht freundlich und auf meine Bitte hin sperrte er uns sogar das Kyriakon auf. Obwohl innen ein Gerüst aufgestellt war, konnten wir einen guten Eindruck von der Schönheit dieses Gotteshauses gewinnen. Vor allem die Ikone der hl. Anna beeindruckte alle. Schaudernd betrachteten wir dann noch die furchtbaren Marterungen verschiedener Heiliger, die im Narthex des Kyriakons sehr drastisch dargestellt waren.

Als wir das Kyriakon verließen, begann es wieder stärker zu regnen. Es war um zwölf Uhr, als wir von Agia Anna aufbrachen. Der Weg hinauf auf den Pass war wie immer äußerst anstrengend. Trotz langsamen Schrittes ging mir immer wieder die Luft aus und ich musste für kurze Minuten verschnaufen. Anfangs führte eine endlose Anzahl von Stufen, die oft voll von Gesteinsbrocken waren, immer höher hinauf. Hier musste es ordentlich gewettert haben.

Als dann die Stufen endlich zu Ende waren, wurde der Weg deswegen nicht besser. Er war ausgewaschen und führte in Serpentinen steil aufwärts. Zudem machte uns immer stärkerer Regen zu schaffen. Leider waren nicht alle Freunde mit guter Regenbekleidung versehen. Als es das letzte Stück dann etwas flacher dahinging, fiel noch dazu Nebel ein. Um 13 Uhr hatten wir endlich den auf circa 750 m Seehöhe sich befindlichen Passübergang erreicht. Wir machten dort nur einen ganz kurzen Halt.

Die nun folgende Wanderung rund um den Athos war dann schrecklich. Es ging zwar meist eben dahin, der Weg führte immer wieder längere Zeit durch Wälder mit uralten Bäumen, doch es schüttete unentwegt. Obwohl ich einen guten Regenschutz hatte, war ich in den Schuhen durch das vom Poncho abrinnende Wasser schon bald recht nass.

Immer wieder fiel starker Nebel ein, man konnte im Wald manchmal kaum 2 m weit sehen. Pausenlos blitzte und donnerte es, einmal ferner, einmal näher. Ich zählte immer wieder die Sekunden zwischen Blitz und Donner. Ich hatte Angst vor den Blitzen, da wir mit den Metallstöcken unterwegs waren und zudem im Rucksack Metallisches mitführten. Doch meine Freunde versicherten mir, in Alustöcke würde kein Blitz einschlagen. Ich glaubte es ihnen aber nicht. Es war nur wichtig, möglichst rasch weiterzukommen.

So kämpften wir uns verbissen durch dieses unwirtliche Wetter. Es wäre sinnlos gewesen irgendwo unterzustehen, es gab auch nichts. Schrecklich wurde es aber erst dann, als wir zu Wegen kamen, die bergab führten. Bereits der erste Hohlweg war ein reißender Sturzbach, welcher tosend und bereits Steine mit sich führend bergab schoss. Ein Ausweichen war wegen der beiderseitigen Dichte der Macchia kaum möglich. Wir versuchten, uns auf unsere Stöcke stützend, schlecht und recht einen Weg eher am Rande zu finden. Dabei glitt Burkhard aus und kam schwer zu Sturz, um ein Haar wäre er von den Wassermassen mitgerissen worden.

Als dann endlich dieser Bach einen anderen Weg nahm, ging es nur kurz halbwegs normal weiter. Und gleich wieder kamen wir zu Wegen, die randvoll mit dahinschießendem Wasser waren, wo auch ein seitliches Ausweichen unmöglich war. Nur manchmal gab es Stellen, wo glücklicherweise das dahinschießende Wasser geradeaus floss, während der Weg eine Kurve machte. Doch leider vereinigte sich der Bach mit dem Weg nach der Kurve gleich wieder und schoss in unverminderter Stärke, Steine mit sich führend, bergab. Alte Pilgerpfade wiederum, als solche mit Steinen ausgelegt, waren jetzt besonders rutschig. Dazu kam noch, dass man gar nicht sah, ob der Weg mit Steinen ausgelegt war. Er war plötzlich noch mehr rutschig und die Stöcke glitten an den Steinen ab und fanden keinen Halt mehr.

In den Schuhen vollkommen nass, erreichten wir endlich die Straße, die das Kloster Megisti Lavra mit der Skite Timiou Prodromou verband. Auch sie war an mehreren Stellen von Bächen überflutet und Steine und Geröll lagen auf der Straße. Als wir dann einen alten Pilgerweg, wir glaubten, es sei eine Abkürzung zum Kloster Megisti Lavra, benutzten, war der streckenweise unter Wasser. An manchen Stellen rann uns das Wasser oben in die

Schuhe hinein. Aber das war uns schon egal. Das Kloster Megisti Lavra sahen wir erstmals im Nebel um ungefähr 16 Uhr.

Mit viel Glück waren wir diesmal, ohne großen körperlichen Schaden zu nehmen, gerade noch einmal davongekommen. Von Agia Anna bis Megisti Lavra hatten wir, trotz widrigster Umstände, nur vier Stunden benötigt und hatten von Agiou Pavlou bis hierher 14,5 km zurückgelegt.

Im Kloster suchten wir sofort den Archontaris auf. Infolge Renovierungsarbeiten war jedoch der Gästetrakt nicht dort, wo er bisher gewesen war. Alles war derzeit nur recht provisorisch. Wir bekamen einen Schlafsaal im ersten Stock eines Gebäudes zugewiesen, wo schon eine ansehnliche Zahl von Betten belegt war. Es gab dort nur eine Toilette, die gleichzeitig auch Waschraum und zudem nur mittels eines Spaziergangs über den Hof erreichbar war.

Im Schlafsaal versuchten wir unsere Sachen halbwegs zu trocknen. Fritz organisierte sich für seine Schuhe gleich die einzigen beiden Klopapierrollen. Vor lauter Nässe funktionierte das eine oder andere Handy nicht mehr, Fotoapparate und sogar Uhren, die wir sarkastisch mit Hydrometer bezeichneten, traf dasselbe Schicksal. Als wir halbwegs trockene Sachen anhatten, gingen wir zur Hesperinos-Andacht und mussten, wie üblich, ganz hinten im Narthex sitzen.

Danach ging es in die Trapeza, wo die Abendmahlzeit eingenommen wurde. Die berühmten Malereien waren schon lange in einem schlechten Zustand gewesen, jetzt ging man offenbar daran, etwas dagegen zu unternehmen. Das Dach der Trapeza wurde nun auch erneuert und im Innern der Trapeza war ein Deckengerüst aufgestellt worden. Man konnte aber ruhig sagen, dass dieses erste und größte Kloster des Athos in einem eher schlechten Zustand war. Die Mönche, die wir beim Essen sahen, waren großteils alt und ihre Zahl gering. Hier herrschte offenbar kein guter Geist.

Nach dem Essen spazierten wir noch etwas im Regen herum, suchten aber sehr bald unseren Schlafsaal auf. Den Archontaris vertrat ein weltlicher Grieche. Auf meine Frage hin, ob morgen ein Kleinbus nach Karyes fahren würde, meinte er *„Forget it!"*. Als ich nachhakte, ob vielleicht übermorgen ein Fahrzeug verkehre, meinte er: *„I say: Forget it!"*. Und er hatte leider recht! Trotzdem kam vor dem Einschlafen das Gerücht auf, man könne sich für morgen in eine Liste eintragen, um mit einem Fahrzeug nach Karyes zu gelangen.

Donnerstag, 22. September:

Da wir sehr früh schlafen gegangen waren, waren wir auch schon alle recht früh auf. Es regnete nicht mehr. Wir frühstückten am Zimmer. Die immer noch feuchten Sachen würden während des Tages „am Mann" trocknen müssen. Wir gingen dann zu der Stelle, wo üblicherweise die Kleinbusse abfuhren. Um sieben Uhr war von Taxi-Busen weit und breit nichts zu sehen. Ein rumänischer Mitpilger brachte in Erfahrung, dass heute sicher kein Bus kommen werde. So beschlossen wir, uns wohl oder übel zu Fuß durchzuschlagen.

Etwas nach sieben Uhr gingen wir los. Im Jahr 1993 war ich schon einmal, vom Kloster Iviron herkommend, zusammen mit Fidi Haydn diese Straße gegangen. Heute waren überall die Spuren des gestrigen Unwetters zu sehen. Große Felsbrocken lagen auf der Straße, oftmals hatten wilde Bäche tiefe Querfurchen in die Straße gegraben oder viel Erdmaterial angeschwemmt. Mehrmals war die Straße überhaupt weggeschwemmt worden, Brücken waren weggerissen oder unpassierbar und noch immer überfluteten Bäche die Straße. Auch für Wanderer war es oft extrem schwierig, so eine Stelle zu passieren. Manchmal zogen wir uns die Schuhe aus, um durch einen Bach zu waten, dann wieder versuchten wir es mit Sprüngen oder wir balancierten auf angeschwemmten Felsbrocken hinüber.

Irgendwelche Maßnahmen von den Klöstern waren bisher kaum getroffen worden, schon allein deswegen, da es erst in der Nähe des Klosters von Iviron Abzweigungen zu anderen Klöstern gab, die auch daran interessiert sein mussten, ihre Zufahrtswege freizumachen. Wir kamen an einer Stelle vorbei, wo ein herabstürzender Bach gestern einen Kleinbus einfach von der Straße ins Gebüsch hinunter geschwemmt hatte. Gott sei Dank waren alle Insassen mit dem Schrecken davongekommen.

Nachdem wir gut eine Stunde gewandert waren, überholte uns ein Pick-up, der auch tatsächlich stehen blieb. Ein liebenswürdiger Mönch ließ uns zusteigen und nahm uns circa 5 km, bis zur Bucht von Morfonou, mit. Er fuhr ausgezeichnet und wich jedem Hindernis geschickt aus. Von der Bucht weg hieß es dann wieder wandern, wobei wir zahlreiche Hindernisse zu umgehen hatten. Immer wieder sahen wir, wie unten das Meer durch einmündende Bäche, die große Massen von Erde mitführten, weit hinein gelb gefärbt war und wie Baumstämme im Meer trieben.

Von der Straße aus konnten wir sehen, dass an der Arsanas von Karakalou sich viele Pilger eingefunden hatten, die offenbar auf ein Schiff warteten. Wir hatten dazu kein Vertrauen und wanderten lieber weiter. Nahe vom Kloster Iviron begann die Straße zu steigen und ich kam ordentlich ins Schnaufen. Als wir schon ganz nahe beim Kloster waren, gab es dann noch einmal ein Hindernis. Der Bach, der beim Kloster vorbeifloss, war so angeschwollen, dass wir nicht ohne Weiteres hinüberkonnten und vorerst vergebens eine Furt suchten. Nach einigem Suchen fanden wir dann doch eine Stelle, wo wir halbwegs trockenen Fußes hinüberkamen. Als wir durchs Klostertor gingen, war es halb zwölf Uhr.

Iviron war ein Kloster, welches jeden Besucher stets stark beeindruckt hat. Nicht umsonst war diese Gründung durch einen georgischen Mönch das Drittälteste in der Hierarchie des Athos. Wir durchwanderten den Klosterhof und kamen in ein schönes Archontarikion, wo wir freundlich empfangen wurden. Nach der üblichen Bewirtung baten wir, die als wundertätig angesehene Ikone Panagia Portaitissa (die „Pförtnerin") und das Katholikon sehen zu dürfen. Beides wurde uns gestattet. Ein junger Mönch führte uns in eine Kapelle gleich neben dem Klostertor, wo man die „Portaitissa" verehrte. Wie immer man dazu stehen mag, schon der Anblick dieser über und über mit wertvollsten Gaben behängte Ikone beeindruckt tief stets aufs Neue.

Ich hatte das Katholikon schon öfter gesehen, aber immer wieder war ich fasziniert von der prachtvollen Ikonostase, dem riesigen Leuchter, den beeindruckend schönen Malereien und von der Vielzahl interessanter Ikonen. Der Besuch des Katholikons von Iviron war jedes Mal ein besonderes Erlebnis.

Wir wanderten weiter. Wir wollten das Kloster Stavronikita erreichen, aber als wir zur Abzweigung kamen, war der Weg dorthin auf einer Länge von circa drei Metern abgerutscht. Da die Stelle nicht zu umgehen war, mussten wir auf einen Besuch vorerst verzichten. So wanderten wir auf der stets ansteigenden Straße nach Karyes – die Hauptstadt liegt ja auf 350 m Seehöhe – eine Dreiviertelstunde lang recht lustlos dahin. Nachdem wir vorerst ein vorbeifahrendes Auto nicht angehalten hatten, hielten wir das nächste dann doch auf, welches auch tatsächlich stehen blieb und uns auf seiner Ladefläche mitnahm. Wir alle waren recht froh darüber, nachdem wir die Strecke sahen, die wir noch vor uns gehabt hätten.

In Karyes suchten wir zuerst einmal das Gasthaus auf, tranken ein gar köstliches Bier und aßen eine Bohnensuppe. Dann suchten wir das Büro auf, wo man Taxifahrten buchen konnte, um auf diesem Weg die beiden Klöster Stavronikita und Pantokratoros zu besuchen. Wir erfuhren, dass das Kloster Stavronikita mit dem Auto noch immer nicht erreichbar wäre. Da das Bus-Taxi nach Pantokratoros aber erst später bereitstand, spazierten wir nun durch Karyes.

Da erlebten wir einen gewaltigen Schock. Man hatte die Protáton-Kirche mit einer gewaltigen Stahlkonstruktion überdacht. Die Überdachung sah aus wie ein Hangar für Flugzeuge. Da es zudem praktisch und genügend Platz war, stellte man dort jetzt auch noch Autos unter. Der Turm neben der Kirche, wo früher die wichtigsten und wertvollsten Dokumente des Athos aufbewahrt waren, der hatte derzeit kein vollständiges Dach mehr. Offenbar wurde es auch renoviert. Letztlich hatte man zum Sitz der Iera Epistasia hinauf seitlich eine Stahlstiege angebracht. Das sah alles entsetzlich aus. Hoffentlich war das alles nur temporär geplant. Das Protáton selbst war geschlossen, sodass wir es nicht besichtigen konnten.

Wir wanderten nun weiter, hinunter zum Kloster Koutloumousiou. Im Klosterhof angelangt, schenkte ich dem Archontaris ein Foto, welches ich 1978 gemacht hatte. Ein Unwetter hatte damals den Stolz des Klosters, eine riesige Weinlaube, zum Einsturz gebracht. Nach diesem Geschenk war es nicht schwer, auch das Katholikon besichtigen zu dürfen.

Wir betrachteten im Exonarthex die interessanten Malereien. Auch hier gab es, ähnlich wie im Kloster Dochiariou, Darstellungen, wie man sich früher einmal Menschen und Tiere aus fernen Gegenden vorgestellt hatte. Dann war auch ein Zodiakalkreis dargestellt mit allen seinen Symbolen. Nur das Tierkreiszeichen von Fritz – er war Jungfrau – war vorerst nicht zu entdecken. Da fiel mir ein, dass das Einhorn das Symbol für Jungfrau war und dieses war auch tatsächlich dann hier abgebildet.[75]

Man sperrte uns eine Seitenkapelle auf, wo wieder eine wundertätige Ikone, die der Phobera Prostasia (der „furchterregenden Beschützerin") verehrt wurde. Die Phobera Prostasia soll auf unbrennbarem Holz gemalt sein, die habe schon mehrere Brände des Klosters stets unbeschadet überstanden. Es muss nicht extra angeführt werden, dass auch diese Ikone uns sehr beeindruckend hat. Einen starken Eindruck hinterließ bei uns dann

75 Vgl. z. B: Heinz-Mohr Gerd, Lexikon der Symbole. Bilder und Zeichen der christlichen Kunst, Diederichs Gelbe Reihe, Neuausgabe München 1998, S. 85. *„Man kann das Tier (Einhorn) wegen seiner Stärke nur durch List fangen. Daher bringt man eine Jungfrau in die Nähe der Stätte, wo es sich aufhält. Sobald das Einhorn die Jungfrau gewahrt, legt es sich friedlich in deren Schoß, schläft ein und kann dann leicht überwältigt werden. So wurde das Einhorn zum Symbol der Reinheit…"*

auch das Kircheninnere mit den ausdrucksvollen Malereien und besonders die kunstvoll geschnitzte Ikonostase. Nach Karyes zurückgekommen, bekamen wir unser Bus-Taxi und fuhren zum Kloster Pantokratoros. Die Straße dorthin war immer noch in schlechtem Zustand, an mehreren schadhaften Stellen wurde aber schon gearbeitet. Oft mussten wir auch im Schritttempo fahren. Vor dem Kloster ließen wir unser Bus-Taxi warten und suchten den Archontaris auf. Er war tatsächlich bereit, uns das Katholikon aufzusperren, und so sahen wir abermals eine jener berühmten und wundertätigen Athos-Ikonen, jene der Panagia Gerontissa (die „Muttergottes des Klosterältesten"), die als Ganzfigur dargestellt war.

Wir fuhren anschließend nach Karyes zurück und ließen uns gleich zur Skite Agiou Andreou hinbringen. Dort suchten wir das Archontarikion auf. Vorerst waren wir erschrocken über die Menge der hier wartenden Pilger. Die repräsentierten augenscheinlich einen Querschnitt durch die verschiedenen Balkanvölker. Viele waren schon recht alt und gingen auf Krücken, andere wiederum sahen wenig vertrauenserweckend aus. Im Archontarikion, das recht baufällig wirkte, standen im ersten Stock überall auf den Gängen Betten herum, die meist auch schon belegt waren. Wir ahnten das Schlimmste und machten uns im Geist auf eine Nacht auf einem der Gänge bereit.

Endlich hatte auch ein Mönch für uns Zeit, er ging mit uns hinunter in den Hof. Um ihn günstig zu stimmen, gab ich ihm gleich ein ganzes Bündel von Kugelschreibern, gespendet von Fritz, die wir als kleine Gastgeschenke mitgenommen hatten. Der Mönch führte uns in ein Nachbargebäude, das nicht weniger baufällig war. Dort ging es hinauf in den ersten Stock. Es gab zwar dort am Gang keine Betten, aber alles sah so aus, wie uns im TV stets das Migrantenlager von Traiskirchen gezeigt wurde. Für vier von uns gab es dann ein Zimmer, einer musste aber im Zimmer gegenüber mit Griechen zusammen schlafen. Wir losten und es traf Burkhard.

In unserem Vierbettzimmer standen je zwei mit ihren schmalen Teilen einander berührende, aufgestellte Betten, dazwischen blieb ein schmaler Gang. Beim Fenster stand ein Ofen, sein Rohr ging über das Fenster ins Freie. Viel Bewegungsfreiheit hatten wir da nicht, es gab auch kaum eine Möglichkeit, die noch nassen Sachen zu trocknen. Schrecklich war der Mief, als wir unsere nassen Schuhe und Wollsocken auszogen. Um dem abzuhelfen, opferte Fritz seinen französischen Kognak und bespritzte damit den Boden. Wir waren ihm ob dieser Aktion sehr dankbar!

Im Zimmer war auch eine Tafel angebracht, wo auf das strenge Alkoholverbot und auf das Verbot von Fleischgenuss aufmerksam gemacht wurde. Wer bei einem Verstoß dagegen erwischt wurde, musste das Kloster augenblicklich verlassen.

Wir gingen zum Essen, welches in einem Raum der Unterkirche des Kyriakons gereicht wurde. An langen Tischen saßen die Pilger, es war wirklich eine sehr bunte Gesellschaft. Es gab eine sehr gute Zwiebelsuppe nach einem griechischen Rezept, Fisch, eine Pizzaschnitte, Käse, Brot, Wein und Wasser. Das Essen dauerte lange, als man dann damit fertig war, stimmten die Pilger noch irgendwelche Fürbitten an.

Nach dem Essen streiften wir noch etwas im Klosterhof herum. Wir besuchten das Kyriakon. Hier wurde eifrig gearbeitet. Die vom Dach her undichte Kirche hatte unter dem starken Regen sehr gelitten. Der Parkettboden war an manchen Stellen vom eingedrungenen Regenwasser aufgeworfen. Mittels mit Wasser vollgesogener Teppiche versuchte man dieses aus dem Kyriakon zu entfernen, indem man die Teppiche anschließend ins Freie trug.

Ein Mönch war sehr freundlich zu uns und zeigte uns etwas Besonderes. Vorne bei der Ikonostase gab es eine interessante Reliquie. Sie bestand aus einem aus Silber getriebenen Kopf, den man aufklappen konnte. Darunter war die wertvollste Reliquie dieser Skite, das Stirnbein des hl. Andreas zu sehen.

Wir saßen dann noch etwas im Hof und plauderten. Da es aber schon früh dunkel wurde, gingen wir aufs Zimmer und legten uns bereits um 20:00 Uhr schlafen.

Freitag, 23. September:

Wir gingen ins Archontarikion, wo im ersten Stock die Frühandacht stattfand. Da der Raum nicht sehr groß war, mussten viele stehen. Das Innere des Andachtsraumes war nicht überragend gestaltet, vieles wirkte schlecht improvisiert. Schön und interessant waren jedoch der Gesang und der sakrale Ablauf der Andacht. Nach gut einer Stunde verließen wir den Andachtsraum und frühstückten am Zimmer all das, was nach der Tafel im Zimmer verboten war. Dann wanderten wir nach Karyes. So früh war das Gebäude der Heiligen Gemeinschaft noch geschlossen. Wir wollten die Wartezeit nützen und uns das Protátron ansehen. Doch dieses war, wie schon am Vortag, nicht zu besichtigen. Wir tätigten daher noch einige Einkäufe in den Geschäften entlang der Straße. Wir erwarben Devotionalien und die eine oder andere von einem Athos-Mönch gemalte, kleine Ikone. Wir gingen dann ins Gebäude der Heiligen Gemeinschaft, da unsere Diamonitiria bereits abgelaufen waren und wir heute noch den Höhenweg zum Kloster Konstamonitou gehen wollten. Die beiden Angestellten der Heiligen Gemeinschaft – so ein Angestellter hieß „Serdaris" – waren nicht gerade freundlich, man verlängerte uns aber die Aufenthaltsgenehmigung anstandslos.

Als wir das Gebäude verließen, war der Hang, auf den hinauf die Straße nach Dafni führte, bereits im Nebel und schwarze, schwere Wolken zogen daher. Ich besprach mich mit meinen Freunden, ob es nicht besser wäre, jetzt gleich auszureisen. Das Wetter würde wahrscheinlich nicht besser werden und die Wanderung zum Kloster Konstamonitou würde unter diesen Bedingungen sicher kein Vergnügen sein. Wer weiß, welche Wetterbedingungen morgen herrschen würden? Man war mit meinem Vorschlag einverstanden.

Wir begaben uns zur Bushaltestelle. Dort hatten sich schon viele Pilger eingefunden, aber kein Autobus war in Sicht. Kleinbusse, die kamen, führten Pilger zu den einzelnen Klöstern hin. Bald sprach es sich herum, dass der große Bus heute wahrscheinlich nicht fahren könne. Inzwischen regnete es stark. Jedes Fahrzeug, das daherkam, wurde gestürmt. Einen Platz irgendwo zu ergattern war schwer, vor allem, wenn man zu fünft war und einen großen Rucksack und Wanderstöcke hatte. Es gelang auch nur Klaus, der aber wieder ausstieg, als er sah, dass nur er sich einen Platz erkämpft hatte.

Wir fragten nach einem Bus-Taxi, natürlich war keines zu haben. Der Taxiunternehmer sagte uns zwar, dass ein Bus sicher fahren werde. Doch die Zeit bis zur Abfahrt des Mittagschiffes in Dafni wurde immer knapper. Endlich bestieg der Taxiunternehmer selbst einen kleineren Bus, der die letzten Wartenden aufnahm. Die Fahrt nach Dafni war wirklich nicht einfach. Es regnete stark und es war sehr nebelig. Vielfach lagen auf der Straße immer noch Geröll und größere Steine und sie war daher nur bedingt befahrbar. An manchen Stellen war die Straße auch teilweise abgerutscht oder unterspült. Der Fahrer wandte seine ganze Fahrkunst auf, um uns heil nach Dafni zu bringen.

So starken Regen gab es im Herbst am Athos oft. Darüber berichtete auch der Athos erfahrene Reinhold Zwerger:

Einige Jahre später, im Dezember, gab es am Athos starken Regen, der sieben Tage fast ununterbrochen andauerte. Der Boden war so aufgeweicht, dass ein nachfolgender, sich in Bäumen verfangender Sturm den Boden so lockerte, dass ganze Hänge abrutschten und die Straßen verschüttet wurden. Bei unserer Ankunft in Daphni waren wir sehr erstaunt, dass uns das Diamonitirion schon dort und nicht in Karyes überreicht wurde. Die Straße nach Karyes war knapp nach dem höchsten Punkt, dort wo es schon wieder bergab nach Karyes geht, auf einer beträchtlichen Strecke verschüttet. Das war der Grund, weshalb kein Autobus verkehrte. Der Boden war so vollgesogen mit Wasser, dass jeder Weg zu einem Bach wurde. Das ganze Kloster Koutloumousiou begann sich auf dem völlig aufgeweichten Grund zu bewegen und musste evakuiert werden.[76]

Es sei hier auch noch angeführt, dass samstags, eine Woche später, über Ouranoupoli ein verheerendes Unwetter niederging. Dieses vermurte das Dorf, versenkte die meisten Boote, die im Hafen lagen und unterbrach vielfach die Straße nach Tripiti. Ouranoupoli war auf dem Landweg längere Zeit durch kein Fahrzeug mehr erreichbar!

In Dafni dauerte es nicht mehr lange bis ein Schiff kam. Ich war dann unendlich erleichtert, alle Freunde unbeschadet am Schiff zu wissen. Wir genossen nun die Fahrt entlang der Küste. Wir hatten offenbar großes Glück. Durch das Unwetter des Vortags war es dem Schiff oft nicht möglich, an den vorgesehenen Landestellen anzulegen. Gerade an diesen Stellen mündete oft ein Bach, der gewaltige Mengen von Erdreich sowie auch Baumstämme und Äste ins Meer geschwemmt hatte. Weit reichte dann das gelb gefärbte Wasser ins Meer hinaus, da fuhr kein Schiff mit Schraubenantrieb hinein.

An mehreren dieser Anlegestellen standen aber Pilger, die enttäuscht dem vorbeifahrenden Schiff nur mehr nachblickten konnten. Auch an der von uns vorgesehenen Anlegestelle – der Arsanas von Zographou – legte das Schiff nicht an, wir hätten, wären wir den Höhenweg gegangen, so wahrscheinlich das Flugzeug am Sonntag versäumt! Nur einmal legte das Schiff noch an, und zwar beim Kellion Megali Jovantsa. Hier war es Pater Panteleimon, der es Pilgern ermöglichte, noch zuzusteigen.

In Ouranoupoli suchten wir gleich unser Quartier auf, wo uns Frau Antonakis freundlich aufnahm. Dann spazierten wir im Dorf etwas herum und gingen in ein Café. Zum Abendessen versammelten wir uns bei Daphne, wo wir im Freien sitzend vorzüglichen Fisch serviert bekommen haben. Natürlich musste „der Fisch schwimmen", nach so einer aufregenden Wanderung ausgiebig. Es war ein lustiger Abend.

76 Vgl. Zwerger, Wege, S. 215.

Samstag. 24. September:

Wir beratschlagten, was wir heute machen könnten. Jemand, ich weiß nicht mehr wer es war, machte den Vorschlag, ein Auto zu mieten. Wir waren alle damit einverstanden. Da wir aber das Auto erst zu Mittag bekamen, suchten wir den Friedhof auf, um das Grab von Misses Loch, der großen Wohltäterin von Ouranoupoli, zu besuchen. Wir fanden das Grab nicht, weil der Grabstein wahrscheinlich nicht beschriftet war. Das stimmte übrigens nicht, in späteren Jahren zeigte mir einmal der Totengräber das Grab von Herrn und Frau Loch, welches sogar eine englischsprachige Gedenktafel aufwies.

Mit dem gemieteten Auto, Klaus war unser Chauffeur, fuhren wir zuerst nach Stagira. Das war ein typisches, an einem Berghang gelegenes, griechisches Dorf. Durch dieses Dorf fuhr man jedes Mal bei einer Fahrt von oder nach Thessaloniki. Am höchsten Punkt des Dorfes – einst war hier eine Befestigunganlage – war ein Park angelegt worden. Dort stand ein Denkmal für den größten Sohn dieses Dorfes, für Aristoteles. In diesem Park gab es aber noch eine Reihe von Attraktionen, wo man physikalische Phänomene mittels einfacher Vorrichtungen selbst erzeugen und sie beobachten konnte.

Nun wollten wir den mittleren Finger von Chalkidiki, die Halbinsel Sithonia besuchen, wo Klaus vor vielen Jahren in einer Bucht mehrmals mit seiner Familie die Ferien verbracht hatte. Die Fahrt ging über Neochori, Paleochori, Plana, Metangitsi bis Agiou Joannis, wo wir die Westküste von Sithonia erreichten. Die Landschaft war abwechslungsreich. Olivenhaine, vielfach erst in den letzten Jahren angelegt, wechselten mit karger Landschaft ab, ebenso Hügel mit Ebenen.

Man betrieb hier auch überall Weinbau, ein Straßenstück war sogar als „Weinstraße" ausgeschildert gewesen. Auf der Küstenstraße gab es immer wieder schöne Ausblicke auf verträumte Buchten. Wir kamen nach Neos Marmaras, wo wir unser Mittagessen einnahmen, welches übrigens ausgezeichnet war.

Im Ort selbst herrschte reges Ferientreiben, doch es war anders, als wir es aus Ouranoupoli gewohnt waren. Die Straßen und Lokale waren überfüllt mit in Trainingsanzügen gekleideten Osteuropäern, den Autokennzeichen nach Bulgaren und Rumänen. Deren Frauen fielen auch durch ihr blondes Haar, oft nachgeholfen mittels Wasserstoffsuperoxids, auf. Die Grenze nach Bulgarien war ja nur 70 km entfernt und in der Nachsaison gab es für sie sicher günstige Angebote. Einige der Ostgäste hatten aber bereits tolle „Schlitten".

Per Auto suchten wir dann nach der Bucht, in der Klaus vor Jahren seinen Urlaub verbracht hatte. Wir fanden sie auch tatsächlich und Klaus wurde vom Besitzer des Strandgrundstückes freudig begrüßt. Etwas später setzten wir unsere Fahrt bis zur Südspitze Sithonias fort und fuhren dann entlang der Ostküste zurück. Die Landschaft hier erinnerte mich oft an die von Kreta. Manchmal war sie recht karg. Es gab auf Hügeln bisweilen gewaltige Pferche für Schafe und Ziegen, vereinzelt sah man auch weidende Kühe. Auch die Bienenstöcke waren wieder da, die lila blühende Besenheide gab den Bienen ja genug Nahrung.

Wie uns der Bekannte von Klaus aus der Bucht erzählt hatte, gehörte ein Großteil des Grundbesitzes auf Sithonia jetzt wieder den Athos-Klöstern. Anhand von fünfhundert und mehr Jahre alter Urkunden konnten sie ihren ehemaligen Grundbesitz nachweisen und hatten ihn auch wieder zurückerhalten. So war es weiter nicht verwunderlich, dass manche schönen Strände Namen wie Zographou- oder Koutloumousiou-Beach hatten.

Als es schon langsam dämmrig wurde, kamen wir zurück nach Ouranoupoli. Unser ausgezeichneter Chauffeur Klaus war mit uns insgesamt 272 km gefahren. Wieder gingen wir ins Lokal um die Ecke, zu Daphne, essen. Heute dauerte dieses nicht mehr so lange, es war circa 23 Uhr, als wir zu Bett gingen.

Sonntag, 25. September:

Wir frühstückten nahe der Abfahrtsstelle des Busses. Wie immer fuhr dieser pünktlich ab. Da wir ausgeschlafen waren, konnten wir auch die Rückfahrt nach Thessaloniki genießen. Durch den vielen Regen der letzten Tage begann das Laub sich langsam zu verfärben, besonders die Blätter der Platanen wurden schon gelb.

Vom Chalkidiki-Bus-Terminal fuhren wir mit dem Taxi zum Flughafen. Der Taxifahrer meinte, da wir noch bis zum Abflug genügend Zeit hätten und doch vom Athos kämen, würde er uns lieber in die Stadt bringen. Dort kenne er Mädchen. Wir dankten für sein fürsorgliches Angebot und unterhielten uns mit ihm über Basketball. Griechenland hatte gestern das Europafinale erreicht und spielte heute abends um den Europameistertitel (Griechenland hat übrigens das Endspiel gegen Deutschland gewonnen).

Am Flughafen schlugen wir uns die Zeit bis zum Abflug mit dem Lesen von Zeitungen tot. Der Flug nach Wien und weiter der nach Graz verlief ereignislos. In Graz erwartete uns dann eine Überraschung. Meine Ehefrau, meine Tochter und der Schwiegersohn empfingen uns mit Metaxa und Schafkäsehäppchen.

Meine 12. Athos-Wanderung

Mit Fritz Leopold vom 23. September bis 1. Oktober 2006

Thessaloniki - Ouranoupoli - Arsanas Zographou - Konstamonitou - Zographou - Legenden zur Entstehung der Malereien und der St. Georgs-Ikone in Zographou - Eremitage des hl. Kosmas - Hilandar - Kirchlein Antonij Petscherskij - Esfigmenou - Legendenhafte Geschichte des Milutinturmes - Skite Agiou Vasiliou - Vatopediou - Pantokratoros - Stavronikita - Skite Profiti Ilia - Karyes - Koutloumousiou - Karyes - Skite Agiou Andreou - Kellion Molivouekklesia - Karyes - Xiropotamou - Panteleimonos - Xenofontos - Dafni - Ouranoupoli

Samstag, 23. September:

Fritz Leopold brauche ich nicht näher vorstellen, er war schon letztes Jahr einer von Burkhards Freunde gewesen, die mit mir den Athos durchwandert haben. Aus beruflichen Gründen war es den anderen Freunden nicht möglich, auch heuer wieder mitzugehen, sie vertrösteten sich auf eine Wanderung im darauffolgenden Jahr.

Ursel, die Ehefrau von Fritz, brachte uns zum Flughafen. Es herrschte prächtiges Herbstwetter und der Flug von Graz nach Wien war schön und ruhig. In Wien hatten wir dann noch gut zwei Stunden Zeit bis zum Weiterflug nach Thessaloniki.

Der Flug nach Thessaloniki war dann ruhig und angenehm. In Thessaloniki war aber leider das Wetter schlecht und es begann zu regnen. Ein griesgrämiger Taxifahrer brachte uns in die Stadt, direkt zum Hotel Astoria. Auf der Fahrt dorthin fragten wir ihn, was es koste, wenn er uns nach Vergina hin- und zurückfahren würde, inklusive einer Stehzeit von circa einer Stunde. Die € 80,–, die er dafür verlangt hätte, schienen uns angemessen zu sein. Nach Bezug des Zimmers und einen Anruf des Portiers, ob das Museum in Vergina überhaupt offen habe, holten wir uns ein Taxi, um dorthin zu fahren. Dieser Taxifahrer verlangte vorerst € 100,–, doch wir handelten den Preis auf € 80,– herunter. Tatsächlich hätte die Fahrt dann laut Taxameter € 104,– gekostet. Die Strecke betrug hin und retour 150 km.

Während der Fahrt regnete es oft recht stark. Unser Chauffeur war recht nett, sprach aber nur griechisch. Er spielte während der Fahrt griechische Musik und trommelte im Takt am Lenkrad mit.

Vergina! Das Museum, dieser imposante Grabhügel faszinierte mich jedes Mal von Neuem. Der Magie des Ortes konnte man sich nicht entziehen. Und dann noch die Grabbeigaben Philipp II. von Makedonien, wie man jetzt weiß, einfach prunkvoll und sensationell.

Nach einer Stunde genussvollen Museumsbesuchs ging die Fahrt wieder zurück. Wieder regnete es zwischendurch recht stark. Zurück im Hotel gingen wir die Nikis-Promenade entlang bis zum Aristoteles-Platz und von dort dann hinauf in die Oberstadt. Oben angekommen, wanderten wir entlang der teilweise beleuchteten Stadtmauer bis zum Anna-Paläológina-Tor, wo wir gleich dahinter die Taverne „O Christos“ aufsuchten und sehr gut griechisch speisten. Gesättigt, wanderten wir zurück in die samstägig abends stark von der Jugend bevölkerte Stadt und gingen dann noch auf ein Bier. Es regnete wieder stark.

Sonntag, 24. September:
Es regnete noch immer mit abwechselnder Intensität. Wie schon voriges Jahr verschliefen wir wieder und konnten nur kurz frühstücken. Mit einem Taxi erreichten wir den Chalkidiki-Bus-Terminal. Auf der Fahrt nach Ouranoupoli bekreuzigte sich der Buschauffeur beim Vorbeifahren an jeder Kirche. Gott sei Dank waren sonntags die Straßen recht verkehrsarm.

Die Fahrt nach Ouranoupoli verlief sonst in der Folge ereignislos, das heißt, oft goss es in Strömen, manchmal gab es auch dichtesten Nebel. Nach Passieren der Höhe von Nea Roda sahen wir, dass voriges Jahr die Straße nach Ouranoupoli sicher an die zehnmal vermurt gewesen war. Wir hatten ja von den Unwettern im September vergangenen Jahres von Frau Antonakis gehört. Wir sahen überall auch Spuren vom gestrigen, heftigen Regen.

In Ouranoupoli, im Athos-Büro, war dieses Mal wieder alles anders. Diesmal wurden die Diamonitiria erst am nächsten Tag in der Früh ausgefolgt! Wir bezogen dann ein Zimmer in der Pension Antonakis, Frau Antonakis empfing uns wie immer sehr freundlich.

Nach Beziehen des Zimmers spazierten wir durch Ouranoupoli und wanderten anschließend zur Athos-Grenze hin, bis zu den Ruinen des Klosters Zygou. Dort hatte man bei den Ausgrabungen gewaltige Fortschritte gemacht. Man hatte auch viel Neues gefunden, wie man auf einer Tafel lesen konnte, und die Mauern höher hinaufgezogen.

Wir gingen hinunter bis zum Meer, hin bis zum Gitterzaun, welcher die Grenze hin zum Mönchsland bildete. Wir begegneten gleich anschließend einem gewaltigen Aufschneider aus Niederösterreich, der mit seiner Frau ebenfalls zur Grenze hinspaziert war. Zurück in Ouranoupoli speisten wir Gyros und tranken Retsina. Wir waren dann so müde, dass wir uns bis zum Abendessen noch aufs Ohr legen mussten.

Vor dem Abendessen spazierten wir noch etwas herum, bummelten der Hafenmole entlang und freuten uns schon auf das Abendessen in der Taverne von Daphne. Schon nachmittags hatten wir uns einen Fisch für das Abendessen bei ihr ausgesucht. Er schmeckte dann auch ganz köstlich. Dann fielen wir müde ins Bett.

Montag, 25. September:
Wir ließen uns um fünf Uhr wecken und marschierten schon eine halbe Stunde später durch das nächtliche Ouranoupoli. Bei einem Café standen Leute. Wir stellten uns dazu und tatsächlich kam jener Mann, der uns gestern die Ausfolgerung des Diamonitirions verweigert hatte. Nun bekamen wir es und spazierten zum Hafen. Wir bestiegen die „Agia Anna“. Als wir das Ticket lösten, sagte man uns, das Schiff würde bis Dafni durchfahren. Das war für uns eine große Enttäuschung, da wir ja bei der Arsanas von Zographou oder bei der von Konstamonitou aussteigen wollten. Ich fragte später nochmals den Kapitän, ob das Schiff nicht doch anlegen würde, was er aber energisch verneinte. Die Kontrolle der Diamonitiria machte dann ein Mann in Uniform, der am Schiff von Mann zu Mann ging. Im Finstern fuhren wir vorerst die Küste entlang. Kaum waren wir aber etwas auf See und

der Höhenrücken bei der Athos-Grenze verdeckte nicht mehr die Sicht, sahen wir schon in der Ferne den majestätischen Gipfel des Athos.

Langsam wurde es hell, und entgegen aller Voraussage legten wir bei einem Kellion kurz an. Weiter ging die Fahrt, vorbei an der Skite Thivais, wo offenbar wieder Leben eingekehrt war, und auch vorbei am Kellion Megali Jovantsa. Da kam der Kapitän und deutete mir, dass er an der Arsanas von Zographou anlegen würde. Wir hatten das einen alten Mönch zu verdanken, der wartend dort stand und zusteigen wollte. Wir waren hoch erfreut darüber. Insgeheim hatte ich mir schon eine neue Route für heute überlegt.

Fritz und ich stiegen aus und umrundeten den Turm der dort stehenden, einstigen Windmühle. Gleich hinter der Mühle ergoss sich ein recht breiter Bach, der zudem im Augenblick viel Wasser mit sich führte, ins Meer. Wir suchten nach einem Übergang. Doch die offenbar schweren Wetter der letzten Tage hatten den Steg weggerissen. Wir gingen noch ein Stück den Bach aufwärts auf Stegsuche, leider vergebens. So blieb uns nichts anderes übrig, als die Schuhe auszuziehen und durchzuwaten. Vor allem am angeschwemmten Schotter war das Barfußgehen recht schwierig.

Der Weg zum Kloster Konstamonitou war dann nicht schwer zu finden. Doch die Unwetter der letzten Tage hatten ihn stark in Mitleidenschaft gezogen, der Boden war tief und mehrmals lagen große Gesteinsbrocken auf der Straße, sodass er für einen PKW derzeit unpassierbar war.

Bei einem zufälligen Blick Richtung Meer konnten wir ein ganzes Rudel spielender Delphine sehen. Nach einer Stunde Wanderns waren wir beim Kloster angelangt. Es lag vollkommen ausgestorben da. Kein Archontaris war zu finden. Einzig einen alten, offensichtlich schwerhörigen Mönch trafen wir an. So streiften wir ungehindert kreuz und quer durch die Klostergänge, von niemandem daran gehindert. Das ganze Kloster machte eher einen desolaten Eindruck. Nach einer halben Stunde Aufenthalt und ohne das Katholikon innen gesehen zu haben, brachen wir nach Zographou auf, wieder am alten Pilgerweg.

Steil ging der Weg hinunter zum Bachbett und noch steiler ging es dann den Gegenhang hinauf. Das dichte, nicht ausgeschnittene Strauchwerk war voll Tau oder es war noch regennass, jedenfalls war ich in kürzester Zeit tropfnass. Da hatte es Fritz weitaus besser, der ging beinahe trockenen Fußes hinter mir nach. Und der Weg nahm kein Ende. Endlich hatten wir dann den Höhenrücken erreicht, aber da hieß es gleich wieder auf der anderen Seite hinunterzugehen.

Im Graben drunten war eine Markierung nur schwer zu finden. Wieder ging es dann einen Höhenrücken hinauf. Oben hatte man einen neuen Waldaufschließungsweg nach einer Holzschlägerung gemacht und den darunter liegenden alten Pilgerweg brutal weggeschoben. Nur mühevoll fanden wir den Anschlussweg. Noch einmal kamen wir in Schwierigkeiten, aber zufällig anwesende Waldarbeiter zeigten uns den richtigen Weg. Dann endlich waren wir im Kloster Zographou. Für die Wanderung hierher benötigten wir zwei Stunden.

Hier im Kloster gab es zahlreiche Arbeiter, wahrscheinlich aus Bulgarien. Wir suchten den nicht unfreundlichen Archontaris auf, der uns deutete, in „pende“ Minuten gäbe es Essen. Wir gingen also hinunter zur Trapeza. Im Nebenraum der Trapeza war gedeckt.

Nun fragte man uns, ob wir orthodox wären, und als wir das verneinten, aßen wir in der Trapeza alleine. Es gab eine Krautsuppe und ein Kürbisrisotto. Dazu tranken wir Wein. Nach dem Essen wies man uns ein ganz passables Zimmer mit vier Betten zu.

Nun gingen wir auf Entdeckungstour kreuz und quer durchs Kloster. Wir bestiegen den Glockenturm, alles war hier recht verfallen. In der Glockenstube gab es schöne Malereien. Dann sahen wir uns im Exonarthex des Katholikons die interessanten Darstellungen zur Apokalypse an. Letztlich besuchten wir noch die Agia-Panagia-Kapelle neben dem Katholikon, wo im Exonarthex so schön die Ereignisse der Sintflut dargestellt waren.

Wir verließen das Kloster und in einer großen Runde um das Tal besuchten wir das Kellion Agios Georgios am Gegenhang. Es war eine schöne Anlage, leider war seine Kapelle verschlossen. Wieder zurück im Kloster, machten wir Toilette im Waschraum, der überraschenderweise auch Spiegel aufwies.[77] Anschließend schrieb ich in meinem Tagebuch die Ereignisse des heutigen Tages nieder.

Wir wollten uns nun auch das Katholikon ansehen. Zur malerischen Ausgestaltung des Katholikons von Zographou gab es folgende Legenden:

Nach Gründung des Klosters flossen die Spenden reichlich und alsbald errichtete man eine stattliche Kirche. Doch noch zierten keinerlei Malereien deren Wände, denn nur ein Mönch in der Mönchsgemeinschaft hatte die Fähigkeit zu malen. Doch er zweifelte daran für dieses Werk würdig zu sein. Endlich wollte er mit einem Bildnis von Christus beginnen. Voll Demut sank er betend in einen Stuhl und flehte um himmlischen Beistand. Als er sich wieder erhob, stand ein Engel neben ihm, der gerade den Pinsel weglegte. Ein Bild Christi strahlte von der Wand. Die Farbe war noch feucht und ein unsäglicher Wohlgeruch umgab den bestürzten Mönch. Alle Mönche strömten herbei und bestaunten das Wunder. Das Wunder sprach sich herum und von überall kamen Maler hierher, um das Werk zu bewundern. Doch keiner wagte es, das Gesamtwerk anzugehen. Erst ein Jahrhundert später wagt man es, das vom Engel begonnene Werk zu vollenden und das Katholikon auszumalen.

Die Mönche wollten das Kloster dem hl. Nikolaus weihen und ein Maler fasste den Mut, ein Bildnis des Heiligen im Katholikon anzufertigen. Doch als er beginnen wollte, waren seine Farben eingetrocknet. Das fasste man als Zeichen des Himmels auf, dass man dort etwas anderes im Sinne hatte. Am nächsten Morgen war es dann klar. An einem Brett, das gestern noch leer war, prangte in voller Pracht das Antlitz des hl. Georgs, des Drachentöters. Ein Halleluja durchbrauste die Kirche und von nun an wurde der hl. Georg als Hüter dieser Kirche verehrt.

Eine der besonders verehrten Ikonen dieses Klosters ist die des hl. Georg. Auch dazu gibt es eine Legende:

Die Ikone des hl. Georg ist mit Ausnahme des Gesichts ganz mit Silber bedeckt. Zwischen den Augen weist das Bild jedoch eine hässliche, hervortretende Warze auf. Das war kein Werk eines Engels, sondern des Teufels und das geschah so: Einst kam ein schwarz bekleideter, reicher Fremder ins Kloster, der alles bespöttelte. So tippte er auch mit dem Finger auf die Stirn der Georgs-Ikone und machte sich darüber lustig, dass er nicht glaube, dass dieses Bild nicht

77 Vgl. Fußnote 73.

von Menschenhand gemalt worden sei. Doch kaum berührte es das Bild mit dem Finger, kam er nicht mehr davon los. Mehrere Personen kamen ihm zu Hilfe und wollten ihm vom Bild wegzerren. Es half nicht. Dem Fremden blieb nichts andres übrig als seine Fingerkuppe zu opfern. Fluchend verschwand er aus dem Kloster.[78]

Gleich nachdem wir die eindrucksvollen Malereien im Katholikon uns angesehen hatten, begann die Andacht und wir mussten den Naos verlassen. Im Esonarthex durften wir jedoch bleiben.

Die Andacht dauerte beinahe zwei Stunden. Wir gingen gleich anschließend in die Trapeza essen. Essen bekamen nur die Gäste und die jungen Mönche. Die Alten fasteten. Es gab das Risotto von mittags, doch kalt, zudem Kompott und eine Tomate. Beim Essen lernten wir einen jungen Polen kennen, der aber paradoxerweise für einen Polen, zum orthodoxen Glauben übergetreten war.

Bis zum Finsterwerden streiften wir noch im Kloster herum. Über der Trapeza gab es eine weitere, große Kirche. Da sie versperrt war, konnten wir durch ihre Fenster hineinsehen. Die Kirche muss eine schöne Ikonostase haben.

Dienstag, 26. September:

Das Kloster Zographou hatte als Lichtenergiequelle nur einen Gleichstromgenerator, den man nachts jedoch abschaltete. Da unser Zimmer kein Außenfenster hatte, war es in der Früh noch stockdunkel im Raum. Wir hatten unsere Sachen auf den freien Betten ausgebreitet und es war nun im Schein einer kleinen Taschenlampe recht schwierig, alles, was ausgebreitet war, nun sorgfältig zusammenzusuchen. Langsam graute der Tag, aber wegen des geschlossenen Haupttores konnten wir das Kloster noch nicht verlassen. Erst um sieben Uhr früh sperrte man das Tor auf.

Wir wanderten den steilen, mit Steinen ausgelegten Weg hinunter ins Tal und nahmen dann den Weg zum Kloster Hilandar. Dieser Weg entsprach unseren Vorstellungen eines alten Pilgerpfades. Große Strecken waren noch mit Steinen ausgelegt, alle Meter mit aufgestellten Steinen, damit die Maultiere beim Gehen Halt finden konnten.

Nach circa einer halben Stunde Wanderung erreichten wir die Stelle, wo ein schmaler Pfad zur Höhle des hl. Kosmas von Zographou abzweigte. Wir versteckten unsere Rucksäcke und folgten den schmalen Pfad bis zur Höhle hin. Zur Höhle, die sich in einer Felswand in circa drei Meter Höhe befand, führten steile, in den Felsen geschlagene Stufen hinauf. Die Einsiedelei wurde offenbar gerne besucht, das Fenster, welches vor Jahren einzig eine Kerze und ein Heiligenbild aufwies, war jetzt voll von Bildern und auch im aufliegenden Besucherbuch hatten sich bereits viele eingetragen. Vor allem die vielen Pilger aus Spanien fielen mir auf.

Etwas nach acht Uhr wanderten wir weiter. Der Weg verlief abwechslungsreich, mal ging er bergauf, mal ging er wieder eben dahin, bis wir zu einer Hochebene kamen. Dort waren viele Wegweiser, darunter war auch einer, der auf eine Forststraße in Richtung Hilandar verwies. Das war aber ein Riesenumweg. Da ich aber wusste, dass es auch einen

78 Vgl. Spunda, Landschaft und Legenden, S. 199ff. – Derselbe, Legenden und Fresken, S. 107ff.

anderen Weg gab, querten wir die Hochfläche, bis wir zu einem Gatter kamen. Dort schlugen zwei Hunde mächtig an, darauf erschien ein Mann, den wir nach dem Weg nach Hilandar fragten. Er deutete in Straßenrichtung und so wanderten wir weiter, wohl immer auf eine Abzweigung achtend.

Wir fanden vorerst keine und wanderten auf dieser Straße, die in zahlreichen Serpentinen bergab führte, weiter. In der Ferne sahen wir bereits das Kloster von Hilandar. Wir wanderten noch circa zwanzig Minuten auf dieser Straße weiter, dann war sie plötzlich zu Ende. Uns traf fast der Schlag! Das hieß nur eines – umkehren!

Ich schlug nun einen schnelleren Schritt an, um etwas von der Zeit gutzumachen, die wir verloren hatten. Ich war wirklich verärgert. Plötzlich kamen wir zu einer Stelle, wo ein Weg durch einen Stacheldraht abgesperrt war. Wir krochen durch und waren auf dem alten, schrecklich ausgewaschenen Hilandar-Pilgerpfad gestoßen. Etwas vor elf Uhr waren wir dann im Kloster Hilandar.

Das Kloster war durch den Brand vom Jahre 2004 arg in Mitleidenschaft gezogen worden. Von der Trapeza an waren der Gästetrakt, der Mönchstrakt, das Eingangstor und der daran anschließende Trakt ein Raub der Flammen geworden. Davon standen nur mehr die Mauern. Traurig, wie schön einmal das Kloster gewesen war! Wir durften dann auch ins Katholikon hinein, ich konnte Fritz vieles zeigen, dann komplimentierte uns ein Mönch wieder hinaus.

Im Kloster herrschte große Aufregung, viele Mönche standen vor dem Kloster, auch der Abt mit seinem Abtstab. Ein Bus kam an und wir erfuhren später, dass Johannes, der Metropolit von Serbien, zu Besuch gekommen war.

Wir wanderten nun in Richtung des Klosters von Esfigmenou, das wir schon gegen zwölf Uhr sahen. Wir gingen vorerst hinauf zur Kirche des heiligen Antonij Petscherskij, wo man einen fantastischen Blick auf das darunterliegende Kloster hatte.

Wieder vom Kirchlein herabgestiegen, warfen wir einen Blick in den Karner. Dann wanderten wir hin zum Kloster. Wie bisher immer, war auch jetzt das seeseitige Tor verschlossen, sodass wir um die Klostermauer herumwandern und an die landseitige Klosterpforte klopfen mussten.

Vom Archontaris bekamen wir griechischen Kaffee, Tsipouro, Loukoumi und Wasser. Ich fragte ihn, ob wir hier übernachten könnten und er bejahte es! Mir fiel ein Stein vom Herzen, denn auf unsere, schon vor längerer Zeit erfolgte Anfrage hin, hatte man eine Übernachtung rundweg abgelehnt!

So wollte ich ursprünglich wieder von hier auf die Westseite zurückwandern und dort im Kloster Xenofontos übernachten. Doch den Weg dorthin war ich bisher noch nie gegangen. Er führte vom Kloster Esfigmenou über einen Pass, dann dem Bachbett des Vagenokamanes entlang, hinaus bis zur Küste und dann bis zum Kloster Xenofontes. Dass uns das jetzt erspart blieb, darüber war ich wahrlich froh. So blieb uns dann auch die neuerliche Querung des Höhenrückens am darauffolgenden Tag, um zum Kloster Stavronikita zu gelangen, erspart. Wie wir später zudem noch sehen werden, verschlechtere sich das Wetter zusehends.

Wir bekamen ein schönes Zweibettzimmer und gingen auf Entdeckungsreise. Wir spazierten wieder in Richtung des Klosters von Hilandar und zweigten bei einer Kreuzung zur Arsanas des Klosters Hilandar ab. Nach circa einer Viertelstunde kamen wir beim mächtigen Milutinturm vorbei, ein gewaltiges, heute noch beeindruckendes Bauwerk. Wie das die Jahrhunderte so gut überdauert hat, war schwer vorstellbar. Mit dem Milutinturm, vom manchen auch „Turm der Königin" genannt, verbindet sich folgende Legende:

Eine Serbenkönigin blieb lange Zeit kinderlos. Da gelobte sie, wenn Gott ihr einen Knaben schenke, wolle sie den Knaben dem Kloster Hilandar weihen. Ihre Bitte wurde erhört. Schon in seinen jungen Jahren war dieser Knabe sehr in sich gekehrt und verließ schon bald den Konak des Vaters, um nach Hilandar zu wandern. Die Mutter war darob untröstlich und sichte dahin. So bestürmte der König das Kloster inständig, einen Weg zu finden, dass die Mutter ihren Sohn sehen könne. Die Königin spendete dafür ihr gesamtes Geschmeide. Doch nach wie vor durfte keine Frau den Athos betreten. Man verhandelte lange mit dem Kloster. Endlich kam man zu einem Ergebnis. Auf dem Grund, wo heute der Turm steht, stand einmal das erste Kloster von Hilandar. Dieses Stück Land, mit den Ruinen des einstigen Klosters, trennte man vom Kloster ab und erklärte es für weltlich. Glücklich zog die Mutter in die Ruinen ein und sah täglich vom Turm nach Hilandar. Einmal am Tag war es auch dem Prinzen gestattet, in Hilandar den Turm des hl. Savas zu besteigen. Dann sah die Mutter von der Ferne die geliebte Gestalt ihres Sohnes. Glücklich, verstummte erst nach vielen Jahren ihr Herz.[79]

Zwischendurch nieselte es immer wieder. Wir kamen an großen Feldern vorbei, die Dank der EU-Förderung brach lagen. Später, bei der Arsanas, sahen wir auch die einst dafür benötigten landwirtschaftlichen Maschinen, die nun vor sich hinrosteten. Die Arsanas von Hilandar war nicht besonders interessant. Sie war großteils zu einer Polizeistation umfunktioniert worden.

In der Ferne sahen wir auf einen kleinen Landvorsprung ein Bauwerk, welches einst als festes, kleines Bollwerk gedient haben muss. Interessant war, dass jetzt an dessen Wiederherstellung eifrig gearbeitet wurde. Den Strand entlanggehend, wanderten wir hin. An der Wiederherstellung dieses Bauwerks war auch das Militär offensichtlich sehr interessiert, wie man an dort parkenden Fahrzeugen unschwer erkennen konnte.

Niemand hinderte uns am Betreten der Anlage. Wie wir später erfuhren, war es die Skite Agiou Vasiliou, die vom einst so mächtigen serbischen Fürsten Stefan Uroš IV. Dušan gestiftet worden war.

Wegen eines starken Regengusses mussten wir am Rückweg einmal unterstehen. Zurück im Kloster machten wir uns fertig für die Abendandacht. Kaum hatten wir das Katholikon betreten, wurden wir sofort aus diesem verwiesen. Da wir Katholiken waren, wollte ein Mönch gar, dass wir uns während der Messe fünfzig Meter weit vom Katholikon entfernen sollen! Das wäre außerhalb des Klosters gelegen gewesen! Wir müssen sehr verdattert dreingeschaut haben, denn ein anderer Mönch kam zu uns und sagte, es würde genügen, wenn wir aus dem Katholikon gehen würden. Vor dem Katholikon könnten wir

79 Vgl. Spunda, Landschaft und Legenden, S. 182ff. – Derselbe, Legenden und Fresken, S. 104.

sitzen bleiben! Es lebe der ökumenische Gedanke! Ich ging aufs Zimmer, um mein Tagebuch zu schreiben.

Als ich wieder in den Klosterhof kam, herrschte dort große Aufregung, Mönche eilten geschäftig hin und her. Nach einigem Beobachten kamen wir drauf, warum es so hektisch zuging. Unmengen von Bohnen wären zu schälen, und zwar solche einer besonderen Art, deren Schale nach dem Aufkochen abgezogen werden muss. Wir beteiligten uns nun am Schälen.

An unserem Tisch schälten nur junge Mönche und die holten nun während des Schälens alle Gebete nach, die sie durch ihre Abwesenheit während der Andacht versäumt hatten! Das war schon recht eigenartig zu beobachten, wie sie das in Wechselrede machten. Dann war Essen – doch ohne uns! Wir mussten wieder warten, bis alle Orthodoxen gespeist hatten. So schauten wir den zahlreichen Katzen zu, die sich um das Fressen erbitterte Kämpfe lieferten.

Das Essen war dann sensationell gut. Es gab Tomatensalat, Letscho, Pommes frites und gebratene Paprika, ganz frische, frittierte Fische, Pfirsiche und Wein. Die Ökonomie des Klosters war offenbar in Ordnung.

In der Nacht regnete es mehrmals stark. Um drei Uhr rief man die Mönche zur Andacht. Die dauerte bis sieben Uhr. Dazwischen wurde einmal mit einer Glocke, das andere Mal mit einem Glockenspiel heftig geläutet und laut gesungen. Auf dieses Läuten hin strömten die Mönche in die Trapeza. Wir stellten fest, dass es hier trotz der strengen Zucht sehr viele Mönche gab. Man sah, ein strenges Regiment schreckt nicht ab.

Mittwoch, 27. September:

Wir frühstückten im Zimmer und brachen um circa acht Uhr auf. Nach dem Kloster führte eine breite Straße in Richtung des Klosters Vatopediou. Der immer so schöne Weg über die Hochfläche war leider zerstört worden! Wir fanden auch kaum mehr Hufeisen von Maultieren, die früher massenhaft auf diesen Wegen lagen. Nach circa einer Stunde Gehens, fing es zu regnen an. Wir stießen auf den alten Pilgerweg und das erschwerte nun das Gehen sehr, da dieser mit Steinen ausgelegt und diese durch den einsetzenden Regen sehr rutschig geworden waren. Nach einiger Zeit erreichten wir jene Bucht, wo das Meer unheimliche Mengen von Plastikmüll angeschwemmt hatte. Vielen Südländern fehlte für die Entsorgung ihres Abfalls jegliches Gefühl, das Meer war für sie immer noch die große Entsorgungsanlage.

Das Meer brandete hier gewaltig und schlug donnernd an die Felsen. Wieder führte der Weg bergauf und das zerrte an unseren Kräften. Beim Wandern am Strand dann mussten wir noch einen größeren Umweg in Kauf nehmen, da kurz vor dem Kloster ein gar nicht so schmaler Bach in das Meer mündete und es keine Brücke darüber gab. Der Bach war durch die vielen Regen recht stark angeschwollen. So gegen zwölf Uhr waren wir dann in Vatopediou.

Im Kloster herrschte „tote Hose“, es gab nicht einmal einen Archontaris, dafür hatte man nahe dem Gästezimmer einen Kaffeeautomaten aufgestellt, wo man gegen Münzeinwurf Kaffee bekam. Wohin war die alte Gastfreundschaft entschwunden? Wir spazierten dann noch etwas im Klosterhof herum, leider war das Katholikon zugesperrt. Es war daher sinnlos, hier sich noch länger aufzuhalten.

So verließen war den diesmal nicht sehr einnehmenden Ort und wanderten Richtung Kloster Pantokratoros zu. Zuerst auf einer recht breiten Straße, dann dreimal auf alten Athoswegen, die bis auf 400 m Seehöhe hinaufführten und uns alles abverlangten. Ich war schon richtig fertig.

Als wir die Höhe erreicht hatten, ging es auf einer schier endlosen Straße weiter, wobei wir zweimal einen Stacheldrahtzaun überklettern mussten. Um ungefähr drei Uhr nachmittags waren wir in Pantokratoros, ließen das Kloster aber links liegen und nahmen gleich den Weg zum Kloster Stavronikita.

Wieder war der Weg sehr steil und ausgewaschen und oft glaubte ich – und Fritz wahrscheinlich auch – wir können nicht mehr weiter. In diese Richtung war ich den Weg noch nie gegangen. Endlich gegen 16 Uhr waren wir im Kloster Stavronikita und wurden dort mit griechischem Kaffee, Loukoumi und Wasser freundlich aufgenommen. Wir bekamen im 3. Stock des Klosters ein sehr freundliches, nach zwei Seiten mit Fenster versehenes Eckzimmer, mit einem Traumblick hinaus aufs Meer.

Zur Abendandacht durften wir in das Katholikon hinein und nach der Andacht sogar bis zur Ikonostase vorgehen. Die orthodoxen Pilger bekamen dort zusätzlich die Reliquien zu sehen. Das Abendessen fand dann gemeinsam statt, es gab Suppe, Rollgerste, Nudeln mit Fisch, Weintrauben und Wein. Bei Petroleumlicht schrieb ich dann im Aufenthaltsraum meine heutigen Tagebucheintragungen. Es gab nur Petroleumlicht in allen Räumen, das war sehr romantisch und erinnerte mich an alte Athos-Zeiten. Sonst war dieses Kloster, wie schon das Kloster Esfigmenou, in bester Ordnung. Wir hatten im Zimmer sogar eine Zentralheizung.

In der Nacht gab es vorerst ein tolles Wetterleuchten, das war beeindruckend schön von unserem Zimmer aus mit Blick auf das Meer. Dann gewitterte es ordentlich.

Donnerstag, 28. September:

Wider Erwarten war in der Früh schönstes Wetter. Überraschenderweise gab es keine Frühandacht – oder war sie so früh gewesen, dass wir sie verschlafen haben? Wir frühstückten am Zimmer und brachen dann auf. Vorerst wanderten wir auf dem gestrigen Weg zurück, bis zu jener Stelle, wo eine zugemauerte Höhle war. Nach Meinung der Griechen, so berichtete Reinhold Zwerger in seinem Buch, soll dort im Auftrag des Zaren von russischen Mineuren ein sieben Kilometer langer Gang bis in die Keller des Klosters Panteleimonos gegraben worden sein, um dann zum geeigneten Zeitpunkt mit als Mönche verkleideten Soldaten die strategischen Pläne des Zaren zu verwirklichen.[80] Das spiegelte die Urangst der Griechen wider, als vor dem Ersten Weltkrieg mehr russische als griechischen Mönche am Athos lebten.

Von dieser Stelle bog links ein schmaler, schöner, aber auch recht steil aufwärts führender Pfad ab. Er mündete nach circa zwanzig schweißtreibenden Minuten in einer Straße.

80 Vgl. dazu: Zwerger, Wege, S. 158.

Aber wo begann nun der Weg, der zur Skite Profiti Ilia führte? Wir gingen auf der Straße erst ein Stück bergab, dann wieder zurück, jetzt aber bergauf. Leider waren beide Karten, die wir zu Rate zogen – die von Reinhold Zwerger und die in Ouranoupoli gekaufte –, unserer Meinung nicht richtig gezeichnet. Der Weg nach Profiti Ilia lag noch ein Stück oberhalb unserer Straße, auf 215 m Höhe über dem Meer! Wir hätten die Straße kreuzen und auf einem Steig noch ein Stück bergauf gehen müssen.

Irgendwie schafften wir es dann doch, einen Weg nach Profiti Ilia zu finden. Dabei überraschte uns ein starker Regenguss, sodass wir unterstehen mussten. Immer wieder donnerte es. Als der Regen weniger wurde, wanderten wir schnell zur Skite, wo wir mit einer Gruppe Griechen gleichzeitig ankamen.

Freundlich aufgenommen, zeigte man uns das renovierte Kyriakon, es war eine wahre Pracht. Die Ikonostase strahlte nur so von Gold! Zwei Tonnen Gold aus der Schwarzmeergegend hatte man einst dafür aufgewendet! Früher war die Skite von 1000 Russen bewohnt gewesen und 2000 Personen hätten im Kyriakon Platz gehabt.

Man zeigte uns auch eine Kopie der wundertätigen Ikone Panagia Tichwinskaja (benannt nach einem Kloster in der russischen Stadt Tichwin), die ursprünglich aus Byzanz stammte. Jahre bevor die Stadt in türkische Hände fiel, entschwand das Bild durch ein Wunder an den Ladogasee, wurde von Fischern gefunden und in die Stadt Tichwin gebracht. In den Wirren der russischen Revolution war sie nach Chicago in Sicherheit gebracht worden. Vor einiger Zeit jedoch war sie Russland zurückgegeben und dort nach St. Petersburg gebracht worden. Die uns gezeigte Kopie war in Zarenzeiten mit dem Original berührt und somit selbst wundertätig geworden.

Wir wurden freundlich bewirtet, mit einem nach Zimt schmeckenden Tee, mit Tsipouro und Loukoumi. Inzwischen gab es einen richtigen Wolkenbruch. Als es aufhörte zu regnen, zogen wir los und wurden am Weg nach Karyes noch zweimal vom Regen erwischt. Als wir die Straße, die nach Karyes führte, erreicht hatten, hielten wir ein Auto auf, welches uns dann nach Karyes mitnahm.

Als Erstes gingen wir in die dortige Taverne auf ein Bier und eine Bohnensuppe. Dann spazierten wir in Richtung unseres Übernachtungsklosters, jenes von Koutloumousiou. Dort war es nicht ganz einfach, ein Zimmer zu bekommen, doch dann klappte es, wir bekamen im 2. Stock ein Doppelbettzimmer.

Nun spazierten wir hinauf nach Karyes und dort durch die Gassen. Was man mit dem Protáton gemacht hat, ist eine Kulturschande erster Ordnung! Jetzt deckte man die Stahlkonstruktion auch noch ein!

Es war mir ein Bedürfnis, das Kellion des alten Mönchs Petros aufzusuchen, um so wenigstens in Gedanken seiner zu gedenken. Das Kellion war völlig verfallen. Wir streiften dann durch die Geschäfte und stiegen später den Hügel jenseits der Hauptstraße hinauf, mit seinen vielen schrecklich verfallenen Häusern und Hauskapellen. Was da – in vielleicht nur achtzig vergangenen Jahren – alles dem Verfall preisgegeben worden war, ist unbeschreiblich.

Am Weg zum Kloster Koutloumousiou zurück überraschten uns mehrere Regengüsse. Dichter Nebel fiel ein. Tropfnass kamen wir ins Kloster zurück. Dort machten wir uns bereit zum Abendessen. Im Esonarthex warteten wir vorerst, dann durften wir in den Narthex vorgehen. Die Hesperinos-Andacht war nicht lang und wir durften nun sogar bis zur Ikonostase vorgehen. Das Abendessen, welches wir getrennt von den Mönchen einnahmen, war superb. Es gab Spaghetti mit Sauce, Parmesan und viel Olivenöl sowie Tsatsiki.

Nach dem Abendessen spazierten wir in Richtung des Klosters Iviron. Am Weg dort hinunter sahen wir einige schöne Kellien. Wir kamen bis zu einer alten Steinbrücke. Da gab es wieder heftigen Regen, der nicht aufhörte. Recht nass kamen wir ins Kloster zurück. Um Mitternacht gab es dann noch ein ordentliches Gewitter.

Freitag, 29. September:

Wenigstens in der Früh war es schön. Wir gingen nach Karyes, wo wir um Verlängerung unseres Diamonitirions ansuchen wollten. Wo schon Generationen von Athospilgern gesessen und auf das Diamonitirion gewartet hatten, im großen Vorraum zum Büro der Hiera Kinotis, ließ man auch uns eine Dreiviertelstunde lang warten. Erst allmählich und gemächlich kamen alle Würdenträger und frühstückten erst einmal. Endlich war es dann so weit, wir bekamen das Diamonitirion gleich um vier Tage verlängert.

Langsam wanderten wir zur Skite Agiou Andreou. Schon von Weitem sahen wir die gewaltigen baulichen Fortschritte, die dort seit letztem Jahr gemacht worden waren. Alle Kuppeln glänzten jetzt schon golden. Gleich nach dem Tor empfing uns ein gewichtiger Pater, er hieß Dionysios. Er sprach uns auf Deutsch an. Kein Wunder, er war zwei Jahre in unserer Heimatstadt Graz, in der Antoniuskirche in der Paulustorgasse, orthodoxer Priester gewesen. Er hatte im AAI (Afro-Asiatischen Institut) gewohnt, schwärmte für den Fußballklub SK Sturm Graz und kannte eine für ihre musikalischen Aktivitäten bekannte griechische Familie P. in Graz sehr gut.

Pater Dionysios führte uns in eine renovierte Kapelle, die über dem Eingangstor lag. Sie war russisch ausgestaltet und prächtig. Dionysios zeigte uns voll Stolz eine ganze Reihe von Ikonen. Wir mussten sogar eine besondere Reliquie, das Stirnbein des hl. Andreas, dem stets ein wohlriechender Duft entströmen sollte, küssen. Da bei uns die Sitte des Reliquienküssens nicht üblich war und ich daran denken musste, wie viele orthodoxe Pilger das täglich machen würden, küsste ich so, wie es bei uns bei einem Handkuss üblich war. Das duldete Pater Dionysios nicht! Er sagte befehlend: „Küssen!“ Er achtete genau darauf, dass wir es auch taten.

Dann schrieb er zu unserem Leidwesen an die Familie P. einen Brief, auf den wir warten mussten, da er ihn uns mitgeben wollte. Wir streiften inzwischen in der Skite herum. Als Fidi und ich vor zwölf Jahren hier waren, dachten wir, nie wieder würde aus diesen Ruinen etwas entstehen können. Und nun – vieles steht wieder, aber wofür?

Pater Dionysios führte uns nun in die Baustelle „Andreaskirche“ und als besondere Gunst durfte ich drinnen fotografieren. Mitten in der Kirche kamen Pater Dionysios dann Erinnerungen an unsere Heimatstadt Graz, er rief plötzlich „Wiener Schnitzel“, „Gulasch“ und „Hauptbahnhof Restauration“. Graz war immer noch sein Traum. Er begleitete uns aus dem Kyriakon und ich musste ihn mehrmals fotografieren. Letztlich begleitete er uns zum Tor bis auf die Straße hinaus und wünschte uns Gottes Segen.

Wir wanderten nun auf der Straße Richtung Dafni, die fast bis zur Abzweigung nach Vatopediou hinauf betoniert worden war. Wir wollten zum Kellion Molivouekklesia, das Erich Feigl als sehr schön und alt beschrieben hatte.[81] Wir interpretierten seine Anweisung aus dem Buch jedoch irgendwie falsch und wanderten weit über eine von ihm beschriebene Abzweigung hinaus. Bei einem Kellion an der Straße fragten wir nach und erhielten die Antwort, wir mögen die Straße, die zum Kloster Vatopediou führt, hineingehen und dann einen bergab führenden Weg benützen.

Das war leichter gesagt als getan. Wir fanden die nach Vatopediou führende Abzweigung und nahmen uns vor, noch höchstens zwanzig Minuten zu gehen. Wenn wir bis dahin keinen rechts abzweigenden Weg gefunden hätten, würden wir umkehren. Da tauchte plötzlich ein Mönch auf – war das wieder das oft zitierte Athoswunder? – den wir fragen konnten. Er war anscheinend vom Nachbar-Kellion und sagte, wir könnten mit ihm mitgehen.

Er sprach gut Englisch. Plötzlich zeigte er auf einen kaum erkennbaren, abwärts durch einen Edelkastanienwald führenden Weg. Den sollten wir folgen. Ein wenig gingen wir trotzdem noch in die Irre und mussten etwas zurückgehen. Dann fanden wir den zum Kellion Molivouekklesia führenden Pfad.

Mitten in der Wildnis lag dann vor uns ein eher baufälliges Kellion. Ich rief mehrmals „Evlogite“ und versuchte es dann noch einmal von etwas unterhalb des Hauses. Plötzlich erschien ein junger Mann und ich deutete ihm mittels Zeichensprache, dass wir die Kapelle des Kellions sehen wollten.

Kurz darauf erschien an der Türe ein zahnloses, barhäuptiges Mönchlein, das einen griechischen Redeschwall losließ. Wieder versuchten wir ihm klar zu machen, dass wir seine Kapelle besichtigen wollten. Wir durften dann tatsächlich ins Haus treten. Eine im Gang versteckt liegende Falltür, die ins Untergeschoß führte, wurde von ihm geöffnet. Unten war dann eine weitere Tür, die dann direkt in die Kapelle ging. Da blieb mir der Atem weg. Noch nie renovierte Malereien im kretischen Stil, angeblich aus dem 16. Jh. gab es da zu sehen. Ein Marienzyklus, bibische Ereignisse, Heilige und alles unglaublich schön gemalt und gut erhalten.

Wir verließen Pater Chrysostomos – so hieß der alte Mönch – dankbar und gingen einen anderen Weg zurück. Um leichter das Kellion zu finden, muss man, wenn man von Karyes kommt, genau gegenüber dem Weg, der vom Konak von Hilandar heraufführt, die Straße kreuzen, diesen Weg bis zu einem Wasserreservoir folgen und bei einer Kreuzung den oberen Pfad nehmen. Der ist breit und schön und führt direkt zum Kellion Molivouekklesia.

Als wir wieder auf der Hauptstraße waren, hatte Fritz die gute Idee, nach Karyes ins dortige Gasthaus auf eine Bohnensuppe und ein Bier zurückzugehen. Noch dazu lud er mich ein.

Nach unserem Gasthausbesuch versuchten wir ein Taxi für eine Fahrt zum Kloster Xiropotamou zu bekommen. Da aber gerade die griechischen „Pilger“, die sich, wie üblich,

81 Vgl. Feigl, Athos, S. 91.

zu den einzelnen Klöstern hinführen ließen, auch eintrafen, mussten wir auf ein freies Taxi warten und gingen inzwischen auf einen Kaffee. Langsam wurde ich aber unrund, da immer wieder nur griechische Pilger ein Taxi bekamen, wir aber nicht. Ich wich also dem „Chef" nicht mehr von der Seite und so bekamen wir schließlich doch eines.

Der Mönchschauffeur fuhr wie der Teufel nach Xiropotamou. Ein netter, junger Gastmönch nahm uns dort auf. Wir bekamen ein Fünfbettzimmer für uns alleine. Dann führte uns der Mönch in das prächtige Katholikon, wo die Malereien einer Renovierung unterzogen worden waren. Nach diesem Kirchenbesuch streiften wir in und um das Kloster herum, wir waren am Friedhof und im Karner. Einige Zeit saßen wir dann noch, zusammen mit anderen Pilgern, im Pavillon vor dem Kloster, sinnierten und genossen einen unglaublich schönen Sonnenuntergang.

Wenn man die Athos-Hänge so ansieht, fällt einem auf, dass überall dort, wo dunkle Zypressen wie Säulen stehen, meist auch menschliche Behausungen waren. Einen Mönch, den ich einmal darauf ansprach, bestätigte mir dies und erklärte mir, die Zypressen würden jedem Mönch den Weg zeigen, der für ihn der richtige wäre, also der Weg himmelwärts.

Die Bäume beim Haus erinnerten mich an die heimatliche Südsteiermark, wo oft Pappeln neben den alten Wohnhäusern der Weinbauern standen, die dort aber wohl als Blitzableiter hingepflanzt worden waren.

Xiropotamou war wieder ein streng geführtes Kloster, das merkte man auch gleich daran, dass es bei den sauberen Waschgelegenheiten keine Spiegel gab. Es gab für uns aber auch keine Andacht zusammen mit den Mönchen und kein gemeinsames Essen. Wir speisten also alleine – Spinat mit Reis, Oliven, Paradeiser, Birnen und Halva – in der schönen Trapeza.

Auch sonst war hier alles streng geregelt: Um 17:30 Uhr war Essen für uns, um 19:00 Uhr sperrte man das Klostertor zu, welches Punkt 7:00 Uhr morgens wieder geöffnet wurde; um 7:30 Uhr gab es Frühstück für uns und um 8:30 Uhr wurde das Klostertor bis zum späten Nachmittag geschlossen!

Wir saßen dann noch bis zur Torsperre im Pavillon und genossen die Kühle des Abends. Eine halbe Stunde nach Torsperre gingen wir schlafen!

Samstag, 30. September:

Da ich nicht besonders müde war, war ich um Mitternacht bereits wieder wach und konnte stundenlang nicht einschlafen. Um sechs Uhr standen wir auf, bereits eine halbe Stunde später holte man uns zum Frühstück! Der Frühstücksraum war schöner als der in manchem Hotel. Auf den Tischen lagen Stofftücher und ein Nylon darüber, es gab Servietten, Teller und Schalen aus weißem Steingut, sämtliches Besteck und Tischzubehör aus Metall war verchromt. Es gab für uns Brot, abgepackte Butter, Marmelade und eine Mehlspeise. Hier frühstückten nur die Besucher, egal welcher christlichen Glaubensrichtung sie angehörten.

Als wir dann aufbrechen wollten, war das Tor noch versperrt. Man sagte uns, entgegen der gestrigen Ankündigung sperre man das Tor erst um acht Uhr für eine Stunde lang auf. Wir mussten also eine sinnlose Stunde warten. So war es oft gar nicht möglich, einen bestimmten Schiffstermin einzuplanen. Das war eben der Athos und die Zeit war dort relativ!

Wir nahmen nun den schönen alten Pilgerweg zum Kloster Panteleimonos, der über zwei alte Steinbrücken führte. In ungefähr einer halben Stunde waren wir dann im Russenkloster. Dort herrschte hektische Bautätigkeit. Es fiel uns auch sofort auf, dass man überall Tafeln angebracht hatte, wo auf ein Fotografierverbot im gesamten Klosterbereich, inklusive des außerhalb liegenden Gästehauses, verwiesen wurde.

Der Archontaris hatte dann keine Zeit für uns, mit einer Glocke laut läutend, lief er den Gang entlang, aber was er rief, verstanden wir nicht. Etwas später wurde uns aber klar, dass er alle zum Frühstück gerufen hatte. Wir wanderten zum Kloster hinauf, von überall strömten Mönche daher, die Trapeza war offen, wir hätten ohne Probleme mit ihnen frühstücken können.

Eigentlich gab es nun für uns nichts zu sehen und so wollten wir Richtung Dafni aufbrechen. In mehreren Gesprächen erfuhren wir aber, dass der „untere" Weg, der auf der Karte von Reinhold Zwerger noch eingezeichnet war, nicht mehr existieren würde. Wir beschlossen also, in die entgegengesetzte Richtung nach Xenofontos zu gehen. Den schönen, alten Weg durch die verwilderten Olivengärten gab es leider auch nicht mehr, an seiner Stelle hatte man einen circa drei Meter breiten Fahrweg in den Hang hineingegraben. Unterwegs zum Kloster trafen wir dann noch zwei Wiener, die unglaublich uninformiert waren.

Xenofontos war ein schönes und wie immer besonders gastfreundliches Kloster. Wie schon voriges Jahr, so wurde auch heuer immer noch umgebaut. Wir gingen zum Archontaris und bekamen griechischen Kaffee. Wir gingen dann zum Kai und warteten auf das von Ouranoupoli kommende Schiff. Während des Wartens lernten wir einen weiteren Wiener kennen.

Das Schiff kam und wir fuhren nach Dafni. Dort herrschte der übliche Trubel. Wir lösten die Tickets und gingen durch den Zoll wieder aufs Schiff. Die Fahrt zurück nach Ouranoupoli verlief wie immer, bei jedem Kloster gab es einen kurzen Halt. Verwunderlich war, dass bei der Arsanas von Zographou der Bach, den wir vor einigen Tagen noch durchwaten mussten, nicht mehr existierte. Man hatte mit Kies einen Damm errichtet. Diesen hatten offenbar die Unwetter von voriger Woche zerstört. Bei der Weiterfahrt sahen wir Pater Panteleimon vom Kellion Megali Jovantsa mit einem Schlauchboot durch die Gegend flitzen. Er war gerade dabei, ein neues Kellion herzurichten.

In Ouranoupoli gab es dann das bei der Ankunft eines Athosschiffes übliche Treiben. Frauen empfingen ihre „Helden", Pilger hasteten zum Linienbus oder zu ihren Autos. Wir gingen schnurstracks zu Daphne. Sie lud uns auf ein Bier ein. Dann bezogen wir wieder unser Zimmer, machten Toilette – Fritz ging sogar ins Meer baden – und gingen anschließend einkaufen. Bei einem Ouzo schrieben wir die letzten Ansichtskarten und gingen anschließend auf einen delikaten Fisch zu Daphne. Er war, wie auch das ganze Essen, hervorragend. Zum Abschluss schenkte uns Daphne je einen Liter Tsipouro.

Sonntag, 1. Oktober:

Wahltag in Österreich. Wir nahmen den Bus um acht Uhr. Mit uns fuhr ein italienischer Arzt, der ganz eigenartige Ansichten vom Athos hatte. Das Wetter war schön, feuerrot leuchteten immer wieder die Früchte auf den Weißdornsträuchern. Wie immer gab es im Holomondas-Gebirge viele Bienenstöcke und Ziegenherden. Um halb elf Uhr waren wir in Thessaloniki und nahmen uns ein Taxi zum Flughafen. Dort stärkten wir uns mit einer Pizza.

Der Flug nach Wien verlief gut. Auf viele der mitfliegenden Gäste konnte man als Österreicher nicht stolz sein. Weiterflug nach Graz. Nach der Landung erwarteten uns dort unsere Ehefrauen, meine hatte wieder „Griechische Happen“ für uns vorbereitet.

Meine 13. Athos-Wanderung

Wieder mit Burkhard, Fritz, Dieter und Klaus vom 20. bis 29. April 2007

Thessaloniki Makedonia Airport – Ouranoupoli – Skite Agia Anna – Nea Skiti – Skite Agia Anna – Mikra Agia Anna – Karoulia – Agiou Vasiliou – Kerasia – Paliopyrgos – Skite Timiou Prodromos – Legende der Prodromita – Höhle des Athanasios – Kellion Agiou Menas – Kellion Agia Skepi – Hafen von Timiou Prodromou – Megisti Lavra – Hafen von Megisti Lavra – Legende der Panagia Koukouzelissa – Turm Amalfita – Skite Lakkou – Unbekanntes Kellion– Karakalou – Philotheou – Koutloumousiou – Karyes – Skite Agiou Andreou – Kellion Molivouekklesia – Karyes – Koutloumousiou – Iviron – Stavronikita – Pantokratoros – Stavronikita – Skite Profiti Ilia – Geschichte der Panagia Tichwinskaja – Skite Bogoroditsa – Konstamonitou – Dochiariou – Xenofontos – Dafni – Ouranoupoli

Freitag, 20. April:

Burkhard fuhr uns mit dem Auto nach Wien-Schwechat. Dort mussten wir nicht lange auf den Flug nach Thessaloniki warten. Der ehemalige Pächter eines griechischen Lokals in Graz, Nikos P., hatte versprochen, uns vom Flughafen abzuholen, um uns mit dem Auto nach Ouranoupoli zu bringen. Leider warteten wir am Flughafen Thessaloniki vergebens auf ihn. Da wir in der Zwischenzeit den Bus nach Ouraoupoli versäumt hatten, wollten wir die verlorene Zeit wieder gutmachen, indem wir mit zwei Taxis den Bus überholen wollten, um dann bei dessen nächsten Haltestelle zuzusteigen.

Ich saß mit Klaus und Fritz in dem einen, Burkhard und Dieter in dem anderen Taxi. Vom Flughafen fuhr unser Taxi bis zur Kreuzung vor, wo die eine Straße nach Thessaloniki, die andere nach Chalkidiki führt. Leider verstand unser Taxifahrer kein Englisch und fragte uns immer etwas, was wir nicht verstanden. Letztendlich bog er dann Richtung Thessaloniki ab und brachte uns zum Bus-Terminal für Chalkidiki. Wir stiegen dort aus und warteten auf das andere Taxi, das jedoch nicht kam. Wir riefen jetzt unsere Freunde per Handy an und sie sagten uns, sie säßen schon im Bus nach Ouranoupoli. Wir waren weg vor Staunen. Burkhard erzählte mir später, wie das möglich war.

Auch sein Chauffeur konnte nur Griechisch, und als er Richtung Thessaloniki abbiegen wollte, machte Burkhard einen gewaltigen Zirkus im Auto, sodass der Chauffeur schließlich wirklich stehen blieb. Burkhard sah in einiger Entfernung den Bus, der nach Ouranoupoli fuhr, kommen. Sie hielten ihn auf, und er blieb tatsächlich stehen und sie stiegen zu.

Wir fragten nun, wann der nächste Bus nach Ouranoupoli fahren würde. Nachdem das erst in zwei Stunden der Fall gewesen wäre, entschlossen wir uns, mit einem Taxi nach Ouranoupoli zu fahren. Ich steuerte das nächste Taxi an und fragte nach dem Preis. Mit dem Finger schrieb er einen 100er auf die staubige Kühlerhaube, ich strich das durch und schrieb 80. Das akzeptierte er nicht, also schrieb ich 90 – und das akzeptierte er dann.

Auch dieser Fahrer konnte nur Griechisch. Er erklärte mir andauend, die Strecke über Arnea wäre sehr kurvenreich, er fahre anders. Jedenfalls verstand ich das so. Letztlich war es uns egal, wir hatten ja einen fixen Preis ausgemacht. Er zweigte also bald nach der Ortschaft Agios Prodromos Richtung Poligiros ab, fuhr dann nach Gerakini und von dort der Küste entlang. Die Fahrt war sehr schön, Olivenhaine und Weingärten wechselten einander ab. Wunderschön blühten auch Ginster und Judasbaum, herrlich grün waren die Felder.

Unser Fahrer bog dann Richtung Agios Nikolaos ab und fuhr bis Ierissos. Die Straße war sehr kurvenreich und oft schlecht. Ich glaube schon, dass es über Arnea einfacher gewesen wäre. Jedenfalls kamen wir gut nach circa zwei Stunden Fahrt in Ouranoupoli an und ließen uns zur Pension Antonakis bringen. Zu unserer Überraschung ging der Fahrer mit ins Haus, es stellte sich nachher heraus, dass er zufällig ein Verwandter von Frau Antonakis gewesen war. So ein Zufall!

Frau Antonakis empfing uns sehr freundlich und hatte alles bezüglich der Übernachtungen in den Klöstern für uns geregelt. Circa zwanzig Minuten später kamen unsere Busfahrer auch an. Nach Bezug der Zimmer gingen wir Ansichtskarten kaufen, die wir dann gleich bei einem Ouzo auf der Terrasse einer Taverne schrieben.

Für abends hatten wir uns Fisch bei Daphne in der Taverne gleich ums Eck bestellt, der uns dann auch ganz ausgezeichnet schmeckte.

Samstag, 21. April:

Wir ließen uns von Frau Antonakis um halb sechs Uhr wecken, frühstückten am Zimmer und wanderten hinunter zum Hafen. Wieder bekamen wir auf eine ganz andere Art, als es bisher üblich war, unsere Diamonitiria ausgefolgt. Man hatte ein fahrbares Büro geschaffen, im rückwärtigen Teil eines Lieferwagens waren ein Tisch und ein Stuhl aufgestellt worden und hier gab ein Mann die Diamonitiria aus. Dann bestiegen wir die „Agia Anna". Punkt sieben Uhr legte sie ab.

Beim Grüßen der Mönche mussten wir uns jetzt nach Ostern umstellen. Lautete der klassische Gruß: „Evlogite" („Gelobt sei"), hieß es zwischen Ostern und Pfingsten „Christos anesti" („Christus ist auferstanden"). Der so Gegrüßte antwortete entweder auch mit „Christos anesti" oder mit „Alitós anesti" („Er ist wahr auferstanden").

Es war eine Gruppe junger Burschen an Bord, der offensichtlich Verantwortliche für sie hatte Stöpsel im Ohr und einen CD-Player aufgedreht und sang und wippte laut mit der Musik mit. Wir trafen auch einen Griechen, der mir zeigte, dass man als orthodoxer Grieche den Athos-Aufenthalt schon über ein Reisebüro buchen konnte. Auf Athos wurde er dann per Auto abgeholt und zu den einzelnen Klöstern gebracht. Natürlich waren alle seine Übernachtungen gesichert. Tempora mutantur!

Ich kam auch mit einem weiteren Griechen ins Gespräch, der mir erzählte, dass die Mönche ganz unglücklich wären, da sie wegen der vielen Gäste ihre eigentlichen Aufgaben vernachlässigen würden. Sie fühlten sich beinahe schon als Kellner, was natürlich nur auf dem Archontaris zutreffen konnte. Derselbe Grieche erzählte mir, dass es nun schon ein Schnellboot gäbe, welches um die Halbinsel herum, bis zum Kloster Megisti Lavra fahren würde. Unglaublich, wo die Griechen bisher immer so abergläubisch gewesen waren und üblicherweise die Südspitze nicht umschifften, wo vor circa 2500 Jahren die persische Flotte in einem Sturm untergegangen war. Wir fuhren der Küste entlang, vorbei an der wiedererstehenden Skite Thivais, wo man deutliche Baufortschritte, auch aus der Entfernung, feststellen konnte. Beim Kellion Megali Jovantsa und dem Kloster von Xerofontos gab es einen kurzen Halt, dann fuhr das Schiff ohne weiteren Aufenthalt durch bis Dafni. Dort stiegen viele aus, wir aber wollten erst weiter im Süden aussteigen.

Schön war das Vorbeifahren an den Klöstern Simonos Petras, Osiou Grigoriou, Dionysiou, Agiou Pavlou und an Nea Skiti. Beinahe alle Klöster hatten mindestens einen Baukran im Klosterbereich stehen. Auch konnten wir beobachten, dass immer mehr verwilderte Olivenhaine kultiviert wurden, immer wieder stieg Rauch auf, wo durch Feuer gerodet oder abgeschnittene Zweige verbrannt wurden. Wir fuhren mit dem Schiff bis zur Anlegestelle der Skite von Agia Anna.

Für uns hieß es jetzt die vielen Stufen nach Agia Anna hinaufzusteigen. Das Gästehaus dieser Skitensiedlung lag in einer Höhe von circa 300 m. Wir wurden dort freundlich aufgenommen und bekamen zwei schöne Zimmer. Dann gab es in der neuen Trapeza Essen (Teigwaren mit Parmesan, ein Ei, Oliven, einen Apfel und eine Süßspeise). Wir erkundigten uns, wie viele Mönche hier in Agia Anna leben würden. 80 bis 100 Mönche wären es, am gesamten Athos würden derzeit circa 2000 Mönche leben.

Dann brachen wir auf, um uns etwas einzugehen. Wir wanderten hinunter nach Nea Skiti. Wieder fiel uns die herrliche Vegetation auf. Zistrosen in Lila und Weiß (Cistus creticus, C. laurifolius), Riesenfenchel (Ferula communis), oft mit Rosenkäfern auf seinen Blüten, Rote Spornblume (Centranthus ruber), Johanniskraut (Hypericum perforatum), die Rote Mittagsblume (Carpobrotus acinaciformis), Dornbusch- und die Baumförmige Wolfsmilch (Euphorbia acanthothamnos, Euphorbia dendroides), Kleinfrüchtiger Affodil (Aphodelus microcarpus) und immer wieder die wunderschönen Judasbäume (Cercis siliquastrum) waren eine wahre Freude fürs Auge.

In Nea Skiti hatten wir beim Besuch des Kyriakons kein Glück, der dafür zuständige Schlüsselverwalter Pater Andreas war nicht aufzufinden. Am alten, charakteristischen Wachturm vorbeiwandernd, schlugen wir die Richtung zum Kloster Agiou Pavlou ein, das unterhalb des steilen Athos-Abfalls hoheitsvoll thronte. Wir wurden dort zwar gastlich aufgenommen, doch wurde unserem Wunsch, jene Fahne zu sehen, die Kaiser Leopold I. anlässlich seines Türkensieges diesem Kloster angeblich geschenkt haben soll, nicht stattgegeben. Davon hatte ich in einem der vielen Athos-Bücher gelesen. Schade. So wanderten wir, ohne die Fahne gesehen zu haben, wenn es sie überhaupt gab, zurück nach Agia Anna.

Für die dort anwesenden Pilger machte man im Kyriakon eine Führung. Der Mönch wusste sehr viel zu erzählen, leider nur auf Griechisch. Als man dann aber die Reliquien vorzeigte, wies man uns aus dem Kyriakon.

Das Abendessen war dann wieder gut. Es gab Nudeln, Oliven, ein Kompott und ein Stück Kuchen. Wir saßen dann lange noch auf der Terrasse und genossen einen herrlichen Sonnenuntergang. Dazwischen war immer wunderschön Vogelgezwitscher zu hören.

Ein Mönch versammelte seine orthodoxen Schäfchen und las ihnen sehr gekonnt und mit guter Betonung im Pavillon vor, dann erzählte er ihnen noch Geschichten, wahrscheinlich Legenden von Heiligen. Dann diskutierten sie. Leider verstanden wir wieder nichts davon.

Die früher so furchtbare Toilettenanlage hatte man nun endlich zeitgemäß umgebaut. Traditionell gab es keinen Spiegel darin. Eigenartig war auch, dass ich, als ich morgens auf das WC ging, das Schlüsselloch mit Papier zugestopft vorfand. Abends war es das noch nicht so gewesen. Übrigens, das Zustopfen von Schlüssellöchern auf Toiletten konnte man am Athos immer wieder beobachten. Als es dämmrig wurde, gingen wir schlafen.

Sonntag, 22. April:

Die Nacht war wunderschön sternklar, mit Glockengeläut riefen die Mönche zur frühen Andacht. Da wir aber sowieso nicht dabei sein durften, war das für uns belanglos.

Mit aufgedrehten Stirnlampen zogen Burkhard, Fritz und Klaus noch in der Finsternis los, um den Athosgipfel zu erklimmen. Gleich hinter dem Sattel wollten sie ihre Rucksäcke verstecken und nur mit einem kleinen zum Gipfel aufsteigen. Die Voraussetzungen für einen Gipfelsieg waren gut, es herrschte heute prächtiges Wetter.

Dieter und ich frühstückten am Zimmer, um sieben Uhr brachen auch wir auf. Wir vermieden den Aufstieg über die endlosen Stufen hinauf auf den Sattel, sondern wanderten auf der Höhe von Agia Anna den Hang entlang auf einem Steig in Richtung Mikra Agia Anna. Oft glaubten wir gar nicht, dass es da noch einen schmalen Weg geben könnte, so schmiegte sich dieser an den Felsen an. Es war atemberaubend schön, auf die Westseite der Halbinsel zurückzusehen und hoch oben in der Ferne das Kloster von Simonos Petras noch zu erblicken.

Nach einer halben Stunde bogen wir um eine Felsnase und sahen Mikra Agia Anna vor uns liegen. Wir waren sehr erstaunt, hier eine ganz modere Siedlung anzutreffen, mit allen technischen Anlagen, die man sich hier vorstellen konnte. Auch die Wohnhäuser und das Kyriakon hatten ein modernes Aussehen. Leider sahen wir keinen Menschen, sodass wir, ohne das Kyriakon besichtigen zu können, weiterwandern mussten.

Der Pfad blieb schmal, es gab immer wieder Passagen mit Stufen. Konstant stieg der Weg an. Wir kamen nach Karoulia, von hier oben waren davon nur wenige Hütten zu sehen. Die Mehrzahl der hier lebenden Mönche wohnte in völliger Abgeschiedenheit in Höhlen, ihre Versorgung mit kargen Lebensmitteln war oft nur mittels Seilwinden (Karuli, griech. Rolle) möglich. Nur vom Schiff aus konnte man ihre Behausungen sehen.

Hier gab es einen Aufstieg in Richtung Athosgipfel, den wir aber nicht gehen wollten. Schwierigkeiten bereitete uns, dass die Wege nicht markiert waren und wir immer wieder erraten mussten, welcher der Wege der richtige wäre. So kamen wir nach Agiou Vasiliou. Agiou Vasiliou bestand nur aus ganz wenigen Hütten.

Hier erwischten wir einen falschen Weg, aber ein Mönch in einer einsamen Hütte warnte uns durch Winken. Wir gingen hin zu ihm, da der richtige Weg an seiner Hütte vorbeiführte. Nach einigen freundlichen Worten bot er uns an, in seine Hütte hereinzukommen. Vorbei an einer Art gedeckter Veranda, führte der Mönch uns in seinen Garten, wo er Kohl, Zwiebeln und Tomaten anbaute. In seiner Hütte dann waren die Einrichtungsgegenstände karg, mehrere Stühle, ein Tisch, einige Kästchen und vor allem eine alte Nähmaschine fielen uns auf. Auf einem weiteren Tischchen standen Tomatenpflanzen, bereit zum Einsetzen.

Sie wohnten hier zu zweit, der Pater Spyridon (seit 1990, 56 Jahre alt) und unser freundlicher Pater (seit 1992, etwas jünger). Letzterer sah stark anämisch aus. Im Sommer wäre es hier zwar ein Paradies, aber die Winter zu zweit wären schon recht lange und hart. Der jüngere Mönch bereitete uns nun einen griechischen Kaffee zu und wartete uns dazu Loukoumi und Wasser auf.

Wir baten dann, ob wir die Kapelle besuchen dürften, ein Wunsch, dem man gerne nachkam. Es war eine recht einfache, aber auch recht anheimelnde Kapelle. Man erklärte uns alle Ikonen, über die wir sie befragten. Für mich von Interesse war, dass die Orthodoxen angeblich zwanzig Heilige kannten, die Patrone der Apotheker und der Ärzte waren, darunter gleich zweimal die Heiligen Kosmas und Damianos, einmal als Afrikaner und einmal als Europäer! Gerne hätte ich das Papierbild gehabt, welches er mir zeigte, ich getraute mich aber nicht, ihn darum zu bitten. Zum Abschied gab es dann für jeden von uns ein Heiligenbildchen und man beschrieb uns den weiteren Weg.

Dieser führte nun steil bergauf und schon bei der nächsten Hütte etwas oberhalb, erwischten wir wieder einen falschen Weg. Doch man hatte uns beobachtet und rief uns, heftig gestikulierend, nach. Der Weg führte nun circa zwanzig Minuten bergauf, immer im Schatten von Bäumen. Dann hatten wir den Fuß des Profiti-Ilia-Berges erreicht und im Schatten dieses Berges ging es schnurgerade und eben bis hin zum Sattel. Er lag auf circa 750 m Seehöhe und wir erreichten ihn um etwas nach zehn Uhr.

Wir machten hier keine Pause, sondern wanderten auf dem bekannten Weg um den Athos herum weiter. Der verlief meist eben dahin, erst nachdem man ungefähr die Hälfte der Strecke gegangen war, ging es wieder bergab. Fantastisch die Wälder, durch die der Weg führte. Uralte, riesige Eichen, dann wieder Edelkastanien und vor allem auch vielen Tannen, die offenbar durch Windflug gewachsen waren, fielen uns auf. Wo die Blüten unter den Judasbäumen schon abgefallen waren, lagen riesige lila Teppiche darunter, golden leuchtete der Ginster, auch Affodill blühte hier überall noch.

Bei der Abzweigung nach Kerassia bogen wir ab, da der Weg nicht allzu weit hinunter war. Wir erreichten die Siedlung nach circa zehn Minuten, sie liegt in einer sanften Talmulde und über ihr thronte der Eliasberg mit seiner Kapelle. Rundherum blühten Kirschbäume und es war uns klar, dass der Siedlungsname (Kerasia, griech. Kirschbaum) einfach so entstehen musste. Auch hier fanden wir niemanden, der uns das Kyriakon aufsperren konnte. So gingen wir den Weg aufwärts weiter, um wieder auf den alten Athosweg zu kommen. In Paliópyrgos sahen wir, dass hier aus weißem Marmor ein riesiges Kyriakon errichtet wurde. Zwei Meter waren die Mauern schon hochgezogen. Aber, was soll eine so gewaltige Kirche in dieser verlassenen Gegend?

Wir kamen um halb zwölf Uhr zu einem großen Brunnen, wo in einer Steinplatte eine Mariendarstellung eingeritzt war. Ich konnte mich an diese Darstellung gut erinnern, war ich doch im Jahr 1999 mit Fidi hier vorbeigekommen. In habe mich schon mehrmals gewundert, diese Zeichnung bei Wanderungen nicht mehr gesehen zu haben. Wir rasteten hier auf 685 m über dem Meer.

Nach kurzer Ruhepause wanderten wir weiter, bis etwas nach ein Uhr mittags die große, von Rumänen besiedelte Skite Timiou Prodromou in Sicht kam. Dieser Punkt lag schon deutlich niederer, nämlich bereits auf 475 m Seehöhe. Bis wir nun die Skite erreicht hatten, dauerte es eine gute halbe Stunde. Der Weg dorthin war ausgesprochen schlecht und besonders steinig.

Der rumänische Gastmönch nahm uns sehr freundlich auf, es gab den üblichen Tsipouro, sowie Loukoumi und Wasser. Wir bekamen ein schönes Zimmer zugewiesen, das auch für unsere Freunde bestimmt war. Das Zimmer war aber zusätzlich mit noch zwei weiteren Gästen belegt.

Nachdem wir uns etwas ausgeruht hatten, schauten Dieter und ich uns etwas in der Skite um. Alles war hier blitzsauber, im Klosterhof gab es schöne und sehr gepflegte Blumenbeete. Die Malereien im Exonarthex des Kyriakons waren renoviert worden. Dargestellt waren hier unglaubliche Martern und Grausamkeiten, welche die frühen Christen für ihren Glauben erleiden mussten, weitere, interessante Darstellungen zeigten einen „Mönchs am Kreuz“[82], eine „Himmelsleiter“[83] und ein „Jüngstes Gericht“ wie es uns in der Johannes-Apokalypse überliefert wird. Ich war fasziniert davon.

Ein alter Mönch betrat das Kyriakon und wir fragten, ob wir mit ihm hinein könnten, was er bejahte. Auch in seinem Inneren war das Kyriakon ganz prächtig ausgemalt. Besonders schön und wertvoll war eine „nicht von Menschenhand geschaffene“ Ikone namens „Prodromita“. Die „Prodromita“ gehörte zum „Hodegetria“-Typ. Die Ikone war, mit Ausnahme der beiden Gesichter, vollkommen mit Silber, die beiden Heiligenscheine sogar mit Gold bedeckt. In einer kleinen, in deutscher Sprache abgefassten Broschüre konnte man die Legende der „Prodromita“ nachlesen:

Der Gründer des Klosters, der Ordenspriester Nifon, wollte im Jahr 1863, wie es in allen Athosklöstern üblich war, auch seinem Kloster eine besonders schöne Ikone schenken. Er beauftragte einen sehr frommen und begabten Maler unter den strengen Bedingungen der Orthodoxie, wie man dort eine Ikone zu malen habe, mit dem Werk zu beginnen. Wie dieser das Gesicht Mariens und des Jesukindes malen wollte, wollte das ihm nicht gelingen. Betrübt bedeckte er die Ikone mit einem Tuch, verließ sein Arbeitszimmer, schloss es ab und zog sich betend, dass das Werk doch gelingen möge, in ein anderes Zimmer zurück. Als er aber am nächsten Tag in sein Arbeitszimmer zurückkehrte, sich vor dem Bild verneigte und das Tuch entfernte, oh Wunder, war das Bild fertig.

Nach diesem Wunder wurde die Ikone mit besonderen Ehren zum Heiligen Berg Athos gebracht. Auch auf der Reise hierher vollbrachte die Ikone mehrere Wunder und Wunder bewirkt sie bis in die Gegenwart.[84]

Im Inneren des Kyriakons war auffallend, dass es hier keinen der sonst üblichen gro-

82 Die Malerei zeigt einen an ein Kreuz geschlagenen Mönch. Um ihn verteilt eine Reihe von Versuchungen in Gestalt von Teufeln, Dämonen und anderen Unwesen, die ihn mit Pfeilen, Lanzen, Ketten und Ähnlichem quälen. Am Bild sind weiters angebracht eine Reihe von Zitaten, Psalmen und Bibelsprüchen, die den Mönch in seiner Versuchung Hilfestellung geben sollten. Vgl. dazu: Kretzenbacher, Bilder und Legenden. Der Mönch am Kreuze. Eine Meditationsbild der frühen Mönchsaskese in Ost und West, S. 129–149.

83 Vgl. dazu: Meine 6. Athos-Wanderung, S. 104, Fußnote 47.

84 Vgl.: Ohne Autor, Das Kleine Rumänische Kloster Prodromu. Der Heilige Berg Athos, Griechenland. Kurze Anleitung für deutsche Wallfahrer, Bukarest 2008, S. 28ff.

ßen, kreisrunden Messingleuchter (Choros), oft mit Straußeneiern behängt, sondern nur normale, schöne Leuchter gab.

Wir wanderten noch etwas in und um die Skite herum, alles war schön gepflegt, im Löschteich schwammen Goldfische. Dann rief uns das Simantron zur Hesperinos-Andacht. Ein Mönch ging zuerst mit einem tragbaren Simantron herum, welches er im Takt schlug, dann betätigte er sich am fest montierten Simantron, letztlich schlug er noch Glocken mittels zweier Metallteile. Er wäre, wäre er nicht Mönch am Athos geworden, sicher ein begabter Schlagzeuger gewesen!

Zu jeder Andacht schlägt man mehrere Male mit solchen Lärminstrumenten. Einmal als Aufforderung, um zur Andacht zu kommen, dann kurz vor Beginn derselben und dann noch einmal, ungefähr dann, wenn 2/3 der Andacht vorüber sind.

Die nun folgende Andacht war sehr stimmungsvoll. Man ließ uns in den Esonarthex hinein, das war schon recht freundlich. Die Rumänen sangen fast die ganze Andacht, sehr gut und schön, meist war es ein Wechselgesang. Es gab hier viele junge Mönche, offenbar herrschte hier ein guter Geist.

Wie üblich küsste man die Wandmalereien und Ikonen beim Eintreten, wobei mir auffiel, dass viele auch ihre Kopfbedeckung dabei abnahmen. Das taten die meisten übrigens auch bei den Gebeten vor und nach dem Essen. Eigenartig war auch, dass manche Mönche vor ihrem Betstuhl knieten, aber eigenartigerweise mit ihrem Gesicht in den Betstuhl hinein. War das eine Strafe oder eine Bußübung?

Da Sonntag war, dauerte die Andacht offenbar länger, ganze 1 ½ Stunden. Man verehrte lange die „Prodromita“, die „wunderbare Muttergottes Maria“, wobei viele vor ihr niederknieten und mehrmals mit der Stirn den Steinboden berührten.

Während der Andacht waren auch unsere drei Athos-Besteiger angekommen, recht müde zwar, aber auch recht glücklich, den Berg bezwungen zu haben. Es gab da einiges zu erzählen. Zusammen mit den Mönchen durften wir in der Trapeza essen. Es gab eine „gerstlartige“ Teigware mit Gemüse und ein Joghurt. Sehr großzügig war der Dikaios, der Vorsteher der Skite, mit uns, er klopfte erst mit seinem Hammer auf die Glocke, als er sah, dass wir mit dem Essen fertig waren.

Wir gingen früh schlafen, hatten aber unter den beiden Fremden einen wüsten Schnarcher. Mehrmals weckten uns für kurze Zeit auch Simantron und Glocke, als man nächtlich zur Andacht rief. Erstmals dürfte das so um drei Uhr früh gewesen sein.

Montag, 23. April:

Um halb sechs Uhr wurden wir wieder zu einer Andacht geweckt und wir beschlossen, diesmal auch zu dieser zu gehen. Das Kyriakon war noch recht finster und es war schön, das langsame Lichtwerden hier zu erleben. Vor allem der erste Sonnenstrahl, der durch die „Königstür“ (auch „Heilige Pforte“) der Ikonostase fiel, war uns allen besonders eindrucksvoll aufgefallen. Zudem war der Mönchsgesang sehr angenehm anzuhören.

Man lud uns zum Frühstück in die Trapeza ein. Es gab eine wirklich vorzügliche Erdbeermarmelade, Brot, Halva und Pfefferminztee. Da der gestrige Tag doch recht anstrengend war und wir im Kloster Megisti Lavra übernachten wollten, das von hier nur ungefähr eine Gehstunde entfernt war, war für heute ein eher leichtes Programm vorgesehen.

So wanderten wir zuallererst zur Höhle, wo einst der hl. Athanasios vor dem Bau des Klosters Megisti Lavra gelebt haben soll. Sie lag circa zwanzig Minuten von der Skite entfernt am Kap Akrathos. Vom äußersten Felsrand führten viele in den Felsen gehauene Stufen, geländerlos, ungefähr 100 m in die Tiefe. Dort war nun die Höhle des Heiligen, in die man später überflüssigerweise ein Haus mit Garten hineingebaut und einen Fahnenmast mit griechischer Fahne aufgestellt hatte. Nach Überklettern einer kleinen Mauer konnten wir über eine Stiege bis zum dort sich befindlichen Andachtsbild vordringen. Beim Wiederaufstieg war es dann schaurig, hinunter zum anbrausenden Meer zu schauen.

Wieder auf normalem Niveau, wanderten wir auf einem Weg, der durch die Macchia führte, der äußersten Spitze des Kap Akrathos zu, wo wir ein Kellion, welches, wie wir später erfuhren, dem hl. Menas geweiht war, gesehen hatten. Von dort konnte man zurück zur Höhle des Athanasios sehen. Nahe der Athanasios-Höhle stand am oberen Plateaurand ein Kran. Mit diesem schaffte man Baumaterial in die Tiefe, um in Schwindel erregender Höhe dort neue Hütten für Einsiedler zu errichten.

Das Kellion Agiou Menas war ein schöner Steinbau, das noch nicht ganz fertig war. Rund um das Haus war alles auffallend sauber. Als wir das Kellion gerade wieder verlassen wollten, kam gerade Pater Josef, sein einziger Bewohner, zurück. Wir fragten höflich, ob wir seine Kapelle besichtigen dürften, und er willigte gerne ein. Auch im Kellion war alles blitzsauber, Pater Josef hatte eine umfangreiche Bibliothek und auf einem Kleiderhaken hing sauber eine Uniform, wahrscheinlich die eines Militärs der Luftwaffe. Er hieß uns setzen und bewirtete uns mit Loukoumi, Wasser und Tsipouro. Pater Josef war ein ausgesprochen fröhlicher, Glück ausstrahlender Mensch, obwohl er schon seit 18 Jahren hier allein lebte. Oder gerade deshalb?

Er zeigte uns dann seine recht schöne Kapelle, besonders stolz war er da auf deren Bodenmosaik. Er erklärte es uns auch. In der Mitte war ein brauner Punkt, das war der Berg Sinai. Darum schlang sich ein Knoten in fünf Farben, ein Symbol der fünf Menschenrassen. In den Ecken des Knotens gab es weiße Flecken, ein Symbol für die Griechen, die von allen geliebt werden. Um den Knoten herum war ein weißer Ring, das waren wieder die Griechen, die alle Völker liebten.

In den Ecken des Mosaiks sah man je einen Delphin. Hier spielte man auf die schon bei Plinius d. J. vorkommende Geschichte an, dass Delphine Menschen aus dem Meer gerettet hätten. So war es auch, drei der Delphine stellten Heilige dar, in deren Leben Delphine eine Rolle gespielt haben, unter anderem beim hl. Martinianus. Da Pater Josef keinen 4. Heiligen für sein Mosaik fand, stellte er sich vor, dass das jener Delphin wäre, der ihn dereinst ins Paradies bringen würde.

Der Abschied von Pater Josef war herzlich, jedem von uns schenkte er noch ein Heiligenbildchen zur Erinnerung. Auf unserem Rückweg entdeckten wir ein weiteres, schönes Kellion, das wir nun auch besuchen wollten. Es hieß Agia Skepi (soviel wie „hl. Schutzmantel der Gottesmutter") und wurde von zwei Mönchen bewohnt. Auch hier war die Aufnahme herzlich. Wir durften die Kapelle sehen und wurden wie üblich bewirtet.

Unser letzter Zielpunkt war der legendäre Hafen der Skite Timiou Prodromou. Die Abzweigung dorthin war ausgeschildert. Es war ein schöner alter Athosweg, fast durchgehend mit Steinen ausgelegt, aber schon lange nicht begangen. Links und rechts gab es teilweise mannshohe Macchia und vieles blühte dazwischen zauberhaft. Vor allem die gelben Ginsterbüsche leuchteten intensiv aus dem Dickicht.

Wir gingen gute zwanzig Minuten bergab, bis wir zum ersten Mal sahen, wie riesig die Anlage angelegt gewesen war. Die Dächer der einstigen Häuser waren zwar eingefallen, aber die gewaltigen Mauern standen noch. Es dauerte dann noch einmal eine gute ¼ Stunde, bis wir beim eigentlichen Hafen waren. Wir kletterten nun überall herum und sahen, dass man zum Schutze der Schiffe eine gigantische Halle in den Felsen geschlagen hatte. Wie wir an einer Jahreszahl im Beton sahen, waren die Anlagen noch zu Beginn der 80er-Jahren des vorigen Jahrhunderts in Betrieb gewesen. Beeindruckend.

Es dauerte nun noch einige Zeit, bis wir die Skite Timiou Prodromou wieder erreicht hatten. Wir packten und zogen etwas vor zwölf Uhr mittags los. Der Weg zum Kloster Megisti Lavra war ein Straßenmarsch, 4,2 km lang und wir schafften es in einer Stunde. Wir erinnerten uns alle noch mit Schaudern, wie furchtbar das Unwetter auf diesem Weg im Herbst des Jahres 2005 uns mitgespielt hatte!

Der Archontaris, der hier kein Mönch war, nahm uns recht freundlich auf, es gab die übliche Bewirtung und wir bekamen auch eine gute Unterkunft. Eine gewisse Normalität war seit unserem letzten Besuch in dieses Kloster schon wieder eingekehrt. Da alles in Mittagsruhe war, gingen wir auf Entdeckungen. Kreuz und quer streiften wir durch die riesige Klosteranlage.

Nun wollten wir auch den Hafen dieses Klosters besuchen, der früher große Bedeutung besessen hatte, als es, um zu diesem Kloster zu kommen, nur noch einen Maultierpfad gegeben hatte. In Serpentinen führte eine Straße zum Hafen hinunter. Im Prinzip war die Anlage in einem wesentlich besseren Zustand als die der Skite Timiou Prodromou. Aber für das Auge war hier alles nicht so großartig, allein schon deshalb, da man den dortigen Turm nun mit Beton verkleidet hatte. Verfall kann auch manchmal schön im Vergehenden sein. Aus dem Wasser gezogen und fest vertäut war das Schnellboot des Abtes, die Schnittigkeit des Bootes beeindruckte meine Begleiter.

Vom Hafen zurückgekommen, duschten wir mit warmem Wasser. Welche Wohltat, man war wieder Mensch! Auch hier gab es keine Spiegel. Anschließend schlenderten wir langsam zum Katholikon und nahmen im Esonarthex Platz. Kurz konnten wir auch zum Grab des hl. Athanasios, das sich hier in der Kirche befand. Die Andacht war dann eher länger. Von der Andacht ging es dann gleich in die gegenüberliegende Trapeza.

Da weder viele Pilger da waren, noch das Kloster sehr viele Mönche aufwies, kamen wir recht weit vorne zu sitzen. Das Essen war gut, es gab Linsen, Salat, Brot, einen Apfel, Wasser und sogar recht guten Wein. Nur die so berühmte Trapeza war in einem schrecklichen Zustand. Die einst so gerühmte Malerei war schon sehr in Mitleidenschaft gezogen, die Reihe mit den Größen der antiken Philosophen und Naturwissenschaftern war überhaupt schon verschwunden!

Draußen war es empfindlich kalt, es blies ein starker Wind, wir maßen 16° C. Wir gingen zum Pavillon, der vor dem Kloster war, tranken Schnaps aus unauffälligen Wasserflaschen und machten uns bald auf den Rückweg. Wir hatten das Glück, dass gerade die Panagia-Koukouzelissa-Kapelle offen war, wo wir die berühmte, gleichnamige Ikone sehen konnten. Hier sei die Geschichte von Joannis Koukouzelis und die Legende der nach ihm benannten Panagia wiedergegeben:

Joannis Koukouzelis lebte als Knabe und Sänger am Hofe von Byzanz und war der Liebling des Kaisers. Ihn verdross aber das unheilige Treiben am byzantinischen Hof. Da kam einmal der Freund des Kaisers, der Abt von Megisti Lavra nach Byzanz. Koukouzelis bat dem Kaiser, dass er sich bei der Rückreise des Abtes diesem anschließen dürfe. Das verbot ihm aber der Kaiser. Obwohl ihm der Kaiser nun die Hand einer Prinzessin anbot, entwich Koukouzelis heimlich der Kaiserstadt und wanderte zu Fuß auf den Athos. Der Abt nahm ihn auf, ohne ihn zu erkennen, und bestellte ihn zum Hirten an den Hängen des Athos. Glücklich lebte Koukouzelis unerkannt in der Einsamkeit. Oft sang er mit seiner schönen Stimme fromme Gesänge und auch solche, die er am Hofe gelernt hatte. Ein Einsiedler hörte das und meldete das dem Abt. Der ließ Koukouzelis zu sich kommen, der sich nun zu erkennen gab. Der Abt meldete dem Kaiser, dass sein früherer Liebling gefunden worden war. Der Kaiser verzieh Koukouzelis und gab ihm die Erlaubnis, in den geistlichen Stand einzutreten. Als Mönch baute Koukouzelis ein Kirchlein am Berghang. Jeden Sonnabend stieg er hinunter zum Kloster und erfreute die Mönche mit seinem Gesang.

Einmal sank er beim Akathistos-Hymnos[85] *ermüdet in den Stuhl vor der Ikone der Panagia. Da hörte er eine Stimme, die aus dem Bild zu ihm sprach: „Freu dich und höre nicht auf zu singen, dafür verspreche ich dir himmlischen Lohn!" Die Gottesmutter trat aus dem Bild heraus und legte ihm ein Goldstück in die Hand. Als Koukouzelis erwachte, hatte er tatsächlich ein Goldstück in der Hand. Der Abt bestätigte das Wunder und ließ die Goldmünze an der Ikone anbringen.*

Koukouzelis erkrankte an Gicht und konnte nur mehr den Akathistos sitzend singen. Trotzdem sang er ihn unverdrossen jeden Sonnabend. Einmal erschien ihm die Gottesmutter im Traum, berührte ihn sacht und von nun an war er geheilt von seinem Leiden. Als er schon sehr alt war, eröffnete ihn die Panagia den Tag seines Todes. Als er starb, ertönte Engelsgesang und aus dem Bild, das nun seinen Namen trug, drang ein Lichtstrahl bis in sein Herz.[86]

Wir verließen die Panagia Koukouzelissa-Kapelle und suchten unser Zimmer auf. Im Zimmer war es dann saukalt, sodass wir alles anzogen, was wir nur hatten.

Dienstag, 24. April:

Schon am Vortag hatten wir uns in eine Liste eingetragen, um mit einem Auto von Megisti Lavra wegzukommen. Um halb acht Uhr standen wir also vor dem Kloster und warteten. Das von Karyes kommende Taxi war nicht pünktlich, so konnten wir die Sonne

85 Der „Hymnos Akathistos", eigentlich „Akathistos an die allerheiligste Gottesgebärerin und immerwährende Jungfrau Maria" ist ein altkirchliches Marienlob aus Konstantinopel und gilt weltweit als eine der ältesten und schönsten Mariendichtungen. Der Hymnos darf nur im Stehen gesungen werden.

86 Vgl. Spunda, Landschaft und Legenden, S. 53ff. – Derselbe, Legenden und Fresken, S. 86f.

bewundern, die über die Insel Thassos wie ein glühender Feuerball aus dem Meer stieg. Im Taxi waren dann zu wenig Plätze, sodass einige während der Fahrt stehen mussten. Wir waren da schneller gewesen!

Sehr holprig war die Fahrt. Ich hatte mit dem Chauffeur schon vor Antritt der Fahrt gesprochen, ob er nicht für mich und meine Freunde bei der Quelle des hl. Athanasios für fünf Minuten halten könne. Zwei Minuten gestand er mir scherzeshalber zu. Wir fuhren nun eine gute halbe Stunde, bis wir die Quelle erreicht hatten. Es waren nun aber unsere mitreisenden Griechen, die die Quelle stürmten. Der Ort war sehr idyllisch gelegen (auf 100 m Seehöhe), das Wasser hier war kalt und gut. Ich konnte mir gut vorstellen, dass hier dereinst der Ort eines vorchristlichen Quellenheiligtums gewesen war.

Für uns ging die Fahrt nur mehr kurz weiter, bis zur Bucht von Morfonou, wo nur mehr der Turm des einstigen und einzigen katholischen Klosters am Athos, welches Amalfitá geheißen hat, stand. Über dieses von Benediktinern besiedelte Kloster weiß man recht wenig, die orthodoxe Kirche gewährt da in etwaige noch vorhandene Urkunden keinen Einblick. Bis 1198 ist die Existenz des Klosters noch nachweisbar, im Jahre 1287 war nur mehr von Ruinen die Rede.[87]

Hier stiegen wir aus. Auf schöner Straße wanderten wir dem Berghang zu. Majestätisch thronte fast den ganzen Vormittag der Athos vor uns, immer wieder leuchteten Judasbäume mit ihren rosalila Blüten und gelber Ginster aus dem Walddickicht heraus. Wir wanderten im Tal des Lakkos-Baches, den wir auch querten. Nach einer Stunde immer leicht ansteigender, schöner Wanderung erreichten wir die rumänische Skite tou Lakkou (Agiou Dimitriou). Es war eine beeindruckende Siedlung mit Häusern, die auf beiden Seiten eines Tales gelegen waren und sich in einem ausgezeichneten Zustand befanden. 44 Mönche lebten hier in neun Häusern.

Wir steuerten das Kyriakon an. Eine ganze Reihe von Arbeitern war dabei, eine Steinmauer zur Hangsicherung zu errichten, es waren durchwegs Rumänen. Die Arbeiter bewohnten in einem der Häuser einen Raum, wo sie in Stockbetten schliefen. Auf der Suche nach Trinkwasser betrat ich auch ihre Küche, wo der Koch gerade die Vormittagsjause zubereitete. Es roch verführerisch nach Eierspeise.

Auf unsere Bitte hin, auch hier das Kyriakon besuchen zu dürfen, sandte der Koch einen jungen Bauarbeiter zum Mönch, der den Schlüssel verwaltete. Nach circa zehn Minuten kam ein junger, ausgesprochen freundlicher Mönch rumänischer Abstammung daher. Er war bereits zwei Jahre in dieser Skite. Bereitwillig sperrte er das Kyriakon auf, es hatte ein sehr schönes Inneres mit einer großen Demetrius-Ikone, wobei dieser keineswegs „griechisch“ dargestellt war. Beeindruckend auch die große Ikone Mariens, im russisch-orthodoxen Stil, eine Darstellung der Panagia Lakkoskitiotissa.

Der freundliche Mönch bewirtete uns, gab jedem von uns mehrere Heiligenbildchen und seine Adresse: MONAH PIMRN VLAD / CHILIA „SFÂNTULUI MUCENIC ARTEMIE“ / SCHITUL LACU-SFÂNTUL / MUNTE ATHOS / Tel: 00302377023814. Man habe auch mehrere Schlafplätze für Gäste, wenn man vorher anrufen würde.

87 Vgl. Derwahl, Athosreise, S. 81ff.

Um halb zehn Uhr brachen wir wieder auf. Der freundliche Mönch zeigte uns noch eine Abkürzung, wie wir auf schnellerem Weg zur Straße hinaufkämen. Die Abkürzung war zwar sehr steil, aber sie kürzte doch beträchtlich unseren Weg ab. Unser nächstes Ziel war die Provata. Das war, wir wussten es damals noch nicht, eine Gegendbezeichnung und nicht die eines Kellions.

Auf einer der üblichen Athos-Straßen wanderten wir nun endlos. Es ging einmal etwas bergauf und dann wieder bergab, jede Falte des Bergzuges wurde gewissenhaft bis zum letzten Meter ausgegangen. Natürlich war die Natur wunderbar, aber nach jeder Kurve hoffte man doch wenigstes, das Ziel zu sehen. Das war leider nicht der Fall. Wir kamen bei einem Kellion vorbei, ein neuer, schöner, chaletartiger Bau, in einem gepflegten Obstgarten gelegen. Das Haus hatte eine Funkanlage und vor dem Haus stand ein Jeep Cherokee. Es war das Kellion Metamorphosis, gehörte zu Agiou Pavlou und wurde von einem einzelnen Amerikaner bewohnt. Als wir ihn nach dem Weg fragten, war er sehr freundlich.

Wie gesagt, es ging endlos weiter, statt unseres Ziels hatten wir stets den Athosgipfel vor Augen. Etwas nach zwölf Uhr mittags erreichten wir endlich ein Kellion (355 m Seehöhe), das aus einem in U-Form angelegten Gebäude bestand. So bildete sich ein Hof, wo ein Baum und unter ihm ein Tisch mit zwei Bänken stand. In einiger Entfernung und beinahe schon im Obstgarten stand ein großes Kruzifix. Hier gab es auch unheimlich viele Katzen.

Nach einigen lauten „Christos anesti“-Rufen, zeigte sich ein bärtiger Mann – oder war es ein Mönch – mit einer nach „Waschen!“ schreienden Schürze. Auch er bewirtete uns, indem er mit einem Metaxa*** kam und uns kräftig einschenkte. Wir bedankten uns wie üblich mit Kugelschreibern und Feuerzeugen, die Fritz vorsorglich dafür besorgt hatte. Auch hier durften wir in die Kapelle, die im ersten Stock gelegen war. Welches Kellion wir damals besucht haben, weiß ich bis heute nicht sicher, wahrscheinlich nicht das Kellion Timiou Stavrou (Kellion zu Heiligen Kreuz), wie Fotos beim Nachgoogeln zu Hause gezeigt haben.

Wieder zeigte man uns den Weg, weiter ging es kurvenreich durch schöne Buchen- und Edelkastanienwälder. Wir kamen bis auf eine Seehöhe von 570 m. Nach fünf Stunden reiner Gehzeit erreichten wir um 14:00 Uhr das schon heiß herbeigesehnte Kloster Karakalou. Es ist ein schöner Bau, mit seinem großen Turm glich er eher einer Festung als einem Kloster. Alles war tadellos renoviert. Gleich beim Betreten kamen wir mit einem Mönch ins Gespräch, der zufällig der für den Kirchenschlüssel Zuständige war. Er war stolz, uns sein schönes Gotteshaus zeigen zu dürfen und uns Erklärungen dazu zu geben. Die Kirche mit ihren Malereien ist wirklich ein besonderes Kleinod. Wir suchten anschließend den Archontaris auf, wo es guten, griechischen Kaffee gab.

Wir wollten nun endlich zum Kloster Philotheou kommen und brachen um circa drei Uhr nachmittags auf. Dieses Kloster liegt circa 140 m höher oben. Der Weg dorthin ist noch teilweise ein alter Pilgerweg. Wir zogen noch einmal kräftig an und waren um halb vier Uhr endlich dort. Der Archontaris empfing uns extrem freundlich und wir bekamen ein schönes Zimmer zugewiesen. Im Waschraum gab es nur eine Kaltwasserdusche und natürlich keine Spiegel. Sehr bald rief man zur Andacht, an der wir natürlich nur im Exonarthex wartend teilnehmen durften. Es gab hier einen herrlichen Apokalypsenzyklus und unter anderem Abbildungen der Apothekenheiligen Kosmas und Damianos.

Natürlich durften wir nicht mit den Mönchen zusammen essen und so lernten wie beim Warten zwei Deutsche kennen. Der eine war Psychologe, der andere ein Radiologe. Sie waren sympathisch. Fritz meinte, sie wären ein „Pärchen" gewesen. Das Essen in der Trapeza war dann recht gut, es gab Erbsen, Oliven, Brot und Käse und wieder guten Wein.

Im Kloster gab es einen Mönch, der aus Berlin stammte, den Pater Gelasius. Der kam nun, um uns zu begrüßen und sich uns zu widmen. Er wollte uns den außerhalb des Klosters liegenden Karner zeigen. Auf dem Weg dorthin stellte ich ihm die Frage, warum am Athos neben jedem Haus eine Zypresse stehe. Das war wirklich auffallend. Wo immer der Blick hinfällt und man eine Zypresse stehen sieht, dort kann man mit Sicherheit annehmen, dass dort, wenigstens einmal, ein Haus eines Mönchs gestanden hat. Davon hatten wir uns schon oft überzeugt. Pater Gelasius meinte dazu, Zypressen zeigten wie ein Finger zu Gott. Zudem könne man aus deren Früchten durch Herausbrechen der Samen ein Kreuz herstellen.

Es war schon in der Dämmerung, als wir den Karner betraten. Pater Gelasius zündete eine Kerze an und begann zu erzählen. Er habe Ordnung in den Karner gebracht und die Schädel altersmäßig, sofern das ging, geordnet und schließlich gezählt. Hier ruhten über 700 Schädel, die frühen alle unbeschriftet waren. In den letzten Jahren jedoch beschriftete man die Schädel mit den Mönchsnamen der Verstorbenen. Natürlich waren auch die übrigen Knochen von ihm ordentlich, in deutscher Gründlichkeit, aufgestapelt worden.

Er zeigte uns einen Schädel, wo die Pfeilnaht und die Kranznaht nicht so gut zusammengewachsen waren und so eine Art Kreuz bildeten. Das sei, seiner Meinung nach, ein Zeichen für ein sehr gottgefälliges Leben gewesen. Der deutsche Radiologe meinte dazu mir gegenüber, dass wäre eher ein Zeichen von ungenügender Ernährung in der Jugend.

Solche tugendsamen Mönche könnten dann auch in den Status der Heiligkeit geraten, besonders, wenn sie nach der Exhumierung noch Myron[88] riechen würden. Früher habe man die Toten nach drei Jahren ausgegraben, wäre ihr Skelett eher weiß gewesen und das Organische gut verwest, sei das ein Zeichen für ein tadelloses Leben gewesen, waren dagegen die Knochen dunkel, wäre das Leben des Mönchs nicht so tadellos verlaufen.

Das stellte der Pater zwar in Abrede, meinte aber, man exhumiere nun eher nach vier Jahren, da vorher das Gehirn oft noch nicht verwest war. Er nahm einen Schädel mit einem Goldzahn von der Stellage, das wäre sein ehemaliger Zellennachbar gewesen. Er erzählte, wie tapfer dieser – er war von Jugend an Diabetiker gewesen – sein Leiden ertragen habe. Dann küsste er den Schädel und stellte ihn auf die Stellage zurück.

Wir verließen den Karner und Pater Gelasius wollte nun, dass wir uns in einer Runde um ihn setzen mögen. Dann wies er noch den Radiologen zurecht, weil dieser die Beine überkreuzt hatte. Auf dessen Frage, warum er das nicht dürfe, meinte er nur, weil sich das

88 Myron ist – wie auch sein Analogon in der Westkirche, der Chrisam – ein mit duftenden Spezereien angereichertes Olivenöl. Es wird in den orthodoxen sowie den katholischen Ostkirchen als höchstrangiges liturgisches Salböl benutzt (vgl. https://de.wikipedia.org/wiki/Myron_(Salb%C3%B6l) (Zugriff: 2.8.2019).

am Athos nicht schicke! Uns war das ja bekannt, alle Mönche achteten darauf, dass das nicht geschehe und sei es nur das Kreuzen der Füße im Bereich der Knöchel. Ja sogar das Kreuzen der Hände am Rücken beim Betrachten von Ikonen oder Malereien in den Kirchen wäre Blasphemie.[89] Ähnlich fanatisch waren die Mönche, wenn das Profil der Schuhsohle irgendeine Form eines Kreuzes aufwies. Da wollen sie immer sofort mit einem Messer dieses herausschneiden.[90]

Pater Gelasius verbat sich nun jede weitere Frage und las uns einen Text aus den Schriften eines Mönchs vor. Es wimmelte hier nur so von Teufeln und Dämonen, die überall lauern würden. Das entsprach ungefähr den Vorstellungen der Darstellung am Bild „Mönch am Kreuz". Das war eine Weltsicht, die nur auf Angst aufgebaut war. Es hatte keinen Sinn, mit ihm zu diskutieren, wenn ein vernünftiger Mensch, für den wir Pater Gelasius hielten, das so glaubt. Wir gingen also schlafen.

Mittwoch, 25. April:

Wir frühstückten am Zimmer, dann brachen wir auf. Der Himmel war bedeckt und es nieselte leicht. Wir fanden gleich den alten Pilgerweg, der vorerst hinunter in ein Bachbett und dann drüben wieder hinaufführte. Nach circa 20 Minuten kamen wir zu einer Straße und dann folgte ein endloser Straßenhatscher. Jeder Ansatz eines früheren Pilgerweges war zerstört worden, die Ausschilderungen an der Straße ließen auch zu wünschen übrig. Wie üblich gingen wir zahlreiche quer zur Straße verlaufende Täler aus. Oft führte die Straße auch bergauf, wir erreichten die Höhe von 575 m, hundert Meter mehr und wir wären am Kamm gewandert. Wir hatten Sicht auf zahlreiche Kellien, die meist gut erhalten oder in Renovierung waren. Verfallene Kellien gab es kaum noch.

Diesen Weg kann man niemandem empfehlen. Empfehlenswert war die andere Möglichkeit, und zwar man geht vom Kloster Philotheou die Straße hinunter zum Kloster Iviron und von dort den schönen alten Pilgerweg hinauf zum Kloster Koutloumousiou und dort weiter nach Karyes. Sonst könnte man auch Kellien aufsuchen, da gibt es auf dem Weg sehr viele, und versuchen, von einem Kellion zum nächsten einen alten Pilgerweg zu finden.

Von unserem Weg waren wir keineswegs angetan, aber wir hofften immer noch, den Anschluss an den alten Pilgerweg doch noch zu finden. Um sieben Uhr waren wir aufgebrochen, um ungefähr zehn Uhr erreichten wir das Kloster Koutloumousiou. Vorher trafen wir noch einen Mönch, der uns richtig zum Kloster hinführte. Er war Kanadier.

In dieser Woche trafen wir auffallend viele Mönche, die aus englischsprachigen Ländern Athosmönche geworden waren, Engländer, Amerikaner, Kanadier. Was faszinierte sie so an der Orthodoxie? War es der Zauber der Liturgie und der Rituale, die doch sehr von dem wesentlich nüchternen „westlichen" abwichen?

Im Kloster Koutloumousiou bekamen „pende Mader" wieder recht bald ein schönes Zimmer. Leider waren es nur Vierbettzimmer, sodass einer von uns, Dieter opferte sich

89 Vgl. dazu: Zwerger, Wege, S. 149.
90 Vgl. dazu: Zwerger, Wege, S. 33.

sehr kameradschaftlich, in ein anderes Zimmer gehen musste. Er zog zu den uns schon vom Kloster Philotheou her bekannten Deutschen, die heute auch hier übernachteten. Wir spazierten dann, ohne mit Rucksäcken belastet zu sein, nach Karyes, um unser Diamonitirion zu verlängern, das wir bereits einen Tag schon überzogen hatten. Wie es sich offenbar gehört, ließ man uns dort beinahe eine Stunde warten, da man ja so beschäftigt war. Doch wir bekamen anstandslos vier weitere Tage Verlängerung.

Wir gingen zur Feier des Tages ins einzige Gasthaus, wo Hochbetrieb herrschte. Hier tranken Pilger, Arbeiter und auch Popen, die hier auf Besuch waren. Die tranken nicht nur, sie waren auch eifrige Raucher. Wir bestellten Bier und Bohnensuppe. Beides war köstlich.

So gestärkt wanderten wir Richtung der Skite Agiou Andreou. Dort fragten wir, ob wir unseren Freund vom Vorjahr, den Graz- und SK Sturm-Fan Pater Dionysios sprechen könnten. Leider war er nicht anwesend, er wäre in England und warte dort auf eine Herzoperation. Das tat uns sehr leid, wir ließen für ihn einen Wimpel des Fußballklubs SK Sturm mit den besten Genesungswünschen zurück.

Anschließend wanderten wir in der Skite herum, vor allem interessierte uns, wie weit das von uns dereinst als „Traiskirchen" getaufte Archontarikion schon war. Tatsächlich hatte sich einiges getan, überall waren zum Beispiel neue Fensterstöcke drinnen. Doch manches war geradezu paradox. So hatte jedes Fensterteil in seiner Mitte breit ein Kreuz eingeätzt, nur als wir uns den Raum ansahen, war sowohl der Plafond als auch der Fußboden teilweise durchgebrochen und der Rest des Raumes voll von Bauschutt. Und so waren viele der Räume außen hui, innen pfui.

Wir wollten dann noch in das Kyriakon, was uns aber von einem Bauarbeiter verwehrt wurde. Dafür besichtigten wir die Kapelle über dem Eingangstor, die derzeit als Ersatz-Kyriakon fungierte. Sie war renoviert worden, man hatte vieles vom Kyriakon hier einstweilig hereingestellt, so auch die kostbare Reliquie mit dem Stirnbein des hl. Andreas. Es gab auch kostbare Ikonen hier, so eine Pantokrator-Ikone, gemalt von Theophanes dem Kreter, und eine schöne Panagia-Eleousa-Darstellung („Muttergottes der Barmherzigkeit"). Die Größe der Räumlichkeit genügte, da augenblicklich nur zwanzig Mönche in der Skite lebten. Geführt wurden wir von einem Mönch, der von Geburt Engländer war, und Burkhard verwickelte ihn in ein Glaubensgespräch zum Verhältnis Orthodoxie-Katholizismus. Von seiner Seite herrschte kein Funken einer Toleranz, sodass es sinnlos war, mit ihm weiter zu diskutieren.

Wir wanderten nun bergwärts, um das Kellion Molivecclesia zu besuchen. Nach circa 20 Minuten bogen wir nach rechts in den Wald ab und gingen auf einem schmalen Weg weiter, bis dann endlich, mitten im Waldesdickicht versteckt, das Kellion auftauchte. Da sein einziger Bewohner, der sicher schon an die 80 Jahre alte Pater Chrysostomos nicht zu sehen war, machten wir uns durch laute „Christos anesti"-Rufe bemerkbar. Tatsächlich kam er nach einiger Zeit heraus, erkannte Fritz und mich wieder und ließ uns ins Haus hinein.

Über eine Stiege ging es in den Unterbau des Kellions, wo die Kapelle war. Fritz und ich kannten die Kapelle schon, aber unsere Freunde kamen aus dem Staunen nicht heraus. Wunderbare Malereien aus dem 16. Jahrhundert, wahrscheinlich von Theophanes dem

Kreter[91] ausgeführt. Er hat hier am Athos angeblich nur in den beiden Klöstern von Stavronikita und in der Megisti Lavra gemalt.

Wir verabschiedeten uns von Pater Chrysostomos herzlich und wanderten nach Karyes zurück, vorbei am Konak von Hilandar und einem weiteren gewaltigen Bauwerk, das offenbar dem Verfall preisgegeben wurde. Es erweckte unsere Neugierde und so versuchten wir in sein Inneres zu gelangen. Der einst gewaltige Festsaal war offenbar als letzte Station seines traurigen Daseins als Stall für Mulis benützt worden. Ein alter Tresor stand dort auch herum, am Boden lagen zahlreiche Scherben von Tonkeramiken umher.

Wir konnten nicht widerstehen, nochmals auf ein Bier zu gehen, auf das uns Klaus großzügig einlud. Draußen nieselte es. Wir gingen zurück zum Kloster Koutloumousiou. An der Abendandacht durften wir dann im Esonarthex teilnehmen. Daran anschließend war das Abendessen, an dem keine Mönche teilnahmen. Es gab Linsensuppe, Oliven, Brot und Wasser. Es blieb uns dann nichts anderes übrig, als früh schlafen zu gehen.

Donnerstag, 26. April:

Unser Aufbruch erfolgte um sieben Uhr früh. Wir wollten vorerst zum Kloster Iviron wandern. Vom Kloster Koutloumousiou führte der Weg vorerst ein kurzes Stück auf einer Asphaltstraße steil bergab. Bei einer alten Brücke erreichten wir den alten Pilgerweg, der uns in der Folge zum Kloster Iviron führte. Es war ein wunderschöner Weg, so waren vor etwa dreißig Jahren alle Wege am Athos gewesen. Mit Steinen ausgelegt und schmal, querte er mehrmals einen Bach und führte durch weitgehend unberührte Natur. Etwas nach acht Uhr lag der gewaltige Klosterbau von Iviron vor uns.

In der Hoffnung, einen guten, griechischen Kaffee zu bekommen, suchten wir vorerst den Archontaris auf, doch der blieb verschollen. Also machten wir uns daran, uns das Kloster etwas anzusehen. Fürs Erste war ich besonders beeindruckt von den sehr schönen Zimmern und den neuen Toiletten, die sogar Spiegel aufwiesen. Wie furchtbar waren doch die Zimmer im Jahre 1978 und auch noch 1993 gewesen! In den einst langen, finsteren Gängen, wo früher irgendwo eine Petroleumfunsel brannte, dort gab es jetzt elektrisches Licht!

Wir trafen dann im Klosterhof einen sehr freundlichen Mönch, der uns in die kleine Kapelle einließ, wo eine der heiligsten Ikonen des Athos verehrt wurde, die der wundertätigen Ikone Panagia Portaitissa. Wir baten ihn anschließend, ob er uns auch das Katholikon aufschließen würde, dem kam er gerne nach. Einmal mehr war ich von diesem Katholikon sehr beeindruckt. Diese wunderschöne Ikonostase, der gewaltige Choros, ein kreisrunder Messingleuchter, das antike Bodenmosaik und die vielen schönen und wertvollen Ikonen, da konnte man nur staunen. Das Kloster Iviron hatte auch einen modernen Verkaufsladen, wo der alte Pater Jakob, der Mönch, der die Vögel so liebte, noch immer tätig war. Er saß an der Kasse und redete jeden an, meist in seiner Muttersprache. Es gab hier auch wunderschöne Bücher, aber die hätte man mitschleppen müssen. Das wollte niemand von uns sich antun.

Wir verließen das Kloster und wanderten vorerst auf der bergauf führenden Straße

91 Vgl. dazu das Glossar.

nach Karyes. Nach circa zwanzig Minuten aber verließen wir sie, um dort abzubiegen, wo es uns vor zwei Jahren nicht möglich war, da ein Unwetter damals große Teile des Weges unpassierbar gemacht hatte.

Auch das war ein schöner Weg. Er führte die Küste entlang, vorbei an der Arsanas von Koutloumousiou, über Felsen und durch Wiesen, die ein einziger Blumenteppich waren. Besonders der glühendrote Mohn und goldgelbe Kronen-Wucherblumen (Chrysanthemum coronarium) gaben den Wiesen hier ein prächtiges Aussehen. Ein wahrer „Garten der Panagia“. Unter uns schlug das Meer heftig gegen die Felsen. Zusammen mit drei Russen, denen wir unterwegs begegnet waren, erreichten wir um halb elf Uhr das wie eine Burg daliegende Kloster Stavronikita. Die drei Russen, zwei junge und ein älterer, möglicherweise ein Vater mit seinen beiden Söhnen, waren recht freundlich. Sie waren stolz, aus Moskau zu sein. Vor einigen Jahren wäre es noch unvorstellbar gewesen, dass Russen am Athos auf Wanderung gehen konnten, aber was ist heute schon unmöglich? Jedenfalls hatten sie im Russenkloster von Panteleimonos Unterkunft bekommen und riefen dorthin auch mit dem Handy nach einer Fahrgelegenheit an, damit sie von dort hier abgeholt werden.

Früher konnte man im Kloster Panteleimonos jederzeit übernachten, auch da haben sich die Zeiten geändert. Offenbar wollen die Russen in ihrem Kloster unter sich sein, so gastfreundlich sie früher waren, seit Jahren schon lehnen sie jede Übernachtung von Personen, die nicht einem der slawischen Völkerschaften angehörten, ab! Wenigstens wir hatten diese Erfahrung gemacht.

Hier im Kloster Stavronikita behandelte man uns bevorzugt. Nachdem wir unsere Rucksäcke abgelegt hatten, mussten wir nur kurz warten, um zum Mittagessen eingeladen zu werden. Mit den Mönchen zusammen saßen wir in der Trapeza. Es herrschte da mustergültige Disziplin und das Essen war hier wirklich eine Kulthandlung. Der Abt saß vorne ganz alleine und übersah von dort aus den ganzen Raum. In einer Fensternische stand das Lesepult und ein Mönch las so schön vor, dass es einem Leid tat, dass man das Gehörte nicht verstand.

Es war auch schön angerichtet, auf jedem Teller lag ein Fisch, dessen Kopf schon entfernt worden war. Es gab zudem eine saure Reissuppe, grünen Salat mit hinein geschnittenem Lauch, weiters Käse, Wein, je zwei Orangen für jeden und – wir konnten es kaum glauben – neben jedem Teller lag ein „Ferrero Rocher“. Nach Ende des Essens stand der Abt beim Ausgang und segnete uns! In diesem Kloster lebten derzeit 24 Mönche.

Wir beschlossen nun, zu dem nicht allzu fernen Kloster Pantokratoros zu wandern. Den Weg hatte ich vom Vorjahr her noch in schlechtester Erinnerung, doch diesmal konnten wir ihn ohne Gepäck gehen. Als wir an jenem bisher immer verfallenen Kellion, welches hier direkt am Weg lag, vorbeikamen, staunte ich nicht wenig, man ging auch hier daran, es herzurichten.

Auch ohne Gepäck war der Weg beschwerlich. Das Meer war nach wie vor, trotz prächtigstem Wetter, sehr unruhig und donnerte gegen die Felsen. Das sahen wir besonders, als wir zum Hafen von Pantokratoros kamen und auf den Felsen bei der Hafeneinfahrt stiegen. Im Kloster dann konnte man den Archontaris mittels Sprechanlage holen.

Wieder war es ein sehr freundlicher Mönch, der uns das Katholikon gerne aufschloss.

Wir machten der berühmten Ikone der Panagia Gernontissa unsere Referenz. Abermals fragte ich, warum Straußeneier am Choros hingen. Zum zweiten Mal erhielt ich die überraschende Antwort, sie dienten dazu, um Spinnen und Mücken von der Kirche fernzuhalten! Bisher war ich immer der Meinung gewesen, diese Eier wären ein Symbol für ewiges Leben!

Wir verließen das Kloster wieder und wanderten auf gleichem Weg zurück. In Stavronikita hatten wir zwei schöne Zimmer bekommen, unter anderem das Eckzimmer, in welchem ich schon im vorigen Herbst zusammen mit Fritz geschlafen hatte. Nach dem Duschen spazierten wir noch etwas außerhalb des Klosters herum und warfen einen Blick in den Karner. Dann gingen wir zur Hesperinos-Andacht, die wir im Esonarthex mitverfolgen durften. Der Gesang der Mönche war eher dürftig. Leider war das Kircheninnere in Renovierung, sodass überall Gerüste standen. Nach der Andacht wurden den Gläubigen die Reliquien zur Verehrung gezeigt, trotzdem durften wir vor bis zur Ikonostase gehen und diese und die Ikone des hl. Nikolaus, die einst einen Säbelhieb abbekommen hatte, bewundern.

Dann ging es zum Abendessen, das in gewohnt feierlicher Weise eingenommen wurde. Es gab einen vorzüglichen Schwammerlreis mit Tomatensoße, Salat wie mittags, Käse und wieder Wein. Nach dem Essen saßen wir noch vor dem Kloster und bewunderten im klaren Abendlicht den nicht zu fernen Athosgipfel. Da es aber bald recht kühl wurde und es hier nur Petroleumlampen gab, die wir im Zimmer wegen des unangenehmen Petroleumgeruchs nicht anzünden wollten, gingen wir bald schlafen.

Freitag, 27. April:

Wir gingen um halb sechs Uhr früh zur Morgenandacht, die aber bald zu Ende war, sodass wir etwas vor sieben Uhr bereits aufbrachen. Wir wanderten auf dem grässlichen Weg, der nach Pantokratoros führt, hin bis zum Kellion, welches nun renoviert wurde, wo wir auf einen noch steileren „Jägersteig" abbogen. Nach circa zwanzig Minuten schwierigen Aufstiegs erreichten wir eine Straße, der wir bergauf folgten, bis wir bei 215 m Seehöhe rechts auf eine Straße einbogen, die uns beinahe auf einem ebenen Weg zur Skite von Profiti Ilia führte. Schon von Weitem beeindruckte die Größe dieser Skite meine Freunde. Als wir dann um etwas vor acht Uhr dort waren, war das Tor noch verschlossen. Man öffnete dieses erst pünktlich um acht Uhr.

Der freundliche Pater vom Vorjahr, er erkannte Fritz und mich sofort wieder, begrüßte uns und führte uns in das gewaltige Kyriakon. Wir hörten wieder, dass man alleine für das Vergolden der Ikonostase zwei Tonnen Gold benötigt habe, je eine Tonne Rot- und Weißgold, und dass 2000 Personen im Inneren Platz hätten. Derzeit lebten zwanzig Mönche in der Skite. Die Ikonostase setzte sich aus drei Altären zusammen, der eine war dem hl. Alexander Newski, der andere dem Apostel Andreas und der letzte dem Propheten Elias geweiht. Besondere Verehrung genossen die beiden Ikonen links und rechts vor der Ikonostase, die der Panagia Tichwinskaja und die des Propheten Elias. Die Ikone der Panagia Tichwinskaja war eine Kopie der Ikone, die sich in der russischen Stadt Tichwin befindet und in ganz Russland höchste Verehrung genießt. Sie wurde vor der Übergabe mit dieser berührt. Man betet zu ihr um Gesundheit der Kinder und um Heilung von deren Krankheiten. Hier die Legende der Tichwinskaja:

Wie schon die Ikone von Kasan ist auch die von Tichwin eng mit der Geschichte Russlands verbunden. Der Überlieferung nach wurde diese Ikone durch fünf Jahrhunderte in Konstantinopel aufbewahrt. 70 Jahre bevor diese Stadt von den Osmanen erobert wurde, verschwand die Ikone aus der Stadt. Zu jener Zeit erschien sie am Ladogasee Fischern, die dort ihre Netze auswarfen. Sie sahen ein ungewöhnliches Licht und darin die Ikone über dem Wasser schwebend. Von Engeln getragen erschien die Ikone noch an mehreren Orten, bevor sie auf dem Fluss Tichwinka bei der Stadt Tichwin stehen blieb.

Am Ort, wo die Ikone stehen geblieben war, wurde eine Holzkirche errichtet. Dreimal brannte die Kirche ab, doch die Ikone blieb jedes Mal unversehrt. 1510 ließ Großfürst Vasiliij Ionnovič anstelle der hölzernen eine steinerne Kirche errichten und sein Sohn Ivan errichtete dort ein Mönchskloster. Zahlreiche Wunder geschahen und die Tichwinskaja erhielt großen Zulauf.

Besonders gnadenvoll erwies sich die Ikone bei der Befreiung des Klosters von den Schweden. Es war im Jahr 1613, als die Schweden das Kloster zwar eroberten, aber bald darauf von dort vertrieben wurden. Das ärgerte den schwedischen General Delagardi sehr, dass sein sieggewohntes Heer hier eine Niederlage einstecken musste. Er befahl nun seinen Truppen, das Kloster den Erdboden gleichzumachen.

Das schwedische Heer stürmte mehrmals gegen die Klostermauern, die von Leuten der Umgebung und den Mönchen verteidigt wurden. Die, die nicht mehr konnten, beteten in der Kirche zur wundertätigen Ikone. Einer frommen Frau namens Maria, die vor zwei Jahren durch Gebete vor der Ikone ihr Augenlicht wiedererlangt hatte, der erschien nun die Gottesmutter und befahl: „Sag allen Verteidigern im Kloster, sie sollen meine Ikone nehmen und mit ihr über die Mauern gehen. Da werden sie das Erbarmen Gottes sehen!“ So geschah es auch, das heilige Bildnis wurde mit Bittgesängen die Klostermauern entlang getragen. Die Schweden befiehl eine furchtbare Angst, sie flohen in Verwirrung.

Nicht einsichtig stürmten die Schweden wutentbrannt noch mehrmals die Klostermauern, ohne Erfolg. Stets rettete die heilige Gottesmutter das Kloster, das letzte Mal 1616. Da schickte General Delagardi noch einmal ein großes Heer gegen das Kloster, mit dem Befehl, das Kloster zu zerstören und die wunderbare Ikone in Stücke zu hacken. Als man im Kloster davon erfuhr, wollte man die Ikone nach Moskau bringen, doch die Ikone ließ sich nicht von der Stelle bewegen. Die Schweden wurden aber durch ein neuerliches Wunder besiegt, die Gottesmutter ließ sie diesmal nicht einmal bis zu den Klostermauern vordringen. Die Schweden vermeinten nämlich, dass sie von einem großen, starken Heer eingekreist würden und flohen in Panik. Die Verteidiger des Klosters glaubten vorerst gar nicht an die Flucht der Schweden, erst als sie das ganze Land mit liegen gelassenen Waffen übersäht sahen, glaubten sie das Wunder.[92]

Nach dieser Führung bewirtete der Mönch uns in der üblichen, gastfreundlichen Art. Wir fragten ihn noch nach dem Weg nach Bogoroditsa. Er riet uns davon ab, der Weg wäre

92 Vgl. dazu: https://orthpedia.de/index.php/Gottesmutterikone_von_Tichwin (Zugriff: 26.5.2020).

schon lange nicht mehr begangen worden, wäre verwachsen und oft durch Schneebruch unpassierbar geworden. Der Einstieg wäre circa 50 m außerhalb des Klosters, an einem Weg, bei einem großen Stein. Wir bedankten uns und machten uns auf die Suche. Einen richtig großen Stein fanden wir eigentlich nicht. Aber irgendein etwas größerer Stein am Wegrand war allemal zu finden. So stürzten Burkhard und ich uns beim ersten Anschein eines Weges ins Dickicht, Dieter rutsche gar auf den Hosenboden uns nach, aber vergebens, da gab es kein Durchkommen.

Ich war schon dabei aufzugeben, als dann Burkhard, etwas näher zum Kloster hin, eine Stelle fand, die er als ehemaligen Weg identifizierte. Wild entschlossen sprang er ins Dickicht und tatsächlich, es war der ehemalige Weg! Er war verwachsen, aber es war ein mit Steinen ausgelegter Weg in gar nicht so schlechtem Zustand. Er führte hinunter in ein Tal, wo eine noch schön erhaltene Steinbrücke über einen Bach ging. Von dort ging es den Gegenhang wieder hinauf. Zweimal kreuzte eine Straße den alten Pilgerweg, dem wir aber unverzagt folgten. Eine Stunde, nachdem wir die Skite Profiti Ilia verlassen hatten, erreichten wir jene von Bogoroditsa.

Auch der vorzügliche Kenner alter Athoswege, Reinhold Zwerger, berichtete in seinem Buch Folgendes:

Der Fußweg von Profiti Elias nach Bogoroditsa ist überraschenderweise völlig intakt. Nur wird der Beginn dieses Weges, so scheint es mir, von der aus Pantokratoros stammenden Profiti Elias-Besatzung möglichst geheim gehalten. Es sieht so aus, als hätte man, um diesen Weg unkenntlich zu machen, auf dessen Beginn Felstrümmer gewälzt.[93]

Bogoroditsa bestand aus mehreren Gebäuden, an denen überall gearbeitet wurde. Für die Arbeiter gab es hier sogar einen Wohncontainer. Gleich den ersten Arbeiter, der eine Mischmaschine bediente, fragten wir nach den Mönchen. Etwas schwer war die Verständigung, da hier sowohl die Mönche als auch die Arbeiter Russen waren. Wir stöberten dann doch einen Mönch auf, der uns ins Kyriakon führte. Dieses war in einem gar nicht so schlechten Zustand.

Um uns zu bewirten, führte der Mönch uns in die Küche und von dort in die Trapeza, wo eine Reihe alter Bilder, darunter ein „Mönch am Kreuz", meist Farbdrucke, hingen. Das aufgewartete Loukoumi war schon älteren Datums, der Tsipouro war aber gut. Bogoroditsa wurde damals von drei russischen Mönchen bewohnt.

Wir brachen dann auf und erreichten knapp oberhalb der Skite eine Straße, der wir einige Zeit entlangwanderten. Sie mündete in eine weitere, recht breite, welche die Hauptverbindungsstraße vom Kloster Vatopediou nach Karyes war. Und sehr bald hatten wir auch einen schönen Ausblick nach Vatopediou, dem kleinen See und auf die vielen Kellien, die im Hinterland von Vatopediou anzutreffen waren. Auf dieser Straße wanderten wir circa zwanzig Minuten, bis unser Weg nach einer Kurve, rechts um den Kryowuno-Berg herum, abbog. Hier war es sehr windig. Nach gar nicht so langer Zeit mündete der Weg in den alten, traditionsreichen Kammweg, auf dem schon Jakob Philipp Fallmerayer im Jahr 1841 geritten war. Von hier konnte man auf beiden Seiten ein Meer sehen, rechts das Meer

93 Vgl. dazu: Zwerger, Wege, S. 158.

im Strymonischen, links jenes im Singitischen Golf. Leider war auch der alte Kammweg vielfach durch neue Straßen zerstört worden. Gleich anfangs erwischten wir einen Weg, der sich alsbald als falsch erwies, sodass wir umkehren mussten. So wanderten wir bis zum Fuß des Paliopyrgos, auf dessen Gipfel sich eine Brandmeldestation befand. Wir entschieden uns für einen Weg, der linker Hand um den Berg herumführte. Unsere Straße musste eine von Mulis stark frequentierte sein, denn wir fanden jede Menge verlorener Hufeisen. Auch eine Schlange lag faul auf der Straße, möglicherweise war es eine Würfelnatter.

Doch dieser Weg nahm kein Ende. Immer wieder gab es eine Biegung und ein anschließendes Tal, welches jedes Mal ganz ausgegangen werden musste. Als wir schon sehr müde waren, sahen wir tief unter uns das Kloster Dochiariou. Jetzt wussten wir wenigstens, dass wir nicht falsch gegangen waren und der Weg doch bald ein Ende nehmen musste. Einige Täler waren doch noch dazwischen, bevor wir endlich gegen halb drei Uhr nachmittags das Kloster Konstamonitou erreichten. Von Bogoroditsa her waren wir vier Stunden lang gegangen, insgesamt waren es heute 20 km gewesen.

Wie immer machte dieses Kloster einen recht trübseligen Eindruck. Es war auch kein Mensch zu sehen und im 2. Stock beim Archontaris nahm man die längste Zeit von uns keine Notiz. Als dann doch jemand kam, wies er uns sicher das „schönste“ verfügbare Zimmer zu. Das hatten wir sicher Frau Antonakis zu verdanken. Wir streiften nun etwas in und um das Kloster herum. Es gab hier auffallend viele junge Leute, doch es herrschte hier keine Zucht und Ordnung. Die Mönche schrien herum und die Jungen trieben viel Unfug.

Als dann die Abendandacht kam, gab es eine Neuerung. Natürlich durften wir nicht in das Katholikon hinein, der Abt ordnete aber an, dass die beiden Kirchentürflügel offenblieben, und wir durften eine Bank quer über den Eingang stellen, von der wir aus das Geschehen im Kircheninneren verfolgen konnten! Erst fanden wir das so skurril, dass wir einige Zeit lang dort sitzen blieben. Dann aber standen wir auf und wanderten im Klosterhof herum. Auch vom anschließenden gemeinsamen Essen mit den Mönchen waren wir ausgeschlossen. Wir durften gesondert nachessen. Das Essen war nichts Besonderes, es gab Kichererbsen und einen Dosenpfirsich. Inzwischen räumten die jungen Eleven das Geschirr weg, und es war für uns ungewöhnlich, dass sie dabei laut und unentwegt das kurze, sogenannte „Herzgebet“ sprechen mussten.

Anschließend spazierten wir in den Gemüsegarten, und da es recht kalt war, gingen wir bereits gegen acht Uhr abends schlafen. Im Zimmer hatte es 15° C!

Samstag, 28. April:

Kaum war das Klostertor offen, brachen wir schon auf. Wir hatten vor, eventuell das Frühschiff zu erwischen und, sollte es anlegen, mit ihm hinunter bis nach Kavsokalivia und dann nach Dafni zurückzufahren. Wir wanderten also bis zur Arsanas von Konstamonitou und weiter, als wir in der Ferne bereits ein von Ouranoupoli kommendes Schiff sahen. Wir beeilten uns nun, den Landesteg vom Kloster Dochiariou zu erreichen, was uns auch gelang. Alle zusammen winkten wir dem Schiff zu, aber dieses legte nicht an!

Wir besuchten dann noch das Kloster, aber hier war alles „tote Hose“. Also wanderten wir weiter bis hin zum Kloster Xenofontes. Dort konnten wir beobachten, wie der Abt gerade sein schnelles Motorboot bestieg und losbrauste. Wir suchten den Archontaris auf, der vorerst auch nicht anzutreffen war. So besichtigten wir das Kloster auf eigene Faust, die Fresken zur Apokalypse vor der Trapeza waren teilweise bereits renoviert worden. Beim Herumspazieren lernte ich einen recht freundlichen Russen aus St. Petersburg kennen, der damals in Rom lebte. Später bewirtete uns der Archontaris mit herrlichem, griechischem Kaffee.

Langsam gingen wir hinunter zum Hafen und warteten auf das von Ouranoupoli kommende Fährschiff. Meine Freunde wurden schon ungeduldig, da es etwas verspätet kam. Als es dann um die Landzunge bog, waren wir alle erleichtert. Wir fuhren damit bis Dafni, stiegen dort aus, kauften uns eine neue Schiffskarte, spazierten unbelästigt durch die Kontrolle des Zolls und suchten uns einen schönen Platz an Deck aus. Bei prächtigem Wetter zog noch einmal die wunderbare Küste mit den altehrwürdigen Klöstern an uns vorbei und in der Ferne wurde der mächtige Athos immer kleiner, bis er dann, als wir Ouranoupoli erreichten, völlig hinter einem Bergrücken verschwand.

Bei Antonakis waren unsere alten Zimmer teilweise vergeben worden, sodass Klaus, Dieter und ich dort in eine Parterrewohnung einzogen. Dann gingen wir zu unserer Wirtin Daphne auf ein Bier, Fritz suchte zwei vorzügliche Fische für unser Abendessen aus und anschließend machten wir die letzten Einkäufe. Noch einmal ging es auf ein Bier. Dann waren wir bereit zu unserer Abschiedsmahlzeit, die feuchtfröhlich verlief.

Sonntag, 29. April:

Wir frühstückten in einer Taverne und nahmen dann den Bus nach Thessaloniki. Dort nahmen wir zwei Taxis und fuhren zum Flughafen. Dabei passierte Burkhard ein Malheur, seine Brieftasche ging verloren. Entweder wurde sie ihm im oder beim Aussteigen aus dem Bus von einem Dieb gezogen oder er hatte sie beim Aussteigen verloren. Jedenfalls fuhr er mit dem Taxi zum Bus-Terminal zurück, aber die Brieftasche mit Kreditkarte, Führerschein etc. wurde nicht mehr gefunden.

Der anschließende Flug nach Wien verlief normal und Burkhard brachte uns anschließend mit dem Wagen wohlbehalten nach Graz.

Meine 14. Athos-Wanderung

Mit den Freunden aus meiner Grazer Tarockrunde:
Werner Pfeffer, Werner Stefany und Heiner Verdino
vom 9. bis 16. September 2007

Thessaloniki – Ouranoupoli – Dafni – Simonos Petras – Osiou Grigoriou – Ein Mönch lässt sich vorlesen – Dionysiou – Agiou Pavlou – Skite Agia Anna – Skite Timiou Prodromou – Megisti Lavra – Legende der Quelle des hl. Athanasios – Karakalou – Philotheou – Nur mehr zu zweit – Karyes – Dafni – Ouranoupoli

Sonntag, 9. September:

Eigentlich wollten wir wieder zu sechst diese Wanderung in den Süden der Athos-Halbinsel unternehmen, aber Hansi Grubbauer konnte wegen einer Fußverletzung nicht mitkommen und Roland Girtler sagte wegen eines anderen, ihm als wichtig erscheinenden Termins kurzfristig ab. So waren wir diesmal zu viert, der Chemiker Heiner Verdino, der Gymnasialprofessor Werner Pfeffer (Spitzname Pepere), der Zahnarzt Werner Stefany (Spitzname Wernerkind) und ich.

Am Grazer Flughafen Thalerhof wurden wir streng kontrolliert. Da Werner Pfeffer und ich Wanderschuhe aus Leder anhatten, wurden auch die geröntgt, was Werner gegenüber dem Security zur witzigen Bemerkung veranlasste: „*Geln's, die Schuhgröße stimmt!*".

Wir flogen problemlos nach Wien und von dort weiter nach Thessaloniki. Am Förderband warteten wir dann auf unsere Rucksäcke – vergebens. Ein Angestellter kam und erklärte uns, alle Gepäckstücke, die jetzt nicht mitgekommen wären, hätte man in Graz vergessen dem Flugzeug mitzugeben. Wir sollten uns im 1. Stock melden. Dort erfuhren wir, dass man unsere Rucksäcke inzwischen nach Frankfurt geschickt habe. Von dort wollte man versuchen, sie möglichst bald nach Thessaloniki zu schicken.

Das war für uns eine Katastrophe, denn wir wollten ja bereits am nächsten Morgen um 6:30 Uhr mit dem Frühschiff das Mönchsland Athos betreten. Ja, wir mussten auf alle Fälle zum Frühschiff hinkommen, da wir brieflich gebeten hatten, zu dieser Uhrzeit dort die Diamonitiria zu bekommen, was uns auch zugesichert wurde.

Die griechische AUA-Dame war sehr kompetent und höflich und versprach alles zu tun, damit wir noch in dieser Nacht unsere Rucksäcke, sofern sie überhaupt in Thessaloniki ankämen, mit einem Taxi zugestellt bekämen. Wir gaben ihr die Adresse und Telefonnummer der Pension Antonakis in Ouranoupoli.

Wir nahmen uns nun ein Taxi und fuhren zum zentralen Busbahnhof für Chalkidiki. Wir hatten gerade noch Zeit, die Fahrscheine zu lösen, denn bereits fünf Minuten später, pünktlich um 14:30 Uhr fuhr der Bus ab. Im Bus waren auch drei Dänen, die auf den Athos hinaufwollten. Sie hatten von nichts eine Ahnung. Ich versuchte sie über einiges aufzuklären, erfolglos, wie wir später noch sehen werden.

Die Fahrt nach Ouranoupoli war wunderschön, es herrschte prachtvolles Herbstwetter. Es gab gewaltige Haufenwolken, wie in der Karibik, entlang der Straße gab es immer wieder lange Reihen von Weißdornsträuchern, deren Äste voll von orangefarbigen Beeren waren. Die Bäume dagegen zeigten noch keine Spur einer herbstlichen Verfärbung. Schön und bunt waren auch die zahlreichen Bienenstöcke auf der Fahrt über das Holomondas-Gebirge, die wie Farbkleckse in der Landschaft wirkten.

Es war ein richtiger „Altweibersommer", mit beinahe unnatürlich weiter Sicht. Noch nie hatte ich es erlebt, dass man den gewaltigen Kegel des Athos, von der Höhe oberhalb von Stratoni, ohne jede Wolke, so deutlich und klar sehen konnte.

Die griechische Bus-Firma KTEL hatte die Buslinie übernommen, so gab es auch neue Haltestellen und neue Fahrpläne. Typisch griechisch, immer wird etwas geändert.

Wir kamen circa nach 2½ Stunden Fahrt in Ouranoupoli an und gingen sofort zu Frau Antonakis, die uns auf das Freundlichste empfing. Wie üblich hatte sie für uns die Übernachtungen in den Klöstern bestens geregelt. Wir bezogen zwei schöne Parterrezimmer, direkt zum Meer hin, die dazugehörende Terrasse mit Vorgarten war nur durch eine Sprossenwand von der danebenliegenden Taverne von Daphne getrennt.

In Ouranoupoli waren noch recht viele Fremde. Wir kauften Ansichtskarten und gingen auf einen Ouzo. Etwas später suchten wir die Gaststätte von Daphne auf, doch heute war nicht unser Tag, denn dort war das WC verstopft gewesen und die ganze Taverne stand unter Wasser. Gott sei Dank hatte die Taverne noch eine Terrasse, die sich über der Straße direkt am Strand befand. Wir ließen uns dort nieder und wälzten Pläne, wie wir den morgigen Tag gestalten könnten, sollten wir unsere Rucksäcke nicht bekommen.

Die Abendstimmung war prächtig, herrlich ging die Sonne hinter der Insel Amouliani unter und bald konnten wir die Lichter der dortigen Häuser blinken sehen. Die Fische, die wir uns zum Essen ausgewählt hatten, schmeckten vorzüglich. Etwas später teilte uns Frau Antonakis mit, dass unsere Rucksäcke tatsächlich nun in Thessaloniki angekommen und mit dem Taxi unterwegs wären. Sie kamen dann tatsächlich um circa 21:30 Uhr an. Mir fiel ein Stein vom Herzen!

Montag, 10. September:

Um 5:30 Uhr ließ ich wecken, wir frühstückten am Zimmer und um sechs Uhr war Abmarsch zum Schiff. Ouranoupoli lag noch im Finstern. Wir ausgemacht bekamen wir nun unsere Diamonitiria, in einem Pick-up saß ein Mann, der sie uns nach Bezahlung von € 30,– aushändigte. Pepere kam nun darauf, dass er den Zimmerschlüssel mitgenommen hatte, es war aber jetzt schon zu spät, um ihn zurückzubringen. Den die Schiffspassage Verkaufenden fragte ich dann noch, wann morgen das Frühschiff beim Kloster Osiou Grigoriou anlegen würde. Seine Antwort: *„About eight thirty!"*.

Am Schiff waren auffallend wenig Pilger und auch kaum Arbeiter. Auf der Ladefläche stand nur ein Auto, dafür waren drei Mulis am Geländer angebunden. Pünktlich wurde um halb acht Uhr abgelegt. Recht bald wurde es hell. Das Meer war ganz ruhig und die Temperatur war unnatürlich warm. Die bald aufgehende Sonne hüllte den Athos in rosarotes Licht. Unheimlich klar hob er sich vom Himmel ab. Wie üblich kämpften zahlreiche Möwen um das Brot, das man ihnen zuwarf.

Wie das beim Frühschiff so üblich war, legte das Schiff nur kurz nahe der Skite Thivais an. Das dürfte die neue Arsanas dieser wieder zum Leben erweckten Skite sein. So war es auch schon das letzte Mal. Den nächsten und letzten Halt vor Dafni gab es dann nur mehr beim Kloster Panteleimonos. Wir gingen in Dafni an Land und nahmen die Straße hinauf zum Kloster Simonos Petras. Da wir so früh unterwegs waren, lagen lange Strecken des Weges noch im Schatten. Heiner, der große Jäger, machte uns gleich auf Begleiter aufmerksam, die uns all die Tage mit ihren Rufen immer wieder begleiteten – es waren, auf gut Steirisch, „Tschackl" – Eichelhäher also. Beim Wandern fiel mir auch auf, dass man eine ganze Reihe von Bänken entlang dieser Straße an Aussichtspunkten aufgestellt hatte, die es im Frühjahr noch nicht gegeben hat.

Wir schafften die Strecke zum Kloster – circa 8 km – in etwas weniger als drei Stunden. Es waren zudem ja auch circa 230 Höhenmeter zu überwinden. Bei der Höhle des Einsiedlers und Klostergründers Simon machten wir kurz Halt. Dann wanderten wir zum Kloster, wo das Aquädukt schon ganz ohne Gerüst dastand.

Wir gingen in das Archontarikion und erlebten hier eine Überraschung. Als Archontaris fungierte ein Klostereleve, es war ein in der Schweiz geborener, selbstverständlich gut Deutsch sprechender Tibeter. Er bewirtete uns mit Loukoumi, Tsipouro und Wasser. Ihn baten wir nun, ob wir nicht das Katholikon besichtigen könnten. Er meinte, er werde versuchen, den für den Kirchenschlüssel zuständigen Mönch zu finden, und tatsächlich sperrte uns dieser Mönch etwas später das Katholikon auf.

Das Katholikon wies keinerlei Wandmalerei auf, aber es besaß eine schöne Ikonostase und vor allem prachtvolle Ikonen. Zwei sind mir besonders in Erinnerung geblieben, die der Geburt Christi und die von Jesus mit Maria Magdalena.

Wir wanderten dann noch durch diese Klosterfestung und gelangten so bis zum vorletzten Balkon. Wie immer war der Blick von dort hinunter zum Meer überwältigend. Bis zum obersten Balkon hinauf durften wir diesmal nicht gehen.

Wir brachen um zwölf Uhr auf. Ein steiler, jedoch gut gepflegter Weg führte hin bis zur Kapelle der Panagia Hodegetria, dann aber zweigte bald der Weg zum Kloster Osiou Grigoriou links ab und der war recht steinig und wirklich schwer zu gehen, bis man unten in einem trockenen Bachbett angelangt war.

Nach kurzer Rast setzten wir den Weg zum Kloster Osiou Grigoriou fort. Der Weg dorthin war nicht so schlecht, aber circa zwanzig Minuten vor Erreichung des Klosters war der alte Pilgerpfad verschüttet. Wir mussten bergauf einen Umweg gehen, der letztlich in einer neuen Straße mündete. Die Anlage dieser Straße war auch der Grund, warum der alte Weg unpassierbar geworden war. Man hatte einfach Erde und Gestein über die Straße hinausgeschoben. Diese Straße führte in der anderen Richtung über den Kamm zum Kloster Philotheou. Nachdem wir auf ihr einige Meter gegangen waren, sahen wir auch den abzweigenden alten Pilgerpfad wieder, der zum Kloster Osiou Grigoriou führte.

Gleichzeitig mit dem Mittagsschiff kamen wir um circa 13 Uhr mittags im Kloster Osiou Grigoriou an und bekamen alle vier zusammen ein schönes Zimmer im Gästetrakt außerhalb des eigentlichen Klosters. Die Fenster gingen hinaus aufs Meer und in der Nacht konnten wir das Meer wundervoll rauschen hören. Gleich unserem Zimmer gegenüber lag der Waschraum, mit Dusche und mit Spiegel, Letzterer war eher für ein Athoskloster ungewöhnlich.

Nach einer Ruhepause spazierten wir hinauf zum Kloster. Schön, mit Malereien neueren Datums ausgeschmückt, war hier der im Vorhof des Klosters gelegene Weihwasserbrunnen (Phiali). Wir streiften weiter durchs Kloster, vorerst hinaus zu Karner und Friedhof, und dann erklommen wir im Klosterbau Stockwerk um Stockwerk, bis hinauf zur Höhe der Krone der Palme, die im Klosterhof stehend für dieses Kloster so charakteristisch war.

Alles war in diesem Kloster mit Geschmack renoviert worden, ja es gab sogar zwei eingebaute Lifte. Man war hier überhaupt sehr modern, sämtliche Kirchenfenster in den Kuppeln des Katholikons konnten mittels Hydraulik geöffnet werden!

Um 16:30 Uhr war eine Andacht, die wir aber nur im Exonarthex mitverfolgen durften. Heiner stand auf, um durch die offene Tür in das Innere des Katholikons sehen zu können. Da kam ein alter Mönch und sagte im schönsten Deutsch zu ihm: *„Setzen Sie sich bitte hin!“* Nach Ende der Andacht sagte er noch zu Heiner, wir mögen nach dem Abendessen zu ihm kommen, er werde uns etwas sehr Schönes zeigen.

Die Trapeza war recht schön, ihre Wände waren bemalt, wobei die Bemalung sicher neueren Datums war. Da es Montag war, fasteten viele Mönche. Nur eine kleine Gruppe von ihnen aß mit uns. Zu essen gab es für uns und die anderen Pilger eine kalte Linsensuppe, Oliven, eine Tomate und ein großes Stück Wassermelone und zum Trinken Wasser.

Nach dem Essen suchten wir den Mönch, der Heiner bei der Hesperinos-Andacht angesprochen hatte. Wir fragten ihn dann, woher er so gut Deutsch sprechen könne. Er sei Wiener von Geburt, aber mit Wurzeln nach Graz, da sein Vater dort einst das Schloss Lustbühel besessen habe. Jahrelang wäre er in Ägypten und am Sinai in Klöstern gewesen, bevor er hierhergekommen war.

Wir warteten nun gespannt, was er uns nun Schönes zeigen wolle. Wir mussten ihm in den Vorhof des Klosters folgen und setzten uns mit ihm nahe dem Weihwasserbrunnen nieder. Dann zeigte er uns circa 16 Seiten fotokopierte und ins Deutsche übersetzte Gebete des Starez Siluan[94] und bat uns, wir mögen ihm Seite für Seite vorlesen.

So überrascht wir auch waren, wir taten ihm den Gefallen, da wir dachten, dass er sich einsam fühle und wieder einmal etwas in deutscher Sprache hören wolle. Wernerkind und ich wurden einen Augenblick an die Mittelschule erinnert, gerade wir zwei waren acht Jahre lang die schlechtesten Vorleser der Klasse gewesen. Und nach so vielen Jahren – wir hatten beide 1960 maturiert – sollten wir im fernen Griechenland einem einsamen Mönch vorlesen!

Jeder von uns las nun eine Seite und gab dann das Kompendium an den nächsten weiter. Der Mönch versicherte uns immer wieder, wie wunderschön jedes Gebet wäre. Wir schwindelten bei der Weitergabe. Nachdem einer von uns eine Seite gelesen hatte und das Kompendium an den nächsten weitergab, blättere dieser meist vor der Weitergabe gleich

94 Starez Siluan hieß mit seinem wirklichen Namen Semjon Iwanowitsch Antonow. Er lebte von 1866 bis 1938, war Mönch im Kloster Panteleimonos und hat am Athos noch heute einen sagenhaften Ruf als geistiger Berater und heiligmäßiger Mönch.

zwei Seiten weiter, ohne dass es dem alten Mönch auffiel. Er wollte dann das Ganze noch ein zweites Mal vorgelesen bekommen, dem entzogen wir uns aber höflich.

Wir haben damals vergessen, ihn nach seinem Mönchsnamen zu fragen. Möglicherweise war er jener Mönch Alexandros gewesen, von dem ich später zuhause gelesen habe. Er stamme aus Österreich, hätte im Katharinenkloster am Sinai als Mönch und später in Hebron als Eremit in einer Höhle gelebt. Unter dem Einfluss von Pater Mitrophan vom Kloster Hilandar wäre er konvertiert und verbringe jetzt seinen Lebensabend in Kloster Osiou Grigoriou.[95]

Wir gingen dann Richtung unserer Unterkunft und genossen den bildhaft schönen Sonnenuntergang, bevor wir dann schlafen gingen. Durch das offene Fenster oberhalb meines Kopfes konnte ich in der Nacht einen traumhaft schönen Sternhimmel bewundern.

Dienstag, 11. September:

Es war ein schöner Morgen. Nach einem Frühstück im Zimmer warteten wir ab acht Uhr an der Schiffsanlegestelle auf das Frühschiff. Es kam zwar wie gesagt um 08:30 Uhr, doch fuhr es weit draußen am Kloster vorbei, ohne überhaupt Anstalten zu machen, anzulegen. Eigentlich war ich sehr enttäuscht, da ich meinen Freunden den schwierigen Weg von hier zum Kloster Dionysiou ersparen wollte. Aber es blieb uns nichts anderes übrig, als nun zu wandern. Wir brachen also um ungefähr neun Uhr auf.

Der Weg war wahrlich scheußlich, dreimal musste man in ein Bachbett hinuntersteigen und am Gegenhang wieder hinaufklettern. Zudem war es extrem steinig, Als wir dann das Kloster tief unten sahen, waren wir zwar für einen Augenblick froh, aber der tiefe Abstieg hinunter bis zum Strand war abermals extrem schweißtreibend und verlangte uns alles ab.

Es folgte dann noch der Aufstieg zum Kloster Dionysiou, welches wir um halb elf Uhr erreichten. Zuerst bewunderten wir im gedeckten Gang vor der Trapeza die realistischen und bekannten Malereien zur Apokalypse. Dann gingen wir in den ersten Stock des Klosters zum Archontaris. Man bewirtete uns zwar mit Tsipouro, Loukoumi und Wasser, doch getrennt von den anderen Pilgern in einem eigenen Zimmer. Wir baten dann einen gerade Kaffee kochenden Griechen auch um einen solchen, dieses wurde uns zwar gewährt, wir mussten ihn aber wieder alleine im anderen Zimmer trinken.

Hier im Kloster war alles gediegen. Der Steinboden war versiegelt, die Fensterscheiben waren, dort wo sie sich in den Fensterrahmen einfügten, geschliffen, an der Außenseite gab es doppelte Verglasung, im Empfangsraum gab es einen riesigen Kühlschrank, die Hölzer der Zimmerdecke waren vorzüglich restauriert worden, wo man hinsah, herrschte purer Luxus. Alles weit weg von mönchischer Einfachheit und dies alles zahlte die EU! Dass die Renovierung auf diesem Wege erfolgte, konnte man auf großen Tafeln, die bei einer Reihe von Klöstern standen, lesen.

Wieder im Klosterhof bemerkten wir, dass die Tür zum Katholikon unversperrt war. Wir huschten hinein und begannen die wundervollen Malereien im Esonarthex mit großem Interesse uns anzusehen. Da kam ein Mönch herein und fragte uns, woher wir denn

95 Vgl. Derwahl, Athosreise, S. 187.

kämen. Als wir uns als Österreicher vorstellten, kam ein „Zivilist" hinzu, der sich als Experte für byzantinische Malerei vorstellte.

Er hatte Byzantinistik in Wien studiert und da ich einige Namen kannte, hatten wir gleich eine gute Gesprächsbasis. Er hieß Dr. Tsigaros oder so ähnlich und kannte auch Prof. Larentzakis aus Graz gut. Auch der Mönch taute auf, auch er konnte recht gut deutsch sprechen. Er hatte vor gar nicht langer Zeit den Metropoliten Bartholomäus I. begleitet, als dieser in Österreich eine hohe Auszeichnung erhalten hatte. Er kannte auch Prof. Dr. Nußbaumer („Der Mönch in mir"), der mit unserem ehemaligen Kanzler Dr. Wolfgang Schüssel erst kürzlich dieses Kloster besucht hatte.

Schade, dass wir so wenig Zeit hatten. Dr. Tsigaros, der sich hier in diesem Kloster mit bestimmten Heiligendarstellungen beschäftigte, hätte uns sicher viel Interessantes zeigen können. Ich mahnte die Freunde zum Aufbruch und um zwölf Uhr wanderten wir dann auch wieder los, um das Kloster Agiou Pavlou zu erreichen. Der Weg war zwar auch nicht gerade schön zu gehen, aber er war in keiner Weise so schlecht wie der vorige.

Der Weg mündete am Strand, folgte diesem ein Stück, dann aber ging es auf einer breiten, voll in der Sonne liegenden Schotterstraße hinauf zum Kloster. Das war schweißtreibend und bei einem zum Kloster gehörigen Wirtschafsgebäude rasteten wir. Dann ging es weiter bis hinauf zum Kloster, welches in ungefähr 170 m Seehöhe lag. Etwas nach 13 Uhr mittags kamen wir dort an. Das Empfangszimmer für Pilger lag im ersten Stock, dort empfing uns auch der Archontaris mit Tsipouro, Loukoumi und Wasser. Seinem Reden nach hätten wir hier durchaus übernachten können.

Um 14:00 Uhr brachen wir auf und wanderten circa 2/3 des Straßenweges hinunter, bevor auf der linken Seite der Weg nach Agia Anna abzweigte, vorerst nur schwach ansteigend. Doch gleich nach der Weggabelung, die zur Siedlung nach Nea Skiti führte, ging es steil bergauf. Zudem war der schmale Pfad aufgegraben, da man gerade irgendeine Leitung in den Boden verlegte. Wir nützten jede schattige Stelle aus, um etwas auszurasten. Immer wieder waren steilere Stellen durch Stufen zu überwinden und ich rastete mit den beiden Wernern immer wieder. Nur Heiner bat, er wolle in seinem Tempo vorgehen. So kamen wir langsam, aber stetig in großer Hitze bergauf. Als ich sah, dass nur mehr eine Treppe zu überwinden war, gab ich mir einen Ruck, um die Stelle hinter mich zu bringen.

Gleich oben wartete Heiner im Schatten auf uns und auch ich stellte mich zu ihm. Wir plauderten Belangloses. Dann aber fand ich es komisch, dass die beiden Werner nicht daherkamen. Ich sagte zu Heiner, ich würde noch fünf Minuten warten und dann nachschauen gehen. Nach einigen Minuten kamen sie aber dann um die Ecke, Wernerkind sagte gar nichts. Später nannte er mich aber einen „Menschenschinder". Peppere berichtete, dass Wernerkind plötzlich völlig erschöpft niedergesunken wäre und sich übergeben musste. Er war völlig fertig und meinte auch gleich, dass er morgen mit dem Schiff nach Ouranoupoli auszureisen gedenke!

Wernerkinds Vorwurf hat mich doch etwas getroffen. Er war einer meiner ältesten Freunde, wir sind acht Jahre in die gleiche Klasse gegangen und davon drei Jahre nebeneinander in einer Schulbank gesessen. Er war ein Jahr jünger als ich. Er hatte vorher, etwa im Kloster Agiou Pavlou, kein Wort gesagt, dass es ihm nicht gut gehe!

Agia Anna lag nun in Sichtweite und der Weg dorthin war beinahe eben und so überwanden wir auch dieses letzte Stück. Wir kamen dort um vier Uhr nachmittags an und wurden gastlich, vor allem mit einem ausgezeichneten griechischen Kaffee, bewirtet. Der Vorplatz von Agia Anna, zwischen Gästehaus und Kyriakon gelegen, war ein wundervoller Platz, sicher einer der schönsten Stellen am Athos. Es herrschte hier eine herrliche Stille, circa 300 m unterhalb sah man ein tiefblaues Meer, am Horizont gegenüber dem mittleren Finger von Chalkidiki die Halbinsel Sithonia. Wir rasteten vorerst etwas ab und unterhielten uns mit einem Holländer griechischer Abstammung.

Der Archontaris war nicht mehr jener, den wir im Frühjahr hier angetroffen hatten. Es war ein freundlicher, eher beleibter Mönch, der recht gut Englisch sprach. Er gab uns auch ein Vierbettzimmer, welches zwar schön, aber recht eng war. Wernerkind legte sich fürs Erste einmal hin. Wir anderen gingen hinaus auf die Terrasse und genossen das prächtige Panorama. Dann lud der Archontaris alle Pilger zum Besuch des Kyriakons ein. Auch wir durften uns dem ohne Weiteres anschließen. Er erklärte nun, leider nur auf Griechisch, die Entstehungsgeschichte und die Sehenswürdigkeiten dieses, der hl. Anna geweihten Heiligtums. Unterbrochen wurden seine Erklärungen nur von einem Handyanruf, den Pepere erhielt.

Der Mönch holte dann die Reliquien, die hinter der Ikonostase aufbewahrt wurden, nach vorne, um sie herzuzeigen. Im Frühjahr mussten wir spätestens zu diesem Zeitpunkt den Kirchenraum verlassen, diesmal war es aber nicht so. In kostbaren Behältnissen aufbewahrt, sahen wir einen Fuß der hl. Anna, die Schädelschalen der Heiligen Nektarios und Markarios und einen Kreuzpartikel. Die Pilger hatten eine Reihe von Gegenständen mitgebracht, die nun einzeln vom Priester über die Reliquien gehalten wurden, manchmal gab es auch eine direkte Berührung mit einer Reliquie. Damit waren die Gegenstände besonders gesegnet.

Gleich danach ging es zum Essen in die Trapeza. Es gab eine warme Reissuppe, Oliven und Tomaten, Brot und Wasser. Wernerkind aß kaum. Nach dem Essen saßen wir noch etwas auf der Terrasse und warteten auf den Sonnenuntergang, gingen aber bald darauf aufs Zimmer. Wenn alle am Zimmer waren, konnten wir uns kaum umdrehen. Zudem war es drückend heiß, um acht Uhr abends hatten wir im Zimmer immerhin noch 27° C.

Ich besprach mit Wernerkind noch einmal seine Lage, er meinte, wenn er es auch körperlich schaffen würde, mental aber wäre er am Boden. Für ihn käme morgen nur mehr eine Ausreise in Frage. Da ich bis elf Uhr nachts nicht einschlafen konnte, überlegte ich mir nun die Route für morgen. Mit dem Schiff nach Kavsokalivia zu fahren und von dort weiter zu wandern, wie ich es ursprünglich vorhatte, kam nun für mich nicht in Frage, da niemand garantieren konnte, ob das Schiff an der Anlegestelle von Agia Anna dann wirklich bis Kavsokalivia weiterfahren würde.

Trat das nicht ein, mussten wir mit unseren Rucksäcken wieder nach Agia Anna aufsteigen und dann erst den doch beschwerlichen Weg hinauf zum Sattel in Angriff nehmen. So blieb mir nur übrig, entweder den Weg direkt hinauf zum Sattel zu nehmen oder den wesentlich schöneren über Mikra Agia Anna zu versuchen. Ich schob die Entscheidung auf morgen hinaus.

Ich glaube, ich war nicht der Einzige, der nicht einschlafen konnte, obwohl immer wieder Schnarchtöne zu hören waren. Irgendwo draußen gab es plötzlich ein grässliches Geheul und wir rätselten, ob das Wölfe wären. Später gab es denn vom Athosgipfel herab einen heftigen Fallwind. Nicht geschlossene Fenster und Türen schlugen laut und wir beeilten uns, die zum Trocknen aufgehängte Wäschestücke abzunehmen und alles dicht zu machen.

Irgendwann in der Nacht suchte ich auch das WC auf, und als ich auf die Terrasse trat, war ich überwältigt vom Sternenhimmel. Einfach gewaltig, vor allem die Milchstraße war wunderschön zu sehen. Der mächtigbreite Sternenstreifen reichte vom Horizont weg, quer über den Himmel, bis der Athosgipfel ein weiteres Sehen nicht mehr ermöglichte.

Mittwoch, 12. September:

Um 06:00 Uhr war Tagwache. Wir frühstückten am Zimmer. Wernerkind bekräftigte seinen Entschluss, heute ausreisen zu wollen. Ich erklärte ihm, wann wahrscheinlich das Schiff kommen würde. Dann verabschiedeten wir uns von ihm, es tat uns allen sehr leid, dass er nicht mehr mit uns weitergehen wollte.

Etwas nach sieben Uhr brachen wir auf. Es schloss sich uns für kurze Zeit ein Franzose an. Er hatte kaum Gepäck und sprach laufend in ein Diktiergerät. Ich hatte mich nun entschlossen, den wesentlich schöneren und angenehmer zu gehendem Weg über Mikra Agia Anna zu nehmen. Sehr erfreut waren meine Mitwanderer darüber nicht, doch ich schlug beherzt diesen Weg ein. Man folgte mir nur zögernd, und als nach kurzer Zeit der Weg durch eine Steinlawine verschüttet war, kehrten wir um und gingen den von mir schon oft gegangenen Weg über die vielen Stufen zum Sattel hinauf.

Die Steilheit des Weges – nach circa einer Dreiviertelstunde verließ uns der Franzose und ging nach Agia Anna zurück – erforderte eine Reihe von Rastpausen, über die ich auch nicht unglücklich war. Jedenfalls benötigten wir bis zum Athossattel hinauf zwei Stunden. Dort machten wir eine längere Rast. Etwas vor 10 Uhr brachen wir wieder auf. Der Weg um den Athos herum bereitete keinerlei Schwierigkeiten, es war angenehm beinahe immer eben dahinzuwandern, vorbei an wahren Urwaldriesen von Edelkastanien und Eichen. Die Vegetation war schon sehr herbstlich, wir sahen immer wieder ganze Flecken voll von kleinen Waldzyklamen und von Herbstzeitlosen. Aufgefallen waren mir auch die vielen Rotkehlchen, die sich entlang des Weges immer wieder zeigten.

Einmal tröpfelte es kurz. Gerade jetzt kamen uns die drei Dänen vom Autobus entgegen. Sie waren ganz schlecht ausgerüstet, einer hatte Sandalen an und so wollten sie noch heute auf den Athosgipfel hinauf! Das war unglaublich leichtsinnig. Der Gipfel war im Augenblick in dichte Wolken gehüllt, auch die Zeit war schon recht fortgeschritten und zudem war die Panagia-Hütte wegen Bauarbeiten gesperrt. Wie ich schon im Autobus feststellen konnte, hatte der Anführer der drei, dem die anderen vertrauten, keine Ahnung. Ich hoffte aber, dass sie sich vom Gang auf den Athos abhalten haben lassen.

Wir wanderten weiter. Nach diesem kleinen Regenschauer wurde es gleich wieder schön und die Temperatur war zum Wandern angenehm. Etwas nach zwölf Uhr erreichten wir jene Stelle, wo man sowohl das Kloster Megisti Lavra als auch die Skite Timiou Prodromou sehen konnte. Wir rasteten hier eine halbe Stunde.

Der Weg zum Kloster Megisti Lavra war nicht angenehm zu gehen, es war ein mit großen Steinen ausgelegter alter Pilgerpfad, der immer wieder unterbrochen war. Circa eine halbe Stunde vor Erreichen des Klosters kam man auf die Verbindungsstraße Megisti Lavra – Timiou Prodromou. Mich traf fast der Schlag! Große Teile dieser Straße waren bereits mit einem Betonbelag versehen, der sich circa 30 cm hoch über dem alten Straßenniveau erhob! Das sah ja furchtbar aus! Was da mit EG-Geldern für Schindluder getrieben wurde, das ist ungeheuerlich! Die unsinnige Vorstellung von einer Athos-Rallye kam mir in den Sinn.

Beim Kloster Megisti Lavra standen immer noch Kräne, doch sie waren schon weitergewandert, von der Nordseite zur Ost- und Südseite des Klosters. Die Olivenbäume südlich des Klosters waren fein säuberlich geschnitten und trugen ordentlich Früchte. Eine große Fläche davor hatte man eingezäunt und zusätzlich mit Stacheldraht gesichert. Das war schon eigenartig.

Wir erreichten das Kloster um viertel nach drei Uhr und suchten das Archontarikion auf. Es gab griechischen Kaffee, Tsipouro und Wasser. Der Grieche vom Frühjahr teilte uns die Verhaltensregeln und den restlichen Tagesablauf mit und wies uns Schlafstellen an, die, so wie schon im Frühjahr, in einem großen Schlafsaal waren. Wieder einmal legte man die „Ungläubigen" zusammen, sodass nur noch ein Deutscher in unserem Zimmer war. Wir trugen uns auch gleich in die Liste, wer morgen eine Fahrgelegenheit benötigen würde, ein.

Wir durchstreiften nun die riesige Klosteranlage und wanderten dann auch außen um das Kloster herum. Überall wurde eifrig renoviert. Dann besuchten wir die Hesperinos-Andacht, die recht lange dauerte. Das anschließende Essen in der Trapeza bestand aus einer warmen Linsensuppe, Oliven, Trauben und Wasser. Unangenehm fiel hier ein Grieche auf, der seine Teller rücksichtslos mit allem anfüllte, ohne sich um die restlichen Tischgenossen zu kümmern. Auch an der Trapeza wurde renoviert. Das war höchste Zeit, da vieles von den berühmten Malereien sich schon in einem kläglichen Zustand befand.

Nach dem Abendessen streiften wir noch im Kloster herum. Zahlreiche Dosen, die überall herumstanden, fielen uns auf. Sie enthielten ein chemisches Abwehrmittel gegen Schlangen, dessen Geruch offenbar für diese recht unangenehm war. Gab es da wirklich so eine Schlangenplage?

Letztlich ließen wir uns im Pavillon vor dem Kloster nieder. Dort lernten wir einen Deutschen kennen, der orthodoxer Mönch geworden war und offenbar mit seinem Bruder und seinen Neffen den Athos bereiste. Es war Pater Paisios (Jung) vom Kloster des hl. Arseniou nahe Ormilia auf Sithonia, eine Gründung des Athosklosters Dionysiou. Er war ausnehmend freundlich und lustig und wir begegneten ihm in den nächsten Tagen noch mehrere Male. Wir konnten ihn vieles fragen.

Auch heute gingen wir früh schlafen.

Donnerstag, 13. September:

Vor dem Kloster warteten wir schon ab 6:45 Uhr auf den Bus. Er kam mit einiger Verspätung und beinahe wäre nicht für alle Pilger Platz gewesen. Wir fuhren mit dem Kleinbus bis zur Quelle des hl. Athanasios, wo es einen Halt gab, da die orthodoxen Pilger sowohl vom Wasser trinken als auch solches in Flaschen mitnehmen wollten. Das bot mir die Möglichkeit, den Pater Paisios nach der Legende des heiligen Ortes zu fragen. Er erzählte dazu Folgendes:

Der hl. Athanasios war verbittert, da man beim Bau des Klosters Megisti Lavra *große Not litt, sowohl an Lebensnotwendigem, als auch an Baumaterialien. So wollte er die Baustelle für immer verlassen. Da, wo heute die Quelle sprudelte, begegnete ihm plötzlich eine Frau. Darüber war er ungehalten und fragte unwirsch: „Was machst Du da Frau?"*

Die Frau antwortete ihm: „Athanasios, ich bin die Panagia. Kehre um und vollende den Bau. Du wirst von nun an immer genügend an allem haben!" Athanasios blieb misstrauisch. Da sagte die Frau zu ihm: „Nimm deinen Stab und schlage an den Felsen." Athanasios schlug mit seinem eisernen Wanderstab – der heute noch als Reliquie aufbewahrt wird – an den Felsen. Der Fels spaltete sich und es entsprang aus dem Spalt eine Quelle, die bis heute fließt.[96] *Da kehrte Athanasios um und wirklich litt die Mönchsgemeinschaft von da an keine Not mehr. Sein eiserner Wanderstab wird heute noch im Kloster als Reliquie aufbewahrt.*

Nach dieser kurzen Rast ging die Fahrt weiter bis zur Arsanas des Klosters Karakalou, wo wir den Kleinbus verließen. Diese Arsanas war ein wehrhafter, burgenartiger Bau mit Zinnen und einem Turm und befand sich in einem guten Zustand. Von hier führte ein schöner alter Pilgerweg hinauf zum Kloster Karakalou, welches wir nach einer halben Stunde Wanderung auch erreichten.

Das Kloster Karakalou war vorzüglich renoviert worden, überall herrschte äußerste Sauberkeit. Trotzdem waren immer noch Arbeiter damit beschäftigt, Wände zu verputzen. Der Archontaris empfing uns sehr freundlich mit griechischem Kaffee, Tsipouro, Loukoumi und Wasser. Er war groß von Gestalt und sprach ausgezeichnet Deutsch. Als wir ihn nach dem Woher seiner guten Deutschkenntnisse fragten, sagte Pater Prodromos, er sei Finne und habe Deutsch in der Schule gelernt.

Wir streiften dann etwas im Klosterhof umher. Mich faszinierten wie immer die Malereien zur Apokalypse im Exonarthex des Katholikons. Etwas später brachen wir dann ohne unsere Rucksäcke auf, um zum Kloster Philotheou zu wandern. Auch hier war noch auf weiten Strecken der alte Pilgerpfad erhalten geblieben. Es war ein wunderbarer Tag, wären wir nicht am Athos gewesen, könnte man von einem richtiger „Altweibersommer" sprechen. Keine Wolke war am Himmel, ein weiter, freier Blick zum Athosgipfel war möglich und es war angenehm warm. Da wir keine Rucksäcke zu tragen hatten, machte uns das Wandern doppelte Freude.

Ein prächtiger Wald umgab uns, vor allem die Edelkastanienbäume trugen schwer unter der Last ihrer Früchte. Wir kamen bei einer renovierten, dem hl. Georg geweihten Kapelle vorbei. Ich war im Frühjahr hier vorbeigekommen, damals sah man davon noch nichts. Das dazugehörige Kellion daneben war ganz verfallen. Interessant war auch, dass kurz dahinter ein schmaler Weg zur Skite Agiou Dimitriou tou Lakkou abzweigte – eine interessante Variante, um einmal auch auf diesem Weg dorthin zu wandern.

96 Vgl. dazu auch: R. Zwerger, Wege am Athos, S. 31 – Huber Paul, Einführung Peter Sutermeister, Athos. Wundertätige Ikonen (= Huber, Wundertätige Ikonen). Orbis Pictus III, Parkland Verlag Stuttgart o. J., Tafel 19.

Unser Pilgerpfad mündete in eine Straße, der wir nun folgten. Als sie nach circa zehn Minuten bergab führte, wurde ich unsicher, am richtigen Weg zu sein, und wir kehrten bis zur Einmündung des Pilgerpfades um. Aber wir waren richtig gewesen und so wanderten wir noch einmal die eben gegangene Strecke zurück, die dann nach Einmündung in eine weitere Straße uns zum Kloster Philotheou brachte.

Herrlich und ruhig lag das Kloster da. Vor dem Kloster gab es einen großen Gemüsegarten, der entsprechend der Jahreszeit üppig Früchte trug. Wir betraten das Kloster, wo ein weicher Rasen den Hof bedeckte. Überall gab es Blumen. Wir stiegen hinauf in den 2. Stock, wo das Archontarikion war.

Wir trafen dort einen Serben und einen Amerikaner, die hier Gäste waren. Wahrscheinlich wegen des Serben war der Archontaris besonders aufmerksam, es gab Weichselschnaps, Loukoumi und einen Teller voll von frischen, herrlichen Feigen! Wir unterhielten uns auf Englisch recht gut mit dem Serben. Es amüsierte mich zuzusehen, wie der Serbe mühselig die Haut seiner Feige abschälte, inzwischen hatten wir bereits alle Feigen – natürlich mit Schale – gegessen.

Wir wollten das Kloster umrunden, aber Bautätigkeiten überall vereitelten das. Dafür gab es beim Kloster Nussbäume. Wir hoben heruntergefallene Nüsse auf und delektierten uns an den frischen Nusskernen. Dann traten wir den Rückweg nach Karakalou an.

Dort war dann um vier Uhr nachmittags die Hesperinos-Andacht angesetzt. Pater Prodromos sagte uns, da heute das orthodoxe Kirchenjahr begänne, wäre dieser Tag besonders feierlich. Man begann diesen auch gleich mit viel Lärm, sowohl das hölzerne, als auch das Simantron aus Eisen wurden lange und ausgiebig geschlagen, zudem gab es anschließend ein langes Glockengeläute.

Für uns „Ungläubige" gab es diesmal wieder eine Sonderlösung. Wir mussten im Exonarthex verbleiben, aber man öffnete uns die Kirchentür und stellte davor Klappsessel auf, damit wir das Geschehen mitverfolgen konnten. Die Andacht dauerte dann eine gute Stunde und es wurde viel und schön gesungen. Auch das nachfolgende Essen fand dann vorerst ohne uns statt, erst als die Mönche gespeist hatten, wurden wir in der Trapeza mit Fisolen, Käse, Brot und Wein bewirtet.

Nach dem Essen begaben wir uns vor das Kloster, wo ein schöner Platz mit Bänken war. Wieder war der Gipfel des Athos herrlich zu sehen. Wir bewunderten die Ordnung und Sauberkeit, die rund um das Kloster herrschte. Vor dem Kloster gab es einen riesigen Gemüsegarten, wo sehr viel Lauch, Fisolen und Tomaten angebaut wurden. Die Tomatenpflanzen wurden an Stangen wie die Fisolen hochgezogen und sie waren schwer von Früchten. Das Bewässern erfolgte mit Leitungen, die zu den einzelnen Beeten hin verlegt waren. Die Bewässerung war offenbar vollautomatisch geregelt.

Neben unserem Sitzplatz gab es eine riesige Weinhecke, wobei Heiner, der aus der Weinanbaugegend um Bad Radkersburg kommt, feststellte, dass die Weinstöcke ordnungsgemäß ausgeschnitten worden waren. Wir schauten einigen Katzen belustigt zu, wie sie auf den Ständern der Hecke herumbalancierten. Wir fragten am nächsten Tag Pater Paisios, den wir am Schiff wieder trafen, ob es denn auch weibliche Katzen am Athos geben dürfe.

Darüber lachte er und meinte, die brauche man wegen der Mäuse. Größere weibliche Tiere aber, zum Beispiel Ziegen und Schafe, wären nicht mehr erlaubt.

Auch griechische Gäste und Mönche nahmen auf den Bänken Platz. Wir hatten eine kurze Unterhaltung auf Deutsch mit einem griechischen Mönch, was nur insofern erwähnenswert war, da dieser in seinem Aussehen und seiner Gestik dem Luciano Pavarotti sehr ähnlich war. Langsam wurde es kalt und wir begaben uns auf unser Zimmer und schon bald schliefen wir.

Freitag, 14. September:

Wir frühstückten am Zimmer, obwohl uns Pater Prodromos knapp vor unserem Aufbruch um sieben Uhr zu einem solchen eingeladen hätte. Als wir das Kloster verließen, erlebten wir einen schönen Sonnenaufgang. Wir gingen auf einer normalen Straße, von der es sowohl Abzweigungen zu den einzelnen Klöstern gab als auch eine bergab führende hinunter zur Verbindungsstraße Megisti Lavra – Iviron, beziehungsweise von Iviron weiter nach Karyes. Wir kamen nahe einem großen Kellion namens Agiou Dimitrios vorbei. Als wir nach circa einer halbe Stunden Marsch die Uferstraße erreichten, glaubten wir vorerst, wir müssten ihr weiter hinunter zum Meer folgen. Das war ein Irrtum, da die Straße bergab Richtung Megisti Lavra geführt hat.

Wir drehten gerade um, als Heiner auf den Steinen der etwas abschüssigen Straße ausrutschte und sich wegen des Rucksacks und des dadurch verlagerten Schwerpunktes nicht mehr in Gleichgewichtslage halten konnte. Er stürzte und sagte gleich, dass ihm sein Fuß nahe dem Knöchel sehr wehtäte. Der Fuß schwoll auch wirklich gleich sehr an. Ich legte ihm eine Achterschleife an, die ich immer mithatte. Aber Heiner konnte kaum mehr gehen und schliff den Fuß über den Boden nach. Ich war der Meinung, dass wir das Kloster Iviron gleich hinter der Kurve sehen würden, was sich aber als Irrtum herausstellte. Wie wir anschließend feststellten, waren wir sicher noch 2,5 km davon entfernt gewesen.

Wir beschlossen nun ein Taxi aus Karyes herbeizurufen. Da hörten wir Motorengeräusch. Ein Lastwagen kam, blieb aber nicht stehen. Wahrend ich nach den Telefonnummern suchte, kam ein PKW. Wir hielten ihn energisch auf. Da er nur einen mitnehmen sollte und Heiner kein Engländer war, wie der Beifahrer extra unterstrich, nahm er ihn mit hinauf nach Karyes, wo wir uns im Laufe des Tages treffen wollten.

Pepere und ich wanderten weiter. Mir ging nun immer wieder durch den Kopf, was ich tun müsste, wenn ihm auch noch etwas passieren sollte. Dass auch mir etwas passieren konnte, kam mir eigenartigerweise gar nicht in den Sinn. Eigentlich wäre es besser, hinauf nach Karyes zu fahren und dort mit Heiner, wie ausgemacht, in der Skite Agiou Andreou zu übernachten.

Während ich so nachdachte, hörten wir abermals Motorenlärm. Diesmal war es ein Traktor mit Anhänger und wir entschlossen uns blitzschnell, ihn aufzuhalten. Der Mönch, ein Rumäne, wie wir später erfuhren, wollte wirklich nach Karyes fahren und war bereit, uns auf seinen Anhänger aufsteigen zu lassen. Und los ging die wilde Fahrt. Wir fuhren vorbei am Kloster Iviron. Es war ein furchtbares Geschupfe und Stoßen, bis wir nach circa einer Stunde Fahrzeit in Karyes ankamen.

Dort suchten wir das einzige Gasthaus auf, wo wir auch Heiner wieder trafen. Nach einem Bier waren wir uns einig, den nächsten Bus, der rechtzeitig zum Mittagsschiff nach Dafni fuhr, zu nehmen. Wir hatten insofern Glück, dass jetzt gleich zwei Busse hinunter nach Dafni fuhren, einer um 10:15 Uhr und einer 15 Minuten später. Der erste war schon voll und man ließ uns nicht mehr zusteigen. Beim zweiten gab es dann keine Platzprobleme mehr.

In Dafni angekommen, machten wir in den dortigen Andenkenläden noch einige Einkäufe. Dann kam das Schiff und ich war glücklich, mit meinen zwei Freunden auszureisen. Am Schiff war auch Pater Paisios. Wir hatten nun genügend Zeit, noch viele Fragen an ihn zu richten.

Ich fragte ihn zum Beispiel, was „Myron" wäre. Das sei das, was bei den Katholiken das „Chrisam"[97] wäre. Er erklärte uns dann auch, wie man Weihrauch mache. Diesen bereite er in seinem Kloster auf Sithonia immer selber zu. Es ist ein längerer Arbeitsprozess, wo mehrmals eine Art „Teig" gemacht, getrocknet und wieder gemahlen wird. Dann wird dieser mit verschiedenen ätherischen Ölen parfümiert, sodass sich die einzelnen Weihrauche nach ihrem Geruch unterschieden. Lachend erzählte er, im Kloster wisse man immer, welcher Mönch gerade die Messe gelesen habe, denn jeder habe eine bestimmte Vorliebe für eine bestimmte Art Weihrauchgeruch.

Ich fragte ihn auch, warum Zypressen am Athos immer neben menschlichen Behausungen stehen. Die Zypresse sei ein Baum des Lebens und zeige nach oben zum Himmel. Pater Paisios war auch gegen die maßlose Bauwut mancher Klöster. In seinem Kloster seien alle Zellen sehr karg eingerichtet. Das sei so vom Klostergründer bestimmt worden, der auch selbst jeden Luxus abgelehnt habe.

Man brauche auch keine weltlichen Dinge ansammeln, nicht einmal Produkte der Landwirtschaft. Herrsche davon Überfluss, solle man sie verschenken. Das wäre auch in seinem Kloster so üblich. Habe man zum Beispiel zu viel Zitrusfrüchte geerntet, stelle man den Überfluss vor das Klostertor und jeder könne sich davon etwas nehmen.

Athosmönche haben einen griechischen Reisepass und dadurch Sonderrechte. Er selbst habe immer noch die deutsche Staatsbürgerschaft, zahle aber keine Steuern, da er ja nichts besitze.

Ich sprach ihn dann noch auf die Ökumene an. Da war er unversöhnlich. Solange der Papst weltliche Macht besitze, gebe es keine Annäherung. In der orthodoxen Kirche gelte das Prinzip des Primus inter Pares, für jeden Metropoliten gälte das bei ihnen. Da gebe auch es keine Unfehlbarkeit. Eine Ausnahme bezüglich der politischen Macht innerhalb des vergangenen Jahrhunderts wäre nur Erzbischof Markarios von Zypern gewesen. Das wäre aber aus politischen Gründen geschehen. Jede Annäherung an die katholische Kirche würde, gerade von den Athosmönchen, als Verrat angesehen und würde den Hass nur noch größer machen! Über seine Haltung war ich doch etwas erstaunt!

97 Chrisam ist ein wohlriechendes Salböl, das bei der Spendung verschiedener Sakramente und Sakramentalien verwendet wird. Chrisam besteht aus Pflanzenöl, in der Regel Olivenöl, dem wohlriechende Balsame beigemischt sind (vgl: https://de.wikipedia.org/wiki/Chrisam (Zugriff: 4.8.2019).

Auf der Fahrt nach Ouranoupoli sahen wir plötzlich drei tellergroße Quallen langsam im Meer dahintreiben. Die waren mir bisher hier noch nie untergekommen. Langsam näherten wir uns Ouranoupoli. Wernerkind, dem es wieder sehr gut ging, holte uns vom Schiff ab und half Heiner, in unser altes Quartier zu humpeln.

Etwas später gingen wir eine Kleinigkeit essen und dann kleine Geschenke einkaufen. Mit Wernerkind spazierte ich Richtung Grenze. Wir kamen an der Taverne „Athos“ vorbei und Nikos P., der auch Mitpächter eines griechischen Lokals in Graz gewesen war, sprach mich an. Wir begrüßten uns, aber irgendwie war er komisch. Möglicherweise war es ihm peinlich, dass er uns im Frühjahr nicht vom Flughafen abgeholt hatte, was immer damals die Schuld war. Er hatte sich dafür auch nie entschuldigt!

Abends gingen wir in Daphnes Lokal gleich nebenan und nahmen ein sehr gutes Abendessen zu uns. Dann saßen wir noch auf der Terrasse vor unserem Zimmer und redeten, bis es recht spät war.

Samstag, 15. September:

Wieder ein wunderschöner Tag. Gleich nach dem Frühstück, das wir auf unserer Terrasse eingenommen haben, gingen Wernerkind und ich baden. Jeder hatte einen Sonnenschirm für sich alleine und wir lasen. Das Meer war zwar angenehm warm, aber außerhalb des Wassers war dann der Wind doch kalt. Mittags gingen wir alle zusammen essen, dann tat ein jeder das, was er tun wollte. Außer Wernerkind, der wieder baden ging, hielten alle einen Mittagsschlaf. Um circa halb vier nachmittags spazierte ich durch Ouranoupoli, hin bis zum Turm, wo das Museum noch offen war. Ich konnte nicht widerstehen und schaute mir in Ruhe die Ausstellungstücke an. Leider sperrte das Museum schon um 16:00 Uhr und ich konnte die ganze Geschichte der griechischen Auswanderung aus Kleinasien und die „Loch“-Erinnerungsstücke[98] mir nicht mehr ansehen.

Ich spazierte dann zur Grenze. Die Weinstöcke unterwegs waren schwer von Trauben und auch die Olivenbäume würden heuer eine gute Ernte einbringen. Als ich bei den Ausgrabungen beim Kloster Zygou vorbeikam, sah ich, dass man seit vorigem Jahr wieder fleißig gearbeitet hatte. Ein Student der Archäologie führte mich durch die Ausgrabung und erklärte mir vieles – leider nur auf Griechisch, da er kein Englisch konnte.

Nach Ende der Führung wollte ich dann noch das Betretungsverbotsschild am Grenzzaun fotografieren, dann rieb ich meine Augen. War das Wirklichkeit, was ich hier sah? Tatsächlich hatte man einen Mönch, einem Pappkameraden gleich, dort aufgestellt!

Schön war das Zurückwandern, die Sonne ließ das Meer nach Sithonia hinüber silbern glitzern. Abends gingen wir wieder zu Daphne und feierten mit Wernerkind Geburtstag, der gerade 65 Jahre alt geworden war. Wie gestern saßen wir dann noch lange auf der Terrasse und genossen die griechische Nacht und den Wein.

98 Sidney (1888 – 1955) und Joice Nankivell Loch (1887–1982) waren nach dem Ersten und Zweiten Weltkrieg humanitäre Helfer und haben sich besonders um die griechischen Auswanderer von 1922 gekümmert, die auch hier in Ouranoupoli angesiedelt worden waren.

Sonntag, 16. September:

Wir nahmen den Bus, der um neun Uhr nach Thessaloniki fuhr. Die Fahrt verlief ereignislos. Mit zwei Taxis fuhren wir dann zum Flughafen und konnten bald einchecken. Man erinnerte sich dort noch sehr genau, dass es Schwierigkeiten mit unseren Rucksäcken gegeben hatte. Der Flug nach Wien und dann weiter der nach Graz waren problemlos.

Meine 15. Athos-Wanderung

Mit der kompletten Tarockrunde, das heißt, auch Winfried Werner war mit dabei; vom 18. bis 26. Oktober 2008

Thessaloniki – Fahrt nach Vergina – Ierissos, Besuch der alten Schiffswerft – Ouranoupoli – Dafni – Kavsokalivia – Kellion Agiou Nilos – Grotte des hl. Nilos – Skite Timiou Prodromou – Hafen von Timiou Prodromou – Grotte des hl. Athanasios – Kellion Agiou Menas – Megisti Lavra – Legende der Oikonomissa – Iviron – Stavronikita – Dafni – Ouranoupoli

Samstag, 18. Oktober:

Neu war in dieser Runde nur Dr. Winfried Werner (Wini), Augenarzt aus Hartberg, der auch immer wieder beim Tarock mitgespielt hat. Alle anderen waren mit mir schon wenigstens einmal im Mönchsland Athos gewandert. Da dieses Mal drei „Werner" mitwanderten, zwei mit diesem Vornamen, einer mit diesem Familiennamen, war es notwendig, alle drei stets nur mit ihren Spitznamen anzuführen, um sie unterscheiden zu können.

Wir fuhren mit zwei Autos nach Wien. Hansi und ich, wir fuhren mit Heiner, Werner Stefany (Wernerkind) nahm Werner Pfeffer (Pepere) und Winfried Werner (Wini) mit. Heiner hatte das beim Buchen des Fluges toll über das Reisebüro gemanagt, sodass wir in Wien in der Garage zwei Parkplätze gratis bekamen. Beide Autos waren ziemlich gleichzeitig am Flughafen Schwechat angekommen. Dort steckten wir dann unsere Rucksäcke in schwarze Umweltsäcke und gaben sie so als Gepäck auf.

Der Flug mit der AUA dauerte circa 1 ½ Stunden. Wir überflogen den Neusiedler See und den Plattensee, später die Donau und wahrscheinlich auch die Theiß. Dann ging das Flugzeug auch schon langsam in den Sinkflug über und die Häuserschluchten Thessalonikis tauchten auf. Die Stadt hat ja eine gewaltige Ausdehnung.

Der Flughafen liegt recht weit außerhalb der Stadt. Wir nahmen uns zwei Taxis, um ins Hotel Astoria zu gelangen. Ich fragte gleich während der Fahrt unseren Taxifahrer, was er für eine Fahrt nach Vergina verlangen würde. Er meinte € 120,– wären angemessen, ich dagegen war der Meinung, dass € 90,– auch reichen müssten. Wir verhandelten die ganze lange Fahrt und dann auch noch vor dem Hotel mit dem 2. Taxifahrer. Schließlich willigten beide Chauffeure ein, uns um € 90,–, morgen um neun Uhr, nach Vergina und zurück zu bringen. Zwei Stunden hätten wir dort Zeit, um das Museum zu besuchen.

Das Hotel Astoria, zu der Zeit ein Viersternhotel, war diesmal leider eine große Enttäuschung. Zwar verlangte man pro Nacht für ein Zweibettzimmer € 100,–, doch die Gegenleistungen dafür waren erbärmlich. Das Zimmer von Pepere und Heiner war nicht nur schmutzig, auch eine Unterhose hing noch im Badezimmer und zudem war dort das Licht kaputt! Ich reklamierte sofort und beide bekamen ein neues Zimmer.

Wir gingen anschließend bummeln. Sehr viele Leute waren unterwegs. Wir machten die übliche Besichtigungsrunde durch Thessaloniki. Über die Nikis-Promenade zum Aristoteles-Platz, hinunter zum Weißen Turm und zum Alexander-Denkmal. Dann bogen wir in die Stadt hinein ab, vorbei an den Ruinen des Palastes von Kaiser Galerius und vom Hippodrom, dann weiter hin zum Galeriusbogen und zur Rotonda. Während es leicht nieselte, suchten wir kurz in einem Café Zuflucht. Dann stiegen wir den Burgberg hinauf und spazierten hin zum Vlatades-Kloster. Dort konnten wir diese stets sehenswerte, kleine Kirche besuchen. Eine Tafel in der Kirche erinnerte daran, dass schon der Apostel Paulus dereinst zu den Thessalonikern gepredigt hatte.

Wir spazierten anschließend die Straße zurück bis zum Trigónion-Turm, von wo aus man einen schönen Blick auf die Stadt hat. Ich hatte vor, wie schon so oft, im Lokal „O Christos" zu essen, doch das Lokal gab es leider nicht mehr. Aus dem einstigen, urgemütlichen Lokal war ein Fast Food-Lokal geworden. Doch gar nicht weit davon gab es ein weiteres Lokal, wo es auch recht gutes, griechisches Essen gab. Nach dem Essen stiegen wir wieder hinunter in die Stadt, suchten aber auf dem Weg zu unserem Hotel noch kurz ein Lokal für eine Runde Ouzo auf.

Um noch einmal auf das echt schlampig gewordene Hotel Astoria zurückzukommen, meine Nachtkästchenlampe brannte auch nicht und es war wieder sehr umständlich, zu einer neuen Glühbirne zu kommen.

Sonntag, 19. Oktober:

Nach dem Frühstück warteten vor dem Hotel tatsächlich bereits beide Taxifahrer auf uns. Das Wetter war nicht besonders, es war bedeckt. Auf der Autobahn, die bis nach Athen führte, ging es flott dahin. Wir wollten ja nach Vergina, das circa 70 km von Thessaloniki entfernt war. Unterwegs nieselte es. Neben der Autobahn sah man immer wieder Obstplantagen, später waren es endlose Felder, wo Baumwolle angebaut war.

Der Chauffeur des zweiten Taxis war der Gegend unkundig, er bog viel zu früh von der Autobahn ab. Offenbar kannte er die Straße nach Vergina nicht. Unser Chauffeur fuhr ihm nach, obwohl ich ihn auf den Umweg aufmerksam gemacht habe. So fuhren wir durch eine ganze Reihe von Dörfern, bis wir endlich Vergina erreichten.

Das dortige Museum, es war in seiner Art einmalig, bestand aus einem einzigen Grabhügel in einer schönen Parkanlage. Ende der 70er-Jahre des vorigen Jahrhunderts hatten Archäologen hier eine Reihe von Gräbern mit wertvollen Grabbeigaben gefunden. Letztendlich konnte man klären, dass hier Philipp II., der Vater Alexanders des Großen, und mehrere Personen aus dessen königlichen Familie begraben worden waren. Nach Ende der Ausgrabungen hatte man um diese Gräber herum ein Museum errichtet und das Ganze als Grabhügel gestaltet.

Für mich war das Museum nicht neu, auch Wini kannte es schon, aber alle anderen Freunde waren davon sehr beeindruckt. Auch der Besuch von wissbegierigen Griechen war an diesem Tag sehr stark. Nach dem Museumsbesuch setzten wir uns für kurze Zeit noch in ein Café. Pünktlich um zwölf Uhr waren unsere beiden Taxifahrer da. Jetzt fuhren sie richtig über Veria nach Thessaloniki zurück.

Kleinere Schwierigkeiten gab es dann noch beim Zahlen. Wir hatten uns geeinigt, nur die vereinbarte Summe zu zahlen. Die Taxifahrer wollten aber unbedingt € 100,–. Wir wollten unseren Chauffeur ursprünglich mit einer € 100,– Note ausbezahlen, als wir aber sahen, dass er nicht herausgeben wollte, bezahlten wir ihn mit der genauen Summe. Die im zweiten Taxi hatten da weniger Glück, der Fahrer gab ihnen einfach nichts heraus.

Nahe unserem Hotel waren in den letzten Jahren die einstigen Lagerhallen und Hafengebäude zu respektablen Tavernen umgebaut worden. Wir suchten nun dort nach einem Lokal und fanden dann auch eines, wo das Essen recht gut und nicht übermäßig teuer war.

Nach dem Essen setzten wir unsere Besichtigung von Thessaloniki fort. Wieder spazierten wir die Nikis-Promenade hinunter bis zum Weißen Turm und bogen dann in Richtung Stadtmitte ab. In einem netten Café kehrten wir kurz ein. Wir kamen an der Agia-Sophia-Kirche vorbei, leider konnte man da das Kircheninnere wegen Renovierungsarbeiten nicht besichtigen. Wir besuchten anschließend zwei weitere Kirchen, die Acheiopoiitos-Basilika und die Kathedrale des hl. Dimitrios, des Stadtheiligen. Beim Heimweg kamen wir noch an der riesigen Ausgrabungsstätte der Agora und an einem ehemaligen türkischen Bad vorbei.

Im Hotel angekommen, ruhten wir uns etwas aus, dann gingen wir abermals ins ehemalige Hafenviertel, wo ein Lokal wie eine ehemalige „Greißlerei" eingerichtet worden war. Auch das Essen war dort recht gut. Es ist fast überflüssig noch anzumerken, dass viele Wirte und Kellner in Thessaloniki ausgezeichnet Deutsch sprechen, da sie meist einige Jahre in Österreich oder in Deutschland gearbeitet hatten.

Montag, 20. Oktober:

Da ich einen frühen Bus nach Ouranoupoli erreichen wollte, hatte ich das Frühstück für halb sieben festgelegt. Ich hatte jedoch nicht mit unserem Vierstern-Hotel gerechnet. Dort war gerade die für das Frühstück Verantwortliche eingelangt und begann nun gemächlich, alles Nötige dafür herzurichten! Es war zum Verzweifeln.

Pünktlich, wie ausgemacht, standen die beiden Taxis vor dem Hotel. In langer und umständlicher Fahrt brachte man uns an den Ort, den die Stadtverwaltung von Thessaloniki nun als neuen Ort für den Busterminal für Chalkidiki bestimmt hat. Der Ort lag am Rande der Stadt, gar nicht soweit mehr vom Flughafen weg. Wir lösten eine Hin- und Rückfahrkarte für den Bus und warteten in einem trostlosen Blechcontainer auf unsere Abfahrt. Die war pünktlich um 8:30 Uhr.

In der Landschaft, durch die wir fuhren, waren die Felder vielfach noch nicht abgeerntet und im Gegensatz zu einer Fahrt im Frühling gab es keine Farbkontraste. Einzig einige Ahornbäume und Platanen hatten schon herbstliches Gelb. Schön war die Fahrt über das Holomondas-Gebirge, wo die Hügelkuppen prächtig lila waren. Die Besenheide stand in voller Blüte! Bienenstöcke dagegen sah man nur mehr vereinzelt. In der Ebene unter uns lag Nebel.

Wir hatten deshalb den frühen Bus genommen, weil wir in Ierissos aussteigen wollten. Dort wollte ich den Freunden die alte Werft für die Kaikis zeigen. Nach etwas über einer Stunde Fahrt waren wir in Ierissos, stiegen aus und suchten ein Café auf. Nur Wini fuhr mit dem Bus weiter, der wollte in Nea Roda, wo er schon mehrmals Urlaub gemacht hatte, jemanden besuchen.

Die Besitzerin des Cafés war recht freundlich und gestattete uns, die Rucksäcke im

Café zu lassen. Ohne diese spazierten wir durch einen Pinienhain hinunter zum Meer. Dem Strand entlanggehend kamen wir bald zu den schon sehr verfallenen Hütten, wo noch heute alte Kaikis ausgebessert und neue bebaut wurden. Es duftete herrlich nach Holz, Leim und Farbe. Es war begeisternd zuzusehen, mit welcher Fertigkeit die Arbeiter noch dem alten Handwerk des Schiffzimmermanns nachgingen. Dann kehrten wir um.

Nach einem abermaligen Besuch des Cafés warteten wir auf den Bus. Mit diesen fuhren wir dann bis Ouranoupoli, unterwegs in Nea Roda stieg zu unserer Überraschung Wini zu, der dort seinen Besuch beendet hatte.

In Ouranoupoli begrüßte uns Frau Antonakis herzlich. Wir bekamen drei Zweibettzimmer, ich teilte meines mit Wini. Gleich nach unserer Ankunft gingen wir in die Taverne zu Daphne, die uns ebenfalls sehr herzlich begrüßte. Wir bestellten Fisch und tranken „Mythos"-Bier mit viel Vergnügen. Danach wanderten wir in Richtung der Athos-Grenze.

Auf dem Weg zur Grenze kamen wir an Plantagen vorbei. Vor allem die Olivenbäume waren voll von großen, grünen oder schwarzen Früchten. Sonst war die Verfärbung der Laubbäume eher bescheiden, die Wiesen waren braun und beinahe blumenlos. Wir kamen zum ehemaligen Kloster Zygou, dessen rekonstruierte Mauern von Mal zu Mal mehr in die Höhe wuchsen. Ein ehemaliger Fischer, der dort jetzt als Aufseher beschäftigt war, führte uns durch die Anlage. Bei Ausgrabungen hatte man eine Ölpresse, eine Zisterne, Bodenmosaike, Wandmalereien und Steinmetzarbeiten gefunden. Überall lagen Steinhaufen herum, die man hierhergebracht hat, um die Mauern wiederaufzubauen.

Interessanterweise hatte man den Pappkameraden in Gestalt eines Mönchs, der voriges Jahr hier an der Grenze gestanden war, entfernt. Wir spazierten hinunter zum Meer, dessen Wasser gar nicht kalt war. Dann folgten wir eine gewisse Strecke der „Dreizackmarkierung", die uns oberhalb der Ruinen von Zygou auf einen Weg brachte, der nach einiger Zeit wieder, durch einen Olivenhain gehend, hinunter zu unserem Hinweg führte.

Durstig geworden, besuchten wir abermals Daphnes Taverne. Dann gingen wir kurz auf die Zimmer, um nachher abermals die Taverne aufzusuchen, um vor dem ungewissen Abenteuer der Klosteressen noch einmal mit Vergnügen griechisch zu speisen.

Dienstag, 21. Oktober:

Frau Antonakis weckte uns um fünf Uhr früh. Wir frühstückten am Zimmer und machten uns dann auf, um das Fährschiff um halb acht Uhr zu erreichen. Brieflich hatte uns die Athos-Verwaltung versprochen, man werde uns die Diamonitiria rechtzeitig zum Schiff hinbringen. Es stand auch ein Pick-up-Wagen dort, in dem ein Mann saß, der die Bescheinigungen austeilte und dafür € 30,– kassierte. Leider hatte er für unsere Gruppe nur fünf Diamonitiria mit, dass von Pepere fehlte. Wir sahen auf seiner Liste nach, auch dort fehlte Werner Pfeffers Name! Mir fuhr der Schreck in alle Glieder!

Inzwischen hatten die anderen Freunde schon das Schiff bestiegen. Ich erreichte, dass ich kurz aufs Schiff hinauf durfte und sagte den Freunden, sie mögen bis Dafni fahren und dort auf uns warten. Ich fragte dann den Mann im Pick-up, was wir nun tun sollten. Er meinte, das Athos-Büro würde um halb acht Uhr aufsperren, dann sollten wir dort nach dem fehlenden Diamonitirion nachfragen. Wenn wir Glück haben, könnten wir mit dem

Schnellschiff „Micra Agia Anna" nachkommen, das angeblich beinahe zeitgleich mit dem Fährschiff in Dafni ankommen würde.

Pepere und ich, wir setzten uns nun auf die Terrasse einer Taverne und warteten im Finstern, dass die Zeit verging. Um circa 07:15 Uhr gingen wir Richtung Athos-Büro und tatsächlich war dort schon Licht. Das Büro war renoviert worden, entlang der ganzen Längsseite des Lokals war ein durchgehendes Marmorpult, hinter dem drei Beamte saßen, zwei weitere Personen waren auch noch im Büro anwesend. Mehrere PCs und zwei Kopierer stellten die neue Einrichtung dar.

Wir erklärten ihnen nun unser Problem, sie verlangen Peperes Reisepass und sahen im PC nach, drückten auf einen Knopf am Kopierer und das Diamonitirion war da. Die ganze Aktion dauerte, samt dem Bezahlen, circa zwei Minuten! Das war wieder einmal typisch Athos! „Nix ist fix!"

Wir gingen nun wieder langsam zum Hafen, wo die „Micra Agia Anna" schon vor Anker lag. Doch vorerst gab es kein Zusteigen. Als es dann soweit war, durfte man nur dann an Bord gehen, wenn man auf einer Liste stand. Nach einigem Hin und Her wurden wir gefragt, ob wir die zwei Österreicher wären. Das bejahten wir sofort und so ließ man uns an Bord gehen. Auf der Fahrt nach Dafni gab es nur einen Halt, den bei der Anlegestelle für Thivais. Leider konnte man die Fahrt wenig genießen, einerseits fuhr das Boot relativ weit vom Ufer weg, andererseits waren die Fensterscheiben des Schiffes so schmutzig, dass man sowieso nicht viel sehen konnte.

Ich fragte den Kartenverkäufer am Boot, ob dieses Boot weiter bis Kavsokalivia fahren würde. Während er das erste Mal verneinte, bejahte er die Frage beim zweiten Mal.[99] Na ja, daran muss man sich in Griechenland gewöhnen. Relativ schnell waren wir dann in Dafni. Schon vom Schiff aus sah ich meine verlassene „Truppe" auf der Terrasse der Taverne bei einem Kaffee sitzen. Ich rief ihnen zu, sie mögen doch möglichst schnell auf unser Boot kommen. Sie waren freudig überrascht und kamen blitzschnell an Bord.

Jetzt aber trickste der Kartenverkäufer. Meine vorfahrenden Freunde hatten bereits am Fährschiff bis Kavsokalivia bezahlt. Das galt jetzt nicht, weil die „Micra Agia Anna" einem anderen Eigentümer gehört und so kassierte der Kartenverkäufer bei ihnen € 10,– pro Person. Aber was soll's – wir waren wieder beisammen! Nun ging die Fahrt Richtung Süd, vorbei an den Klöstern Simonos Petras, Osiou Grigoriou, Dionysiou und Agiou Pavlou. Nur an der Arsanas des ersten Klosters legte das Boot nicht an. Sehr bald hatten wir dann auch das schon vor uns in Dafni ausgelaufene Fährschiff überholt.

Das Wetter war an und für sich recht schön, nur manchmal gab es kräftigen Fallwind vom Athos herab. Der Athos hüllte sich während unserer gesamten Wanderung immer in Nebel. Nea Skiti, Agia Anna und Katounakia waren dann weitere Anlegestellen. Mehrmals sahen wir eine Kolonne von Mulis, die mit Stricken lose miteinander verbunden waren, von den Hängen herab zum jeweiligen Hafen heruntersteigen. An der Spitze ritt meistens ein Mönch auf einem Muli im Damensitz.

99 Vielleicht habe wieder einmal ich das falsch interpretiert, denn in Griechenland bedeuten ja die beiden Kopfbewegungen genau das Verkehrte wie bei uns!

Interessant waren natürlich die Behausungen der Einsiedler, die in dieser Gegend siedelten. Aber man konnte auch feststellen, dass es eine ganze Reihe neuer Hütten gab, die schon einen gewissen Komfort erahnen ließen. Das gab es früher nicht. Auch da haben sich die Zeiten geändert.

Und da waren wir schon an der Anlegestelle von Kavsokalivia. Dort warteten mehrere Pilger und Mönche mit Mulis auf das Fährschiff. Ein dicker Mönch – er war Amerikaner – sprach uns, nachdem er gehört hatte, dass wir Österreicher wären, auf Jörg Haider an und war erstaunlich gut informiert.

Wir machten uns nun auf den Weg zur Ansiedlung, eine Reihe von Hütten, die in circa 150 m Höhe über dem Meer, entlang des Hanges errichtet worden waren. Auf dem Weg dorthin erblickten wir eine der wenigen Blumen, denen wir zu dieser Jahreszeit immer wieder begegneten. Es war der Goldkrokus oder auch Herbst-Goldbecher (Sternbergia lutea). Hansi, der nicht nur ein sehr guter Kinderarzt, sondern auch ein guter Botaniker war, erkannte die „Sternbergia" sofort. Außer dieser gab es noch Cyclamen (Cyclamen graecum) und ab und zu violette Herbstzeitlose.

Um das Kyriakon und das Gästehaus zu erreichen, benötigten wir circa zwanzig Minuten. Ein ausgesprochen freundlicher Archontaris – leider habe ich nie nach seinem Namen gefragt – nahm uns auf. Wernerkind, Hansi und ich bekamen ein Zimmer im Untergeschoß, die anderen drei zogen noch ein Geschoß tiefer und bekamen dort Betten in einem Schlafsaal.

Wir wollten nun ein Stück wandern und machten uns ohne Rucksack auf in Richtung des morgigen Wanderweges. Der Weg ging beinahe eben den Hang entlang, bis er dann nahe von Agiou Nilos in eine Schlucht hinunterführte. Bevor wir uns nun diesen Abstieg antaten, drehten wir um. Wir waren circa in einer Stunde wieder zurück und legten uns ein wenig hin.

Später wollte ich zusammen mit Wernerkind und Pepere ein Stück Weges in Richtung Sattel und Stavros-Kreuz gehen, fand aber den Einstieg dazu nicht. Wir gingen daher, wie schon vorher, einen Hang entlang, nur diesmal in der entgegengesetzter Richtung. Ich sah, dass es hier einen weiterführenden Weg gab, eventuell nach Agiou Vasiliou, der in keiner Karte, auch nicht in der von Prof. Zwerger eingezeichnet war. Nach einer halben Stunde kehrten wir um.

Der freundliche Archontaris hatte uns versprochen, dass wir um 16:00 Uhr in das Kyriakon hinein dürften. Trotz jahrelanger Renovierung des Gästehauses war alles rund um das Kyriakon recht verfallen. Es gab dort nicht einmal mehr eine regelmäßige Andacht. Das Kyriakon wies in seinem Inneren umfangreiche Malereien auf, doch ich konnte darin kein durchgehendes Programm erkennen. Dann zeigte der Archontaris den Orthodoxen die Reliquien, da durften wir traditionell nicht dabei sein. Später konnten wir den Archontaris zu den uns nicht erklärbaren, gemalten Szenen befragen.

Anschließend gab es ein gutes Abendessen. Es gab Reis mit Zimt, Fisolen, Käse, Krautsalat, Brot und Wasser. Wir lernten beim Essen zwei nette Griechen kennen, denen wir im Laufe unserer Wanderung noch öfters begegneten.

Nach dem Essen saßen wir noch einige Zeit auf dem Balkon des Gästehauses, aber bald wurde uns kalt und wir suchten unsere Zimmer auf. Um 19:00 Uhr war es hier schon stockfinster, ebenso stockfinster war es noch um 07:00 Uhr früh. Das hieß, dass wir solange wir am Athos waren, täglich fast zwölf Stunden schlafen mussten!

Da die potentiellen Schnarcher nicht in unserem Zimmer waren, schliefen wir bald ein. Leider isolierte aber die Zimmerdecke über uns kaum den Lärm. Dort hausten offenbar Nachtwandler oder Frühaufsteher. Die halbe Nacht wanderten sie hin und her und so war unsere Nachtruhe schon ziemlich gestört. Auch der Wind heulte manchmal ganz anständig um das Gästehaus.

Mittwoch, 22. Oktober:

Wegen der Finsternis in der Früh standen wir erst um 07:30 Uhr auf. Wir frühstückten am Zimmer. Als wir dann abmarschbereit waren, kam unser freundlicher Archontaris und brachte ein Tablett mit Pfefferminztee, Weißbrot und Halva auf die Terrasse vor dem Haus. Wir frühstückten noch einmal, bedankten uns sehr und nahmen Abschied von jenem so freundlichen Mönch.

Den Weg, den wir nun gingen, war anfangs der gleiche, wie wir ihn schon gestern ohne Rucksack gegangen waren. Zweimal kamen uns Mulis entgegen, die mit einem Strick miteinander verbunden waren, wobei eines den Reiter trug. Als es dann abwärts ging, sahen wir hoch im Fels gegenüber in einer Höhle eine Kapelle. Stiegen führten von oben dorthin hinab. Es war dies die Grotte des hl. Nilos.

Unser Weg ging nun wieder kurzfristig bergauf, dann aber stark bergab. Als wir unten eine Brücke erreicht hatten, querten wir das Tal und gingen nun wieder steil den gegenüberliegenden Berg hinauf. Oben angekommen, sahen wir ein Kellion, bei dem wir vorerst rasteten. Ein Mönch kam heraus und ich erkundigte mich nun nach dem Weg zur Grotte. Vorerst kam ich zu einem auffallend sauberen, weiteren Kellion. Dort kam mir ein Mönch entgegen, der mit einem Fernglas von einer profilierten Stelle aus ein tief unten vorbeifahrendes Motorboot beobachtet hatte. Er zeigte mir nun den Weg zur Grotte. Ich holte nun die Freunde nach.

Ich machte mich nun auf den Weg zur Grotte, Wini und Pepere folgten mir. Der Weg dorthin war unwahrscheinlich schön mit einbetonierten Steinplatten ausgelegt. Das letzte Stück Weg, eine schwindelerregende Stiege nach unten, hatte sogar ein Geländer. Bei der Grotte waren dann zwei kleine Kapellen, beide aber waren verschlossen. Aber hinter der einen Kapelle führte eine Leiter in die eigentliche Grotte hinauf, die dem hl. Nilos als Eremitage gedient haben soll.

Da ich erst zu Hause der Frage nachging, mehr über den hl. Nilos zu erfahren, der hier als Einsiedler gelebt haben muss, war das zu spät. Ich hätte an Ort und Stelle fragen müssen. Der Namenstag von elf Heiligen mit dem Namen Nilos ist der 12. November.[100] Hier waren dann zwei angeführt, welche mit dem Heiligen Berg Athos in Beziehung standen, so der hl. Nilos, der Myronspender[101] vom Berg Athos, und der hl. Nilos, Mönch vom Berg Athos.

100 Vgl.: https://orthpedia.de/index.php/12._November (Zugriff: 7.5.2020).

101 Zu Myron vgl. Glossar.

Außer deren Namen war über sie leider nicht mehr zu erfahren. Einer von ihnen wird wohl der Richtige gewesen sein.

In der Grotte gab es einige Räume, überall an den Wänden waren meist schon verblasste Heiligenbilder befestigt, Unterschriften von Besuchern, Kerzenreste und einige Einrichtungsgegenstände waren auch vorhanden. Die Einrichtung unterschied sich kaum von der, wie ich sie schon in der Grotte des hl. Athanasios oder in der vom hl. Kosmas von Zographou gesehen hatten.

Nach einer längeren Rast brachen wir auf, vorerst auf beinahe eben dahingehendem Pfad. Dann aber ging es ein kurzes Stück steil bergab. Vor uns lag ein gewaltiger Hang voll von Gesteinsbrocken, die vom Gipfel des Athos immer wieder heruntergekommen waren. Dieser Hang war sicher an die 800 m breit. Nur wenig erkennbar an den Gesteinsbrocken führte eine schmale Spur hinüber. Circa 200 m unterhalb war das tiefblaue Meer. Diesen Hang mussten wir nun queren.

Gott sei Dank war es nicht heiß! Vorsichtig setzten wir Schritt auf Schritt. Ich hatte diesen Hang, der doch etwas abseits von den üblichen Trampelpfaden der Athospilger lag, schon einmal mit Burkhard und Herwig überquert. Man musste von Steinbrocken zu Steinbrocken hinüberbalancieren. Meine Mitpilger zeigten großen Respekt vor dieser Querung, wie ich ihren Wortmeldungen entnahm. Nachdem wir alle glücklich drüben waren, führte der Weg uns in einen Mischwald. Dort führte der Steig, oft steil ansteigend, in Serpentinen aufwärts, bis er endlich im Weg mündete, der vom Stavros-Kreuz am Sattel herüberführte.

Nahe der Wegkreuzung stand auch das Koukouzelis-Kreuz, von wo man den ersten Blick, sowohl auf das mächtige Megistis-Lavras-Kloster als auch auf die Skite von Timiou Prodromou hat. Hier rasteten wir eine Dreiviertelstunde und machten uns dann auf den Weg zur Skite Timiou Prodromou. Ich mochte diesen Weg nicht besonders, meist war man schon recht müde und der Weg zog sich. Nach einer guten halben Stunde standen wir vor dem Tor der Skite, in der ausschließlich rumänische Mönche lebten.

Ein junger Archontaris empfing und bewirtete uns wie üblich. Er sprach Englisch. So freundlich er vorerst war, bald ging er uns auf die Nerven, da er immer wieder mit theologischen Fragen anfing. Überhaupt empfand ich diesmal die rumänischen Mönche in Summe als nicht so freundlich wie sonst. Wenn man sie grüßte, dankten sie meist nicht und nahmen von einem keinerlei Notiz. Man hatte schon den Eindruck, dass wir diesmal nicht sehr willkommen waren. Ein Blick ins Gästebuch zeigte auch, warum. Hauptsächlich hatten sie Besuch von Landsleuten, Pilgern aus Rumänien, die, wie auch heute, in großer Zahl vorbeikamen. Von hier zogen diese Pilger dann weiter zur Skite tou Lakkou (Agiou Dimitriou), die ja auch ausschließlich von rumänischen Mönchen bewohnt war. Ähnlich wie die Russen im Kloster Panteleimonos, wollte man unter sich sein.

Recht bald nach unserer Ankunft gab es dann ein gemeinsames Mahl in der Trapeza. Es war reichlich. Es gab einen tiefen Teller voll von köstlicher Bohnensuppe, dann einen Teller gekochten Karfiol, den man sich mit Zitrone abmachen konnte. Weiters standen am Tisch gekochte Kastanien, es gab einen Becher Wein, Brot und eine undefinierbare Süßspeise. Von der Kanzel herab las ein Mönch während des gesamten Essens aus einer beschaulichen Schrift vor.

Nach dem Mal konnten wir wieder ein Stück Alt-Byzanz beobachten. Mit dem Abt voran zogen die Mönche aus der Trapeza. Nahe der Tür standen nun der Koch und noch zwei seiner Gehilfen in einer gebückten, streng abgewinkelten Haltung. Ihre Arme berührten fast den Boden und der Kopf war in Kniehöhe. Sie warteten wirklich bis alle, auch die Gäste, an ihnen vorbeigezogen waren. Ich ermahnte meine Freunde, die das erstaunt beobachteten, doch an ihnen vorbeizugehen, um sie aus ihrer unbequemen Haltung zu befreien. Heiner meinte Spaßes halber, er hatte den Eindruck, die drei würden etwas am Boden suchen.

Wir gingen nun etwas im Klosterbereich herum. Vor allem der Gemüsegarten der Skite erforderte allen Respekt. Er war sehr groß und in einem wohlgeordneten Zustand. Es gab auch eine ganze Reihe von Bäumen der Kakipflaume (Diospyros kaki var. aurantium), deren orange Früchte üppig an den Zweigen hingen. Zwischen den Bäumen waren Wäscheleinen gespannt, wo gewaschene Betttücher lustig im Wind flatterten. Nahe dem Karner, der versperrt war, gab es ein frisches Grab.

Bald danach begann die Abendandacht, die recht lange dauerte. Wie üblich durften wir dabei nur bis zum Esonarthex gehen. Danach vertraten wir noch etwas vor der Skite die Füße, aber es war doch bald recht kühl. Nur Pepere machte, ohne jemanden etwas zu sagen, einen Spaziergang zur Grotte des hl. Athanasios. Als er uns das sagte, war ich entsetzt und fragte gar nicht, ob er nur bis zum oberen Felsenrand oder gar bis zur Höhle hinuntergegangen war. Denn im letzten Fall, wäre ihm etwas passiert, niemals hätte wir ihn je wieder gefunden!

Wir suchten unser Zimmer auf, es war ein Eckzimmer, welches wir aber mit keinem Fremden teilen mussten. Die Petroleumlampe roch unangenehm, sodass wir sie bald auslöschten. So herrschte ab 19:00 Uhr Nachtruhe, die nur zu bald von einzelnen Schnarchern gestört wurde.

Donnerstag, 23. November:

Wir schliefen bis sieben Uhr. Da wir nicht zur Andacht gegangen waren, bekamen wir auch kein Frühstück. So aßen wir am Zimmer, packten unsere Rucksäcke und räumten das Zimmer. Im Bereich der Eingangspforte stellten wir dann die Rucksäcke ab und machten uns – ohne diese – auf eine Wanderung zur Arsanas von Timiou Prodromou. Der Weg dorthin war noch in tadellosem Zustand. Er führte anfangs durch dichte Macchie, später über einen Grashang. Vom Kloster war der Hafen circa eine Dreiviertelstunde entfernt.

Die Hafenanlage war vollkommen verfallen und schon seit Jahren aufgegeben worden. Aber sie beeindruckte durch ihre Größe. Neben einer Reihe von Gebäuden hatte man einen tunellartigen Bau direkt in den Felsen getrieben, wo man ein Schiff hineinziehen konnte. Die Vorrichtung dazu war noch vorhanden.

Wir machten uns auf den Rückweg. Da Heiner etwas zu kämpfen hatte, war unsere Gruppe sehr weit auseinandergezogen, so machten wir einen Treffpunkt aus, wo alle zusammenwarten sollten. Leider wartete dann keiner am ausgemachten Treffpunkt. Die Vorausgehenden waren zur Skite vorgegangen und uns beiden blieb dann auch nichts anderes übrig.

Da wir im Kloster Megisti Lavra sonst allzu viel tote Zeit gehabt hätten, wanderten wir nun in Richtung der Grotte der hl. Athanasios. Da ich schon dreimal dort gewesen war, musste ich nicht unbedingt die 200 Steinstufen, zudem geländerlos, zur Grotte hinuntersteigen, zumal auch die Freunde wenig Lust dafür verspürten. Nur Wini wollte vorerst bis zur ersten Biegung hinabsteigen, entschloss sich dann aber offenbar, ganz hinunter zu gehen. Als er dann nach einiger Zeit wieder erschien, wanderten wir hinaus bis zum Kellion Agiou Menas, wo ich wusste, dass dort der sehr freundliche Pater Joseph lebte. Er war auch tatsächlich zuhause, doch er hatte, da er gerade einen Turm an sein Kellion baute und dort die Decke betonierte, für uns leider keine Zeit.

Von seinem Kellion aus hatte man einen prächtigen Blick auf die steil abfallenden Felsen des Kaps Akrathos. Gut konnte man von hier beobachten, wie mit Hilfe von Kränen neue Einsiedlerbehausungen in der Felswand errichtet wurden. Wie gefährlich musste erst die Errichtung so einer Hütte früher gewesen sein!

Langsam gingen wir dann nach Timiou Prodromou zurück. Dort nahmen wir unsere Rucksäcke auf und marschierten auf vorerst staubiger Straße dem Kloster Megisti Lavra entgegen. Als die Skite außer Sicht war, machten wir Rast und jausneten. Dann ging es weiter auf der Straße, die im letzten Abschnitt schon betoniert war.

Megisti Lavra zu sehen war stets ein einprägsames Erlebnis, obwohl immer noch mehrere Kräne das Bild verunzierten. Dort angekommen, stiegen wir gleich zum Archontaris in den 1. Stock hinauf. Der war kein Mönch, sondern ein ziviler Klosterangestellter. Er machte uns mit den Vorschriften im Kloster bekannt und ließ uns Kaffee, Wasser, Tsipouro und Loukoumi servieren.

Zu allererst trug ich unsere Namen in jenes Buch ein, wo nach der Anzahl der Eintragungen die entsprechende Menge an Taxi-Busse für die morgige Fahrt Richtung Karyes angefordert wurde. Vor uns gab es schon 34 Eintragungen! Wir suchten dann das uns angewiesene Zimmer in einem Gebäude gegenüber dem Archontarikion auf. Es lag im ersten Stock. Wir hatten nun wieder das Glück, dass kein Fremder zu uns ins Zimmer hineingelegt wurde. Hier im Kloster gab es sogar die Gelegenheit, sich mit warmem Wasser zu duschen, welch ein Genuss!

Wir streiften anschließend ausgiebig durch den riesigen Klosterhof mit seinen zahlreichen Gebäuden. Niemand hinderte uns daran. Überhaupt waren die Mönche von Megisti Lavra diesmal von großer Liebenswürdigkeit, was bei früheren Besuchen nicht gerade immer der Fall gewesen war. Besonders beeindruckt waren meine Freunde aber von der mächtigen, angeblich über tausend Jahre alten Zypresse im Klosterhof, die der hl. Athanasios noch selbst gepflanzt haben soll.

Wir gingen dann außen um das Kloster herum und dann ins Katholikon zur Hesperinos-Andacht. Da wir früh genug dort waren, konnten wir uns im Katholikon einiges anschauen, so das Grab des hl. Athanasios oder die wundertätige Ikone der „Oikonomissa" („Verwalterin"). Es war immer wieder faszinierend anzusehen, welche tiefe Verehrung wundertätige Ikonen oder Plätze von Heiligkeit in der orthodoxen Welt genossen. Junge und alte Mönche legten sich, voll von religiöser Inbrunst, an solchen Orten, vor solchen Ikonen, oft flach am Boden hin. Und das taten natürlich auch die Pilger.

Das Athanasios-Grab und die Ikone der „Oikonómissa" hängen mit der Entstehung dieses Klosters in engem Zusammenhang. Hier die Legende dazu:

Der hl. Athanasios hatte schon, von zahlreichen Rückschlägen beim Klosterbau zermürbt, dieses verlassen. Doch er kam nicht weit, bei der heutigen „Quelle des Athanasios" erschien ihm die Panagia – die Gottesmutter Maria – und forderte ihn mit einem Wunder zur Rückkehr auf.[102] *Damals versprach ihm die Panagia auch, er werde zukünftig beim Klosterbau keine Not mehr leiden. Man werde daher von nun an die Panagia im Kloster als „Oikodómissa" („Klostererbauerin") verehren.*

Athanasios kehrte um und der byzantinische Herrscher unterstützte von nun an tatkräftig den Bau des Klosters. Athanasios wandte sich wieder eifrig dem Klosterbau zu. Um 1004 stürzte die Kuppel der Klosterkirche ein und begrub ihn unter sich. Er fand dann auch im fertigen Katholikon seine letzte Ruhestätte. Um an das Eingreifens der Panagia beim Klosterbau zu erinnern, wurde die Ikone „Oikodómissa" in Auftrag gegeben. Im Laufe der Jahrhunderte wurde deren Name dann in „Oikonómissa" („Klosterverwalterin") umgewandelt.[103]

Die Hesperinos-Andacht, die nun folgte, war wieder lang. Es gab gleich zweimal einen Segen. Bei jedem Segen war es für mich immer interessant zu beobachten, welchen Stellenwert der Priester den Katholiken beimaß. Katholiken mussten ja in der Regel während der Andacht im Esonarthex des Katholikons verbleiben. Wenn nun am Ende der Andacht der Priester mit dem Weihrauchfass vorbeikam und dort Nicht-Orthodoxe erkannte, ging er oft nur mit einem kurzen, nachlässigen Schwung des Weihrauchkessels an diesen vorbei. Jeder orthodoxe Gläubige wurde dagegen ordentlich „eingeweihräuchert". Der heutige Priester der Lavras war da von anderer Denkart, jeder von uns bekam ein ordentliches Maß an Weihrauch ab.

Auch Reinhold Zwerger beschreibt in seinen Aufzeichnungen sehr genau, wie so eine Segnung abläuft:

Während der Liturgie geht zweimal ein Priester mit dem Weihrauchkessel durch die ganze Kirche. An dem Weihrauchkessel sind viele kleine Schellen. So geht der Priester räuchernd und klingelnd in alle Winkel, zu jeder Ikone und zu den Menschen. Es ist üblich, vor dem einen einräuchernden Priester den Kopf tief zu senken, um ihn dann langsam wieder hochzuheben.[104]

Vom Katholikon ging es direkt in die altehrwürdige Trapeza. Es waren heute so viele Pilger da, dass die Tische bis hin zur Eingangstür besetzt waren. Leider waren die so berühmten Malereien noch immer nicht renoviert worden. Ob ich die noch erneuert sehen werde? Beeindruckend wie immer waren die gewaltigen Marmortische, auf denen die Teller mit unserem Essen standen. Es gab Bratkartoffel mit Melanzani – wie immer fast kalt – einen herrlichen Krautsalat, Schafkäse, Wein und Brot. Beeindruckend dann der Auszug am Ende des Mahles. Außen vor der Tür stand dann der Abt, gestützt auf seinem Abtstab, und erteilte jeden seinen Segen.

---

102 Vgl. 14. Wanderung, S. 256.

103 Vgl. dazu auch: Huber. Wundertätige Ikonen, Tafel 19.

104 Vgl. Zwerger, Wege, S. 144.

——➤ *Seite 289*

Friedhof von Kavsokalivia

Eremitage Agiou Nilos

Eremitage Agiou Nilos

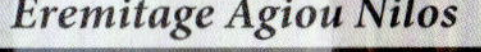

Eremitage Agiou Nilos

Querung des Athos-Abfalls

Küstenstraße im Osten nach dem Unwetter 2005

Küstenstraße im Osten nach dem Unwetter 2005

Küstenstraße im Osten nach dem Unwetter 2005

Küstenstraße im Osten nach dem Unwetter 2005

Küstenstraße im Osten nach dem Unwetter 2005

Wanderung über den Antithonas 2012

Wanderung über den Antithonas 2012

Wanderung über den Antithonas 2012

Skite Agiou Andreou

Skite Agiou Andreou, Eingangstor

Skite Agiou Andreou

Skite Agiou Andreou

Skite Agiou Andreou

Skite Agiou Andreou –
Rauch wird nach außen abgeleitet

Skite Agiou Andreou –
Rauch wird nach außen abgeleitet

Skite Agiou Andreou – die Glocken warten noch auf das Aufziehen

Skite Agiou Andreou, Ikonostase, Kyriakon

Skite Agiou Andreou – Pater Dionysios, der Graz-Liebhaber

Panagia

Vom Athossattel geht es auf den Berg

Panagia

Zisterne in der Panagia

Russen reiten bis zur Panagia

Das Innere der Metamorphosis-Kapelle (1998)

Wir wanderten anschließend noch einmal um das Kloster herum, besuchten anschließend die Koukouzelissa-Kirche, wo offenbar gerade eine Litanei gesungen wurde. Dann suchten wir unser Zimmer auf und gingen, schon traditionell, um 19:00 Uhr zu Bett.

Freitag, 24. Oktober:
Die Wecker der Handys waren auf 05:30 Uhr gestellt. Frühstück am Zimmer. Um ¾ 7 Uhr brachen wir in noch stockfinsterer Nacht zum Klostertor auf. Es war noch so finster, dass wir beinahe nicht den Weg zum Halteplatz der kleinen Taxi-Busse gefunden hätten. Und man sollte es nicht glauben, unser Fahrzeug stand bereits dort und wir stiegen sofort in dieses ein. Langsam tröpfelten auch die anderen Pilger ein und typisch griechisch, ein Taxi-Bus war zu wenig da. Er kam verspätet, aber doch.

Wir fuhren als Vorletzte ab, und los ging die schaukelnde Fahrt durch die vorerst noch finstere Nacht. Leider fuhren wir diesmal an der Quelle des Athanasios ohne zu halten vorbei. Nach circa einer Stunde Fahrt hielten wir bei der Arsanas vom Kloster Iviron. Wir stiegen aus und wanderten hinauf zum Kloster. Wir suchten den Archontaris auf, doch ein Pilger teilte uns mit, dass dieser jetzt bis halb elf Uhr schlafen würde. Ich sagte den Freunden, sie sollten ihre Rucksäcke einfach hier ablegen, alles andere werde sich schon ergeben.

Es war nämlich meine Hoffnung, dass es uns irgendwie gelingen könnte, hier zu übernachten. Im Frühjahr hatte – auf unsere Anfrage hin – das Kloster es abgelehnt, uns ein Quartier für eine Nacht zu geben. Positiv dagegen hatte das Kloster von Philotheou geantwortet. Das war aber von hier circa eine Stunde Wanderung auf der Straße und dann bergauf noch einmal gute 1 ½ Stunden weit entfernt. Wenn das nicht sein musste …

Ohne unsere Rucksäcke marschierten wir also wieder hinunter zur Arsanas und dann ein Stück auf der Straße Richtung Karyes. Dann zweigte der Weg zum Kloster Stavronikita ab. Es war ein schöner und ohne Rucksack keineswegs anstrengender Pfad. Bei der Arsanas vom Kloster Koutloumousiou sprach uns ein Grieche an, der offenbar hier wohnte. Als wir uns als Österreicher zu erkennen gaben, erzählte er uns, dass er in zahlreichen Orten Österreichs schon gearbeitet habe, unter anderem auch bei Swarovski. Er war ein lustiger Geselle und rief uns zum Abschied ein *„Pfiart di!“* nach.

Der Weg verlief jetzt über den Meeresklippen, unter uns war schäumendes Meer. Der Weg schlängelte sich über Hänge, die im Frühling eine unwahrscheinliche Blumenpracht aufwiesen. Jetzt dagegen waren sie blumenlos und braun, nur ab und zu gab es eine blühende Besenheide. Nachdem wir ungefähr eine Stunde gewandert waren, tauchten vor uns die Mauern des eindrucksvollen Klosters von Stavronikita auf. Großen Eindruck machte allen sofort der gepflegte Gemüsegarten vor dem Kloster.

Der Archontaris war sehr freundlich, er sagte, er könne sich noch erinnern, dass ich voriges Jahr hier übernachtet habe. Er war bereit, uns das Katholikon zu zeigen. Die Fresken wurden noch immer gesäubert, sodass überall Gerüste standen. Man zeigte den Freunden die wundertätige Nikolaus-Ikone. Bevor wir den Rückweg antraten, wurden wir mit Tsipouro, Loukoumi und Wasser bewirtet.

Unser Rückmarsch verlief ereignislos. Jetzt war der Archontaris von Iviron, ein älterer, freundlicher Mönch anwesend. Ich sagte den Freunden, sie mögen sich niedersetzen und mich verhandeln lassen. Ich fragte nun den Archontaris, ob wir hier übernachten könnten. Worauf er mich fragte, ob ich angerufen hätte, was ich verneinen musste. Dann habe er keinen Platz für uns, wir mögen weiter wandern zum Kloster Megisti Lavra.

Da half jetzt nur ein Wunder. Ich hatte sicherheitshalber vom letzten Jahr noch das Empfehlungsschreiben des Prof. Larentzakis mit. Es stimmten zwar weder das Datum noch die Namen der empfohlenen Personen. Da war der Roland Girtler noch drauf, der Wini aber nicht und der Heiner stand nur mit seinem Vornamen dort. Aber auf solche Kleinigkeiten durfte ich jetzt keine Rücksicht nehmen. Helfe, was helfen kann!

Ich zeigte ihm das Schreiben, er ging zum Fenster und las es. Und dann jammerte er los, drei Pilger ja, aber sechs! Unmöglich, er sei total voll! Ich versuchte ihm auszudeutschen, dass wir müde wären. Er wiederum hielt das Schreiben in der Hand und schlug mit dem Handrücken der anderen Hand immer wieder dagegen und jammerte in einem fort vom Telefonieren und sechs Personen. Dann lief er zum Schlüsselbord und dann wieder zu mir und hieß mich, mit ihm in den Klosterhof mitzukommen. Mit dem Schreiben in der Hand schimpfte er unentwegt, während wir über den Hof gingen. Ich musste ihm in die Küche folgen, wo er irgendetwas mit dem Koch kurz besprach.

Dann ging es über den Hof weiter, in einen Seitentrakt, wo er mich auf einen Sessel zu setzen hieß. Er verließ den Raum und ich hörte aus den Nebenraum Stimmen und immer wieder „Larentzakis“ und „Graz“. Und wieder liefen wir über den Klosterhof. Der Archontaris sagte mir jetzt auch, dass unsere Diamonitiria schon abgelaufen wäre – vier Tage bedeuteten drei Übernachtungen!

Dann rief er einen griechischen Pilger herbei und wir gingen zu einem im Hof stehenden Tisch. Darauf lagen zwei circa 30 kg schwere Säcke, einer voll mit Kartoffeln, der andere voll mit Zwiebeln. Daneben standen eine große leere Plastikschüssel und zwei Töpfe, die mit Wasser halb angefüllt waren. Am Tisch lag eine Reihe von Messer.

Der griechische Pilger erklärte mir nun auf Englisch, wenn wir ein Zimmer wollten, müssten wir den Sack voll mit Kartoffeln, beziehungsweise jenen mit Zwiebeln schälen! Ich ging zu meinen Freunden zurück und erklärte ihnen das bisher Erreichte. Meine Freunde stimmten dem zu. Wir bekamen einen Schlüssel und bezogen das Zimmer blitzschnell.

Dann machten wir uns an die Arbeit. Über die Komik dieser Situation mussten wir anfangs unheimlich viel lachen. Man stelle sich nur vor, sechs Akademiker, darunter ein Hochschulprofessor, die Zwiebeln und Kartoffeln schälten. Jedenfalls erledigten wir die Aufgabe souverän in einer Dreiviertelstunde. Der Archontaris kam mehrmals vorbei und lächelte uns freundlich zu, besonders dann, als ich ihm sagte, wir wären lauter Doktoren. Er war dann sehr zufrieden mit unserer Arbeit und so gab es eine Jause. Tsipouro, Kompott und einen Teller mit Rosinen und Kichererbsen, die nicht mehr ganz frisch waren.

Wir sahen uns dann im riesigen Klosterhof etwas um und beschlossen, anschließend eine kleine Wanderung zu machen. Wir spazierten bei schönstem Sonnenschein auf dem alten Pilgerpfad, der von hier nach Karyes führte. Bei einer Kapelle am Wegrand drehten wir um. Zurück im Kloster beschäftigten wir uns mit den aufregenden Malereien zur Apokalypse, die im Exonarthex des Katholikons zu sehen waren.

Anschließend betrieben wir Körperpflege. Es gab eine tadellos saubere Waschanlage, die sogar Spiegel aufwies. Überhaupt war alles im Kloster blitzsauber und in den Gängen roch es nach Weihrauch.

Wir gingen zur Hesperinos-Andacht. Wider Erwarten mussten wir nicht im Esonarthex verbleiben, sondern durften vor in den Naos. Es wurde schön gesungen, aber die Andacht dauerte auch recht lange. Der Priester war beim „Beweihräuchern" bei uns wieder einmal recht sparsam. Nach Ende der Andacht konnten wir im Katholikon uns noch einiges ansehen.

Anschließend begaben sich alle in die Kapelle der berühmten und eine der wundertätigsten Ikonen des Athos, der Portaitissa („Pförtnerin"). Auch hier konnten wir wieder die ungeheure Verehrung beobachten, die dieser Ikone entgegengebracht wurde. Die Andacht dort dauerte dann eine ganze Weile.

Dann gab es ein Abendessen, welches aber nur für die Gäste bestimmt war. Da Freitag war, fasteten alle Mönche. Es gab eine eher sehr saure Gemüsesuppe, einen Apfel, Brot und Wasser. Also dieses Essen war wirklich nicht gut. Sehr freundlich war der Mönch, der für die Trapeza verantwortlich war. Er fragte uns, ob wir morgen ein Taxi nach Karyes benötigen würden. Er versprach es uns dann für sieben Uhr. Zudem lud er uns vor der Abfahrt in der Trapeza ein, um noch einen Tee zu trinken.

Wir spazierten noch etwas herum, dann gingen wir schon gewohnheitsmäßig, nachdem alle den Handywecker auf 06:00 Uhr gestellt hatten, um circa 19:00 Uhr zu Bett.

Samstag, 25. Oktober:

Hansis Handy war zu früh abgegangen, sodass wir alle schon eine Stunde früher geweckt wurden. Hansi entschuldigte sich recht originell, indem er meinte, sein Handy habe sich in der Nacht von selbst verstellt. Wie üblich frühstückten wir am Zimmer und gingen dann eine Viertelstunde vor Abfahrt in die Trapeza, um Tee zu trinken. Aber das heutige Personal verweigerte das, man wisse davon nichts! Letztendlich zogen wir zu dem schon wartenden Taxi-Bus ab. Da kam aber der Mönch, der uns gestern den Tee versprochen hatte. Und tatsächlich hatte man für uns in der Trapeza zum Frühstück aufgedeckt, es gab Tee, Brote und Marmelade.

Das Taxi brachte uns hinauf nach Karyes und als ein mitfahrender Pilger davon sprach, ob uns das Taxi nicht gleich nach Dafni bringen könnte, redete auch ich mit dem Fahrer, der nicht ungern einwilligte. Wir sahen so zwar nichts von Karyes, dass ja die meisten Freunde schon kannten, dafür hatten wir dann keine Drängelei beim Bus. Mir war es so auf jeden Fall lieber. Die Gruppe in Dafni zu haben war beruhigend, da konnte nicht mehr viel passieren.

So brachte uns das Taxi auf staubiger Straße hinauf auf den Hauptkamm. Die Kastanienwälder waren hier wirklich schon golden verfärbt, neben der Straße mit einer dicken Staubschicht bedeckt. Nach Überqueren des Kammes sahen wir bald auch das mächtige Kloster Xiropotamou. Es war prächtig anzusehen.

Nicht sehr lange und wir waren in Dafni und suchten dort das Gasthaus auf. Dann tätigten wir einige Einkäufe in den Andenkenläden. Ich machte nun den Freunden den Vorschlag, ob sie nicht mit dem demnächst ankommenden Frühschiff noch einmal die

Küste hinunter und dann wieder zurück herauffahren wollten. Davon waren sie sehr angetan, hatten sie doch am Dienstag wenig Gelegenheit gehabt, Fotos zu machen.

Es dauerte auch nicht mehr lange und das Fährschiff traf ein. Wir bestiegen es und ließen uns am Oberdeck nieder. Wunderschön war nun die Fahrt, vorbei an den Klöstern Simonos Petras, Osiou Grigoriou, Dionysiou, Agiou Pavlou und an den Skiten von Nea Skiti, Agia Anna und Karoulia. Dort drehte das Schiff dann um, ohne Kavsokalivia anzulaufen. Die Rückfahrt verlief wie die Hinfahrt, nur mit dem Unterschied, dass das Schiff an der Arsanas vom Kloster Simonos Petras wegen eines einzelnen Mönches anlegte. Ich konnte mich nie erinnern, dass dort überhaupt je angelegt worden war.

In Dafni mussten wir das Schiff verlassen, eine neue Schiffskarte lösen und durch die Zollkontrolle. Dann ging es Richtung Ouranoupoli, vorbei an den Klöstern von Xiropotamou, Panteleimonos, Xenofontos und Dochiariou, weiters vorbei an den Arsanas der Klöster Konstamonitou und Zographou und am Kellion Megali Jovantsa, wo sehr viele Pilger zustiegen. Der letzte interessante Bau, an dem wir vorbeifuhren, war die Skite Thivais.

Nach gut zwei Stunden Fahrt sahen wir wieder den Pyrgos von Ouranoupoli. Beim Aussteigen konnte man sehen, welche Pilgermassen, trotz fortgeschrittener Jahreszeit, am Athos unterwegs gewesen waren. Auf unserem Schiff waren auch auffallend viele russischen Pilger gewesen. Ich aber war sehr glücklich, nun alle Freunde wohlbehalten am Schiff zurückgebracht zu haben!

Wie suchten gleich Daphne auf, um uns mit „Mythos"-Bier und mit Finger-Food-Fischen zu stärken. Anschließend machten wir Körperpflege und noch etwaige Einkäufe. Dann fanden wir uns zum letzten gemeinsamen Abendessen ein. Ich war Gast unserer Runde, Wini spendete für alle den Wein. Noch einmal zogen die Erlebnisse der Wanderung an uns vorüber und wir haben viel gelacht.

Sonntag, 26. Oktober:

Wir nahmen den Bus um acht Uhr. Unterwegs konnten wir mehrmals sehen, dass es nachts leicht geregnet haben muss. Oberhalb von Stratoni galt unser letzter Blick dem mächtigen Athosgipfel, der sich während unserer Wanderung kaum gezeigt hatte. 2 ¼ Stunden dauerte die Fahrt bis zum Bus-Terminal außerhalb von Thessaloniki. Wir nahmen uns zwei Taxis und fuhren zum Flughafen. Dort herrschte griechische Nachsaison. Nicht einmal das Restaurant war geöffnet! Der Flug nach Graz verlief programmgemäß. In der gleichen Besetzung, wie wir nach Wien gekommen waren, fuhren wir wieder heim nach Graz.

Meine 16. Athos-Wanderung

Mit Burkhard und seinen Freunden vom
18. April bis 26. April 2009

Thessaloniki - Ouranoupoli - Nebelfahrt entlang der Westküste - Agia Anna - Mikra Agia Anna - Österliche Andacht in Agia Anna - Nea Skiti - Österliche Gastfreundschaft der Mönche von Nea Skiti - Österliche Feier in Agiou Pavlou - Über den Antithonas-Sattel - Philotheou - Pater Gelasius - Legende der Panagia Glycophilousa von Philotheou - Karakalou - Iviron - Österliche Feier an der Quelle Agiasma - Stavronikita - Legende der Nikolaus-Ikone von Stavronikita - Skite Agiou Andreou - Karyes - Das Protáton - Kellion Molivouekklesia - Vatopediou - Legende der Panagia Elaiovrytissa - Weg hinauf zur Chera - Konstamonitou - Zographou - Legende vom Papstangriff auf Zographou - Dochiariou - Xenofontos - Panteleimonos - Dochiariou - Dafni - Ouranoupoli - Rückfahrt nach Thessaloniki mit einem Hindernis

Samstag, 18. April:

Unsere Gruppe bestand aus Burkhard, Dieter, Fritz, Klaus, Dr. Helmut Mayer und mir. Helmut war neu zur Gruppe gestoßen, war ein IT-Fachmann und bei der Steirermärkischen Landesregierung beschäftigt. Er war besonders mit Klaus befreundet. Alle, außer Helmut, waren schon erfahrene Athos-Wanderer. Ursprünglich wollten wir erst eine Woche später nach Griechenland fliegen, aber das Athos-Büro entschied es anders.

Ohne, dass wir es vorerst erkannt haben, feierte man in Griechenland am ersten Sonntag unserer Wanderwoche Ostern. Das bescherte uns in der Folge zwar unvergessliche Eindrücke, bereitete aber auch bei der Suche nach Unterkünften in den einzelnen Klöstern ungeahnte Schwierigkeiten.

Schon das Ausstellen der Diamonitiria erwies sich als kompliziert, da der zuständige Athos-Beamte uns eine Woche zuvor zusicherte, wir könnten ihn deswegen noch am Freitag telefonisch kontaktieren. Wir wollen annehmen, dass es aus Unaufmerksamkeit geschah, jedenfalls war es dann nicht möglich, ihn zu diesem Termin zu erreichen, da der Karfreitag in Griechenland stets ein Feiertag ist. Aber Probleme sind ja bekannterweise dazu da, um überwunden zu werden.

Mit zwei Autos fuhren wir nach Wien. Am Flughafen Wien-Schwechat verpackten wir unsere Rucksäcke in schwarze Müllsäcke, in der Hoffnung, dass sie so problemlos mit uns nach Thessaloniki mittransportiert werden würden, was auch der Fall war. Dieter sorgte für unsere corporate identity, indem er uns alle mit einem grünen „Gösser-Bier"-Käppchen versah. Zudem schenkte er uns als nobler Destilliermeister jedem ein Fläschchen seiner Edelbrände, entweder Zwetschke, Kriecherl oder Williamsbirne. Es muss wohl an der Verpflegung durch die Klöster gelegen sein, dass wir damit nur bis Freitag auskamen. Jedenfalls war diese Medizin unverzichtbar und Dieter sei dafür an dieser Stelle noch einmal herzlich gedankt!

Nach der Landung in Thessaloniki schnappten wir uns zwei Taxis und fuhren mit ihnen zum Chalkidiki-Bus-Terminal, der gar nicht so weit vom Flughafen entfernt lag. Wir hatten das Glück, dass bereits eine halbe Stunde später der Bus nach Ouranoupoli fuhr.

Da die Busfahrt quer über die Chalkidiki-Halbinsel immer recht angenehm und abwechslungsreich war, konnten bisher meist – sofern die Wartezeit nicht zu lang war – alle Angebote auf eine Taxifahrt nach Ouranoupoli ausgeschlagen werden.

Überraschenderweise war der Frühling hier bei Weitem nicht so fortgeschritten, wie wir uns das alle vorgestellt hatten. Wohl blühten vereinzelt blutroter Mohn, auch die Obstbäume und vor allem der Judasbaum, aber die Laubbäume im Allgemeinen wiesen wesentlich weniger Blattwachstum auf als bei uns zu Hause. Im Holomondas-Gebirge, wo entlang der Straße oft Hunderte von Bienenstöcken aufgestellt waren, fehlten diese noch vollkommen. Es war auch recht kühl und der Athos-Gipfel war durch Wolken verdeckt.

Nach 2½ Stunden Fahrt erreichten wir Ouranoupoli und suchten gleich die Pension Antonakis auf. Nachdem wir dort die Zimmer bezogen hatten, bedankten wir uns zuerst einmal herzlich bei Frau Antonakis für alles, was sie bezüglich der Klosterreservierungen für uns getan hat. Dann schauten wir gleich einmal bei Daphne vorbei, die gleich um die Ecke ihre Taverne hatte. Dort bestellten wir Fisch für das Abendessen.

Von Durst geplagt, suchten wir eine der vielen Gaststätten auf, die mit ihren einladenden Terrassen den Weg entlang der Strandpromenade säumten. Wir bestellten Mythos-Bier und Tsatsiki, um uns so richtig auf Griechenland einzustimmen. Der Wirt dankte uns mit einer Runde Ouzo.

Dann schwärmten wir aus, um unsere diversen Besorgungen zu erledigen. Meist waren das Ansichtskarten, die wir dann im Zimmer schrieben. In Ouranoupoli war es kalt und windig und noch auffallend wenige Gäste waren hier. Es war dann auch kaum etwas los, obwohl abends Auferstehung mit viel griechischer Lebensfreude gefeiert werden würde.

Wir gingen Abendessen, der Fisch war wie immer ausgezeichnet. Beim Trinken hielten wir uns etwas zurück. Wir brachen auch nicht allzu spät auf, da zwei Freunde doch morgen den Athosgipfel erklimmen und wir so früh wie möglich mit dem Schiff wegkommen wollten.

Wir hatten von Frau Antonakis erfahren, dass die Auferstehungsfeier in der Kirche erst um 23:00 Uhr beginnen würde, sodass wir nicht aufblieben. Das half uns wenig, ab Mitternacht wurde es sehr laut, es krachte überall und in einer nahen Taverne wurde laut Techno-Musik bis vier Uhr früh gespielt.

Ostersonntag, 19. April:

Das Wetter war nicht besonders. Wir frühstückten am Zimmer und gingen gleich anschließend zum Athos-Büro, wo wir ab acht Uhr anstandslos unser Diamonitirion bekamen. Frau Antonakis hatte schon vorher für uns Plätze auf der „Mikra Agia Anna“, dem Schnellschiff, gebucht. Außer einem Mönch waren wir dort dann auch die einzigen Passagiere. Um 08:35 Uhr legten wir in Ouranoupoli ab.

Schon circa fünf Minuten später, ungefähr bei der Landgrenze zum Athos hin, fuhren wir in dichten Nebel hinein. Von nun an sah man überhaupt nichts, der Kapitän des Schiffs konnte nur mittels seiner elektronischen Geräte fahren. Trotzdem fuhr es mit über 40 km/h dahin. Schon nahe dem Ufer tauchte nach einiger Zeit schemenhaft der Hafen von Dafni auf, wo uns dann auch der Mönch verließ.

Von Dafni weg fuhren wir wieder in den dichtesten Nebel hinein. Als der Kapitän glaubte, nahe dem Hafen der Skite von Agia Anna zu sein, näherte er sich ganz langsam der Küste. Das Meer war hier unheimlich schmutzig, offenbar trug eine Strömung den ganzen Unrat von irgendwo hierher.

Am Bug des Bootes standen nun zwei Mitglieder der Bootsmannschaft und versuchten während des langsamen Entlangfahrens an der Küste die Anlegestelle von Agia Anna zu erkennen. Nach einigem Suchen gelang das. Überraschenderweise standen sehr viele Pilger an der Anlagestelle. Wir konnten sehen, dass bei der Abfahrt dann gar nicht alle mit unserem Boot mitfahren konnten. Entweder war zu wenig Platz am Boot oder einige der Pilger wollten weiter nach Süden fahren, aber das Boot kehrte von hier nach Ouranoupoli zurück. Mit Ausnahme unserer zwei Athos-Gipfelstürmer Burkhard und Klaus, wollten auch wir Übrigen ursprünglich bis Katounakia fahren und von dort nach Mikra Agia Anna aufsteigen.

Uns umgab dichter Nebel. Burkhard und Klaus, die ja heute den Gipfel des Athos besteigen wollten, zogen sofort mit irrem Tempo los. Wir vier begannen nun die endlosen Stufen hinauf nach Agia Anna zu erklimmen. Dieses Stufensteigen gleich am ersten Tag, mit einem gut 12 kg schweren Rucksack, war eine arge Herausforderung.

Nach circa 100 Höhenmetern waren wir aus dem Nebel, der in der Folge immer wieder auf und nieder wallte. Endlich erreichten wir das Gästehaus von Agia Anna. Einige griechische Pilger saßen auf der Terrasse. Burkhard und Klaus waren schon da gewesen und hatten ihre Rucksäcke im gedeckten Vorraum des Kyriakons abgestellt. Mit nur einem kleinen Rucksack mit dem Nötigsten waren sie weiter Richtung Gipfel gezogen.

Der Archontaris, der hier bisher meist recht freundlich gewesen war, war diesmal eher abweisend. Er wartete uns nicht einmal ein Glas Wasser auf. Wir verschnauften ein wenig. Unser neuer Plan war von hier über Mikra Agia Anna nach Agiou Vasiliou zu wandern. Bevor wir loszogen, mussten wir auf Anordnung des Archontaris alle Rucksäcke – auch die von Burkhard und Klaus – aus dem Vorraum des Kyriakons entfernen. Er sagte uns auch, dass um 14:00 Uhr im Kyriakon eine Andacht stattfände.

Ich suchte nun den Weg, den Dieter und ich vor zwei Jahren gegangen waren. Den wollte ich auch schon voriges Jahr mit meinen Tarockfreunden gehen, damals war aber eine längere Strecke davon verschüttet gewesen. Und sie war es noch immer. Aber, da wir ja genügend Zeit hatten, versuchten wir trotzdem, dem Steig irgendwie zu folgen. Es war eine etwas mühsame Kletterei über Geröll und auch das anschließende „Wegerl“ war nicht besonders. Gott sei Dank mündete dieses nach circa 200 m in einen sehr schönen Weg, der sich entlang des Hanges nach Mikra Agia Anna hinschlängelte. Nach circa einer halben Stunde Gehzeit waren wir dort.

Mikra Agia Anna lag herrlich in einer windgeschützten Mulde. Die Häuser und das Kyriakon waren neueren Datums und aufwendig gebaut worden. Letzteres war geschlossen. Auch sonst war niemand zu sehen. So wanderten wir weiter, bis wir an einem Berghang die dort verstreut liegenden Häuser von Agiou Vasiliou sahen. Dort kehrten wir um. Im Laufe dieser kurzen Wanderung kündigte sich ein kleines Unglück an. Von Dieters Bergschuhen begannen sich beide Sohlen zu lösen.

Diesmal gingen wir auf einem anderen Weg zurück, ohne auf den verschütteten Weg zurückkehren zu müssen. Es war ein sehr schöner Weg, der etwas unterhalb des Archontarikions von Agia Anna in den Weg, der von der Arsanas heraufkam, mündete. Besonders schön zeigte sich auf dieser Wanderung die Blumenwelt. Goldgelber Ginster, rosarote Judasbäume, Affodill, Zistrosen, Anemonen, sie alle blühten in verschwenderischer Pracht.

Kaum in Agia Anna angekommen, sahen wir dort zahlreiche Mönche, die laufend von den einzelnen Kellien dem Kyriakon zuströmten. Sie begrüßten sich freudig, umarmten und küssten sich. Mit einer langen Kerze in der Hand strömten sie dann in das Kyriakon. Auch wir nahmen dort im Esonarthex Platz. Überall am Boden lagen verstreut Lorbeerblätter, mit denen man gestern zur Auferstehungsfeier den Kirchboden vollkommen bedeckt hatte. Es roch herb nach ihnen.

Um 14:00 Uhr begann die Andacht. Alle Mönche und auch die anwesenden griechischen Pilger hatten brennende Kerzen in den Händen. Auch sämtliche Kerzen im Inneren des Kyriakons hatte man angezündet. Es war eine großartige Andacht. Die goldene Pforte in der Ikonostase war geöffnet, sodass wir stets den Priester und seine in kostbare Gewänder gehüllten Gehilfen sehen konnten. Es wurde viel gesungen. Der Priester schritt mit hoch erhobenem Evangelienbuch durch das Kircheninnere, während sich manche Mönche, bekleidet mit prächtigen Gewändern, vor der Ikonostase aufgestellt hatten und feierlich sangen. Starker, parfümierter Weihrauchgeruch durchzog das Kircheninnere.

Es hatte mir vor Jahren schon ein deutscher, orthodoxer Mönch erzählt, dass es – wenigstens in der griechischen Orthodoxie – eine ganze Reihe von „Weihräucher" gäbe, die, jeder für sich, anders parfümiert wären. Er könne schon am Weihrauchgeruch feststellen, welcher seiner Mönchskollegen die Andacht leiten würde, denn jeder habe eine Vorliebe für eine bestimmte Duftrichtung. Der Wohlgeruch spielt in der Orthodoxie überhaupt eine große Rolle, so dürfen aus diesem Grund zum Beispiel auch nur echte Bienenwachskerzen in den Kirchen verwendet werden.

Um der Freude der Mönche und der Gläubigen noch mehr Ausdruck zu verleihen, wurde der riesige Choros, der kreisrunde Messingleuchter und alle weiteren Lüster und Ampeln in kreisende Bewegungen versetzt. Ein fantastisches Bild! Der Priester schritt nun mit seinem Weihrauchbehältnis durch die Kirche, segnete jeden Anwesenden und verkündete jedem laut „Christos anesti". Und jeder antwortete ihm mit denselben Worten, so taten es auch wir.

Da wir annahmen, dass die Feierlichkeiten noch lange dauern würden, stahlen wir uns nach circa 1 ½ Stunden aus dem Kyriakon. Wir nahmen unsere Rucksäcke auf und machten uns auf den Weg nach Nea Skiti, wo wir ja übernachten wollten. Als wir am Glockenturm des Kyriakons von Agia Anna vorbeikamen, konnten wir oben bei den Glocken einen Mönch erkennen, der mit Enthusiasmus das Glockenspiel betätigte. Lange klang uns dieses noch nach.

Wir benötigten vielleicht eine Dreiviertelstunde, um nach Nea Skiti zu gelangen. Schon von Weitem hörten wir auch von dort intensives Glockengeläut. Angekommen, machten wir uns auf die Suche nach dem Archontarikion. Da wir nicht wussten, wo es war und andererseits wir mit den schweren Rucksäcken nicht bergauf und bergab durch die Mönchssiedlung wandern wollten, hatten wir diese am Wegrand abgestellt.

Gleich darauf begegnete uns eine Gruppe von Mönchen und Pilgern, die offenbar vom Kyriakon herkamen. Auf unsere Frage, wo wir den Archontaris treffen könnten, antwortete einer der Mönche in gutem Deutsch, wir sollten einfach mit ihnen mitkommen in die Häuser, dort gebe es zu essen und zu trinken. Etwas verwundert schlossen wir uns ihnen an.

Gleich darauf marschierten wir schon ins erste Kellion ein. Dort wartete man schon auf den Besuch. Von Parterre aus mussten wir über eine etwas finstere Stiege in den ersten Stock hinaufsteigen. Über einen schmalen Gang, der durch einen voll angeräumten Dachboden führte, erreichten wir die Hauskapelle. Dort zelebrierte ein Mönchspriester eine kurze Andacht, die mit „Christos anesti"-Rufen endete. Dieses Ritual wurde in jedem Kellion wiederholt.

Immer mehr Mönche und Gäste kamen und versammelten sich nahe dem Eingang. Dort hatte man einen großen Tisch aufgestellt und alle Köstlichkeiten, die sich ein Kellion leisten konnte, waren hier für die Gäste bereitgestellt. Alle griffen eifrig zu und auch wir, die wir uns vorerst bescheiden im Hintergrund gehalten hatten, wurden dazu animiert. Da gab es mehrere Arten von Käse, alle möglichen Häppchen, sogar mit Lachs, dann Kuchen, Ostergebäck, natürlich jede Menge von roten Eiern, Süßigkeiten wie Ferrero, Schokopudding, Pannacotta und zum Trinken Coca-Cola, Sprite, Orangensaft, Wein, Ouzo, Tsipouro, Metaxa, verschiedene Liköre usw. Jedes Kellion wollte in der Folge an großzügiger Gastfreundschaft das andere übertreffen.

Die Mönche fotografierten, tranken, scherzten und waren zu uns sehr liebenswürdig. Vor allem das Eierpecken betrieben sie mit Leidenschaft und es gab viel Gelächter, wenn ein Ei nicht ganz hart gekocht gewesen war. Diese Ausgelassenheit und Freude an den irdischen Genüssen muss man vor dem Hintergrund der eben erst zu Ende gegangenen, 40-tägigen, strengen Fastenzeit sehen.

Besonders lustig war der Priestermönch, der ja in jeder Kapelle eines Kellions eine kurze Andacht halten musste. Zum Schluss wankte er schon recht bedenklich und auch sprachlich war er nicht mehr ganz auf der Höhe.

Ein anderer Mönch, der gut Deutsch sprach, sagte stets „*Kyrie eleison*" (Herr, erbarme dich) zu uns, wenn uns ein kleines Missgeschick passiert war, zum Beispiel, als wir in einem Kellion nicht mehr wussten, wo wir unsere Wanderstöcke abgestellt hatten.

Man blieb meist eine Viertelstunde in jedem Kellion, dann ging es zum nächsten weiter. So wanderten wir durch sieben Kellien, dann gaben wir uns geschlagen.

Wir lernten unter den Pilgern auch den einen oder anderen kennen, der kein Orthodoxer war und sich trotzdem hier bei Mönchen einquartiert hatte. So zum Beispiel einen Dänen mit einem recht ungepflegten Vollbart. Dieser erzählte uns, er würde gerne zur Orthodoxie übertreten, aber seine Ehefrau gestattete es ihm nicht. So wäre er „nur im Herzen" orthodox. Auch am folgenden Tag trafen wir ihn bei Feierlichkeiten in anderen Klöstern wieder. In einem anderen Kellion lebte schon längere Zeit ein Schweizer. Beide hatten schon etwas Parasitenhaftes an sich.

Wir hatten im Gespräch mit den Mönchen immer wieder versucht herauszufinden, wer denn eigentlich der Archontaris wäre, aber das konnten wir mit Sicherheit nicht genau feststellen. Man sagte uns, das Archontarikion wäre neben dem Kyriakon. So suchten wir unsere Rucksäcke und wanderten dorthin. Inzwischen hatten wir mit Burkhard und Klaus telefonische Verbindung aufgenommen. Die waren schon auf dem Rückweg vom Gipfel und bereits in Agia Anna. Eine starke Leistung.

Wir warteten nun beim Kyriakon auf Zuweisung unserer Unterkunft. Aber niemand kümmerte sich um uns. So versuchten wir mit der lustigen Mönchsgesellschaft wieder Verbindung aufzunehmen, die irgendwo in der Siedlung unterwegs war. Es war dann Helmut, der sich auf die Suche machte und von Kellion zu Kellion ging, um den Archontaris zu finden. Ich versuchte es auch und fragte in einem nahen Kellion, wie wir zu unserem Nachtlager kommen könnten. Dieser Mönch meinte, ich solle einfach die Kirchenglocke läuten, dann werde schon etwas geschehen. Das versuchte ich – vergebens.

Es begann langsam zu dunkeln. Da kamen ungefähr um 19:00 Uhr Burkhard und Klaus vom Berg Athos zurück. Sie berichteten, dass es ihnen fast bis zur Panagia-Hütte vorzüglich gegangen war. Knapp unterhalb dieser hatte aber Burkhard eine Kreislaufschwäche. Nach einer Erholungspause in der Hütte versuchte er noch einmal kurz bergauf zu gehen, spürte aber, dass er es nicht schaffen würde und tat das einzig Vernünftige, er kehrte zur Hütte zurück. Klaus wagte dann allein den Gipfelsturm, der ihn auch durch Schnee stapfen ließ. Er schaffte den Gipfel – großartig. Die beiden hatten nun einen riesigen Hunger und stürzten sich auf ihre Essensvorräte.

Zu uns gesellte sich dann auch noch ein gut deutsch sprechender Grieche, angeblich ein Ikonenmaler, der über ein großes Mundwerk verfügte. Als es dann schon fast finster war, kamen zwei Mönchsnovizen und zeigten uns ein Fünfbettzimmer im ersten Stock des Kyriakons. Einer von uns musste im Parterre schlafen. Es traf unser „Schnarch-Sägewerk" Fritz.

Wir gingen bald schlafen. Und wieder, wie stets in dieser Gegend, hörten wir Wölfe heulen. Als ich in der Nacht einmal aufstehen musste, zeigte sich ein fantastisch schöner Sternhimmel.

Ostermontag, 20. April:

Nach dem aus unseren Vorräten eingenommenen Frühstück brachen wir um sieben Uhr von Nea Skiti auf. Der Weg führte uns zum Kloster Agiou Pavlou, welches wir nach einer Stunde erreichten. Wir sahen gleich, dass auch hier eine Feierlichkeit vorbereitet wurde. Vor dem Klostertor hatte man mehrere Tische mit ihrer Schmalseite aneinandergestellt und diese mit einem durchgehenden, roten und mit Gold bestickten Tuch bedeckt. Daran anschließend standen zwei Pulte, wo in der Folge Ikonen hinaufgestellt wurden. Am anderen Ende der Tische stand ein großes, silbernes Gefäß.

Im Klosterhof, vor dem Katholikon, sammelten sich inzwischen Mönche und Pilger. Einige Mönche trugen Kirchenfahnen, einer von ihnen trug die griechische Nationalflagge. Mehrere Mönche hatten schöne, goldbestickte Messgewänder in verschiedenen Grundfarben an.

Das Tor des Katholikons war weit offen, am Boden lagen immer noch verstreut Lorbeerblätter. Wir konnten ungestört hinein und uns das Katholikon in Ruhe ansehen.

Inzwischen hatte man sich zu einer Prozession aufgestellt und zog vor das Kloster. Die Mönche in den Messgewändern trugen entweder kostbar gearbeitete, silberne Behältnisse mit Reliquien oder sie trugen Ikonen. Alles wurde auf die vorbereitete Tischfläche gestellt und die Behältnisse geöffnet. Mönche und Pilger bildeten dann einen Halbkreis herum. Ein Priestermönch im goldbestickten Messgewand stand im Mittelpunkt des nun folgenden Rituals.

Die Zeremonie begann mit vielen Gebeten und Gesängen. Nach einiger Zeit segnete der Priestermönch das Wasser, welches sich im großen Silbergefäß befand. Dann stellten sich die Mönche in strenger hierarchischer Ordnung auf und einer nach dem anderen küsste die Ikonen und vor allem die Reliquien.

Am Ende des Rituals küsste jeder noch ein großes Kreuz, welches der Priestermönch ihnen entgegenhielt. Dieser segnete dann mit einem Olivenzweig, den er vorher in das geweihte Wasser getaucht hatte, den jeweiligen Mönch. Letzterer schöpfte dann noch mit einer bereitgestellten Schale Wasser aus dem Silbergefäß und trank es. Nachdem alle Mönche das Ritual vollzogen hatten, taten es ihnen die Pilger gleich.

So interessant das alles war, wir mussten aufbrechen. Das mag auf Unverständnis stoßen, aber wir haben in diesem Kloster und auch vorher schon in Agia Anna keine Übernachtung bekommen. So blieb uns jedes Mal nichts anderes übrig, als weiterzuziehen.

Wir hatten noch einen langen Weg vor uns. Unser Wanderweg führte uns auf der Schotterstraße, die vom Kloster in Serpentinen über den Athosrücken auf die Ostseite der Halbinsel hinüberführte, immer höher hinauf. Die Straße war nicht sehr steil angelegt worden und gewährte uns noch lange die Möglichkeit auf das immer tiefer unter uns liegende Kloster zurückzuschauen. Von hier heroben bewirkte die gewaltige Mauer, die das Kloster Agiou Pavlou umgab, unsere allgemeine Bewunderung.

Nach circa einer halben Stunde Wanderns hörten wir aus der Ferne anschwellendes Glockengeläut und Laute vom Schlagen mehrerer Klangbretter beziehungsweise Simantronen. Wir blickten hinunter zum Kloster und konnten erkennen, wie dort eine Prozession von Mönchen und Pilgern um das Kloster herumzog.

Wunderschön war der Blick zurück aufs Meer und auf die gegenüberliegende Halbinsel Sithonia. Zauberhaft war auch der Blick auf die Laubwälder rundum, wo im zarten Hellgrün die Blätter zu sprießen begannen. An Blumen gab es ganze Teppiche an kleinblütigen Stiefmütterchen und blühenden Taubnesseln.

Fritz und ich hatten die Vorauseilenden etwas aus den Augen verloren. Da kam ein Auto mit drei Mönchen und blieb neben uns stehen. Man fragte uns, wohin wir gehen wollten. Da wir zum Kloster Philotheou wollten, lud man uns ein, mitzufahren. Wir stiegen zu, doch gleich nach der nächsten Kurve rasteten unsere Freunde. Das Auto blieb wieder stehen und unser Chauffeur fragte diese, ob er ihre Rucksäcke mitnehmen könne. Sie waren gerne bereit dazu.

Doch nach ein paar Minuten Fahrt hatten wir den Sattel erreicht und baten nun unsererseits den überraschten Mönch stehen zu bleiben, da auch wir hier aussteigen und weiterhin gehen wollten. Das erstaunte den Mönch umso mehr, als auch er das Kloster Philotheou anfahren wollte. Wir stiegen aus, bedankten uns und luden auch die Rucksäcke der Freunde ab. Es dauerte dann kaum zehn Minuten bis diese uns nachkamen. Wir standen etwas unterhalb des Antithonas-Gipfels (1042 m), ungefähr auf 850 m über dem Meeresspiegel. Von Nea Skiti bis hierher waren wir 11,86 km gegangen und hatten von Kloster Agiou Pavlou bis hier 1 ½ Stunden benötigt. Die Angaben waren deshalb so genau, weil Klaus sehr gut mit seinem GPS-Gerät umgehen konnte.

Mit neuen Kräften marschierten wir nun bergab. Wir waren auf der Höhe von Morfonou und konnten in der Ferne den amalfitanischen Turm am östlichen Meeresstrand und einige Häuser der Skite Agiou Dimitriou (tou Lakkou) sehen. Im Rücken war nun der majestätische Athos unser steter Begleiter. Wir waren uns sicher, dass wir auf jene Straße gekommen waren, auf der wir schon vor zwei Jahren, von der Skite Agiou Dimitriou und über ein namentlich uns nicht bekanntes Kellion herkommend, gewandert waren.

Auf diesem Weg war dann das Ende von Dieters Bergschuhen gekommen. Beide Sohlen lösten sich vollkommen ab. Fritz half Dieter mit Sandalen aus. Es ging halbwegs, nur waren sie Dieter, der Schuhgröße 45 hatte, zu kurz. Nachdem wir bei einer der nächsten Kreuzungen, anders als vor zwei Jahren, richtig gegangen waren, erreichten wir um 14:00 Uhr das Kloster Philotheou. Insgesamt waren wir heute 4 Stunden und 50 Minuten gewandert und hatten 21,6 km zurückgelegt.

Die Aufnahme im Kloster war sehr freundlich mit Tsipouro und Loukoumi. Wir bekamen auch ein schönes Sechsbettzimmer. Ich bat den freundlichen Gastmönch um Kaffee und wir bekamen auch welchen. Dann streiften wir noch etwas im Kloster herum. Es gab immer etwas Neues zu entdecken. Kurz vor der Hesperinos-Andacht kam Pater Gelasius, der Deutsche, zu uns und versprach, sich unser anzunehmen. Er hatte dann auch gleich einen Auftritt mit seinem Abt, der uns nicht erlaubte, an der Andacht teilzunehmen. Das galt dann auch für das Abendessen, das ebenfalls als Andacht angesehen wurde.

Beim Portiermönch kauften Burkhard und ich Ansichtskarten und Burkhard half ihm, ein Telefongespräch mit einem Österreicher herzustellen. Dafür lud der uns ein, nach dem Abendessen auf einen Kaffee zu ihm zu kommen.

Man holte uns dann zum Essen in die Trapeza. Es gab Okra-Gemüse, kalte Spaghetti, Feta, eine Fischpastete, einen Apfel und guten Wein. Schon während des Essens kam Pater Gelasius und führte ein nicht aufdringliches Bekehrungsgespräch mit uns. Er erklärte uns anschließend auch die schönen, alten Malereien der Trapeza. Anschließend durften wir mit ihm in das Katholikon, wo wir ihn viel fragen konnten. Hier konnten wir auch eine der vier wundertätigen Ikonen des Athos, die Panagia Glycophilousa (die „Süßkosende“), näher betrachten. Auch hierzu die Legende:

Zur Zeit der Zerstörung der Ikonen unter Kaiser Leo III. verbarg in Konstantinopel eine fromme Frau diese Ikone in einem Kleiderschrank. Auf Gottes Befehl übergab sie dann aber die Ikone dem Meer. Aufrecht auf den Wellen schwimmend, passierte diese die Dardanellen und die Ägäis, bis sie eines Tages an der Ostküste des hl. Berges anlangte. Auf Geheiß des Himmels hat sie dort der damalige Abt von Philotheou in Empfang genommen und brachte sie ins Katholikon des Klosters, wo sie bis heute einen Ehrenplatz einnimmt. An der Landstelle der Ikone, in der heutigen Arsanas von Philotheou, ereignete sich ein erstes Quellwunder am Fels, dem bis zum heutigen Tage viele Wunder an Gelähmten und an Kinderlosen folgten.[105]

Pater Gelasius wollte uns gar nicht zum Portiermönch gehen lassen. Wir hatten den Eindruck, dass hier eine gewisse Rivalität geherrscht hat. Da Gelasius aber noch einen Termin hatte, ließ er uns dann doch ziehen, sodass wir auch zu unseren Kaffee noch kamen. Nachdem wir dann alle schon zu Bette lagen, kam Pater Gelasius noch einmal, doch wir entschuldigten uns, dass wir schon zu müde für ein Gespräch wären.

Dienstag, 21. April:

Wir waren mit dem Frühstück noch nicht ganz fertig, als Pater Gelasius klopfte und uns zum Frühstücken in die Trapeza einlud. Es gab eine warme Fisch-Gemüsesuppe, Feta, eine Lauchpastete, Wein und die letzte, leichte „orthodoxe Kost" von Pater Gelasius. Dann verabschiedeten wir uns von jenem freundlichen Deutschen und wählten den Weg zum gar nicht fernen Kloster Karakalou.

Fast zweifelten wir schon daran, ob wir den Einstieg in den alten Athosweg dorthin finden würden, aber er war doch weiter vom Kloster Philotheou weg, als wir ihn in Erinnerung hatten. Vorbei an der Kapelle des Agiou Georgios führte ein wunderschöner Weg, weitgehend noch mit Steinen ausgelegt, zum nächsten Kloster, dessen Turm nach dreißig Minuten durch das Laub schimmerte. Der Archontaris schlief, aber ein sehr freundlicher Mönch nahm sich unser an. Er war stolz auf sein Kloster, zeigte uns das Katholikon, dann noch vor dem Kloster den schönen Rosengarten und den Karner.

Nach diesem eher kurzen Intermezzo wanderten wir in Richtung des Klosters Iviron weiter. Da man die alten Pilgerwege weitgehend zerstört hatte, waren es die üblichen Forststraßen, auf denen wir bergab in Richtung Meer wanderten. Einmal schon in Küstennähe, war es dann die alte Verbindungsstraße Megisti Lavra – Karyes, auf der wir – jede Bucht ausgehend – dahinspazierten. Zwei Stunden später waren wir beim Bach, der beim Kloster Iviron ins Meer mündet, angekommen.

Auch hier war heute eine große Feierlichkeit angesetzt. Die Panagia Portaitissa, die „Pförtnerin"[106], eine der besonders am hl. Berg verehrungswürdigen Ikonen, war in einer feierlichen Prozession vom Kloster zum Strand getragen worden, wo die Quelle Agiasma mit ihrem heilbringenden Wasser sprudelte. Es war die Stelle, wo der Legende nach die Panagia den Athos betreten hatte. Dort hat man auch eine Marienkapelle errichtet, die mit einer Mauer umgeben war. Zu dieser Kapelle hatte man die Panagia Portaitissa gebracht.

In die Kapelle konnte man überhaupt nicht hinein, die Zeremonie war dort gerade in vollem Gange. Im weiten Umkreis um die Kapelle lagerten zahlreiche Pilger und es kamen

105 Vgl. dazu: Huber, Wundertätige Ikonen, Tafel 9.

106 Die Legende wurde von mir bereits bei meiner 7. Wanderung, S. 126f. erzählt.

immer neue hinzu. Gerade stellte man entlang des Strandes eine lange Reihe von Tischen auf und trug große Teller mit Süßigkeiten, in Stanniol eingewickelt, dorthin. Einige Zeit sahen wir dem Treiben zu, dann wanderten wir zum Kloster hinauf. Natürlich war dort kein Archontaris anzutreffen.

Wir beschlossen nun zum Kloster Stavronikita weiter zu wandern. Enttäuschend war, dass die Wiesen entlang der Meeresküste, die im Frühling meist voll von Blumen waren, diese Blumen jetzt vielfach schon verblüht waren. Wir benötigten etwas über eine Stunde zum Kloster Stavronikita zu kommen. Ein freundlicher Archontaris bewirtete uns mit Tsipouro und Wasser und ermöglichte es uns, das Katholikon zu besuchen, mit seinen qualitätsvollen Malereien von Theophanes dem Kreter. Auch die berühmte Mosaikikone des hl. Nikolaus konnten wir uns genauer ansehen. Die Legende zu dieser Ikone sei hier wiedergegeben:

Es war zur Zeit des Bildersturms in Konstantinopel im 8. Jahrhundert nach Christi Geburt. Auch die Ikone des hl. Nikolaus wurde in einer Kirche geraubt und ein Soldat versetzte dem Bild zudem noch einen Schwerthieb über die Wange, bevor er sie ins Meer warf. Vierzig Jahre später, als die Verehrung der Ikonen wieder gestattet war, fand sie ein Fischer in seinem Netz. Durch festklebenden Tang war das Dargestellte kaum erkennbar. In der Wangennarbe hatte sich zudem eine Auster festgesetzt. Da der Fischer die Ikone für wertlos hielt, schenkte er sie einem vorbeikommenden Mönch, der einige Jahre später auf den Athos kam. Dort schenkte der Mönch das Bild dem neugegründeten Kloster Stavronikita, das damals aber nur „Stavros" hieß. Die Mönche des Klosters waren über dieses so schmutzige Bild wenig erfreut, einige verlachten es sogar. Man schenkte es dem Türsteher, der darum gebeten hatte. Dieser reinigte es und riss dabei die Auster aus der Wunde. Da quoll plötzlich Blut aus der Wangenwunde, so reichlich, dass sich davon eine große, dunkle Lacke am Boden bildete. Das war für die Mönche ein Zeichen, dass sie den dargestellten Heiligen beleidigt hätten, und die Ikone bekam von nun an einen Ehrenplatz an der Ikonostase.[107]

Da der Weg nach Karyes von hier nur leere Straßenkilometer war, beschlossen wir ein Taxi zu rufen, das uns auch auffallend bald abgeholt hat. Wir ließen uns direkt bis zur Skite Agiou Andreou bringen und suchten dort gleich den Archontaris auf. Dieser war im zweiten Stock anzutreffen. Auf zahlreichen Stühlen sitzend, warteten schon Pilger Sonderzahl auf eine Übernachtung. Der Archontaris war ein großer, asketischer Grieche, der alle Eintragungen ins Buch selbst vornahm. Er wusste von uns, in Anbetracht der zahlreichen Wartenden zeigte ich ihm noch unser Empfehlungsschreiben von Prof. Dr. Larentzakis. Zusätzlich machten wir eine „Kollekte" an die Skite.

Der Archontaris arbeitete gewissenhaft. Jedem der neu Ankommenden, und es kamen laufend neue, nahm er das Diamonitirion ab und fragte zudem auch noch nach dem Namen des Vaters. Die wartenden Pilger waren meist Rumänen oder Bulgaren, die hier übernachten wollten. Von Zeit zu Zeit ging er mit einigen weg, um ihnen ein Zimmer zu zeigen.

Bis wir dran kamen, dauerte es recht lange. Endlich war es so weit. Wir schritten einen langen Gang entlang und dann hinauf über eine Stiege. Alles war dem österreichischen

107 Vgl. Spunda, Legenden und Fresken, Stuttgart o. J., S. 111.

Flüchtlingslager „Traiskirchen", so wie wir uns das vorstellten, nicht unähnlich. Endlich wies er uns ein Neunbettzimmer zu, das eigentlich recht manierlich war. Kaum hatten wir dann unsere Betten bezogen, klopfte er und fragte uns, ob wir mit Fremden, wahrscheinlich Rumänen oder Bulgaren, im Zimmer einverstanden wären. Das wollten wir eigentlich nicht und Dank unserer „Kollekte" nahm er davon Abstand. Damit unsere Reaktion verständlich wird, muss man hier hinzufügen, dass wir bisher bei jeder Übernachtung vor Diebstählen gewarnt worden waren!

Ich legte mich nieder, da mir offenbar die Fisch-Gemüsesuppe vom Kloster Philotheou nicht bekommen war. Die Freunde beschlossen nach Karyes zu spazieren. Als sie nach gut zwei Stunden zurückkamen, erzählten sie, dass Dieter tatsächlich neue Wanderschuhe erstanden hätte. Die Freunde waren auch im Kloster Koutloumousiou gewesen und wären dort sehr freundlich aufgenommen worden. Letztlich hätten sie auch dem Gasthaus einen kurzen Besuch abgestattet. Bald nach dem Zurückkommen gingen sie essen, wozu ich keine Lust hatte. Wir gingen dann recht bald zu Bett. Insgesamt waren wir heute 15 km gegangen.

Mittwoch, 22. April:

Das Wetter war eher regnerisch. Wir brachen um halb acht Uhr auf und spazierten Richtung Karyes, da wir unsere Diamonitiria verlängern wollten. Auf dem Weg zum Amtsgebäude suchten wir das Gasthaus für einen Kaffee auf. Im Amtsgebäude waren wir die ersten, sodass wir auf die Verlängerung unserer Diamonitiria nicht zulange warten mussten. Da ab 09:30 Uhr die Möglichkeit bestand, das Protáton zu besichtigen, warteten wir dann zu, bis wir dieses besichtigen konnten.

Welche Enttäuschung! Nicht nur, dass man das Protáton seit mehreren Jahren schon außen mit einer scheußlichen Stahlkonstruktion überdacht hatte, auch innen hatte man es mit einer Stahlkonstruktion versehen, dass es wie eine VOEST-Werkshalle aussah! Ein echter Schock. Man hatte auch begonnen, Manuel Panselinos berühmte Malereien zu restaurieren. Das wird wahrscheinlich eine kleine Ewigkeit dauern, aber ob dann die Stahlkonstruktion wegkommt?

Das Hauptaugenmerk der Orthodoxen war hier natürlich der Ikone Axión estín („Es ist wahrhaft würdig...") gewidmet, die berühmteste und wundertätigste Ikone, die die griechisch-orthodoxen Gläubigen besitzen. Die Ikone war bis auf ihr und des Kindes Gesicht völlig von einer Gold-Endyma (Abdeckung) bedeckt. Manche der Pilger, die nun auch hereinkamen, verehrten sie, indem sie mit der Stirn den Boden mehrmals berührten. Soviel Verehrung ist uns eher unbekannt. Wie man bei Reinhold Zwerger nachlesen kann, wird die Ikone Axión estín alle zwei Jahre von einem Kriegsschiff nach Athen gebracht und dort in einer feierlichen Prozession durch die Straßen getragen.[108] Wir ließen uns nun Zeit, um die Atmosphäre auf uns einwirken zu lassen und um auch die Malereien, sofern sie erkennbar waren, näher betrachten zu können.

Um 9:45 Uhr verließen wir Karyes und strebten unserem heutigen Endziel, dem Kloster von Vatopediou zu. Auf der nach Dafni führenden Straße wanderten wir an der Skite

108 Vgl. Zwerger, Wege, S. 140.

Agiou Andreou vorbei. Die Straße ging nun bergauf. Nach circa zwanzig Minuten bogen wir nach rechts ab, um das Kellion Molivouekklesia (auf 580 m Seehöhe gelegen) zu erreichen. Wir übersahen einen Wegweiser und gingen vorerst falsch. Das war, wie wir noch sehen werden, eine glückliche Fügung.

Inzwischen begann es zu regnen. Wir erkannten auch bald unseren Irrtum und kehrten um. Wir fanden dann auch den richtigen Weg. Nachdem wir diesem schon einige Zeit gefolgt waren, kam ein geländegängiges Auto uns nach, in dem Pater Chrysostomos, der einzige Bewohner des Kellions Molivouekklesia saß. Er ließ sich gerade Vorräte aus Karyes zustellen. Wir begrüßten ihn und machten ihm irgendwie verständlich, dass wir sein Kellion mit der wunderschönen Hauskapelle besuchen wollten. Wir halfen ihm vorerst die Vorräte ins Haus zu bringen.

Nach Öffnen einer Falltüre stiegen wir zur Kapelle hinunter. Außer Helmut hatten meine Freunde ja alle schon die wundervollen Malereien gesehen. Sie beeindruckten aber stets aufs Neue, wozu die Abgelegenheit und die intime Atmosphäre dieser Kapelle wesentlich beitrugen.

Inzwischen hatte es aufgehört zu regnen. Wir verabschiedeten uns herzlich von Pater Chrysostomos und fragten ihn noch, wie wir von hier den Weg nach Vatopediou erreichen könnten. Mit Gesten der Hände machte er uns verständlich, dass gleich hinter seinem Haus ein schmaler Weg wegführen würde, dem wir folgen sollten. Tatsächlich führte dieser Weg nach circa zehn Minuten zu einem großen, in Renovierung befindlichen Kellion. Von dort sah man dann schon die Fahrstraße nach Vatopediou.

Dieser einstige Pilgerpfad, der direkt von der Straße nach Dafni abzweigte, war schon vor drei Jahren, wo ich mit Fritz Leopold ein Stück darauf gegangen war, sehr verbreitert gewesen. Offenbar war der Weg voriges Jahr abermals verbreitert worden und war nun eine breite, nicht asphaltierte Straße geworden. Auf dieser wanderten wir längere Zeit. Man sah viel Wald und viele darin versteckt liegende Kellien. Nach einiger Zeit sahen wir tief unten das Kloster Pantokratoros liegen und auch die Skite Profiti Ilia. Nun konnten wir uns auch etwas orientieren und waren uns sicher, Teile des Weges von der Skite Bogoroditsa zum Kloster Konstamonitou schon begangen zu haben.

Wir fanden die Abzweigung zum Kloster Konstamonitou und bald dahinter den abzweigenden, alten Höhenweg, den wir damals vergeblich gesucht hatten. Wenn man von Karyes her auf der Straße wandert, ist die Abzweigung auf der linken Seite.

Es war schön, auf der wenig befahrenen Straße zu wandern, nur der oft stark wehende Wind machte uns zu schaffen. Vielleicht waren 1 ½ Stunden vergangen, als wir plötzlich auf einen Wegweiser stießen, wo von Leuten der FoMA (Friends of Mount Athos)[109] der alte Pilgerweg freigelegt worden war. Es war ein wunderschöner, mit Steinen ausgelegter Weg, der an blühendem Ginster, an mächtiger weiß blühender Baumheide und vielen Wiesenblu-

109 The Friends of Mount Athos is a charitable and educational society dedicated to supporting the well-being of the monasteries of Mount Athos and aiding those undertaking pilgrimages to the Holy Mountain. Formed in 1990 among a group of friends who shared this common interest, it has grown to become an international organization. It is chartered in England as Registered Charity No. 1047287. Vgl.: https://www.athosfriends.org/about/ (Zugriff: 12.8.2019).

men vorbeiführte. Durch den Regen waren aber die Steine unangenehm glitschig und man musste beim Gehen höllisch aufpassen.

Wir hatten kurzfristig den Plan, die Skite Agiou Dimitriou zu besuchen, nahmen aber dann davon vorerst Abstand, da der Weg dorthin länger als gedacht erschien und es sicher besser war, sich vorerst im Kloster eine Unterkunft zu sichern.

Dreimal querte der Weg die Fahrstraße. Man hatte versucht, den Weg gut auszuschildern, doch hatten Vandalen oder Mönche (?) auch schon die neuen Wegweiser beschädigt oder überhaupt entfernt! Knapp vor dem Kloster verlor der Weg sich im Gestrüpp. Wir folgten ihm trotzdem und landeten unter Schwierigkeiten im Sägewerk des Klosters. Als wir das Kloster Vatopediou erreichten, hielt gerade auch ein größerer Bus vor der Pforte, der Pilger vom Schiff in Dafni direkt hierhergebracht hatte.

Der Portaris (auch: Pyleros oder der Pförtner) nahm, wie hier immer, seine Aufgabe sehr genau und fragte nach den Diamonitiria und ob alle angemeldet wären. Das gab vorerst ein kleines Durcheinander, doch unsere Ankunft war gemeldet gewesen. Wir durften also ins Kloster hinein. Von Karyes bis hierher waren es 16,7 km gewesen und wir hatten reine Gehzeit 3 Stunden 40 dafür benötigt.

Das Archontarikion war in einen renovierten Trakt verlegt worden, der sich an einer Seite des ansteigenden Platzes befand. Auch hier gab es vorerst eine kleine Drängelei, doch war alles gut organisiert. Ein freundlicher Mönch wies uns ein sehr schönes Mansardenzimmer im 4. Stock zu, und was herrlich war, es gab dort einen schönen Waschraum mit marmornen Waschbecken, mit Spiegeln und mit einer Duschkabine mit heißem Wasser. Welch ein Luxus!

Überhaupt war dieser Trakt komfortabel hergerichtet. Alle Wände unserer Mansarde waren schön verkleidet, der Raum hatte ein gut abisoliertes Dachfenster und auch die Bettwäsche war sehr sauber. Am Gang standen Notbetten, die ebenfalls in einem sehr guten Zustand waren. Dieser Trakt hatte sogar bis zum 3. Stock hinauf einen Lift und im Parterre stand ein Kaffeeautomat, wo man sich bedienen konnte, ohne dafür bezahlen zu müssen.

Zu allererst probierten wir die Wonnen der warmen Dusche aus. Dann wollten wir die Skite Agiou Dimitriou besuchen, bemerkten aber nach kurzer Zeit, dass wir auf die Wanderkarte vergessen hatten. Da es nun auch zu regnen begann, kehrten wir sehr bald um. Wir streiften anschließend im Kloster herum. Da wir morgen über die bekannte Wegsäule „Chera“ (Cheri = griech. Hand), die am alten Höhenweg lag, zum Kloster Konstamonitou wandern wollten, erkundigten wir uns nach den Wegverhältnissen.

Der Portaris, der recht gut Deutsch sprach, sagte uns, dass der Weg unpassierbar wäre. Das bestätigte uns später auch der Archontaris und erzählte uns zudem noch eine Gruselgeschichte. Ein befreundeter Universitätsprofessor aus Budapest wäre trotz Warnung allein von hier weggewandert und wäre nie mehr gesehen worden. Die Polizei hätte ihn mit Hunden und dann mit einem Helikopter gesucht, aber man hätte keine Spur mehr von ihm gefunden! Eine ähnliche Geschichte hatte mir vor vielen Jahren in Wien ein in Österreich auf Urlaub weilender Mitarbeiter der österreichischen Botschaft in Athen erzählt. Sie betraf damals einen österreichischen Staatsbürger aus einer angesehenen Familie, den man auch nie mehr gefunden haben soll.[110]

Von Archontaris erfuhren wir auch, dass die Skite Agiou Dimitriou derzeit nicht bewohnt war. Wir warteten nun am Zimmer bis es zur Hesperinos-Andacht Zeit war. Im Kloster waren sehr viele Pilger. Wir durften im Esonarthex an der Abendandacht teilnehmen. So konnten wir in Ruhe die berühmten Mosaike, die einzigen Wandmosaike am Heiligen Berg, betrachten. Auch die Malereien, die der Makedonischen Schule zugeschrieben wurden und von Schülern von Panselinos stammen sollten, waren aufregend schön.

Nach der Hesperinos-Andacht ging es zum Abendessen. Da die Trapeza sehr voll war, wurden wir zusammen mit einer ganzen Reihe von Pilgern in das Ladario (Öllager) eingewiesen, wo lange Tische aufgestellt waren. Unsere Mitpilger waren neben Griechen viele Rumänen und was uns verwunderte, drei orthodoxe Letten. Wie wir schon bei den vorhergehenden Essen feststellen konnten, aßen die Rumänen mit unheimlichem Appetit und rund um sie blieb kaum Essen zurück. Was sie nicht mehr verzehren konnten, nahmen sie mit. Das war auch ein Anreiz für unseren Fritz, es war erstaunlich, was der am nächsten Tag alles zum Frühstück hervorzauberte. Zum Abendessen gab es ein ausgezeichnetes Linsengericht, Käse, Paradeiser, Zwiebeln und auch Wein.

Das Ladario war tadellos renoviert worden. Es bestand aus zwei Räumen, die beide ein schönes Ziegelgewölbe hatten. Entlang der Wände standen große, bauchige Tongefäße. Im Vorraum befanden sich zwei riesige, zugedeckte, marmorne Bottiche. Ursprünglich waren es Sarkophage gewesen. Wir glaubten zuerst, ihr Inhalt wäre Wein, erfuhren aber später, dass sie voll von Olivenöl waren.

An einer Wand befand sich eine kostbare Ikone, der die Orthodoxen viel Ehrerbietung entgegenbrachten. Später erfuhren wir, dass es sich dabei um die kleine, wundertätige, byzantinische Ikone der Panagia Elaiovrytissa gehandelt hat. Dazu gab es folgende Legende:

Als eines Tages das Olivenöl im Kloster knapp geworden war, gab der Selige Gennadius, der für die Ölvorräte verantwortlich war, um zu sparen, einzig für den kirchlichen Bedarf Öl heraus. Der Koch jedoch beschwerte sich beim Abt, der Gennadius Weisung gab, auch an die Bruderschaft Öl zu verteilen und auf die Fürsorge der Gottesmutter zu vertrauen. Als der Selige Gennadius wieder ins Öllager ging, sah er, dass der Ölbehälter überlief und das Öl bereits die Tür erreicht hatte. Seither verströmt die Ikone einen wunderbaren Geruch.

Auf diesen „wunderbaren Geruch", den vor allem Reliquien immer wieder ausströmen sollen, zum Beispiel hier in diesem Kloster die berühmte Reliquie „Gürtel Mariens", darauf wurden Pilger immer wieder aufmerksam gemacht. Und ein Wohlgeruch war auch immer da. Woher dieser Geruch möglicherweise kam, dem glaubte ich zu einem späteren Zeitpunkt auf die Spur gekommen zu sein. Das war so:

Bei einer unserer Ausreisen von Dafni nach Ouranoupoli waren auf dem Schiff auch zwei Mönche, die diverse Devotionalien, so geschnitzte Holzkreuze, Rosenkränze, Heiligenbilder und Ähnliches verkauften. Als nun einer der Mönche zu mir kam und auch mir

110 Von einem verschwundenen Österreicher berichtete auch R. Zwerger. Vgl. Zwerger, Wege, S. 165f.

seine Devotionalien anbot, griff ich zu einem kleinen Fläschchen, welches wie ein Parfumflakon aussah. Was der Inhalt sei, fragte ich den Mönch. Myron meint der Mönch. Das weckte mein pharmazeutisches Interesse und ich erwarb das kleine Fläschchen.

Als ich es öffnete und den Geruch des wohlriechenden, ätherischen Öls durch meine Nase aufzog, kam mir der Geruch so merkwürdig bekannt vor. Und dann fiel es mir wie Schuppen von den Augen, das war doch der Geruch, den die Reliquien immer ausgeströmt haben. Myron ist ein mit duftenden Spezereien angereichertes Olivenöl. Es wird in den orthodoxen Kirche als höchstrangiges liturgisches Salböl benutzt. War das nun das Geheimnis des Wohlgeruchs, dass man besonders den Reliquien eine Pflege mit Myron angedeihen lässt?[111]

Wir begaben uns nach dem Abendessen Richtung Katholikon, wo viel Mönche und Pilger sich einfanden. Ein Mönch sprach uns an. Er war von Geburt Amerikaner und wie wir an seiner mit roten Stickereien versehenen Weste sehen konnten, ein Mönch, der alle Weihen empfangen hatte. Allen Englisch Sprechenden nahm er sich nun an. Mit typisch amerikanischem Akzent erklärte er uns nun die Geschichte des Klosters und beantwortete uns alle Fragen, die wir an ihn stellten.

Am Athos lebten derzeit circa 3000 Mönche, 130 davon in diesem Kloster. Die Sprache der Mönche in Vatopediou wäre untereinander ausnahmslos Griechisch, nur mit Sondererlaubnis des Abtes dürfe jemand eine andere Sprache benützen. Offenbar wollte man dadurch konspirative Reden verhindern. Man könne mit zwölf Sprachen im Kloster dienen, und als sich ein Ungar uns anschloss, fragte ihn der Amerikaner, ob er gut Englisch verstehe. Als er dies verneinte, verwies ihn unser Mönch an einen russisch sprechenden Mönch, zu dem der Ungar dann auch hinging.

Unser Mönch führte uns anschließend auch ins Katholikon und zeigte uns einige der interessantesten Ikonen. Vorne, nahe der Ikonostase, waren Reliquien in ihren kostbaren Behältnissen aufgestellt und die orthodoxen Gläubigen zollten ihnen die geforderte Verehrung. Nachdem alle darangekommen waren, durften auch wir diese in Augenschein nehmen. Der wertvollste Schatz war zweifellos ein Teil des Gürtels Mariens, angeblich von ihr selbst gefertigt. Die Legende, die vom Gürtel Mariens erzählt wird, habe ich schon berichtet.[112]

Die Geschichte dieses Gürtels wies viel Historisches[113] auf, ein Teil des Gürtels jedenfalls, in einem kostbaren, mit vielen Edelsteinen geschmückten Behältnis, wird in diesem Kloster aufbewahrt. Vom Kloster werden auch Bänder an Gläubige abgegeben, die vorher mit dem Gürtel berührt worden waren. Von Frauen wurden diese Bänder umgebunden, wenn sie einen sehnlichen, bisher unerfüllten Kinderwunsch hatten. Auch Krebs wäre damit erfolgreich geheilt worden. Der amerikanische Mönch, der einen wirklich intelli-

111 Zu Myron vgl. Glossar. Als ich im Jahr 2019 mit meiner Frau Thessaloniki besuchte, konnte man in mehreren Geschäften, die religiöse Devotionalien verkauften, Flakons mit Myron kaufen. Sie waren auch mit „Myron“ bezeichnet, hatten oft auch ein Abziehbild eines Heiligen oder der Panagia am Flakon angebracht und waren mit einem „Roll on“-Verschluss versehen.

112 Vgl. 8. Wanderung, S. 144f.

113 Ebda.

genten Eindruck hinterließ, war von der Richtigkeit überzeugt. Auch mehrere andere Reliquien gab es hier für uns zu sehen.

Der Mönch führte uns anschließend ins Öllager und erzählte uns die Geschichte der wundertätigen Ikone Panagia Elaiovrytissa. Dann führte er uns zurück zum Katholikon, wo man vom Exonarthex aus über eine Treppe auf der linken Seite des Katholikons zu einer weiteren Kapelle mit einer wundertätigen Ikone kommt, der Panagia Paramythia, der ebenfalls mehrere Legenden und Wunder nachgesagt werden.

Wir erkundigten uns nun bei ihm nach dem Weg zur „Chera" und der amerikanische Mönch meinte, dass der Weg dorthin durchaus begehbar wäre. Dann verabschiedete er sich von uns. Er hatte uns alle beeindruckt.

Dieses Kloster hatte auch noch einen bemerkenswerten Verkaufsladen. Dieser war täglich nur eine Stunde nach dem Abendessen geöffnet. Er war offenbar vor gar nicht so langer Zeit geschaffen worden und ähnelte sehr einem Supermarkt. Er bestand aus zwei großen Räumen. Im ersten befand sich u. a. eine moderne Kasse, die von gleich drei Mönchen besetzt war. In zahlreichen Regalen gab dann es alles, was das Wallfahrerherz an Devotionalien sich nur wünschen konnte. Alles in riesiger Auswahl, darunter viel, viel Kitsch.

Der zweite Raum, wo man eine Stufe hinuntersteigen musste, wies ein wohl sortiertes Spirituosenlager auf. Daneben gab es aber auch Honig, Marmeladen, eingelegte Früchte, Rosenwasser, Schnäpse und vieles mehr! Unglaublich! Nachdem auch wir im Geschäft allerlei eingekauft hatten, gingen wir aufs Zimmer, um alsbald das Licht abzudrehen. An unserem Dachfenster konnten wir sehen, dass es wieder zu regnen begonnen hatte.

Donnerstag, 23. April:

Wir frühstückten am Zimmer und brachen dann um acht Uhr von Kloster Vatopediou auf. Heute war das Wetter wieder prächtig. Wir hatten beschlossen den Weg zum Kloster Konstamonitou über die Bildsäule „Chera" zu nehmen. Aber, wo begann dieser Weg?

Auf der Karte der „Road Edition" / Ausgabe 2007 war zur „Chera" hin kein Fußweg eingezeichnet, wohl aber auf der alten „Zwerger-Karte". Die war aber nur mehr sehr beschränkt zu gebrauchen. Unser „Ami-Mönch" hatte uns erzählt, der Weg würde bei einem „See" beginnen. Aber, wo lag dieser? Wir hatten zwar bei unserem Kommen eine kleine Wasserfläche in der Nähe des Klosters gesehen, als wir am Vortag von der Höhe heruntergewandert waren, aber jetzt war keine zu finden. Ich schaute mir die „Zwerger-Karte" genau an, tatsächlich war unter dem Schriftzug „Vatopedi" ein kleiner blauer Fleck, der nur der „See" sein konnte, zu erkennen.

Wir zogen in die Richtung los, wo wir gestern unseren Weg nach Agiou Dimitriou einschlagen wollten. Dann sahen wir in der Nähe Arbeiter, die ein Kellion renovierten. Sehr erschöpfend war deren Auskunft auch nicht, wir irrten durch einen Weingarten und dann durch ein Gattertor wieder hinaus. Wir suchten weiter und sahen eine weitere Kapelle am Berghang stehen. Als wir dann dort waren, entdeckten wir den „See", der in Wahrheit ein Teich war und bald darauf auch einen alten Pilgerweg, der zudem zweisprachig – eine Sprache war davon wahrscheinlich bulgarisch – in Richtung des Klosters Zographou ausgeschildert war.

Es war ein noch gut erhaltener, schöner Weg, der konstant bergauf ging. Immer wieder gab es wunderschöne Ausblicke über die dichten Wälder hinweg, hinunter zum tiefblauen Meer und zu unberührten Buchten. Auch die Blumenwelt links und rechts des Weges war oft überwältigend schön.

Zwei Stunden später waren wir beim berühmten Wegweiser „Chera“ (362 m / Meeresspiegel) angelangt. Er war massiv gebaut und sah aus wie einer unserer alpenländischen Bildstöcke. An allen vier Seiten war aber, anstelle unserer Heiligenabbildungen, eine aus Stein gehauene Tafel, worauf eine in eine bestimmte Richtung weisende „Hand“ abgebildet war.

Wir rasteten hier und überlegten kurz, ob wir über das Kloster von Zographou oder gar über das Kloster von Esfigmenou zum Kloster Konstamonitou wandern sollten. Niemand hatte uns bisher sagen können, ob der Weg durch die Vagenokamanes-Schlucht begehbar wäre, im Gegenteil, im Kloster Vatopediou hatte man das stets verneint. So wollten wir das Risiko auch jetzt nicht eingehen. Auch nach dem Kloster Zographou war es besser erst morgen zu wandern.

Wir wählten also den Weg zum Kloster Konstamonitou. Der Pfad war vorerst ein Teil des alten Höhenweges, der nach Karyes führte. Auch er war gut erhalten, oft noch mit Steinen ausgelegt, und immer wieder zweisprachig ausgeschildert. Zur Markierung hatte man auch manchmal rote Plastikbänder an den Bäumen befestigt. Nach circa einer halben Stunde Wanderns war dann eine deutlich gekennzeichnete Abzweigung, die in Richtung des Klosters von Konstamonitou wies.

Der Weg führte nun eine längere Strecke entlang eines trockenen Bachbettes bergab. Nach abermals ungefähr einer halben Stunde mündete dieser Weg in der Kurve einer neuen Forststraße. Sollten wir uns nun rechts oder links halten? Als Fritz links der Straße folgte, rief er uns gleich darauf zu, dass er das Kloster von Konstamonitou schon sehe.

Und tatsächlich lag es tief drunten und angeschmiegt an den Gegenhang. In der Hoffnung, auf der Forststraße das Kloster bald zu erreichen, marschierten wir los. Wir täuschten uns aber gewaltig. Die Forststraße verlief entlang des Hanges und zweimal reichte eine Geländeeinstülpung in das Tal hinein. Die Straße stieg nicht nur an, sie zog sich auch endlos dahin. Wir verwünschten die Straße nicht wenig. Um 12:15 Uhr erreichten wir endlich das Kloster. Wir waren heute 13,3 km gegangen.

Dieses Kloster war schon immer verlottert gewesen. Und daran hat sich wenig geändert. Schon beim Eingang zum Kloster lungerten verwegene Gestalten herum. Wir gingen die zwei Stockwerke zum Archontaris hinauf. Auch da gab es komische Gestalten.

Man teilte uns dort ein Sechsbettzimmer zu. Der Gegensatz zum Kloster von gestern trat hier besonders krass zu Tage. Das Zimmer war schmutzig, besonders mein Leintuch. Es war sicher schon wochenlang nicht gewechselt worden. Mir grauste wirklich davor. Um diesem trostlosen Zimmer zu entkommen, streiften wir durchs Kloster. Man legte zwar da und dort Hand an, ein Mönch weißte gerade die lange Gangwand. Die Fensterstöcke hatte man großteils durch neue ersetzt, doch gerade nur eingeschäumt hatte man sie, und das beließ man so. Die langen Gänge wirkten trostlos und unterstrichen die Leere, die in diesem Kloster herrschte. Auf manchen Balkonen hing Wäsche, aber die war auch schon recht mitgenommen. Auffallend viele Nichtmönche dürften auch hier wohnen.

Wir gingen hinunter zum Klosterhof. Das Katholikon war natürlich versperrt, doch im Exonarthex lagen auf der Bank entlang der Wand die Schläger für ein Federballspiel und ein Feuerwehrspielzeugauto aus Plastik stand darauf herum! Interessant waren auch die vielen Schlaginstrumente, mehrere Simantrona und vor allem eine große Anzahl von Hämmern, mit welchen diese geschlagen wurden, alles lag hier auf den Bänken herum. Vor allem Hammerteile, die an den beiden Enden einer Zwille befestigt waren, habe ich noch nie gesehen.

Am Trakt, der hinter dem Katholikon lag, hatte man begonnen zu renovieren und die Balkone, die letztes Jahr noch nicht betretbar gewesen waren, erneuert. Wir gingen nun außen um das Kloster herum. Die Wildnis dort hatte man einigermaßen gerodet. Etwas vom Kloster entfernt, hatte man sogar ernsthaft mit der Gärtnerei begonnen. Man hatte ein Folienhaus aufgestellt und zog hier Paprika, Auberginen, Gurken, Salat, Fisolen und Wassermelonen.

Wir streiften noch etwas herum, dann setzten wir uns auf eine Bank in der Sonne. Ein freundlicher Mönch, es war der Magiras (Koch), kam vorbei und gab jedem von uns eine Schnitte Milchbrot. Es war noch Brot von Ostern. Dann gingen wir aufs Zimmer.

Um 17:45 Uhr gab es plötzlich ungeheuren Lärm. Alle Glocken, auch die am Turm, wurden geschlagen und auch sämtliche, verfügbaren Simantrona, egal, ob sie aus Holz oder Eisen waren. Das bedeutete, dass man zur Abendandacht rief. Im Hof bot sich dann ein eigenartig komisches Bild. Mehrere Mönche gingen, die verschiedenen Simantrona im Takt schlagend, um das Katholikon herum. Aber – ihnen hatten sich orthodoxe Pilger angeschlossen, die ihrerseits auch wie wild, aber ohne Takt, auf Simantrona einschlugen. Sie empfanden das auch als großen Spaß, das sah man ihnen an. Osterfreude auf Griechisch?

Ein alter Mönch deutete uns, dass wir durchaus im Esonarthex Platz nehmen könnten. Doch unsere Freude darüber währte nicht lange, ein anderer, jüngerer wollte das nicht. Wir verwiesen ihn auf den alten Mönch, der sich für uns auch einsetzte. Doch der jüngere gab nicht auf. Er verpetzte uns beim Abt. Der kam dahergeschossen und warf uns aus dem Katholikon hinaus. Verbittert gingen wir aufs Zimmer.

Später holte man uns zum Essen. Natürlich hatten die Mönche schon gegessen, was auch kein Nachteil war. Wir konnten uns nun Zeit lassen. Es gab Spinat, eine Art Rollgerste, Feta und Wein. Aber das ganze Umfeld passte nicht. Die Trapeza war nicht besonders schön und rundherum gab es Lärm von der aufräumenden Mönchsmannschaft. Freundlich war nur der Magiras, der uns beim Hinausgehen eine großen Halbleib Milchbrot mitgab.

Draußen war es schon recht kühl. Wir gingen aufs Zimmer und recht bald zu Bett.

Freitag, 24. April:

Schon vor 7:00 Uhr früh, nach einem kurzen Frühstück am Zimmer, verließen wir das Kloster. Wir nahmen den alten Pilgerpfad zum Kloster Zographou, der außerhalb entlang der Klostermauer hinunter zum Bach führte. Als wir unten im Tal waren, sahen wir, dass von hier auch der Weg zum Kloster Vatopediou ausgeschildert war. Hätten wir von diesem

Weg gewusst oder wäre er dort, wo er in der Kurve durch den Bau der neuen Forststraße zerstört worden war, ausgeschildert gewesen, hätten wir uns diesen unsinnigen Weg entlang des Hanges bis zum Kloster hin ersparen können! Aber das ist eben der Athos. Die einen reparieren etwas und die anderen zerstören das wieder gedankenlos!

Vom Bachbett ging der Weg steil bergauf. Er war ausgeschnitten und ausgeschildert worden. Drei solche Hügel waren zu überqueren, der erste war 768 m über dem Meeresspiegel. Am letzten Hügel vor Erreichen des Klosters hatte man oberhalb des alten Pilgerweges eine neue Forststraße gebaut und die Felsbrocken einfach über den Straßenrand hinuntergeworfen. Auf einer Strecke von ungefähr 100 m blockierten sie nun den alten Pilgerweg, der dadurch kaum begehbar war!

Nach 1 ½ Stunden erreichten wir das Kloster Zographou. Dort war gerade die Morgenandacht zu Ende und ich fragte einen Mönch, ob wir das Katholikon besuchen durften. Er hatte nichts dagegen. Das Katholikon war sehr eindrucksvoll, die Malereien und Ikonen vorzüglich. Interessant war wie immer die Szene, wo der Papst eigenhändig das Feuer an den Turm des Klosters Zographou gelegt hat und die dort verbrennenden Mönche zu Märtyrern wurden. Ein ähnliches Gemälde hatte man neuerdings – offenbar ganz im Sinne der Ökumene (!) – auch im Bereich des Klostereinganges angebracht.

Es war durchaus interessant, den Wahrheitsgehalt dieser keineswegs mehr zeitgemäßen Legende auf den Grund zu gehen. Einen Anhaltspunkt findet man bei Franz Spunda, der sich sehr mit den Legenden des hl. Berges beschäftigt hatte.[114]

So soll es Ende des 13. Jhs. zwischen dem byzantinischen Kaiser Michael VIII. Paläologos, mit Einverständnis des Patriarchen von Konstantinopel, Bestrebungen gegeben haben, das östliche Christentum mit Rom zu vereinen. Es kam auch tatsächlich zu einer Union mit Rom. Das entfachte im ganzen Land religiöse Aufstände. Nicht anders als die rebellischen Mönche des Klosters Esfigmenou heute, die ebenfalls strikt gegen jede Annäherung des Patriarchen von Konstantinopel mit dem Papst waren, waren es damals auch die Mönche aller athonitischen Klöster. Hier setzt nun die Legende ein:

Der Papst – nie wird ein Name genannt, welcher es gewesen sein soll – wäre mit militärischer Macht auf Athos gelandet, um die Mönche dem westlichen Glauben zu unterwerfen. Alle Klöster hatten sich schon der päpstlichen Streitmacht ergeben, nur die Mönche von Zographou leisteten standhaft Widerstand. Damals lebte ein frommer Mönch nahe dem Kloster in einer Hütte an einem Bach. Täglich betete er vor der Ikone der Panagia und sang den Akathistos-Hymnos. Auch andere Mönche fanden sich oft bei ihm ein und beteten und sangen mit ihm, sodass die Ikone als Panagia Akathistos weitum bekannt wurde. Als er wieder einmal vor der Ikone den Hymnos sang, tönte es ihm aus dem Bild entgegen. „Freue auch du dich und höre, was ich dir verkünde. Gehe sofort zum Kloster und melde dem Abt, dass die Feinde nahe wären. Wer schwachen Herzens wäre oder Angst habe, soll in die Berge flüchten, bis die Versucher fort sind. Wer aber die Märtyrerkrone erwerben will, soll ausharren und bleiben.“

Der Mönch gehorchte und eilte zum Kloster. Als er an der Pforte anlangte, sah er sein

114 Vgl. Spunda, Landschaft und Legende, S. 202 ff. – Derselbe, Legenden und Fresken, S. 109ff.

Akathistos-Bild an der Mauer, jene Ikone, die kurz vorher mit ihm gesprochen hatte. Der Abt kam, bestätigte das Wunder und stellte es seinen Mönchen frei, zu fliehen oder auszuharren. Letztlich blieben 26 Mönche im Turm des Klosters zurück. Der Papst kam mit seiner Streitmacht vor das Kloster und forderte die Eingeschlossenen auf, sich zu ergeben. Da die Mönche standhaft blieben und seine Ritter das Kloster nicht bezwingen konnten, befahl der Papst, hohe Stöße von Holz rund um den Turm aufzuschichten und anzuzünden. Aus dem Turm ertönte der Akathistos-Hymnos. So fanden 26 Mönche ihren Märtyrertod. Als nach Abzug der päpstlichen Streitmacht die Mönche in den Turm eindrangen, fanden sie das Akathistos-Bild unversehrt auf den verbrannten Gebeinen der Mönche.

Auf das Kenotaph für die verbrannten Mönche im Hof des Klosters machte ich die Freunde aufmerksam. Noch heute erinnert ein Gedenkstein mit bulgarischer Inschrift an das damalige Geschehen. Ein Mönch war dort gerade beschäftigt, das Denkmal von Unkraut zu säubern.

Anschließend bestaunten wir noch im Exonarthex die beeindruckenden Malereien zur Apokalypse und besuchten dann noch den Exonarthex der kleinen Panagia-Kapelle, mit der herrlichen Darstellung der Geschichte von Noah und der Sintflut. Da wir ja keinen Kaffee zum Frühstück getrunken hatten, wollten wir versuchen, wenigstens hier einen zu bekommen und stiegen zum Archontaris hinauf in den ersten Stock. Die Tür war jedoch verschlossen.

Da kam plötzlich der eben noch Unkraut jätende Mönch und fragte uns, ob wir Kaffee wollten. Bereitwillig sperrte er auf, kochte ausgezeichneten Kaffee, stellte zwei eben geöffnete Schachteln mit Loukoumi auf den Tisch und goss jeden ein Stamperl Tsipouro ein. Auch solch großartige Gesten alter Gastfreundschaft kann man am Athos immer wieder erleben.

Wir verließen das Kloster etwas nach acht Uhr und nahmen den Weg hinunter ins Tal. Diesem folgten wir nun in Richtung Meer. Das Tal war wild romantisch, der Fahrweg verlief manchmal auf Bachhöhe, dann wieder hoch darüber. Vielleicht nach einer Dreiviertelstunde Wanderns hatten wir die Arsanas des Klosters Zographou erreicht. An ihr wurde immer noch restauriert. Wir wanderten an der ehemaligen Windmühle und dem alten Wachturm vorbei bis hin zur Arsanas des Klosters von Konstamonitou. Von dort ging der alte Pilgerweg weiter bis zum Kloster Dochiariou, wo wir gegen zwölf Uhr ankamen.

Vor dem Kloster sitzend und auf ein Schiff wartend trafen wir Dieter Dorner, den Sprecher vom ORF Steiermark und knüpften kurz ein Gespräch mit ihm an. Dann suchten wir den Archontaris auf, wo schon einige Pilger auf Zuweisung einer Unterkunft warteten. Immer wieder kamen noch andere hinzu. Der Archontaris war mit irgendwelchen Tätigkeiten laufend beschäftigt. Endlich hatte ich Gelegenheit, ihn nach einer Übernachtung zu fragen, die er sofort ablehnte.

Ich hatte insgeheim mit Schwierigkeiten gerechnet, nachdem Frau Antonakis uns geschrieben hatte, dass dreimal ein Mönch am Telefon eine Übernachtung abgelehnt, ja sie beinahe beschimpft hatte. Erst beim 4. Anruf war ein freundlicher Mönch am Telefon gewesen, der ihr eine Übernachtung für uns versprochen hatte.

Ich zog nun das Fax heraus, welches an das Kloster geschickt worden war. Der Archontaris las es ganz genau durch und fragte mich, wo denn die Antwort des Klosters wäre? Nun spielte ich meinen letzten Trumpf aus, das Empfehlungsschreiben von Prof. Dr. Grigorios Larentzakis aus Graz. Der Archontaris las dieses wieder sehr genau durch, dann verlangte er unsere Reispässe und verglich genau jeden Namen. Dasselbe machte er mit unseren Diamonitiria. Als alles übereinstimmte, bekamen wir einen Kaffee und ein Zimmer im 3. Stock zugewiesen.

In diesem Kloster hielt man viel auf Zucht und Ordnung. Man erzählte uns, schon eine ganze Reihe von Mönchen hätten dieses Kloster wegen der Strenge des Abtes verlassen und hätten sich einem anderen Athoskloster angeschlossen. Das bekamen auch zwei griechische Pilger zu spüren. Da sie langes Haar trugen, wurde ihnen eine Übernachtung verweigert und sie mussten weiterziehen![115] Auch fotografierende Griechen wurden sofort abgemahnt.

Der Klosterhof war nicht nur peinlichst sauber, fantastisch duftete alles nach den blühenden Orangenbäumen. Auffallend war auch, dass es jede Menge Katzen hier gab. Inklusive der, die vor dem Kloster lag, zählten wir stets an die zwanzig Stück.

Das Zimmer war herrlich gelegen, mit einem Traumblick auf das Meer hinaus. Es gab mehr als sechs Betten im Zimmer und so quartierte man einen „Schwaben" bei uns ein. Angeblich war er ein Ikonenmaler. Zu unserer Überraschung führte er sich im Katholikon ganz als Orthodoxer auf. Das war insofern auch eigenartig, da wir in der Regel immer mit Nichtorthodoxen zusammengelegt wurden.

Wir beschlossen nun, ohne Rucksack zu den Klöstern Xenofontos und Panteleimonos zu wandern. Diese Wanderung war unbeschreiblich schön. Links und rechts Olivenbäume, oft sehr alt und knorrig, wie eben nur Olivenbäume sein können, umgeben von kniehohem Gras. Und darin blühten roter Mohn, Glockenblumen, Borretsch, Kegel-Leimkraut (Silene), weiße Kamillen (Chamaemelum mixtum) und gelbe Kronen-Wucherblumen, blaue und weiße Schwertlilien, Euphorbien, die illyrische Siegwurz (Gladiolus illyricus), Affodille, Zistrosen, Acker-Witwenblumen und vieles mehr. Man konnte sich an dieser Pracht gar nicht satt sehen! Mehrmals weideten Mulis unter den Bäumen. Tief unten ein tiefblaues Meer, darüber ein ebensolcher Himmel. Ein wahrer „Garten der Panagia", wie man den Athos immer bezeichnet hat.

Leider waren die alten Pilgerwege oftmals zerstört worden. Schuld waren die Fahrwege, die man zur leichteren Ernte der Oliven angelegt hatte. Wir wanderten am Kloster Xenofontos vorerst vorbei, um unser nachmittägiges Endziel, das Kloster Panteleimonos bald zu erreichen.

Mächtig wie immer lag es dann vor uns. Immer wieder konnte man feststellen, dass ehemalige Gebäuderuinen renoviert worden waren oder ein neues Dach bekommen hatten. Wofür den bloß? Werden jemals wieder Tausende russische Pilger, so wie früher, auf ihrer Schiffsreise von Odessa nach Jerusalem auch den Athos besuchen? Kaum vorstellbar.

115 Vgl. Zwerger, Wege am Athos, S. 85. Zur Zeit der Hippies gab es in Karyes einen mönchischen Friseur, der diesen die langen Haare schneiden musste, sonst wurden sie gezwungen, den Athos sofort zu verlassen. Ein eigenartiges Verhalten, waren doch die Mönche selbst alle „langhaarig".

Wir spazierten am gewaltigen Lagerhaus vorbei und strebten dem Archontarikion zu, welches außerhalb des Klosters lag. Und wieder eine Überraschung. Der Platz zwischen Archontarikion und Kloster war bisher immer eine „Gstättn“ gewesen, jetzt präsentierte er sich als prächtige Parkanlage mit Ziersträuchern und künstlicher Bewässerung!

Im Archontarikion war vorerst niemand zu sehen. Eine Tafel wies darauf hin, dass der Archontaris täglich nur in der Zeit von 11:30 Uhr und 13:30 Uhr zu erreichen wäre! Und was machen wandernde Pilger? Der Empfangsraum war sehr schön ausgestattet, an zwei einander gegenüberliegenden Wänden waren auf blitzblauem Untergrund mit goldenen Konturen einerseits alle Klöster des Athos, anderseits alle Gebäude dieses Klosters abgebildet.

In einer Ecke des Raumes stand ein Heißwasserautomat, daneben lagen in einer Schale Filterbeutel von Schwarzem Tee sowie abgepackter Zucker und Süßstoff. Da hatten sich die Zeiten gewaltig geändert! Leider war kein Archontaris zu sehen, denn wir hatten uns schon alle auf den Kwas gefreut, den es auf Wunsch immer gegeben hat. Wir machten uns Tee, einige Pilger, die ihrem Aussehen und der Sprache nach Russen waren, machten das Gleiche.

Wir wanderten zum Kloster hinauf. Das Abbild des hl. Panteleimon über dem Klostereingang erstrahlte im neuen Glanz. Überall waren Hinweise angebracht, dass im Bereich des gesamten Klosters nicht fotografiert werden durfte. Der Klosterhof wirkte ausgestorben. Das Katholikon war zugesperrt. So blieb uns nicht viel mehr übrig als uns langsam wieder auf den Rückweg zu machen.

Auf dem Rückweg besuchten wir das Kloster Xenofontos. Auch hier war niemand zu sehen, irgendwie erklärlich, da man die ganze Nacht den Patron des Klosters, den hl. Georg, gefeiert hatte. Wir hielten uns daher hier auch nicht mehr länger auf, sondern wanderten zurück zum Kloster Dochiariou. Die Abendandacht durften wir im Esonarthex erleben. Ein großes, starkes Erlebnis. Schon die Malereien, die dem Kreter Tzotzis zugeschrieben wurden, waren staunenswert. Wir saßen direkt neben dem „Stammbaum Jesse“, der hier die ganze Wand einnahm. Dann waren es vor allem die Silberluster, die von ungeheurer Pracht und in übergroßer Anzahl vorhanden waren. Bei dem einen Luster war ein Schiff befestigt, natürlich aus schwerem Silber gearbeitet.

Es beeindruckte auch der Gesang der Mönche, den wir heuer nirgends so schön gehört hatten. Vom Katholikon gingen wir alle durch einen gedeckten Gang direkt in die Trapeza hinüber. Auch deren Malereien waren berühmt.

Das Essen war ausgezeichnet. Es gab warme Rollgerste, dazu Krautsalat, Mayonnaise und Feta. Nach dem Essen versammelten sich alle im Gang zwischen Trapeza und Katholikon, wo in einer kleinen Kapelle wieder eine der wundertätigen Ikonen aufbewahrt war. Es war die Panagia Gorgoepikousa, die „Schnellerhörende“. Sie war mit einer Gold-Endyma geschmückt, nur ihr Gesicht war frei. Viele wertvolle Opfergaben waren ihr dargebracht worden. Es wurde gesungen und gebetet, ein Pilger nach dem anderen durfte zur ihr hinein und dort seine Andacht verrichten.

Nach dieser Andacht suchten wir unser Zimmer auf, saßen noch einige Zeit auf einer Bank am Balkon und tratschten mit dem „Schwaben“. Unwahrscheinlich schön ging dann die Sonne unter und bald legten wir uns zur Ruhe. Heute waren wir insgesamt 32,7 km gegangen, die reine Gehzeit betrug fast sieben Stunden.

Samstag, 25. April:

In der Nacht, so zwischen drei und vier Uhr, gab es plötzlich unheimlich viel Lärm. Mit dem Läuten aller zur Verfügung stehenden Glocken und dem Schlagen von zwei Simantrona rief man zur morgendlichen Andacht. War es wegen Ostern oder wegen der Enge des Klosters, dass der Lärm so groß war? Jedenfalls, so intensiv habe ich ihn noch nie erlebt!

In der Früh fehlte unser „Schwabe". Wahrscheinlich ist er doch verspätet zur Frühandacht gegangen. Wir hatten nun vor, eventuell ein Frühschiff zu erreichen. Wenn das gelänge, wollten wir, so weit es eben fährt, die Westküste hinunterfahren und dann zurück nach Dafni. So frühstückten wir am Zimmer und gingen dann gleich hinunter zur Anlegestelle.

Es war vergebliches Warten. Zwar fuhr draußen ein Schiff vorbei, aber eben nur vorbei. So warteten wir, bis die Sonne über den Hügel kam, denn im Schatten war es doch recht kühl. Dann saßen wir so herum und vertrödelten irgendwie die Zeit. Klaus spendete seinen im Kloster Vatopediou gekaufte Ouzo, ihm sei nochmals dafür gedankt.

Burkhard und ich spazierten herum und zu unserer Überraschung sahen wir im Obstgarten ein Wildschwein, das ich offenbar dort hinein verirrt hatte. Zusammen mit einem Hausschwein lief es dort aufgeregt herum. Gott sei Dank gab es einen Zaun! So nahe habe ich bisher kein Wildschwein gesehen!

Um circa elf Uhr kam das Schiff von Ouranoupoli, wir stiegen zu und fuhren bis Dafni. Dort mussten wir aussteigen, neue Karten lösen und durften dann wieder aufs Schiff gehen. Bei der Heimfahrt konnten wir noch einmal den Weg sehen, wo wir gestern noch gegangen waren. Jeder hing nun seinen eigenen Erinnerungen und Gedanken nach, wie die letzte Woche so abgelaufen war. Für mich ist es immer der glücklichste Augenblick, wenn alle meine Freunde wohlbehalten wieder am Schiff waren.

Zwei Stunden später waren wir wieder in Ouranoupoli. Da uns niemand erwartete, gingen wir geradewegs in die Taverne zu Daphne auf ein Bier und auf Sardellen. Wir bezogen unsere Zimmer in der Pension Antonakis und gingen dann, um die letzten Einkäufe zu tätigen.

Für abends hatten wir uns bei Daphne Fisch bestellt. Er schmeckte ausgezeichnet und musste natürlich ordentlich schwimmen. Wir hatten ja nicht weit nach Hause.

Sonntag, 26. April:

So um acht Uhr waren wir abmarschbereit. Wir marschierten zur Bushaltestelle und gingen dort in die Taverne frühstücken. Dann kam der Bus. Das Wetter verschlechterte sich zusehends, es begann zu regnen.

Gleich nach Agiou Prodromos ging es dann nicht weiter. Die Straßenkreuzung wurde von Demonstranten blockiert, die gegen die Errichtung eines Sendemastes in der Ortschaft waren. Sie ließen kein Auto durch, auch nicht den fahrplanmäßigen Bus.

Wir hatten dann aber zweifaches Glück. Erstens hatten wir genügend Zeitspielraum bis zum Abflug und zweitens begann es wieder stärker zu regnen und viele Demonstranten hatten keinen Schirm mit. Außerdem wurde es gerade zwölf Uhr und das Mittagessen wartete. So löste sich die Demonstration in Wohlgefallen auf.

Vom Bus-Terminal fuhren wir dann mit dem Taxi zum Flughafen. Dort verfrachteten wir unsere Rucksäcke in Müllsäcke. Unser Abflug hatte sich um eine Stunde verzögert, so dösten wir lesend herum. Der Heimflug war dann nicht aufregend. Das galt auch für die Heimfahrt von Wien nach Graz. Lustig war dann noch, dass uns Fritz mit seinem Auto immer einholen wollte, obwohl er vor uns fuhr.

Meine 17. Athos-Wanderung

Mit Heiner und Gert Verdino und Ernst Sommer
vom 19. bis 27. September 2009

Thessaloniki – Fahrt nach Vergina – Ouranoupoli – Dafni – Xiropotamou – Panteleimonos – Xenofontos – Dochiariou – Skite Xenofontos – Agiou Andreou – Pater Dionysios – Karyes – Koutloumousiou – Karyes – Zwischenfall bei der Hesperinos-Andacht in Koutloumousiou – Philotheou – Pater Gelasius – Iviron – Stavronikita – Pantokratoros – Stavronikita – Dafni – Schifffahrt entlang der Ostküste bis Katounakia – Ouranoupoli

Samstag, 19. September:

Die diesjährige Wanderrunde bestand aus zwei „alten" Athos-Wanderern, nämlich aus meinem alten Schulfreund Heiner und mir. Neu am Athos wanderten hingegen Heiners Bruder Gert, wohlbestallter „Bären-Apotheker" in Graz, mit dem ich zusammen Pharmazie studiert hatte. Mit Gert war ich sowohl durch meine Freundschaft mit seinem Bruder Heiner als auch durch das gemeinsame Studium schon lange in Freundschaft verbunden. Ernst Sommer, der, als er noch aktiv war, Manager eines großen deutschen Unternehmens gewesen war, habe ich über einen gemeinsamen Bekannten vor Jahren schon kennen und schätzen gelernt.

Gert übernahm es, uns mit dem Auto nach Wien zu fahren. Bei schönem Wetter waren wir dann auch in zwei Stunden in Schwechat am Flughafen. Dort war viel los. Wie üblich verpackten wir unsere Rucksäcke in schwarze Müllsäcke und gaben sie so auf.

Im Flugzeug saß ich zwischen Ernst und einer Griechin. Nach einiger Zeit kam ich mit ihr ins Gespräch. Sie war die Gattin eines Apothekers aus Volos, der seinen Sitzplatz eine Reihe davor hatte. Sie hatten gerade ihren Sohn zum Pharmaziestudium nach Bratislava gebracht. Offenbar hatte er in Griechenland keinen Studienplatz bekommen. Bis zur Landung in Thessaloniki entspann sich zwischen uns ein angenehmes Gespräch. Die Griechin hatte große Flugangst.

In Thessaloniki nahmen wir uns ein Taxi und fuhren zum Hotel, das diesmal das Queen-Olga-Hotel war. Es war preislich um einiges günstiger als das Hotel Astoria. Wir hofften, dass die Zimmer dort auch sauberer waren als im letztgenannten Hotel. Der Nachteil dieses Quartiers war aber, dass man doch recht weit vom Weißen Turm die Strandpromenade Richtung Süd hinuntergehen musste, um zu diesem Hotel zu gelangen.

Schon während der Fahrt zum Hotel fragte ich den Chauffeur, zu welchem Preis er uns morgen nach Vergina fahren würde. Doch die von ihm verlangten € 140,– entsprachen nicht unseren Vorstellungen. Im Hotel bezogen Heiner und ich zusammen ein Zimmer, da ich wusste, dass Heiner ein großer Schnarcher vor dem Herrn war und ich das dem Ernst vorerst ersparen wollte.

Weder Gert noch Ernst kannten Thessaloniki, sodass wir gleich zu einem Spaziergang in die größte Stadt Nordgriechenlands aufbrachen. Wir zogen bei leichtem Nieselregen los.

Als der Regen stärker wurde, suchten wir ein am Kai gelegenes Lokal auf und probierten unser erstes griechisches Bier. Sobald der Regen dann aufgehört hatte, machten wir uns wieder auf den Weg, vorbei am Denkmal von Alexander dem Großen und am Weißen Turm. Wir gingen weiter bis zum Aristoteles-Platz und erwiesen dort dem Weisen von Stagira unsere Referenz.

Von diesem sehr belebten Platz spazierten wir weiter Richtung Altstadt und kamen beim Wohnsitz des Metropoliten vorbei und besuchten dort auch die Kirche. Dort bekamen Ernst und Gert erstmals eine Vorstellung, wie ein kleines Athoskloster aussehen konnte.

Nicht weit davon lagen die Markthallen, die man teilweise zu Tavernen umgebaut hatte. Angelockt durch die Musik von Zigeunern, die dort Trinkgeld heischend von Tisch zu Tisch gingen, spazierten wir dorthin. Von dort war es dann nicht weit zur Agia-Sophia-Kirche. In dieser erklärte ich Ernst und Gert den Bilderaufbau einer Ikonostase, versuchte ihnen die eine oder andere Malerei näher zu bringen, der sie am Athos auch immer wieder begegnen würden, und machte sie auf die schönen, antiken Säulen dort aufmerksam.

Durch die Altstadt schlendernd, kamen wir am Galeriusbogen und an der Rotonda vorbei und besuchten kurz die Panagia-Dexia-Kirche. Ein kleiner Regenschauer zwang uns abermals, ein Lokal aufzusuchen. Als der Regen weniger wurde, begaben sich Heiner und ich auf die Straße und versuchten einen kostengünstigen Taxifahrer zu finden, der uns morgen nach Vergina bringen würde. Erst beim fünften hatten wir Erfolg. Zwar würde es nicht er, sondern sein Kollege sein, der uns um neun Uhr vom Hotel abholen und um € 90,– nach Vergina fahren und nach drei Stunden Wartezeit uns wieder nach Thessaloniki zurückchauffieren würde. Da wir sein in Griechisch geführtes Gespräch mit dem Kollegen nicht verstanden, mussten wir glauben, was er uns dann auf halbwegs verständlichem Englisch sagte.

Als der Regen ganz aufgehört hatte, wanderten wir die engen Gassen mit den charakteristischen Häusern aus türkischer Zeit hinauf in die Oberstadt. Beim Trigónion-Turm genossen wir den schönen Blick hinunter auf Stadt und Hafen.

Hinter der Theodosianischen Stadtmauer suchten wir uns dann ein Lokal für das Abendessen. Wir bestellten Tsatsiki, Souvlaki und Retsina. In guter Stimmung traten wir den langen Heimweg an. Für unsere Verhältnisse war es noch sehr warm, die Temperatur betrug immerhin noch 23° C. Recht müde langten wir im Hotel an.

Sonntag, 20. September:

In einem in der Nähe gelegenem Café frühstückten wir. Dann warteten wir gespannt, ob das Taxi wirklich kommen würde – und es kam tatsächlich pünktlich um neun Uhr! Unser Taxichauffeur war ein rasanter Fahrer. Kaum hatten wir Thessaloniki verlassen, ging es auf der Autobahn meist mit 130 km/h dahin, sodass wir die 75 km nach Veria und die 12 km von dort nach Vergina in einer Dreiviertelstunde zurückgelegt hatten. Wir hielten direkt vor dem Museum. Natürlich wollte nun unser Taxifahrer nichts davon wissen, dass er hier drei Stunden auf uns warten sollte, aber nach einigem Hin und Her einigten wir uns dann auf zwei Stunden.

Wir besuchten nun dieses so tolle und interessante Museum und ich glaube, dass es Ernst und Gert beeindruckt hat. Auch unser Taxifahrer nützte die Gelegenheit zu einem Museumsbesuch. In Vergina fielen uns noch besonders die Granatäpfel auf, die von manchen Bäumen in den Gärten wunderschön rot herleuchteten. Im gleichen Tempo, wie wir hingefahren waren, fuhren wir auch nach Thessaloniki zurück. Die Felder beiderseits der Autobahn waren meist schon abgeerntet, ab und zu blühte neben der Autobahn noch der Oleander.

Da wir vorhatten, mittags essen zu gehen, ließ ich den Taxifahrer beim Hotel Astoria halten. Über den ausgemachten Preis war er nicht ganz glücklich, doch so war es eben ausgemacht. Wir spazierten hin zu den einstigen Lagerhallen im Hafen, die jetzt fast alle zu schönen Restaurants umgebaut worden waren. In einer, die als „Greißlerei" umgestaltet worden war, bestellten wir uns gegrillte griechische „Fleischlaberl", die uns ausgezeichnet schmeckten. Draußen regnete es inzwischen heftig.

Wir wollten uns noch die Kirche Agiou Nikolaos Orphanou ansehen, die ein Kleinod byzantinischer Kunst ist. Da sie aber nur bis 15:00 Uhr offen hatte, mussten wir uns beeilen. Es war dann auch gar nicht so einfach, sie in dem Gassengewirr zu finden. Wir schafften es jedoch und ich glaube, dass die kleine Kirche allen gefallen hat.

Wir gingen anschließend den Burgberg hinauf, am Trigónion-Turm vorbei und weiter bis hin zur Festung Eptapyrgio. Doch sie hatte leider – heute war ja Sonntag – schon seit 15:00 Uhr geschlossen. So wanderten wir wieder hinunter zur Stadtmauer und an ihr entlang bis zum Vlatades-Kloster, aber auch hier war die kleine Klosterkirche schon geschlossen. So spazierten wir wieder die engen Gassen hinunter und suchten die Dimitrios-Kathedrale auf, die größte und bekannteste Kirche der Stadt, war dort doch auch der gleichnamige Stadtheilige beigesetzt. Leider waren auch hier die interessanten Ausgrabungen unterhalb der Kathedrale heute nicht mehr zu besichtigen. Wir gingen dann auf ein Eis und traten den langen Heimweg zum Hotel an.

Dort suchten wir uns in der Nähe ein Lokal, wo wir im Freien sitzend uns am griechischen Salat und am „Mythos"-Bier gütlich taten. Bereits um 22:00 Uhr gingen wir zu Bett.

Montag, 21. September:

Um 06:30 Uhr standen wir auf, gingen in ein nahes Café frühstücken und bestellten uns über die Hotelrezeption ein Taxi. Denn, obwohl es genügend Taxis in Thessaloniki gab, zur morgendlichen Zeit waren sie alle gerne besetzt, da es viel zu wenig Parkplätze in der Stadt gab. So fuhren viele Thessaloniker mit dem Taxi zur Arbeit.

Unser Taxi brachte uns zum Chalkidiki-Bus-Terminal, der weit draußen lag. Wir lösten uns eine Hin- und Rückfahrkarte und fuhren pünktlich um halb neun Uhr nach Ouranoupoli ab. Es war ein prächtiger Spätsommertag. Die Fahrt mit dem Bus dauerte circa 2 ½ Stunden. Links und rechts der Straße sah man abgeerntete Felder, nur manchmal stand noch ungepflückte Baumwolle auf einem Feld.

Sonst blühte kaum noch etwas, außer die Besenheide im Holomondas-Gebirge. Daher waren dort auch noch zahlreiche Bienenstöcke nahe der Straße in langen Reihen aufgestellt. Gar nicht so selten säumten Weißdornsträucher voll von orangeroten Früchten die Straße.

Auffallend war auch, dass immer mehr Abraumhalden an den Hängen im Holomondas-Gebirge zu sehen waren. Begann man wieder mit dem Bergbau?

Um 11:15 Uhr erreichten wir Ouranoupoli und suchten sofort das Athos-Büro auf. Doch man war dort nicht bereit, uns schon heute die Diamonitiria auszufolgen. Auf meinen Hinweis, dass wir ja das Frühschiff nehmen wollten, versprach man uns wenigstens, die Diamonitiria morgen in der Früh zum Schiff hinzubringen. Um nicht abermals – wie voriges Jahr – in der Früh erleben zu müssen, dass dann eines der Diamonitiria fehlt, waren wir extra mit dem Vormittagsbus schon angereist!

Wir suchten nun unser Quartier bei Frau Antonakis auf. Sie war wie immer sehr nett. Sie freute sich über unser Geschenk und wies uns zwei schöne Parterrezimmer direkt zum Meer hin zu. Wir gingen anschließend gleich zu Daphne, die nebenan eine Taverne betrieb und stärkten uns dort mit Tsatsiki, Gabros und „Mythos"-Bier. Anschließend besuchten wir das kleine Museum im alten Turm und wanderten dann zur Athos-Grenze hin. Auf den Weg dorthin hatten wir eine komische Begegnung.

Schon bei der Herfahrt im Bus war uns ein kleiner, älterer Mann mit dichtem, eher ungepflegtem Bart aufgefallen. Den sahen wir auch im Athos-Büro und nun wieder auf dem Weg zur Grenze. Etwas mühsam zog er zwei Trolleys nach. Als wir an ihm vorbeigehen wollten, bat er uns, ob wir nicht von ihm mit seiner Kamera ein Foto machen könnten. Er erzählte uns dann in mäßigem Deutsch, er wäre viele Jahre in Jerusalem und drei Jahre in Österreich, in St. Gallen im Pestalozzi-Heim gewesen. (Da hatte er wohl die Schweiz mit Österreich verwechselt.) Ernst wollte ihm dann beim Ziehen der Trolleys helfen, das wollte er aber nicht und so gingen wir Richtung Grenze weiter.

Der Wiederaufbau des Klosters Zygou war seit letztem Jahr schon gewaltig fortgeschritten. Hoch standen schon rundherum die Mauern. Ein Führer bot sich uns an. Es gab nun schon bessere und weiter in das einstige Klosterareal hineinführende Wege. Auch die Beschriftung der einzelnen Standorte von Ölpresse, Trapeza, Zellen etc. war nun schon recht gut gemacht worden. Die größte Überraschung erlebten wir aber beim Katholikon. Man konnte es nun über am Boden liegende Glasplatten, die die Mosaike schützen sollten, an denen meist aber noch restauriert wurde, betreten.

Und da kam er wieder, unser Mann mit den Trolleys. Er wollte unbedingt von hier zu Fuß über die Grenze. Wir versuchten ihm zu erklären, dass das sicher nicht ginge, und spazierten dann zum Meer hinunter. Unser Mann machte sich auf den Rückweg.

Etwas später kam ein von einem Wiener gefahrenes Auto. Der war mit seiner Freundin zur Grenze unterwegs. Die hatten den Mann mit den Trolleys wieder aufgegabelt und mitgenommen. Kaum war dieser wieder an der Grenze, stieg er aus dem Auto und versuchte mit seinen Koffern zu Fuß über die Grenze zu gehen. Er schaffte es dann wirklich durch das offenbar nicht versperrte Gattertor zu gehen und irrte beim Kellion Justiniana – es hatte einst zum Panteleimonos-Kloster gehört – suchend herum. Wir hörten dann, dass er mit jemandem sprach, dann musste er wieder über die Grenze zurück. Wir verfolgten das Geschehen dann nicht weiter. Nur soviel sahen wir noch, dass er mit seinen beiden Trolleys den Rückweg antrat. Offenbar hatte er, wie wir, kein Diamonitirion bekommen, wollte aber unbedingt heute noch das Athosgebiet betreten.

Auch wir traten den Rückweg an. Dabei fiel uns auf, dass besonders viele Bulgaren und Moldawier in und außerhalb des Ortsgebietes von Ouranoupoli mit ihren Autos parkten. Ich sprach darüber später mit einem Verkäufer von Ansichtskarten, der sie als wahre Landplage bezeichnete. Wir kamen auch am Ort von Nikos einstiger Taverne „Athos" vorbei. An die Taverne erinnerte kaum noch etwas. Man hatte aber begonnen auf das einstige Tavernengebäude einen Stock daraufzusetzen.

Bis zum Sonnenuntergang verbrachten wir die Zeit mit Kartenschreiben und Faulenzen. Der Sonnenuntergang war dann prächtig. In Daphnes Taverne hatten wir uns eine Zahnbrasse von über 2 kg ausgesucht, die man uns jetzt grillte. Sie schmeckte köstlich. Nicht allzu spät gingen wir zu Bett.

Dienstag, 22. September:

Frau Antonakis weckte uns um halb sechs Uhr. Wir frühstückten am Zimmer, dann marschierten wir in der Dunkelheit zum Hafen. Tatsächlich war ein Pick-up da, in dessen Führerhaus ein Beauftragter des Athosbüros saß und nach Namensnennung und der Bezahlung von € 30,– Gebühr uns die Diamonitiria aushändigte. Ich merkte erst später, dass ich als einziger von uns am Diamonitirion als „Deutscher" ausgewiesen war. Das korrigieren zu lassen war sinnlos, es wird sicher niemanden auffallen.

In vorerst noch recht dunkler Früh fuhren wir mit der „Agia Anna" der Küste entlang und erst langsam waren Konturen am Land erkennbar. Wir legten einmal an, und zwar bei der Anlegestelle von Thivais, wo einsam ein Mönch gestanden war. Dann ging es ohne weiteren Halt bis zum Hafen von Dafni. Dort schulterten wir unsere Rucksäcke und wanderten die Uferstraße entlang bis zur Arsanas vom Kloster Xiropotamou, wo wir auf den alten Steig hinauf zum gleichnamigen Kloster abbogen. Der Steig war noch in einem guten Zustand. Nach 45 Minuten erreichten wir das Kloster, das auf einer Höhe von 185 m über dem Meer lag. Das Tor des Klosters war verschlossen, an einem dort befestigten Zettel war zu lesen, dass das Kloster wegen der Vorbereitungen für ein Fest 14 Tage lang geschlossen wäre. Einzig um 11:00 Uhr könne man es kurz besuchen.

Rundherum wurde fleißig gearbeitet und man legte vor dem Kloster schöne Gartenanlagen an. Plötzlich kam ein Arbeiter mit einer Scheibtruhe durch das Klostertor, das dadurch kurz offenstand. Ich rief die Freunde und eilte zum Tor. Da versperrte mir ein Mönch, der offenbar aus dem Englisch sprechenden Sprachraum kam, den Weg. Auf meine Bitte, mit den Freunden nur einen Blick in den Hof werfen zu dürfen, sagte er ganz bestimmt: „*Eleven o'clock*" und wiederholte das gleich nochmals, als ich ansetzte, meine Bitte zu wiederholen. So blieb uns nichts anderes übrig, als weiter zu wandern.

Von der nach Karyes führenden Straße zweigte der alte Pilgerpfad nach dem Kloster Panteleimonos ab. Zu meiner Überraschung hatte man hier einen „De-luxe-Wegweiser" aufgestellt – eine schwarze Tafel und darauf in Goldschrift den Namen des Klosters. Solche Tafeln sahen wir vereinzelt noch einige.

Wir wanderten den schönen und gut instand gehaltenen Pilgerpfad entlang und erreichten nach fünfzig Minuten das Kloster. Hier herrschte überall rege Bautätigkeit. Man konnte sich gar nicht vorstellen, wozu die vielen Gebäude renoviert wurden. Sicher müssten hier inzwischen schon Zimmer für einige hundert Leute bereitstehen. Aber im Gegensatz zu früher, wo dieses Kloster jedem ein sicheres Übernachtungsquartier bot, wurde jetzt jede Bitte um eine Übernachtungsmöglichkeit sofort abgelehnt, sofern man nicht ein Russe oder vom Balkan war.

Wir suchten das außerhalb des Klosters liegende Archontarikion auf. Doch der Raum war versperrt. Daneben war eine Art Schreibzimmer, dessen Tür offenstand. Am Schreibtisch saß ein Mönch. Auf meine Frage, warum das Archontarikion geschlossen wäre, antwortete er zweimal recht unwirsch auf Russisch (?) oder Griechisch (?), jedenfalls verstand ich ihn nicht. Einer der Freunde machte mich dann auf einen Anschlag aufmerksam, wo eine Offenhaltezeit nur zwischen 11:30 Uhr und 13:30 Uhr angegeben war. Eigenartig. Noch im Frühjahr waren wir nachmittags dort und hatten im Archontarikion – zusammen mit Russen – Tee getrunken!

Wir gingen nun in Richtung Kloster. Ich hieß meine Freunde, sie mögen im Tor ihre Rucksäcke abstellen. Natürlich bemerkten wir gleich das Schild mit dem Fotografierverbot und auch eine Tafel, dass man das Kloster nur zwischen 11:00 Uhr und 13:00 Uhr besuchen könne. Ich sagte aber zu den Freunden, das sollte sie weiter nicht bekümmern. Solange sie keinen Lärm machen, würde sich niemand um uns kümmern. Das haben wir dann in den folgenden Tagen so gehalten und auch nie Probleme bekommen.

Wir wanderten im großen Klosterhof herum. An allen Ecken und Enden wurde von Mönchen und zivilen Arbeitern gearbeitet. Man klopfte zum Beispiel an einer Wand zwischen den gefugten Steinen den Mörtel heraus, strich Geländer oder glaste Fensterscheiben neu ein. Wir stiegen die Stiegen zum ersten Stock hinauf und gingen die Balustrade entlang, um so einen besseren Blick auf den Klosterhof zu haben. Der Hof war sauber gekehrt, nichts stand herum, anfallender Abfall beim Renovieren wurde offenbar laufend entsorgt.

Anschließend gingen wir Richtung Tor und kamen beim großen Klosterladen vorbei, der aus mehreren Räumen bestand, die voll von Devotionalien, religiösem Schmuck, Priestergewändern, Alkoholika (Athosweine, Ouzo, Tsipouro) und Ähnlichem waren.

Wir konnten nicht widerstehen und statteten dem Verkaufsladen gleich einen Besuch ab. Mehrere Russen waren gerade auch im Geschäft. Zu meiner Überraschung war einer der beiden dort bedienenden Mönche ein alter Bekannter von mir. Er war einmal der Archontaris gewesen und hatte später, als man im Archontarikion einen Verkaufsladen errichtet hatte, diesen mit viel Schlitzohrigkeit betrieben. Auch er erkannte mich wieder und schenkte mir gleich ein Heiligenbild.

Wir streiften nun durch den Laden und schauten, ab wir etwas kaufen könnten. Ich kaufte eine kleine Miniaturmalerei, einen Anhänger mit dem Bildnis des hl. Demetrios für meine Frau und ein weiteres, normales Bild vom hl. Panteleimon. Heiner wollte ein Holzkreuz erwerben, wofür mein mir bekannter Mönch € 50,– verlangte, was Heiner zu teuer war. Ich sagte Heiner, dass man mit diesem Mönch durchaus handeln könne. So handelten wir letztendlich das Kreuz auf € 30,– herunter.

Als wir beim Zahlen waren, sagte er leise zu mir: *„Gehen Sie schnell, Pater Myron zeigt gerade die Kirchen!“* Ich rief schnell meine Freunde und wir eilten in den Hof. Als wir zum Katholikon kamen, sperrte Pater Myron, ein kleingewachsener Russe mit auffallend stechend-blauen Augen gerade dieses wieder zu. Als er sah, wie enttäuscht wir waren, sagte er auf Englisch, er werde es nachher für uns noch einmal aufsperren.

Mit ihm und einigen Russen stiegen wir im Nordflügel zu den Kirchen des hl. Alexander Newskij und die der Pokrov, der Schutzmantelmadonna, hinauf, die dort im 4. Stock als Doppelkirche in einem Raum gelegen waren. Oben angelangt, sperrte Pater Myron zuerst eine Tür auf, hinter der die Reliquien des Klosters, im sogenannten Skevophylakion, in zwei einander gegenüberliegenden Reihen aufgestellt waren. Die Deckel aller Reliquienkästchen, jedes für sich war eine Kostbarkeit, standen offen. Ehrfürchtig küssten die Russen die zwei Kreuzreliquien, die Schädelkalotten, einen Fuß und eine Hand und vieles mehr. Ich war beeindruckt, da üblicherweise in anderen Klöstern Nichtorthodoxen schon das Anschauen der Reliquien verwehrt wurde.

Danach ging es zu den beiden Kirchen, die gleich daneben lagen. Russisch prächtig war die Einrichtung, sonnendurchflutet der große Raum. Ganz anders als in griechischen Kirchen war hier auch die Atmosphäre. Pater Myron machte uns auf besonders kostbare und wundertätige Ikonen aufmerksam, so zum Beispiel auf eine Darstellung der „Gottesmutter von Kasan", die mit wertvollsten Edelsteinen geschmückt und deren Original angeblich schon im 10. Jahrhundert gemalt worden war, weiters auf eine Nikolaus-Ikone, gleichfalls reich mit Edelsteinen geschmückt, die Zar Alexander gespendet hatte.

Pater Myron erzählte uns, dass das Kloster früher bis 3000 Mönche beherbergt habe. Ihre Zahl sei in den 1960er-Jahren auf sieben sehr alte Mönche zusammengeschrumpft. Jetzt gehe es aber wieder aufwärts, im Augenblick lebten hier 75 Mönche. Abschließend sperrte er uns dann noch das Katholikon, zu dessen Besichtigung wir zu spät gekommen waren, auf. Es war im russischen Stil wie die beiden obigen Kirchen ausgestattet und besaß eine viel verehrte Panagia Hodegetria („Wegweiserin").

Wir machten nun außerhalb des Klosters eine kurze Jausenpause und wanderten dann zum Kloster Xenofontos, das ungefähr drei Kilometer entfernt war. Leider gab es nicht mehr den alten Pfad, der so wunderschön durch Olivenhaine geführt hatte. An seiner Stelle war eine Straße angelegt worden. Beim Wandern passten wir genau auf, ob wir eine Abzweigung zur Skite Xenofontos sehen könnten, die wir ja morgen besuchen wollten. Ausgeschildert war leider nichts.

Wir erreichten das Kloster Xenofontos, unser heutiges Ziel. Nach Überreichung einer „Spende" erhielten wir ein schönes Vierbettzimmer. Gleich nach dessen Beziehen und unter Zurücklassen unserer Rucksäcke machten wir uns zu einer Wanderung zum nahe gelegenen Kloster Dochiariou auf, welches wir nach einer halben Stunde erreichten.

Wie immer bei Dochiariou, lagen zahlreiche Katzen vor dem Klostertor. Der Archontaris bewirtete uns mit Tsipouro und Loukoumi. Er erklärte uns dann, dass wir das Katholikon nicht besuchen könnten, da es gerade gereinigt werde. Offenbar zum Ausgleich sperrte er uns die kleine Kapelle auf, wo die von der orthodoxen Welt hoch verehrte und wundertätige Ikone der Panagia Gorgoepikousa („die Schnellerhörende") aufbewahrt wurde.

Wann immer ich diese Kapelle betreten durfte, das geheimnisvolle Dunkel, die andachtsvolle Stille und das viele geopferte Gold, es wirkte alles hier beinahe mystisch. Anschließend streiften wir durch das Kloster. Wir stiegen hinauf bis zum 2. Stockwerk, von wo man einen besonders schönen Blick auf die Dachlandschaft mit den vielen Kaminen des Klosters hatte.

Auf den Rückweg nach Xenofontos trafen wir auf einen jungen Bulgaren, der in Deutschland lebte. Abgesehen davon, dass er mit Hemd, Pullover und Sakko viel zu warm angezogen war, schleppte er einen Trolley nach, der auf dem hier schlechten Pilgerweg bereits kaputt gegangen war. Da er die Haare hinten zu einem Zopf zusammengebunden hatte, hatte man ihm die Übernachtung im Kloster Dochiariou verweigert. Dableiben dürfe er erst dann, wenn er sich den Zopf abschneiden würde! Ich erinnerte mich, dass das im Frühjahr auch einem Griechen passiert war, der deswegen fürchterlich auf das Kloster geschimpft hatte.[116]

Heiner versuchte ihm zu helfen so gut es ging. Irgendwie war er aber schwierig, auch im Kloster Xenofontos saß er bis nach dem Abendessen verzweifelt auf einer Bank und wartete auf eine Aufnahme.

Wieder zurückgekommen, streiften wir durchs Kloster und als wir uns alles angesehen hatten, gingen wir uns duschen. Es gab hier eine Dusche, hier sowie auch in allen Klöstern der folgenden Tage. Somit fiel ein Hochgenuss früherer Athos-Wanderungen weg, wenn man nach mehreren Tagen am Athos wieder nach Ouranoupoli zurückgekommen war und das erste Mal wieder duschen konnte. Auffallend war aber, dass es in den Waschräumen überall nun schon Spiegel gab, denn diese waren früher verpönt, ja sogar verboten gewesen.

Wir faulenzten bis zur Hesperinos-Andacht, die dann eine Stunde lang dauerte. Anschließend gingen wir, zusammen mit den Mönchen in die Trapeza, um das Abendessen einzunehmen. Es war das beste Essen, das wir in diesen vier Tagen bekommen sollten. Es gab in Olivenöl gebratene Auberginen, Paprika und Kartoffel, ferner Krautsalat, Wein und einen Apfel.

Nach dem Abendessen setzten wir uns in den Pavillon, der außerhalb des Klosters lag und beobachteten den schönen Sonnenuntergang. Um nicht ausgesperrt zu werden, suchten wir alsbald unser Zimmer auf und schauten vom Balkon aus einem Mönch zu, wie er sein Netz im Meer auslegte. Er machte das recht geschickt, die Strömung trieb viele Fische ins Netz und bald „brodelte“ es im Netz von Fischen. Als es finster wurde, gingen wir zu Bett. Es war so gegen 20:00 Uhr. Unter unserem Fenster rauschte das Meer und wir schliefen herrlich.

Mittwoch, 23. September:

So gegen sechs Uhr früh waren wir wach und frühstückten im Zimmer. Als wir eine Stunde später aufbrechen wollten, war das Haupttor noch immer verschlossen. Doch ein anderes Tor, durch das wir schon einmal aus dem Kloster entkommen konnten, war auch diesmal schon offen. Wir nahmen den Weg in Richtung Kloster Panteleimonos. Wir suchten nun eine Abzweigung, wo wir über die Skite Xenofontos wandernd den Bergrücken überqueren konnten.

Wie schon angeführt, war die Abzweigung nicht ausgeschildert. Wir nahmen uns die

116 Vgl. dazu auch: Zwerger, Wege, S. 85.

Zwergerkarte vor und sahen, dass an der höchsten Stelle unseres Weges, wo eine Kurve eingezeichnet war, auch die Abzweigung zu finden sein musste. Wir fanden die Stelle, wussten aber trotzdem nicht, ob sie richtig war. Jedenfalls entschlossen wir uns, hier abzuzweigen – ungefähr 15 bis 20 Minuten vom Kloster Xenofontos entfernt. Eine schöne, geschotterte Straße führte, mäßig steigend, den Berg hinauf. Als wir dann Häuser am Hang oberhalb von uns sahen, verließen wir die Straße. Zur Skite Xenofontos führte dann eine eigene Verbindungsstraße hinauf.

In mehreren Kurven führte nun die neue Straße hin zur Skite, die aus dem Kyriakon und mehreren Wohnhäusern, welche teils verfallen, teils renoviert waren, bestand. Wir erreichten die Siedlung gegen halb neun Uhr. Sie lag auf 240 m Meereshöhe. Mehrere Arbeiter, wahrscheinlich Albaner, werkten intensiv an einer Vergrößerung des einstigen Kirchleins. An den alten Teil wurde sozusagen ein großer Esonarthex vorgebaut. Die Malereien im alten Teil des Kyriakons waren im guten Zustand und stammten, so konnte ich später nachlesen, vom Jahr 1780.

Da es sonst nicht viel zu sehen gab, wanderten wir nach einer Viertelstunde weiter. Ein Polizist, der alleine in einem Auto saß, hielt und bot uns an, uns nach Karyes mitzunehmen, was wir aber dankend ablehnten. Die Straße führte, sich immer wieder den Hang anschmiegend, langsam ansteigend, links und rechts gesäumt von herrlichem Laubwald, der weiter oben in einen beinahe reinen Edelkastanienwald überging, bergauf. Ab und zu hörten wir Arbeitslärm von Holzarbeitern. Bei einer alten Steinbrücke machten wir Halt, um dort zu jausnen. Dann ging es weiter, ab und zu gab es im Wald nun Blumen, meist waren es Herbstzeitlosen und Griechische Alpenveilchen (Cyclamen graecum).

Um halb elf Uhr erreichten wir die Straße, die anstelle des alten Höhenweges Karyes mit dem Kloster von Vatopediou verband. Erst im Frühjahr waren wir da gewandert. An dieser Kreuzung führte der Weg auf der anderen Seite hinunter zum Kellion Agiou Nikolaos. Wir wanderten nun auf dieser doch etwas befahrenen Straße Richtung Karyes weiter. Noch einmal blieb ein Mönch mit seinem Auto stehen und wollte uns nach Karyes mitnehmen.

Ich wollte den Freunden das Kellion Molivouekklisia zeigen. In der Nacht war mir dazu eingefallen, dass wir dieses Kellion ja auch von der nach dem Kloster Vatopediou führenden Straße aus besuchen könnten, wenn ich die Abzweigung finden würde, auf der wir im Frühjahr vom Kellion Molivouekklisia zur Straße heraufgekommen waren. Und ich fand wirklich die Abzweigung.

Leider war dann aber der einzige Bewohner dieses Kellions, der Pater Chrysostomos, nicht zu Hause. Er dürfte beim Kastanienklauben gewesen sein. Aber durch Benützen dieses Pfades hatten wir ein ordentliches Stück Straße abgeschnitten und so wanderten wir bald darauf auf der Verbindungsstraße Karyes – Dafni in Richtung der Skite Agiou Andreou, die wir dann auch um halb zwölf Uhr erreichten. Auf dem Weg zur Skite saß auf einem Mäuerchen nahe dem Eingangstor ein Mönch, den ich nach einigem Hinschauen wiedererkannte. Es war Pater Dionysios, den ich mit Fritz Leopold zusammen im Jahre 2006 kennengelernt hatte. Damals erzählte er uns, dass er in Graz drei Jahre in der Antonius-Kirche als Priester gewirkt hatte. Damals wies er sich als ein eingefleischter SK Sturm-Graz-Fan aus. Als wir ihn dann ein Jahr später in der Skite besuchen wollten, war er sehr krank und nicht anwesend gewesen.

Ich sprach ihn an. Er war geistig nicht mehr auf der Höhe, fragte immer das Gleiche und hatte vor allem Hunger. Ich gab ihm meinen Hartkäse, den er auf der Stelle aufaß. Wir gingen nun in die Skite hinein und machten einen Rundgang. Wir waren auch im Archontarikion, aber der Archontariki war nicht da. Wir hatten dann das Glück, einen Blick in das Kyriakon werfen zu dürfen. Dort wurde fleißig renoviert und die Freunde hatten nun eine Vorstellung von der Größe des Raumes und der Pracht der Ikonostase.

Als wir die Skite wieder verließen, saß Pater Dionysios immer noch an der gleichen Stelle. Er wollte unbedingt, dass ich bei ihm Platz nehmen sollte. Aber das ging nicht, wir mussten weiter. Zum Abschluss gab ihm Ernst noch Brot, da er immer noch um Essen bat.

Wir erreichten etwas nach zwölf Uhr Karyes. Gleich zu Beginn der athonitischen „Hauptstadt" fiel mir ein neues Gebäude auf, vor dem auch ein Polizeiauto parkte. Offenbar war hier ein neues Verwaltungszentrum gebaut worden. Wir wanderten auf der Straße weiter, hinunter bis zur einzigen Taverne, wo wir einer Bohnensuppe und einem Bier nicht widerstehen konnten. Als wir am Protáton vorbeikamen, war die Tür offen und so hatten die Freunde die Möglichkeit, die heiligste Ikone der griechischen Orthodoxie, die der „Axión estín" auch zu sehen. Nach wie vor hatte des Protáton sein scheußliches Stahlgerüst.

Wir wanderten dann weiter hinunter zum Kloster Koutloumousiou, das wir um viertel zwei Uhr erreichten. Auf dem Weg dorthin gab es eine Nussallee, wo Arbeiter eifrig Nüsse von den Bäumen schlugen, teils einsammelten, vermehrt aber selbst aßen. Um Karyes muss es früher viele Nussbäume gegeben haben, nicht von ungefähr lässt sich die Ortsbezeichnung für „Karyes" von der griechischen Bezeichnung für „Walnuss" ableiten. Walnüsse waren früher auch ein bedeutender Exportarikel für den Heiligen Berg gewesen. So berichtete Robert Byron in seinem Athos-Buch[117], im Jahre 1925 hätte man davon 268 Tonnen exportiert.

Im Kloster bekamen wir nach der üblichen „Spende" ein Vierbettzimmer. Nach Beziehen desselben machten wir uns auf, um wieder zurück nach Karyes zu gehen. Gemeinsam gingen wir bis zum Platz, wo die Busse nach Dafni abfuhren. Dort trennte sich Heiner von uns. Er wollte zum Kloster zurückgehen.

Wir spazierten eine der „Gassen" bergauf und kamen gleich zu einem Konak, der gerade renoviert wurde. Die Umfassungsmauer war schon schön verputzt, der Hof neu gepflastert und der Oberstock im prächtigsten Blau angefärbelt. Wir gingen kühn hinein und ein Arbeiter gab uns Auskunft.

Es war der Konak von Agiou Pavlou. Ich war betroffen. Wenigstens Karyes hatte sich bis jetzt den Charme des Morbiden, Verfallenen großteils bewahrt gehabt. Wenn nun alle Häuser renoviert und diese in den schönsten Pastellfarben gefärbelt werden, dann werden zukünftige Pilger glauben, sie befänden sich in der Cinque Terre oder sonst wo an der italienischen Küste!

Wir gingen die schmale „Gasse" weiter hinauf bis zum Konak von Hilandar, dort dreh-

117 Vgl. Byron Robert, Der Berg Athos. Reise nach Griechenland, Berlin 2020, S. 71.

ten wir dann um. Als wir bei einem großen, verfallenen Haus vorbeikamen, welches wir schon vorher mehrmals besucht hatten, war das diesmal nicht mehr möglich. Man hatte die Tür mit einer ganz neuen Kette verschlossen.

Wir kamen hinunter zur Hauptstraße und gingen diese weiter bis hinunter zum Kloster Koutloumousiou. Als wir aufs Zimmer kamen, war Heiner noch nicht da. Doch er kam bald und erzählte, er wäre noch auf ein Bier gegangen und habe in der Taverne in Karyes zwei Österreicher getroffen, die angeblich mit dem Schiff von Ierissos aus eingereist waren, Genaueres konnte er uns jedoch nicht erzählen.

Hier im Kloster begann die Hesperinos-Andacht bereits um 16:00 Uhr. Wir gingen also zum Katholikon und nahmen im Esonarthex Platz. Gleich neben dem Eingang saßen Heiner und Gert, auf der anderen Seite Ernst und ich. Alle Athos-Wanderer wissen, wie so eine Andacht abläuft. Meist sitzt man im Kirchenstuhl und döst so vor sich hin. So war es auch heute.

Plötzlich machte es einen lauten Kracher und Heiner fiel der Länge nach, wie vom Blitz getroffen, aus dem Stuhl und lag reglos, mit dem Gesicht nach unten, am Steinboden. Gott sei Dank hatte er zufällig beim Dahindösen den Unterarm vor seinem Gesicht gehabt!

Wir sprangen auf, auch Mönche kamen sofort gelaufen. Wir drehten Heiner um, der mit den Augen starr nach oben schaute. Wir trugen ihn hinaus in den Exonarthex und legten ihn dort auf eine Bank. Ein Mönch fühlte sofort seinen Puls, sagte etwas auf Griechisch und da hob ein anderer seine Beine in die Höhe. Eine gute Minute war Heiner abwesend, dann schaute er groß und sagte, es geht schon wieder.

Von uns gestützt, konnte er selbst im Exonarthex gehen, wir lagerten ihn dort auf eine Bank und hielten weiter seine Beine hoch, die ich auf meine Schulter legte. Ein Mönch fühlte wieder seinen Puls und meinte, er wäre nun in Ordnung. Wir gingen mit Heiner ins Zimmer. Heiner meinte, dass zweite Bier hätte er nicht trinken dürfen.

Ich redete mit ihm nun ein ernstes Wort. Wollte er umkehren, wäre es jetzt in Karyes günstig. Dagegen sei es in den nächsten beiden Tagen sehr schwierig, wenn es ihm neuerlich schlecht ginge, Rettung herbeizuholen. Heiner meinte, er werde sich das bis morgen überlegen.

Bald darnach gingen wir in einen nur den Gästen vorbehaltenen Raum essen. Das Essen war wirklich dürftig. Eine dünne Suppe mit etwas Gemüse und wenigen Nudeln und ein Apfel. Das war es. Nach dem Essen spazierten wir alle vier ein Stück des alten Pilgerweges in Richtung des Klosters Iviron hinunter bis hin zur alten Steinbrücke. Da Wetter war prächtig und der Athos war in all seiner Majestät zu sehen. Wieder im Kloster blieb uns nichts anderes üblich, als schon um 20:00 Uhr das Licht abzudrehen.

Donnerstag, 24. Oktober:

Heiner entschied sich schon in aller Früh mit uns weiterzuwandern. Darüber waren wir alle sehr froh, obwohl ich mir während der restlichen Wanderung leichte Sorgen um ihn machte. Ungeduldig warteten wir, bis endlich um halb acht Uhr das Klostertor aufgesperrt wurde. Den Weg vom Kloster Koutloumousiou zum Kloster Philotheou habe ich nie sehr gemocht.

Der alte Pilgerweg war zerstört worden und zahlreiche neue Forststraßen führten über den Höhenrücken hinüber zu den Klöstern der Westseite. Von diesen Straßen zweigten auch viele weitere Wege zu den einzelnen Skiten und Kellien ab. Nur die wenigsten sind ausgeschildert, oft wiesen sie zudem Bezeichnungen auf, die auf keiner Karte zu finden waren. Selbst auf der neuen Athoskarte, die bis zum Jahre 2010 Gültigkeit haben sollte, waren manche Straßen gar nicht eingezeichnet.

Heiner und ich, wir hatten uns die Karten vorher gut angesehen. Wir hatten gesehen, dass wir meist auf einer Höhe von ungefähr 400 Metern gehen mussten und hatten bei jeder neuen Straße beziehungsweise Abzweigung auf den Höhenmesser geschaut.

Nach einer halben Stunde langsamen Wanderns auf einer Forststraße erreichten wir beim Kellion Antipa den alten Pilgerweg und folgten diesem. Beim Kellion Athanasios kamen wir wieder auf die Straße, der wir dann circa 2,6 km auf ungefähr 400 m Seehöhe folgten. Bei einem Holzstoß am Rande dieser Straße legten wir eine Jausenpause ein. Dann wanderten wir weiter, bis wir wieder auf den alten Pilgerweg stießen. Diesen romantischen Weg, der hinunter zu einem Bach und einer darüber führenden alten Brücke führte, folgten wir bis zum Kloster von Philotheou. Dort kamen wir etwas vor 12 Uhr mittags an.

Erfreut über unsere „Spende“ nahm uns der Archontaris auf und nach der üblichen Bewirtung bekamen wir ein nettes Vierbettzimmer mit einem schönen Blick in den Hof und hin zum Klostertor. Nach einer kurzen Verschnaufpause und unter Zurücklassen unserer Rucksäcke machten wir uns auf den Weg zum Kloster Karakalou, welches wir, ohne den Weg zu verfehlen, nach einer Dreiviertelstunde erreichten. Ein üppiges Blumenmeer beherrschte den Eingangsbereich dieses Klosters. Hier wirkte jemand, der eine besondere Vorliebe für Blumen haben muss.

Wir betraten das Kloster, schauten uns die interessanten Malereien zur Apokalypse im Exonarthex des Katholikons an und besuchten den Archontaris, der ein junger, schüchterner Mönch war und uns einen köstlichen Kaffee zubereitete. Dann machten wir uns wieder auf den Rückweg.

Im Kloster Philotheou war inzwischen eine größere Zahl von Gästen angekommen. Wie wir später erfuhren, waren das die Mitglieder eines deutschen Fördervereins für Rumänien auf religiöser Basis. Die Gruppe bestand aus einigen Deutschen, in der Mehrzahl aber aus rumänischen Geistlichen, darunter war so etwas wie ein orthodoxer Bischof. Man empfing sie mit viel Aufmerksamkeit.

Gleich anschließend war die Hesperinos-Andacht, die großteils von den rumänischen Gästen zelebriert wurde. Wir vier durften, wie es im Kloster Philotheou üblich war, nur im Exonarthex, also außerhalb des Katholikons, daran teilnehmen. Wir vertrieben uns die Zeit, in dem ich die Bilder der Apokalypse den Freunden zu erklären versuchte, und ich las ihnen die entsprechenden Stellen aus der „Geheimen Offenbarung“ vor, die ich diesmal mitgenommen hatte.

Dann kam Pater Gelasius (er selbst schreibt sich mit „J“) und umarmte mich herzlich. Gleich kamen wir mit ihm ins Gespräch, und als er uns nach unserem Beruf fragte, fragten wir auch ihn, was er vor seinem Mönchsein gemacht hatte. Seine Geschichte war nicht nur interessant, er erzählte auch recht launig und laut, sodass ein-, zweimal einer seine Mitbrüder aus dem Katholikon herauskam und ihn zur Ruhe mahnte.

Pater Gelasius stammte aus dem ehemaligen Ostberlin und war seit frühester Jugend Vollwaise gewesen. Mit seinem Onkel floh er in den Westen und machte dort das Abitur. In kirchlichen, evangelischen Vereinen war er seit frühester Jugend tätig gewesen. Das veranlasste ihn auch, Theologie zu studieren, doch er gab dieses Studium nach zwei Semestern auf. Auf Wunsch seines Onkels, er möge etwas „Gescheites“ erlernen, absolvierte er eine Banklehre, doch das befriedigte ihn nicht.

Er ging zum Studium der Biochemie nach Zürich und studierte mehrere Semester an der dortigen ETH. Zu dieser Zeit hatte er auch gleich zwei Freundinnen, eine in Berlin und eine Chinesin in Zürich. Oft war er in dieser Zeit trampend im Süden Europas unterwegs gewesen. So auch in Griechenland. Dort entschloss er sich eines Tages, zum orthodoxen Glauben überzutreten und wurde in Berlin nach orthodoxem Ritus getauft. Dann ereilte ihn der Ruf, als Mönch der Welt den Rücken zu kehren und trat am Athos in ein Kloster ein.

Als die Andacht zu Ende ging, erklärte Gelasius uns, dass wir auch am gemeinsamen Mahl der Mönche nicht teilnehmen dürfen, da das ein Teil der Andacht wäre. Für uns nichts Neues. Das hinterbrachte man auch zwei deutschen Gästen aus der rumänischen Gruppe, die man aus Gastfreundschaft zu den Rumänen an der Andacht teilnehmen hatte lassen. Während der eine das einsah, regierte der andere, er hieß Brockhaus, war ein echter Nachkomme diese Familie und zudem ein großzügiger Spender des Berliner Vereins, ausgesprochen sauer.

Er schimpfte böse. Alles, was Gelasius sagte, wäre „Quatsch“, und ob er noch nie etwas von Ökumene gehört habe und so weiter und so fort. Wütend stapfte er davon und weigerte sich in der Folge überhaupt zum Mahl zu gehen. Da er ein alter Herr war, brachte man ihm einen Sessel, damit er sich im Klosterhof niedersetzen konnte. Er grollte weiter und als man ihm anschließend das Essen sogar in den Hof brachte, lehnte er auch dieses ab. Auch das Frühstück verweigerte er am nächsten Tag.

Das Essen war dann gut, wir bekamen zwei gebratene Fische, Teigfleckerl, Käse, Paradeiser und Wein. Pater Gelasius hatte uns versprochen, uns nach dem Essen das Katholikon zu zeigen, und kam dann tatsächlich mit den Schlüsseln. Mit uns vier gingen in das Katholikon noch der eine deutsche Gast und ein gut deutsch sprechender Grieche. Lustig war, als Gelasius dann den Griechen fragte, wofür er Facharzt wäre, sagte der ganz verlegen, der „Gynäkologie“.

Es war noch recht hell im Inneren und Pater Gelasius zeigte uns die wundertätige Ikone der Panagia Glykophilousa („die Liebkosende“), ferner die beiden Ikonen links und rechts der „goldenen Tür“ der Ikonostase, einen Pantokrator und eine Panagia, die nach dem Restaurieren und Abnehmen der zuletzt aufgetragenen Malerei sich als zwei Bilder von Theophanes dem Kreter[118] entpuppt hatten. Wir konnten Pater Gelasius auch viele Fragen zur Orthodoxie stellen, die er aus seiner Sicht beantwortete, wobei er stets auch auf Parallelen in anderen christlichen Religionen verwies.

---

118 Vgl. Glossar.

So nebenbei erzählte er uns auch, dass er manchmal Radio höre und dann Ö 1 besonders gerne. Es war dann schon finster, als wir das Katholikon verließen. Wie üblich gingen wir früh schlafen. Pater Gelasius kündigte uns an, er werde uns zum Frühstück holen.

Freitag, 25. September:

In der Nacht hatte es leicht geregnet. Sofern wir es feststellen konnten, war es heute verhangen. Gott sei Dank hatten wir Pater Gelasius gefragt, zu welcher Zeit das Frühstück stattfände. So waren wir nicht überrascht, als er uns um sechs Uhr früh holen kam. Es gab Lindenblütentee, Marmelade, Brot, Oliven und getrocknete Kichererbsen.

Obwohl Pater Gelasius uns noch verabschieden wollte, wurde er offenbar daran verhindert. So zogen wir um halb acht Uhr los. Wir nahmen den alten Pilgerpfad, den wir schon beim Hergehen benützt hatten. Als wir dann auf eine Forststraße kamen, versuchten wir nach der Karte den günstigsten Weg zu finden, um das Kloster Iviron zu erreichen. Offenbar gelang es uns auch, denn die Forststraße mündete direkt beim Kloster, welches wir nach zwei Stunden erreichten.

Im Kloster suchten wir den Archontaris auf, doch der schlief. Auf einem Tisch standen aber kalter Tee und Loukoumi bereit. Wir streiften durch das Kloster und schauten uns die Malereien im Exonarthex an. Plötzlich sah ich, dass die Tür zum Katholikon aufging und rief sofort die Freunde.

Griechische Pilger kamen heraus. Ich fragte den Mönch, der sie herausließ, ob wir auch hineinkönnten. Er fragte nach unserem Religionsbekenntnis, dann ließ er uns ohne Weiteres ein. Prächtig waren der riesige Luster, das berühmte, antike Bodenmosaik, die wunderschön geschnitzte Ikonostase und die vielen Ikonen. Meine Freunde hatten wieder einmal riesiges Glück gehabt.

Etwas nach elf Uhr brachen wir auf, um nach dem Kloster Stavronikita zu wandern. Der Weg dorthin ist schön, vor allem im Frühjahr, wenn alles blüht. Doch auch so beeindruckte er die Freunde. An einer günstigen Stelle, hoch über dem unten anbrandenden Meer, legten wir eine Jausenpause ein.

Dann wanderten wir weiter bis zum Kloster Stavronikita, welche wir um circa zwölf Uhr erreichten. Der Archontaris bewirtete uns mit Tsipouro und Loukoumi und öffnete uns das Katholikon. Auch hier gab es eine wundertätige Ikone, das war die Mosaikikone des hl. Nikolaus, die einst, der Sage nach, von einem Soldaten einen Säbelhieb erhalten hatte. Auch sonst bot die Kirche viel Sehenswertes, stammten doch die Malereien von Theophanes dem Kreter. Auffallenderweise waren hier auch zwei Heilige abgebildet, die vor allem in katholischen Kirchen häufig anzutreffen sind, die Heiligen Christophorus und Sebastian, was mir auch der Archontaris bestätigte.

Dann wies uns der Archontaris ein schönes Vierbettzimmer zu, 30 m direkt über dem anbrandenden Meer. Zu dritt, Heiner blieb im Kloster und ruhte sich aus, wanderten wir nun zum nahen Kloster Pantokratoros. Den Weg dorthin mag ich nicht besonders. Vor allem mit dem Rucksack und wenn es regnete, was ich auch schon erlebt hatte, war er ausgesprochen mühselig. Nun, wir wanderten ohne Rucksack, es regnete nicht und als ich Gert und Ernst nach ihrer Meinung fragte, meinten sie, ihnen wäre der Weg nicht so schwer zu gehen vorgekommen, wie der von Iviron nach Stavronikita.

Nach circa einer Stunde erreichten wir Pantokratoros. Wir gingen in den Klosterhof und trafen den Archontaris im Verkaufsladen. Dort erwarben wir einige Devotionalien, und wieder war der Archontaris bereit, uns, zusammen mit griechischen Pilgern, das Katholikon zu zeigen, und gab dort für uns Erklärungen in englischer Sprache ab.

Wieder erfuhren wir von einer wundertätigen Ikone, die der Panagia Gerontissa. Es war eine Ikone in Lebensgröße der Gottesmutter, angetan mit einem Gewand und war mit vielen Goldketten, Golduhren, Ringen etc. behängt. Vor allem eine Kette fiel auf, an ihr hing ein vierfacher österreichischer Golddukaten mit dem Bildnis Kaiser Franz Josephs. Aus dem Marmor, auf dem das Bildnis stand, soll auch zu einem bestimmten Termin Öl fließen. Wir besichtigten dann noch eine Nebenkapelle, die des hl. Georgs, mit einer sehr schönen Ikone dieses Heiligen. Nach dieser Klosterbesichtigung traten wir den Rückweg an.

Als wir zurückkamen, erwartete uns Heiner bereits und erzählte, dass er inzwischen meiner Bitte nachgekommen war. Er sollte nämlich für morgen ein Taxi bestellen, welches uns von hier nach Karyes und dann gleich weiter bis nach Dafni bringen sollte. Ich wollte das, weil der Weg von hier nach Karyes sich ziemlich dahinzog, im Prinzip nichts brachte und wir um 10:15 Uhr beziehungsweise spätestens um 10:30 den Bus erreichen mussten, wenn wir ihn benützen wollten. Auch frühes Aufstehen half da nicht, denn wir wussten ja nicht, wann das Klostertor aufgesperrt werden würde. Ich sah, dass über diese Entscheidung nicht alle glücklich waren. Als wir dann aber anderntags die Strecke fuhren, bemerkte ich doch Zustimmung.

Ich wollte noch etwas damit erreichen. Wenn wir früh genug in Dafni wären, könnten wir mit dem Frühschiff ein Stück der Westküste entlang hinunterfahren und Ernst und Gert könnten jene Klöster wenigstens aus der Ferne sehen, die wir auf dieser Wanderung nicht besuchen konnten.

Wir duschten nun und warteten auf die abendliche Andacht und auf das anschließende Abendessen. Da es hier keinen Exonarthex gab, wohnten wir der Hesperinos-Andacht im Esonarthex bei. Dabei fiel mir auf, wie orientalisch manche der Wechselgesänge klangen. Da heute Freitag war, gingen nur die Gäste zum Abendessen. Es gab eine warme Kichererbsensuppe, Oliven und besonders süße Weintrauben. Danach saßen wir noch einige Zeit vor dem Kloster und gingen, nachdem wir die Petroleumlampe – was anderes gab es in diesem Kloster nicht – gelöscht hatten, wie immer früh schlafen. Da wir heute 17 km gegangen waren, kamen wir in den vier Tagen auf rund 56 km.

Samstag, 26. September:

Wie immer frühstückten wir am Zimmer und warteten gespannt darauf, wann das Tor aufgesperrt werden würde. Wir hatten das Taxi für halb acht Uhr bestellt, ohne uns vorher danach zu erkundigen. Doch wir hatten Glück, etwas vor halb acht Uhr war das Tor schon offen. Wir verließen das Kloster und schon kam das Taxi. Die Straße nach Karyes war recht schlecht und ich glaube, nun waren alle recht froh, dass wir diesen Weg nicht gegangen sind.

Der Himmel war bedeckt. Von Karyes weg nieselte es leicht und je näher wir den Höhenrücken kamen, desto stärker blies der Wind und Nebelfetzen verhinderten manchmal eine bessere Sicht. Auch hier war die Straße recht reich an Löchern, nur kleine Straßenstücke waren manchmal mit einer Betondecke versehen. Nach Erreichen des Höhenrückens war das Wetter schöner, nur der Wind blies immer noch stark.

Um in den Hafen nach Dafni zu kommen, benötigten wir 45 Minuten und bezahlten dafür € 70,–. Das war nicht überhoben. Wir gingen gleich in die dortige Taverne und frühstückten zum zweiten Mal. Der frische Käsekuchen war wie immer ausgezeichnet. Hier konnte man jetzt sich schon ein Zimmer mieten, das Schild „Rent a room" war nicht zu übersehen. Dann durchstreiften wir die drei Andenkenläden, die, einer nach dem anderen, langsam aufsperrten. Und da kam auch schon die „Agiou Panteleimon" in Sicht.

Wir gingen an Bord und niemand kassierte die Passage. Unter starkem Wind fuhren wir nun die Küste südwärts, vorbei an den Klöstern Simonos Petras, Osiou Grigoriou und Dionysiou. Auf der Fahrt zur Anlegestelle von Agiou Pavlou blies vom Athos herunter ein extrem starker Fallwind, der die Wellen zu Schaumkronen aufpeitschte.

Wir fuhren weiter, vorbei an den Skiten von Nea Skiti und Agia Anna. An letzterer Anlegestelle wartete eine größere Kolonne von Mulis. Viele Pilger stiegen aus und ein besonders dicker ließ sich von einem Muli hinauf nach Agia Anna tragen. Letztlich fuhr das Schiff noch bis zur Anlegestelle von Katounakia, wo gleichfalls schon viele Mulis auf ihre Last warteten. Dann drehte das Schiff wieder um.

Durch die vielen Stopps kamen wir knapp um 12:00 Uhr in Dafni wieder an, mussten vom Schiff – wir hatten für die ganze Fahrt nichts bezahlt – und lösten uns nun erstmals Schiffstickets. Inzwischen war das Wetter schön geworden, nur der Wind blies noch ordentlich. Noch einmal gingen wir im Geist unseren Wanderweg durch, den wir erst vor wenigen Tagen hier begonnen hatten. Vor allem beim Kellion Megali Jovantsa stiegen viele Pilger zu. Dann kam langsam der Pyrgos von Ouranoupoli in Sicht und unser Abenteuer „Athos" war auch diesmal glücklich zu Ende gegangen.

Gleich nach dem Landen suchten wir unser Quartier auf, das wir nun im ersten Stock von Frau Antonakis bezogen. Wir gingen dann gleich in die Taverne nebenan und erfreuten uns nach vier Tagen eher karger Kost an den Souvlaki. Duschen und ein Spaziergang durch die diversen Läden von Ouranoupoli, um noch diverse „Mitbringsel" einzukaufen, standen dann auf dem Programm. Es folgte ein geselliges Abendessen.

Sonntag, 27. September:

Wir hatten vor, den Bus um halb zehn Uhr zu nehmen. In der Taverne, wo der Bus abfuhr, frühstückten wir. 2 ½ Stunden dauerte dann die Fahrt bis zum Bus-Terminal nahe von Thessaloniki. Dort bekamen wir gleich ein Taxi und fuhren zum Flughafen. Dort warteten wir dann längere Zeit, bis unser Flugzeug abflog. In Wien war schönes Wetter und die Fahrt nach Graz über den Semmering verlief kurzweilig. Alle waren wir glücklich, nach den braunen Feldern Griechenlands die saftigen, grünen Wiesen der Heimat wieder zu sehen.

Ernst und Gert hatten bei dieser Wanderung unwahrscheinliches Glück. Sie hatten in diesen vier Tagen neun Klöster und zwei Skiten besucht und fünf Klöster (ich rechne das uns nicht zugängliche Kloster Xiropotamou hier dazu) und eine große Skite (Profiti Ilia) wenigstens von der Ferne gesehen.

Meine 18. Athos-Wanderung

Mit Kurt Daxböck, Helmut Mader und Bernhard Resch
vom 5. bis 11. April 2010

Schwierigkeiten mit dem Flug – Osternacht am Flughafen von Thessaloniki – Ouranoupoli – Skite Xenofontos – Kellion Molivouekklisia – Agiou Andreou – Begegnung mit einer österlichen Prozession – Skite Profiti Ilia – Pantokratoros – Vatopediou – Besuch der Ruine der ehemaligen Athos-Akademie – Chera – Zographou – Osterprozession in Zographou – Wanderung nach Hilandar – Eremitage Kosmas – Leben des hl. Kosmas von Zographou – Dochiariou – Xenofontos – Panteleimonos – Xiropotamou – Karyes – Koutloumousiou – Iviron – Dafni – Fahrt entlang der Athos-Westküste – Ouranoupoli

Diesmal war keiner meiner Mitwanderer bereits am hl. Berg gewesen. Die Zusammensetzung meiner diesjährigen Wanderrunde hatte vor allem einen familiären Hintergrund. Dipl.-Ing. Helmut Mader, Mitarbeiter in einer IT-Firma, mein Schwiegersohn, bat mich, auch einmal auf einer Athos-Wanderung mitgehen zu dürfen. Desgleichen Direktor Kurt Daxböck, welcher der Ehemann meiner Nichte Irene war und seit dem krankheitsbedingten Ausfall meines vormaligen, ständigen Wandergefährten Dr. Raoul Klatt jetzt mein Begleiter auf steirischen Wanderwegen war.

Von Beruf war Kurt der Steiermark-Direktor der G4S, eines der größten Sicherheitsunternehmen weltweit. Kurt wiederum war sehr befreundet mit Univ.-Prof. Dr. Bernhard Resch, Neonatologe am LKH-Univ.-Klinikum Graz, der über Kurts Vermittlung auch einmal im Mönchsland Athos mitwandern wollte.

Bereits die Vorbereitungen erwiesen sich diesmal als äußerst schwierig. Aus familiären Gründen war es meinen Mitwanderern nur im April möglich, in der unserem Osterfest unmittelbar folgenden Woche auf diese Wanderung zu gehen. Unglücklicherweise fielen damals katholische und orthodoxe Ostern zusammen und die Feiertage standen am Beginn unserer Wanderwoche.

Gerade diese Tage um das Osterfest wählten auch viele Griechen, um den Heiligen Berg Athos zu besuchen. Dementsprechend waren alle Quartiere in den Klöstern überfüllt und es dauerte zwei Monate, bis alle fünf Übernachtungen in den einzelnen Klöstern fixiert waren. Bis zu diesem Zeitpunkt war es mir auch nicht möglich, überhaupt eine Wanderroute festzulegen.

Am 17. Jänner bekam ich die telefonische Verständigung, die Mönchsrepublik Athos am 5. April betreten zu dürfen. Zu diesem Termin organisierte ich dann Hin- und Rückflug für uns vier. Eine Woche vor Abflug bekam ich eine Benachrichtigung der AUA, dass unser Flug gestrichen worden war. Ich könne entweder das Geld zurückbekommen oder einen Flug über München akzeptieren, der um 22:55 Uhr in Thessaloniki ankommen würde. Man sieht, nicht nur der Athos ist für Überraschungen gut!

Beide Möglichkeiten kamen nicht in Betracht, vor allem nicht die zweite. Wir müssten dann durch die Osternacht nach Ouranoupoli fahren, kämen um circa zwei Uhr früh dort an und müssten um halb sieben Uhr beim Frühschiff sein, wo man uns die Diamonitiria hinbringen würde, wie ich es ausgemacht hatte.

Die AUA war weder unter der angegebenen Telefonnummer noch per E-Mail erreichbar. Zwei Stunden hatte ich das am folgenden Tag versucht. Auf Umwegen gelang es mir aber dann doch, Kontakt mit der Fluglinie aufzunehmen und einen Flug für uns über München, aber einen Tag früher als geplant, zu buchen.

Karsamstag, 3. April:

Nach der „Fleischweihe" und der Osterjause brachte unsere Tochter Julia ihren Ehemann Helmut, Kurt und mich um halb vier Uhr zum Flughafen Graz-Thalerhof, wo dann auch Bernhard zu uns stieß. Bei der Sicherheitskontrolle musste nur Kurt seine Wanderschuhe ausziehen. Der Flug nach München war angenehm, es hatte am Vortag geschneit und die schneebedeckten Berge waren wunderschön anzusehen. Nach circa einer Stunde Flugzeit landeten wir in München, und da wir reichlich Zeit hatten, suchten wir eines der Lokale am Flughafen auf, um uns zu stärken.

Um 19:40 Uhr flogen wir mit einer griechischen Fluglinie nach Thessaloniki weiter. Die Maschine war recht voll und das Flugpersonal ausnehmend freundlich. Alle Passagiere bekamen eine Osterkerze und ein Osterbrot. Auch warmes Essen wurde uns serviert. Eine Stunde vor Mitternacht landeten wir in Thessaloniki, Gott sei Dank kam auch unser Gepäck mit. Wir hatten unsere Rucksäcke, nach einer Methode, die sich schon mehrere Jahre hindurch bewährt hatte, in schwarze Müllsäcke verpackt und so mitgeschickt.

Wir zogen uns nun in einen Winkel des Flughafengebäudes zurück und machten es uns dort auf den recht harten Sesseln so bequem, wie es nur möglich war. Außer der Putzfrau, die unbedingt im Laufe der Nacht dort den Fußboden reinigen wollte, störte uns niemand.

Ostersonntag, 4. April:

Langsam kroch die Zeit weiter, allmählich wurde es dann auch ziemlich kühl, zudem war das Liegen auf den Sesseln recht mühsam. Immer wieder landeten Flugzeuge und es war auffallend, dass es vor allem junge Frauen waren, die jetzt in der Nacht ankamen.

Ich glaube, dass nur Helmut wirklich geschlafen hatte. Das Buffet war beinahe rund um die Nacht geöffnet und so holten wir uns gegen Morgen einen Kaffee. Ich beobachtete laufend, ob nach genügend Taxis am Flughafen waren. Um halb sechs Uhr war nur noch eines da und so drängte ich zum Aufbruch, wenn wir den ersten Bus nach Ouranoupoli um 06:15 Uhr erreichen wollten. Ich hatte den Fahrplan zuhause im Internet nachgesehen, war aber nicht wirklich sicher, ob der Bus auch am Ostersonntag so verkehren würde.

Ich bedrängte den Taxifahrer, dass er ein zweites Taxi herbeirufe und wir stiegen nicht ein, bis dieses tatsächlich da war. Alle vier Personen wollte er auf einmal nicht mitnehmen. Auf der Fahrt zum Chalkidiki-Bus-Terminal versicherte mir der Taxifahrer unentwegt, dass am Ostersonntag der erste Bus erst um elf Uhr nach Ouranoupoli fahren würde. Ich ließ mich aber auf keine Diskussion mit ihm ein.

Natürlich entsprach das nicht der Wahrheit, er wollte uns nur mit dem Taxi nach Ouranoupoli fahren. Am Bus-Terminal löste ich Hin- und Rückfahrkarten und pünktlich um 06:15 Uhr fuhr der Bus ab. Vorerst war es noch finstere Nacht, erst langsam wurde es Tag.

Als man dann schon etwas sehen konnte, waren es vor allem weißblühende Bäume und Sträucher – zum Beispiel der Weißdorn – welche die Aussicht sehr schön gestalteten. Manchmal sah es so aus, als hätte alles eine Schneeschicht. Entlang der Straße im Holomondas-Gebirge waren noch keine Bienenstöcke aufgestellt worden. Zwischendurch gab es auch Nebel. Niemand stieg irgendwo zu und so fuhr der Bus ohne anzuhalten weiter. Nahe Stratoni sahen wir erstmals den Gipfel des Athos in weiter Ferne ohne jedes Wölkchen. In der Ortschaft Stratoni baten wir den Chauffeur um eine „biologische Pause" und er schickte uns dort hinter eine Mauer.

In Ouranoupoli kamen wir dann um halb neun Uhr an und suchten zu allererst das Athos-Büro auf. Dort baten wir nochmals, man möge uns die Diamonitiria morgen zum Frühschiff bringen, das Diamonitirion selbst bekamen wir üblicherweise nicht. Dann suchten wir Frau Antonakis auf, die uns freundlich begrüßte und uns zwei Zimmer im ersten Stock zuwies. Ich bezog meines mit Kurt unter dem Motto, dass wir beide den Schlaf unserer Wandergefährten nicht durch Schnarchen stören wollten.

Dann spazierten wir die Uferpromenade entlang, am Pyrgos vorbei, um dann den Weg zur Athos-Grenze einzuschlagen. Ein freundlicher Hund begleitete uns während unseres gesamten Spaziergangs. Wir gingen an Nikos ehemaliger Taverne „Athos" vorbei, die nun schon länger geschlossen war und aktuell offenbar zu einer Pension umgebaut wurde.

Der Weg war staubig, aber links und rechts des Weges blühten Anemonen, Wiesen-Bocksbart, Filzige Hundskamillen, Lupinen, Kronen-Wucherblumen, Ginster, natürlich der Judasbaum und vieles mehr. Es war schon recht warm, mein Thermometer an der Uhr zeigte 29° C an. Wir erreichten die Athos-Grenze und gingen hinunter bis zum Meer.

Dann besuchten wir die Ruinen des ehemaligen Klosters von Zygou. Es war erfreulich zu sehen, wie von Mal zu Mal mehr ausgegraben beziehungsweise wiederaufgebaut wurde. Teilweise hatte die Mauer herum schon ihre Originalhöhe und war mit Zinnen versehen worden. Ein neu angelegter Pfad zu einzelnen Stellen, zum Beispiel zur Ölpresse oder zur Trapeza, war gut ausgeschildert worden und im Gegensatz zu früher durfte man nun ungehindert fotografieren.

Wir wählten dann einen Wanderweg, der oberhalb des Klosters Zygou, entlang des Hanges wieder nach Ouranoupoli zurückführte. Für den gesamten Wanderweg waren drei Stunden angegeben gewesen. Beim Wandern kamen wir an circa zwanzig Bienenstöcken vorbei, die entlang des Wegrandes standen. Als wir ungefähr die Hälfte der Stöcke passiert hatten, wurden die Bienen plötzlich aggressiv und gingen auf uns los. Überall saßen sie plötzlich, vor allem am Kopf. Im Laufschritt suchten wir das Weite. Es waren vor allem die roten Kleidungsstücke – Bernhards Anorak und mein Polohemd – auf die sie es abgesehen hatten. Und so wurden wir beide auch gestochen, Bernhard hinterm Ohr und ich in die Schulter. Während Bernhard laufend kühlende Steine auflegte, konnte ich nichts dagegen tun. Zum Glück waren wir beide nicht allergisch und so waren wir mit zwei juckenden und etwas schmerzenden Stellen davongekommen.

Für halb acht Uhr abends hatten wir ein Abendessen bei Daphne bestellt. Dazu hatten wir uns bereits mittags zwei schöne Fische ausgesucht, die uns jetzt, köstlich zubereitet, aufgetischt wurden. Natürlich muss ein Fisch auch schwimmen und so wurde es ein fröhlicher Abend.

Ostermontag, 5. April:

Frau Antonakis weckte uns um halb sechs Uhr. Wir frühstückten am Zimmer und eine halbe Stunde später waren wir schon Richtung Hafen unterwegs. Es war noch stockfinster. Mit den Diamonitiria klappte es; wir bekamen sie anstandslos ausgefolgt. Zwar stimmte manches bei mir nicht, so war ich zum Beispiel orthodox und Deutscher. Aber das darf einen nicht stören.

Auf der „Agia Anna" suchten wir das Oberdeck auf. Pünktlich um halb sieben Uhr legte sie ab. Vorerst war die Küste noch im Dunkeln, allmählich zeichneten sich die Konturen der Hügelkette gegen den immer heller werdenden Himmel ab. Nikos P. war mit seinem Sohn auch am Schiff, er machte einen Tagesausflug zu einem ihm bekannten Mönch im Kloster Dionysiou. Er war das erste Mal Richtung Athos unterwegs und erzählte Kurt dementsprechend viel Unsinn, so zum Beispiel, dass es in Dafni einen Duty-free gäbe.

Sehr bald stieg der gewaltige Gipfel des Athos aus dem Meer auf. Vorbei an der Skite Thivais, am Kellion Megali Jovantsa, den Arsanas der Klöster von Zographou und Konstamonitou und dem ersten, vom Schiff aus sichtbaren Kloster von Dochiariou. Schon beim Einsteigen hatte ich angefragt, ob es nicht möglich sei, beim Kloster Xenofontos auszusteigen. Man hatte es uns zugestanden und tatsächlich steuerte man das Kloster Xenofontos an. Nur wir vier stiegen aus. Das ganze Manöver dauerte nur eine Minute und schon standen wir vier allein vor den mächtigen Mauern dieses Klosters. Es war acht Uhr früh.

Wir nahmen nun den Weg Richtung des Klosters von Panteleimonos. Wo dieser Weg seine höchste Stelle erreichte, zweigte ein Weg zur Skite Xenofontos ab, ein Weg, den ich schon im Vorjahr mit Heiner, Gert und Ernst gegangen war. Eine staubige Straße führte mäßig ansteigend bergauf. Von der Ferne hörte man das Glockengeläute von Maultieren und manchmal hing auch ein betörender Duft von Blumen in der Luft.

Als wir einmal um eine Kurve bogen, lag plötzlich das Russenkloster Panteleimonos tief unter uns. Von oben sah man erst richtig, was hier alles wiederaufgebaut worden und welche gewaltigen Dachflächen neu eingedeckt worden waren. Für wen? Woher kam das Geld dazu?

Um ungefähr halb zehn Uhr erreichten wir die Skite Xenofontos. Der Ausbau der Skite war schon weit fortgeschritten, man hatte hier in bester Lage mehrere, eher Chalets mit schönen Terrassen, als Wohnstätten für in Einsamkeit lebende, arme Mönche errichtet. Es gab hier auch eine neue Telefonzelle. Leider war das Kyriakon zugesperrt, den alleinstehenden Turm konnten wir aber besteigen.

Nach kurzer Pause wanderten wir weiter und kamen bald zu einem eigentlich viel Wasser führenden Bach, der zudem sich wasserfallartig über einen Felsen ergoss. Wo der Weg eine Kurve machte, war eine kleine Brücke, wo wir eine kurze Jausenpause einlegten.

Die Straße war nun eher steil ansteigend und kostete viel Kraft und Schweiß. Meine Wandergruppe war diesmal eine ganz andere als sonst, alle waren eher „Schweiger". Nach ungefähr einer halben Stunde erreichten wir die breite Straße, die von Karyes bis hin zum Kloster Vatopediou führt. Wir bogen rechts auf diese Straße ab. Zu unserer Linken konnten wir immer wieder das tiefblaue Meer und einzelne Klöster beziehungsweise Skiten oder Kellien sehen, die entlang dieser Küste lagen. Es war schwer, sie zuzuordnen. Die Straße fiel langsam ab, bei der Abzweigung zum Kellion Maroda fand ich wieder die Abzweigung, die über das Kellion Molivouekklisia nach Karyes führte.

Ein äußerst schmaler Weg schlängelte sich durch einen Wald von Edelkastanien und es dauerte nicht lang, bis wir vor dem Kellion Molivouekklisia standen. Wie schon bei meinem letzten Besuch rief ich laut nach Pater Chrysostomos. Diesmal hatten wir mehr Glück als im Herbst, er war zu Hause. Normal lebte Pater Chrysostomos alleine hier, doch heute hatte er gerade Besuch von einem jungen Mönch.

Pater Chrysostomos sah viel älter als seine 78 Jahre aus, die er in Wirklichkeit war. Da er ja kein Englisch verstand, machte ich ihm mittels Zeichensprache klar, dass wir wieder einmal seine Kapelle besuchen wollten. Anstandslos ließ er uns ins Haus und nach Öffnen der Bodenklappe stiegen wir eine Stiege hinunter.

Es ist immer wieder erhebend vor so einem Kunstwerk zu stehen. Laut Chrysostomos stammten die Malereien von Theophanes dem Kreter.[119] Theophanes, der mit Familiennamen Strelitzas hieß, lebte von 1500 bis 1559. Er war der wegweisende Maler der kretischen Schule und wirkte als Athosmönch und Maler in den Klöstern Megisti Lavra, Iviron, Pantokratoros, Stavronikita und Osiou Grigoriou. Ob die Malereien wirklich von Theophanes waren? Jedenfalls waren sie im Stil der kretischen Schule gemacht.[120] Wieder fielen mir die Betstühle auf, die fast durchwegs auf der Rückenlehne ein Pentagramm aufwiesen. Kein Dämon könnte sich hier niederlassen!

Wir dankten Pater Chrysostomos sehr für seine Freundlichkeit und folgten weiter dem Waldweg, bis wir auf die Verbindungsstraße Karyes – Dafni stießen. Diese Straße wanderten wir nun bergab, deutlich vor uns der mächtige Komplex der Skite Agiou Andreou. Dort kamen wir mittags um halb eins an.

In der Skite herrschte lebhaftes Treiben, viele Pilger waren hier anwesend. Wir suchten gleich das Kyriakon auf. Beiderseits von dessen Eingangstür standen Stämme von umgeschrittenen Lorbeersträuchern. Auch das Innere des Kyriakons hatte man prächtig herausgeputzt. Sämtliche Renovierungsarbeiten waren jetzt schon abgeschlossen. Alles blitze und glänzte im österlichen Glanz. Der mächtige Choros, der kreisrunde Messingleuchter mit sicher 2,5 m Durchmesser, wurde gerade von einem Mönch, welcher auf einer Stehleiter stand, mit neuen Kerzen versehen.

Vorne überragte die mächtige Ikonostase mit ihren vielen Bildern im Stil der Abbildungen, die wir aus unseren Religionsbüchern der Volksschulzeit kannten. Russisch eben. Immer wieder kamen Pilger zum Beten und Fotografieren herein. Anlässlich der Osterfeiertage hatte man den größten Schatz des Klosters, eine Knochenreliquie, das Stirnbein des Apostels Andreas, in das Kyriakon gebracht. Ein kostbares Behältnis, darin war ein

119 Zu Theophanes siehe Glossar.
120 Vgl. dazu: Feigl, Athos, S. 91.

bärtiges, aus Silber gefertigtes Gesicht, dessen Stirnbein die Reliquie war. Die Pilger kamen nun zur Reliquie, ein Mönch öffnete das Behältnis und die Gläubigen küssten, einer nach dem anderen das Stirnbein. Vor mehreren Jahren mussten Fritz und ich, unter der strengen Aufsicht von Pater Dionysios, dies auch tun.

Die Pilger kamen aber auch mit allen nur möglichen religiösen und auch profanen Gegenständen des Alltags und baten den Mönch, diese mit der Reliquie in Berührung zu bringen, was dieser auch laufend tat. Nachdem wir uns alles angesehen hatten, streiften wir noch etwas im riesigen Hof der Skite herum. Mächtig imponierten uns die Ofenrohre, die aus vielen Zimmern einfach durch ein Loch in der Scheibe hinausgeleitet wurden. Und das konnte man gleich bei mehreren Stockwerken übereinander beobachten. Bernhard suchte eine Toilette und kam mit der überraschenden Mitteilung zurück, dass er dort ein Bidet (!) gesehen habe. Das kann doch nur ein arges Missverständnis gewesen sein, das konnte doch nur ein Becken sein, welches zum Waschen von Füßen dienen konnte.

Etwas nach ein Uhr mittags verließen wir die Skite in Richtung Karyes. Dort, wo die Straße Richtung Ostküste abzweigte, standen viele Pilger. Und gleich darauf kam ein Mönch, gekleidet in ein festliches Messgewand, der von einem zweiten, in normalem Mönchsgewand, begleitet wurde, die Straße herauf. Der zweite Mönch trug in einem Kupfergefäß Weihwasser mit. Die wartenden Pilger gingen sofort den beiden entgegen. Der festlich Gekleidete tauchte einen Buchszweig ins Weihwasser und segnete damit kräftig das Haupt jedes Pilgers. Jeder musste dabei ein Holzkreuz, das der Priester in der Hand hielt, küssen. Auch ich stellte mich für den Segen an, meine drei Mitpilger hielten sich dagegen dezent im Hintergrund.

Wir gingen nun die Straße zur Küste hinunter. Zahlreiche Mönche und Pilger kamen uns entgegen. Das musste seinen Grund haben. Und wirklich, nach ungefähr einer Viertelstunde des Wanderns der Straße entlang, versperrten uns Pilger und Mönche die Straße. Vor einem Kellion war eine religiöse Handlung im Gange. Man hatte eine der vielen heiligen Ikonen von einem Kloster, wahrscheinlich vom Kloster Koutloumousiou, in einer Prozession hierhergebracht. Über der Ikone hatte man einen kostbaren Schirm aufgespannt, Weihrauch wurde verbrannt und es wurde laut gebetet.

Wir drängten uns durch die Menge und wanderten die Straße weiter bergab bis hin zur Kreuzung, wo die Straße zur Skite Profiti Ilia abzweigte. Obwohl wir es ursprünglich anders vorgehabt hatten, entschlossen wir uns jetzt, den Weg zu dieser Skite einzuschlagen. Das war, wie es sich dann auch herausstellte, eine gute Entscheidung.

Nach einer kurzen Jausenpause brachen wir wieder auf und wanderten auf schmaler Straße, parallel zum Hang, weiter. Dann, zur Überraschung meiner Freunde, lag die mächtige Skite Profiti Ilia plötzlich vor uns.

Im Innenhof rührte sich nichts, obwohl ich mit der Glocke geläutet hatte. Wir umrundeten das mächtige Kyriakon, da hörte ich plötzlich jemanden telefonieren. Es war der Archontaris, den ich auch gleich ersuchte, er möge uns das Kyriakon aufsperren. Er erinnerte sich an mich, er wusste, dass ich Österreicher, ja sogar, dass ich in Graz zuhause war. Wie schon im Kyriakon in der Skite Agiou Andreou war auch diese, einst in russischem Besitz, vollkommen renoviert worden.

Wieder standen Stämme umgehackter Lorbeerstämme vor dem Eingangstor. Pater Philemon, so hieß der Mönch, erzählte wieder die Überlieferung, dass zur Vergoldung der Ikonostase zwei Tonnen Blattgold verwendet worden wären. Dementsprechend prächtig sah die Ikonostase auch aus.

Besondere Verehrung genoss hier die Ikone Panagia Tichwinskaja, eine Hodegetria-Darstellung. Die Ikone hier war eine Kopie der Moskauer Ikone. Da Pater Philemon laufend Telefonanrufe erhielt, sagte er zu uns, wir mögen alles alleine anschauen und könnten fotografieren, was wir wollten. Als wir dann das Kyriakon verließen, fragte er uns, ob wir Kaffee trinken wollten. Das ließen wir uns nicht zweimal sagen. Gleich neben dem Ziehbrunnen waren zwei Bänke und ein Tisch. Dort servierte er uns dann griechischen Kaffee, Tsipouro und eine herrliche, Loukoumi ähnelnde Süßigkeit. Wir unterhielten uns prächtig mit ihm und lachten viel, besonders als ein schwarzer Kater daherkam, den man „Gadafi" getauft hatte.

Ich fragte, ob es auch möglich sei, im Kloster zu übernachten. Er gab mir die Telefonnummer und meinte, man müsse aber gut fünf Monate vorher bei ihm anrufen. Man sei hier überfordert mit den Gästen, da nur fünf Mitbrüder in der Skite lebten.

Gegen vier Uhr nachmittags brachen wir wieder auf. Das Kloster Pantokratoros, unser heutiges Ziel, sahen wir unten am Meer liegen. Mehrere Steige führten hinunter. Wir erwischten einen, der nicht der war, den wir in den Vorjahren immer wieder beim Heraufwandern benutzt hatten. Der Pfad führte in eine Schlucht, wo das Wildwasser gewütet und den Weg arg in Mitleidenschaft gezogen hatte. So passierte es auch, dass Kurt beim Queren eines kleinen Baches ausrutschte, ins Wasser stieg und sich dabei auch an der Hand verletzte.

Gegen 17:00 Uhr und müde nach einer Wegstrecke von 18 km, erreichten wir das Kloster Pantokratoros. Wir mussten lange auf den Archontaris warten. Schuld daran war, dass es im Archontarikion eine Klingel gab, wo man nach dem Archontariki läuten musste. Aber der Hinweis auf das Läuten war nur auf Griechisch abgefasst, dass keiner von uns lesen konnte. So kam der Archontariki knapp vor der Hesperinos-Andacht dahergeschossen, prüfte Pässe und Diamonitiria genau, sauste weg und kam dann doch wieder, um uns ein schönes Zimmer im zweiten Stock zuzuweisen. Wir teilten das Zimmer mit noch einem Griechen.

Wir gingen zur Hesperinos-Andacht, die in Anbetracht der Ostertage recht feierlich begangen wurde. Dann ging es zum Abendessen in die Trapeza. Erstmals erlebten meine Mitpilger ein feierliches, klösterliches Essen, das zudem auch gut schmeckte. Es bestand aus einem Fischauflauf und das Gemüse war Mangold. Es gab auch Wein. Die Attraktion waren rote Eier und sofort wurde mit den Eiern gepeckt. Mit dem Spruch „Christos anesti" schlug man an das Ei des anderen und freute sich sehr, wenn dessen Schale kaputt ging. Da taten auch die Mönche mit. Ich sah einen jüngeren Gast, der aufstand, zum Abt hinging und diesen auch bat, mit ihm Eierpecken zu dürfen.

Nach dem Essen gingen die Mönche wieder ins Katholikon, wir hielten uns vorerst im Hof auf, gingen dann aber zum Pavillon vor dem Kloster. Wunderschön war von hier der

Gipfel des Athos zu sehen. Wir spazierten hinunter zum Hafen und bestiegen dann den Felsen, der vor der Hafeneinfahrt lag und den ein großes, eisernes Kreuz zierte.

Eigentlich war es kalt und so suchten wir bald unser Zimmer auf und gingen recht früh zu Bett. Kaum hatten wir das Licht abgedreht, kam unser Zimmergenosse und legte sich auch nieder. Doch kaum waren wir am Einschlafen, klingelte schon sein Mobiltelefon und das gleich zweimal hintereinander. Dann war endlich Ruhe bis circa vier Uhr früh, als man mit dem Simantron zur frühmorgentlichen Orthros-Andacht rief. Unser Zimmergenosse folgte dem Weckruf; auf diese Weise haben wir ihn nie wiedergesehen.

Dienstag, 6. April:

Um sechs Uhr weckte ich meine Freunde. Wir gingen um kurz nach sechs Uhr auch zur Morgenandacht und wollten dann mit den Mönchen frühstücken. Wie es sich für uns „Ungläubige" gebührte, hielten wir uns im Esonarthex auf, doch dann kam ein Mönch und deutete uns an, wir mögen doch nach vorne in den Narthex kommen. Zehn der Mönche hatten dort ein festliches Gewand angezogen und stellten sich in einem Halbkreis auf. Manche hielten Ikonen in den Händen. Man sang sehr schön und melodisch, vor allem der Abt selbst hatte eine sehr schöne, melodische Stimme.

Man schwang den großen Luster, die Mönche des Klosters küssten die Ikonen, die ihre Mitbrüder in den Händen hielten und beteuerten unentwegt, dass – *„Christos anesti"* – Christus auferstanden sei. Viele Rituale liefen hinter der Ikonostase ab, und da der Vorhang weggezogen war, konnten wir auch vieles davon mitverfolgen.

Noch viele Lorbeerblätter lagen am Steinboden des Katholikons. Es war zu Ostern üblich, damit den Boden zu bedecken. Die Lorbeerblätter, der viele Weihrauch und die Wachskerzen, das alles erfüllte das Kircheninnere mit feierlichem Duft. Als aber die Andacht gar kein Ende nahm, gingen wir kurz nach acht Uhr auf unser Zimmer und frühstückten dort. Um 8:45 Uhr brachen wir dann auf.

Es war ein prächtiger Tag. Da ich bisher immer vom Kloster Vatopediou hergekommen war, musste ich den Einstieg in den Weg dorthin erst suchen. Das war nicht so schwer, einige Wege mündeten in einer Fahrstraße, der wir vorerst kurz folgten. In einer Kurve zeigte ein Wegweiser in Richtung des Klosters von Vatopediou. Wir stießen auf einen der alten, mit Steinen ausgelegten Athoswege, der vorerst eher steil eine gute halbe Stunde lang aufwärts führte. Dann aber verlief er eben und parallel zum Hang dahin. Es war ein wunderschöner Weg, prächtige Natur, üppig säumten immer wieder Blumen den Weg, große Strecken waren mit Steinen ausgelegt. Immer wieder hatte man Ausblicke hinunter aufs Meer. Diesen Weg war ich noch nie gegangen, immer nur die staubige, sich endlos dahinziehende Straße.

Es war ein glückliches Wandern und wir alle schwelgten im Glücksgefühl dieses schönen Weges. Circa zwei Stunden ging es so dahin, dann mündete der Pfad in einen Karrenweg, der, wenn man den Weg in Richtung des Wegweisers bergauf folgte, nach circa zehn Minuten zu mehreren Schranken führte. Gleich darauf erreichten wir die recht staubige, kurvenreiche Straße, die hinunter zum Kloster Vatopediou führte.

Eine Tafel wies auch darauf hin, dass der Weg, der vom Kloster Pantokratoros so schön hierhergeführt hatte, vor gar nicht so langer Zeit von der FoMA[121], der Gesellschaft *„Friends of Mount Athos"*, freigelegt worden war.

Es war dann kein Vergnügen auf der staubigen Straße, die zudem auch ziemlich befahren war und in vielen Kurven hinunter zum Kloster führte, zu wandern. Wir hielten Ausschau nach einem alten Pilgerpfad, fanden aber keinen. Eine Möglichkeit wäre es gewesen, bis zum Einmündungspunkt der Straße zurückzugehen. Weiter oben gab es einen alten Weg hinunter zum Kloster. Den waren wir vor zwei Jahren gegangen. Aber wer denkt schon daran, wenn er erstmals auf diese Straße kommt.

Wir kamen etwas vor zwölf Uhr im Kloster Vatopediou an. Das Kloster hatte einen Pförtner. Der verlangte von uns Reisepass, Diamonitirion und wir mussten auch auf der Rückseite des Diamonitirions unsere Heimatstadt und unsere Telefonnummer in der Heimat notieren.

Der Pförtner fragte uns, ob wir essen wollten, was wir sofort bejahten. So mögen wir doch, bevor wir den Archontaris aufsuchen, in die Trapeza gehen und uns dort Essen geben lassen! Das machten wir auch. So saßen wir in der prächtigen Trapeza und bekamen Mangold, Krautsalat und eine Süßspeise. Zwei, drei eben ankommende Mönche aßen ebenso hier.

Nun suchten wir das Archontarikion auf und mussten fürs Erste einmal warten. Laufend kamen neue Gäste. Das war auch der Grund, warum ich meine Freunde gedrängt hatte, dass wir möglichst früh das Kloster erreichen sollten. Was ich aber nicht wusste, war, dass man hier ein Jubiläum feierte und 600 Gäste (!) erwartet wurden, darunter drei Bischöfe. Irgendwie ging mir das lange Warten dann schon auf die Nerven, und als ich den angeblichen Archontaris erwischte, zeigte ich ihm das Empfehlungsschreiben unseres Grazer Schutzengels Univ.-Prof. Larentzakis, welches er mir auch für diese Wanderung aufgestellt hatte. Wieder einmal tat es seine Wirkung. Wir bekamen über dem Hof ein schön gelegenes Vierbettzimmer, während auf den Gängen bereits die ersten Notbetten aufgestellt wurden.

Jetzt hatten wir Zeit. Zu allererst holten wir unsere Diamonitiria, welche wir beim Pförtner zurücklassen hatten müssen. Dann spazierten wir hinunter zum Hafen. Bernhard, Helmut und ich beschlossen zur sogenannten Athos-Akademie hinaufzuspazieren, deren Ruinen wir beim Wandern auf der Straße am gegenüberliegenden Hügel gesehen hatten. Die Athos-Akademie war ein trauriges Kapitel in der Athosgeschichte. Im Jahr 1749 vom Patriarchen gegründet, sollte sie den Griechen als Bildungsanstalt, die dem Zugriff der Osmanen entzogen war, dienen. Ihr Leiter war der berühmte Theologe Eugenios Vulgaris (1716–1806). Den Athos-Mönchen war das aber ein Hort des Liberalismus und des Atheismus und man kämpfte mit allen Mitteln gegen die Akademie. Schlussendlich kapitulierte Vulgaris. Nachdem der Patriarch die Akademie offiziell geschlossen hatte, zerstörten hasserfüllte Mönche das Gebäude.

Der Weg zur Akademie war nicht ausgeschildert. So wanderten wir die Straße, auf der wir hergekommen waren, wieder hinauf, bis ein Karrenweg links abzweigte, dem wir folgten. Nach circa zehn Minuten zweigte ein schmaler Fußpfad vom Karrenweg ab und führte

121 Siehe Glossar.

hinunter zu einem Aquädukt. Diesem Pfad folgten wir weiter, bis wir auf die Ruinen der Akademie stießen. Es standen von dieser nur die Außenmauern. In ihrem inneren Geviert gab es eine kleine Kapelle, die offenbar in letzter Zeit renoviert worden war. Die Akademie stand auf einem Hang, der voll von Olivenbäumen war und der nun auch als Weide für Mulis diente. Wunderschön war im Augenblick die Wiese, die übersät mit blühenden Affodillen war.

Wir suchten nun für den Rückweg einen anderen Weg. Über den Hang führte einer hinunter, der letztlich im Bereich des Hafens mündete. Will man nun vom Hafen aus die Akademie erreichen, muss man sich dort links halten, bis man zu einem Gatter kommt. Dieses muss man überwinden, dann findet man auch den Weg zur Akademie hinauf leicht. Ich suchte dann im Kloster noch den gut besuchten Shop und die Vinothek auf.

Ich ging auf unser Zimmer, langsam kamen dann alle Freunde nach. Ein wenig später gingen wir zur Hesperinos-Andacht, die recht lang dauerte. Nach deren Ende strömten unheimlich viele Menschen in den Hof. Wir wurden in Gruppen eingeteilt: Mönche, die in die Trapeza essen gingen, und Gäste, die im Ladario, dem ehemaligen Öllager, das als Aushilfegastraum vorbildlich renoviert worden war, ihr Essen bekamen. Hier befand sich auch eine wundertätige, byzantinische Ikone, die der Panagia Elaiovrytissa. Über sie gibt es eine Legende, die man bei meiner 16. Athos-Wanderung nachlesen kann.[122]

Es war schwer abzuschätzen, wie viele Leute es waren, die hier ins Ladario hereingepresst worden waren, jedenfalls waren es beinahe zu viele. Es war kaum Platz zum Essen. Es gab Fisch, Krautsalat, Käse und Wein. Nach dem Essen hielten wir uns noch eine gewisse Zeit im Freien auf, da es aber bald recht kalt wurde, suchten wir unser Zimmer auf und gingen schlafen.

Mittwoch, 7. April:

Vom Läuten der Glocken und vom Schlagen des Simantrons, die beide zur Andacht um vier Uhr früh riefen, ließen wir uns nicht stören. Wie immer standen wir um sechs Uhr auf, frühstückten am Zimmer und brachen um sieben Uhr auf. Am Tor holte uns ein Mönch ein, der uns nach unserem heutigen Wanderziel fragte. Er war den Weg zur „Chera“ (= Hand) noch nie gegangen, konnte uns aber zeigen, wo man den Anfang dieses Weges finden konnte, den wir 2009 erst mühsam hatten suchen müssen. Man muss hinunter zum Hafen gehen, geht dann Richtung des Klosters Esfigmenou bis man zu einem Bach kommt, den quert man und biegt gleich dahinter nach links ab. Dort findet man einen Wegweiser, der den Weg zum Kloster von Zographou weist.

Recht bald fanden wir diesen Weg. Doch genau an der Stelle, wo der Weg auf den Steig abzweigt, war kein Schild zu sehen. So entschieden wir uns für den Steig, der den Hügel hinaufführte. Am Hang hinauf wuchsen Olivenbäume und die Wiese war voll von unzähligen Affodillen. Der Weg zur „Chera“ war sehr schön. Ein alter Pilgerpfad, oft mit Steinen ausgelegt, mal ansteigend, dann wieder parallel zum Hang eben dahingehend, mit wunderschönen Ausblicken zur Ostküste und zum Meer hinunter.

122 Vgl. S. 293.

Die „Chera", den alten Wegweiser auf 345 m Seehöhe, am berühmten, alten Kammweg, der dem Höhenrücken einst entlanggeführt hatte, erreichten wir um etwas vor neun Uhr. Wir rasteten kurz und wanderten weiter in Richtung des Klosters von Zographou. Der Weg führte vorerst eben verlaufend durch Gestrüpp, circa zwanzig Minuten später stieß er dann auf einen Karrenweg, dem man wieder circa zwanzig Minuten folgen musste. Dann zweigte ein alter Pilgerpfad rechts ab, der wieder meist mit Steinen ausgelegt war und stets bergab führte. Nach einer Stunde erreichten wir eine Straße und sobald wir auf dieser ein Stück weitergegangen waren, sahen wir das den Bulgaren gehörige Kloster Zographou unter uns liegen.

Als wir schließlich das Kloster erreicht hatten, war im Klosterhof keine Menschenseele zu sehen. Wir suchten nach dem Archontaris und klingelten nach ihm. Totenstille. Wieder im Klosterhof, war weiterhin niemand zu sehen. Dann, endlich nach längerer Zeit, erblickte ich jemanden, der mir sagte, dass alle im Katholikon wären. Auch wir gingen dorthin und konnten sehen, dass man sich gerade zu einer Prozession bereit machte. Einige trugen Kirchenfahnen, die nicht anders aussahen wie diejenigen, die bei uns üblich sind. Es gab hier weder besonders viele Mönche noch Gäste oder Pilger.

Unter Glockengeläut und unter Schlagen des Simantrons formierte sich die Prozession. Voran schritten der Priester und zwei Mitzelebranten im Ornat, denen folgten die Mönche und dann die Pilger. Über den Klosterhof ging es zum Tor hinaus, dann folgte man einem Weg, der kurz einen Hang hinaufführte.

Dort stand ein einfacher Bildstock, nur mit einem Kreuz verziert, bei dem die erste Andacht abgehalten wurde. Von dort ging es weiter zur Kapelle, die im Friedhof gelegen war. Sie wies eine einfache Ikonostase auf. Nach einer kurzen Andacht an dieser Stelle ging es zurück zum Kloster, wo vor dem Kenotaph der Mönche, die angeblich einst im Turm des Klosters durch Brandschatzung eines Papstes ums Leben gekommen waren, die letzte Andacht abgehalten wurde. Dann zog man wieder ins Katholikon ein.

Nach einer weiteren kurzen Andacht im Katholikon gingen alle in die Trapeza zum Frühstück. Als Katholiken durften wir dort essen, während sich die Orthodoxen in einen Nebenraum zurückzogen. Es gab Fisch, Krautsalat, ein rotes Ei, eine Kiwi und Wein. Zu Ende des zeremoniellen Essens kam ein Mönch heraus und reichte den Laib eines speziellen Brotes zum Kuss. Als ersten erwischte er Helmut, der nicht recht wusste, was er tun sollte. Als der Mönch das bemerkte, machte er bei uns gar keinen weiteren Versuch mehr.

Nach dem Mittagessen suchten wir den Archontaris auf, um ein Zimmer zugeteilt zu bekommen. Wir bekamen ein gar nicht so schlechtes mit vier Betten. Während wir darauf warteten, kamen laufend weitere Pilger. Schon bei der Prozession konnten wir sehen, dass wir hier bei den Bulgaren waren. Die Mönche und Pilger, alle waren eher ärmlich gekleidet. Die griechischen Mönche hatten meist eine qualitätsvollere Bekleidung als ihre bulgarischen Brüder.

Wir beschlossen nun, ohne Gepäck zum Kloster Hilandar zu wandern. Um halb eins wanderten wir los, eine halbe Stunde später erreichten wir das Kreuz, bei dem man zur Höhle des hl. Kosmas von Zographou abbiegen kann. Wir gingen vorerst nicht dorthin, sondern wanderten weiter Richtung des Klosters von Hilandar. Der Weg war gut, führte aber fast immer bergauf. Als wir knapp vor Erreichen der Hochebene auf ein Wiesenstück kamen, erinnerte ich mich, das Fidi und ich im Jahr 1994 bei unserer Wanderung dort eine Schildkröte vorgefunden hatten. Ich schaute mich ein bisschen um und tatsächlich, sie war noch immer da!

Der alte Pilgerpfad stieß nun auf eine Straße. Früher war ich stets den alten Weg hinunter zum Kloster gegangen, doch nun, durch die vielen neuen Straßen hatte ich immer Schwierigkeiten, den Einstieg in diesen Weg zum Kloster Hilandar zu finden. Daher wollte ich nun den Weg nehmen, der ausgeschildert war, das hieß, auf der Straße zu wandern. Diese war sehr staubig, lag in der Sonne und diese war schon recht intensiv. In zahlreichen Serpentinen führte die Straße bergab. Nach circa dreißig Minuten gab Kurt auf und sagte, er gehe bis zum Ende des Pilgerweges zurück und werde dort auf uns warten.

Die Straße zog sich endlos, noch immer war vom Kloster nichts zu sehen. Von der Straße sehen konnte man aber ein ehemaliges, eher großes Gebäude, heute eine Ruine, die oberhalb des Klosters lag. Bisher war mir diese noch nie aufgefallen.

Wir wollten schon aufgeben, entschlossen uns dann doch noch zum Weitergehen. Endlich sahen wir das Kloster unten im Tal liegen. Doch vorerst mussten wir noch auf der Straße wandern, erst knapp vor Erreichen des Klosters führte ein Steig bergab. Der Steig endete kurz vor dem Karner und so zeigte ich Helmut und Bernhard diesen. Dann spazierten wir hin zum Kloster und dort war ich schwer enttäuscht. Im Jahr 2004 gab es einen verheerenden Brand des Klosters. Seit ich das letzte Mal (2006) hier vorbeigekommen war, hatte man leider kaum etwas renoviert. Alles war so eingerüstet wie damals und die Mauern waren noch genauso ruinenhaft.

Später erfuhr ich, dass daran der serbische Denkmalschutz Schuld trug. Wegen der so großen Bedeutung des Klosters sollte es möglichst getreu dem alten Kloster wiederaufgebaut werden. Alles sollte so aussehen wie zuvor und dies benötigte eben Zeit. Aber nicht nur die Serben trugen alleine Schuld. Die Griechen bestanden darauf, dass genau soviel griechische Fachleute zugezogen und verpflegt werden mussten, wie serbische. Das verteuerte und verzögerte natürlich den Wiederaufbau sehr.

Rund um das Kloster war dagegen alles schon schön hergerichtet worden. Vor allem waren Steinhäuser errichtet worden, wo wahrscheinlich jetzt Mönche und Gäste wohnten. Wir betraten den Klosterhof, trostlos. Glücklicherweise standen die beiden Zypressen noch, auch der Weihwasserbrunnen und das Katholikon, diese hatten ja alle keinen Schaden davongetragen. Da das Katholikon nicht versperrt war, gingen wir hinein und ich zeigte Bernhard und Helmut die prächtigen Malereien. Ein wenig streiften wir noch herum, dann war es für uns höchste Zeit zurückzugehen.

Der „Straßenhatsch" war uns allen höchst zuwider gewesen und so versuchte ich den alten Weg zu finden, dessen Einstieg dann tatsächlich mit einer Tafel „Zographou" ausgeschildert war. Es war der alte Steig, meist steil bergauf führend und oft von Regenwasser tief ausgewaschen. Nach einer halben Stunde erreichten wir eine Straße, der wir eine gute halbe Stunde folgten, bis wir wieder zu der Stelle kamen, wo wir beim Hinunterwandern auf die Fahrstraße abgebogen waren. Dort trafen wir auch Kurt.

Jetzt gingen wir zügig den Weg in Richtung des Klosters Zographou zurück. Bei der

Abzweigung zur Einsiedlerhöhle des hl. Kosmas von Zographou entschieden sich meine Freunde, diese jetzt doch noch zu besuchen, und so machten wir uns auf den Weg dorthin.

Als wir dort angekommen waren, stiegen nur Bernhard und Helmut die Stiegen zur Einsiedelei hinauf. Als sie nicht gleich wieder zurückkamen und ich Stimmen hörte, stieg ich ebenfalls hinauf. Bernhard und Helmut saßen dort zusammen mit einem jungen Mönch, der ihnen auf Englisch die Geschichte des hl. Kosmas von Zographou, der hier gelebt hatte, erzählte. Auch ich hörte nun eine Weile zu, als die Erzählung aber kein Ende nahm, dachte ich an den wartenden Kurt und stieg von der Einsiedelei hinunter.

Aus den Erzählungen des jungen Mönchs und auch durch Nachforschungen zu Hause habe ich ein wenig über das Leben des hl. Kosmas von Zographou erfahren:

Kosmas wurde Ende des 13. Jhs. in Bulgarien als Sohn frommer Eltern geboren. Er genoss eine gute Ausbildung. Schon in seiner Jugend weigerte er sich, eine Ehe einzugehen, und verließ heimlich das Haus seiner Eltern, um zum Athos zu wandern, um dort in ein Kloster einzutreten. Im Kloster Vatopediou sah er am Fest Maria Verkündigung eine Frau, die in der Kirche und in der Trapeza Dienst tat. Darüber war er zuerst sehr traurig, da er darin einen Verstoß gegen die Mönchsregel sah. Als er dann aber erkannte, dass es die Gottesmutter war, die ihm auf diese Weise erschienen war, war er sehr glücklich. Er trat in das Kloster Zographou ein und wurde dort zum Priester geweiht. Als er eines Tages vor der Ikone der Muttergottes betete und unter Tränen fragte, wie er seine Erlösung erlangen könne, hörte er eine Stimme sagen: „Ziehe in die Wildnis vor dem Kloster!“ Mit dem Segen des Abtes zog er sich in die nahen Höhlen als Einsiedler zurück.

Viele Jahre lebte er dort als geistiger Helfer vieler Mönche. Kurz vor seinem Tod erschien ihm Christus und teilte ihm mit, dass ihn der Teufel einer großen Prüfung unterziehen werde. Tatsächlich erschien ihm der Teufel und klagte, dass Kosmas durch seine Tugend jenen Sitz im Himmel eingenommen habe, den er selbst vor seinem Sündenfall besessen hätte. Er schlug Kosmas mit einem Stock so heftig, dass dieser halbtot liegen blieb. Der Heilige starb zwei Tage später in Frieden am 22. September 1323. Als die Väter aus dem Kloster kamen, um ihn zu begraben, versammelten sich die wilden Tiere. Sie schwiegen bis zu Ende des Gottesdienstes, heulten dann aber ungewöhnlich laut, als man ihn begrub. Als die Mönche vierzig Tage später kamen, um die Leiche Kosmas ins Kloster zu bringen, war sein Grab leer. Wo er jetzt ist, weiß nur Gott.[123]

Kurt und ich begaben uns langsam auf den Rückweg. Bald kamen auch Bernhard und Helmut und mit ihnen der Mönch nach. Vom jungen Mönch erfuhren wir, dass er in Bulgarien kommunistisch erzogen und sehr arm aufgewachsen war. Da erfuhr er plötzlich seine Berufung und hatte das Glück, in einem orthodoxen Kloster in den USA ausgebildet zu werden. Jetzt, wo Ostern war, war er zu Besuch im Kloster Zographou. Zurück bis zum Hauptweg ging er hinter mir und setzte zu einer Bekehrung an. Daher schlug ich eine schnellere Gangart an und war gleich ein Stück vor ihm. Jetzt suchte er sich Helmut aus

123 Vgl. dazu auch: https://www.orthodox.net/menaion-september/22-our-holy-father-cosmas-of-zographou.html'- (Zugriff: 26.3.2020). – Vgl. auch: https://www.johnsanidopoulos.com/2010/09/saint-kosmas-ascetic-of-zographou.html (Zugriff: 26.3.2020).

und redete auf ihn ein, bis wir das Kloster erreicht hatten. Wir erreichten das Kloster gegen 18:00 Uhr und waren heute 14,7 km gegangen und hatten dabei dreimal den Höhenrücken überquert.

Da nun an ein Essen in der Trapeza nicht mehr zu denken war, aßen wir am Zimmer von unseren Vorräten. Dann besuchte ich den Verkaufsladen, der genauso armselig war, wie vieles im Kloster. Sehr bald gingen wir dann schlafen.

Donnerstag, 8. April:

Zur üblichen Zeit standen wir auf, frühstückten am Zimmer und verließen um sieben Uhr das Kloster. Wir wanderten die romantische Schlucht des Sografikos-Baches hinaus bis zur Arsanas des Klosters. Dort bogen wir in Richtung Dafni ab. Wieder einmal zeigte sich die Natur in ihrer ganzen Pracht. Riesenfenchel, Salbei, Ginster, Affodill, Judasbaum, Euphorbien, alles blühte und wuchs in verschwenderischer Fülle.

Überall gab es in großer Anzahl Olivenbäume. Vorbei an der Arsanas vom Kloster Konstamonitou erreichten wir um neun Uhr das Kloster von Dochiariou. Auch hier war wieder kein Mensch zu sehen. Aus dem Katholikon hörten wir jedoch Gesang und sahen beim Fenster, dass der Luster feierlich in kreisende Bewegungen versetzt worden war.

Das war natürlich eine günstige Gelegenheit, um uns vieles im Kloster in Ruhe anzusehen. Um halb zehn Uhr wanderten wir dann weiter. Beim Weiterwandern trafen wir die ORF-Steiermark-Radio-Legende Dieter Dorner mit einem Freund. Wir plauderten etwas mit ihnen, und Dieter Dorner lud uns in seinen Buschenschank nach Mureck ein. Dann wanderten wir weiter zum Kloster Xenofontos, welches wir um halb elf erreichten. Irgendwo auf dieser Wanderung tat Kurt noch einen Fehltritt, er schürfte sich dabei etwas an der Hand auf und prellte sich offenbar wieder einmal eine Rippe.

Der Archontaris von Xenofontos war sehr gastfreundlich und wartete uns griechischen Kaffee und Loukoumi auf. Im Anschluss besichtigten wir das Kloster und alle Freunde waren von seiner Sauberkeit und Schönheit begeistert. Etwas nach elf Uhr wanderten wir wieder los. Es war schon recht heiß.

Wir erreichten das riesige, russische Kloster Panteleimonos gegen halb eins. Dort suchten wir das Archontarikion auf, welches außerhalb des eigentlichen Klosters gelegen war, und ein freundlicher Gastmönch bereitete uns einen griechischen Kaffee zu. Da es hier auch einen Heißwasser-Automaten gab, machte sich Bernhard zusätzlich einen Tee. Anschließend spazierten wir zum Kloster hinauf.

Gleich beim Shop traf ich meinen russischen „Freund“, das Verkaufsgenie. Der Mönch umarmte mich. Da das Katholikon gerade für russische Gäste geöffnet war, eilten wir dorthin und bewunderten das prachtvolle Kircheninnere. Dann streiften wir noch etwas herum und drangen bis in die Glockenstube des Turmes vor.

Im Klosterhof war alles aufs Feinste hergerichtet, überall gab es Blumenbeete und sämtliche Gebäude waren renoviert worden. Es stellte sich natürlich immer die Frage, für wen? Doch nicht für Gäste? Wann immer ich in den letzten sieben, acht Jahren um eine Übernachtung gebeten hatte, jedes Mal war diese abgelehnt worden. Man akzeptierte anscheinend jetzt ausschließlich Pilger, die dem slawischen Kulturkreis zugerechnet werden konnten.

Nach dem Herumspazieren suchten wir abermals den Shop auf. Ich wollte ein kleines Geschenk für meine Ehefrau erwerben. Ich sah eine schöne Brosche, handbemalt um € 55,– angeschrieben. Als ich sie erwerben wollte, sagte man mir, das sei ein Irrtum, sie koste um € 100,– mehr! Darüber ärgerte ich mich, man führte mich zu einer anderen Vitrine, wo wieder Broschen ausgestellt waren. Alle, bis auf eine, waren mit einem einheitlichen Preis angeschrieben. Als ich diese eine wollte, war sie wieder gleich um € 100,– teurer! Ich war so verärgert, dass ich sofort den Shop ohne Kauf verließ.

Ich muss nun meinen „russischen Freund" wahrscheinlich etwas in Schutz nehmen. Wäre er alleine da gewesen, wäre der Erwerb zum angegebenen Preis sicher kein Problem gewesen. Aber es war noch ein anderer Russe in „Zivil" neben ihm, der ihn überwachte und wahrscheinlich die Preise bestimmte. Überhaupt war der Shop hauptsächlich für reiche Russen eingerichtet, in den Vitrinen gab es jede Menge religiösen Schmuck aus Gold mit Verkaufspreisen im vierstelligen Eurobereich! Abschließend noch eines, in Karyes kaufte ich dann eine ähnliche, russische Brosche nach erfolgreichem Verhandeln um € 40,–.

Um 13:30 Uhr verabschiedeten wir uns vom Kloster Panteleimonos. Wir beschritten den alten Wanderweg, der hinauf zum Kloster Xiropotamou führte. Wieder war es recht heiß und wir waren froh, als wir die Straße nach Karyes erreicht hatten. Von dort konnten wir dann schon das Kloster sehen, welches wir um 14:30 Uhr erreichten. Der Klostereingang war nun an eine andere Stelle verlegt worden. Gleich hinter dem Tor saß ein Mönch, der in eine Schnur zahlreiche Knoten knüpfte, er arbeitete wohl an einer Gebetsschnur.

Die Kontrolle war hier wieder sehr genau, Diamonitirion und Reispass wurden verlangt. Ein bisschen flau war mir schon dabei, da wir bereits die heutige Nacht nicht mehr am Athos hätten bleiben dürfen. Wir hatten unsere Aufenthaltsdauer bereits überzogen. Aber das schien der Mönch nicht zu bemerken.

Es kam der Archontaris und führte uns in den Empfangsraum, wo es Kaffee, Tsipouro und Loukoumi gab. Dann machte er uns mit den hier herrschenden Gepflogenheiten bekannt. Keine Hesperinos-Andacht und kein gemeinsames Essen mit den Mönchen. Dafür ging er mit uns in das Katholikon und zeigte uns das prächtige Innere dieses Gotteshauses. Es war den „Vierzig Märtyrern von Sebaste" geweiht und wies herrliche Ikonen, eine prächtig geschnitzte Ikonostase und wunderschöne Wandmalereien auf. Als ich ihn nach den sechs Ampeln des Sultans Selim fragte, die dieser einst für das Katholikon gespendet haben soll, hatte der Mönch davon zwar gehört, wusste aber nicht, wo die Ampeln hingekommen wären.[124]

Nach der Besichtigung gingen wir in unser wirklich schönes Zimmer. Dann setzten wir uns in den Pavillon vor dem Kloster, von wo aus man einen wunderschönen Blick auf die gegenüberliegende Halbinsel Sithonia, auf den Hafen von Dafni und auf das Meer hatte. Wir tratschten, träumten vor uns hin und ließen unsere bisherige Wanderung noch einmal Revue passieren.

124 Vgl. Spunda, Legenden und Fresken, S. 31.

Dann war Essenszeit, die wir in einem eigenen Raum, an einem schön gedeckten Tisch einnahmen. Es gab Spaghetti mit Parmesan, Wein und einen Apfel. Nachdem wir von allen religiösen Handlungen ausgeschlossen waren, setzten wir uns nach dem Essen abermals in den Pavillon, bis es uns dort zu kalt wurde. Dann gingen wir schlafen.

Freitag, 9. April:

Da wir schon um sieben Uhr aufbrechen wollten, bekamen wir auch kein Frühstück, doch wurde ein Nebentor extra für uns aufgesperrt. Gleich nach dem Verlassen des Klosters suchten wir den alten Steig, der einst nach Karyes hinaufgeführt hatte. Uns war allen nicht nach einem Wandern auf der staubigen Straße zumute, die zudem stark befahren war, war es doch die wichtigste Verbindung des Mönchslandes.

Tatsächlich fanden wir einen alten, nicht mehr markierten Steig, der eine Fortsetzung jenes Steiges war, der von der Arsanas des Klosters von Xiropotamou zu diesem führte. Wir folgten ihm circa zwanzig Minuten bergauf, dann mündete der Steig in der Staubstraße. Der folgten wir nun, wie es auf der Zwergerkarte verzeichnet war, suchten aber nach einigen Kurven, bei einem Kreuz am Straßenrand, nach der Fortsetzung des alten Steiges. Wir fanden ihn auch, aber dieser Pfad war total verwachsen und unbegehbar. Wer geht auch schon heute noch von Dafni nach Karyes zu Fuß?

Wir mussten also zurück auf die staubige Straße und gleich darauf nebelten uns drei vorbeifahrende Lastwagen total in Staub ein. Autos kamen immer wieder und ob die Straße kurzfristig mit Betonplatten bedeckt oder ohne diese war, der Staub war allgegenwärtig. Naturgemäß schauten wir, dass wir weiterkamen, aber als wir beinahe die Kammhöhe erreicht hatten, dort, wo ein Kreuz und ein gewaltiger Baum standen, machten wir Halt.

Von hier gingen mehrere Fahrwege ab, so auch einer zum Kloster Koutloumousiou. Wir nahmen davon aber Abstand, da der Fahrweg sich auf der Karte als riesiger Umweg erwies. Einen alten Steig, der von den FoMA angeblich freigelegt und mit einem Wegweiser versehen worden war, fanden wir nicht.

Nach kurzer Pause wanderten wir weiter und erreichten kurz darauf den höchsten Punkt der Straße. Von dort aus war Karyes schön zu sehen, ein Anblick, der uns alle mit Freude erfüllte. Wir wanderten auf der Straße weiter. Dort, wo der Weg vom Kellion Molivouekklisia zur Straße stieß, schloss sich der Kreis unserer Rundwanderung, die wir am Ostermontag begonnen hatten. An dieser Stelle kannte ich auch eine Abkürzung, die am Konak des Klosters Hilandar vorbei, hinunter nach Karyes führte.

Unser erster Weg in Karyes führte zum Gebäude der Hiera Epistasia, wo wir unser Diamonitirion verlängern wollten. Auf unser Klopfen meldete sich dort lange niemand. Dann endlich kam der Serdaris, das ist die Bezeichnung für den Amtsdiener, der uns sagte, dass wir die Verlängerung erst um 10:30 Uhr bekommen würden. So ließen wir unsere Rucksäcke beim Turm neben dem Protáton zurück und gingen in das einzige Gasthaus auf ein köstliches Bier.

Doch vorher erlebte ich noch eine Riesenüberraschung – das Gerüst über dem Protáton war weg! Unglaublich, denn so, wie das Gerüst errichtet worden war, schien es für die Ewigkeit geschaffen worden zu sein. Das Protáton nun in seinem Urzustand zu sehen, das war wirklich eine Freude! Im Inneren des Protáton stand leider noch das Gerüst. Das wird sicher noch einige Jahre dauern, bis auch dieses abgebaut werden würde.

Nach dem Gasthausbesuch schlenderten wir zurück zum Protáton und nützten die Zeit, der heiligsten Ikone der Orthodoxie, der wundertätigen „Axión estín" („Es ist wahrhaft würdig…") unsere Referenz zu erweisen. Der Anblick dieser Ikone hinterließ stets einen nachhaltigen Eindruck.

Wir gingen dann wieder hinauf zur Hiera Epistasia. Als wir oben auf der Treppe vor der Tür der Hiera Epistasia standen, kamen zwei Mönche aus dem Protáton und riefen etwas zu uns herauf, was wir nicht verstanden. Da liefen Bernhard und Helmut schon die Treppe hinunter und gingen mit ihnen zurück ins Protáton, um bald darauf zu zweit, einen schweren Teppich tragend, wieder herauszukommen. Nun half auch ich ihnen, diesen in die unteren Räume des Amtsgebäudes zu tragen. Nun war man auch bereit, unsere Diamonitiria zu verlängern und tat das gleich für vier Tage. Da nur wir da waren, schenkte uns der Serdaris sogar einen Orangensaft ein.

Wir schlenderten nun noch einige Zeit durch die Geschäfte, teils waren es Händler, die verschiedenste Waren zum Verkauf anboten, teils waren es Geschäfte, in denen ausschließlich Devotionalien verkauften wurden. In einem Geschäft erhandelte ich die schon angeführte russische Brosche zu einem akzeptablen Preis.

Auf dem Weg zum Kloster Koutloumousiou kamen wir an der wie immer köstlich duftenden Backstube vorbei und es war unverzichtbar, sich dort ein Gebäck aus Blätterteig zu kaufen.

In Koutloumousiou gingen wir gleich hin zum Katholikon. Dort kam ein Mönch gerade mit Gästen aus dem Narthex heraus und ich fragte ihn, ob nicht auch wir gleich das Katholikon besuchen könnten. Gutmütig stimmte er zu. Hier ist neben den Malereien auch die Ikonostase ein wahres Wunderwerk an fantastischer Schnitzerei. Sie erinnerte mich immer an das Heck eines Schiffes. Überraschenderweise sagte der Mönch nun zu uns, jeder dürfe ein Foto machen. Darüber freuten wir uns. Darnach wandte ich mich dem Esonarthex zu, wo ich, wie bei jedem Besuch von den Tier- und Fantasiedarstellungen der Lebewesen im Paradies begeistert war. Da bewegten sich Einhörner, Kentauren, Menschen mit einem Fuß oder solche, mit einem Gesicht auf der Brust, in fröhlicher Eintracht. Fantastisch!

Kurz vor zwölf Uhr verließen wir Koutloumousiou und nahmen den alten Pilgerweg nach Iviron. Ein schöner Weg. Aber links des Weges, wo ein Bach Richtung Meer floss und oberhalb eines Hanges sich mehrere Behausungen befanden, wahrscheinlich Häuser der Skite Koutloumousiou, sah es schrecklich aus. Unmengen von Müll waren von dort den Hang hinunter in den schönen Bach gekippt worden. Die Müllentsorgung lag am Athos noch sehr im Argen. Scheußlich, dabei wäre die Schlucht so romantisch.

Der Weg zog sich in die Länge. Wir kamen erst etwas nach ein Uhr mittags im Kloster Iviron an. Wir gingen gleich ins Archontarikion und erhielten vom Archontaris ein schönes Zimmer, welches sogar über einen Balkon verfügte. Wie wir aus Gesprächsfetzen in den Gängen vernehmen konnten, waren hier viele Österreicher zu Besuch. Später sahen wir im Waschraum einen österreichischen Pilger, der sogar einen Haarfön mit sich führte!

Wir telefonierten dann mit der Taxizentrale in Karyes und bestellten uns für sieben Uhr am kommenden Tag ein Taxi, das uns dann gleich bis Dafni bringen sollte. Ich fragte die Freunde, ob sie noch zum Kloster von Stavronikita gehen wollten, da aber einzig Helmut das Kloster besuchen wollte, verschoben wir das auf den nächste Athos-Besuch.

Anschließend ging ich in den Klosterhof und studierte einmal mehr die hoch interessanten Malereien zur Apokalypse, die im Exonarthex des Katholikons zu sehen waren. Es wurden ja nicht immer alle Ereignisse der Apokalypse wiedergegeben, in jedem Kloster setzte man andere Schwerpunkte und jeder Maler sah diese nach seiner Vorstellung anders. Zudem gab es Unterschiede im Stil der einzelnen Malereien. Dann besuchte ich den wohl sortierten Shop und kaufte mir zwei Bücher, da ich den Rucksack am Folgetag glücklicherweise nicht lange tragen musste.

Inzwischen waren auch die Freunde so weit, dass ich ihnen den Exonarthex, den Klosterhof und den Shop zeigen konnte. Wir spazierten dann hinunter zur Arsanas, der mächtige Turm dort imponierte allen. Langsam spazierten wir anschließend um das Kloster herum.

Vor dem Abendessen besuchten wir die Hesperinos-Andacht, danach durften wir auch in den Narthex des Katholikons hinein. Es gab dort einen herrlichen, antiken Mosaikboden, den bekannten Zitronenleuchter, den der Zar einst dem Kloster geschenkt hatte, eine überaus prächtige Ikonostase und natürlich viele, wunderschöne Ikonen.

Aber das Wichtigste war natürlich, dass hier in der Nachosterzeit eine der bedeutendsten und wundertätigen Ikonen des Heiligen Berges, die Panagia Portaitissa zu Verehrung aufgestellt war. Dreimal jährlich war dies der Fall, jeweils zu Weihnachten, zu Ostern und am 15. August. Die Ikone genoss tiefste Verehrung unter den Pilgern. Mehrere knieten vor ihr nieder und berührten mehrmals den Boden mit der Stirn; so unter anderem sogar ein Pilger, der eine Halskrause nach einem Unfall trug. Wie weit hat man sich bei uns von solchen Beweisen tiefster Gläubigkeit mittlerweile entfernt!

Auffallend viele Söhne im Knabenalter waren mit ihren Vätern auf diese Pilgerfahrt mitgekommen und es war herzerfrischend, ihr Verhalten zu beobachten. So kam ein Bub ins Katholikon herein und schaute sich erst einmal genau die Ikonen an, die er küssen sollte. Dann stellte er sich auf die Zehenspitzen und drückte einen lauten Schmatz auf die Ikone. Das war wirklich liebenswert!

Bei dem nun bald folgenden Essen in die Trapeza gab es Bratkartoffeln, Reis, Salat, Käse und Wein. Wir kamen dann im Klosterhof mit verschiedenen Leuten ins Gespräch, so mit einem besonders freundlichen Mönch, der von Geburt Australier war. Wir trafen nun auch auf Österreicher. Einer davon war der Abt des niederösterreichischen Klosters Geras, der sozusagen inkognito mit Freunden den Athos besuchte. Es war recht anregend mit ihnen zu plaudern. Der Abt erzählte uns auch, dass der Mönch Panteleimon von Megali Jovantsa, der Mönch, der aus dem Schwarzwald stammte, nicht mehr in diesem Kellion war. Durch sein unduldsames Wesen hatte er schon lange Schwierigkeiten mit vielen Mitbrüdern. Nun hatte man ihn in ein Serbenkloster nach Südungarn versetzt.

Als es uns dann langsam kalt wurde, gingen wir aufs Zimmer und bald schlafen.

Samstag, 10. April:

Wie ausgemacht, kam um 7 Uhr das Taxi und brachte uns nach Dafni. In Dafni gingen wir ins Gasthaus, tranken Kaffee und aßen ein gutes Blätterteiggebäck. Wir lernten einen Franzosen kennen, der keinerlei Vorstellung hatte, wie er hier am Athos weiterkommen konnte. Wir versuchten ihm zu helfen, aber wie wir beobachten konnten, war er weitgehend resistent gegen unsere Empfehlungen.

Wir warteten auf das Schiff von Ouranoupoli. Als es kam, gingen wir an Bord, um so weit wie möglich hinunter in den Süden zu fahren, damit die Freunde auch die Klöster an der Westseite und sofern möglich, die Behausungen der Einsiedler ganz unten an der Athos-Spitze sehen könnten. Die Fahrt war wirklich schön, vorbei an den Klöstern Simonos Petras, Osiou Grigoriou, Dionysiou, Agiou Pavlou und an den Skiten Nea Skiti, Agia Anna und Katounakia. Bei Katounakia wendete das Schiff, um nach Dafni zurückzukehren.

In Dafni bestiegen wir wieder das Mittagsschiff und fuhren bei herrlichem Wetter noch einmal die Küste entlang und gedachten all der Orte, die wir zwei Tage zuvor noch zu Fuß durchwandert hatten. In Ouranoupoli suchten wir als erstes einmal unsere Pension auf und wurden freundlich von Frau Antonakis empfangen. Dann gingen wir auf ein Bier und aßen zu Mittag in der Taverne bei Daphne. Den Nachmittag vertrödelten wir mit diversen Einkäufen und Tätigkeiten.

Abends gingen wir in die Taverne von Daphne, deren Ehemann uns versprochen hatte, für uns bei unserer Rückkehr ein Lamm zu braten. Es war dies ein köstlicher Abend.

Sonntag, 11. April:

Wir gingen in eine der Tavernen frühstücken und nahmen um halb zehn Uhr den Bus nach Thessaloniki. Da meine Freunde die Hinfahrt weitgehend verschlafen hatten, genossen sie jetzt die Fahrt.

Am Bus-Terminal nahmen wir zwei Taxis und fuhren weiter zum Flughafen. Dort konnten wir relativ bald einchecken und warteten auf unseren Flug. Bei der Sicherheitskontrolle hatte Kurt Schwierigkeiten und wurde in die Mangel genommen. Es dauerte gut 15 Minuten, bis er die Sicherheitskontrolle passieren konnte. Er hatte vergessen eine Nagelfeile ins Aufgabegepäck umzupacken. Das war umso lustiger, da er kurz davor behauptet hatte, die Griechen würden ohnedies nur oberflächlich kontrollieren!

Der Flug noch Wien verlief ohne Probleme, ebenso der nach Graz. Allerdings hatte Kurt auch in Wien wieder Probleme bei der Sicherheitskontrolle und man „zerlegte“ ihn abermals. Diesmal war es ein handgeschmiedeter Nagel, den er am Athos gefunden und an den er sich auch gar nicht mehr erinnert hatte, der ihm nun Schwierigkeiten bereitete. In Graz wurden wir von den Familien abgeholt. Unsere Athos-Wanderung war glücklich zu Ende gegangen.

Meine 19. Athos-Wanderung

Mit Burkhard, Klaus, Dieter, Fritz und Helmut
vom 30. April bis 8. Mai 2011

Thessaloniki – Ouranoupoli – Nea Skiti – Agia Anna – Mikra Agia Anna – Agiou Vasiliou – Nea Skiti – Agia Anna – Panagia Hütte – Am Gipfel des Athos – Der Athos und die Russen – Agia Anna – Agiou Pavlou – Antithonas – Auf dem Höhenweg nach Koutloumousiou – Karyes – Fahrt nach Vatopediou – Reliquien – Legende vom Ohr des Chrysostomos – Legende der Panagia Vimatarissa – Legende der Panagia Paramythia – Chera – Esfigmenou – Hilandar – Eremitage des hl. Kosmas – Feier in Zographou – Dochiariou – Dafni – Ouranoupoli

Samstag, 30. April:

Es ist diesmal nicht nötig, unsere Wanderrunde vorzustellen, alle waren mit mir schon wenigstens einmal am Athos wandern gewesen. Meine Aussichten für diese Wanderung waren nicht gerade die besten. Mein Ischiasnerv schmerzte samstags früh plötzlich sehr, sodass ich nur schwer sitzen, mühselig aufstehen und mich kaum bücken konnte. Ob ich da mitwandern konnte, war äußerst fraglich.

Mit zwei Autos fuhren wir nach Wien. Der Flug mit der AUA nach Thessaloniki war angenehm. Mit dem Taxi fuhren wir gleich zum Chalkidiki-Bus-Terminal, wo wir ungefähr zwei Stunden auf den Bus warten mussten. Die Fahrt nach Ouranoupoli verlief wie immer. Alles war grün, es blühten Mohn, Flieder, Ginster und Judasbaum. Die Obstblüte war hier im vollen Gange, bei uns zu Hause war sie schon vorbei. Am Holomondas-Gebirge hatte man noch keine Bienenstöcke aufgestellt. Die Fahrt nach Ouranoupoli dauerte, wie immer, 2 ½ Stunden.

In Ouranoupoli bezogen wir Quartier in der Pension Antonakis und wurden dort wie immer sehr nett aufgenommen. Aber was hat sich da in Ouranoupoli getan? Vom Pyrgos weg, bis hin zur Pension Antonakis baute man eine Hafenanlage. Dort, wo früher zwei Stege hinaus ins Meer geführt haben, wo die Fischer meist die gefangenen Tintenfische ausschlugen, wo früher Fischerbote vertäut lagen, standen parkende Autos und im Herbst soll das alles Hafenmole sein! Ade ruhiges, verträumtes Ouranoupoli!

Wir machten unsere Einkäufe, meist Ansichtskarten, die wir dann gleich in einer Taverne bei „Mythos"-Bier und Tsatsiki schrieben. Nach einer kurzen Ruhepause gingen wir zu Daphne zum Abendessen. Fritz hatte herrliche Fische für uns ausgesucht, die wir auch gleich ordentlich schwimmen ließen.

Wir packten dann noch unsere Rucksäcke um. Entbehrliches blieb bei Frau Antonakis zurück. Dafür bekam jeder einen halben Liter von Dieters selbstgebranntem Schnaps, er war ja von Beruf Braumeister gewesen und jetzt in seiner Pension vertrieb er sich die Zeit mit Schnapsbrennen. Dieter spendierte uns acht Flaschen seines Williams-, Kriecherl-,

Kirsch- oder Zwetschken-Selbstgebrannten. Burkhard wiederum hatte für jeden eine Dose Puntigamer-Bier gespendet, die wir am Gipfel des Athos trinken wollten. Nicht allzu spät gingen wir zu Bett.

Sonntag, 1. Mai:

Es begann gleich mit Schwierigkeiten. Es gab kein Frühschiff, nur ein Schnellboot um 08:30 Uhr. Das Athos-Büro, welches die Diamonitiria ausstellte, öffnete neuerdings erst um 8:00 Uhr. Natürlich waren schon andere auch da, die auf ein Diamonitirion warteten. Gott sei Dank sperrte das Büro zehn Minuten früher auf und so erreichten wir das Schnellschiff anstandslos.

Die Fahrt damit war nicht gerade billig, sie betrug € 16,–/pro Person. Die Fensterscheiben des Schnellbootes waren schmutzig und man sah nur wenig von der Küste. Wir fuhren bis Nea Skiti, wo wir an Land gingen und zum Gästehaus, welches sich neben dem Kyriakon befand, aufstiegen. Der Archontaris war nicht anwesend, ein eher ungepflegter, offenbar etwas gestörter, griechischer Pilger richtete uns zwei Zimmer her, wo wir unsere Rucksäcke ablagerten. Dieser Pilger war ein Liebhaber von Barockmusik, besonders der von Joseph Haydn, die er immer auf einem mitgebrachten CD-Player abspielte.

Wir wanderten nun los, die vielen Stufen und Steilstücke hinauf nach Agia Anna. Wir baten dort den etwas grantigen Archontaris, ob wir morgen unsere für den Gipfelsturm nicht benötigten Sachen bei ihm zurücklassen durften, was er uns auch erlaubte. Wir waren dann sehr überrascht, als wir von hier heroben sahen, wie groß die Bootsanlagestelle von Agia Anna ausgebaut worden war. Auch sah man bei einzelnen Kellien von Agia Anna schon Fotovoltaik-Anlagen montiert.

Wir wanderten weiter den jetzt schon wieder hergerichteten Weg nach Mikra Agia Anna, das wir nach circa einer Dreiviertelstunde erreichten. Großartig war diese Mönchssiedlung in die Gebirgsmulde neu hineingebaut worden, alle alten Häuser wurden dagegen dem Verfall preisgegeben. Wie immer sah man hier keine Menschenseele.

Wir wanderten weiter nach Agiou Vasiliou, einer weiteren Mönchssiedlung. Dort drehten wir dann um. Auf dem Rückweg stiegen wir zum schön gelegenen Kyriakon von Agiou Vasiliou ab, leider war es geschlossen.

Staunend betrachteten wir das darunter liegende zweistöckige Haus, es war einfach prächtig! Mit einer herrlichen Terrasse, mit Pergola, Garten, Gemüsegarten und einer Traumlage mit Blick aufs Meer. Das könnte genauso gut an der Côte d'Azur liegen! Friedlich saß ein Mönch in einer Glyzinienlaube und trank Kaffee. Leider war er nicht bereit, uns das Kyriakon aufzusperren.

Wieder am oberen Weg angelangt, wanderten wir nach Mikra Agia Anna zurück und besichtigten dort ein altes, verfallenes Haus, wo zahlreiche weiße Schwertlinien wuchsen. Dann ging es zurück nach Agia Anna und dann weiter hinunter nach Nea Skiti. Beim Zurückwandern erwischte uns noch ein Regenguss, sodass wir in einer nahen Kapelle unterstehen mussten.

Wir warteten nun, bis unser Haydn-Liebhaber bereit war, uns zum Archontaris zu bringen. Pater Gavril (Gabriel) war äußerst liebenswürdig. Er begrüßte uns mit Handschlag. Er hatte zwei Jahre in Stuttgart gearbeitet und sprach gut Deutsch. Er hieß uns auf seiner Terrasse niederzusetzen und servierte uns Tsipouro und Loukoumi.

Inzwischen kochte er uns ein Abendessen, das wir dann in seinem Haus einnahmen. Es bestand aus Reis mit Gemüse darüber, Käse, Brot und Wein. Nach dem Essen begleitete er uns hinunter zum Kyriakon, welches der Geburt Mariens geweiht war. Es stammte aus dem 17. Jh. und wies eine schöne Malerei auf. Nachdem wir alles bewundert hatten, brachte er uns zum Daikos der Mönchssiedlung, Pater Paisios. Ein prächtiger Typ!

Groß, dick, sehr charmant und lustig. Selten haben wir uns am Athos mit einem Mönch so gut – auf Englisch – unterhalten. Auch bei ihm saßen wir auf seiner Terrasse, bekamen Tsipouro und Loukoumi und genossen den schönen Blick aufs Meer hinunter.

Später gesellte sich ein deutscher Pilger zu uns, der sich hier schon seit Längerem bei Mönchen einquartiert hatte. Klaus äußerte den nicht unbegründeten Verdacht, dass es sich bei ihm um einen Homosexuellen handeln könnte.

Nea Skiti gehörte zum Kloster Agiou Pavlou. 47 Mönche lebten hier. Später verließen wir Pater Paisios und genossen noch den schönen Sonnenuntergang. Spätestens um 20:00 Uhr suchten wir unsere Betten auf.

Montag, 2. Mai:

Um sechs Uhr früh war Wecken, dann frühstückten wir und um sieben Uhr begann der mühsame Aufstieg nach Agia Anna. Dort gab jeder das, was er am Berg zu entbehren glaubte, in einen Müllsack. Bei mir waren es die Ersatzwäsche, die Proviantdose – ich nahm nur Müsliriegel mit – und die Toilettensachen. Dafür nahm ich 2 ½ Liter Wasser mit und alle warmen Sachen. Die Müllsäcke durften wir bis morgen nachmittags hier zurücklassen.

Nun begann – etwas nach acht Uhr – wieder der Aufstieg, anfangs über zahlreiche Stufen, später auf steil ansteigendem, rutschigem Pfad. Um zehn Uhr waren wir am Sattel beim Stavros-Kreuz angekommen.

Da erlebten wir eine große Überraschung. Gut an die zwanzig Russen lagerten hier mit ihrem Bischof. Sie wollten die Nacht, teils am Gipfel, teils in der Panagia-Schutzhütte verbringen. Später, auf dem Weg zur Panagia, begegneten wir immer mehr, schätzungsweise an die fünfzig russische Pilger waren zum Athos-Gipfel unterwegs.

Nach fünfzehn Minuten Rast brachen wir auf. Was soll ich weiter berichten? Ich setzte Schritt auf Schritt und bei jedem Schritt fragte ich mich ernstlich, warum tue ich mir das eigentlich an? Klaus und Helmut stürmten davon. Immer wieder überholten wir rastende Russen und dann wieder sie uns. Wir legten zahlreiche Verschnaufpausen ein und zu meinem Glück bat auch Dieter, der mein Jahrgang war, immer wieder um eine kurze Rast. Auffallend war bei den Russen, dass sie gern mit militärischen Tarnanzügen angetan unterwegs waren. Und das nicht nur die Erwachsenen, sondern auch die Halbwüchsigen, sogar mitgenommene Buben waren damit adjustiert.

Auch das war auffallend, wie viele Jugendliche, ja sogar ganz jungen Buben mit ihren Vätern auf Pilgerschaft unterwegs waren. Das war früher gar nicht gestattet. Aber die Zeiten ändern sich halt. Einmal wurden wir von einer Maultierkarawane, bestehend aus sieben Tieren, die mittels eines Seils miteinander verbunden waren, überholt. Am ersten Maultier saß der griechische Treiber, der mit einem Stock grob sein Tier laufend schlug. Auf den restlichen Tieren saßen nicht gerade vertrauenerweckende Russen, die sich mühsam, im Damensitz am Tier sitzend, im Sattel hielten. Das war bei dem steilen steinigen Weg durchaus nicht einfach. Unübersehbar war das langsame Überschwemmen des Athos mit offensichtlich russischen Pilgern.

Ich nehme die nachfolgende Geschichte schon vorweg. Als wir anderntags in Agia Anna waren, kam ein eher älterer Russe mit verpflasterter Nase und blutigem, zerrissenem Hemd dort an. Er suchte Russen. Er konnte weder ein Wort Griechisch noch Englisch. Man schickte ihn zu unserer Gruppe und in fließendem Deutsch erzählte er, er wäre mit einer Gruppe von Freunden mit einem Schiff – einer Jacht wie er sagte – nach Ouranoupoli gekommen. Von dort wären sie dann mit dem Schnellboot zur Anlegestelle von Agia Anna gefahren, wo schon Maultiere auf sie gewartet hätten. Sie wollten damit bis zur Panagia Hütte hinaufreiten. Unterwegs wäre er vom Maultier gefallen. Seine Freunde hätten seine Nase notdürftig verpflastert und wären dann einfach weitergezogen. Sie meinten, er werde sie schon wieder treffen, und so blieb er ohne Gepäck zurück. Wir übersetzten das einem Griechen ins Englische und der sprach mit dem Archontaris, sodass der Russe eine Nacht in Agia Anna bleiben konnte. Der Russe wiederum fand es aber nicht der Mühe wert, uns für die Hilfe Danke zu sagen.

Zurück zum Aufstieg. Um 13:15 Uhr, also drei Stunden nachdem wir vom Sattel losgegangen waren, erreichten wir die Panagia. Dank unserer Gipfelstürmer Klaus und Helmut hatten wir vier der elf Betten erobern können, Klaus „schenkte" mir ein Bett als Vorgeschenk zu meinem 70. Geburtstag in drei Tagen. Diese Betten standen in einem einer Gefängniszelle ähnlichen Schlafraum mit Betonfußboden. Davor lag ein Raum mit einer Zisterne und einer offenen Feuerstelle. Von dort konnte man in eine kleine Kapelle, mit einer nicht besonders erwähnenswerten Ikonostase, gelangen. Die Panagia lag auf 1500 m Höhe.

Russen über Russen und ständig kamen neue. Viele der Russen legten sich auf der Terrasse vor der Hütte in die Sonne, einige suchten in der Umgebung Holz und kochten am offenen Feuer Tee. Ein Priester betete laut. Viele der Russen stiegen zum Gipfel auf, wo sie, wie mir einer sagte, eine „romantische Liturgie" feiern wollten. Es war ein laufendes Kommen und Gehen. Auch wir regenerierten uns auf der Terrasse, auf zum Gipfel stiegen heute nur Klaus und Helmut, was ihnen mit einem prächtigen Fernblick belohnt wurde.

Langsam richtete ich mir das Bett her. Ich hatte keinen dicken Schlafsack mit, da ich den dann alle weiteren Tage mittragen hätte müssen. Mein Schlafsack war nur ganz dünn, in der Hoffnung, dass es irgendwelche nicht verlauste und nicht verwanzte „Kotzen" gäbe. So eine habe ich dann auch gefunden, „Bewohner" waren offenbar keine drinnen.

Langsam wurde es finster und bitterkalt. Ich suchte mein Bett auf. An Schlafen war vorerst nicht zu denken. Überall am Boden richteten Pilger ihr Nachtlager ein, laufendes Kommen und Gehen und Reden. Im Vorraum saßen Pilger zusammen und unterhielten sich recht laut und ungeniert.

Später sangen die Russen lange Zeit in der kleinen Kapelle Lieder zu einer Liturgie. Dann fing das Schnarchen an. Vor allem Fritz tat sich da hervor, und als ihn ein Russe fortwährend anstieß, beschimpfte er ihn schrecklich. Dann gingen wieder Handywecker ab, die die verschiedenen Eigentümer in der Finsternis nur schwer fanden. Die aufkommende Dämmerung um 06:00 Uhr morgens war eine Erlösung.

Dienstag, 3. Mai:

Zwei Müsliriegel und klares Wasser und schon traten wir zehn Minuten nach sechs Uhr früh den Aufstieg an. Es war für mich das dritte Mal, dass ich Richtung Gipfel mich abmühte und sicher auch das letzte Mal. Ein sehr rutschiger – es nieselte leicht – steiniger Steig führte in Serpentinen hinauf. So hatte ich den Anstieg noch nie erlebt. Beim erstmaligen Aufstieg mit Fidi (1999), beim zweiten Mal mit Burkhard und Herwig (2003), hatten wir nie einen Steig gesehen, wir waren immer in direkter Linie durch den Schnee hinaufgestapft. Klaus ging wie ein erfahrener Bergführer voran und gab das Tempo an. Trotzdem stellte ich mir jetzt einmal mehr die Frage „*Warum nur, warum tue ich mir das an?*". Schließlich fehlten mir nur mehr zwei Tage bis zu meinem 70. Geburtstag.

Es wurde recht kalt, das spürte ich trotz Haube und Handschuhe, auch das Nieseln wurde stärker. Nach einer Reihe von kurzen Verschnaufpausen waren wir um 07:40 Uhr, also 1½ Stunden nach Verlassen der Panagia, beim Gipfelkreuz angelangt. Ich empfand wirkliche Freude. Leider herrschte dichtester Nebel, eiskalter Wind und Graupelregen. Und was war mit der Metamorphosis-Kirche geschehen? Die hatte man um 90° gedreht, baute an einer Säulenvorhalle und offenbar an einer Übernachtungsmöglichkeit. Alles war Baustelle. Wie lieblich war einst die kleine Kirche gewesen!

Den Berg bestiegen vor allem Russen und Frau Antonakis nannte uns später dafür auch einen Grund. Die Russen glaubten, wenn sie den Gipfel bestiegen haben, wären ihnen alle vorherigen Sünden vergeben. Da das die Griechen nicht glauben, sind auch seltener Griechen am Gipfel anzutreffen. Dass waren natürlich herrliche Aussichten für uns, ab nun durften wir wieder sündigen …

Ich glaube, es ist hier angebracht, einmal darauf näher über das Verhältnis der Russen zum Heiligen Berg Athos einzugehen. Mir wurde das auch erst klar, als ich wieder zu Hause war und Pater Mitrophans Buch über seine Russlandreise gelesen hatte. Da verstand ich, warum so viele Russen den Athos besuchen. Leider schrieb Pater Mitrophan nicht, wann er diese Reise gemacht hat, jedenfalls vor dem Jahr 1987, als sein Buch erstmalig in serbischer Sprache erschienen war.[125] Ein Jahr später erschien es im Verlag Styria.[126] Der Mönch Mitrophan aus dem serbischen Kloster Hilandar, war mit acht weiteren prominenten Mönchen des Heiligen Berges vom Patriarchat Moskau zu einer Rundreise zu den bekanntesten Stätten russisch-orthodoxen Glaubens – Kirchen und Klöster – eingeladen worden. So besuchten sie unter anderem die Städte Moskau, Leningrad – heute wieder St. Petersburg – und Kiew, welches bis 1991 ja zu Russland gehörte.

Dort lernte Mitrophan die noch immer im russischen Volk tief verwurzelte Gläubigkeit

125 Monastir Hilandarac, SVETA RUSIJA U SOVJETSKOM SAVESU, Sveta Gora 1987.

126 Vater Mitrophan, Ohnmächtig lebt der Glaube. Ein Athos-Mönch erlebt Russland. Mit einem Vorwort von Tatjana Goritschewa, Graz – Wien – Köln 1988.

kennen. Obwohl seit dem Ende des Zarenreiches an die 70 Jahre vergangen waren, trotz aller Verfolgungen und kommunistischer Repressalien konnte dieser Glaube nie gänzlich auslöscht werden. Es war vor allem der tiefe Glauben russischer Frauen, der „Babuschkas" wie Mitrophan sie nannte, der ihn tief beeindruckte. Die athonitischen Besucher wurden zu feierlichen Messen in Kirchen und Klöstern hingebracht, jedes Mal beeindruckte sie die große Zahl der dort anwesenden Gläubigen und die Inbrunst, mit der sie an den heiligen Handlungen in den Kirchen teilnahmen.

Tief verwurzelt im gläubigen russischen Volk war auch die Verehrung für den Heiligen Berg Athos. Mitrophan berichtete, dass schon alleine bei der namentlichen Erwähnung des Heiligen Berges alle Gläubigen jedes Mal das Kreuzzeichen schlugen. Er berichtete auch, dass er in mehreren der besuchten Kirchen Kopien von berühmten Athos-Ikonen gesehen habe, die auch hier größte Verehrung genossen. Die Athos-Mönche konnten auch ein Kloster besuchen, wo junge Mönche geduldig darauf warteten, dass sie vom Ökumenischen Patriarchen in Istanbul beziehungsweise vom Außenamt in Athen die Erlaubnis erhielten, auf den Heiligen Berg kommen zu dürfen.

So waren auch die Abschiedsworte des Moskauer Metropoliten an die Besucher vom Heiligen Berg Athos verständlich: „Solange der Heilige Berg besteht – gibt es Rettung!"[127]

Interessant war, dass Pater Mitrophan zu berichten wusste, dass im Jahr 1968 das Obristen-Regime vier ihnen missliebige Mönche vom Heiligen Berg vertrieben hat, denen 42 weitere folgen sollten. Es war dann der Metropolit von Moskau, der in einem ultimativen Telegramm an den damaligen griechischen Staatspräsidenten Papadopoulos das verhinderte.[128]

Hier waren die am Athos anzutreffenden „Pilger" großteils sicher keine tiefgläubigen Russen. Doch tief in jedem Russen mag es doch verwurzelt sein, einmal in seinem Leben den Heiligen Berg Athos besucht zu haben und sei es auch nur aus Prestigegründen, um damit etwas angeben zu können. So gesehen war es auch nicht verwunderlich, dass dem russischen Kloster Panteleimonos und auch anderen den Russen gehörige Anlagen am Athos wie zum Beispiel die Skite Agiou Andreou unheimliche Geldsummen zustanden, um alles zu renovieren, dass sie keine Nachwuchssorgen haben, ja, dass sogar Präsident Putin (2005, 2016) selbst zu Besuch gekommen war.

Mit dem mitgebrachten Puntigamer Bierdosen stießen wir auf unseren Gipfelsieg an. Dann begannen wir gleich wieder den Abstieg. Der war wegen der glatten, rutschigen Steine noch schwieriger als der Aufstieg und er ging gewaltig in die Schenkel. Unterwegs begegneten wir aufsteigenden russischen Mönchen, die wir immer mit „*Christos voskrese*" (Christus ist auferstanden) begrüßten, sie dankten mit „*Alithos anesti*" (er ist wahrlich auferstanden). Manche Mönche segneten uns, andere machten mit uns ein dreimaliges chic a chic. Ich war wirklich, trotz des schwierigen Abstiegs, glücklich!

Eine kurze Rast in der Panagia, ein Müsliriegel, Wasser und dann gleich wieder der Aufbruch. Wie der Aufstieg war auch der weitere Abstieg scheußlich. Schenkel und Waden versagten mir beinahe den Dienst. Wir machten viele Pausen. Dieter versagten die Knie. Es

127 Ebda., S. 115f.
128 Ebda., S. 116.

ging nicht mehr und so trug Klaus zu seinem eigenen auch Dieters Rucksack. Um elf Uhr waren wir beim Stavros-Kreuz angelangt.

Hier trennten wir uns. Klaus, Helmut und Burkhard wollten den Weg über Agiou Vasiliou nehmen, Dieter wollte am schnellsten Weg nach Agia Anna und Helmut und ich wollten ihn dabei nicht alleine lassen. Es war ein mühseliges Unterfangen, erst das lange Steilstück und dann noch die vielen Stufen. Dieter tat mir ehrlich leid! Um 13:23 Uhr waren wir dann in Agia Anna. Zu unserer Überraschung waren die drei Freunde, die den anderen Weg gegangen waren, noch nicht da! So bekamen wir vorerst kein Zimmer zugewiesen. Verspätet kamen die Freunde dann doch, sie hatten einen falschen Weg erwischt, mussten umkehren und doch dann den alten Weg über die Stufen herunternehmen.

Wir saßen auf der Terrasse und gingen uns dann waschen. Die Waschmuscheln waren in den WCs untergebracht, aber man sperrte untertags nur ein einziges WC auf. So konnte keiner, wenn sich einer wusch, auf die Toilette gehen. Nur abends sperrte man ein zweites WC auf! Selten blöd!

Am späten Nachmittag wurden den anwesenden Griechen die Reliquien gezeigt und ihnen manches im Kyriakon erklärt. Da das alles auf Griechisch geschah und sich niemand unser annahm, um uns das zu übersetzen, schauten wir uns im Inneren des Kyriakons auf eigene Faust um. Dann gab es in der Trapeza ein Abendessen. Es gab eine Bohnensuppe, Brot, Oliven und Wasser. Wir saßen anschließend noch einige Zeit auf der Terrasse, doch als ein kalter Wind aufkam, gingen wir aufs Zimmer. Ab 20:00 Uhr war Nachtruhe. In der Nacht gewitterte es und es regnete noch in der Früh.

Mittwoch, 4. Mai:

Als ich in der Früh vor das Haus trat, lag ein schwarzer Hund vor der Tür und sah mich treuherzig an. Wir wurden ihn in der Folge den ganzen Tag nicht mehr los. Er folgte uns bis Karyes. Wo immer wir gingen, er blieb in Sichtweite. Beinahe ging er bei Fuß. Wir tauften in Blacky. Unterwegs bekam er Wurst und in Karyes kauften Burkhard und Helmut ihm Futter. Er folgte uns über den Höhenrücken bis zum Kloster Koutloumousiou. Ins Kloster traute er sich nicht hinein, treuherzig lag vor dem Tor und schaute in den Klosterhof. Ein Mönch wollte ihn mit einem Stock vertreiben, doch getraute er sich das nicht, solange wir in der Nähe waren. Jedenfalls, am nächsten Tag war Blacky nicht mehr da.[129]

Um sechs Uhr früh war in Agia Anna Tagwache, wir frühstückten von unseren Vorräten, bei Nieselregen marschierten wir kurz vor sieben Uhr los. Dieter war sehr tapfer, aber nach kurzer Zeit versagten ihm die Knie bei diesem schrecklichen und zudem rutschigen Steig hinunter nach Nea Skiti wieder. Klaus schnallte Dieters Rücksack auf den seinen hinauf – beide Rucksäcke zusammen hatten sicher mehr als 20 kg! – und so langsam es Dieter schaffte, ging es weiter bergab. Bei der Abzweigung nach Agiou Pavlou ließ Klaus seinen eigenen Rucksack zurück und trug Dieters Rucksack hinunter zu Bootsanlagestelle. Von dort wollte Dieter mit dem Schiff bis Dafni fahren und von dort mit einer Fahrgelegenheit nach Karyes kommen.

129 Vgl. dazu: Zwerger, Wege, S. 99f. Auch R. Zwerger berichtete von Hunden, die Wanderer gerne begleiteten.

Wir vier gingen nach Agiou Pavlou voraus, welches wir gegen acht Uhr erreichten. Zehn Minuten später kam auch schon Klaus nach und bald darauf brachen wir Richtung Antithonas auf. Der Antithonas (1033 m) ist der im 1000 m kleinere „Bruder" des Athos. Eine serpentinenreiche Straße führte zu einem Sattel hinauf. Unter uns wallte über dem Meer dichter Nebel, der auch uns manchmal erreichte.

Ich quälte mich furchtbar mit meinem sicher über 12 kg schweren Rucksack den Berg hinauf. Immer wieder bat ich um eine kurze Rast. Um elf Uhr hatten wir dann endlich die Sattelhöhe erreicht (849 m). Nun ging es auf der anderen Seite des Bergrückens hinunter, das heißt, wir wollten, sofern es die Wege erlauben, am Höhenrücken bis Karyes wandern. Die Schwierigkeit dabei war nur, dass immer wieder neue Forststraßen plötzlich da waren, die auf keiner Karte – meine letzte stammte aus dem Jahre 2009 – eingezeichnet waren, alte Wanderwege dagegen vielfach nicht mehr vorhanden waren.

Ich möchte hier für eine eventuelle spätere Wanderung einige Punkte festhalten. Wenn man nach dem Sattel der Straße längere Zeit folgt, kommt man zu einer Kreuzung ohne einen Wegweiser. Geradeaus geht es zum Kloster Philotheou, rechts zum Kloster Karakalou. Man muss aber den Mut haben, die Straße ganz links zu wählen. Ich danke heute noch meinen Mitwanderern, dass, obwohl alle anderer Meinung waren, trotzdem aber mir vertrauensvoll gefolgt waren!

Auch dieser Straße folgt man dann längere Zeit, bis man wieder zu einer Abzweigung kommt, wo die rechte, abwärts führende Straße zum Kloster Philotheou führt. Man muss aber auf der steil aufwärts führenden Straße, ausgewiesen als zum Kloster Simonos Petras führend, bleiben. Nach der Steigung kommt man dann zu einer Kreuzung, wo man auf den alten „Zwerger-Höhenweg" stößt. Hier wendet man sich nach rechts. Die Straße führt nun eher steil bergab und war im Zustand des Entstehens, das heißt es gab hier einen sehr tiefen Boden. Bald sieht man zur rechten Hand eine Sendeanlage und dann in der Ferne bereits Karyes.

Der Ausblick Richtung Nord auf diesem Wanderstück war zauberhaft, wohin man schaute, unberührte Laubwälder in allen Schattierungen von Grün. Unangenehm war nur der tiefe Boden. Wandert man auf dieser Straße weiter, steigt die Straße plötzlich wieder steil einen Hügel hinauf an. Diesen Hügel braucht man jedoch nicht mehr erklimmen, sondern man wandert rechts den Weg bergab, circa 50 m, wo dieser dann eine Biegung nach rechts macht. Links abzweigend geht ein alter, ungepflegter Pilgerweg. Wenn man diesen unbeirrt folgt, stößt man auf eine Querstraße, der man nun weiter nach links folgt. Diese Straße führt direkt zum Kloster Koutloumousiou. So, wie eben beschrieben, sind auch wir gewandert, begleitet von Blacky. Per Handy haben wir mit Dieter Verbindung aufgenommen, der inzwischen schon im Kloster Koutloumousiou angekommen war und für uns bereits das Zimmer organisiert hatte. Wir kamen um 15:30 Uhr im Kloster an und waren 26,5 km in sieben Stunden reiner Gehzeit gewandert! Eine ganz ordentliche Leistung!

Im Kloster Koutloumousiou empfing uns ein überaus freundlicher Archontaris, der uns einen hervorragenden griechischen Kaffee, Tsipouro, Loukoumi und Wasser kredenzte. Es war eine Besonderheit auf dieser Wanderung, dass wir fast überall auf einen sehr freundlichen Archontaris trafen.

Nachdem wir unsere Zimmer – ein Zwei- und ein Vierbettzimmer – bezogen hatten, spazierten wir hinauf nach Karyes und suchten die dortige Taverne für ein Bier, einen Teller Oliven und Brot auf. Dann ging es zurück ins Kloster, wo wir die Hesperinos-Andacht erst im Exo-, dann im Esonarthex mitmachen durften. Das anschließende Essen fand getrennt von den Mönchen statt, mit uns speisten noch zwei Dänen. Es gab eine herausragend gewürzte Bohnensuppe, einen Paprika, gefüllt mit einem Krautwickel, Oliven, Brot und Wasser.

Da wir bis zum Sperren des Klostertores noch genügend Zeit hatten, spazierten wir abermals hinauf nach Karyes in die Taverne auf ein Bier und auf Oliven. Auf einer Bank vor unserem Quartier sitzend, verbrachten wir dann noch plaudernd den Abend.

Donnerstag, 5. Mai:

Gleich nach dem Aufstehen gratulierten mir meine Mitpilger zum Geburtstag und schenkten mir eine Kopie, das Original bekam ich zu Hause, die mich als „Wanderer zwischen den Welten“, gezeichnet von einem steirischen Karikaturisten, zeigte. Ich habe herzlich darüber gelacht und mich sehr gefreut!

Leider hatte das Wetter umgeschlagen, es goss in Strömen. Die Freunde beglückwünschten mich, denn Regen am Geburtstag macht reich. Wundert euch also nicht, wenn ich künftig als Millionär auftrete.

Als der Regen etwas nachließ, wanderten wir zur Bäckerei, wo es wie immer herrliches Blätterteiggebäck gab. In Karyes, vor dem Protáton stehend, mussten wir zwei Entscheidungen treffen. Die erste betraf unser Diamonitirion. Das war seit gestern abgelaufen, es galt ja nur für vier Tage beziehungsweise drei Nächte. Aber seit Neuestem war das Büro der Hiera Epistasia am Montag und am Donnerstag geschlossen und man konnte an diesen Tagen nicht verlängern. Der Athos ist eben voller Überraschungen.

Am Vortag hatte ein Angestellter zwar gemeint, vielleicht würde man es uns so gegen zwölf Uhr verlängern, aber eben nur vielleicht. Wir beschlossen nun, es darauf ankommen zu lassen, in der Hoffnung, dass bei einer Anmeldung niemand so genau aufs Datum schauen würde.

Die zweite Überraschung betraf den Regen. Es war sinnlos, bei solchem Wetter zu wandern. So sahen wir uns um einen Taxibus um. Obwohl es vorerst nicht danach aussah, klappte es dann doch plötzlich schnell, so schnell, dass Klaus sogar seine Wanderstöcke in Karyes vergaß.

Ursprünglich wollten wir von Karyes über die Skite Profiti Ilia und das Kloster Pantokrator auf dem neuen, von mir im vorigen Jahr entdeckten alten Pilgerweg nach Vatopediou wandern. So also fuhren wir mit dem Taxibus bei strömendem Regen und Nebel auf tiefer Lehmstraße Richtung Kloster Vatopediou, bis zu einem Schranken. Dort wurden die Namen genau kontrolliert. Wären wir nicht angemeldet gewesen, hätten wir nun aussteigen müssen! So aber kamen wir doch nach Vatopediou. Dort warteten sicher über hundert Pilger, dass sie von Taxibussen abgeholt werden!

Wir immer gab es eine genaue Kontrolle an der Klosterpforte. Die abgelaufenen Diamonitiria fielen aber Gott sei Dank nicht auf. Dann marschierten wir zum Archontaris.

Dort ließ man uns auf ein Zimmer beinahe zwei Stunden lang warten. Dann fand es Pater Stephanos genehm, uns ein Zimmer zuzuweisen. In seinem Büro bediente er sich zweier PCs, um einen Überblick über die Zimmer zu haben. Hier herrschte ein Betrieb wie in einem großen Hotel.

Hier wird der Athos ad absurdum geführt! Das hat nichts mehr mit klösterlicher Beschaulichkeit zu tun! Pater Stephanos war auch unerbittlich. War man nicht angemeldet, hatte man trotz schlechten Wetters, trotz kleiner Personenanzahl, zum Beispiel nur drei Personen, und trotz orthodoxem Griechensein keine Chance, bei ihm ein Zimmer zu bekommen. Man flog aus dem Kloster hinaus!

Wir bezogen nun, anders als zu den beiden letzten Malen, ein Quartier im alten Gästehaus, welches man vom Hof aus über eine Eisenstiege erreichen konnte. Es war gleich heimelig hier, im Vorraum der alte Steinboden und die Bilder an den Wänden von ankernden Segel- und Dampfschiffen vor dem Kloster. Als ein Zugeständnis an die Neuzeit gab es hier einen Gratis-Kaffeeautomaten (!), wo brennheißer Kaffee heruntergelassen werden konnte.

Im gleichen Stock mit uns wohnten Engländer, Mitglieder der FoMA (Friends of Mount Athos).[130] Die sind 14 Tage hier und legten alte Pilgerwege wieder frei. Sie waren sehr freundlich. Wir wollten von ihnen wissen, ob die Vagenokamanes-Schlucht – auf der alten Zwerger-Karte war hier ein Gehweg eingezeichnet – auch wirklich noch begehbar wäre. Leider wussten sie das auch nicht. Interessant war, dass Pater Stephanos später für die Bezeichnung dieser Schlucht keinen griechischen Namen wusste, was ihn selbst verwunderte.

Wir blieben am Zimmer, bis der Regen nachließ. Dann spazierten wir hinunter zum Meer und suchten vor allem einmal den Beginn des Weges zur „Chera" – dem Wegweiser am alten Kammweg in Gestalt einer Hand – hinauf. Der Weg begann gleich nach einem ins Meer mündenden Bach. Eine schmale Schotterbarriere ermöglichte es uns heute, trocken an sein jenseitiges Ufer zu gelangen.

Von dort gingen wir hin zum Hafen und bewunderten die einstigen, großen Lagerhallen. Es nieselte leicht, trotzdem machten wir den Spaziergang hinauf zu den Ruinen der einstigen Akademie. Den Berghang hinauf gab es zahlreiche Olivenbäume, hoch stand das Gras, wunderschön waren die vielen Blumen, die auf der Wiese blühten, so die Filzige Hundskamille, die Gelbe Wucherblume, Affodill und viele mehr. Leider war das hohe Gras sehr nass und wir in der Folge auch. Wieder zurück im Kloster, machten wir uns bereit zur Hesperinos-Andacht, die wir dann im Esonarthex mitfeiern durften. Dann gab es Abendessen für alle in der Trapeza. Sie war sehr voll, im Kloster waren sicher über 100 Gäste. Es gab eine Suppe mit einer reisähnlichen Einlage, Oliven, Zwiebeln, Rukola, Honigwabenstücke, Pfirsichkompott, Brot und Wasser.

Nach dem Essen versammelte ein Mönch, er war von Geburt US-Amerikaner und wir hatten ihn schon vor zwei Jahren kennengelernt, die Englisch Sprechenden um sich und erzählte uns zuerst die Geschichte dieses Klosters. Er zeigte uns auch behauene Steine aus griechischer Zeit, die einst in das Katholikon eingefügt worden waren.

130 Zu FoMA siehe Glossar.

Dann führte er uns ins Katholikon, wo die Reliquien in kostbarsten, mit Edelsteinen geschmückten Behältnissen ausgestellt waren. Besonders prächtig das Reliquiar mit einem Stück des Gürtels Mariens und das von einem Splitter vom Kreuz Christi. Die Gürtelreliquie soll schon viele Wunder bewirkt haben. Noch heute wird sie vor allem von Frauen mit Kinderwunsch und von Menschen, die an Krebs erkrankten, angerufen. Dazu hatte man im Kloster eine Rolle eines schmalen, weißen Bandes. Man schnitt davon eine bestimmte Länge ab und berührte damit die Reliquie. Dieses Band gab man dann den darum Bittenden, der sich das Band umbindet. Unter Einhalten bestimmter Regeln erwartete man sich dann davon entweder Nachkommen oder Heilung von seinem Krebsleiden.

Weiters gab es einige Reliquiare mit Schädelteilen. Besonders interessant war ein Reliquiar, welches auf seiner Vorderseite ein Türchen zum Öffnen besaß. Drinnen war ein Schädel mit mumifiziertem Ohr. Es war der Schädel des hl. Joannis Chrysostomos. Dieser galt als der große Prediger der Ostkirche – Chrysostomos heißt ja „Goldmund". Nun die Legende des mumifizierten Ohrs:

Chrysostomos schrieb zahlreiche Predigten. Dabei beobachtete ihn ein Freund, der sah, dass jemand neben dem schreibenden Chrysostomos stand und ihm ins Ohr flüsterte. Das war der Apostel Paulus. Als der Freund Chrysostomos darauf ansprach, war niemand zu sehen. So gibt es nun die Legende, jenes Ohr, in welches der Apostel geflüstert hatte, verweste nach dem Tod des Predigers nicht, und so kann man noch heute an der Reliquie ein mumifiziertes Ohr bewundern.

Nahe der Ikonostase zeigte uns der Mönch eine weitere, wunderwirkende Ikone, die der Panagia Vimatarissa. Auch dazu erzählte er uns eine Legende:

Einst wurde das Kloster von sarazenischen Piraten überfallen. Es blieb keine Zeit mehr, die Ikone der Panagia und eine weitere Kostbarkeit des Klosters, so ein von Kaiser Konstantin geschenktes Kreuz, zu verbergen. Während noch im Klosterhof gekämpft wurde, eilte der Kirchendiener in das Katholikon, riss dort unter dem Altar eine Steinplatte auf, die einen Brunnen verschloss. Dort hinein warf er die Ikone und das Kreuz des Konstantins. Vor der Ikone hatte er vorher noch eine Kerze entzündet. Der Kirchendiener fiel in die Hände der Sarazenen und wurde in die Sklaverei verschleppt. Als ihm nach vielen, vielen Jahren die Flucht gelang und er sich nach Vatopediou durchschlug, eröffnete er den Mönchen dort das Geheimnis unter der Steinplatte. Man hob die Platte und das Bild und das Kreuz schwebten über dem Brunnenwasser und die Kerze brannte immer noch vor der Ikone der Gottesmutter. Nach dem Kirchendiener, der auf Griechisch „Vimataris" heißt, hat die Ikone ihren Namen.

Wir verließen das Katholikon und gingen in das Öllager (Ladario). Der Raum dient auch als Speiseraum bei Überfüllung der Trapeza. Der Mönch zeigte uns einen Sarkophag, der, aus antiker Zeit stammend, von den Mönchen später als Behältnis für Olivenöl benützt worden war. Hier gab es eine Wunder wirkende Ikone, die Panagia Elaiovrytissa, deren Legende ich schon bei der 16. Wanderung erzählt habe.[131]

Noch einmal gingen wir zum Katholikon zurück, wo vom Exonarthex eine Stiege seitlich hinauf zu einer kleinen Kapelle führte, wo eine weitere wundertätige Ikone, die der

131 Vgl. S. 293.

Panagia Paramythia anzufinden war, reich geschmückt und viel verehrt. Auch hier sei die Legende dieser Ikone wiedergegeben:

Es geschah eines Tages, dass der Abt, als er dem Pförtner die Schlüssel übergeben wollte, von der Ikone her folgende Worte hörte: „Öffne heute die Tore des Klosters nicht, geh auf die Mauern des Klosters und vertreibe die Piraten." Die Stimme wiederholte diese Worte ein zweites Mal. Als er sich umwandte und auf die Ikone blickte, sah er, wie das Heilige Kind seine Hand auf den Mund der Mutter legte, und es sagen hörte: „Nein, Mutter, lass sie bestraft werden, wie sie es verdienen". Die Selige Jungfrau hielt jedoch die Hand des Heiligen Kindes fest, bewegte ihren Kopf leicht zur Seite und wiederholte ihre Worte. Die Mönche eilten auf die Mauern, erblickten die Piraten, die inzwischen tatsächlich das Kloster umzingelt hatten und darauf warteten, dass die Tore geöffnet würden, damit sie eindringen und das Kloster plündern könnten. Das wundervolle Eingreifen der Panagia Paramythia hatte das Kloster gerettet, die Ikone aber hat seither die Spuren dieser Bewegungen ihrer Figuren bewahrt.

Letztlich erzählte er uns noch von einem Mönch, der nur in diesem Kloster verehrt wird. Er stammte aus Vatopediou und hatte, als der Freiheitskampf der Griechen begann, sofort seine Heimatinsel Ithaka aufgesucht und hatte dort aktiv daran teilgenommen.

Unser Mönch lud uns dann noch zur feierlichen Georgs-Liturgie ein, die heute Nacht, um 19:00 Uhr beginne und bis wenigstens Mitternacht dauern würde, gefeiert werden wird. Das war nicht unbedingt unser Ansinnen. Es nieselte immer stärker und wir suchten unser Zimmer auf. Dann gingen wir alle in den Klostershop, welcher eine wohl sortierte Vinothek besaß. Dort erwarb Klaus drei Flaschen herrlichen Rotweins und ich noch eine Flasche Tsipouro. Am Zimmer feierten wir dann meinen Geburtstag. Klaus öffnete den Rotwein, die Freunde schnitten von ihren Wurstvorräten auf und stellten Brot zur Verfügung. Auch vom Tsipouro wurde „gekostet". Es war ein lustiger Abend und für mich ein wunderschöner Geburtstag. In der Nacht goss es in Strömen.

Freitag, 6. Mai:

In dieser Nacht hatte es sich offenbar ausgeregnet. Ein Blick aus dem Fenster zeigte zwar nicht besonders schönes, doch durchaus Wanderwetter. Wir frühstückten am Zimmer und marschierten dann etwas vor sieben Uhr los. Es ging hinunter zum Strand und weiter bis zum dort einmündenden Bach. Aber der starke Regen hatte die kleine Schotterbrücke weggerissen und so kam, ich glaube keiner von uns, ohne nasse Füße davon.

Dann ging es einen Hang, bepflanzt mit Olivenbäumen, hinauf. Es war ein schöner, alter Pfad, gut ausgeputzt von den FoMAs und auch gut beschildert. Das Wetter wurde immer besser, es schien bereits die Sonne. Etwas nach acht Uhr erreichten wir die „Chera" auf 359 m Seehöhe.

Ursprünglich hatte wir vor, von unserem Übernachtungskloster Zographou aus, wo wir das Gepäck zurücklassen konnten, über den Höhenrücken zum serbischen Kloster Hilandar und, sollte noch genügend Zeit bestehen, bis zum Kloster Esfigmenou zu wandern und dann auf dem gleichen Weg zurückzugehen. Da Klaus und Dieter diese beiden Klöster in ihrer „Sammlung" noch fehlten, entschloss ich mich, die Freunde zu fragen, ob wir nicht von hier aus, trotz unserer schweren Rucksäcke, diese beiden Klöster aufsuchen wollten.

Selbstverständlich waren sie mit Feuer und Flamme dafür. Ich muss aber gestehen, hätte ich mir vorher auf der Karte die Entfernung nach Esfigmenou angesehen, hätte ich sicher diesen Vorschlag nicht gemacht! Etwas nach acht Uhr wanderten wir von der „Chera" los.

Der Weg zum Kloster Esfigmenou war relativ schön ausgeputzt, aber immer wieder gab es recht tiefe Stellen, wo Wildschweine ihren Badebedürfnissen nachgekommen waren. Es ging aber meist eben dahin. Immer wieder glaubten wir, nach der nächsten Kuppe das Kloster sehen zu müssen – vergebens! Wegschilder gab es natürlich keine, doch hat man an „schwierigen Stellen" orangerote Bänder an Astenden zur Orientierung angebunden.

Irgendwann stießen wir auf eine Straße. Hier war es nicht klar, ob wir uns nun nach rechts oder nach links wenden sollten. Es gab Meinungsvielfalt. Die Straße verlief so, dass sie einerseits hin zur Küste oder nach einer Kurve um den Berg herum wieder in das Landesinnere führen konnte. Wir versuchten es nach rechts, was mir auch eher richtig erschien. Nach einiger Zeit des Gehens in quälender Unsicherheit hörten wir einen Hund bellen und hackende Geräusche. Klaus eilte nun vor und der dort Wohnende bestätigte, dass wir auf richtigem Weg wären.

Also wanderten wir weiter auf dieser Straße. Wir kamen an einer Art „Bauhof" vorbei, mit vielen, nicht mehr gebrauchten Ernte- und Baumaschinen. Auch das zeigte sich nun immer wieder am Athos, dass alte Autos und Maschinen einfach irgendwo in der Natur abgestellt wurden. Dann bogen wir um eine Ecke und das Kloster Esfigmenou lag vor uns. Die Gehstrecke bis zum Kloster betrug 14,3 km.

Wir betraten den Klosterhof, reinigten so gut es ging unsere dick mit Lehm bedeckten Schuhe und stiegen hinauf in den zweiten Stock, wo das Archontarikion war. Auf den Archontaris mussten wir etwas warten, waren dann aber sehr überrascht, als wir mit ihm ins Gespräch kamen. Er sprach fließend Deutsch, hatte er doch, obwohl Grieche, in Heidelberg Volkswirtschaft studiert. Pater Sebastian, so hieß er, fragte, ob wir hier übernachten wollten. Wir waren erstaunt, hatten wir doch schon so oft bei diesem Kloster darum angefragt und waren stets abgewiesen worden. Das Warum erklärte uns nun dieser Mönch auch gleich.

Das Kloster lehnte jeden Kontakt zwischen dem Patriarchen von Konstantinopel mit dem Papst in Rom ab. Als es dennoch zu einem Gespräch kam, kam es zu einem Streik der Mönche von Esfigmenou. Wir hatten ja auch in unseren Zeitungen gelesen, dass diese Reibereien sogar mit einer Hacke ausgetragen worden waren und Militär eingesetzt werden musste. Bei einem späteren Gespräch mit Univ.-Prof. Laretzakis in Graz erfuhren wir, dass die Mönche dieses Klosters daraufhin aus der Athos-Gemeinschaft ausgeschlossen worden waren.

Die „Epistasia" hat eine neue Mönchsgemeinschaft für dieses Kloster gebildet, die aber von den Mönchen hier nicht anerkannt wurde. Diese neue Gemeinschaft residierte seither im Konak des Klosters in Karyes. Wann immer man nun ein Schreiben an das Kloster Esfigmenou richtet, gelangt dieses Schreiben oder auch jedes Telefongespräch nach Karyes und wird von dort abschlägig oder überhaupt nicht beantwortet.

Die Mönche hier im Kloster wollen keine Verbindung zur Außenwelt, man habe hier auch weder ein Handy noch eine andere Möglichkeit zur Kommunikation nach außen.

Wann immer aber ein Pilger kommt, wird er gastfreundlich aufgenommen und kann auf Wunsch auch mehrere Tage bleiben. Wir waren perplex.

Nun überspielte der Mönch das Ganze noch etwas und fragte, was er uns aufwarten dürfe, Tee oder Kaffee? Kaffee, ja. Wie? Süß oder halbsüß? Er servierte uns dann wirklich eine ordentliche Schale Kaffee, Tsipouro, Loukoumi und Wasser. Unser Ersuchen, das Katholikon besuchen zu dürfen, lehnte er aber rundweg ab und begründete es damit, dass wir nämlich Heiden wären. Das bestritten wir, er aber erklärte, Christ wäre nur der, der eine Volltaufe bekommen habe, nicht nur ein bloßes Anspritzen mit Weihwasser! Er war so richtig in seinem Fahrwasser. Eine Diskussion wäre mit ihm sicher sehr interessant gewesen, doch ich musste zum Aufbruch drängen.

Ich war schon mehrmals in diesem Kloster gewesen, das letzte Mal mit Fritz (2006), wo wir damals auch völlig überraschend eine Übernachtung bekommen haben. Wieder in Graz hat mich nun doch interessiert nachzulesen, wie es uns damals ergangen war und ob wir damals das Katholikon ansehen durften. Ich las Folgendes:

Kaum hatten wir das Katholikon betreten, wurden wir sofort aus diesem verwiesen. Da wir Katholiken waren, wollte ein Mönch gar, dass wir uns während der Messe fünfzig Meter weit vom Katholikon entfernen sollen! Das wäre außerhalb des Klosters gewesen! Wir müssen sehr verdattert dreingeschaut haben, denn ein anderer Mönch kam zu uns und sagte zu uns, es würde genügen, wenn wir aus dem Katholikon gehen würden. Vor dem Katholikon könnten wir sitzen bleiben! Es lebe der ökumenische Gedanke!

Um 12:30 Uhr brachen wir auf. Wie ernst es die Mönche dieses Klosters meinten, konnten wir daran erkennen, dass das schwarze Transparent mit der Aufschrift „Orthodoxia i thanatos“ (Orthodoxie oder Tod) noch immer an der Seeseite des Klosters angebracht war.

Wir wanderten in Richtung des serbischen Klosters von Hilandar und erreichten es nach einer Dreiviertelstunde. Dort besuchten wir zuerst die Kapelle, wo die Gründungslegende dargestellt war, und dann den Karner (Nekrotapheion). Nun schon Nahe am Kloster angekommen, waren wir sehr erstaunt, dass man endlich mit dem Wiederaufbau des Klosters begonnen hatte. Voriges Jahr um diese Zeit war davon noch nichts zu sehen gewesen. Immerhin war der verheerende Brand schon im Jahre 2004 gewesen.

Es steht jetzt schon wieder jener Teil rechts vom Eingangstor, wenn man von außen das Kloster betritt. Wir wollten nun ins Kloster hinein, doch der Pförtner verwehrte uns den Zutritt, bevor wir nicht das Archontarikion besucht hätten. Obwohl uns schon die Zeit davonlief, fügten wir uns ins Unvermeidliche. Der recht freundliche Archontaris bot uns Tee oder Kaffee an und Loukoumi. Dann durften wir ins Kloster hinein. Ich führte die Freunde zum Katholikon hin, zeigte ihnen drinnen Besonderheiten, wie den Silbersarg des hl. Simeon oder die wundertätige Ikone der Panagia Tricheirousa. Wir gingen an den Wandmalereien vor der Trapeza vorbei und am Weinstock, der aus dem Sarg des hl. Simeon herausgewachsen war. Dann drängte ich zur Eile.

Ich ließ die Freunde entscheiden, ob sie lieber den neuen Weg auf der Straße oder den alten Schinderweg, der hinter dem Kloster beginnt, nehmen wollten, um wieder den Höhenrücken zu erklimmen. Sie entschieden sich für letzteren. Ich fand auch gleich den Einstieg. Da ich diesen Weg gar nicht mochte und ihn möglichst schnell überwinden wollte, zog ich mit großem Tempo los. Tatsächlich erreichten wir in 45 Minuten die Hochebene. Dann ging es auf einer bereits wieder zuwachsenden Straße bis hin zum Einstieg in den alten Pilgerpfad, der zum Kloster Zographou führte.

Es ist für mich immer eine große Freude, Freunde damit zu überraschen, indem ich sie gleich neben dem Weg auf ein kleines Wiesenstück führte, wo seit circa zwanzig Jahren jedes Mal eine Landschildkröte anzutreffen war. So auch diesmal. Dann ging es den alten Pilgerpfad hinunter. Er war gut ausgeschildert, obwohl es gerade hier nicht notwendig gewesen wäre.

Auf dem Weg zum Kloster Zographou waren viele Russen und Bulgaren spazierend unterwegs. Trotz aller Müdigkeit machten wir noch den kleinen Abstecher zur Einsiedelei des hl. Kosmas von Zographou. Dann aber schauten wir, dass wir zum Kloster kamen.

Die letzte Steigung dann hinauf zum Kloster Zographou nötigte mir die letzte Kraft ab. Kein Wunder, unsere Gehleistung betrug heute 29,5 km, wir waren 10 Stunden gegangen und hatten 904 Höhenmeter zurückgelegt! Meine volle Bewunderung galt aber Dieter, der heute ohne zu klagen mitgehalten hat.

Das Kloster war voll von Gästen. Wir erfuhren auch gleich den Grund. Auch hier feierte man das Fest des hl. Georg, des Schutzpatrons dieses Klosters. Zu diesem Fest war auch der Abt von Vatopediou gekommen. Wir fragten uns zum Archontaris durch, der diesmal im 3. Stock anzutreffen wäre. Dort war ich überhaupt noch nie gewesen. Doch für uns hatte man vorerst keine Zeit.

Die Räumlichkeiten hier heroben waren eigenartig. Hier am Gang, wo wir warten mussten, standen überall Polstermöbel und Tischchen herum und erst das Eckzimmer gleich daneben war riesengroß und ganz im Stil eines türkischen Serail-Zimmers gehalten. Entlang aller Wände Polstermöbel, an den Wänden viele Abtbilder und schwere Luster an der Decke. Alles war so unwirklich.

Wir warteten unbeachtet eine gute Stunde. Dann gingen wir zur Hesperinos-Andacht, die mit viel Pomp und Gesang und mit einer eigens angereisten Sängergruppe gefeiert wurde – zwei Stunden lang.

Ich fror sehr, wohl aus Erschöpfung und da ich mich nicht richtig für diese so elend lange Andacht angezogen hatte. Endlich erfolgte der Auszug aus dem Katholikon. Wieder gab es viel Zeremoniell. Vor dem Katholikon wurde vom Kirchentor bis hin zur Trapeza ein Spalier gebildet. Erst kamen viele Mönche aus dem Katholikon, dann die Sänger in besonderer Bekleidung, dann der Gastabt von Vatopediou und schließlich der Abt von Zographou im roten, goldbestickten Prunkgewand, mit großartigem Abtstab und mit einer Art Krone auf dem Haupt. Ein Mönch trug die Schleppe seines prunkvollen Mantels hinter ihm nach.

Alle zogen in die Trapeza ein, wo jetzt ein festliches Essen begann. Es gab Fisolen mit Tintenfisch. Mir grauste vorerst vor den Armen des Polypen, ich kostete sie dann doch und fand die Arme dann recht weichgekocht und gut. Dazu gab es Wein und eine marzipanartige Süßspeise. Letztlich gab es noch eine weitere, während der Andacht in der Kirche geweihte Süßspeise, von der jeder nur einen Löffel voll, entweder in die Hand oder in sein Trinkglas gegeben, bekam.

Während des Essens wurde von der Kanzel herab Erbauungsliteratur vorgelesen, dann kam es zu einer Art Dialog zwischen dem Abt und einem Mönch. Da ich nicht Griechisch – oder war es Bulgarisch – verstand, wusste ich natürlich auch nicht, um was es dabei ging.

Nach diesem Essen zogen alle wieder ins Katholikon ein, wir hatten nun von den Feierlichkeiten genug und gingen hinauf zu unseren Rucksäcken. Eines wussten wir nun, da das Tor zum Kloster schon zugesperrt war, durften wir auf jeden Fall im Kloster bleiben. Uns war es bereits egal, wo wir heute schlafen werden, auch wenn wir hier heroben am Boden schlafen mussten. Immer wieder kamen an uns Russen vorbei, die wir schon von der Athos-Gipfelbesteigung her kannten und die uns freundlich grüßten. Der russische Bischof gab uns sogar seinen Segen. Ein Zimmer wäre uns aber lieber gewesen. Dieses bekamen wir dann nach fünf Stunden vergeblichen Wartens.

Samstag, 7. Mai:

Wir hatten alle gut geschlafen, frühstückten am Zimmer und brachen um etwas nach sieben Uhr auf. Wir wanderten die Schlucht hinaus bis zur Arsanas von Zographou und von dort weiter bis zum Kloster Dochiariou. Der Weg dorthin war wunderschön. Mohn, wilder Salbei, Judasbaum, Riesenfenchel, alles blühte in unwahrscheinlicher Üppigkeit. Der Weg nach Dochiariou war neu direkt zum Strand hin verlegt worden, mit einem Bagger hatte man dort im Kies einen recht breiten, aber nicht angenehm zu gehenden Weg geschaffen. Die Freunde wollten unbedingt mit einem Schiff die Westküste hinunterfahren, soweit das Schiff eben fuhr. Ich wusste, dass es zeitmäßig dafür zu spät war, das gelingt nur, wenn man so um 08:00 Uhr in Dafni ist.

Ich wollte ihnen aber die Freude nicht verderben und wahrscheinlich hätten sie mir auch nicht geglaubt. Als sich nun zufällig ein Schnellschiff näherte, waren sie mit Begeisterung dafür, dieses zu benützen, um nach Dafni zu kommen. Dafür wurden wir für diese kurze Strecke ausgenommen wie die legendäre Weihnachtsgans, wir zahlten Länge mal Breite, nämlich € 12,– pro Person.

In Dafni war natürlich kein Schiff mehr da. Wir setzten uns daher in die Taverne, Burkhard und ich gingen dagegen auf Ikonenschau. Meine Mitpilger freundeten sich inzwischen mit einem Griechen an, der angeblich mit Gott und der Welt Geschäfte machte. Der spendierte jedem ein halbes Glas Schnaps – dieser hatte angeblich 65%! Gott sei Dank nippte ich nur davon!

So verbrachten wir die Zeit, bis das „12-Uhr-Schiff" kam. Mit diesem fuhren wir, die Küste langsam an uns vorbeiziehend lassen, nach Ouranoupoli. Da gleichzeitig ein Touristen-Ausflugsschiff dort ankam, herrschte am Kai ein großes Gedränge. Wir gingen schnurstracks zu Daphnes Taverne auf ein „Mythos"-Bier und auf ein Tsatsiki. Dann suchten wir unser Quartier auf, herzlich begrüßt von unserer Zimmervermieterin, die sogar für Dieter – gleicher Jahrgang – und mich ein Geburtstagsgeschenk bereithatte.

Nach einer kleinen Ruhepause spazierten wir durch Ouranoupoli und kauften die letzten Geschenke ein. Dann warteten wir, bis die Zeit des Abendessens kam. Diesmal hatten wir Fleisch bestellt, Souvlaki, griechisches Beefsteak (Fleischlaberl) etc. Wir langten zu, bis

→ *Seite 385*

Gipfelkreuz am Athos (1998)

Am Gipfel (2011)

Kloster Zographou

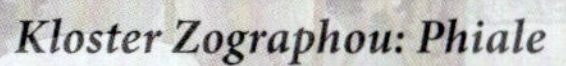

Kloster Zographou: Phiale

Kloster Zographou: Phiale

Kloster Zographou: Bild im Eingangsbereich; rechts Verbrennung der Mönche

Kloster Zographou: Kenotaph für die angeblich verbrannten Mönche

Kloster Zographou, Katholikon: der Papst lässt Mönche verbrennen

Kloster Zographou: Katholikon

Kloster Zographou: Prozession zu Ostern

Zographou: Prozession zu Ostern

Prozession zu Ostern
im Kloster Zographou

Zugang zur Eremitage des hl. Kosmas
von Zographou

Eremitage des hl. Kosmas von Zographou

Eremitage des hl. Kosmas von Zographou

Kloster Agiou Pavlou

Osterfeier vor dem Kloster Agiou Pavlou

Osterfeier vor dem Kloster Agiou Pavlou

Osterfeier vor dem Kloster Agiou Pavlou

Osterfeier vor dem Kloster Agiou Pavlou: Wasserweihe

Ikonenverehrung vor dem Kloster Agiou Pavlou anlässlich der Osterfeier

Reliquien vor dem Kloster Agiou Pavlou zur Osterfeier

Osterfeier vor dem Kloster Agiou Pavlou

Osterfeier vor dem Kloster Agiou Pavlou

Osterfeier vor dem Kloster Agiou Pavlou: Wiedereinzug in das Katholikon

Osterfeier vor dem Kloster Agiou Pavlou: Wiedereinzug in das Katholikon

Osterfeier vor dem Kloster Agiou Pavlou: Wiedereinzug in das Katholikon

Osterfeier im Kloster Agiou Pavlou: der Abt verteilt Ostereier

Nea Skiti: Kyriakon

Nea Skiti: Hauskapelle eines Kellions

Nea Skiti: Hauskapelle eines Kellions – Mönche feiern Ostern

Nea Skiti: Mönche feiern Ostern

Nea Skiti: Mönche feiern Ostern

Nea Skiti: Mönche feiern Ostern

Nea Skiti: Mönche feiern Ostern

wir uns nicht mehr rühren konnten. Natürlich kam auch der Alkohol nicht zu kurz, doch alle hielten Maß.

Es hatte sich leider ein neues Problem ergeben. Bisher flog die AUA immer etwas nach 15:00 Uhr nach Wien zurück. Heuer war es das erste Mal, dass der Flug bereits kurz nach 13:00 Uhr erfolgen würde. Der erste Bus nach Thessaloniki ging sonntags erst um 8:30 Uhr. Nur mit viel Glück würden wir mit dem Bus den Flieger noch rechtzeitig erreichen, ganz zu schweigen von einer Verzögerung unterwegs, so wie vor zwei Jahren, wo in einem griechischen Dorf auf der Strecke die dortigen Bewohner die Straße absperrt hatten. Es blieb uns nichts anderes übrig, als zwei Taxis zu organisieren. Wir baten Frau Antonakis, uns diese zu beschaffen.

Sonntag, 8. Mai:

Klaus hat entdeckt, dass Frau Antonakis auch ein Frühstück anbietet. Dieses bestellten wir uns für den nächsten Tag. Und pünktlich zur gewünschten Zeit brachte sie es uns aufs Zimmer, es war reichlich und wir nahmen es mit viel Vergnügen am Balkon ein.

Vor dem Haus warteten schon die zwei Taxis. In einer Zeit von 1 ½ Stunden brachten diese uns dann durch manchmal völlig unbesiedeltes Land fahrend zum Flugplatz. Dort hatten wir dann genügend Zeit, unsere Rucksäcke wieder in Müllsäcke einzupacken.

Der Flug nach Wien verlief reibungslos, nur Dieters auf Athos gekaufter Wanderstock kam erst mit einer Verzögerung von mehreren Tagen in Graz an.

Meine 20. Athos-Wanderung

Mit Kurt Daxböck, Heimo Lercher und Ernst Sommer vom 14. bis zum 23. April 2012

Über Athen nach Thessaloniki – Kurze Besichtigung von Thessaloniki – Ouranoupoli – Ostern in Agiou Pavlou – Legende des kleinen Pavillons unterhalb von Agiou Pavlou – Dionysiou – Skite Agia Anna – Mikra Agia Anna – im Atelier der Ikonenmaler von Agiou Vasiliou – Eine schreckliche Wanderung über Antithonas Sattel – Karakalou – Iviron – Koutloumousiou – Karyes – Skite Agiou Andreou – Iviron – Stavronikita – Pantokratoros – Skite Profiti Ilia – Stavronikita – Dafni – Ouranoupoli – Fortführung der Besichtigung von Thessaloniki

Schon im Vorfeld war diese Wanderung mit vielen Schwierigkeiten verbunden. Ursprünglich sollte die Gruppe aus Kurt Daxböck, Ernst Sommer, Gert Verdino und mir bestehen. Sie alle waren mit mir schon einmal am Athos wandern gewesen. Ernst und Gert wollten den Gipfel des Athos besteigen. Ungefähr ein Monat vor Abflug sagte Gert plötzlich ab. Das war nicht angenehm, da ich keineswegs glücklich war, wenn Ernst allein auf den Gipfel gehen würde.

Nachdem weitere Freunde zu diesem Zeitpunkt keine Zeit hatten, versuchte Ernst einen Mitstreiter für seine Besteigung des Athos-Gipfels zu finden. Er fand ihn in seinem Freund Heimo Lercher, der ursprünglich zur selben Zeit mit der ORF-Radio-Legende Dieter Dorner zum Athos fahren wollte. Die Aussicht, den Athos-Gipfel zu erklimmen, war für Heimo so verlockend, dass er Dieter Dorner abgesagt hat. Heimo Lercher war von Beruf Unternehmensberater in Graz.

Nun mussten wir versuchen, auch noch die Athos-Behörde davon zu überzeugen, dass sie statt Gert nun Heimo in entgegenkommender Weise zum selben Termin ein Diamonitirion ausstellten, was letztlich mit Burkhards tatkräftiger Hilfe auch gelang. Nicht möglich war ein Umschreiben der Flugtickets, das machte Aegean Airlines nicht. Zudem bestand nicht mehr die Möglichkeit, einen Direktflug nach Thessaloniki zu buchen, wir mussten im Hin- und im Rückflug über Athen fliegen.

Sehr schwierig war diesmal auch, eine Übernachtung in den einzelnen Klöstern zu organisieren, ich musste es ja so ausrichten, dass Ernst und Heimo in den ersten beiden Tagen die Möglichkeit hatten, den Athos-Gipfel zu besteigen, und Kurt und ich zweimal am Fuße des Berges Übernachtungsmöglichkeiten vorfanden. Bis 14 Tage vor Abflug stand nicht fest, wo Kurt und ich am 1. Tag übernachten konnten.

Die Quartierfrage wurde dadurch noch verschärft, dass eine Woche nach unseren Ostern die Orthodoxen ihr Osterfest feierten und so traditionell viele den Athos aufsuchen würden. Das Kloster Megisti Lavra hatte auf eine Anfrage überhaupt nicht geantwortet, sodass uns gar nichts anderes übrig blieb, als am 3. Tag über den 849 m hohen Antithonas-

Sattel zu wandern. Gerade für diesen Tag sagte das Europawetter sehr schlechtes Wetter voraus, was sich dann leider auch bewahrheitet hat.

Samstag, 14. April:

Um sieben Uhr war Treffpunkt bei mir. Heimo hatte sich netterweise bereit erklärt, uns nach Schwechat zu fahren. Dort angekommen, verpackten wir unsere Rucksäcke in die schon bewährten, schwarzen Müllsäcke und checkten ein. Der Flug nach Athen dauerte etwas über zwei Stunden und war recht angenehm. In Athen hatten wir über eine Stunde Zeit. Dann ging der Flug weiter nach Thessaloniki (55 Minuten). Da die orthodoxen Ostern vor der Tür standen, bekamen wir bei beiden Flügen eine Osterkerze als Geschenk.

In Thessaloniki angekommen, fuhren wir mit dem Taxi ins Hotel Esperia, das sehr zentral, genau gegenüber dem „Ministerium von Makedonien und Thrakien" lag, wo man noch in den 1990er-Jahren im zweiten Stock bei einer Dame sich die Bestätigung abholen musste, um überhaupt am Athos einreisen zu dürfen. Das Diamonitirion bekam man damals nur in Karyes.

Das Hotel war für unsere Verhältnisse sehr preisgünstig, das Doppelzimmer kostete mit Frühstück € 56,–, ohne Frühstück € 49,–. Nach Beziehen der Zimmer gingen wir auf Besichtigungstour. Gar nicht weit vom Hotel war der Platz mit den Ausgrabungen (Agora, Odeon). Dann kamen wir an drei Bädern aus der türkischen Zeit vorbei, die offenbar nun renoviert werden. Auf unserem Weg lag die Dimitrios-Kathedrale, die wir nun besuchten. Ich glaube, meine Freunde waren davon beeindruckt. Für die Ausgrabungen unter der Kathedrale war es leider schon zu spät. Auffallend war, dass, obwohl heute auch in Griechenland Karsamstag war, kaum Leute in den Kirchen waren. In der Orthodoxie gibt es auch kein „Heiliges Grab" in den Kirchen, so wie es bei uns üblich ist. Überhaupt waren nur wenige Leute auf den Straßen.

Wir schlenderten durch die Häuserschluchten und kamen dabei zu den teilweisen noch offenen Geschäften in den Markthallen. Die dort sich befindlichen Lokale waren vielfach geschlossen, die wenigen offenen waren schwach besucht.

Wir kamen an vielen Süßwarengeschäften mit ihren tollen Auslagen vorbei, die es meinen Freunden angetan hatten. Da es aber in den Geschäften keine Möglichkeit gab, sich hinzusetzen, gingen wir an allen vorbei. So kamen wir zur Rotonda, die zu dieser Zeit auch schon geschlossen war. Um die Rotonda hat sich ein Schwarzmarkt für Sportschuhe etabliert, der von Schwarzafrikanern betrieben wurde.

Nicht weit davon war der Galerius-Bogen. An ihm vorbei, wanderten wir hinunter zum Weißen Turm, dem Wahrzeichen von Thessaloniki. Er war wunderschön, von der untergehenden Sonne beleuchtet, anzusehen. Und noch etwas habe ich noch nie so schön von Thessaloniki aus gesehen, nämlich den weit herunter mit Schnee bedeckten Götterberg Olymp. Ein wirklich majestätischer Berg!

Wir wanderten nun die Nikis-Promenade entlang. Auffallend viele Lokale, vor allem im unteren Bereich des Kais, waren geschlossen. Früher war da am Samstag immer die Hölle los gewesen. Erst nahe dem Aristoteles-Platz waren auch die Lokale voller. Natürlich besuchten wir das bekannte Denkmal des Weisen von Stagira, und auch wir berührten den blank polierten „Großen Zehen" des Philosophen, obwohl niemand wusste, wofür das eigentlich gut sein soll.

Dann spazierten wir den Kai weiter hinauf bis zu den einstigen Lagerhallen des Hafens, die schon vor Jahren zu sehr schönen und guten Lokalen umgebaut worden waren. Auch hier bot sich ein ähnliches Bild. Wie schon bei den Lokalen der Markthallen, hatten viele geschlossen, die wenigen offenen waren aber bummvoll. Wir suchten jenes Lokal auf, welches wie eine ehemalige „Greißlerei" ausgestaltet war.

Wie immer war es angenehm dort zu essen und zudem war es preiswert. Wir zahlten zu viert, jeder ein „Mythos"-Bier, eine Vorspeise und ein Hauptgericht, nur € 48,–! Es zeigte sich auch in der ganzen folgenden Woche, dass in Griechenland die Preise in den letzten zwei Jahren praktisch gleichgeblieben waren, in allen Lokalen und auch auf den Beförderungslinien (Bus, Schiff). Zudem gab es nun jetzt immer einen Rechnungsbon! Müde suchten wir unser Hotel auf.

Sonntag, 15 April:

In Griechenland war heute Ostersonntag. Im Hotel bekamen wir ein recht gutes Frühstück, dann fuhren wir mit dem Taxi zum Chalkidiki-Bus-Terminal. Entgegen der PC-Auskunft zu Hause fuhr der Bus erst eine halbe Stunde später ab – erst ab 09:30 Uhr. Die Fahrt nach Ouranoupoli dauerte wie immer circa 2 ½ Stunden. Es war prächtiges Osterwetter, so fiel es umso mehr auf, dass auf der Straße kaum Verkehr war. Auch die Ortschaften, die wir durchfuhren, waren menschenleer. In Arnea wurden zwar am Hauptplatz am Spieß zwei Lämmer gebraten, doch Leute waren kaum zu sehen.

Die Vegetation war hier noch nicht besonders weit fortgeschritten. Vor allem war nirgends auf den Wiesen und Feldern Mohn zu sehen, der so oft die Felder nur so glühen ließ. Es blühten vor allem weiß blühende Bäume und Sträucher. Die Wiesen waren schön grün, die Laubbäume dagegen hatten noch auffallend wenig Laub. Aus den Mischwäldern leuchteten nur die tiefgrünen Nadelbäume kontrastreich heraus. Im Holomondas-Gebirge war noch kein einziger Bienenstock aufgestellt worden. Föhnwolken ließen uns ahnen, dass das Wetter sich bald leider ändern würde.

Mit Spannung warteten wir darauf, ob wir oberhalb von Stratoni erstmals den Athos-Gipfel sehen würden. Ja, man konnte, doch konnte man nicht erkennen, ob der Gipfel schneebedeckt war. Dann dauerte es nicht mehr lange und wir sahen schon den Pyrgos, den alten Wachturm von Ouranoupoli. Da das Athos-Büro offen war, gingen wir gleich hinein und stellten sicher, dass die Diamonitiria morgen um 06:30 Uhr zum Schiff gebracht werden. Gleich ausgefolgt bekommen haben wir sie wie üblich nicht – das waren schon begnadete Bürokraten! Als wir im Athos-Büro waren, zog gerade die Osterprozession mit voraus getragenen Kirchenfahnen vorbei, viel Leute waren da nicht gerade mitgegangen!

Der Empfang bei Frau Antonakis war sehr herzlich. Nach dem Bezug der Zimmer gingen wir vorerst zu Daphne essen, die uns auch sehr freundlich aufnahm. Leider gab es keine Gavros (Sardellen) und auch den abendlichen Fisch konnten wir nicht wie üblich aussuchen, denn die Fischer wären nicht ausgefahren. Dass auch die Fährschiffe zum Athos schon am Vortag wegen Schlechtwetters nicht mehr gefahren waren, sagte uns niemand, das erfuhren wir Gott sei Dank erst im Nachhinein.

Nach dem Essen wanderten wir in Richtung der Athos-Grenze. Gleich nachdem man von der Hauptstraße Richtung Grenze abbog, war ein riesiger Parkplatz im Entstehen. Die entlang dieser abzweigenden Straße dort parkenden Autos hatten vor allem bulgarische Kennzeichen. Nikos einstige Taverne hatte man ein Stockwerk aufgesetzt. Viel mehr war seit vorigem Jahr nicht geschehen.

Nach einer halben Stunde Wanderns hatten wir die Athos-Grenze erreicht. Bei den Ruinen des einstigen Klosters von Zygou, früher auch als Frangokastro bekannt, war wieder um einiges mehr ausgegraben worden und die Umfassungsmauer war auch deutlich in die Höhe gewachsen. Es war ein Museum geworden, wo man nun auch Eintritt verlangte. Ein Gang durch dieses einstige Kloster, es war alles gut beschildert, war auf jeden Fall interessant.

Anschließend gingen wir noch bis zum Grenzzaun, dann traten wir den Rückweg an. In Ouranoupoli tätigten wir einige Einkäufe (Ansichtskarten etc.) und suchten anschließend ein Café auf. In manchen Lokalen waren Russen und die sahen oft zum Fürchten aus. Baumlange Burschen, meist in schwarzem Leder gekleidet, mit Fliegerstiefeln. Sie waren laut und kamen mit Kleinbussen an, die abgedunkelte Scheiben hatten. Auch sonst waren die Russen überall stark vertreten.

Bis zum Abendessen ruhten wir uns aus. Daphnes Küche war dann wie immer ausgezeichnet, leider gab es keinen frischen Fisch. Nicht allzu spät gingen wir schlafen.

Montag, 16. April:

Ostermontag. Im Athos-Büro hatte man uns gesagt, dass wir um 06:15 Uhr unsere Diamonitiria bekämen, um 06.30 Uhr würde das Fährboot dann bereits ablegen. Da unsere beiden anderen Pilger „sandelten“, gingen Kurt und ich los. Und wirklich war schon eine ganze Traube von Pilgern um das Auto versammelt, wo die Diamonitiria ausgegeben wurden. Als wir drankamen, waren die beiden Gipfelstürmer dann auch schon eingelangt.

Ganz glatt ging es nicht, beim Einreichen war eine Reisepasskopie verlangt worden und auf der Namensliste war auch die Passnummer eingetragen worden. Ernst aber hatte jetzt nur seinen Personalausweis mit, der natürlich eine andere Nummer aufwies. Es kostete einige Mühe, den Mann im Auto davon zu überzeugen, dass beide Ausweise innerhalb der EU überall gleichwertig wären. Ich erwähne das hier nur, um Freunde künftig vor unnötigen Schwierigkeiten zu bewahren!

Pünktlich legte das Fährschiff ab, da geschah es tatsächlich, dass ein zu spät kommender Pilger sich lauthals bemerkbar machte und das Fährschiff wirklich noch einmal anlegte, um ihn mitzunehmen. Dann ging die Fahrt der Küste entlang, bei den Klöstern Xenofontos und Panteleimonos wurde jedes Mal kurz angelegt. Bei dieser Fahrt entlang der Küste konnte man sehen, dass immer wieder alte Olivenhaine von Gestrüpp freigelegt worden waren. Heute war durchaus noch schönes Wetter, doch das Meer war schon etwas bewegt.

Auch in Dafni gab es nur einen kurzen Halt. Ohne das Schiff zu wechseln, ging unsere Fahrt dann weiter Richtung Süd. Es gab dann noch einen kurzen Halt beim Kloster von

Dionysiou, bereits beim nächsten Halt, an der Arsanas von Agiou Pavlou, stiegen Kurt und ich aus. Ernst und Heimo fuhren bis Agia Anna weiter und wollten von dort aus hinauf auf den Athos-Gipfel. Wir hatten ausgemacht, dass wir morgen wieder mit ihnen in Agia Anna zusammentreffen würden.

Gleich nachdem Kurt und ich von Bord des Fährschiffes gegangen waren – 2 ½ Stunden Fahrt ab Ouranoupoli – umfing uns intensiver Blütenduft. Vor allem die Judasbäume standen in voller Blüte und prägten mit ihrem Rosa das Bild der Landschaft. Nicht viel nach stand ihnen der Ginster, wohin man sah, waren goldene Ballen davon zu sehen. Auch weiß blühende Blumeneschen, weiße Affodill und Schwertlilien, gelb blühende Wucherblumen, Euphorbien und lila und weiß blühende Zistrosen erfüllten mit ihrem Duft die Luft. Vom Kloster Agiou Pavlou herunter hörten wir das laute Schlagen eines Simantrons und vieltöniges Glockengeläute.

Kurt und ich wanderten nun die breite Schotterstraße hinauf zum Kloster. Nach ungefähr zehn Minuten Wanderns blieb Kurt abrupt stehen. Vor seinen Schuhen querte eine circa 30 cm lange Schlange die Straße. Als wir ungefähr auf halber Weghöhe waren, holte uns ein Bus ein, blieb stehen und deutete, ob wir nicht einsteigen wollten. Wir ließen uns das nicht zweimal sagen.

Wir suchten den Archontaris im ersten Stock auf. Seit meinem letzten Besuch im Kloster hatte man hier viel renoviert. Der Archontaris war ein sehr junger und freundlicher Mönch. Wir gewannen dann noch seine besondere Zuneigung, als wir für die Übernachtung wie schon in den letzten Jahren als Kollekte für das Kloster pro Person € 10,– hergaben. Er nahm die Spende nach einigem Zögern dann gerne an. In der Folge ging er für uns auf. Vorerst mussten wir aber warten.

Wir nützen die Zeit des Wartens, im Eintragungsbuch des Klosters zu blättern. Den Hauptteil der Gäste stellten naturgemäß die Griechen, dann die Russen und die Rumänen. Ganz anders als in früheren Jahren waren Westeuropäer wenig unterwegs, einige Deutsche, Franzosen und Italiener. Seit Jahresbeginn waren vier Österreicher hier gewesen, darunter ein Stainzer Student namens Artner. Interessant war, dass auch um den 24. Dezember und um den Jahreswechsel viele Pilger zum Kloster kamen, trotz des sicher unwirtlichen Wetters.

Im Kloster waren die Ostermontag-Feierlichkeiten voll im Gang. Man war unterwegs mit allen Reliquien, heiligen Ikonen und Fahnen auf Prozession zu den Kapellen, die außerhalb des Klosters lagen. Das hatten wir ja voriges Jahr schon von der oberhalb des Klosters vorbeiführenden Straße aus beobachten können. Eben zog man wieder unter Schlagen des Simantrons und Läuten der Glocken ins Kloster ein. Voraus wurden die Fahnen getragen, dann folgten Mönche in gelben, grünen, blauen und mit Gold bestickten Ornaten. Sie trugen die Ikonen oder die Reliquien. Dann folgten der Abt, weitere Mönche und die Gäste. Gegen den Uhrzeigersinn umrundete man das Katholikon und zog dann in dieses ein, um die Reliquien und die Ikonen zu versorgen.

Anschließend strömten alle in die Trapeza, deren Eingang gegenüber dem Katholikon lag. Es waren viele Gäste da. Der Abt zog im vollen Ornat ein, ein Mönch trug die Schleppe seines Mantels. Vor ihm trugen zwei Mönche hohe Kerzenständer mit brennenden Kerzen. Diese Ständer wurden dann vor seinem Sitz in der Trapeza aufgestellt.

Das Essen lief wie immer ab, ein Mönch las Erbauliches, alle anderen aßen schweigend. Nach einigen Minuten durfte auf ein Zeichen des Abtes auch getrunken werden. Das Essen bestand aus einer sauren Gemüsesuppe, aus einem großen Stück Fisch in Sauce, weiters gab es Osterbrot, Feta, einen Apfel und ein rotes Osterei. Zum Trinken gab es einen roten Naturwein und Wasser.

Ein Glockenzeichen des Abtes beendete das Mahl. Doch anders als üblich, stellten nun die beiden Kerzenständerträger ihre brennenden Kerzen innen vor der Trapeza-Tür hin. Dort versammelten sich alle und es kam zu einer Wechselrede zwischen dem Abt und einem Zeremonienmeister. Der hatte dann plötzlich zwei zusammengebackene Osterbrotlaibe in der Hand, hielt sie hoch und ging nun von Mönch zu Mönch und von Gast zu Gast. Er sagte zu jedem *„Christos anesti"* (Christus ist auferstanden). Der so Angesprochene musste das hingehaltene Brot küssen und *„Alithos anesti"* (Er ist wirklich auferstanden) sagen. Bei diesem Ritual ließ er alle Nicht-Orthodoxen geflissentlich aus!

Nachher gingen viele wieder ins Katholikon, wir aber suchten unseren Archontaris auf. Jetzt bekamen wir griechischen Kaffee und Loukoumi. Vorerst hieß er uns noch zu warten, bald aber holte er uns zum Empfang durch den Abt. Dieser fand in einer Art von Salon statt, wo am schmalen oberen Ende der schon recht betagte Abt in einen großen bequemen Fauteuil saß. Neben ihm befand sich ein riesiger Korb mit roten Ostereiern. Entlang der beiden Längsseiten des Raumes saßen auf Stühlen Mönche und besondere Gäste. Wir saßen mit anderen auf einer Bank vor dem Salon.

Zuerst wurde allen eine in Silber- oder Goldpapier eingewickelte Süßspeise serviert, die ganz köstlich war. Dann gab es Likör, entweder roten Weichsel- oder grünen Pfefferminzlikör. Jetzt kam der junge Archontaris wieder zu uns und sagte uns, wir sollten nun dem Abt unsere Aufwartung machen. Wie das vor sich zu gehen habe, sagte er uns jetzt auch. Wir sollten vor dem Abt treten und ihm die Hand küssen. Er würde zu uns dann *„Christos anesti"* sagen und uns zwei rote Eier schenken. Wir müssten dann mit *„Alithos anesti"* danken.

Letzteres mussten wir dem Mönch einmal vorsagen. Auch während dieses Rituals stand er lächelnd hinter uns. Ich bat nun noch den Abt, ob ich ein Foto von ihm machen dürfe, was er auch großzügig bewilligte. Anschließend bekamen wir unser Zimmer, es war ein schönes Zweibettzimmer.

Nachdem wir dieses bezogen hatten, gingen wir auf Entdeckungsreise. Das ist immer die beste Zeit dafür, wenn die meisten Mönche ruhten. Wir streiften durch die Gänge. Es war nicht viel zu entdecken. So beschloss ich, mit Kurt das Nachbarkloster Dionysiou zu besuchen. Wir mussten dazu wieder ganz hinunter bis zum Strand gehen. Dabei kamen wir bei einem kleinen Pavillon vorbei, dessen Errichtung mit einer kleinen Legende verbunden war:

Die mächtige serbische Familie Branković war über Generationen dem Kloster sehr zugetan, auch nach dem Ende ihrer Herrschaft. Mara, eine Tochter von Branković, hatte Sultan

Murad II. geheiratet. Sie war sehr fromm und in Tradition ihrer Familie dem Kloster Agiou Pavlou sehr gewogen. Unter großen Mühen hatte sie die Myrrhe der drei Weisen aus dem Morgenland erworben und wollte sie persönlich nach Agiou Pavlou bringen. Sie landete dort mit ihren Getreuen und wollte das kostbare Geschenk zum Kloster hinaufbringen. Auf halben Weg hörte sie eine Stimme, die ihr verbot weiterzugehen. Dieser Ort gehöre einzig der Himmelskönigin, irdischen Herrscherinnen sei das Betreten des Gartens der Muttergottes verboten. Und Mara kehrte um. Die Mönche errichteten an jener Stelle der Umkehr, zu Ehren der Wohltäterin ihres Klosters, einen Pavillon.[132]

Wir wanderten weiter Richtung Strand. Auffallend viele Zitronenfalter tummelten sich über den Wiesen. Der Steig dann zum Kloster Dionysiou hinauf war mörderisch. Er führte anfangs in gerader Linie fast hundert Meter steil einen Hang hinauf. Es war ein einziges Klettern von Stein zu Stein. Die Sonne brannte erbarmungslos darnieder. Mit einem Rucksack hätten wir das nie geschafft. Ich war diesen Weg schon mehrmals in beiden Richtungen gegangen, aber das waren nicht mehr meine Athos-Wege, die ich künftig wandern werde. Das Alter machte sich doch langsam bemerkbar.

Nach Überwindung dieses Einstiegs ging es mehr oder weniger parallel und eben den Hang entlang. Nach insgesamt 1 ½ Stunden Wanderns erreichten wir das Kloster, wo gerade Gäste angekommen waren. Auch uns empfing man recht freundlich und stellte einen Mönch ab, der nur für uns zwei das Katholikon aufsperrte. Das Innere war prächtig ausgemalt vom berühmten Malermönch Tzortzis im Verständnis der kretischen Schule des 16. Jhs., die Ikonostase war wundervoll geschnitzt. Als der Mönch unser großes Interesse sah, machte er uns auf noch einiges aufmerksam. Kurt und ich bestaunten dann noch die fantastischen Darstellungen der Apokalypse im gedeckten Gang vor der Trapeza. Diese Malereien faszinierten mich von ein zum anderen Mal. Eine Abbildung davon zierte ja sogar den Einband von Gerhard Roths Athos-Roman: „Der Berg“.

Wir brachen auf. Langsam trübte es sich ein. Wir legten den Rückweg in ungefähr gleicher Zeit zurück. Wir warteten nun, wie ausgemacht, auf einen Anruf unserer Freunde vom Gipfel des Athos, doch sie bekamen offenbar keine Verbindung mit uns. Wieder im Kloster, ruhten wir uns etwas aus. Abermals versuchten wir, vergebens, mit unseren Freunden am Athos-Gipfel in Verbindung zu treten. Endlich kam dann von Heimo ein SMS. Sie hatten den Gipfel bezwungen. Schon etwas unterhalb der Panagia war Schnee gewesen. Den Weg zum Gipfel mussten sie in der Direktlinie hinauf durch den Schnee stapfen, da keine Markierung zu sehen war. Der Blick vom Gipfel wäre aber dann sehr schön gewesen.

Heimos SMS war recht witzig. Er schrieb, wenn sie nicht von den Kackelacken und Läusen in der Panagia aufgefressen werden, würden sie morgen um 08:00 Uhr von dort absteigen. Die Betten in der Hütte wären in einem entsetzlichen Zustand gewesen. Anderntags erzählten sie, in der Hütte hätten vier Rumänen die ganze Nacht hindurch Ostern gefeiert. Es wäre auch sehr kalt gewesen.

Uns rief dann das Simantron zur Hesperinos-Andacht, der Abendvesper. Diese verlief sehr eindrucksvoll. Alle Pilger bekamen Kerzen, die entzündet wurden. Mit der Kerze in

132 Vgl. Feigl, Athos, S. 158, Sp. 3f.

der Hand standen wir im Halbdunkeln in den hohen, griechischen Gebetstühlen. Mönche huschten immer wieder als schwarze, schemenhafte Gestalten, von Ikone zu Ikone sich durchküssend, durch die dämmrige Kirche.

Im Narthex wurde monoton gesungen, ein Priester zog mit seinem Weihrauchkessel durch das Kircheninnere, die Funken stoben nur so, als er jede Ikone und jede anwesende Person mit Weihrauch bedachte. Immer wieder wurde von allen im Chor *„Christos anesti, Christos anesti"* gerufen.

Nach der Vesper ging es wieder in die Trapeza. Es gab Spaghetti mit Sauce, eine Riesentomate und einen Apfel, Brot und Wein. Anschließend drängte man uns wieder ins Katholikon hinein. Kurt geriet sogar hinter einen herabhängenden Teppich, der den Narthex abschloss. Erst als man sah, dass er nicht wusste, welches Ritual er hier vollziehen sollte, wies man ihn hinaus. Er kam dann, mich suchend, wieder herein. Abermals bekamen alle Kerzen und wir hörten eine Weile dem Gesang zu. Dann aber huschten wir aus dem Katholikon. Wir suchten den Pavillon vor dem Kloster auf, aber es war so kühl, dass wir gerne unser Zimmer aufsuchten und dort noch etwas lasen.

Dienstag, 17 April:

Kurt und ich frühstückten von unseren Beständen am Zimmer. Um etwas nach sieben Uhr verließen wir das Kloster. Das Wetter war bereits schlecht. Wir wanderten die Schotterstraße hinunter bis zur Abzweigung nach Agia Anna. Bis nach Nea Skiti ging der Weg ja recht gemütlich dahin, dann aber ging es recht steil und oft über viele Stufen führend bergauf. Wie immer eine Plackerei, noch dazu mit den Rucksäcken. In etwas über einer Stunde erreichten wir Agia Anna. Unterwegs trafen wir eine Gruppe von circa zehn Pilgern, welche die slawische Sprachfamilie zusammengeführt hatte. Solche Gruppierungen kamen häufig vor. Es waren Russen, Bulgaren und Ukrainer. Ein Charakteristikum für diese Ostpilger war meist auch, dass wenigstens einer von ihnen in einem militärischen Tarnanzug herumlief. Nicht selten hatten sie auch Jugendliche im Alter von geschätzten zehn Jahren mit. Dass dieses Mal akkurat ein Russe ein Käppi mit der Aufschrift FBI trug, fand ich witzig.

Der Empfang in Agia Anna war im Gegensatz zum Vorjahr recht freundlich. Wir sagten dem Archontaris, dass noch zwei Freunde nachkommen würden und gaben ihm unsere „Spende". Wir bekamen „Ellinikós Kafés" – so nannten die Griechen ihren „Griechischen Kaffee –, Tsipouro und Loukoumi, anschließend wurde uns ein Zimmer mit sechs Betten zugewiesen. Auf der Terrasse war es sehr windig. Wir zogen uns in den Vorbau des Kyriakons zurück. Kurt löste seine Sudokas, ich las.

Man holte uns zum Mittagessen in die Trapeza, die im Untergeschoss des Gebäudes lag. Es waren noch mehrere andere Pilger anwesend, auch für unsere Freunde war gedeckt worden. Es gab Gemüsesuppe, einen sehr guten Krautsalat, Erdäpfel mit geschnittenen und gebratenen Paradeisern darüber, einen Apfel und Kiwis.

So gegen zwölf Uhr kamen Ernst und Heimo vom Berg zurück. Sie bekamen kein Essen mehr, wohl aber griechischen Kaffee, Tsipouro und Loukoumi. Sie berichteten, dass sie nach einer kalten Nacht in der Panagia-Hütte um acht Uhr früh von dort aufgebrochen und abgestiegen wären. Beim Stavros-Kreuz am Sattel haben sie denselben Weg wie voriges Jahr Burkhard genommen und waren dann aber auch nach zwanzig Minuten umgekehrt.

Es gab hier sicher einen Weg herunter nach Agiou Vasiliou, ich war ihn ja mit Fidi in den 1990er-Jahren in umgekehrter Richtung gegangen. Man muss nur den richtigen Einstieg finden. Geht man vom Sattel weg, geht der offenbar falsche Weg links am Berg Profiti Ilia vorbei, während er auf der Zwerger-Karte auf der rechten Seite des Berges eingezeichnet war. Auch unten in Agiou Vasiliou liegt der Berg zur linken Hand. Man müsste den Weg wieder einmal von Agiou Vasiliou hinaufgehen. Bei einer Wanderung haben wir auch einmal eine Pilgergruppe getroffen, die diesen Weg, von Megisti Lavra kommend, genommen hatte, um den vielen Stufen aus dem Weg zu gehen.

Ernst und Heimo erzählten nun, wie es ihnen am Gipfel des Athos ergangen war. Wir zeigten ihnen anschließend unser Zimmer und brachen dann zu einer Wanderung nach Mikra Agia Anna auf. Der Weg dorthin war angenehm und schön zu gehen.

Wie immer war in Mikra Agia Anna niemand zu sehen und so wanderten wir weiter bis zum Talkessel, wo die wenigen Häuser von Agiou Vasiliou lagen. Dort drehten wir um und strebten dem Kyriakon von Agiou Vasiliou und dem darunter liegendem „Chalet-artigen" Kellion zu. Gerade dieses wollte ich meinen Freunden zeigen, da man einen so schönen und ansprechenden Bau hier nicht vermuten würde.

Als ich dort das Gartentor öffnete, kam gerade ein alter Mönch aus dem Haus. Ich grüßte und er fragte mich, ob wir byzantinische Ikonen anschauen wollten. Das bejahten wir und betraten das Haus. Geradeaus konnte ich eine sehr schön gestaltete Hauskapelle sehen, mit vielen Wandmalereien und Ikonen an den Wänden. Rechter Hand war zu meinem großen Erstaunen ein Malersaal zu sehen. Vier Staffeleien standen dort, neben jeder Staffelei stand ein Tischchen, auf dem Malutensilien lagen. Auf allen vier Staffeleien befand sich eine in Arbeit befindliche Ikone. Viele weitere Ikonen hingen an den Wänden oder standen verkaufsbereit herum, wie ausgewiesene Preisschilder daran es anzeigten.

Ich fragte Pater Stephanos, so hieß er, ob wir fotografieren dürften. Er hatte nichts dagegen. An einer preisgünstigen Ikone zeigten drei von uns Interesse, mich hielt dann aber das Mittragen, schon von Beginn der Wanderung an, vom Kauf ab. Heimo erwarb sie schließlich, stellte aber auch gleich fest, dass es eine lithographische Kopie war. Das bestätigte auch Pater Stephanos und erklärte uns lächelnd, eine hier gemalte Ikone in der Größe A4 beginne bei € 1000,–.

Wir besichtigten dann noch die Hauskapelle, das Kyriakon von Agiou Vasiliou war wie immer geschlossen und Pater Stephanos war offensichtlich nicht willens sie für uns aufzusperren. So traten wir den Rückweg an, da sich schon bald einsetzender Regen abzeichnete. Um 15:00 Uhr waren wir dann wieder in Agia Anna. Inzwischen hatte man in unser Zimmer einen Griechen, der in Deutschland aufgewachsen, nun am mittleren Athos-Finger Sithonia wohnte und erstmals den Athos besuchte, hineingelegt. Er war recht freundlich.

Dass Wetter wurde immer schlechter, es gab starken Wind und wir erfuhren durch unseren Griechen, das der Schiffsverkehr bereits eingestellt war. Wir zogen uns in den Kirchenvorbau zurück. Die orthodoxen Pilger versammelte man nun und führte sie ins Kyriakon. Dort erzählte man ihnen die Geschichte der kleinen Kirche und zeigte ihnen die

Reliquien. Uns rief man erst gar nicht hinzu, nur einen kurzen Augenblick konnten wir in das Kyriakon, mit dem wundertätigen Bild der hl. Anna, hinein.

Im Esonarthex unterhielten wir uns mit einem Griechen, der hier als Koch tätig war. Er war lange Zeit in Deutschland gewesen, dort hatte er in großen Hotels gearbeitet. Nach Griechenland zurückgekehrt und krank, hat er sich hierher zurückgezogen, um Gott näher zu sein.

Später wurden wir zum Abendessen gerufen, es gab Erbsen, Kartoffel, einen Gemüsesalat aus der Büchse, Kohl und wieder eine Kiwi. Da das Wetter dann immer unfreundlicher wurde, legten wir uns früh schlafen.

Mittwoch, 18. April:

Diesen Mittwoch werde ich lange nicht vergessen! Da wir früh schlafen gegangen waren, waren wir ausgeschlafen und auch schon früh auf. Als wir gerade das Zimmer verlassen wollten, klopfte ein Mönch an unsere Zimmertür und lud uns in den Vorraum des Kyriakons auf griechischen Kaffee und Loukoumi ein. Auch alle anderen Pilger waren dort schon versammelt. Um halb acht Uhr brachen wir dann wirklich auf, das Wetter war schlecht, es nieselte fein.

Wie üblich stiegen wir, an Nea Skiti vorbei, ab, bis wir die Straße nach Agiou Pavlou erreicht hatten und folgten dieser dann hinauf bis vor das Kloster. Vor dem Kloster trennten wir uns von Ernst und Heimo, die dieses besuchen wollten, da sie es ja nicht kannten.

Vom Kloster führte eine Naturstraße in Serpentinen auf den Antithonas-Sattel hinauf, der immerhin 849 m hoch gelegen war. Um im Folgenden unsere Leistung richtig einschätzen zu können, am Athos begann jeder Weg beinahe von Meereshöhe aus und mit unseren Rucksäcken, inklusive des mitgeschleppten Wassers, hatten wir alle eine Last von gut 12 kg oder etwas mehr zu tragen.

Gleich nach der ersten Kurve, noch beim Kloster, begann es wolkenbruchartig zu regnen und dieses Schütten hielt beinahe sieben Stunden an! Ich zog mir die Windbluse aus und am Oberkörper nur mehr mit dem Hemd bekleidet, zog ich mir meinen Poncho über, in der Meinung, ich würde beim Bergaufgehen üblicherweise unter dem Poncho ordentlich schwitzen. Kurt hatte unerklärlicherweise keinen Poncho mit, nur so ein Art Regenhaut, die er über seinen Rucksack gab.

Nun quälten wir uns Kurve um Kurve die lehmige Straße hinauf. Bäche kamen uns nicht nur auf der Straße entgegen, sondern sie schossen auch von den seitlichen Hängen herunter, zusammen mit kleineren Steinen. Ich dachte unentwegt, nur nicht stehen bleiben vor der Sattelhöhe. Natürlich quatsche es schon bald in den Schuhen, das war unter anderem das vom Poncho abrinnende Regenwasser, aber ich wollte nur weiter, weiter, weiter. Ab und zu donnerte es auch und starker Nebel fiel ein. Circa eine Stunde unterhalb der Sattelhöhe holten uns Ernst und Heimo ein, sie hatten sich nicht viel Zeit zur Besichtigung des Klosters genommen.

Zu viert kämpften wir uns nun weiter. Der Nebel wurde immer dichter, man sah kaum mehr drei Meter nach vorn. Gott sei Dank hatte Heimo – oder war es Ernst – einen roten Poncho, sodass ich im Nebel manchmal einen roten Punkt vor mir sehen konnte. Immer wieder drehte ich mich nach Kurt um, den ich oft im Nebel gar nicht mehr sah. Da musste ich natürlich kurz warten, zum zu sehen, ob Kurt überhaupt daher kam oder ob ihm etwas passiert war. Diese kleine Atempause musste ich aber auch Kurt gönnen, sonst verlor er immer wieder den Anschluss. Vor allem sein ungenügender Regenschutz war bei diesem Wetter eine Katastrophe. Andererseits durfte ich den Anschluss an Ernst und Heimo nicht ganz verlieren.

Vom Sattel herab blies uns dann ein Sturm entgegen, dem ich mich nur mit Mühe entgegenstemmen konnte! Einmal gab mir Heimo Windschutz, sonst hätte es mich glatt umgeblasen. Mit dem Sturm kam auch ein Graupelregen waagrecht daher. Es war schrecklich! Endlich hatten wir dann die Sattelhöhe erreicht. Hier gab es keinerlei Schutz für eine kurze Rast, keinen Unterstand, auch keinen Baum, der uns kurzfristig hätte Schutz bieten können. Nur mit Hemd und Poncho bekleidet war mir nun entsetzlich kalt. Ohne Schutz vor dem Sturzregen konnte man sich nichts zusätzlich anziehen. Aber es half nichts, nur weiter, weiter, weiter. Die Straße ging zwar nun bergab, aber der Boden war meist sehr tief, sodass wir große Lehmklumpen an den Schuhen hatten. Der Nebel wurde immer dichter, die einzige Orientierungsmöglichkeit war die Straße, auf der wir gingen!

Links und rechts sah man überhaupt nichts, mir kam es vor, als ginge ich einem endlosen Gang entlang. Manchmal sahen wir einen Wegweiser, der natürlich nur auf Griechisch war und nicht auf ein Kloster hinwies. Man hatte bei dem prasselnden Regen auch keine Chance, eine Karte herauszuholen, um nachzusehen. So trotteten wir mechanisch dahin. Es machte mich wahnsinnig, nicht zu wissen, wo wir waren und nie irgendeinen markanten Punkt als Orientierungshilfe zu sehen. Das einzige, das ich wusste, war, wenn wir der Straße folgen würden, würde diese irgendwann am Meer enden und wir könnten dann der Uferstraße folgen.

Am Höhenmesser meiner Uhr sah ich, dass wir nicht zu viel an Höhe verloren hatten, das beruhigte mich. Irgendwann kamen wir zu einer Kreuzung mit mehreren Wegweisern, der eine zeigte den Weg über das Kloster Philotheou nach dem Kloster von Karakalou, der andere, ein alter Zwerger-Wegweiser zeigte bergab, direkt zum Kloster Karakalou. Wir wählten den zweiten, obwohl ich diesen Weg noch nie gegangen war.

Nach circa fünfzehn Minuten stockte uns allen fast das Herz. Ein riesiger Felsblock, höher als ich selbst, versperrte uns den Weg und über circa 50 m lag eine Reihe weiterer kleinerer Felsbrocken auf der Straße. Da hatten wir offenbar Glück gehabt, gar so lange war das sicher noch nicht her, dass diese Steinlawine heruntergekommen war. Nichts als weiter! So verpassten wir eine Abzweigung und plötzlich war der Weg zu Ende. Ungefähr zehn Minuten lang mussten wir nun zur verpassten Abzweigung zurückgehen.

Langsam lichtete sich zwar der Nebel, aber weit und breit war kein Haus zu sehen. Gerade als es wieder einen ordentlichen Regenguss gab, erreichten wir einen Maultierunterstand, der direkt am Wegrand lag. Wir standen kurz unter. Mich, und nicht nur mich, schüttelte es vor Kälte. Ich zog nun wenigstens meine Windjacke über das klatschnasse Hemd an. Dann wollte ich einen Apfel essen, was mir aber nicht gelang, da ich mich vor lauter Zähneklappern – aus Kälte – immer in die Lippen biss.

Wir waren nur circa zehn Minuten im Maultierunterstand gewesen, dann wanderten wir weiter. Jetzt hatte der Regen aufgehört und auch der Nebel hatte sich verzogen. Wir waren nun auf circa 255 m Meereshöhe und ich versuchte mich zu orientieren. Endlich sah ich in der Ferne an einem Gegenhang ein Haus, das wie eine Skite in der Provata aussah, was dann auch richtig war. Nur weiter! Nach einiger Zeit sahen wir dann wirklich den charakteristischen Turm vom Kloster Karakalou! Von Agia Anna bis hierher waren wir praktisch sieben Stunden ohne nennenswerte Rast und Stärkung durchgewandert!

Der Pförtner wollte dann zwar unsere Diamonitiria sehen, hatte aber dann doch Einsehen, als wir ihm erklärten, diese wären viel zu nass. Auch der Archontaris empfing uns freundlich, wartete uns wie üblich griechischen Kaffee, Tsipouro und Loukoumi auf. Als besonders freundlich empfanden wir es, dass er uns zusätzlich einen heißen Kräutertee braute. Gleich anschließend bekamen wir ein Zimmer.

Alles war nass. Natürlich die Bekleidung, Schuhe und Socken, aber teilweise auch unsere Reisepässe, das Papiergeld und was sonst noch möglich war. Nun ging es ans Trocknen, zu unserem Glück hatten die Mönche, denen es auch kalt war, die Zentralheizung aufgedreht, wo wir alles zum Trocknen hinauflegen konnten, was möglich war. Außer Kurt, der keine zweite Hose aus Gewichtsgründen mitgenommen hatte und so im Zimmer bleiben musste, besuchten wir alle die Hesperinos-Andacht, die dann wegen Ostern sehr lange gedauert hat. Einmal mehr durften wir nicht ins Katholikon hinein.

Es war der Pater Prodromos, ein sehr netter Finne, den ich vor zwei Jahren hier kennen gelernt hatte und der sich sofort meiner erinnerte. Er stellte Ernst und Heimo je einen Sessel so vor die geöffnete Kirchentür, dass sie schemenhaft das Geschehen im Inneren mitverfolgen konnten. Danach ging es in die Trapeza zum gemeinsamen Mahl. Es gab Gemüse, Feta, Brot und Wein. Danach suchten wir das Zimmer auf.

Leider folgten dann zwei schlimme Nachrichten. Heimo erfuhr von seiner Frau, dass Dieter Dorner hier am Athos verstorben war. Das traf ihn schon hart, wollte er doch noch vor Kurzen mit ihm gemeinsam am Athos die Ostern verbringen. Auch Kurt bekam eine schlimme Nachricht, Irene, seine Frau und meine Nichte, lag im LKH auf der Intensivstation. Über Heidrun und Julia erfuhr ich dann, dass sie einen leichten Schlaganfall erlitten, aber man alles im Griff habe. Auf deren Bitten erzählte ich Kurt vorerst vom Schlaganfall nichts, habe mich aber jeden Tag nach Irene erkundigt.

Donnerstag, 19 April:

Schon recht früh begegnete ich im Gang Pater Prodromos, der uns zur Frühmesse um 05:30 Uhr und zum anschließenden Frühstück einlud, da vor sieben Uhr das Klostertor sowieso nicht aufgesperrt werden würde. Meine Mitpilger waren aber nicht dazu zu bewegen, da wir ja sowieso nicht ins Katholikon hineindurften. So frühstückten wir am Zimmer. Als wir dann gegen sieben Uhr das Kloster eben verlassen wollten, begegneten wir nahe dem Klostertor einem jungen Mönch, Pater Eugen.

Pater Eugen hatte in Deutschland studiert und sich später für ein Leben am Athos entschieden. Es entspannte sich mit ihm ein interessantes Gespräch. Er war ein großer Marienverehrer und behauptete, die Gottesmutter Maria gehöre ausschließlich den Griechen, das bewiesen Tausende von Wundern, vor allem Krankenheilungen, die sie hier schon vollbracht hatte. Er behauptete aber auch, die Bayern hätten das Blau-Weiß ihrer Fahne von den Griechen bekommen. Zuhause habe ich nachgesehen. Dass diese Aussage nicht stimmt, war mir schon dort klar. Die Farben Blau-Weiß haben in beiden Ländern eine sehr weit in der Geschichte zurückreichende Tradition und haben einander aber, trotz Otto I., des ersten griechischen Königs aus Bayern, gegenseitig nicht beeinflusst.

Wir verließen dieses freundliche Kloster und wanderten zur Küstenstraße hinunter. Das Wetter war nach dem gestrigen Untag herrlich, blauer Himmel und weit und breit war keine einzige Wolke zu sehen. Bereits auf der Küstenstraße wandernd, kamen wir am auffallenden Turm der Arsanas von Karakalou vorbei. 1 ½ Stunden später waren wir im Kloster Iviron. Dort war nur der Andenkenladen in Betrieb, sonst herrschte im großen Klosterhof Ruhe. Im Archontarikion fand sich ein Hinweis, dass die Zimmer erst um zwölf Uhr vergeben werden würden.

Wir besuchten den Shop, spazierten im Hof umher, schauten uns alles Mögliche an und saßen dann auf einer sonnigen Bank im Klosterhof. Wir begegneten zwei Bayern, die vom Kloster Karakalou herkamen und uns darauf ansprachen, ob wir jene Österreicher wären, die nicht bei der Frühmesse und beim anschließenden Frühstück gewesen waren! Das hatte ihnen Pater Prodromos erzählt. Das Frühstück wäre übrigens scheußlich gewesen, eine Art saurer Porridge, den hätten auch die meisten Mönche nicht gegessen.

Noch vor zwölf Uhr lud man uns in die Trapeza, die nun viele neue Malereien zu biblischen Themen aufwies, zum Essen ein. Es gab Bratkartoffel und grünen Salat, ein rotes Osterei und Wein. Nach dem Essen wies uns der Archontaris ein schönes Vierbettzimmer im 2. Stock zu. Nach Zimmerbezug brachen wir ohne Rucksack nach Karyes auf.

Wir wanderten auf dem alten Pilgerweg. Der ging anfangs langsam ansteigend dahin, dann aber wurde er oft recht steil, führte bald aber wieder zum Iviritikos Lákkos / Bach hinunter und am Gegenhang wieder hinauf. Der Wegzustand war manchmal recht schlecht und gnadenlos brannte die Mittagssonne auf uns nieder. Kurt und ich plagten uns auch ohne Rucksack sehr. Immerhin lag Karyes auf beinahe 400 m über dem Meeresniveau, das Kloster Iviron lag auf Meereshöhe!

Vorerst besuchten wir aber das Kloster Koutloumousiou, das am Weg nach Karyes lag. Die Freunde hatten Glück, da zu Ostern viele Pilger die Klöster besuchten, fanden laufend Führungen für diese statt. So gelang es uns ohne Schwierigkeiten, das Katholikon zu besuchen, wir konnten sogar die wundertätige Ikone Panagia Phoweras Prostasias (die „furchterweckende Beschützerin“) sehen.

Anschließend wanderten wir hinauf nach Karyes. Das Protáton, die Hauptkirche des Athos, war um diese Zeit geschlossen. Als Erstes regelte ich, dass uns Samstag früh ein Taxibus vom Kloster Stavronikita abholen und uns nach Dafni bringen sollte. Dann suchten wir die einzige Gaststätte am Athos auf, die bummvoll von Pilgern war. Kurt, der morgen seinen 68. Geburtstag feierte, lud uns auf eine Runde Mythos-Bier ein. Es schmeckte köstlich!

Obwohl Karyes zu dieser Zeit ausgestorben war, standen am Bushalteplatz eine große Anzahl von Pilgern, die auf Taxibusse warteten, die sie zu den einzelnen Klöstern hinbringen sollten. Wir wanderten weiter zur Skite Agiou Andreou. Wieder hatten die Freunde

Glück, auch hier war das nun vollkommen renovierte Kyriakon offen. Ein junger griechischer Student machte hier Dienst, er wischte laufend mit einem Desinfektionsmittel jene Ikonen ab, die zu ihrem Schutz ein Glas vorhatten, welches meist von den zahlreichen Küssen der Gläubigen ganz schmierig war. Als er erfuhr, dass wir Österreicher wären, glänzte er mit seinem Schulwissen und sagte: *„Bella gerant alii, tu felix Austria nube“!*

Nachdem wir noch etwas in der Skite herumgegangen waren, machten wir uns auf den Rückweg. Ganz bewusst und aus Nostalgiegründen wählte ich die alte Straße hinunter zum Kloster Iviron, die ich früher mit Fidi gegangen war, da das Kloster Iviron damals meist unser erster Anlaufplatz für das Übernachten gewesen war. Verkehr gab es wenig, wunderschön waren die Ginsterbüsche, die beiderseits oft die Straße säumten. Wir kamen auf eine Eigentümlichkeit des Athos zu sprechen, obwohl viele Fahrzeuge unterwegs und die Athos-Autokennzeichen schon die Zahl 7000 überschritten hatten, gab es am Athos kein einziges Verkehrsschild zu sehen! Ob die vielen Fahrer überhaupt einen Führerschein besaßen, darf auch bezweifelt werden!

Die Straße zog sich dahin, so lang hatte ich sie gar nicht mehr in Erinnerung. Nach 1 ½ Stunden erreichten wir das Kloster Iviron. Um 18:00 Uhr war die Hesperinos-Andacht angesetzt. Im Anschluss daran konnte man in das Kircheninnere, berühmt war das antike Bodenmosaik, und anlässlich der Osterfeiertage war hier auch eine der „Schutzpatroninnen des hl. Berges“, die wundertätige Ikone Panagia Portaitissa (die Pförtnerin) zur Verehrung ausgestellt. Es war eine äußerst prächtige Ikone, wertvolle Votivgaben schmückten sie. Nicht weit von ihr stand der berühmte Leuchter in Form eines Zitronenbaumes, welchen einst der russische Zar dem Kloster geschenkt hatte. Auch sonst war dieses Katholikon sicher eines der Schönsten am Athos.

Zum anschließenden Essen in der Trapeza gab es Spinat und Reis, ein rotes Osterei und Wein. Wir spazierten noch ein wenig im Klosterhof herum, da es aber recht kühl war, suchten wir bald unser Zimmer auf. In der Nacht brauste ein ordentlicher Sturm um das Kloster.

Freitag, 20. April:

Gleich nach dem Aufwachen gratulierten wir Kurt zum Geburtstag. Das Wetter war vorerst nicht einladend. Wir frühstückten am Zimmer. Als wir schon zum Aufbruch im Hof standen, lud man uns noch zu einem Frühstück in die Trapeza ein. Nach diesem verließen wir das Kloster in Richtung des Klosters von Stavronikita. Der Weg dorthin, entlang der manchmal recht felsigen Küste, war schön zu gehen. Die stets üppige Blütenpracht der Wiesen auf diesem Weg war mir in guter Erinnerung.

Wie schon bei der Fahrt durch die Chalkidiki-Halbinsel war die Natur auch hier noch hinten nach, auch hier fehlte vor allem der rote Mohn. Auffallend waren dagegen die kleinen, weißen Blüten der sicher zwei Meter hohen Baumheide. Noch etwas war für einen alten Athos-Wanderer auffallend. Früher waren die gelben Tafeln, die auf alle Verbote (Frauenzugang, Autos etc.) hinwiesen und so das willkürliche Betreten des Athos regelten, entlang beider Küstenlinien überall anzutreffen. Jetzt sind sie fast verschwunden und, wo sie noch standen, waren sie von der Sonne so ausgebleicht, dass man sie nicht mehr lesen konnte.

Nach einer Stunde des Wanderns erreichten wir das Kloster Stavronikita. Ein älterer, sehr freundlicher Archontaris empfing uns an der Pforte und wartete uns zum Willkommen traditionell griechischen Kaffee, Tsipouro und Loukoumi auf. Dann wies er uns unser heutiges Zimmer im 2. Stock zu, mit einer prächtigen Aussicht auf das Meer.

Um neun Uhr brachen wir, ohne Kurt, der sich ausruhen wollte, nach dem Kloster Pantokratoros auf. Diesen Weg hatte ich nie geliebt, er war stets eine anstrengende Kletterei gewesen, auch ohne Rucksack. Nach einer Stunde hatten wir das Kloster Pantokratoros erreicht. Nachdem Heimo seine Hafenfotos gemacht hatte, es gab dort eine Reihe von Werkstätten, wanderten wir hinauf zum Kloster. Dort waren auch andere Pilger anwesend und das führte einmal mehr dazu, dass meine Freunde das Katholikon besichtigen durften. Hier war vor allem die wundertätige Ikone der Panagia Gerontissa, um die sich viele unerklärliche Genesungsgeschichten rankten, sehenswert. Die Gestalt der Panagia war menschengroß dargestellt und zahlreiche wertvolle Geschenke zierten diese Ikone.

Wir spazierten dann im Klosterhof herum, kein Archontaris war zu sehen. Da ich mir leichtsinnigerweise kein Trinkwasser mitgenommen hatte, hatte ich Durst. Als wir das Kloster verließen, begegnete ich beim Tor einem griechischen Pilger, den ich fragte, wo es Trinkwasser gäbe. Er meinte, ich sollte ihm folgen. Mutig fragte ich ihn auch gleich um Kaffee. Er führte mich in die kleine Küche des Archontarikions und meinte, wenn wir uns selbst einen griechischen Kaffee machen würden, könnten wir es tun. Dazu erklärte sich dann Ernst bereit und wirklich, sein griechischer Kaffee war ausgezeichnet.

Mich schreckte der scheußliche Rückweg ab und so beschloss ich spontan mit den Freunden die Skite Profiti Ilia zu besuchen. Der Weg hinauf war nicht zu verfehlen und nach circa einer Dreiviertelstunde standen wir vor dem Tor der Skite.

Auch hier war Pilgerbesuch und so konnten wir sofort in das Kyriakon hinein. Es war, wie schon die Skite Agiou Andreou, im russischen Stil gehalten und war ganz vorzüglich renoviert worden. Der freundliche Pater Philemon erkannte und umarmte mich sofort. Nach der Besichtigung lud er uns wie üblich auf einen griechischen Kaffee und einen Tsipouro ein und brachte uns dann noch eine besondere Art von Gebäck. Anschließend besuchten wir seinen Klosterladen, der überraschenderweise wohl sortiert war, sogar mehrere deutschsprachige Bücher hatte er auf Lager. Wir kauften das eine oder andere Andenken.

Wir nahmen nun die Straße, die als Verbindungsstraße zur Hauptstraße hin dient, die dann in der Folge hinunter bis zum Kloster Megisti Lavra führte. Kurz vor deren Einmündung wählten wir noch ein Stück alten Pilgerweges. Nachdem wir die Hauptstraße erreicht hatten, wanderten wir auf dieser bis zur Abzweigung nach Stavronikita. Auf dem Weg zum Kloster begegneten wir immer wieder spazierenden Mönchen. War das der griechische Brauch des „Emmaus-Gehens", wie er bei uns am Ostermontag üblich war? Es begann leicht zu regnen.

Am Zimmer trafen wir wieder auf Kurt. Heimo hatte die Idee, aus unseren Beständen Snacks für Kurt zu machen. Eine gute Idee, zu der ich noch für jeden einen letzten Schluck Gordon Dry Gin beitragen konnte. Den Nachmittag im Kloster gestaltete jeder für sich. Ich spazierte herum, war im Glockenturm und im Karner.

Wir besuchten die Hesperinos-Andacht und hatten dann kurz Zeit, das Katholikon mit seinen wundervollen Malereien, die von Theóphanes, dem Kreter (1546) stammten, zu bewundern. Auch hier gab es eine wundertätige Ikone, die Mosaikikone Nikolaos Stridi (Auster), aus der ersten Hälfte des 14. Jhs. Mit dem Beinamen „Auster" wurde sie deshalb versehen, da bei ihrem legendenumwobenen Bergen aus dem Meer sich eine Auster an der Ikone festgesetzt hatte.

Das Essen in der Trapeza war ausgezeichnet, es gab mit Reis gefüllte Paradeiser, ein rotes Osterei, Feta, einen Apfel und einen Salat aus geschnittenen Paradeisern und Gurken. Wir aßen zwar zusammen mit den Pilgern, nicht aber mit den Mönchen, die bereits wieder nur eine Mahlzeit einnahmen.

Als wir dann aufs Zimmer kamen, sahen wir, dass ein Mönch in den Gängen die Petroleumlampen nacheinander anzündete, auch am Zimmer hatten wir ein solches Licht. Romantisch. Besonders schön war der Leseraum des Klosters, ein Eckzimmer mit Fenstern auf zwei Seiten, die direkt hinunter zum Meer gingen, unter den Fenstern befanden sich gepolsterte Bänke. In der Raummitte stand ein Tisch mit vier Sesseln, Bilder und eine kleine Bibliothek ergänzten die Einrichtung dieses Raumes. Dort saßen wir dann noch einige Zeit lesend und plaudernd, bevor wir uns auf unser Zimmer zurückzogen.

Mich belastete natürlich die Unsicherheit, ob morgen erstmals in dieser Woche ein Schiff wieder fahren würde. Was tun, wenn wir in Dafni waren und noch immer kein Schiff fuhr? Wo konnten wir dann übernachten? Das Diamonitirion hatten wir ja sowieso schon die dritte Nacht überzogen.

Zudem waren jetzt alle Klöster überfüllt, da ja niemand in der Zwischenzeit ausreisen konnte. Nun waren wir in keinem Kloster mehr angemeldet, das bedeutete stets eine glatte Ablehnung, wie ich es schon so oft bei anderen gesehen hatte, zum Beispiel in den Klöstern Vatopediou oder Panteleimonos. Obwohl wir diesmal einen Tag mehr dazu hatten, wenn es ganz blöd laufen würde, könnten wir unser Flugzeug, welches schon montags um 06:30 Uhr von Thessaloniki abflog, versäumen.

Meinen Freunden bereitete das überhaupt kein Problem. Ernst war davon angetan, so wie schon vor zwei Jahren mit dem Frühboot die Westküste soweit wie möglich hinunter zu fahren. Auch ich hatte damit kein Problem, aber – würde ein Schiff überhaupt kommen?

Samstag, 21. April:

Das Schlagen des Simantrons weckte uns um sechs Uhr zu einer Andacht, die in der Regel vor dem Frühstück stattfand. Ernst und ich, wir zogen uns an, um diese kurze Andacht zu besuchen. Und wirklich, sie war wunderschön! Das Dämmerlicht im kleinen Katholikon, es war das kleinste am Athos, das Kerzenlicht, das geheimnisvoll flackernd die Malereien manchmal beleuchtete, die schwarzen Gestalten der Mönche, die immer wieder herumwanderten, der wunderschöne Gesang der Mönche, Weihrauch in der Luft, das alles machte es Ernst und mir sehr schwer, sich davon vorzeitig loszureißen.

Pünktlich um 07:30 Uhr kam der Taxibus und fuhr uns, mit einem kleinen Umweg über Karyes, hinunter nach Dafni. Wie schon bei früheren Fahrten hatte sich der Preis auch hier nicht geändert, die Fahrt kostete € 70,– und dauerte von Karyes aus circa eine halbe Stunde. Das Wetter war schön. Würde heute ein Fährschiff kommen?

Wir gingen in die dortige Taverne und bestellten uns einen Kaffee. Da kam ein älterer und gutes Deutsch sprechender, rumänischer Pilger zu mir und sagte mir, sie wären vier Personen, wir auch. Sie hätten gerade ein Schnellboot gemietet, die Fahrt hinaus nach Ouranoupoli würde € 150,– kosten, das wären pro Person € 19,–! Ob wir nicht mitfahren wollten?

Ich sagte ihm, da müsste ich erst mit meinen Freunden reden. Er war sofort bereit, Heimo zu suchen, der in einem Geschäft verschwunden war. Da Heimo und Kurt auch dafür waren, sagte ich ihm glücklich zu. Wer weiß, ob es heute noch eine andere Gelegenheit geben würde? Die Fahrt nach Ouranoupoli dauerte dreißig Minuten. Unterwegs kam uns dann ein Fährschiff entgegen. Heute wäre eine normale Ausreise möglich gewesen. Ich muss aber ehrlich sagen, dass ich sehr glücklich war, auf diesem Weg den Athos sicher verlassen zu haben!

Wir suchten unser Quartier auf und Frau Antonakis war sehr erstaunt, uns jetzt schon zu sehen. Wir duschten nun und gaben uns dem dolce far niente hin. Vom Balkon unseres Zimmers aus konnte ich sehen, dass wir nicht die einzigen waren, die ein Schnellboot benützt hatten. Laufend landeten welche, die Schnellboote machten das Geschäft ihres Lebens!

Zu Mittag kam dann statt der kleinen „Agia Anna" die große „Agiou Panteleimonos" und nun begann der Sturm auf Schiff. Eine lange Schlange Autos, Lkws und Pkws wartete am Kai und jene Pilger, die sich in fünf Tagen angesammelt hatten, strömten jetzt aufs Schiff. Es werden sicher an die 500 Personen gewesen sein. Das wird am Athos ein schönes Durcheinander mit den Übernachtungen gegeben haben! Gott sei Dank mussten wir das nicht miterleben!

Wir gingen dann zum Mittagessen in eine der Tavernen und waren zufrieden. Am Nachmittag machten wir noch kleinere Einkäufe, schrieben Karten, machten Tagebuchaufzeichnungen, lasen oder schliefen. Kurt wollte unbedingt von Frau Antonakis wissen, ob sie als Frau mit dem Verbot, den Athos nicht betreten zu dürfen, einverstanden wäre. Sie meinte „Selbstverständlich!", das wäre für sie ganz normal. Das Abendessen nahmen wir dann bei Daphne ein und waren damit sehr zufrieden.

Sonntag 22. April:

Das Wetter war prächtig und es hieß vom Athos Abschied zu nehmen. Wir bestellten bei Frau Antonakis ein Frühstück, das sie sich nicht zahlen ließ. In Ouranoupoli hatten wir dann noch einen älteren Leobener getroffen, der allein unterwegs war. Wir nahmen den Bus um 09:30 Uhr und waren 2½ Stunden später in Thessaloniki. Mit einem Taxi fuhren wir anschließend ins Hotel Esperia.

Dann begaben wir uns auf Stadtbesichtigung. Wir wanderten hin zur Dimitrios-Kathedrale, wo gerade eine Taufe stattfand. Wieder hatten die Freunde Glück, jetzt waren auch die Ausgrabungen unterhalb der Kathedrale zu besichtigen.

Von der Kathedrale suchten wir uns einen Weg zur kleinen Kirche Agiou Nikólaos

Orfanós, die ja besonders sehenswerte Malereien aufwies. Anschließend wanderten wir nahe der östlichen Stadtmauer auf schmalen und steilen Gassen in die Oberstadt hinauf. Viele der einst türkischen Häuser waren schon renoviert worden. So schön Thessaloniki auch war, scheußlich waren die Schmierereien der Sprayer. Es gab kaum ein Haus ohne solche „Verzierungen". Hier in der Oberstadt dürfte es eine autonome Szene geben, einige der Sprüche waren fremdenfeindlich, sofern wir das lesen konnten.

Wir erreichten den Trigónion-Turm, den oberen Eckpunkt der Mauer. Hier war gerade eine russische Reisegruppe angekommen. Es war lustig, sie zu beobachten, von den alten russischen Bäuerinnen mit Goldzähnen, Kopftuch und langen Wollröcken, bis hin zum Pin-up-Girl war alles vertreten. Vor allem die „Schönen" unter ihnen fotografierten sich unentwegt gegenseitig. Eine aufgetakelte Blondine teilte mir, als sie erfahren hatte, woher wir kamen, mit, dass sie in Ischgl Schilaufen gewesen wäre und imitierte dabei eine „Hocke".

Von der Plattform aus war der Blick auf den mit Schnee bedeckten Olymp wieder beeindruckend. Auch der Blick hinunter auf Thessaloniki war überwältigend. Man hatte uns gesagt, Thessaloniki hätte bereits 326.000 Einwohner.

Durch das Anna Palaiológina-Tor gingen wir weiter bergauf in Richtung der Zitadelle Eptapyrgio. Einmal mehr hatten wir Glück, die Zitadelle, die bis 1989 noch ein Männer-, Frauen- und Militärgefängnis gewesen war, konnte heute besichtigt werden. Wir gingen dann zurück bis zum Palaiológina-Tor und wanderten entlang der mächtigen Stadtmauer zum Vlatádes-Kloster, das aber, immer kann man nicht Glück haben, heute schon geschlossen war.

Am Weg in die Unterstadt begegneten wir einem alten Lehrer, der uns vieles aus der Geschichte der Stadt erzählte. So wusste er auch, warum es beim Vlatádes-Kloster ein Pfauengehege gäbe. In früheren Zeiten wäre es nämlich nur dem Kaiser und den Klöstern erlaubt gewesen, Pfaue zu halten.

Meine Freunde wollten nun unbedingt eine Konditorei finden, wo man Süßigkeiten essen und gleichzeitig auch Kaffee dazu trinken konnte. Wir kamen an vielen Geschäften vorbei, die das eine oder das andere hatten, beides zusammen gab es, wie oft in den südlichen Ländern, nicht. So kauften wir uns endlich jeder eine Süßigkeit und setzten uns damit in ein Café.

Im Hotel zurück, ruhten wir uns aus und gingen dann zum Abendessen in eine Taverne „ums Eck".

Montag, 23. April:

Unser Flugzeug ging schon um 06:30 Uhr und so bestellten wir uns früh genug ein Taxi. Natürlich gab es kein Frühstück, das holten wir am Flughafen nach. Schon am Abend im Hotel hatten wir unsere Rucksäcke in die bewährten schwarzen Müllsäcke versenkt. Der Flug nach Athen war wunderschön. Man konnte den Athos in voller Pracht und die ganze Chalkidiki-Halbinsel vom Flugzeug aus sehen.

In Athen hatten wir noch genügend Zeit und so setzten wir uns in ein Café. Dabei übersahen wir die Zeit völlig, sodass wir gerade noch beim letzten Aufruf das Flugzeug nach Wien erreichten. Von Wien brachte uns dann Heimo sicher nach Graz.

Meine 21. Athos-Wanderung

Mit Burkhard, Klaus, Dieter und Helmut
vom 11. bis 19. Mai 2013

Thessaloniki – Viele Gerüchte in Ouranoupoli – Dionysiou – Auf der Suche eines neuen Weges nach Philotheou – Leben des hl. Nephon II – Eine Schifffahrt bis Kavsokalivia und zurück nach Dafni – Karyes – Philotheou – Karyes – Dafni – Simonos Petras – Dafni – Xiropotamou – Panteleimonos – Xenofontos – Ouranoupoli – Besuch der alten Schiffswerft in Ierissos

Samstag, 11. Mai:

Wieder einmal eine Wanderung mit der alten „Athos-Runde", mit Burkhard und seinen Freunden, alles erfahrene Wanderer im Mönchsland.[133] Dieter spielte Taxi, holte alle ab und brachte uns zu Burkhard, dessen Ehefrau für uns ein tolles Frühstück vorbereitet hatte. Wir fuhren dann mit zwei Autos nach Wien. Da wenig Verkehr war, erreichten wir Schwechat nach circa 1,5 Stunden. Das Einchecken ging problemlos, wie immer verpackten wir unsere Rucksäcke in schwarze Müllsäcke und gaben sie so auf.

Im Flugverkehr gab es nun neue Bestimmungen. Das Reisegepäck – nur ein Stück pro Person war erlaubt – darf 23 kg nicht überschreiten, das Handgepäck – ebenfalls auch nur ein Stück – darf nicht mehr als 8 kg wiegen. Da Klaus beim Handgepäck das Limit überschritt, teilten wir einige seiner Sachen unter uns auf. Klaus wollte nämlich die Athos-Wanderung vorzeitig abbrechen und mit ehemaligen Maturakollegen auf eine kurze Reise nach Rumänien gehen. Ich nahm ein Buch von ihm und seine Toilettesachen. Beim Sicherheitscheck fielen aber sowohl seine Dose Rasierschaum als auch seine Tube Zahncreme, beides in King Size, auf. Der Beamte war gnadenlos, ich musste beide Sachen hergeben.

Der Flug mit Tyrolean Airways verlief problemlos und dauerte 1 ½ Stunden. Am Flughafen von Thessaloniki nahmen wir uns zwei Taxis und fuhren ins Hotel Esperia. Das lag sehr zentral und war, wie es sich schon letztes Jahr gezeigt hatte, auch sehr preisgünstig. Dieter und ich nahmen uns das Doppelzimmer, die anderen hatten ein Zimmer zu dritt.

Gleich nach Bezug der Zimmer waren wir für einen Stadtbummel bereit. Vorerst aber hatten wir noch ein Problem zu lösen. Burkhard hatte in der Eile statt seiner Wanderschuhe die seiner Ehefrau Regina eingepackt, also musste er sich neue kaufen. Zum Glück befand sich unmittelbar neben dem Hotel ein Geschäft mit Jagdartikel. Dort gab es auch Wanderschuhe, die Burkhard sofort passten und zudem preislich günstiger als bei uns waren.

Jetzt konnten wir loswandern und kamen gleich darauf an den Ausgrabungen der einstigen, römischen Agora vorbei. Ganz in der Nähe lag dann die Dimitrios-Kathedrale, die Kirche des Stadtheiligen, welche wir als nächstes besuchten. Von der Kathedrale spazierten

133 Siehe S. 175.

wir über den Aristoteles-Platz hinunter zum Meer. Vorher machten wir noch einen kurzen Abstecher zum Sitz des Metropoliten von Thessaloniki. Kirche, Wohnsitz und Verwaltungsgebäude waren, einem kleinen Athoskloster ähnlich, inmitten der anderen Häuser hineingebaut worden.

In den Cafés entlang der Nikis-Promenade war viel los, jedes quoll von Jugend über. Von einer Krise war hier jetzt nirgends etwas zu bemerken. Wir spazierten nun am Kai entlang bis zum Weißen Turm. Das Denkmal Alexanders des Großen sahen wir nur aus der Ferne, da dort das Gelände rundherum aufgegraben und umgestaltet wurde.

Nahe dem Weißen Turm suchten wir ein Café auf. Dann wanderten wir langsam wieder hinein in die Häuserschluchten der Stadt. Eines war an den Häusern besonders auffallend und hässlich. Es gab kaum wo einen Quadratmeter Hausmauer, der nicht besprayt war. Irritierend daran war, dass es kaum politische Parolen waren, was angesichts der schwierigen Lage Griechenlands verständlich gewesen wäre, großteils waren es sinnlose Schmierereien. Das hatte ich bisher noch nirgends so flächendeckend gesehen!

Langsam weiter dahinspazierend kamen wir zur Agia-Sophia-Kirche, wo wir auch auf einen Sprung hineinschauten. Dann wanderten wir hin zum Galerius-Bogen und zur Rotonda. Von dort suchten wir uns einen Weg hinauf zum Kastro. Steil aufwärts gehend, durch ein Gewirr von Gassen und über zahlreiche Treppen fanden wir einen Weg hinauf. Es war recht heiß. Vom Trigónion-Turm sahen wir hinunter auf Thessaloniki und staunten einmal mehr über die große Ausdehnung dieser Stadt. Dann wanderten wir entlang der oberen Stadtmauer hin zum Vlatádes-Kloster. Da dort gerade eine Taufe oder eine Hochzeit war, war die Kirche offen und wir konnten hinein.

Wir suchten uns nun wieder einen Weg hinunter zum Meer, zur Nikis-Promenade. Als wir dabei an der Acheiropoietos-Kirche vorbeikamen, besuchten wir auch diese noch. Dann erreichten wir, doch schon recht müde, den Kai. Immerhin waren wir doch gut vier Stunden kreuz und quer durch die Stadt gewandert.

Nun schlugen wir die Richtung zum Hafen ein. Viele der einstigen Lagerschuppen waren jetzt zu sehr einnehmenden Esslokalen umgewandelt worden. Wir suchten jenes Lokal auf, das liebevoll als „Greißlerei“ umgestaltet worden war. Wir ließen uns vor dem Lokal im Freien nieder und bestellten griechische Speisen quer durch die Speisekarte. Alles war von hervorragender Qualität. Natürlich tranken wir auch Bodenständiges.

Als es dann schon recht finster war, brachen wir auf und schlugen den Weg zu unserem Hotel ein. Da gleich neben dem Hotel ein Lokal war, kehrten wir dort noch auf einen letzten Trunk ein.

Sonntag, 12. Mai:

KTEL, der für die griechischen Busse verantwortliche Betreiber derselben, war mit seinen Fahrplänen wahrscheinlich um Jahre zurück, jedenfalls, wenn man zuhause im PC nachsehen wollte. Jedenfalls stimmten die Abfahrtszeiten, die wir in Graz den Tabellen entnommen hatten, überhaupt nicht mit der Wirklichkeit überein. Wir wollten mit dem Bus um 09:30 Uhr vom Chalkidiki-Bus-Terminal nach Ouranoupoli fahren, den gab es nicht.

Der nächste Bus fuhr erst um 14:30 Uhr! So mussten wir in der keineswegs ansprechenden Wartehalle – ein Containerbau – irgendwie die Zeit totschlagen. Mit einem Uraltbus ging es dann los. Mit diesem Bus dauerte die Fahrt länger als sonst, wir benötigten diesmal drei Stunden bis Ouranoupoli. Unterwegs regnete es mehrmals. Wiesen, Felder, Bäume und Sträucher, alles war sehr schön grün.

In Ouranoupoli war dann Frau Antonakis nicht zu Hause, wir fanden einen Zettel vor, welche Zimmer wir belegen konnten. Mit Burkhard bezog ich ein vorderes Balkonzimmer. Recht bald verließen wir aber unsere Zimmer und machten unsere Besorgungen. Zuerst gingen wir zu Daphne und bestellten dort unser Abendessen – frischen Fisch von meist ausgezeichneter Qualität.

Viele Fremde gab es derzeit in Ouranoupoli noch nicht. Wie immer begrüßte mich der Mann, wo ich immer meine Ansichtkarten kaufte, recht freundlich und wir plauderten kurz. Beim Zurückgehen zum Hotel erkannte uns der einstige Partner von Nikos, der mit diesem zusammen das Lokal „Athos" in Graz einst betrieben hatte. Er ist jetzt Geschäftsführer eines Restaurants an der Kaipromenade in Ouranoupoli, so lud er Burkhard und mich gleich auf einen Ouzo ein.

Er erzählte uns, was so in letzter Zeit in Ouranoupoli los wäre. Es waren vor allem die Russen, die in den Lokalen hier großzügig tafelten. Dabei wäre ein Trinkgeld von € 100,– gar nicht selten, ja ein Russe gab ihm sogar einmal € 500,–, und als er sich darüber erstaunt zeigte, stürmte der Russe mit dem Ruf: *„Wo ist Koch?"* in die Küche, um diesen ebenfalls diesen Betrag zu geben.

Er erzählte uns auch, dass die Russen für den eingesperrten Abt vom Kloster Vatopediou angeblich eine Kaution von € 350 Mio. hinterlegt hätten! Dieser lebte nun wieder in seinem Kloster, das er aber nicht verlassen darf. Angeblich wäre bei seinen Grundstück-Schwindeleien viel Geld über zyprische Banken gelaufen, so war auch die Kaution der Russen verständlich. Ob man das alles für bare Münze nehmen konnte?

Bis zum Abendessen legten wir uns noch etwas hin. Bevor wir nun zu Daphne gingen, trafen wir Frau Antonakis, die uns herzlich begrüßte. Sie und die ganze Familie wären im Augenblick furchtbar engagiert. Auf Chalkidiki, besonders im Gebiet um Ierissos, wären die Erdschichten sehr goldreich. Gewissenlose griechische Politiker hätten die Schürfrechte einem kanadischen Unternehmen verkauft. Da Goldgewinnungsverfahren meist nach der sehr giftigen und die Umwelt zerstörenden Cyanidmethode durchgeführt werden, fürchtete man um die Natur und die Lebensqualität, verbunden mit Beeinträchtigungen im Fremdenverkehr auf Chalkidiki.

Um Ierissos hatten die Demonstranten nun Teilstraßensperren errichtet, das sahen wir schon bei der Herfahrt mit dem Bus und überall sah man auch Transparente, nur konnten wir sie nicht lesen. Frau Antonakis berichtete von angegriffenen Demonstranten durch Polizisten in Zivil, die Zeitungen schrieben dagegen von sieben verletzten Polizisten durch Demonstranten. Ja, es war etwas los im einst so verträumten Ouranoupoli!

Wir gingen nun zu Daphne und genossen wieder ihr griechisches Essen. Bauernsalat, Tsatsiki, Gavros (Sardellen) und dann die beiden herrlichen Fische. Dazu „Mythos"-Bier, Retsina und zum Abschluss Tsipouro und Baklava. Wohl gesättigt gingen wir zu Bett.

Montag, 13. Mai:

Wir hatten gut geschlafen. Ich hatte die Order herausgegeben, dass wir um sechs Uhr beim Schiff sein sollten, da man uns versprochen hatte, die Diamonitiria zum Schiff hin zu bringen. Dieter war schon früher auf den Beinen und berichtete uns, dass das Athos-Büro schon aufgesperrt hätte. Wir suchten es nun gleich auf und bekamen dort anstandslos unsere Diamonitiria ausgefolgt.

Wir gingen dann zum Fährschiff und nahmen am Oberdeck Platz. Abfahrt war um 07:30 Uhr. Am Oberdeck war eine Gruppe rumänischer Mönche. Bis auf einen Älteren, der gut deutsch sprach, waren alle jung. Auch sie waren auf einer viertägigen Pilgerreise zu den Athos-Klöstern unterwegs. Ich unterhielt mich mit ihnen sehr gut. Sie erzählten, dass es überall in Europa, vor allem in Deutschland und auch in allen Hauptstädten der österreichischen Bundesländer, gut organisierte Gemeinschaften ihrer Glaubensrichtung gab. Das hat mich eigentlich schon verwundert.

Mehrere Male legten wir an, erstmals offenbar bei der Anlegestelle für die Skite Thivais, dann beim Kloster von Xenofontos und letztlich beim Russenkloster Panteleimonos. Gewaltig waren hier wieder die Bautätigkeiten. Jetzt begann man auch das vordere Gebäude zu renovieren. Nächste Anlegestelle war dann der Hafen von Dafni. Ohne das Schiff wechseln zu müssen, ging es von dort dann weiter mit einem kurzen Halt beim Kloster Osiou Grigoriou. Beim nächsten Halt, beim Kloster von Dionysiou, stiegen wir aus. Wir wanderten den steilen Weg hinauf zum Kloster.

Im Kloster war bis zehn Uhr noch eine Andacht. Wir konnten uns zwar im Archontarikion selbst einen griechischen Kaffee machen, auf den Archontaris mussten wir aber warten. Das war dann ein älterer Mönch, der recht nett war und uns ein Zimmer im 2. Stockwerk zuwies.

Unser ursprünglicher Plan war, über das Kellion Onoufriou und dem alten Pilgerpfad über den Bergkamm hinüber zum Kloster Philotheou zu wandern. Wir fragten den Archontaris nach dem Weg, der auf einer englischen Wanderkarte mit beschreibenden Wegtexten als sehr einfach und offenbar als leicht begehbar beschrieben war. Der alte Archontaris beschrieb uns die Wirklichkeit anders. Der Weg nach Onoufriou wäre recht steil, auch läge das Kellion nicht am einstigen Weg nach Philotheou. Das Kellion Onoufriou selbst wäre verfallen. Aber auch der alte Pilgerweg nach Philotheou wäre nicht mehr begehbar. Abrutschungen an mehreren Stellen würden den Weg unbegehbar machen.

Ohne Gepäck wollten wir uns nun selbst davon überzeugen. Wir gingen das hervorragend wildbachverbaute Tal hinauf und fanden dann gleich einmal keinen Einstieg. Nachdem wir dem Bach ein Stück gefolgt waren, entdeckte dann Helmut eine Einstiegsmöglichkeit in den alten Pilgerweg.

Dieser alte Pilgerpfad musste einmal recht schön gewesen sein, jetzt aber war er total verwildert. In vielen Serpentinen ging es bergauf, dazwischen gab es aber auch Flachstücke. Der Weg war voll von altem Laub, darunter lagen Steine oder Äste, die man vorerst nicht sah. Stacheliger Mäusedorn, Stechginster und anderes Strauchwerk zerkratzen uns die Hände. So war alles sehr mühsam und ich konnte mir jetzt schon nicht vorstellen, am nächsten Tag mit dem Rucksack diesen Weg zu gehen.

So stolperten wir, immer wieder den alten Weg suchend, ungefähr 1 ½ Stunden bergauf, 5,6 km zeigte mein Schrittzähler an und letztlich eine Höhe von 545 m über dem Meer. Rundherum war herrlich dichter Laubwald, voll von Edelkastanien. Als wir dann wieder einmal nicht weiterkonnten, beschlossen Dieter und ich umzukehren. Die anderen drei versuchten weiter nach oben vorzudringen, sagten uns aber später, nach circa hundert Metern war auch für sie Schluss und kein Weg mehr feststellbar gewesen.

Das Wetter verschlechtere sich zusehends, vom Höhenkamm fiel Nebel ein und es sah nach einem ordentlichen Regenguss aus. Der Weg zurück war auch nicht ohne, um nicht laufend über irgendwelche Steine und Äste zu stolpern, stellten wir unsere Stöcke auf hoch ein. Auch der einfallende Nebel machte den dichten Wald um uns finster und wir verloren zweimal den Weg. Wie wir später hörten, passierte das den drei anderen auch! Dieter und ich waren froh, als wir wieder im Kloster waren, und es dauerte nicht allzu lange, bis auch unsere drei Freunde nachkamen.

Wir duschten, ruhten uns aus und überlegten, wie wir morgen weiterkommen wollten. Burkhard hatte die Idee, mit dem Schiff, sollte es anlegen, weiter die Westküste hinunter zu fahren, wenn möglich bis Kavsokalivia. Von dort wollten wir mit dem Schiff zurückfahren, bis zum Hafen von Dafni und dann den Bus nach Karyes nehmen, um von dort nach Philotheou zu wandern. Der Vorschlag fand allgemeine Zustimmung, obwohl wir nicht wussten, ob das Fährschiff überhaupt hier anlegen und wie weit es in den Süden hinunterfahren würde.

Wir gingen anschließend zur Hesperinos-Andacht. Die war recht lang und die Mönche sangen erbärmlich. Kein Wunder, die Altersstruktur im hiesigen Kloster war nicht gut. Es gab hier nur circa dreißig, eher recht alte Mönche, junger Nachwuchs war keiner vorhanden. Karg war auch, trotz nachösterlicher Zeit, das Essen. In der Trapeza gab es eine dünne, kalte Reis- oder Gerstensuppe, dazu ein paar Oliven, Brot und Wasser. Es sei hier vorweggenommen, das Frühstück am nächsten Tag, wir schwänzten es, war noch armseliger, es bestand nur aus einigen Oliven und einem Stück Brot!

Nach dem Abendessen zogen wir uns in den idyllisch gelegenen Friedhof zurück und sprachen Dieters „Fruchtsäften" zu. Dieter, Diplom-Ingenieur für Brauwesen, war ein exzellenter Meister selbst hergestellter Obstbrände. Da man in manchen Klöstern sehr auf das Alkoholverbot achtete, hatte Dieter seine Brände zuhause vorsichtshalber in „Fruchtsaft"-Plastikflaschen abgefüllt und jeder von uns hat eine, unterschiedlichen Inhalts, zum Tragen bekommen.

Am Friedhof war es herrlich ruhig, man hatte einen prächtigen Blick aufs Meer und die untergehende Sonne. Es gab hier mehrere Gräber, aber meist waren die Toten daraus schon entfernt worden. Ich fragte einen Mönch, wann das in der Regel hier geschähe. Er meinte, der Tote würde solange im Grab bleiben, bis der Nächste stürbe. Bei der Altersstruktur im Kloster konnte das gar nicht solange dauern! Es gab hier auch einen Karner und eine schöne Kapelle zu Ehren des hl. Nephon.

Da ich von diesem orthodoxen Heiligen nichts wusste, beschäftigte ich mich zu Hause mit dem interessanten Leben dieses orthodoxen Heiligen.

Getauft auf den Namen Nikolai, wurde der spätere Heilige als Sohn eines Albaners und einer vornehmen Griechin am Peloponnes geboren. Sein Geburtsjahr ist nicht überliefert. Er wurde Mönch in einem Kloster nahe von Epidauros, wo er den Namen Nephon – auch Niphon geschrieben – erhielt. Dort beschäftigte er sich mit dem Abschreiben von Texten. Später wechselte er in das Marienkloster von Ohrid. Von dort wanderte er auf den Berg Athos, wurde dort zum Priester geweiht und lebte in mehreren Athos-Klöstern. 1482 wurde er zum Metropoliten von Thessaloniki gewählt. Im Jahr 1486 wurde er, stark unterstützt vom Fürsten der Walachei, Patriarch von Konstantinopel.

Im Jahr 1488 wurde er vom Sultan Bayezid II. seines Amtes enthoben und ging ans Schwarze Meer bei Sosopol. 1497 wurde er erneut zum Patriarchen von Konstantinopel gewählt, wieder mit Unterstützung des Fürsten der Walachei. Nach einem Jahr wurde er abermals abgesetzt und nach in Adrianopel (heute Edirne) verbannt. Später ging er von dort in die Walachei. Dort wirkte er gegen die Versuche der römisch-katholischen Kirche, Orthodoxe zum Übertritt zu bewegen, und wurde wegen seiner mitreißenden Predigten ein zweiter Chrysostomos genannt.

Im Jahr 1502 wurde er ein drittes Mal zum Patriarchen von Konstantinopel gewählt. Er verweigerte jedoch die Annahme des Amtes und blieb in der Walachei. 1505 geriet er in Konflikt mit Fürst Radu IV. Er ging nach Makedonien, später auf den Athos. Dort starb er im Jahr 1508 im Kloster Dionysiou und wurde dort beigesetzt. 1517 wurde Nephron II. von Konstantinopel – unter diesem Namen scheint er in der Orthodoxie auf – heiliggesprochen. Sein Gedenktag ist der 11. August.[134]

Leider haben wir hier in Dionysiou etwas versäumt uns anzusehen, obwohl es nicht sicher ist, ob man uns als Nichtorthodoxe diese Sehenswürdigkeit überhaupt gezeigt hätte. Es war das Reliquiar des hl. Nephon. Es gilt als eines der schönsten und wertvollsten, die zu dieser Zeit geschaffen worden waren. Nach dem Tode Nephons habe es der Woiwode Neagoe hierher gesandt. Der Engländer Robert Byron beschreibt das Reliquiar in seinem Athos-Buch sehr detailliert und unterstreicht das Geschriebene mit einem Foto. Sein Urteil: *„Von allen Kunstwerken des nördlichen Balkans, diesem kulturellen Niemandsland zwischen Ost- und Westeuropa, ist dieses Objekt vielleicht das außergewöhnlichste.“*[135]

Als es dann schon kühler wurde, suchten wir unser Zimmer auf und schliefen alle gut.

Dienstag, 14. Mai:

Wir frühstückten am Zimmer und machten uns anschließend im Archontarikion selbst einen „griechischen Kaffee“. Um acht Uhr verließen wir dann das Kloster. Wir wollten dem Archontaris noch Geld für die Übernachtung geben, doch das nahm dieser nicht an. Im Hafen sahen wir dann große Schwärme von Fischen und Delfine, die immer wieder die Schwärme durcheinanderwirbelten. Dann kam das Fährschiff und legte wirklich an. Wir waren nun gespannt, wie weit es fahren würde. Wir stoppten bei Agiou Pavlou, Nea Skiti und Agia Anna und wir hatten Glück, das Fährschiff fuhr wirklich noch weiter. Jene

134 Vgl. https://de.wikipedia.org/wiki/Nephon_II. (Zugriff: 8.11.2019). – https://www.heiligenlexikon.de/BiographienN/Niphon_II_von_Konstantinopel.html (Zugriff: 8.11.2019).

135 Vgl. Byron, Berg Athos, S. 170ff.

Freunde, die die an den Felsen klebenden Hütten der Einsiedler noch nie gesehen hatten, staunten nun nicht wenig darüber.

Hoch droben sahen wir die Häuser von Mikra Agia Anna, dann darunter die fast mit dem Fels verwachsen scheinenden Hütten von Katounakia. Hier konnten wir beobachten, wie eine Versorgung einzelner Hütten vonstattenging. Von einer zur anderen Hütte, beide lagen ungefähr auf gleicher Höhe, war horizontal ein Seil gespannt. Mittels eines Korbes und eines daran befestigten Seils wurden dann die benötigten Sachen von der einen Hütte zur anderen gezogen.

Einen gewaltigen Bau neueren Datums gab es hier auch, das Kellion Danieleion. Zwei Kärntner, die wir am Schiff trafen und die nach ihrer Aussage hin hier jede Hütte kannten, erzählten uns, dass dieses vor gar nicht langer Zeit mit Hilfe von großzügigen Spenden aus Russland mit großem Aufwand renoviert worden war. Das Kellion Danieleion selbst war im letzten Viertel des 19. Jahrhunderts von den Russen gegründet worden.

Wir hatten Glück, unser Schiff fuhr tatsächlich bis Kavsokalivia weiter, wo die letzten Pilger ausstiegen. Bei der Rückfahrt zeigten uns die Kärntner die Stelle Kleftikó, eine einzelne Hütte nahe dem Meer. Hier konnte man aussteigen, wenn man hinauf nach Kerasia aufsteigen wollte. In einer Rinne führte ein Weg steil hinauf bis zu dieser Ansiedlung.

Von Kavsokalivia fuhr unser Schiff die Küste wieder zurück und blieb fast an allen Anlegestellen halten. Ich hatte meine Mitwanderer schon während der Rückfahrt darauf aufmerksam gemacht, wenn wir in Dafni ankommen, dürften wir keine Zeit verlieren und müssten sofort zu den beiden wartenden Bussen eilen. Gott sei Dank hielten sich auch alle daran. In den Bussen gab gleich ein Gerangel um die Sitzplätze, sofort waren alle besetzt. Sogar im Gang zwischen den beiden Sitzreihen standen die Pilger.

Ungefähr 15 Pilger schafften dann auch das Mitfahren nicht, sie standen missmutig nahe dem Bus. Es dauerte dann noch einige Zeit, bis sich unser altersschwacher Bus in Bewegung setzte. Einmal, nahe dem Kloster Xiropotamou, blieb er sogar halten, um Pilger, die nicht einmal bereit waren, jene kurze Strecke zu gehen, aussteigen zu lassen.

In Karyes angekommen, gingen wir sofort daran, unsere Diamonitiria um weitere fünf Tage verlängern zu lassen, was auch kein Problem war.

Dienstag und Donnerstag war jetzt eine Verlängerung möglich. Das versuchten auch die beiden Kärntner. Das ging aber bei ihnen nicht, da ihr Diamonitirion vom Kloster Agiou Pavlou und nicht vom Athos-Büro ausgestellt worden war. Was es nicht alles gab!

Wir hatten heute zudem das Glück, dass das Protáton geöffnet war, sodass wir sowohl die heiligste Ikone des Athos, die Axión estín, und auch die nicht weniger wundertätige Eleousa, die „Muttergottes der Barmherzigkeit“, sehen konnten. Im Inneren des Protátons waren teilweise noch Stahlgerüste aufgestellt, doch das Ende der Renovierungsarbeiten war abzusehen.

Jetzt suchten wir das Gasthaus auf und bestellten uns „Mythos-Bier“, dazu Bohnensuppe oder griechischen Bauernsalat, wozu jeder gerade Lust hatte. Hier trafen wir auch die beiden Kärntner wieder. Um 13:00 Uhr brachen wir von Karyes auf, um nach dem Kloster Philotheou zu wandern.

Der Weg führte vorbei am Kloster Koutloumousiou. Er war von der FoMA verhältnismäßig gut ausgeschildert worden und folgte in großen Abschnitten dem alten Pilgerpfad. Es war recht heiß und ich plagte mich ordentlich. Vor allem mein doch recht schwerer Rucksack machte mir zu schaffen und ich rang oft nach Luft. Klaus stellte mir den Rucksack besser ein, dann ging es etwas leichter. Wir kamen dann auf eine der üblichen Forststraßen, die in endlosen Schleifen alle Täler entlangführte. Wir glaubten schon falsch gegangen zu sein, als uns Helmut mit seinem GPS zeigte, dass wir immer noch richtig waren.

Das letzte Stück Weges war dann wieder der alte Pilgerpfad, der hinunter zu einer Brücke führte. Leider ging es auf der Gegenseite in Serpentinen steil bergauf. Zudem war dort gerade geschlägert worden, kreuz und quer lagen hier Baumstämme herum und die Sonne brannte gnadenlos auf uns nieder. Dieser letzte Hang vor dem Kloster war eine richtige Tortur.

Nach drei Stunden erreichten wir das Kloster um circa 17:00 Uhr und suchten den Archontaris auf. Der war ein richtiger Rüpel und sprach nur griechisch. Erst wollte er uns überhaupt kein Zimmer geben, obwohl wir angemeldet waren. Als wir ihm dann das Empfehlungsschreiben von Univ.-Prof. Larentzakis zeigten, deutete er uns, er gäbe uns ein Zimmer, aber nur für eine Nacht. Von einem Begrüßungskaffee, Loukoumi oder Tsipouro keine Spur.

Das zugewiesene Zimmer war nicht schlecht, ein Bett war aber schon belegt. Es waren auch noch Betten frei und ein Mönch mit stechendem Blick kam herein und fragte, ob wir Deutsche wären. Als wir ihm sagten, wir wären Österreicher, empfand er das als noch schlechter und verließ grußlos das Zimmer. Wir wuschen uns anschließend in einem Waschraum ohne Spiegel und mit nur einer Duschmöglichkeit, wo jemand eine Duschorgie an sich vollzog und die Dusche endlos blockierte. Wir baten anschließend, ob wir nicht den deutschen Pater Gelasius treffen könnten. Man sagte uns, das wäre nach dem Essen möglich.

Natürlich durften wir während der Hesperinos-Andacht nicht ins Katholikon hinein. Beim Warten im Exonarthex lernten wir zwei Tiroler kennen, die man gerade aus dem Narthex verwiesen hatte. Als die Hesperinos-Andacht aus war, stellten sich die orthodoxen Gäste zu beiden Seiten der Stiege auf, die zur Trapeza hinaufführte. Dann zogen zuerst die Mönche, dann ihre Gäste feierlich dort ein. Meine rumänischen Mönche, die ich am Schiff getroffen hatte, waren auch darunter. Sie winkten verstohlen zu mir her.

Weit von der Treppe entfernt stand ein Tisch mit zwei wackeligen Bänken, dort mussten wir Platz nehmen und warten, bis die Orthodoxen mit dem Essen fertig waren. Das Essen selbst war dann nicht schlecht, es gab Fisolen in Soße, Reis mit Tintenfisch, Feta, ein Ei und einen Apfel und Wein. Zum Essen ließen wir uns nun Zeit.

Nach dem Essen versuchten wir Pater Gelasius zu treffen, was uns trotz der Hilfe eines gut deutsch sprechenden Mönchs nicht gelang. Er blieb wie vom Erdboden verschluckt. Wir saßen dann mit Dieters „Fruchtsäften" noch eine längere Zeit vor dem Kloster, um 21:00 Uhr war dann Nachtruhe.

Mittwoch, 15. Mai:

Burkhard, Klaus und Helmut wollten über den Kamm den Weg nach Simonos Petras gehen. Wir verfügten nicht über neuestes Kartenmaterial, es gab auch keines. Ich erinnerte mich zwar an eine Abzweigung, wo ein Weg auf die andere Seite des Kammes ging, aber ob wir bei den vielen neuen Forstaufschließungswegen den richtigen Weg dorthin gleich finden würden, ohne mehrmals zurückgehen zu müssen, dieser Gedanke war mir nicht geheuer. So sprach ich mit Dieter, ob er mit dabei wäre, mit mir nach Karyes zu fahren. Mit dieser Idee konnte sich Dieter gleich anfreunden.

Nach einem Frühstück am Zimmer verabschiedeten sich die drei Freunde und Dieter und ich versuchten telefonisch einen Taxi-Bus zu bekommen, was vorerst misslang. Ein Grieche gab mir dann den Tipp, unterhalb des Klosters auf ein Fahrzeug zu warten. Tatsächlich dauerte es nicht lange, bis ein von einem Mönch chauffierter Taxi-Bus Gäste zum Kloster brachte. Der Mönch war auch gleich bereit, uns nach Karyes mitzunehmen.

Wir fuhren vorerst bis zum Kloster Iviron. Dort nahm der Taxi-Bus drei weitere Gäste mit, die das Fahrzeug offenbar bestellt hatten. Diese kamen mit je einem Trolley, den nicht einmal sie selbst zogen, sondern Bedienstete des Klosters. Ihren Mienen war zu entnehmen, dass sie ungehalten waren, dass auch wir mit dem Taxi-Bus mitfuhren, obwohl sicher noch für gut weitere fünf Personen Platz gewesen wäre! So kamen wir nach Karyes. Der Mönch wollte offenbar die Fahrt „schwarz" für sich kassieren und verlangte von uns beiden nur insgesamt € 8,–.

Dieter und ich hatten vor, von Dafni zum Kloster Simonos Petras hinaufzugehen. Da die Straße zum Kloster hinauf bald nur mehr in der Sonne liegen würde, war es uns wichtig, möglichst bald nach Dafni zu kommen. Deshalb wollten wir nicht auf den Bus warten und sprachen im Taxibüro vor, was eine Fahrt nach Dafni kosten würde. Man war bereit, für € 45,– uns dorthin zu bringen, womit Dieter und ich einverstanden waren.

In Dafni bemühten wir uns noch für Klaus, der uns ja morgen verlassen wollte, Genaueres über das Schnellschiff herauszubekommen. Eine Vorverkaufskarte für das Schiff zu lösen scheiterte dann daran, dass der Schalter einfach nicht rechtzeitig geöffnet wurde. Dieter und ich machten uns nun auf den Weg hinauf zum Kloster von Simonos Petras.

Die Straße verlief unterschiedlich, es gab sowohl flachere als auch steile Stücke und mal lagen sie in der prallen Sonne, dann wieder im Schatten des Berges. Wir keuchten ganz anständig und machten immer wieder Pausen. Wunderschön war der Ginster, der manchmal zu beiden Seiten der Straße den Hang in Gelb überzog.

Natürlich glaubten wir circa nach einer Stunde Wanderns, dass wir nach der nächsten Kurve das Kloster schon sehen müssten und wurden regelmäßig enttäuscht. Es dauerte 2 ½ Stunden bis wir tatsächlich das Kloster in seiner ganzen Einmaligkeit vor uns auf steilem Felsen liegen sahen. An diesem Punkt des ersten Klosteranblicks mündete auch ein Weg in die Straße ein, der über den Kamm von der anderen Seite herüberkam. Und man sollte es nicht glauben, genau zum gleichen Zeitpunkt stießen dort die drei Freunde auf ihrer Wanderung über den Höhenrücken zu uns.

Sie erzählten, dass sie anfangs doch einige Schwierigkeiten hatten, die richtige Straße zu finden, dann aber war es Helmut mit seinem GPS, der stets den richtigen Weg fand. Die Wanderung selbst wäre traumhaft schön gewesen. Gemeinsam wanderten wir nun hin zum Kloster und wurden von einem freundlichen Archontaris, eigentlich von seinem kalifornischen Gehilfen, aufgenommen. Man wartete uns hier Tsipouro und Loukoumi auf. Das Archontarikion und die Zimmer für die Gäste lagen außerhalb des Klosters.

In tadellosem Deutsch erklärte uns ein Mönch die Klosterregeln hier und lud uns und die mit uns eben angekommenen Pilger gleich zu einem Essen ein. Es gab eine Linsensuppe, Oliven, Brot und Wasser. Anschließend bezogen wir ein schönes Fünfbettzimmer. Es gab auch einen schönen Waschraum mit Spiegeln und – welche Wohltat – auch eine Warmwasserdusche.

Wir gingen nun hinüber zum Kloster auf Entdeckungsreise. Schon der Aufgang in das Kloster war sensationell, in einem steil aufwärts führenden Gang führten Stufen in den ersten Klosterhof, wo das Katholikon war. Dann gingen wir durch mehrere Gänge, bis wir einen Aufgang zum obersten Balkon fanden. Von diesem Balkon aus, der auf der Seeseite entlang der ganzen Mauerbreite vorhanden war, war der Blick auf die Terrassen, die unterhalb der Klostermauern angelegt waren, und auf das noch weiter unten liegende Meer wunderschön.

Begegnete man im Kloster Mönchen, so waren sie stets sehr freundlich. Es gab auch relativ viel jungen Nachwuchs, man sah, in diesem Kloster herrschte ein guter Geist. Überall wurde gekehrt und geputzt, alles war extrem sauber.

Nachdem wir genügend lange herumgestreift waren und es nicht mehr viel zum Ansehen gab, tat ein jeder, wozu er eben Lust hatte. Burkhard und ich, wir setzten uns auf den Balkon des Archontarikions, Burkhard schrieb Tagebuch und ich las. Im gesamten Klosterbereich herrschte eine herrliche Stille, man hörte nur Vogelgezwitscher.

Die Hesperinos-Andacht im Katholikon war dann recht lang, es wurde aber sehr schön gesungen. Die Wände des Katholikons wiesen noch keinerlei Malereien auf. In einigen Jahren aber werden auch sie welche besitzen, im Esonarthex hatte man schon mit dem figürlichen Ausgestalten der Wände begonnen.

Das anschließende Essen in der Trapeza war gut. Es gab Risi Bisi, Gurken, Oliven und Halva. Die Wände der Trapeza, die ich mit Burkhard und Herwig im Jahre 2001 noch nicht fertig ausgemalt gesehen hatten, waren jetzt ganz mit Szenen aus dem Alten und Neuen Testament geschmückt.

Nach dem Essen wurden wir noch einmal in das Katholikon gebeten. Es wurden die Reliquien hergezeigt. Wir aber machten uns davon, da wir von den griechischen Erklärungen sowieso nichts verstanden und einer der nicht-orthodoxen Pilger die Sorge äußerte, womöglich müssten auch wir die alten Knochen küssen. Wir spazierten hinunter zum Karner, wo wir uns niederließen, nicht ohne auf Dieters „Fruchtsäfte“ zu vergessen. Es war lange noch angenehm warm.

Donnerstag, 16. Mai:

Schon recht früh hatte uns Klaus verlassen. Er wollte ja mit einem Schnellboot von Dafni zurück nach Ouranoupoli und von dort weiter mit einem Taxi nach Thessaloniki, um dort mit dem Flugzeug zurück nach Wien zu fliegen, da er mit ehemaligen Maturakollegen am darauffolgenden Tag nach Rumänien reisen wollte.

Auch wir brachen nach unserem Frühstück am Zimmer um circa sieben Uhr auf und waren um 08:45 Uhr in Dafni. Dort trafen wir Klaus an, der immer noch nicht wusste, ob es eine Möglichkeit für ihn gäbe, rechtzeitig auszureisen. Man hielt ihn hin. Man sagte ihm, er hätte im Vorhinein am Schnellboot einen Platz buchen müssen. Jetzt müsse er warten, vielleicht bestünde doch noch eine Möglichkeit mitzufahren.

Ich ging mit Klaus zur Hafenpolizei und verhandelte dort, ob der Beamte mit dem Kapitän eines demnächst neu ankommenden Bootes nicht reden könnte. Nach einigem Hin und Her telefonierte dieser wirklich mit dem Schnellbootkapitän und dieser versprach, dass Klaus dort mitfahren könne. Aber wie immer am Athos, „nix ist fix", aber Klaus bekam schon auf dem ersten einlangenden Boot einen Platz.

Wir waren inzwischen in das Gasthaus gegangen, auf einen Kaffee und später auf ein „Mythos"-Bier, als ich laut meinen Namen rufen hörte. Es war der Grazer Hofrat Dipl.-Ing. Dieter Frisch, ein erfahrener Athos-Wanderer, der zusammen mit drei weiteren Grazern auf einer Athos-Tour war. Irgendetwas dürfte bei seiner Gruppe gerade schiefgelaufen sein, denn der Herr Hofrat telefonierte aufgeregt herum. Man begegnet am Athos auch immer wieder Gruppen von Steirern, die oft sozusagen mit ihren „Hausgriechen", Griechen, die in Graz studiert und anschließend hier sesshaft geworden sind, unterwegs waren.

Etwas nach zehn Uhr brachen wir auf. Gemeinsam gingen wir die Uferstraße entlang bis zu der Stelle, wo der steile Einstieg, der hinauf zum Kloster Xiropotamou führte, begann. Burkhard und Helmut wollten den Steig nehmen, Dieter und ich entschieden uns für die Straße. Da wir genügend Zeit hatten, wollten wir es gemütlich angehen. Als wir dann auf Höhe des Klosters waren, kam uns Burkhard entgegen. Er hatte uns im Kloster schon angemeldet.

Auch Dieter und ich wurden freundlich empfangen, alle bekamen wir Tsipouro, Loukoumi und Wasser angeboten, dann bezogen wir ein schönes Zimmer, welches wir schon mehrmals vorher bewohnt hatten. Um 13:00 Uhr gab es ein Mittagessen in einem eigens dafür vorgesehenen Raum, ähnlich einer kleinen Kantine. Kantinenmäßig waren auch Teller, Schalen und Besteck. Es gab Dolmades (gefüllte Weinblätter), Feta und Tee. Dann führte uns ein Mönch durch das Katholikon. Nach dieser Führung waren wir uns allein überlassen.

Ich versuchte anschließend den Freunden die Szenen zur Apokalypse im Exonarthex zu erklären und die Abbildungen auf der Brunnenüberdachung, sofern ich sie deuten konnte. Dann begaben wir uns zum Pavillon, der vor dem Kloster stand. Wunderschön war von hier der Blick auf die Gartenanlagen des Klosters, dann weiter hinunter nach Dafni und aufs Meer hinüber nach Sithonia. Wir saßen hier und lasen, schrieben, träumten. Unterhalb des Pavillons gab es einen Raum und dort die Möglichkeit sich selbst einen „griechischen Kaffee" zu machen, dem wir auch mehrmals nachkamen. Ein Arbeiter brachte uns im Laufe des Nachmittags einen großen Sack voll von frisch gepflückten Kirschen. Später spazierten wir durch die Gartenanlagen des Klosters und umrundeten dieses.

Xiropotamou war ein strenges Kloster und wir wurden von sämtlichen kirchlichen Handlungen ferngehalten, wozu auch das gemeinsame Speisen mit den Mönchen gehörte. So warteten wir allein auf das Abendessen, dass pünktlich um 19:00 in der „Kantine" ausgegeben wurde. Es gab Tintenfisch, ein hartes Ei, Gurkensalat, Feta und Rotwein. Zusammensitzend diskutierten wir noch etwas miteinander, dann blieb uns gar nichts anderes übrig, als früh das Bett aufzusuchen.

Freitag, 17. Mai:
Zum Frühstück wurden wir wieder in die „Kantine“ gerufen. Es gab Nescafé oder Tee, Saft, Butter, Marmelade, Brot, Oliven und ein Stück Halva. Gleich nach dem Frühstück brachen wir circa um acht Uhr auf. Wir wanderten vor zur Straße, die nach Karyes führt und suchten den Einstieg für den Weg zum Russenkloster Panteleimonos. Den fanden wir erst nach längerem Suchen, da die Tafel des Wegweisers durch Buschwerk recht verdeckt war. Der Weg zum Kloster war dann in tadellosem Zustand. Nach circa einer Dreiviertelstunde erreichten wir das Kloster Panteleimonos.

Unwahrscheinlich, was hier renoviert und auch gebaut wird. Bei meinen ersten Besuchen im Jahre 1978 hätte ich es nie für möglich gehalten, dass aus den damaligen Ruinen noch je irgendetwas werden würde.

Wir wanderten zum Archontarikion, das aber abgeschlossen war. So ließen wir unsere Rucksäcke im Gebäude zurück und wanderten hinauf zum Kloster. Die Gartenanlagen zwischen Kloster und dem Archontarikion waren in bestem Zustand, später sahen wir auch einen Mönch, der Unkraut jätend zwischen den Stauden saß.

Im Kloster selbst wurde überall gearbeitet. Im unteren Katholikon waren Maler damit beschäftig, die Holzteile der Fenster neu zu streichen, obwohl man den Eindruck hatte, die Farbe wäre vom letzten Mal noch gar nicht trocken geworden. Wir wollten kurz ins Katholikon hinein, wurden aber gleich von dort verscheucht. Wir trafen dann einen Mönch, dem wir höflich ersuchten, das Katholikon und die Trapeza besichtigen zu dürfen. Er versprach uns das in einer Viertelstunde, aber trotz mehrmaligem Bitten kam er dem nicht nach. Man wollte das offenbar nicht, das sagte ich auch den Freunden. So verließen wir nach kurzem Rundgang das Kloster.

Etwas nach zehn Uhr brachen wir von hier wieder auf. Man kam aus dem Staunen nicht heraus. In Richtung des Klosters von Xenofontos hatte das Kloster Panteleimonos sowohl einen riesigen Wirtschafts- als auch neuen Friedhof errichtet. Alles, was hier errichtet wurde, wurde megagroß gebaut! Der Weg nach Xenofontos war auch nicht mehr der alte, schöne Pilgerweg, mit einem Caterpillar hatte man eine neue, breite Straße in die Wiesen und in die Olivenhaine rücksichtslos hineingegraben.

Eine Stunde später waren wir in Xenofontos. Wie üblich gingen wir gleich ins Archontarikion, man nahm aber keinerlei Notiz von uns. Gerade in diesem Kloster war man bisher stets freundlich begrüßt worden. Es waren viele Pilger da und es herrschte eine merkwürdige Unruhe unter ihnen. Den Grund erfuhren wir bald.

Vorerst spazierten wir durch die Klosteranlage, wieder erklärte ich den Freunden die apokalyptischen Malereien, die zwischen altem Katholikon und der Trapeza zu sehen waren. Als wir dann zum oberen Katholikon kamen, winkte uns ein dicker Mönch und sperrte uns das obere Katholikon auf, sodass wir auch dieses besichtigen konnten. Nach Beendigung unseres Rundgangs durchs Kloster schulterten wir unsere Rucksäcke und verließen es.

Gleich nach der Klosterpforte trafen wir auf eine große Gruppe Pilger, meist waren es Griechen oder Rumänen. Da eine so große Gruppe, die offenbar auf das Fährschiff wartete, auffallend war, erkundigten wir uns nach dem Grund.

Wir bekamen heraus, dass vorläufig der Schiffsverkehr, offenbar wegen des stärkeren Wellengangs in der Ägäis, von Piräus aus für ganz Griechenland eingestellt worden war. Man wartete nun auf die Aufhebung dieser Anordnung. Wir konnten sehen, dass das Meer bewegter als sonst war, aber mit einer Einstellung des Schiffsverkehrs hatten wir nicht gerechnet.

Ich beratschlagte nun mit den Freunden, was zu tun sei. Die Übernachtung im nahen Kloster Dochiariou war uns zugesichert worden. Unsicher war aber, ob der Schiffsverkehr auch morgen eingestellt war. So schlug ich vor, sollte in absehbarer Zeit ein Fährschiff kommen, werden wir damit ausreisen. Kam keines, wandern wir nach Dochiariou weiter und hoffen auf ruhiges Meer am nächsten Morgen. Die Freunde stimmten dem zu.

Wir warteten nun am Strand. Die Griechen telefonierten laufend und immer kamen neue Nachrichten, dass ein Fährschiff nun doch von Ouranoupoli abgefahren sei. Das Warten dauerte endlos. Endlich nach guten drei Stunden kam tatsächlich die „Agia Anna", aber sie nahm vorerst nur Passagiere mit, die bei den nächsten Klöstern oder in Dafni aussteigen wollten. Man versprach aber, uns auf der Rückfahrt mitzunehmen. Abermaliges längeres Warten. Aber dann kam die „Agia Anna" wirklich zurück und wir gingen an Bord.

Die Rückfahrt nach Ouranoupoli war wirklich wild. Manchmal schlingerte das Schiff so arg, dass man nur mühsam auf Deck gehen konnte. Ohne Anhalten an dem Gestänge für das Sonnensegel war das Gehen gar nicht möglich. An Bord lernte ich einen deutschen Reiseführer kennen, der mit vier Pilgern, darunter einem aus dem heimatlichen Hartberg, unterwegs war.

Ich fragte ihn, wie er es fertigbrächte, mit seinen Pilgern in den Klöstern überhaupt etwas anzusehen. Ich konnte mir nicht vorstellen, wie er seinen Pilgern zum Beispiel einen Besuch des Katholikons in einem Kloster versprechen konnte, wo der Mönch mit dem Schlüssel dieses nur zur Zeit der Hesperinos-Andacht aufsperren würde. Er meinte dazu, er sage ihnen schon im Vorhinein, ob sie je in einem Kloster etwas zu sehen bekämen, das läge ausschließlich in Gottes Hand! Seiner Erzählung nach waren jedes Mal nicht einmal die Übernachtungen gesichert!

So kamen wir einen Tag früher als vorgesehen wieder in Ouranoupoli an und wurden von Frau Antonakis wieder freundlich aufgenommen. Wir machten unsere letzten Besorgungen und schrieben unsere letzten Ansichtskarten. Für abends hatten wir bei Daphne ein herrliches Essen, Fleisch in vielen Variationen, bestellt.

Von unserem Balkon aus beobachteten wir das Treiben an der Uferpromenade. Auffallend waren die vielen Russen. Immer wieder kamen sie in Partien zu fünf oder sechs Personen mit Schnellbooten vom Athos zurück und landeten hier am relativ unbeachteten Landesteg. Ihr Gepäck bestand meistens nur aus einem Trolley. Nach echten Pilgern sahen sie kaum aus. Am Steg wurden sie meist schon von einem Chauffeur erwartet.

Eine Person innerhalb so einer Gruppe war oft ein Mönch oder ein Geistlicher. Wir beobachteten ein Schnellboot, wo der Geistliche aus dieser Gruppe laut singend vom Boot ging und gleich samt seiner Kutte ins Meer sprang. Er hatte offenbar einen mords Rausch! Eine andere Gruppe zu sechs Personen kam mit einem Geistlichen an, der ein großes, goldenes, mit Edelsteinen besetztes Kreuz umgehängt hatte. Später erfuhren wir, dass er ein Archimandrit (entspricht einem Abt) war. Die ganze Runde aß abends bei Daphne. Der Archimandrit hatte seine Mönchskutte abgelegt und saß in „Zivil", mit Hosenträgern, am Tisch und man ließ sich am Essen und am Trinken an nichts fehlen.

Bei Daphne speiste auch an zwei Abenden ein russischer Mönch in junger Begleitung. Ehrfurchtsvoll von Daphne bedient, aß er eine ordentliche Menge an verschiedenen Speisen und trank dazu auch nicht gerade wenig Rotwein.

Wie uns Daphnes Ehemann erzählte, erkauften sich die Russen – er sprach von Hunderten russischen „Pilgern" – die Diamonitiria mit großzügigen „Geldspenden", wobei die Einreisebeschränkungen pro Tag für sie offenbar keine Rolle spielten. Er berichtete uns auch, dass junge Athos-Mönche nach Thessaloniki in Bars fahren würden! Ein böses Gerücht oder irgendwo ein wahrer Kern dahinter, jedenfalls erzählte man sich solche Geschichten in Ouranoupoli.

Wie schon angeführt, bekamen wir von Daphne ein herrliches Abendessen serviert. Wir blieben dann nicht mehr allzu lange auf.

Samstag, 18. Mai:

Es war ein strahlender Tag. Wir frühstückten am Balkon, dann fuhren wir mit dem Bus nach Ierissos. Dort angekommen, spazierten wir durch den Park hinunter zum Strand. Diesen gingen wir dann entlang bis zu den Bootswerften. Hier wurden größere Fischerboote überholt und die alten Kaikis noch immer gebaut. Wir bewunderten die Zimmerleute, die die alte Kunst, so ein Boot noch zu bauen, beherrschten. Langsam gingen wir dann zurück und setzten uns in ein Café. Pünktlich wie ausgemacht, holte uns ein Taxi ab und brachte uns zurück nach Ouranoupoli.

Den Nachmittag verbrachten wir alle sehr individuell. Burkhard und ich saßen am Balkon, lasen und schliefen zwischendurch. Abends haben wir wieder Fisch bei Daphne bestellt, der wie immer ausgezeichnet war. Daphne schenke jeden von uns einen halben Liter Tsipouro zum Abschied.

Sonntag, 19. Mai:

Abermals ein herrlicher Tag. Das Frühstück am Balkon war dann ein Geschenk von Frau Antonakis. Da die AUA/Tyrolean Airways jetzt etwas nach 13:00 Uhr flog und sonntags der Bus erst später als wochentags fuhr, benötigten wir ein Taxi. Pünktlich kam das von Frau Antonakis bestellte Taxi (Spezialpreis: € 125,–). Es brachte uns nach Ierissos und bog dann Richtung Plana und Poligiros ab. Die Gegend, die wir durchfuhren, war sehr einsam, kaum konnte man Gehöfte, geschweige denn Siedlungen sehen. Auch das Land selbst war wenig landwirtschaftlich genützt, man sah selten bebaute Felder.

Früh genug kamen wir zum Flughafen in Thessaloniki, verpackten unsere Rucksäcke wieder in schwarze Müllsäcke und checkten ein. Der Flug nach Wien war ruhig und Dieter brachte uns sicher heim nach Graz.

Meine 22. Athos-Wanderung

Mit meinem Schulfreund Bernd Schreiber
vom 5. bis 13. April 2014

Thessaloniki – Ouranoupoli – Dafni – Simonos Petras – Dafni – Xiropotamou – Kellion Molivouekklesia – Skite Agiou Andreou – Karyes – Koutloumousiou – Iviron – Stavronikita – Pantokratoros – Stavronikita – Legende vom Piratenüberfall – Dafni – Ouranoupoli

Eigentlich war geplant, diese Wanderung mit meinen Tarockfreunden, die bereits dreimal (2003, 2007, 2008) mit mir am Athos gewandert waren, durchzuführen. Anfangs waren sie davon recht angetan, letztlich meinten sie aber, so eine Wanderung wäre für sie schon zu beschwerlich. Sie waren mein Jahrgang oder ein Jahr jünger. Da mein alter Schulfreund Bernd Schreiber mich mehrmals gebeten hatte, ob er nicht einmal mit mir mitwandern dürfe und ich ihm das auch versprochen hatte, habe ich nun ihn gefragt, ob wir zu zweit eine Athos-Wanderung machen sollten. Bernd willigte sofort dazu ein.

Mit Bernd war ich acht Jahre in dieselbe Klasse der Mittelschule gegangen. Er hatte dann in Graz Technische Chemie studiert, hatte den Diplom-Ingenieur und das Doktorat gemacht und hatte dann in einem großen Schweizer Chemiekonzern eine blendende Karriere gemacht. Mit seiner Pensionierung war er in seine Heimatstadt Graz zurückgekehrt.

Ich selbst hatte große Schwierigkeiten mit meinem rechten Knie. Gerade für diese Wanderung wollte ich gut durchtrainiert sein und habe das dabei einmal übertrieben. Ich ging zum Orthopäden, seine Injektion half nur kurzfristig. Wenn wir nicht schon vor längerer Zeit die Flüge gebucht hätten und ich Bernd nicht enttäuschen wollte, hätte ich die Wanderung abgesagt! So hoffte ich, dass es schon irgendwie gehen würde.

Samstag, 5. April:

Meine Frau brachte Bernd und mich zum Flughafen Thalerhof. Traditionell steckten wir dort unsere Rucksäcke in schwarze Müllsäcke und gaben sie so Richtung Thessaloniki auf. Der Flug mit Tyrolean Airways nach Wien war kurz und ereignislos. In Wien hatten wir dann vier Stunden Zeit, die wir irgendwie totschlugen. Etwas nach 12 Uhr flog dann unsere Maschine nach Thessaloniki ab, der Flug dauerte 1 ½ Stunden.

Am Makedonia-Airport nahmen wir uns ein Taxi, ein gut Deutsch sprechender Taxifahrer, eigentlich war er ein beschäftigungsloser Turnlehrer, fuhr uns ins Hotel Esperia, welches ich ja schon vom Vorjahr her kannte. Ich hatte ein Zweibettzimmer vorbestellt, rechnete aber nicht mit einem Doppelbett. Nach einigem Hin und Her waren wir damit einverstanden, doch baten wir wenigstens um zwei Bettdecken, was man uns auch lachend zugestand.

Inzwischen war es 16:00 Uhr geworden und da Bernd Thessaloniki noch nicht kannte, gingen wir auf Besichtigungstour. Das Hotel lag ja sehr zentral. Was uns beiden sofort auffiel, die Lokale waren bummvoll und die Tische vor den Lokalen bogen sich unter den Speisen. Auch abends war das Bild in den Lokalen ähnlich und entlang der Nikis-Promenade waren die Cafés mit Jugend randvoll, nirgends war ein Sessel frei. Sooo schlecht konnte es den Griechen nun also nicht mehr gehen!

Wir spazierten die Gassen hinunter bis zum Meer, welches etwas bewegt war. Dann wanderten wir die Kaipromenade entlang bis zum Aristoteles-Platz. Nachdem wir uns auf diesem riesigen Platz etwas umgesehen und beim Aristoteles-Denkmal unsere Fotos gemacht hatten, spazierten wir den Kai entlang weiter.

Doch was war das? Auf der Promenade tauchten plötzlich in großer Anzahl Trachtengruppen auf und nahmen dort dann Aufstellung. Es war ein tolles, fantastisch buntes Bild diese griechischen Trachten aus allen Teilen des Landes und von den vielen Inseln. Es waren „reiche" Trachten, man sah viele Gürtel und Ketten aus Silber und Gold. Die Trachten muteten recht orientalisch an, was ja bei der Vergangenheit Griechenlands ganz natürlich war.

Wir spazierten die Promenade weiter hinunter bis zum Weißen Turm, wo zu unserer Überraschung heute Leute auch auf der Turmkrone standen. Wir spazierten vorerst weiter. Auf der Promenade hier herrschte ein ordentlicher Rummel, jede Menge Menschen, Verkaufsstände und Belustigungen waren hier anzutreffen. Es fand hier so eine Art Jahrmarkt für alle möglichen Artikel des täglichen Gebrauchs statt.

Weitergehend kamen wir zu unserem eigentlichen Ziel, dem Denkmal Alexanders des Großen. Man hat den großen Platz um das Denkmal nun endlich hergerichtet, Alexander ritt wieder. Ob er aber damit Freude hatte, dass das große Podest, wo sein Denkmal stand, dicht von Skateboard-Fahrern bevölkert war, die dort ihrem Hobby nachgingen?

Wir gingen zurück zum Weißen Turm. Einmal vor Jahren, anlässlich einer Ikonenausstellung (1995 mit Fidi und Raoul), war ich schon drinnen, aber jetzt ihn wieder besichtigen zu können, war sensationell! Auch diesmal gab es eine Ausstellung zu sehen, und zwar zur Geschichte Thessalonikis von den Anfängen bis zur Jetztzeit. Die Ausstellung, über mehrere Stockwerke aufgeteilt, war hoch interessant, leider waren die Begleittexte nur auf Griechisch geschrieben, so verlor die Ausstellung mit der Zeit für uns ihren Reiz. Wir strebten also der Turmplattform zu, wo man einen fantastisch schönen Rundumblick auf Stadt und Meer hatte.

Vom Platz vor dem Turm tönte ohrenbetäubende, orientalische Musik herauf, wo vor allem Trommeln eine große Rolle spielten. Wir sahen hinunter, die einzelnen Trachtengruppen hatten den Weißen Turm erreicht und führten nun, endlose Schlangen bildend, Reigentänze auf. Ein schönes Bild von hier heroben.

Vom Weißen Turm gingen wir, den Resten der alten Landmauer folgend, ein Stück bergauf, bis zur Querstraße, die zum Galeriusbogen und zur Rotonda führte. Von dort spazierten wir weiter bis zum großen Platz, wo man die Agora und das Odeon ausgegraben hatte. Weiter bergauf gehend, kamen wir zur Dimitrios-Kathedrale, wo gerade eine Andacht war. Nicht anders als bei uns, waren fast ausschließlich nur alte Menschen in der Andacht.

Thessaloniki hatte zwei Gesichter, einerseits gab es dort Häuserschluchten, anderseits gab es viele grüne Inseln und die alten Straßenzüge waren oft gesäumt von Baumalleen.

Sofern diese aus Judasbäumen bestanden, standen sie im strahlenden Pink, Orangenbäume wiederum waren voll von goldenen Früchten, die verführerisch aus dem dunklen Laubgrün leuchteten.

Hier gab es auch noch vermehrt die alten Häuser, im Stil von 1900, wobei vor allem deren eiserne Vordächer auffielen, sodass man bei Regen ungeniert einkaufen gehen konnte. Leider waren auch viele Häuser in Thessaloniki mit Graffiti „verschönt" worden, vielleicht war es besser, dass wir die einzelnen Texte nicht lesen konnten, sofern sie nicht in Englisch waren. Wir besuchten noch kurz die Kirche Panagia Chalkeon, die Kirche der „Jungfrau der Kupferschmiede", die als besonders schön galt.

Ich wollte im ehemaligen Hafenviertel essen, wo es viele nette Lokale gab. Das war von hier nicht mehr weit. Wir suchten jenes Lokal auf, das wie eine ehemalige „Greißlerei" eingerichtet war. Wir saßen dort im Freien und haben wie immer ausgezeichnet gespeist. Relativ früh suchten wir das Hotel auf.

Sonntag, 6. April:

Natürlich hatte ich mir schon in Graz den Busfahrplan nach Ouranoupoli ausgedruckt, der um 09:30 Uhr einen Bus dorthin auswies. Mit dem wollten wir fahren. Wir standen also um 06:15 Uhr auf und gingen um 07:00 Uhr zum Frühstück, welches eigentlich recht schwach war. Dann ließen wir uns ein Taxi rufen und fuhren damit zum Chalkidiki-Bus-Terminal.

Wie schon letztes Jahr stimmte auch heuer der Fahrplan nicht. Wieder einmal bewahrheitete sich die alte Athos-Weisheit: „*Nix is fix!*" Aber es war nicht so schlimm, der Bus fuhr nur eine halbe Stunde später ab. So hatte ich Zeit, jene Fahrgäste, die andere Orte als wir auf Chalkidiki aufsuchen wollten, zu beobachten.

Das, was mir bereits gestern in Thessaloniki laufend aufgefallen war, zeigte sich auch heute wieder. Die junge Damenwelt trug zerrissene Jeans. Aber das war ja wie bei uns „Schnee von gestern". Auffallend war aber, WIE und WO diese Jeans zerrissen waren. Das war oft schon direkt peinlich!

Wie immer fuhr der Bus pünktlich ab. Die meist 2 ½ Stunden dauernde Fahrt nach Ouranoupoli genieße ich immer. Diesmal gab es gleich nach dem Losfahren große Umleitungen. Man konnte erkennen, dass da eine sich sechsspurige Autobahn Richtung Chalkidiki in Bau befand. Die EU ist eben sehr großzügig mit ihren Geldzuweisungen.

Die Vegetation war hier schon weiter fortgeschritten als bei uns zuhause. Die Wiesen und Felder zeigten ein giftiges Grün, die Laubbäume wiesen erstes zartes Laub auf. Auffallend war die Blüte vieler weiß blühenden Sträucher und Bäume, aber auch den Flieder und vereinzelt den Mohn sah man blühen. In früheren Jahren prägten im Holomondas-Gebirge die aufgestellten Bienenstöcke das Bild. Wie schon in den letzten Jahren fehlten sie auch heuer wieder. Werden sie dort erst gegen Herbstbeginn aufgestellt?

Das Wetter war meist bedeckt, ab und zu tröpfelte es sogar. Von der Höhe oberhalb von Stratoni, wo man ja den Athos das erste Mal in der Ferne sieht, hielt sich dieser heuer bedeckt.

Nach 2 ¾ Stunden Fahrt erreichten wir Ouranoupoli und stiegen bei der Haltestelle oberhalb des Athos-Büros aus. Aber was war das? Eine riesige Menschenmenge wartete vor dem Büro, es war fast kein Durchkommen, um die Pension Antonakis zu erreichen. Dort war Frau Antonakis nicht zu Hause, aber ihr Ehemann begrüßte uns gleich freundlich, sagte uns, seine Frau komme erst abends wieder und wies uns das Apartment im Parterre zu, wo Bernd und ich über zwei Räume, mehrere Betten und eine Terrasse verfügen konnten.

Wir fragten Herrn Antonakis, warum so viele Leute vor dem Athos-Büro stünden? Er sagte uns, dass schon seit zwei Tagen kein Schiff zum Athos gefahren wäre. Wir gingen nun in die Taverne zu Daphne, die uns freudig empfing. Sie pries uns auch gleich die heute besonders gute Gemüsesuppe ihres Mannes an. Dann gab es Souvlaki und griechischen Salat, in Mengen, die wir gar nicht wegbrachten. Bernd ging dann in die Küche und suchte für abends zwei Fische für uns aus.

Inzwischen hatte draußen eine unheimliche Rennerei begonnen – das Athos-Büro hatte geöffnet und Schiffe würden jetzt kommen. Wir sahen auch schon die beiden Fährschiffe, die „Axión estín" und die kleinere „Agia Anna" von Amouliani herüberkommen. Am Kai wimmelte es wie in einem Ameisenhaufen.

Wir aßen in Ruhe und suchten dann das Athos-Büro auf und gaben uns der Illusion hin, die Diamonitiria schon heute zu bekommen. Ich hatte zwar vor Tagen angerufen und gebeten, man möge uns die Diamonitiria zum Frühschiff hinbringen, aber was man hat, hat man. Doch es war vergebens. Der völlig erschöpfte Beamte sah im PC nach und sagte: „Tomorrow morning!". Und das war es. Jedenfalls hatten wir die Sicherheit, dass es morgen klappen würde.

Wir machten nun unsere Besorgungen – eigentlich nur Postkarten und Marken – und spazierten dann die Hauptstraße hinauf. Viel hat sich nicht geändert, nur die Zahl der Juweliere, die Ikonen und religiöse Artikel wie Messgewänder, Bischofsstäbe, Kelche und Ähnliches verkauften, hat stark zugenommen. Spekulierte man da mit der Einkauflust der Russen?

Apropos Russen: Im Gegensatz zu den früheren Jahren, wo sie den Athos und den Flughafen von Thessaloniki überschwemmt hatten, fehlten sie heuer fast völlig. War da die Krimkrise schuld?[136]

Vom Pyrgos, dem alten byzantinischen Wachturm aus sahen wir zu, wie mit Pilgern voll gestopfte Schiffe den Kai Richtung Athos verließen. Das muss ein schönes Durcheinander mit den Übernachtungen in den Klöstern geben, noch dazu, wo der Tag schon recht fortgeschritten war! Gott sei Dank waren wir heute nicht mit dabei! Morgen würden wir ja sehen, wie alles ablaufen würde.

Wir wanderten nun Richtung Athos-Grenze. Der Konkurrenz auf der Hauptstraße war offenbar unser kleines Juweliergeschäft, auf dem Weg zur Grenze gelegen, zum Opfer gefallen. Auch die ehemalige Taverne von Nikos war kaum zu erkennen. Noch immer baute man sie zu irgendwas um.

Der Weg war wie immer schlecht und staubig. Ginster, Judasbaum und gelb blühende

136 Im März 2014 erfolgte die Annexion der Krim durch Russland.

Felder, voll von Ackersenf, waren schön anzusehen. An der Grenze waren dann überraschend viele Leute anzutreffen. Meist waren es aber Arbeiter, die hier beim ehemaligem Kellion Justiniana sich sammelten und darauf warteten, von hier abgeholt und zu den einzelnen Klöstern gebracht zu werden.

Auch sie hatten alle ein Diamonitirion in Händen. Jenseits der Grenze standen alte Kleinbusse für sie bereit. Da ich sonntags noch nie an der Grenze gewesen war oder wenigstens nicht zu dieser Tageszeit, hatten ich das noch nie so gesehen. Leider war sonntags auch das Ausgrabungsgelände des ehemaligen Klosters von Zygou nicht zu besichtigen.

Zurück in Ouranoupoli suchten wir die Taverne auf, wo der einstige Grazer Geschäftspartner von Nikos beschäftigt war. Er freute sich über das Wiedersehen. Wir schrieben dort unsere Ansichtskarten und gingen dann auf unser Zimmer, um uns kurz auszuruhen. Wir begegneten nun Frau Antonakis und überreichten ihr unser Geschenk. Die Frau ist ein Phänomen, in all den Jahren hat sich ihr Aussehen kaum geändert, sie war immer gleich jung – und nett.

Dann sahen wir noch einmal unsere Rucksäcke durch, was wir eventuell noch zurücklassen konnten. Ich hatte sogar das Brot auf eine Schnitte pro Tag rationiert, in jedem Kloster bekommt man zu den Mahlzeiten eines. Ich hatte auch nur eine halbe Wurst und nur zwei 50 g Hartkäsestücke mitgenommen und Hemden nur für einen Wechsel alle zwei Tage eingepackt, trotzdem wog der Rucksack mit voller Wasserflasche an die 10 kg!

Anschließend gingen wir zu Daphne Abendessen, die ohne Berechnung erhaltene Nachspeise schafften wir nicht mehr! Schon relativ früh suchten wir unser Zimmer auf.

Montag, 7. April:

Wir hatten uns das Handy auf 05:15 Uhr gestellt, um das Frühschiff um 06:30 Uhr zu erreichen. Wir frühstückten am Zimmer. Im Finstern wanderten wir dann hinunter zum Kai und suchten das Auto, wo man die Diamonitiria ausgefolgt bekam. Bei der herrschenden Dunkelheit war es gar nicht so einfach, das richtige Auto zu finden. Wir suchten dann das freie Oberdeck auf. Noch im Finstern legte das Schiff ab, eigentlich fuhren nur wenige Passagiere mit. Das Schiff fuhr direkt Dafni an, da gab es – für Bernd leider – wenig zu sehen, sodass wir bald den windgeschützten Bereich des Oberdecks aufsuchten. Manchmal niesele es auch fein her. Die Fahrt nach Dafni dauerte circa 1 ½ Stunden.

In Dafni angekommen, wanderten wir gleich in Richtung des Klosters von Simonos Petras los. Die Straße hatte man seit dem letzten Jahr fein gewalzt, sodass das Gehen auf ihr recht angenehm war. Rund herum blühten Ginster, Affodill, blaue Iris, Euphorbien, natürlich zahlreiche Judasbäume, gelbe Wucherblumen und vieles mehr. Sonne schien keine und so war das Wandern angenehm. Wir benötigten bis zum Kloster drei Stunden, an Höhe überwanden wir circa 290 Meter, das Kloster selbst lag 222 m über dem Meeresspiegel.

Ein sehr freundlicher Archontaris empfing uns. Auf Wunsch bekamen wir einen Kaffee in King-Size-Größe, einen Tsipouro, Loukoumi und ein ordentliches Glas Wasser. Dann fragte er uns, ob wir Hunger hätten, was wir bejahten. Er verschwand in der Küche, nach einiger Zeit holte er uns in den Essraum für Gäste, wo auf einen Metallteller für jeden ein schöner Fisch bereitlag, weiters gab es grünen Salat, Brot und Wein – letzterer von nicht gerade überragender Qualität. Nach dem Essen wies er uns ein schönes Vierbettzimmer zu, das aber nur von uns belegt wurde. Wir duschten und legten uns für ein Mittagsschläfchen nieder, was meinem Knie guttat.

Dann streiften wir durch das Kloster, gingen hinunter zum Friedhof, wo doch einige Grabkreuze zu sehen waren. Dann spazierten wir auf der Straße, wo wir gekommen waren, hin zur Grotte des hl. Simon. Die Grotte war schön zu einer kleinen Kapelle ausgebaut worden. Um 17:00 Uhr war dann die Hesperinos-Andacht, die abendliche Vesper. Es war eine recht lange Andacht und mit viel Gesang.

Anschließend wurden wir in die Trapeza zum Abendessen eingeladen. Es gab geräucherten Fisch, kalten Kochsalat, saures Püree – das hatte ich bisher noch nie gegessen und es wird auch künftig nicht unter meine Lieblingsgerichte kommen –, weiters Oliven, Brot, Wein, Wasser, einen Apfel und eine Zitrone. Amüsant fand ich, dass der Vorleser beim Essen laufend von einem Niesreiz geplagt wurde. Er hatte offenbar Heuschnupfen.

Nach dem Essen gingen wir hinüber in den Pavillon, doch es wurde uns bald recht kalt, sodass wir gerne unser Zimmer aufsuchten. Es sei hier lobend angeführt, dass während unserer Wanderung in allen Zimmern der Klöster, nur nicht im Kloster Stavronikita, die Zentralheizungen eingeschaltet waren. Das Installieren von Zentralheizungen in den einzelnen Klöstern war schon ein großer Fortschritt gegenüber früheren Zeiten, wo wir oft ganz schön gefroren haben und nicht wussten, was wir für die Nacht nicht noch alles anziehen konnten.

Dienstag, 8. April:

Bernd wollte unbedingt einmal eine Frühandacht (Orthros) besuchen, also warum nicht hier? Wir stellten also den Wecker auf 05:00 Uhr und gingen hinüber ins Kloster. Das Innere des Katholikons war noch recht finster, nur erleuchtet von wenigen Kerzen, die in der Orthodoxie immer aus reinem Bienenwachs sein mussten. Ein Vorbeter leierte für meine Begriffe die Gebete herunter, inzwischen wurde immer wieder gesungen, recht schön, manchmal im Wechselgesang.

Schattenhaft huschten Mönche durch das finstere Innere, küssten Ikonen und warfen sich dreimal vor ihnen nieder, mit der Stirn den Boden berührend. Wenn der Priester mit dem Weihrauchgefäß, an dem viele Glöckchen befestigt waren, durch das Gotteshaus schritt, mit Weihrauch jede Ecke, jede Ikone und jeden Anwesenden vor allem Bösen befreite, war das Ende der Andacht meist auch nahe. Das war hier um 07:30 Uhr der Fall. Man verließ das Katholikon, aber es gab heute kein Frühstück. Wohl wegen der Fastenzeit. Mit einem Frühstück hatten wir eigentlich schon gerechnet.

Wir gingen auf unser Zimmer und frühstückten aus den eigenen Beständen. Dann brachen wir auf. Glücklicherweise waren wir gerade in die Nähe eines großen Baumes, der in einer Kurve stand, da kam vom Athos eine schwarze Wolke und ein starker Regen, vermischt mit Hagelkörnern, ergoss sich über uns. Wir flüchteten unter diesen Baum, aber der Regen war so stark, dass wir unseren Regenschutz herausholen mussten. Wir warteten hier den ärgsten Guss ab, dann wanderten wir weiter. Der Regen hörte auch bald auf, es war gerade so viel gewesen, dass wir unser Regenzeug herausholen mussten.

Wir wanderten dann flott weiter und die Sonne kam heraus. Um 10:30 Uhr waren wir in Dafni und suchten die dortige Gaststätte für einen Kaffee und ein Plundergebäck auf. Relativ viele Pilger warteten auf ein Schiff und es war verwunderlich zu sehen, dass man nirgends Bier trank, nur Mineralwasser. Das war offenbar der Fastenzeit geschuldet.

Nach einer Dreiviertelstunde Rast brachen wir wieder auf. Die Sonne brannte jetzt nieder auf uns. Wir wanderten nun auf der recht staubigen Hauptverbindungsstraße zwischen dem Hafen von Dafni und dem Hauptort Karyes bis zur Arsanas von Xiropotamou. Dort zeigte ich Bernd den steilen Aufstieg zum Kloster, aber auch er hatte keine Lust, diesen Weg zu wählen. Also blieben wir auf der staubigen Straße, die zu dieser Zeit von vielen Autos befahren wurde, welche die mittags Ankommenden abholten und zu den einzelnen Klöstern brachte.

Von Dafni aus sah man der Straße gar nicht an, dass sie so steil anstieg und sich in vielen Kurven den Höhenrücken hinaufwand. Das Wandern mit dem doch schweren Rucksack war schon sehr anstrengend in der mittägigen Hitze! Wir legten auch immer wieder Verschnaufpausen ein. Letztlich staubten uns die von Dafni zurückkehrenden Autos auch wieder ein. Ein einziges Auto mit einem Mönch blieb stehen und wollte uns mitnehmen. Leider unterlief mir ein blöder Fehler. In der Meinung, dass es „eh nur mehr" eine Kurve hinauf wäre, lehnte ich ab. Doch leider war es dann noch eine gute halbe Stunde bis hin zum Weg, der von der Straße gerade hinüber zum Kloster führte!

Wir schafften es endlich und wanderten zum Kloster hin. Ein nicht gerade junger Wanderer mit leichtem Rucksack überholte uns und war dann mit uns zusammen an der Klosterpforte. Dort wurde genau kontrolliert, Reservierung, Diamonitirion, Reisepass. Für uns klappte es. Der andere Wanderer war Russe. Der Pförtner sagte zu ihm: *„Russki? Njet!"* Der Mann konnte machen, was er wollte, er bekam keine Unterkunft und musste unverrichteter Dinge weiterwandern. Hatte man hier etwas gegen Russen, wo das große Russenkloster Panteleimonos doch das Nachbarkloster war? Wie wir später feststellen konnten, hätte es in diesem Kloster genügend freie Betten gegeben.

Uns fragte man nun, ob wir etwas zu essen wollten. Als wir bejahten, führte man uns in die Trapeza, wo ein Tisch bereits gedeckt war. Es gab warmen Eintopf aus Rollgerstl, Kochsalat, Bohnen und Karotten, eine Art Liptauer-Aufstrich, Oliven, Brot, Halva und zum Trinken Wasser. Wir waren damit sehr zufrieden. Da Xiropotamou ein sehr strenges Kloster war, durften wir nirgends am mönchischen Leben teilnehmen. Man führte uns unter Aufsicht eines leider nur griechisch sprechenden Mönchs ins Katholikon. Gerade dieses Kloster verfügt über ein besonders schönes Kircheninneres, eine wunderschön geschnitzte Ikonostase, zahlreiche Ikonen, darunter die wundertätige Ikone der „Vierzig Märtyrer von Sebaste", denen auch das Kloster geweiht ist.

Wir bewunderten alles gebührend. Ich zeigte und erklärte Bernd hier die großartige Malerei der Himmelfahrt Mariens (Koimesis), die man bei uns so dargestellt nicht kennt. Auf alten Darstellungen dieses Topos sieht man stets Maria am Totenbett liegend. Da kam es zu einem Zwischenfall. Ein jüdischer Priester namens Jephonias wollte aus Hass auf die Gottesmutter die Bahre umwerfen, aber ein Engel des Herrn kam und hieb ihm die Hand ab. Jephonias bereute später diese Tat, ihm wurde vergeben und er wurde an seiner Hand wieder geheilt.[137] Diese Darstellung der „Entschlafung Mariens", wie die Orthodoxen die „Himmelfahrt Mariens" nennen, findet man auf neuen Malereien beziehungsweise neuen Ikonen ohne diese antisemitische Darstellung.

Im Exonarthex dieses Klosters gibt es dann eine sehr realistische und interessante Wiedergabe der Apokalypse. Wir durften hier alleine bleiben und ich erklärte Bernd, was sich da alles ereignete. Mich persönlich faszinierten die Apokalypsen-Darstellungen jedes Mal, jeder Künstler stellte sie etwas anders dar und ich hatte die Apokalypse und deren Interpretationen schon mehrfach gelesen.

Schön war auch der Brunnen (Phiali) des Klosters, wo auf der gewölbten Überdachung zahlreiche biblische Stellen wiedergegeben waren, wo Wasser eine Rolle gespielt hat. Besonders nett fand ich die Darstellung der Auffindung von Moses im Binsenkörbchen, wo die Tochter des Pharaos in griechischer Tracht um 1850 dargestellt war. Schön war auch die Eingrenzung des Brunnens, wo man offenbar Chorschranken einer ehemaligen Kirche benützt hat. Da waren mehrmals Dämonen abwehrende Penta- und Hexagramme darauf dargestellt und auch Mond und Sonne mit einem Gesicht. Besonders schön im Hof waren auch mehrere Kameliensträucher, die im Augenblick herrlich blühten.

Wir bekamen ein schönes Dreibettzimmer und genaue Anweisung, was wir zu welcher Zeit zu tun hätten. Wir gingen dann hinaus zum Pavillon, wo man einen herrlichen Blick hinunter aufs Meer hatte. Ich las und Bernd braute uns in der Kochnische, die sich unterhalb des Pavillons befand, einen herrlichen „Griechischen Kaffee". Wir genossen dann noch den Sonnenuntergang. Um 19:00 Uhr war das Abendessen. Im Gästeesszimmer war selbstverständlich Selbstbedienung. Mit einem Tablett musste man sich das bereitgestellte Essen holen. Es gab Tee (russischen Tee oder Lindenblütentee) oder Kaffee, ferner Oliven, Brot, Marmelade und Halva.

Nach diesem Essen zogen wir uns in die Bibliothek zurück, wo wir noch etwas lasen, Bernd suchte sich ein Predigtbuch auf Englisch aus, ich las in einem mitgenommenen Taschenbuch. Ab 21:00 Uhr war dann Nachtruhe.

Mittwoch, 9. April:

Wir ließen uns mit dem Aufstehen Zeit, da wir erst um acht Uhr zum Frühstück gehen durften. Das lief wieder mit Selbstbedienung ab, die „Speisenfolge" entsprach dem abendlichen Essen. Etwas nach acht Uhr brachen wir auf und hatten sofort ein Problem. Sämtliche Türen rundherum waren abgeschlossen. Gott sei Dank war noch jemand im Frühstücksraum, der zeigte uns ein „Hintertürl", durch welches wir das Kloster verlassen konnten.

Wir gingen den alten, kaum mehr erkennbaren Pilgerweg, einen relativ steil ansteigenden Hang hinauf, wo wir dann auf die Straße trafen. Nach Fortführung des alten Pilgerweges brauchten wir nicht suchen, das hatten wir schon vor zwei Jahren gemacht und gesehen, dass er total zugewachsen war. Wir mussten also auf der Straße weitergehen.

Anders als vor zwei Jahren fuhren zu dieser Zeit viel weniger Autos. Wir kämpften uns also Kurve für Kurve die Straße hinauf, immer wieder glücklich, wenn wir nach einer

137 Vgl. dazu: https://orthpedia.de/index.php/Mari%C3%A4_Entschlafung (Zugriff: 10.2.2020).

Kurve für kurze Zeit die schon recht starke Sonne im Rücken hatten. Um zehn Uhr waren wir auf Kammhöhe und begannen den Abstieg auf der Straße Richtung Karyes. Bei der großen Eiche gab es einen Weg hinunter zum Kloster Koutloumousiou, aber da ich Bernd unterwegs noch einiges zeigen wollte, blieben wir auf der Straße.

Dort, wo der Weg zum Konak von Chilandar abzweigte, führte auf der anderen Straßenseite der schmale Weg zum Kellion Molivouekklisia, das der serbische Mönch Chrysostomos alleine bewohnte. Ich wollte Bernd mit einer sensationellen, kleinen Kapelle, die nur die wenigsten am Athos kannten, überraschen.

Wir hatten Glück, Chrysostomos werkte gerade vor seinem Haus herum. Da er weder Deutsch noch Englisch verstand, ging alles nur mit Zeichensprache. Aber als wir ihm so mitteilten, dass wir Österreicher sind, war bei ihm das Eis gebrochen. Ich hatte extra eine ganze Handvoll Feuerzeuge für ihn bereit. Ich staunte selber darüber, was sich da an Wahlspenden von österreichischen Parteien angesammelt hatte.

Er ließ uns in sein Kellion, auch der Besuch eines Kellions war für Bernd noch etwas ganz Neues. Im Kellion ging es nach Öffnen einer Falltüre eine Stiege hinunter und wir waren in einer kleinen Kapelle. Das Kellion soll mit seiner Kapelle um 1536 gegründet und im Stil der kretischen Schule ausgemalt[138] worden sein. Die Malerei wurde bisher noch nie renoviert. Einfach sensationell! Wieder heroben, wollten wir zum Abschied Pater Chrysostomos vor seinem Kellion fotografieren. Aber das ging nicht sogleich. Er eilte ins Haus und holte sich seine Mönchsmütze und einen Rosenkranz. Nur so durften wir von ihm ein Foto machen. Letztlich schrieb er uns noch seine Adresse auf und wir versprachen, ihm ein Foto zu schicken.

Weiter wandernd kam die Skite Agiou Andreou in Sicht und wir gingen gegen ½ 12 Uhr durch ihr Eingangstor. Leider war das Kyriakon dort geschlossen. Es hatte eine neue, schöne Türe bekommen. Auch sonst wurde rundherum renoviert, so hatten zum Beispiel die neben dem Kyriakon im Freien lagernden Glocken jetzt ein Dach bekommen und standen auf einem Podest. Wir besuchten dann kurz noch den reich bestückten Klosterladen, erwarben aber nichts.

Gegen zwölf Uhr erreichten wir Karyes. Zu allererst suchten wir das Büro für Taxi-Buse auf und organisierten einen solchen für Samstag sieben Uhr früh vom Kloster Stavronikita nach Dafni. Dann gingen wir in den Verwaltungspalast der Hiera Epistasía, um auf gut Glück unsere Diamonitiria um drei Tage zu verlängern, was auch trotz der schon fortgeschrittenen Tageszeit anstandslos gelang. Da auch das Protáton offen war, besuchten wir auch dieses. Die „Axión estín" war zwar nicht zur Verehrung ausgestellt, dafür aber die Panagia Eleousa, die „Gottesmutter der Barmherzigkeit". Das Innere des Protáton war auch schon weitgehend renoviert, nur in ihrem hinteren Bereich standen noch Gerüste.

Da nun das Wichtigste getan war, gingen wir ins Gasthaus und bestellten uns eine Bohnensuppe. Im Gasthaus von Dafni hatten wir den Eindruck, die Athos-Pilger würden sich in der Fastenzeit beim Alkohol zurückhalten. Hier in Karyes wurde dieser Eindruck

138 Vgl. Feigl, Athos, S. 91.

total revidiert, die Runden, die wir hier beobachten konnten, griffen kräftig zur Flasche, Bier und Tsipouro wurden anständig getrunken!

Wir wanderten anschließend hinunter zum Kloster Koutloumousiou. Gleich bei der Pforte lernten wir einen griechischen Konservator kennen, dessen Tochter im steirischen Gleichenberg die Hotelfachschule besuchte. Wir plauderten miteinander und er bot mir, als ich ihm erzählte, dass ich bereits 1978 erstmals am Heiligen Berg gewesen war, an, dass er alte Athos-Fotos von mir für das Archiv gerne erwerben würde. Wir haben ihn dann noch kurz bei der Abendandacht gesehen, dann ist er uns abhandengekommen, da er ja hier im Kloster ein eigenes Arbeitszimmer hatte.

Bernd und ich bekamen wieder ein schönes Zimmer für uns alleine, wohl auch, weil uns der Konservator dabei geholfen hatte. Anschließend erforschten wir die Umgebung in und um das Kloster.

Vor Beginn der Abendandacht durften wir im Katholikon eine der wundertätigen Ikonen des Athos ansehen, die Ikone der Phowera Prostasia, der „furchterregenden Beschützerin". Die Ikone war, bis auf Gesicht von Mutter und Kind, mit Goldblech bedeckt. Zahlreiche, wertvolle Schmuckgegenstände und goldene Orden schmückten das Bild.

Die Hesperinos-Andacht dauerte dann 1 ½ Stunden. Bernd und ich saßen im Esonarthex, wobei wir den ersten Gebetsstuhl, es war jener Gebetsstuhl, wo unser Schulkamerad Heiner vor mehreren Jahren (2009) bewusstlos herausgefallen war, frei ließen. Nicht, weil er seither unter Denkmalschutz stand, aber wir hatten in anderen Klöstern die Erfahrung gemacht, dass dort oft der Mönchspriester zu Beginn der Andacht sitzen wollte. Hier war es nicht so und ein Mönch forderte Bernd auf, diesen Sitz einzunehmen.

Im Wechselgesang wurde sehr schön gesungen. Anschließend wurden den orthodoxen Pilgern die Reliquien gezeigt und zur Verehrung auf einem Tisch vor der Ikonostase aufgestellt. Von dieser Verehrung waren wir Katholiken ja meist ausgeschlossen. Es ist für unser religiöses Verständnis auch nicht unbedingt ein Vergnügen, Knochen und Knochenteile, wenn auch oft kostbar gefasst, abküssen zu müssen. Noch dazu in einer langen Reihe von Gläubigen, wo, wenn überhaupt, wir Katholiken uns stets ganz hinten einzuordnen hatten.

Zwischendurch gab es immer wieder etwas Aufregung, da die Sirene, die ein Feuer melden sollte, mehrmals fälschlich losging. Das sollte im Laufe des Abends noch öfter geschehen.

Donnerstag, 10. April:

Heute war das Wetter nicht besonders schön. Wir frühstückten am Zimmer. Um circa acht Uhr brachen wir auf. Auf dem alten Pilgerweg wanderten wir gemütlich zum Kloster Iviron, welches wir zwei Stunden später erreichten. Im Archontarikion war ein Schild angebracht mit dem Hinweis, dass Zimmerschlüssel nur nach Reservierung und nur um 13:00 Uhr ausgegeben werden. Wir ließen also unsere Rucksäcke dort zurück und streiften nun im Klosterbereich herum. Zuerst suchten wir den reich beschickten Klosterladen auf, ohne etwas zu erwerben. Dann widmeten wir uns im Exonarthex des Katholikons den Malereien, die wiederum einzelne Ereignisse der Apokalypse widergaben, die aber, der Malweise nach, jünger waren als die im Kloster von Xiropotamou. Das machte auch den besonderen

Reiz dieses ursprünglich stets gleichen Themas aus, denn jeder der meist anonymen Künstler hat das so dramatisch ablaufende Geschehen etwas anders dargestellt.

Das Katholikon wurde wieder einmal renoviert. Am Turm, bei der Uhr, fehlte nun die Figur, die früher die Stunden angezeigt hat. Im Klosterhof winkte uns plötzlich ein junger Mönch in Richtung Klostershop. Wir folgten seinem Winken. Unter breitem Grinsen entkorkte er eine Flasche bräunlicher Flüssigkeit, die sich dann als Tsipouro entpuppte. Er zauberte auch zwei relativ große Gläser aus seiner Kutte hervor, schenkte sie voll und deutete, wir mögen sie trinken. Wir taten es, es war ein ordentlich starkes Getränk! Auf mehr oder weniger nüchternen Magen ein zweites Glas zu nehmen, lehnten wir dankend ab. Im Klostershop gab er uns dann noch ein Glas Wasser zum Nachtrinken. Hätte diese Aktion uns zum Kauf des klostereigenen Tsipouro animieren sollen?

Es begann zu regnen. Mönche und Pilger eilten ins Katholikon zu einer Andacht. So hatte Bernd Gelegenheit, eine der schönsten Kirchen des Athos kennenzulernen. Eine prachtvoll geschnitzte Ikonostase, ein wundervoller Choros von gewaltigem Durchmesser, einen marmorintarsierten Fußboden, wunderschöne Wandmalereien und eine Vielzahl von Ikonen. Die anschließende Andacht war recht eindrucksvoll.

Anschließend sperrte man den Raum auf, der sich links im Katholikon befand. Diesen Raum hatte ich bisher nie gesehen. Ich schmuggelte mich unter die Pilger und staunte nicht wenig. An der Wand hing ein sicher 1 ½ m hohes Kreuz, dessen Teile vollkommen mit Silber beschlagen waren. Der Silberbeschlag wies zahlreiche Szenen aus der Heilsgeschichte auf.

Darunter standen, u-förmig angeordnet, große Truhen, deren Deckel aufgeklappt waren. Sie enthielten eine große Zahl von Reliquien, ausschließlich Knochen oder Knochenstücke, Schädeldecken, lange und kurze Knochen, die meist kunstvoll in Silber gefasst waren. Es war ein besonderer Schatz des Klosters, es sollen angeblich „ungefähr 150 Reliquienstücke“ hier aufbewahrt sein.[139] Im großen Kreuz wiederum befand sich ein Holzpartikel vom Kreuzesholz Christi.[140]

Nachdem die Orthodoxen hier ihre Verehrung beendet hatten, jeder der Pilger konnte natürlich nur die eine oder andere ihm wichtige Reliquie küssen, lud man uns zum Mittagsmahl in die Trapeza ein. Es gab eine warme Bohnensuppe, Oliven, zwei Pfirsichhälften aus der Dose, eine Orange, Brot und Wasser. Anschließend begaben wir uns in das Archontarikion, wo wir den Schlüssel für ein schönes Zweibettzimmer ausgefolgt bekamen, und hielten Siesta.

Danach gingen wir rund ums Kloster auf Entdeckungsreise. Zuerst spazierten wir hinunter zum Hafen, bewunderten die großartige Architektur des Turms der Arsanas, gingen dann den Strand entlang bis zum Kellion Agiasma. Dort wurde gerade alles renoviert, sowohl das Wohnhaus als auch die Kapelle. Zu diesem Kellion gehörte auch ein großer Weingarten.

Am Strande weiterwandernd, kamen wir zu einer kleinen Kapelle, wo eine Quelle

139 Vgl. Sotiris Kadas, Der Berg Athos, Athen 1988, S. 54.

140 Ebenda.

gefasst war. Es war eine Quelle mit heil- und segenbringendem Wasser, entsprungen an der Stelle, wo nach athonitischer Legende die Gottesmutter am Athos angelandet war.[141] Vor einigen Jahren konnten wir erleben, dass man hier am Ostermontag in die kleine Kapelle die Portaitissa hintrug. Es war dann ein Ort großer Feierlichkeiten. Die Quelle hat im Augenblick nicht gerade viel Wasser. Wir hatten uns kaum etwas von der Quelle entfernt, als ein kleiner Bus mit Pilgern kam, um in mitgebrachten, leeren Flaschen Wasser von dieser Quelle aufzufangen.

Wir gingen am Strande weiter und kamen zu einem kleinen Bootshafen, wo uns aber dann ein laut bellender Schäferhund am Weitergehen hinderte. Wir gingen am Strand zurück und bogen dann schon vor dem Kloster ab. Wir überquerten eine neue Brücke und gingen dann im Klostergarten um das Kloster herum. Dort, wo der Pilgerweg von Karyes einmündet, gingen wir den Hang hinauf. Hier war der Friedhof des Klosters. Aber gleich darunter war noch ein zweiter Friedhof mit Gräbern, wie sie bei uns üblich waren. Wer wurde hier begraben?

Den Weg den Hang aufwärts weiter folgend, kamen wir zu einer großen, eingeebneten Fläche, das war wieder ein großer Weingarten des Klosters. Dort kehrten wir um und gingen zurück ins Kloster. Relativ früh war dann das Abendessen in der Trapeza angesetzt, diesmal ohne Mönche: Es gab wieder Bohnensuppe, Oliven, einen Apfel, Brot und Wasser.

Anschließend war eine Andacht in der Kapelle der Panagia Portaitissa, der „Pförtnerin“, vorgesehen, sie ist ja die zweitwichtigste Ikone des Athos, der zahlreiche Wunder nachgesagt werden. Ihr Riza (Abdeckung) war aus purem Gold und wieder bedeckten viele äußerst wertvolle Opfergaben das Bild. Fast alle Mönche und auch viele der Pilger warfen sich vor der Ikone dreimal zu Boden und berührten dabei mit der Stirn den Boden. Die anschließende Verehrung geschah mit viel Gesang, mit viel Weihrauch und im Scheine zahlreicher Kerzen.

Nach dem Ende dieser religiösen Handlung strebten alle ins Katholikon zu einer weiteren Andacht, vor der wir uns diesmal aber drückten und aufs Zimmer gingen. Es regnete. Wir lasen noch einige Zeit in der Bibliothek.

Freitag, 11. April:

Wir haben bis 07:00 Uhr geschlafen und anschließend dann am Zimmer gefrühstückt. Heute herrschte strahlendes Wetter. Um 08:00 Uhr verließen wir das Kloster. Der Weg war mir ja schon lange gut bekannt, eine unangenehme Überraschung bereitete uns aber die Stelle, wo es zum Meer hinunterging.

Da führte der Pilgerweg hinunter zu einem kleinen, ausgetrockneten Bach, wobei dann der Weg unterhalb eines total verwachsenen Verschlags früher weitergeführt hatte. Man hatte nun aber vor nicht allzu langer Zeit irgendwelche Leitungen verlegt und dabei große Mengen von Ästen abgeschnitten, die man dann achtlos einfach hinuntergeworfen und damit den ursprünglichen Weg total zugedeckt hatte. Als wir nun zu dieser Stelle kamen,

141 Vgl. Feigl, Athos, S. 115.

war kein Weg sichtbar, dafür führten plötzlich viele, schlecht erkennbare Wege in diesen Verschlag hinein.

Offenbar hatten schon viele versucht, hier einen Weg zu finden. Aber alle Wege mündeten dann irgendwo im Gestrüpp. Man sank plötzlich bis zu den Knien in Gesträuch und Ästen ein, alles war zudem rutschig und von Tau nass. Brombeerranken und andere dornenbewehrte Schlingpflanzen schlangen sich um unsere Beine. Wo immer man ging, plötzlich kam man nicht mehr weiter und sah auch keinen Weg mehr. Gar nicht daran zu denken, dass dieses Gestrüpp auch ein Paradies für Schlangen sein konnte.

Auch die Stöcke waren wenig Hilfe, man fand einfach keinen Halt. Es war zum Verzweifeln. Es blendete uns auch die Sonne, die gerade so unglücklich tief stand. Mein einziger Gedanke war, wir müssen unbedingt aus dem Gestrüpp heraus- und auf den Weg zurückkommen und dann eventuell den großen Umweg über die Verbindungsstraße Karyes – Megisti Lavra nehmen. Aber wie zurück? Bernd und ich, wir standen zwar knapp nebeneinander, aber doch hatte jeder für sich einen anderen Weg in diesem Dickicht gesucht. Wir fanden jetzt kaum mehr den Weg heraus, den wir vorher ins Gestrüpp hinein gegangen waren.

Endlich hatten wir es geschafft, den alten Weg wieder zu erreichen und stiegen den Hang ein Stück hinauf zurück. Wir schauten nun von oben herab, wie der Weg eigentlich hätte verlaufen müssen! Jetzt sahen wir es und versuchten es von Neuem. Es gelang und wir waren nun endlich am Strand!

Vorbei am Wachturm der Arsanas von Koutloumousiou nahmen wir dann den üblichen Weg entlang der Meeresklippen, durch einen Hang voll mannshoher Baumheide. Gegen zehn Uhr erreichten wir das burgenähnliche Kloster Stavronikita. Ein freundlicher Archontaris empfing uns mit Tsipouro, Loukoumi und Wasser und begleitete uns zum Gästehaus. Das lag dort, wo auf der anderen Seite das Aquädukt und die Becken mit den Goldfischen waren. Keiner der Pilger schlief offenbar nun mehr im Kloster! Leider, denn die Zimmer dort waren immer sehr schön gewesen. Wir bekamen ein einfaches Dreibettzimmer, vorerst noch alleine.

Die Mönche waren noch im Katholikon. Wir erlebten gerade noch das Ende der Andacht in diesem wunderschönen, von Theophanes dem Kreter ausgemalten Katholikon. Das Mittagessen fand dann in der Trapeza statt. Es gab schon wieder Bohnensuppe, zwei Pfirsichhälften aus der Dose, Oliven, eine Orange und Wasser.

Ich hatte Bernd versprochen, wenn er es mochte, würde ich mit ihm hinüber zum benachbarten Kloster Pantokratoros wandern. Gestärkt durch das Mittagessen zogen wir ohne Rucksäcke los. Der alte Pilgerweg dorthin war auch ohne Rucksäcke ein ordentlicher Hatscher! Ich schlug ein flottes Tempo an, da das Wetter etwas unsicher aussah, und so erreichten wir in circa einer Stunde das Kloster Pantokratoros. Dort wurde überall im Eingangsbereich des Klosters gearbeitet. Vom ehemaligen Gästetrakt standen nur mehr die Außenwände.

Ein von mir befragter Mönch meinte, ja, das Katholikon könnten wir uns ansehen. Das stimmte und es war ein freundlicher Mönch dort, der es uns aufsperrte. Wie üblich war dort eine schöne Ikonostase, vor allem aber eine berühmte, wundertätige Ikone, die der Panagia Gerontissa, die „Muttergottes des Klosterältesten“, zu sehen. Als Einzige der bisherigen Marienikonen war sie hier als Ganzfigur dargestellt. Wieder war die Abdeckung aus Gold und zahlreiche Opfergaben wie Ketten, Ringe, Orden zeigten von den vielen Erhörungen durch die „Gerontissa“. Charakteristisch war, dass ihr von der Abdeckung freies Gesicht nicht lieblich jung, sondern eher alt erschien.

Auf der anderen Seite gab es eine weitere, wunderschöne Ikone, eine Metamorphosis-Darstellung (Verklärung), aber nicht gemalt, sondern als Mosaik. Unser Aufenthalt im Katholikon zog sich sehr in die Länge, da unser Mönch laufend Anrufe auf seinem Handy erhielt. Nachdem wir uns bei ihm sehr für seine Führung bedankt hatten, machten wir uns nun auf den Rückweg. Diesmal ließen wir uns mehr Zeit, zudem waren wir auch schon müde. Im Kloster Stavronikita angekommen und wieder im Gästehaus, sahen wir, dass nun auch das dritte Bett belegt war. Es kam auch bald unser neuer Zimmergenosse, ein junger Mann, der, wie er uns erzählte, seit vier Monaten arbeitslos war und sich so am Heiligen Berg so schlecht und recht durchs Leben schlug.

Ich legte mich hin, der Grieche verspann Bernd auf Englisch gleich in ein politisches Gespräch, an dem ich mich nicht beteiligen wollte – was sollte ich auch mit einem Griechen politisieren? Ich hörte aber im Halbschlaf ihr Gespräch mit und die eklatanten Mängel des Griechen in Geografie fielen mir auch im Halbschlaf auf.

Um 18:00 Uhr gab es dann Abendessen, das war gleich wie das zu Mittag. Es war schon eigenartig, bei keiner Wanderung hatten wir noch so viel zu essen bekommen, wie gerade jetzt in der Fastenzeit! In der Regel gab es sonst nur ein Essen pro Tag!

Wir streiften noch etwas um das Kloster, ich zeigte Bernd den Karner. Mit dem Karner von Stavronikita verbindet sich eine schaurige Legende, die ich einmal bei Franz Spunda gelesen hatte und nun Bernd aus der Erinnerung erzählte:

Eines Tages waren plötzlich arabische Piraten unter dem Kommando des Schwarzen Ibrahims, eines Nachfahren des berüchtigten türkischen Admirals Chaireddin Barbarossa[142]*, vor dem Kloster Stavronikita aufgetaucht. Ibrahim hatte geschworen, das Christentum auszurotten. Trotz seines wilden Lebenswandels war er ein gebildeter Mann und kannte sich in den Wissenschaften des Abendlandes gut aus.*

Als nun seine Piraten das Klöster eingeschlossen hatten, schickte er dem Abt ein Schreiben, abgefasst in klassischem Griechisch, er möge die Lehre des Propheten Mohammed annehmen oder durch das Schwert umkommen. Große Angst befiel nun die Mönche und sie baten den Schutzpatron des Klosters, den hl. Nikolaos, um Rettung. Gestärkt durch das Gebet, wiesen sie Ibrahims Forderung zurück.

Ibrahim wollte nun beweisen, kein roher Barbar zu sein, und schlug nun vor, mit einem der Mönche über den wahren Glauben zu diskutieren. Wer die besseren Beweise habe und den anderen davon überzeugen könne, dessen Religion sei die richtige. Sollte man ihn überzeugen, werde auch er die verhasste Lehre der Christen annehmen.

Nach dieser Nachricht herrschte große Verzweiflung unter den Mönchen. Keiner traute sich zu, die Verantwortung für so viele Mitbrüder zu übernehmen. Man wollte losen. Die Frist

142 Zu Chaireddin Barbarossa vgl.: https://de.wikipedia.org/wiki/Khair_ad-Din_Barbarossa (Zugriff: 10.2.2020).

galt bis Mitternacht, andernfalls wollte man das Kloster stürmen und in Brand setzen. Da trat der junge Diakon Germanos vor den Abt und sagte zu ihm: „Schick mich! Wenn sich kein Besserer meldet, will ich es tun!" Der junge Diakon kniete vor dem Gnadenbild nieder und der Abt gab ihm seinen Segen.

Schon ertönte ein Trommelwirbel, dass die Frist nun abgelaufen wäre. Germanos schlüpfte durch eine versteckte Tür ins Freie. Die Piraten brüllten vor Lachen, als sie den bartlosen Jüngling sahen, und brachten ihn zu Ibrahim. Ibrahim gebot seinen Piraten die Waffenruhe einzuhalten und zog sich mit dem Jüngling in einen Olivenhain zurück. Sie begannen zu diskutieren und vor allem Ibrahim geriet immer mehr in Rage. Ibrahim konnte seine Wut kaum mehr zügeln. Germanos gelang es aber, seine Ruhe zu bewahren.

Als Ibrahim immer ungezügelter wurde, nahm ihn Germanos bei der Hand und führte ihn zum Karner, welcher sich nahe dem Olivenhain befand. Er schloss die schwere Eisentür auf und ließ wie unabsichtlich den Schlüssel außen stecken. Germanos deutete auf die Gerippe und sagte: „In hundert Jahren sind wir auch Gebein und Staub. Aber die Gedanken, die wir gedacht haben, bleiben. Bisher hat dein Blut gesprochen, nicht dein Geist. Lasst uns jetzt ruhige Gedanken fassen!"

Jetzt bemerkten die Piraten das Verschwinden ihres Anführers. Sie witterten Verrat und setzten das Kloster in Brand. Der Kampflärm drang bis ins Beinhaus vor und Germanos beschuldigte Ibrahim des Wortbruchs. In rasender Wut stach nun dieser Germanos seinen Dolch in die Brust. In einer Eingebung und mit letzter Kraft ließ sich Germanos nun gegen die Tür fallen, die nun ins Schloss fiel und nun nur mehr von außen zu öffnen war. Ibrahim versuchte zwar noch, mit seinem Dolch das Schloss zu öffnen, der Dolch zerbrach jedoch und er war im meterdicken Gewölbe gefangen. Kein Ruf drang von hier nach außen.

In dieser Nacht brannte das Kloster Stavronikita bis auf seine Grundmauern nieder. Am nächsten Tag zogen die Piraten, ohne ihren Anführer gefunden zu haben, aber mit reicher Beute versehen, ab. Nach Tagen kamen die Mönche des nahen Klosters Pantokratoros hierher, fanden nur eine rauchende Brandstätte vor und begruben die Toten am Friedhof.

Erst als es an den Wiederaufbau des Klosters ging, öffnete man auch den Karner, wo noch ein rostiger Schlüssel außen steckte. Man fand zwei Gerippe und einen zerbrochenen Dolch. Da man in der Folgezeit zur Nachtzeit immer wieder ein unheimliches Klappern aus dem Karner vernahm, führte ein vom Patriarchen abgesandter Archimandrit einen Exorzismus durch, seither trat Ruhe ein.[143]

Vom Karner gingen wir dann zum Kloster und stiegen dort hinauf bis zur Bibliothek, wo wir uns ein dort aufliegendes Buch über das Kloster anschauten. Dann wollten wir zur abendlichen Andacht, doch da gab es anscheinend unterschiedliche Auffassungen, wann diese stattfinden würde. Es war bitterkalt, es regnete relativ stark. Da wir nicht noch länger darauf warten wollten, gingen wir auf unser Zimmer. Unser Schlafgenosse meinte, die Andacht wäre eine Stunde später. Das war uns aber zu spät und wir legten uns nieder, während der Grieche brav zur Andacht ging.

143 Vgl. Spunda, Landschaft und Legenden, S. 256ff. – Derselbe, Legenden und Fresken vom Berg Athos, S. 112ff.

Die Nacht war dann relativ unruhig. Als der Grieche zurückkam, telefonierte er noch lange. Außerdem plagte ihn die ganze Nacht lang ein arger Husten.

Samstag, 12. April:

Da wir uns für sieben Uhr den Taxi-Bus bestellt hatten, stellte Bernd auf sechs Uhr sein Handy zum Wecken. Wir packten unsere Sachen und frühstückten am Zimmer. Der Grieche ging zur Morgenandacht. Etwas vor sieben Uhr war es draußen noch recht finster, nur der Mond hatte beinahe schon das Volle erreicht. Griechenland, zeitmäßig eine Stunde vor uns, hatte zudem schon die Sommerzeit eingeführt, sodass es also nach unserer Normalzeit sechs Uhr früh war!

Unser Plan war ursprünglich, das Frühschiff hinunter nach Süden zu nehmen, soweit es eben fuhr, um Bernd noch die Klöster dort und, wenn es möglich war, ganz vorne auch die Hütten der Einsiedler zu zeigen, um dann gleich wieder mit dem umdrehenden Schiff heraufzufahren.

In Dafni waren noch alle Kaufläden geschlossen, nur das Gasthaus hatte schon offen. In das setzten wir uns jetzt und tranken Nescafé und aßen ein Plundergebäck. Ich erkundigte mich, ob überhaupt heute ein Schiff fahren würde. Wen ich auch fragte, keiner wusste Genaues! Es war zum Aus-der-Haut-Fahren. Ich beobachtete aber auch, dass mehrmals kleine Schnellboote von Ouranoupoli ankamen, kleinere Reisegruppen aufnahmen und so diese von hier wegbrachten!

Das Frühschiff kam erst um 08:30 Uhr, also mit einer halben Stunde Verspätung. Wenn man früh genug mit diesem Frühschiff nach Süden fährt, kann man knapp vor der Abfahrt des 12-Uhr-Schiffes wieder zurück sein. Fährt dieses jetzt schon mit großer Verspätung ab, konnten wir – sofern eines überhaupt kam – das Mittagsschiff nicht mehr erreichen und so unter Umständen den morgigen Heimflug verpassen. Das sagte ich Bernd und er war damit einverstanden, auf die Fahrt entlang der westlichen Küste weiter hinunter nach Süden zu verzichten.

Aber ich wusste noch immer nicht, ob überhaupt ein Schiff kommen würde. Aus den vielen unterschiedlichen Antworten hörte ich aber heraus, dass um 10:30 Uhr ein Schnellboot, wofür man aber eine Reservierung bräuchte, die wir natürlich nicht hatten, kommen würde. Wir stellten uns trotzdem gleich mit unseren Rucksäcken in vorderster Front beim Kartenschalter an.

Als dann eine Viertelstunde vor Ankunft des Bootes der Schalter öffnete, gab es natürlich für uns und viele andere Griechen kein Ticket. Wir mögen warten. Das erinnerte mich an das Leiden von Klaus im Vorjahr. Unter keinen Umständen gingen wir aber vom Ticketschalter weg. Dann kam das Boot. Fünf Minuten vor Abfahrt fragte mich der Mann am Schalter, wie viele Tickets ich benötige, und er händigte mir dann zwei aus. Die Kosten waren gering mehr, die Fahrt kostete pro Person € 12,–, auf dem Normalschiff hatten wir bei der Herfahrt dafür € 8,50 bezahlt.

Am Boot hatten 50 Personen Platz, es war auch schnell voll besetzt. Die Fahrt nach Ouranoupoli dauerte eine gute Stunde. Unterwegs begegneten wir laufend Schnellbooten, die Richtung Dafni fuhren. Aus der Unsicherheit der normalen Schiffsverbindung dürfte sich ein gutes Geschäft für Schnellboote entwickelt haben!

In Ouranoupoli suchten wir zuerst unsere Pension auf, Frau Antonakis war nicht da, doch ihr Ehemann wies uns ein Zimmer im ersten Stock zu. Wir packten unsere Rucksäcke wieder um und gingen zu Daphne Souvlaki essen. Zu meiner Überraschung war jetzt auch die Tochter da, wo doch Daphne uns am Sonntag gesagt hatte, sie lebe auf Kreta und wäre dort verheiratet. Ich sprach Daphne darauf an und sie deutete mir, dass die Tochter „spinne". Die Tochter wiederum sagte mir, dass sei nicht ihre Mutter, das sei „Daphne"! Na, ja, auch eine griechische Familie ist von Differenzen nicht gefeit.

Wie gewohnt, hielten wir eine kurze Siesta, dann machten wir noch einige Besorgungen. Wir setzten uns anschließend in ein Café und spazierten dann noch etwas herum, so zur Kirche, wo auch gerade eine Andacht war. Vor der Kirche saßen alte Frauen beisammen und rissen von Lorbeerzweigen die Blätter ab, die sie dann in großen Körben sammelten. Das war eine Vorbereitung für die Auferstehungsfeier – oder schon für den Palmsonntag – wo auf den Boden der Kirchen Lorbeerblätter aufgestreut werden.

Anschließend gingen wir zu Daphne, um dort ein Käseomelett zu essen und einen halben „Kilo" Retsina zu trinken. Auf mehr hatten wir nicht Lust. Zum Abschied schenkte jeden von uns Daphne wie immer ein Fläschchen Tsipouro. Wir gingen aufs Zimmer und ich las noch.

Sonntag, 13. April:

Wir hatten Frau Antonakis um ein Frühstück gebeten. Sie brachte uns ein großes Tablett voll, ohne es sich bezahlen zu lassen. Das Wetter war strahlend. Unser Bus ging um 09:30 Uhr, sodass wir keine Eile hatten. Irgendwie funktionierte in Griechenland nichts mehr so richtig, der sonst immer pünktlichst abfahrende Bus fuhr gleich um fünf Minuten zu früh ab.

Die Rückfahrt war schön und ereignislos. Um 12:15 Uhr waren wir in Thessaloniki. Ich eilte, um ein Taxi zu erwischen. Eine Taxilenkerin, die uns einen Griechenland-Urlaub in glühenden Farben schilderte, brachte uns zum Flughafen. Da unsere Maschine erst um 16:00 Uhr abflog, hatten wir genügend Zeit. Wieder fiel mir das Fehlen der Russen auf, die sonst den Duty-Free meist gestürmt hatten.

Der Flug nach Wien war angenehm, genauso wie der nach Graz. Bernds Ehefrau holte uns ab. Von ihr erhielten wir die traurige Nachricht, dass einer unserer Klassenkameraden am Freitag verstorben war. Das war heuer schon der zweite alte Schulfreund!

Für mich besonders schön an dieser Wanderung war, dass ich Bernd in den letzten fünfzig Jahren meist nur bei den 5-jährigen Maturatreffen gesehen habe. Trotzdem sind wir zusammen losgewandert, als hätte es die 50 Jahre dazwischen nie gegeben.

Meine 23. Athos-Wanderung

Mit meinen Freunden Bernd Schreiber und Walter Koch
vom 17. bis 25. September 2016

Thessaloniki – Ouranoupoli – Agiou Pavlou – Schifffahrt bis Kavsokalivia und zurück nach Dafni – Xenofontos – Dochiariou – Konstamonitou – Zographou – Dochiariou – Dafni – Ouranoupoli

Mit Bernd war ich schon 2014 am Athos gewandert, Walter dagegen war ein Athos-Neuling. Walter war emeritierter Univ.-Professor, der an der Grazer Technik im Fach „Maschinelle Dokumentation und Informationsvermittlung“ tätig gewesen war. Mit Walter und Bernd war ich schon oft in der Steiermark gewandert, sodass ich keine größeren Schwierigkeiten erwarten musste.

Doch im Vorfeld unserer beabsichtigten Wanderung erwies sich alles als schwierig, sowohl die Besorgung der Diamonitiria als auch die Reservierung der Übernachtungen in den einzelnen Klöstern.

Samstag, 17. September:

Wir flogen von Graz nach Wien, nachdem wir unsere Rücksäcke wie schon üblich in Müllsäcke gegeben und sie so aufgegeben hatten. In Wien hatten wir drei Stunden Aufenthalt, die wir in einem Restaurant verbrachten.

Der Flug nach Thessaloniki dauerte eine Stunde und 40 Minuten und war relativ ruhig. Dort nahmen wir uns ein Taxi und fuhren ins Hotel Esperia, wo wir unsere beiden bestellten Zimmer, Bernd und ich nahmen uns das Zweibettzimmer, bezogen. Kurz umgezogen, spazierten wir los, die wichtigsten Sehenswürdigkeiten der Stadt zu besuchen. Walter kannte Thessaloniki bisher nicht.

Wir spazierten Richtung Meer zum Elefterias-Platz, gingen am Kai die Nikis-Promenade entlang bis zum Aristoteles-Platz, dann weiter die Promenade hinunter bis zum Weißen Turm und dem Denkmal Alexanders des Großen. Am Rückweg besuchten wir zuerst einmal ein Café. Wir spazierten weiter durch die Häuserschluchten hin zum Galeriusbogen und der Rotonda und besuchten dann auch kurz die Kirche Agia Sophia.

Nun stellte sich langsam schon der Hunger ein und wir spazierten hin zum ehemaligen Hafen, wo die alten Lagerhallen schon seit Längerem zu netten Lokalen ausgebaut worden waren. Wir suchten jenes Lokal auf, dass wie eine alte „Greißlerei“ eingerichtet war, wo wir schon mehrere Male ausgezeichnet gespeist hatten. Müde trotteten wir zum Hotel zurück.

Sonntag, 18. September:

Bernd hatte plötzlich gesundheitliche Probleme. Er wollte trotzdem noch nach Ouranoupoli mitkommen. Wenn es da ihm nicht nach einem Tag besser gehen würde, würde er nicht zum Athos mitkommen und früher nach Hause fliegen.

Wir frühstückten im Hotel. Wir hatten in Graz nachgesehen, wann in der Früh ein Bus nach Ouranoupoli fährt, und hatten in Erinnerung, das wäre um 09:30 Uhr gewesen. Obwohl noch genügend Zeit war, drängte ich zum Aufbruch und so fuhren wir etwas vor acht Uhr zum Chalchidiki-Bus-Terminal. Der Taxifahrer fuhr einen ordentlichen Umweg dorthin, was ich ihm auch sagte. Er murmelte etwas von Umleitungen. Doch die Taxis sind in Griechenland ja eh recht günstig.

Am Bus-Terminal ging ich sofort zum Schalter, um die Tickets zu lösen, und fragte nach dem nächsten Bus. Der fahre bereits in fünf Minuten also um 08:30 Uhr. Ich trieb meine Freunde zur Eile an und wir schafften es, den Bus noch zu erreichen.

Die Fahrt nach Ouranoupoli dauerte wie üblich circa 2 ½ Stunden. Die Felder unterwegs waren schon abgeerntet, oft auch schon umgepflügt. Die Bäume verfärbten sich bereits ein wenig ins Gelbe und waren oft staubgrau. Es gab kaum Blumen. Nur im Holomondas-Gebirge waren die Hänge oft ganz lila von blühender Besenheide.

Noch etwas stach hier ins Auge. Es gab wieder die unzähligen Bienenstöcke, die hier überall, oft in Reihen angeordnet, herumstanden. Sie werden also doch erst zu Herbstbeginn hier aufgestellt. Besonders schön beim Durchfahren war die Stadt Arta, deren pittoreske Häuser vielfach nun in Pastellfarben, vor allem in Blau, gefärbelt worden waren.

In Ouranoupoli angekommen, suchten wirst sofort das Athos-Büro auf, das ja am Weg zur Pension Antonakis lag, aber, da die Diamonitiria uns erst für morgen zugesagt worden waren, hatten wir keine Chance, diese zu bekommen. So gingen wir weiter zu Frau Antonakis, die uns freundlichst begrüßte und uns zwei Zimmer zuwies.

Dann sprach ich mit ihr wegen der Reservierungen in den Klöstern. Das sei heuer besonders schwierig gewesen, sie habe nur zwei sichere Übernachtungen organisieren können. Ich war wie vor den Kopf gestoßen. Gott sei Dank irrte sie sich, es waren drei, aber immer noch hatten wir für den ersten und den letzten Tag keine Übernachtung. Sie schlug mir für die erste Übernachtung das Kloster Agiou Pavlou vor, wo sie einen Mönch gut kannte.

Dieses Kloster, das letzte ganz im Süden an der Westküste, war ganz außerhalb der von mir vorgesehenen Wanderroute, aber ich willigte ein. Ein Telefonat regelte die Sache sofort. Übrig blieb nur noch der Freitag, vorgesehen war da eine Übernachtung im Kloster Dochiariou. Dort habe sie weder mit einem Anruf noch mit einem Fax zu irgendeiner Tageszeit Glück gehabt. Ich möge doch einfach dort hingehen und mein Empfehlungsschreiben von Univ.-Prof. Larentzakis vorzeigen. Zudem sagte mir Frau Antonakis, ihr Haus wäre im Augenblick so voll, dass wir, sollten wir einen Tag früher vom Athos zurückkommen, für diese eine Nacht woanders schlafen müssten.

Bernd legte sich hin und hoffte, bis morgen fit zu sein. Walter und ich spazierten die Uferpromenade hinunter. Es herrschte großes Gedränge, unheimlich viele Ausflügler waren in den vielen Lokalen. Im ersten Geschäft an der Hauptstraße erkannte mich der Chef sofort wieder, ich erwarb dort Ansichtskarten und die neueste Wanderkarte vom Athos, die es nur dort zu kaufen gab. Er erzählte mir auch jedes Mal den letzten Tratsch aus Ouranoupoli. Walter und ich suchten dann kurz ein Café auf.

Dann ging ich mit Walter Richtung Athos-Grenze. Nikos Athos-Taverne war bereits total verschwunden, eine große Pension stand jetzt dort. Auf dem Weg zur Grenze überholten uns immer wieder Autos, die zur Grenze fuhren, entweder aus Unkenntnis oder sie wollten diese, so wie wir, nur sehen. Leider waren die Ruinen des ehemaligen Klosters von Zygou sonntags geschlossen, aber man konnte erkennen, dass an den Ausgrabungen und einem gewissen Wiederaufbau als Museum weiter eifrig gearbeitet wurde. Wir spazierten dann noch hinunter bis zum Meer, dann machten wir uns auf den Rückweg. Wieder in Ouranoupoli, besuchten wir abermals ein Café.

Abends gingen wir alle drei zu Daphne essen. Sie freute sich über unser Kommen und bot uns Fisch an. Sie erzählte, dass ihre Tochter jetzt in Kreta verheiratet und sie selbst Großmutter eines Buben geworden wäre. So hat sich nun doch alles wieder eingerenkt. Es war ein netter Abend mit einem herrlichen Sonnenuntergang.

Montag, 19. September:

Bernd hatte sich soweit erholt, dass er sich entschloss, mit uns die Athos-Wanderung mitzumachen. Darüber haben wir uns sehr gefreut.

Wir standen um fünf Uhr auf und eilten um 05:45 Uhr hinunter zum Schiff. Überall herrschte schon emsiges Treiben und vom Athos-Büro kamen laufend Pilger mit einem Diamonitirion in ihren Händen. Mr. Lolis vom Athos-Büro in Thessaloniki hatte uns brieflich versprochen, unsere Diamonitiria zum Frühschiff fertigmachen zu lassen, und ich war der Meinung, dass er sie dann, wie bisher üblich, zum Schiff direkt hinbringen lassen würde, wo man sie dann von einem in einem Auto sitzenden Mitarbeiter bekommen könne.

Diesmal war es aber nicht so. Auf den Mitarbeiter warteten wir vergebens. So hetzten wir hinauf zum Büro und holten uns dort das Diamonitirion ab und eilen zurück zum Schiff, welches dann pünktlich um 06:30 Uhr ablegte. Wie heißt es so schön am Athos: „Nix ist fix!“

Vorerst war es noch recht finster, als wir der Küste entlangfuhren. Ohne Halt ging die Fahrt bis zum Hafen von Dafni, dort folgte ein kurzes Anlegen und weiter fuhr das Schiff in Südrichtung die Küste entlang.

Das Boot war recht voll, besonders viele Pilger aus dem Südosten beziehungsweise aus dem Osten Europas waren unterwegs, so Albaner, Rumänen, Bulgaren, Ukrainer und Russen. Die ganze Woche hatten wir den Eindruck, dass das Limit mit den hundert Orthodoxen pro Tag nicht stimmen konnte. Da wurde bestimmt getrickst, wahrscheinlich rechnete man die Einladungen, die von den Klöstern direkt erfolgten, nicht dazu. Schon vor einigen Jahren hatte man mir erzählt, dass die Russen, damit sie jederzeit ihr Diamonitirion bekommen, ganz ordentliche Summen dafür auf den Tisch legen. Zudem waren sie ja orthodoxen Glaubens, wir nicht. Ein Mönch erzählte mir, der Herbst wäre auch die Hauptpilgerzeit der Orthodoxen. Umgekehrt trafen wir kaum österreichische, deutsche oder andere westeuropäische Pilger an.

Abwechslung in die Fahrt entlang der Küste brachte ein Schwarm Delfine, die lustig und hoch aus dem Wasser springend das Schiff ein kurzes Stück begleiteten. Unser Fährschiff blieb jetzt bei fast allen Klöstern stehen, so auch in Agiou Pavlou. Dort stiegen recht viele Pilger aus. Zu meiner Überraschung stand an der Anlegestelle ein alter Autobus, der bereit war, die Pilger hinauf ins Kloster zu bringen. Bei der Menge Pilger aber für drei Personen Plätze zu ergattern war mir nicht möglich, da meine Freunde auch nicht schnell genug waren. Aber der Chauffeur versicherte mir, dass er in fünf Minuten wieder herunterkäme, um die restlichen Pilger zu holen.

Es dauerte dann zwar etwas länger, aber er kam. Ich gab ihm dann auch ein kleines Trinkgeld und es war gut angelegt, wie sich später noch herausstellen würde. Im Kloster empfing uns ein freundlicher Archontaris und wies uns innerhalb des Klosters ein schönes Zimmer für uns drei alleine zu. Es regnete ein wenig.

Ich hatte noch einen ärgerlichen Zwischenfall. Mein Fotoapparat rutschte mir vom Gürtel und viel in die Klomuschel. Ich fischte ihn zwar sofort heraus, doch der Sucher blieb vorerst schwarz. Erst im Laufe des Nachmittags bekam der Sucher wieder seine Vollfunktion! Der Fotokarte und dem Akku war Gott sei Dank nichts geschehen.

Ich machte meinen beiden Freunden den Vorschlag, zum Kloster Dionysiou zu wandern, wie ich im Jahr 2012 es mit Kurt gemacht hatte. Es wäre vom Strand weg nur circa eine Stunde entfernt gewesen, aber ich erhielt keine Zustimmung von ihnen. So wanderten wir bei schönstem Wetter vom Kloster hinunter zum Strand. Da hatte sich Gewaltiges getan. Die frühere Turmruine war zu einem bewohnbaren, mindestens fünfstöckigen Gebäude aufgebaut worden. Der Strand wurde gerade mit einer einen Meter hohen Erdschicht bedeckt, terrassiert und mit Olivenbäumen bepflanzt. Über den am Strand mündeten Bach war eine imponierende Holzbrücke errichtet worden. Das war wirklich alles erstaunlich! Woher kam plötzlich das viele Geld?

Nachdem die beiden Freunde wirklich nicht zum Kloster von Dionysiou wandern wollten, spazierten wir den Strand entlang zur Schiffsanlegestelle zurück. Von dort fuhr gerade wieder der Bus ab, der einige Pilger vom Mittagsschiff abgeholt hatte. Ich machte das allseits bekannte Zeichen mit dem Daumen, das Trinkgeld vom Vormittag zeigte Wirkung, der Bus blieb stehen und nahm uns mit hinauf zum Kloster.

Wir wanderten nun um das Kloster herum. Überall herrschte lebhafteste Bautätigkeit. Am Steilhang hoch oberhalb des Klosters arbeitete ein Bagger eine Straße in einen Hang hinein, ich konnte mir nicht vorstellen, wohin diese Straße führen sollte. Außerhalb der oberen Klostermauer war am Rand der Straße, die über den Antithonas hinüber an die Ostseite führt, zudem eine neue Kapelle errichtet worden.

Wir ruhten uns etwas aus. Dann gingen wir zur Hesperinos-Andacht, die 1 ½ Stunden dauerte. Zum Abendessen in der Trapeza gab es dann eine warme Linsensuppe, Oliven, Paprika, Gemüse, Brot und Wasser. Später krachte es ordentlich und ein starkes Gewitter ging über dem Kloster nieder. Spätestens um 20:00 Uhr war für uns dann Nachtruhe.

Dienstag, 20. September:

Ich hatte mich erkundigt, wann die Frühmesse beginnen und wie lange sie ungefähr dauern würde. Ich machte dann meinen beiden Mitwanderern den Vorschlag, um 05:30 Uhr aufzustehen, damit wir um sechs Uhr noch früh genug zur Messe kämen. Und was war? Einmal mehr bewahrheitete sich der Spruch vom Berg Athos: *„Dort ist nix fix"*. Als wir um sechs Uhr zum Katholikon hinunterstiegen, kamen alle gerade dort heraus und gingen in die Trapeza. Das war Glück, später hätten wir kein Frühstück mehr bekommen! Es gab Fisolen, Brot, Oliven und einen guten Naturwein. Nach dem Frühstück packten wir und mit dem Bus ging es dann wieder hinunter zum Hafen.

Das Frühschiff kam und ich wollte mit diesem, soweit es gegen Süden fuhr, mitfahren. Unter Umständen konnten die beiden Freunde sogar die Einsiedlerhütten in den Felsen von Karoulia sehen. Wir hatten Glück, das Schiff lief nicht nur die Skite von Agia Anna, sondern auch die Anlegestellen von Karoulia und Kavsokalivia an. Die Freunde bestaunten die Einsiedlerbehausungen in den Felswänden, die imposanten Felsformationen und letztlich den Gipfel des Athos, der an diesem Tag herrlich zu sehen war. Es herrschte prächtiges Wetter. Dann ging es mit dem Schiff dieselbe Route zurück bis nach Dafni. Auf der Fahrt zurück lernten Bernd und ich zwei freundliche ukrainische Pilger, einen jungen und einen alten, kennen. Sie waren ganz hingerissen von der Spiritualität, die vom Athos ausging.

In Dafni gingen wir drei von Bord und hatten genügend Zeit, uns ein neues Ticket nach Xenofontos zu lösen. Das Mittagsschiff kam, eine große Zahl Pilger stieg aus. Das Schiff fuhr nun wieder zurück Richtung Ouranoupoli und wir stiegen zu. Der nächste Halt war dann beim gewaltigen, russischen Kloster Panteleimonos. Dort war der gesamte vordere Gästetrakt renoviert worden, kein Wunder, war doch Präsident Putin selbst heuer dort gewesen! Die riesige Ausdehnung dieses Klosters und die Vielzahl von Gebäuden erweckte das allgemeine Erstaunen meiner beiden Freunde.

Wir fuhren weiter bis zum nächsten Kloster, dem Kloster von Xenofontos, wo wir das Schiff verließen. Auch hier bekamen wir vom Archontaris ein schönes Zimmer für uns allein. Anschließend streiften wir durchs Kloster. Im gedeckten Gang vor dem alten Katholikon versuchte ich meinen beiden Mitwanderern die dort dargestellte Apokalypse halbwegs zu erklären. Es gelang uns auch, einen Blick in die schöne Trapeza zu werfen.

Innerhalb des Klosters spazierten wir dann hinauf zum neuen Katholikon und, oh Wunder, sowohl hier, aber auch in fast allen anderen von uns besuchten Klöstern waren die Kirchen jedes Mal offen. Nachdem wir dort Malereien und Ikonen bewundert hatten, streiften wir dann noch etwas in und um das Kloster herum.

Eine Neuigkeit gab es hier im Kloster auch. Gleich beim Eingang war ein gut sortierter Shop entstanden. Der Mönch an der Kassa war sehr nett, er sammelte übrigens die verschiedenen Euro-Münzen. Wir schauten nach, ob wir welche für ihn hätten, was aber nicht der Fall war. Neben einigen Kleinigkeiten erwarb ich ein T-Shirt mit aufgedrucktem Athos-Emblem.

Wir gingen zur abendlichen Andacht, die überraschend kurz war. Zum Essen gab es dann Erbsen, Salat, Brot und Rotwein. Aber auch dieses Essen war auffallend kurz. Wir gingen auf unser Zimmer. Während Walter sich alsbald zum Schlafen niederlegte, blieben Bernd und ich noch lange auf dem Balkon sitzen und lauschten dem anbrandenden Meer. Wir genossen den Sonnenuntergang und den anschließend bald erscheinenden prachtvollen Sternenhimmel mit einer Milchstraße, die sich über das ganze Firmament hinzog. Beim Sitzen auf dem Balkon fiel uns auch der starke Flugverkehr in beiden Richtungen auf.

Eines hatte man uns nicht gesagt. Nach dem Gregorianischen Kalender feierten die

Orthodoxen heute Nacht das Fest „Maria Geburt“ – bei uns wird es am 8. September gefeiert – und das hatte Auswirkungen auf den nächsten Tag.

Mittwoch, 21. September:

Als wir zur Frühandacht gehen wollten, schliefen nach den nächtlichen Feierlichkeiten anlässlich „Maria Geburt“ alle Mönche noch. Wir erfuhren, dass es ein Frühstück erst um neun Uhr geben würde – zu spät für uns. Mit uns wollten auch eine Reihe weiterer Pilger aufbrechen, aber alle Tore, die sonst schon um sieben Uhr geöffnet waren, waren heute noch versperrt. Wir mussten bis 07:30 Uhr warten, bis der Pförtner bedächtig daherkam und das Haupttor aufsperrte. In diesem Kloster ist mir das schon zum dritten Mal passiert.

Wir wanderten nun in Richtung des Klosters von Dochiariou und waren in ungefähr 25 Minuten dort. Auch dort lag tiefe Stille über dem Kloster. Das Archontarikion war vollkommen dunkel, nur aus der hintersten Ecke meldete sich verschlafen eine Stimme. Ich konnte so viel verstehen, dass alle Mönche, inklusive des Archontaris, noch schlafen würden. Vor zehn Uhr käme der Archontaris sicher nicht.

Ein Treffen mit dem Archontaris wäre aber für uns wichtig gewesen, da wir so unsere Übernachtung für den Freitag regeln hätten können. Das war nun nicht möglich. Der Mönch wartete uns nun einen Tsipouro, Loukoumi und Wasser auf und führte uns dann zu der überall in Griechenland bekannten, wundertätigen Ikone der Gorgoepikousa („die schnell Erhörende“) und zu einer weiteren, mir namentlich nicht bekannten Ikone hin. Beide Ikonen waren über und über mit goldenen Dankesgaben behängt. Letztlich führte er uns noch ins Katholikon.

Wir bedankten uns höflich, verließen anschließend das Kloster und wanderten auf einem breiten Weg – eigentlich war es schon einer Fahrstraße – entlang des Meeres in Richtung der Arsanas vom Kloster Konstamonitou. Etwas oberhalb von dieser Anlegestelle zweigte die Straße dann zum Kloster Koutloumousiou ab.

Das Wetter hatte sich verschlechtert, es nieselte und wir mussten unsere Ponchos herausholen. Die Straße zum Kloster hinauf war meist ansteigend und manchmal ganz schön steil. Etwas nach 11 Uhr erreichten wir das Kloster von Konstamonitou. Auch hier herrschte tiefe Stille.

Wir stiegen die zwei Stock zum Archontarikion hinauf und warteten. Nach einiger Zeit kam ein Grieche und wies uns ein Zimmer zu. Es war jenes, wo Klaus Rainer einst mit seinem Bett durchgebrochen war. Später holte er uns wieder und wartete uns griechischen Kaffee, Tsipouro, Loukoumi und Wasser auf. Er machte uns auch noch darauf aufmerksam, dass wir zu den Andachten und dem gemeinsamen Essen der Mönche keinen Zutritt hätten.

Bernd bestimmte noch die Höhe des Klosters mit 226 m über dem Meeresspiegel. Wir streiften nun in und um das Kloster herum. Es hat sich nichts geändert. Überall lagen Gerümpel, Auto- und Maschinenwracks herum, Gerüste waren an allen Ecken und Enden aufgestellt, aber keiner arbeitete. Ja, ein neues Haus hat man nicht fern vom Kloster errichtet, wofür, war nicht zu erfahren. Wir zogen uns auf unser Zimmer zurück und warteten, dass man uns zum Abendessen holen würde. Das war dann auch so, mit noch vier weiteren Pilgern aßen wir dann in der Trapeza, während schon die Jungmönche saubermachten. Es gab eine Bohnen-Karottensuppe, sehr gute Weintrauben, eine Gurke, Brot und Wasser.

Zum Duschen gab es hier keine Gelegenheit, auch das normale Waschen war hier noch recht primitiv. Was soll man in diesem Kloster noch machen, wo im Zimmer nur eine einsame Petroleumlampe Licht spendete. Da blieb uns nur das Schlafengehen übrig, was wir auch schon um 19:30 Uhr taten. In der Nacht begann es neuerlich zu regnen.

Donnerstag, 22. September:

Um 06:00 Uhr früh waren wir natürlich schon ausgeschlafen. Das Wetter war schlecht, es regnete. Wir warteten, dass man uns zum Frühstück holen würde. Ein frommer Wunsch. Als wir dann um 07:30 Uhr Richtung Trapeza gingen, war die verschlossen, das Katholikon auch. Man hatte auf uns vergessen.

Ich hatte schon seit gestern mit mir gekämpft, auf welchem Weg ich mit meinen beiden Freunden zum Kloster Zographou wandern sollte. Bei all meinen Besuchen im Kloster Konstamonitou war ich erst einmal (1994) die Straße wieder zurückgegangen, stets hatte ich den alten Pilgerweg mit dem steilen Ab- und Anstieg gleich hinter dem Kloster genommen. Ich kam aber von dieser Überlegung ab, einerseits war die Kondition meiner Mitpilger möglicherweise dafür nicht ausreichend und auch heute bei Regen, in unseren Ponchos, wäre das sicher kein leichtes Unterfangen gewesen.

Wir verließen das Kloster um 08:30 Uhr und waren eine Stunde später bei der Arsanas vom Kloster Zographou. Nun nahmen wir die Straße dorthin in Angriff, die gleich mit einer ordentlichen Steigung begann. Als wir die überwunden hatten, hörte ich hinter uns ein Motorengeräusch, ein Auto kam. Ich machte mit dem Daumen das typische Zeichen, dass wir mitfahren wollten, und es blieb tatsächlich stehen und ließ uns alle einsteigen. Der Fahrer war ein Zypriote und offenbar der Verantwortliche für die Bauarbeiten im Kloster Zographou, dem Kloster der Bulgaren. Dort lud er uns auch vor der Klosterpforte ab.

Wir betraten das Kloster. Viele Pilger waren da. Außerhalb des Klosters war ein großes, zweistöckiges Archontarikion neu erbaut worden. Wir gingen dorthin und ein Gehilfe des Archontarikis wies uns ein schönes Zimmer zu, mit einer Reihe von Betten. Wir blieben aber alleine. Das neue Archontarikion war modern ausgestattet worden. Das Licht in den Gängen funktionierte mittels Bewegungsmelder und auch die Toiletten- und Waschanlagen waren zeitgemäß und funktionierten tadellos. Einmal mehr wollte man die Pilger außerhalb des Klosters unterbringen, um weniger gestört zu sein.

Wir gingen nun hinauf zum Kloster, dort gab es gerade Mittagessen. In der Trapeza aßen die Mönche, im Nebenraum die Pilger. Doch vorerst mussten wir „Ungläubigen" warten. Als ich kurz den Raum betrat, konnte ich einen „fastenden Mönch" beim Essen zusehen, er verzehrte seelenruhig gleich drei Spiegeleier!

Nachdem die anderen alle ihre Mahlzeit beendet hatten, holte man auch uns herein. Es gab einen Kartoffelauflauf, dazu Ajvar aus dem Glas und Paradeiser. Dann brachte uns ein junger, freundlicher Mönch, es stellte sich später heraus, dass er ein orthodoxer Lette war, offenbar noch von der gestrigen Feier Kuchen und wirklich ein großes Stück Torte. Nach dem Essen unterhielten wir uns noch angeregt mit dem lettischen Mönch.

Anschließend streiften wir noch im Kloster herum. Das Katholikon war geöffnet und man konnte es ohne Schwierigkeiten betreten. Ich zeigte meinen Freunden einzelne Darstellungen der Malerei, die ich erklären konnte, und dann vor allem jene nie bewiesene Malerei, wo angeblich der Papst eine größere Anzahl Mönchen hier in einem Turm verbrennen ließ. Dann erklärte ich ihnen auch noch die einzelnen Szenen zur Apokalypse, die im Exonarthex zu sehen waren.

Ich führte sie hin zur Kapelle neben dem Katholikon, wo im Exonarthex so köstlich die Geschichte des Baues der Arche Noah dargestellt war. Und noch eine kleine Kapelle gab es daneben, die bisher immer versperrt, jetzt aber offen war. Man hatte sie herrlich mit Mosaiken ausgestaltet. Überhaupt stand die Mosaikkunst bei den Bulgaren derzeit in hohem Ansehen. Wo früher Malereien zu sehen waren, wurden jetzt meist große Mosaike angebracht. Mehrere gab es davon schon an der gewaltigen Mauer zu bewundern, die jetzt entlang der Zufahrtsstraße zum Kloster als Hangabsicherung aufgeführt wurde. Sie war teilweise noch im Bau.

Da es immer wieder mehr oder weniger stark regnete, nutzten wir die neuen Waschräumlichkeiten aus, um uns zu duschen, und legten uns dann kurz hin. Später entdeckte ich, wo eigentlich der Empfangsraum des Archontarikions war. Der war wieder voll von Neuangekommenen. Wir trugen uns dort ins Gästebuch des Klosters ein. Gegenüber früher fiel mir auf, dass sich in keinem der Klöster jetzt wirklich jemand kümmerte, ob sich ein Pilger ins Gästebuch eintrug oder nicht. Nicht einmal nach dem Diamonitirion wurden wir gefragt. Das gab es früher nie!

Da alle Neuangekommenen Tee oder Kaffee bekamen, bat ich auch darum für mich und meine Freunde. Der freundliche Gehilfe des Archontaris machte uns auch welchen, wurde aber vor uns vom Archontaris zusammengeschimpft, den bekämen nur neu Angekommene.

Walter begab sich wieder aufs Zimmer, mit Bernd ging ich zu dem am Gegenhang liegenden Kellion von St. Georgios. Ein schöner Weg führte dorthin. Wir kamen dabei auch an den beiden großen Mosaiken an der Umfahrungsmauer vorbei. Das Kellion selbst war derzeit unbewohnt. Von hier aus hatte man einen schönen Blick, auf der einen Seite auf das Kloster Zographou gegenüber, auf der anderen hin zum Tal, wo man die Einsiedlerhöhle des hl. Kosmas von Zographou erkennen konnte.

Als es Zeit zur Hesperinos-Andacht war, spazierten wir zum Katholikon. Der lettische Mönch entdeckte uns und wollte uns etwas Besonderes zeigen. Er nahm uns vor, fast bis zur Ikonostase, dort war ein eher kleines Marienbild ausgestellt, von dem ein eigenartiges Leuchten ausgehen soll, dass niemand erklären konnte. Leider begann jetzt schon die liturgische Feier, sodass wir darüber nichts Näheres in Erfahrung bringen konnten. Wie üblich nahmen wir dann ganz hinten in den Betstühlen Platz.

Man war auch auf Anstand bedacht, die Mönche wiesen alle orthodoxen Pilger, die kurzärmelig zu Feier erschienen waren, hinaus. Sie kamen später mit bedeckten Unterarmen zurück. Die Feier begann, man begann im Naos zu singen. Walter ging nach vorne, Bernd und ich blieben brav hinten sitzen. Doch nicht lange. Ein alter Mönch kam, fragte uns, ob wir Orthodoxe wären. Als wir verneinten, verwies er uns überhaupt aus dem Esonarthex. Er kam dann später noch heraus zu uns und entschuldigte sich, dass das so die Regel wäre. Bisher war mir das hier noch nie passiert. Insgeheim habe ich mich darüber schon geärgert! Walter dagegen blieb ungesehen und daher ungeschoren von einem Hinauswurf.

Damit uns das nicht auch beim Essen passieren würde, mischten wir uns sofort unter die orthodoxen Pilger und nahmen an den langen Tischen Platz. Es waren wirklich viele Pilger anwesend. Es gab eine Sauce aus Feta und roten und grünen Paprika, Weintrauben, Rotwein und Brot. Nach dem Essen unterhielten wir uns noch mit vier Bayern aus Burghausen, einige der wenigen noch echten Wanderer, die uns in letzter Zeit begegnet waren.

Beim Eingangstor hatte man auch hier einen nun schon gut bestückten Shop errichtet, den wir nun besuchten. Dann begaben wir uns in Richtung Archontarikion und legten uns beizeiten nieder.

Freitag, 23. September:

Wir standen um 06:30 Uhr auf und frühstückten am Zimmer. Es regnete. Ungefähr eine Stunde später verließen wir das Kloster am alten Pilgerweg wandernd, der unten dann in die Straße mündete. Wir gingen circa zwei Kilometer, das war die Strecke zwischen den beiden Brücken, da hörte ich hinter uns ein Autogeräusch und probierte sofort wieder, ob er uns mitnehmen würde. Wir hatten auch diesmal Glück. Der Grieche, der uns diesmal bis zur Arsanas von Zographou mitnahm, hatte einmal in Vorarlberg gearbeitet.

Von der Arsanas wanderten wir los und waren eine gute halbe Stunde später im Kloster von Dochiariou. Das Kloster war immer schon gut für Überraschungen. Schon beim Vorbeigehen vor zwei Tagen war uns aufgefallen, dass man hier eine ansehnliche Zucht mit schwarzen Schweinen betrieb. Was machten die Mönche damit? Waren die für den Export bestimmt? Außer Fisch durften die Mönche selbst ja kein Fleisch essen.

Bei früheren Besuchen wimmelte es in und um das Kloster nur so von Katzen, ja der Abt galt als ausgesprochener Katzenfreund. Die eine oder andere Katze gab es auch heute noch. Aber jetzt kläfften laufend Hunde im Kloster, ich zählte wenigstens drei Spitzhunde, die sich im Klosterhof tummelten.

Immer mehr Pilger sammelten sich im Archontarikion. Als der Archontaris kam, bat ich ihn um eine Übernachtung. Er wies das schroff ab, das Kloster sei geschlossen, man habe eine Feierlichkeit. Es half weder der Hinweis, dass Frau Antonakis schon mehrmals angerufen und gefaxt habe, ohne Antwort zu bekommen, noch das Schreiben von Prof. Larentzakis. Er blieb bei seinem Nein. Wir durften noch einen Blick auf die Gorgoepikousa werfen und spazierten einmal um das Katholikon herum. Leider war der berühmte Doppelbrunnen eingerüstet, doch einen Blick auf die Steinplatte, wo angeblich Alexander der Große von Schwänen in den Himmel gezogen wurde, konnten wir werfen. Die Platte war jetzt durch Glas geschützt.

Ich fragte meine Freunde, ob wir eine zweite Übernachtung im Kloster Xenofontos versuchen sollten, sie aber waren für eine Ausreise mit dem Mittagsschiff. Ich machte den im Nachhinein verhängnisvollen Vorschlag mit den Mittagsschiff nach Dafni zu fahren, damit die Freunde noch einmal die Klöster bei schönem Wetter bewundern könnten und nicht erst auf das zurückfahrende Schiff hier untätig warten müssten. Sie stimmten mir zu.

Im Pavillon vor dem Kloster warteten wir also auf das Mittagsschiff. Ein russischer Pilger sprach mich an, er war bei der russischen Luftwaffe und drei Jahre davon in der ehemaligen DDR stationiert gewesen. Er sprach leidlich Deutsch. Die Russen waren Gäste des Klosters und weilten schon einige Tage dort! Da stimmte offenbar vieles nicht mehr.

Später gingen wir hinunter zum Hafen und bald kam auch das Mittagsschiff. Es war wie immer recht voll. Wir genossen das Vorbeifahren an den Klöstern der Westseite und gingen in Dafni von Bord.

Was sich dort abspielte, hatte ich noch nie erlebt! Eine riesige Menschenmenge belagerte dort die Kassa und alle wollten ein Ticket für die Ausfahrt nach Ouranoupoli. Offenbar war wieder einmal das Fährschiff, bedingt durch schlechtes Wetter, wenigstens einen Tag nicht gefahren. So war auch die rigide Haltung des Archontaris von Dochiariou halbwegs erklärbar.

Walter und ich warfen uns von zwei verschiedenen Seiten aus ins Gedränge. Erst war Walter etwas weiter vorne, dann ich. Es war einfach unmöglich. Jeder drängte, trat, setzte die Ellbogen oder den Rucksack als Waffe ein. Das konnten auch die Mönche recht gut, die mitten unter uns waren. Es war drückend heiß und jeder brüllte etwas zu einem Freund, der weiter vorne war. Der Mann an der Kassa verlor vollkommen die Contenance, er hörte überhaupt auf, etwas zu tun.

Zwei bis drei Personen waren noch vor mir, da tutete das Mittagsschiff zum letzten Mal und legte ab. Ein harter Schlag, hier in Dafni bleiben zu müssen, ohne jede Möglichkeit einer Übernachtung. Knapp vor mir im Getümmel befand sich ein Steirer, der zu mir rief: *„Wir Steirer müssen zusammenhalten!“* und nahm drei Tickets für uns mit. Soviel war nämlich in der Zwischenzeit zu erfahren gewesen, dass ein Schnellboot die restlichen Pilger abholen würde.

Der Steirer erzählte mir übrigens auch seine Wandererlebnisse. Er war mit einem Freund unterwegs gewesen. Sie seien nach Dafni gekommen und wären dann mit einem vorbestellten Taxi-Bus zum Kloster Megisti Lavra gefahren. Sie hätten dort übernachtet und wären dann am nächsten Tag nach Kavsokalivia gewandert. Dort hätten sie, trotz Zusage, kein Quartier bekommen. Sie wären dann mit dem Schiff nach Ouranoupoli ausgereist. Sein Freund wäre nun in Ouranoupoli geblieben. Er aber hätte seine Wanderung am nächsten Tag, nach einer neuerlichen Einreise, in Agiou Pavlou fortgesetzt.

Das Schnellboot „Sophia“ kam und brachte uns in einer Stunde Fahrt zurück nach Ouranoupoli. Wir gingen nun zu Frau Antonakis, die uns überrascht empfing. Ihr Haus sei voll, für eine Nacht müssten wir zu einer Verwandten ziehen. Da sich deren Haus ziemlich am anderen Ortsende befand, fuhr uns Frau Antonakis mit ihrem Auto dorthin.

Dort blieb Walter am Zimmer, Bernd und ich gingen auf ein Bier und besorgen noch einiges wie zum Beispiel Briefmarken. Abends gingen wir dann in Daphnes Taverne und aßen mit großer Begeisterung Souflaki. Am Nebentisch tafelte ausgelassen eine große Runde Ukrainer.

Samstag, 24. September:

Am frühen Vormittag packten wir unsere Sachen wieder ein und zogen zu Frau Antonakis um. Leider waren unsere Zimmer noch nicht gereinigt, sie fiel mein Plan, mit den Freunden nach Ierissos zur Schiffswerft für alte Kaikis zu fahren, ins Wasser, da die Busverbindung dorthin schlecht war. So streiften wir durch Geschäfte und gingen in ein Café. Um 12:30 Uhr bezogen wir unsere Zimmer und ruhten uns etwas aus.

Um 14:30 Uhr brachen wir zu einem Spaziergang auf. Wir gingen die Straße geradeaus vom Haus Antonakis den Hügel hinauf. Als wir die letzten Häuser verlassen hatten, waren links und rechts nur mehr schreckliche Behausungen, Industrieabfall en gros, überall angebundene Hunde, weiters Katzen, Hühner … eine richtige „Goldgräbersiedlung“. Das hätte ich in Ouranoupoli nicht erwartet. Immer wieder wollten wir schon umdrehen, doch dann gingen wir doch noch ein Stück weiter. Später fiel die Straße Richtung Meer ab. Wir wanderten ihr entlang und kamen zum Friedhof.

Am Friedhof war ich schon einmal gewesen, um das Grabmal des für die Bewohner Ouranoupoli so segensreich wirkenden Ehepaares Loch zu suchen, welches ich damals nicht fand. Diesmal hatte ich Glück, ein Totengräber hob gerade ein neues Grab aus. Nach einigem Hin und Her zeigte er mir das Grab der „Locks“. Es war ziemlich überwuchert, aber zwei Bronzetafeln wiesen auf deren verdienstvolles Wirken hin.

Wir gingen noch in ein Café, später setzten Bernd und ich uns bei Frau Antonakis auf den Balkon und sahen dem Treiben am Strand zu. Abends gingen wir wieder zu Daphne und aßen Calamari fritti.

Sonntag, 25. September:

Frau Antonakis brachte uns ein Frühstück. Nie hatte ich bisher meine Wanderschuhe eingepackt, nur dieses eine Mal. Und gerade heute musste es regnen. In Turnschuhen wanderte ich mit meinen beiden Freunden zur Bushaltestelle. Noch ein kurzer Kaffeehaus-Besuch. Pünktlich fuhr der Bus ab. Das Wetter besserte sich bald. Herrlich war die Fahrt über das Holomondas-Gebirge, links und rechts sah man lila blühende Besenheide, dazwischen manchmal Sträucher mit orangeroten Weißdornbeeren.

Der Bus kam pünktlich an und ich rannte sofort um ein Taxi. Doch diesmal waren genügend da. Der Taxifahrer fuhr wie ein Rallye-Fahrer mit uns zum Flughafen. Dort versorgten wir unsere Rucksäcke wieder in schwarze Müllsäcke und gingen dann ins Restaurant. Als es Zeit war, checkten wir ein. Dann saßen wir eine geschlagene Stunde im Flugzeug, während der Pilot laufend versuchte, das rechte Triebwerk zu starten. Dann hieß es, ein Computerschaden wäre aufgetreten, bis zu seiner Behebung müssten wir aussteigen.

Wir stiegen aus und wurden wieder zurück zum Flughafen gebracht. Nach einer halben Stunde des Wartens war der Schaden angeblich wieder behoben. Mit etwas flauem Gefühl stiegen wir wieder in dasselbe Flugzeug ein, und diesmal klappte der Start. Gott sei Dank hatten wir in Wien genügend Spielraum, sodass wir auch den Anschlussflug nach Graz problemlos erreichten. Die Ehefrauen von Bernd und Walter holten uns ab.

Glossar

Agora: Die Agora war im antiken Griechenland der zentrale Fest-, Versammlungs- und Marktplatz einer Stadt.

Akathistos-Hymnus: Der Hymnos Akathistos, eigentlich „Akathistos an die Allerheiligste Gottesgebärerin und immerwährende Jungfrau Maria" ist ein altkirchliches Marienlob aus Konstantinopel und gilt weltweit als eine der ältesten und schönsten Mariendichtungen. Der Hymnos darf nur im Stehen gesungen werden.

Akropolis: Der Begriff Akropolis (Oberstadt) bezeichnet im ursprünglichen Sinn den zu einer antiken griechischen Stadt gehörenden Burgberg beziehungsweise die Wehranlage, die zumeist auf der höchsten Erhebung nahe der Stadt erbaut wurde.

Apódipnon: „Nach dem Essen". Nachtgebet vor dem zu Bette gehen. Entspricht in katholischen Klöstern der Komplet.

Apokalypse: Offenbarung über den Untergang der Welt. Gemeint ist speziell die Apokalypse Johanni, das letzte Buch des Neuen Testaments.

Archontaris: Der Archontaris ist der „Gastmeister". Er sorgt für das Essen und die Unterbringung der fremden Pilger. Die Wirkstätte des Archontaris, der in der Regel für ein Jahr dieses Amt ausübt, ist ein Raum oder auch ein eigenes Gebäude. Man spricht dann von einem Archontarikion.

Archontarikion: Ort, wo der Archontaris sein Amt versieht. Kann auch ein Raum oder ein eigenes Gästehaus sein.

Arsanas: Arsanas / Arsenas ist der befestigte Hafen oder die Hafenanlage eines Klosters. Jedes der zwanzig Athos-Klöster hatte, entweder auf der Ost- oder der Westküste, eine eigene Arsanas.

Borschtsch: Ist eine Suppe, die traditionell mit Roter Rüber/Bete/Rohnen zubereitet wird und deren Zubereitung vor allem in Ost- und Ostmitteleuropa sehr verbreitet ist.

Choros: großer, kreisrunder Messingleuchter in einem Katholikon oder Kyriakon.

Diamonitirion: Begrenzte Aufenthaltsgenehmigung für den Heiligen Berg. Der deutsche Mönch Paisios übersetzte es als „Durchreisegenehmigung".

Dikaios: Der auf Lebenszeit bestellte Vorsteher einer Skite.

Esonarthex/Isonarthex: Die innere Vorhalle einer Kirche.

Exonarthex: Die äußere Vorhalle einer Kirche.

FoMA/Friends of Mount Athos: Die „Freunde des Berges Athos" sind eine Gesellschaft, die 1990 von Menschen gegründet wurde, die ein gemeinsames Interesse für die Klöster des Berges Athos hatten. Zu seinen Mitgliedern zählen Prinz Philip, Herzog von Edinburgh, und Charles, Prinz von Wales, Erbe des britischen Throns. Aufgabe ist die Förderung der Bildung der Öffentlichkeit in Bezug auf das Studium und die Kenntnis der Geschichte, Kultur, Kunst, Architektur, Naturgeschichte und Literatur der orthodoxen Klöster auf dem Berg Athos.

Gerontas: alter Mann; höfliche und korrekte Anrede für einen Mönch.

Halva: Halva ist eine Süßwarenspezialität, die ursprünglich aus Indien, Iran, Pakistan und Zentralasien stammt.

Hesperinos: Entspricht in katholischen Klöstern der Vesper; bei Sonnenuntergang; Abendandacht.

Hodegetria (die „Wegweisende"): Mit Hodegetria oder Hodigitria, der „Wegweiserin", wird ein bestimmter Typus von Mariendarstellungen bezeichnet.

Ierá Epistasía: Ierá Epistasía (hl. Aufsicht); Regierung der Mönchsrepublik; Gremium aus vier Mönchen aus den vier verschiedenen Klostergruppen. Ihnen steht der Protos als primus inter pares vor.

Ierá Kinótis: Jedes der zwanzig Klöster am Athos sendet einen geistlichen Würdenträger nach Karyes in die Ierá Kinótis, in die „Heilige Gemeinschaft". Diese bilden fünf Gruppen (Tetraden) mit je vier Klostervertretern. Aus jeder Gruppe wird jährlich einer davon in die Ierá Epistasia gesandt. Aus dieser Vierergruppe rückt jährlich ein anderer in die Ierá Epistasia nach.

Ikonostase: Die Ikonostase ist eine mit Ikonen geschmückte Wand mit drei Türen, die in orthodoxen Kirchenbauten zwischen dem inneren Kirchenschiff und dem Altarraum steht.

Kaffee, griechischer: Der „griechische Kaffee" wird bei uns schlechthin als „türkischer" bezeichnet, für den patriotisch gesinnten Griechen eine Unmöglichkeit.

Kaiki: Im gesamten Ägäischen Meer den Personen- und Warenverkehr befördernde kleine Motorboote.

Kalyve: kleinere Bauten als Kellien, mit einer in den Bau einbezogenen Kirche, aber ohne Ackerland. Wird von einem Asketen bewohnt.

Katholikon: Mit „Katholikon" wird die Hauptkirche eines Athos-Klosters bezeichnet.

Kellion: Kellion („Zelle"). Geräumige monastische Bauten, mit einer in den Bau einbezogenen Kirche und einem größeren Landbesitz. Sie werden von den Klöstern Gruppen von drei bis vier Mönchen (Kellioten) zugewiesen, die sich hauptsächlich mit Ackerbau und anderen Arbeiten beschäftigen.

Kenotaph: Leergrab.

Konak: Konak, aus dem Türkischen entnommener Begriff. Bedeutet so viel wie herrschaftliches Anwesen, Herrenhaus, Schloss, es kann damit auch eine Herberge gemeint sein.

Kwas, auch **Kwass:** ein Getränk aus dem slawischen Raum, das durch Gärung aus Brot hergestellt wird. Man benötigt zur Herstellung von Kwas altes Brot (Roggenbrot), Kwas-Hefe oder Sauerteig. Um den Kohlensäuregehalt zu erhöhen, kann man zusätzlich Zucker beimengen.

Kyriakon: Ein Kyriakon (gr. „das zum Herrn Gehörende") ist die Hauptkirche einer Skite oder eines Kellions, in der die (häufig weit verstreut wohnenden) Mönche den Sonntagsgottesdienst gemeinsam feiern. Die Kirche eines Klosters heißt dagegen Katholikon.

Larentzakis: Dr. Grigorios Larentzakis habilitierte sich an der Universität Graz und wurde 1987 in Graz zum Universitätsprofessor an der theologischen Fakultät ernannt, wo eine Abteilung für ostkirchliche Orthodoxie eingerichtet wurde. Univ.-Prof. Dr. Larentzakis war so liebenswürdig, bei allen meinen Wanderungen für mich und wer immer meine Begleiter waren, ein Empfehlungsschreiben auszustellen, das uns oft sehr geholfen hat.

Loukoumi: Loukoumi (griech.), Lokum (türkisch). Ursprünglich türkische Süßspeise auf Basis eines Sirups aus gelierter Stärke und Zucker, oft auch mit Mastix. Sie ist weich und klebrig, transparent gelblich oder kann auch verschiedenfarbig sein.

Mesonyktion: Mitternachtsgebet. Entspricht in katholischen Klöstern der Matutin.

Metamorphosis: griech. „Wandlung, Verwandlung, Gestaltsveränderung"; Prozess der Verwandlung des menschlichen Seins zurück in die Gottesebenbildlichkeit. Auch die Kapelle am Gipfel des Athos ist der Metamorphosis geweiht.

Metochion: Landgut eines Klosters, auch außerhalb des Athos gelegen.

Metropolit: Das Amt des Metropoliten bezeichnet seit dem frühen Christentum einen Oberbischof, der einem Verbund von Bistümern vorsteht und seinen Sitz in einer Provinzhauptstadt (Metropole) hat. Heute existiert das Amt des Metropoliten noch in der römisch-katholischen Kirche sowie in den orthodoxen Kirchen, wobei sich die rechtliche Ausgestaltung unterscheidet.

Meze: Unter „Meze" oder „Mezze" versteht man eigentlich eine Vorspeise. Man spricht in Griechenland aber auch von „Meze", wenn zu einem Getränk ein kleines Schüsselchen mit Erdnüssen, Knabbergebäck oder Ähnlichem serviert wird.

Missis Loch: Joice Mary Nankivell Loch, Gattin des Völkerbundbeauftragten Sidney Loch, eines Schotten, der nach der „kleinasiatischen Tragödie" die griechischen Flüchtlinge der Prinzeninsel und aus Kayseri um Ouranoupoli ansiedelte. Mrs. Loch brachte den jungen griechischen Frauen das Knüpfen von Teppichen im altbyzantinisch-seldschukischen Stil bei. Nach dem Ableben ihres Ehemannes lebte sie bis zu ihrem Tod in die 90er-Jahren, hoch geehrt im „Pyrgos".

Myron: Myron ist – wie auch sein Analogon in der Westkirche, der Chrisam – ein mit duftenden Spezereien angereichertes Olivenöl. Es wird in den orthodoxen sowie den katholischen Ostkirchen als höchstrangiges liturgisches Salböl benutzt.

Naos: Bei orthodoxen Kirchengebäuden bezeichnet man mit Naos den Gemeinderaum zwischen der

Vorhalle (dem Narthex) und dem Altarraum. In der Kreuzkuppelkirche wird der Naos dann zum Zentrum der Kirche.

Narthex: Vorhalle; siehe: Eso- und Exonarthex.

Oklad: Auch mit Riza bezeichnet; Silber und Goldbeschläge der Ikonen.

Orthros: Morgengebet, bei Sonnenaufgang. Entspricht der katholischen Laudes.

Panagia: „Die Allheilige"; griechische Bezeichnung für die Gottesmutter Maria. Bezeichnung auch einer „Schutzhütte" unterhalb des Athos-Gipfels.

Pantokrator: „Allbeherrscher"; im christlichen Osten weit verbreitete Darstellung Christi als Weltenherrscher; bevorzugt in der Kirchenkuppel gemalt.

Panselinos Manuel, Maler der Makedonischen Schule, wirkte Ende des 13., Anfang des 14. Jhs.

Phiali: Markanter überdachter Weihebrunnen eines Klosters, meist dem Katholikon gegenüber gelegen.

Phylachta sind Schutzmittel, kleine viereckige Beutelchen, deren Inhalt z. B. Staub aus der Höhle eines Heiligen, Reste von geopferten Blumen, Erde von der Stelle unterhalb eines Sarkophags und Ähnliches sein können.

Prodromos: „Vorläufer"; gemeint ist damit Johannes der Täufer.

Protáton: Protáton war eine für den Athos untypische Kirche, ohne Kuppel und Chöre. Sie war auch keine Klosterkirche, sondern die Kirche der geistlichen Würdenträger, die von den zwanzig Klöstern des Heiligen Berges an die Iera Kinitis, die Heilige Gemeinschaft, nach Karyes abgesandt wurden.

Simantron: Auch „Simandron" geschrieben. Aus Holz oder Metall, womit die Mönche zu religiösen Handlungen in orthodoxe Kirchen, vor allem am hl. Berg Athos, gerufen werden. Erhard Kästner bezeichnete sie in seinem bekannten Athos-Bericht mit „Stundentrommel".

Skite: griech. Skiti; von Askitirion abgeleitet. Die Skite ist ein Mönchsdorf. Es handelt sich dabei um organisierte Gemeinschaften, die aus vielen Hütten bestehen. Mitten darunter befindet sich die gemeinsame Kirche, das Kyriakon. Skiten sind übergeordneten Klöstern zugeordnet. Die Leitung der Skite obliegt dem Dikaios („der Gerechte").

Trapeza: Die Trapeza ist der Speisesaal eines orthodoxen Klosters und entspricht dem Refektorium katholischer Klöster.

Tsipouro: Tsipouro ist der traditionelle griechische Tresterbrand aus der Region Makedonien. Wir alle glaubten bis zur 6. Wanderung (2000), immer einen Ouzo bekommen zu haben, in Wirklichkeit war es Tsipouro. Im Nachhinein wurde der Irrtum, dass es in Wirklichkeit ein Tsipouro war, auf diesen ausgebessert.

Theophanes der Kreter: Maler der kretischen Schule. Der als Theophanes der Kreter bekannte Theophanes Strelitzas wurde um 1500 in Iraklion geboren und starb 1559 ebenda. Er war ein griechischer Mönch und wegweisender Maler der kretischen Schule. Theophanes wurde in Iraklion als Ikonenmaler ausgebildet. Bekannt wurde er vor allem durch seine Fresken. 1535 wurden Theophanes und seine beiden Söhne Mönche im Kloster Megisti Lavra auf dem Berg Athos. Zwischen 1535 und 1540 arbeitete er im Kloster Megisti Lavra. Die Wandmalereien in den Klöstern des heiligen Berges bilden den Schwerpunkt seines Werkes.

Tzortzis: Maler der Kretischen Schule, arbeitete im 16. Jh.

Zwerger Reinhold: 1924 in Kirchberg am Wechsel geboren. Seine Kindheit verbrachte er am Land. Besuchte von 1939 bis 1942 die „Grafische Lehr- und Versuchsanstalt" in Wien. Dann drei Jahre Kriegsdienst bei der Gebirgstruppe. Nach dem Krieg nochmaliger Besuch der „Grafische Lehr- und Versuchsanstalt" und Abschuss derselben mit der Meisterklasse. Als Maler, Grafiker und Industrial Designer tätig. Erhielt mehrere Staatspreise. 1956 lernte er den Athos kennen. Von nun an bestimmte mehr als die Hälfte seines Lebens der Heilige Berg. Nach 15-jähriger Arbeit erschien 1982 seine erste 1:500.000 Athos-Wanderkarte. Seine immer wieder verbesserten Karten waren unerlässlich für ein Wandern am Heiligen Berg.

Cartography Periklis Galatos